KB057517

동북아 초기철기문화의 성립과 고조선

동북아
초기철기문화의 성립과
고조선

김상민 지음

서경문화사

책머리에

인류 역사에서 철의 등장은 동서고금을 막론하고 인간의 사회, 경제, 문화의 발전에 지대한 공헌을 하였다. 철은 선사~고대에서부터 근현대에 이르기까지 당시 사회의 핵심적인 소재의 역할을 해왔고, 인류사를 이끌어가는 주요 키워드 중 하나였다. 인류 역사상 최초로 철을 사용하기 시작하였다고 알려진 히타이트Hittite는 철과 철기생산기술을 토대로 서아시아의 강대국으로 성장하여 1000년에 가까운 기간 동안 강력한 국가 체제를 유지하였다. 또한 동아시아에서 본격적으로 철기를 대량생산하기 시작한 한漢나라는 이후 중국이 동아시아의 패권국가로 도약하는 계기를 마련하였다. 철은 현대 강대국의 성장과정에도 중요한 역할을 하였다. 18세기 영국은 산업혁명을 바탕으로 목탄이 아닌 코크스cokes를 연료로 사용하여 철을 대량생산함으로써 세계의 강대국으로 발전하였다. 이뿐 아니라 제2차 세계대전 이후 세계의 정치, 경제, 군사 분야에서 강대국으로 성장한 미국의 발전 배경에도 세계 최대 규모의 철강 산업이 있었다.

이렇듯 철의 역할을 고려하면, 철의 발견은 인류 사회에 있어서 가장 큰 전환점이라고 보아도 과언은 아닐 것이다.

고고학에서도 철의 등장은 큰 의미를 가진다. 먼저 도구의 재질변화를 기초로 한 고고학적 시기구분에서도 철기는 한 시기의 구분 기준이 되기도 하며, 사회발전의 동력으로 평가되고 있다. 고고학 자료에서 장신구나 간단한 도구에 철기가 사용되기 시작하는 시기는 기원전 2000년 무렵 부터이다. 최초의 철기는 장신구나 이기利器류의 날 등 상징물이나 간단한 도구로 제작되었다. 이후 다종다양한 이기류가 등장하면서 강한 금속으로서 철의 역할이 시작된다. 인류의 강한 철에 대한 욕망은 생산기술의 발달로 이어져, 철의 생산과 철기 제작기술의 보유는 당시 사회의 발전도를 나타내는 척도가 되었다. 철의 등장과 함께 확보된 다양한 도구의 제작기술이나 작업의 용이성 등은 당시 사회 발전의 원동력이 되어, 생산력의 향상과 군사력의 증대로 이어졌다. 결국 철기의 등장과 발전은 고대 국가의 등장에 지대한 영향을 주었다고 볼 수 있다. 하지만 당시 이 혁신적인 소재를 가공하는 기술의 정도는 각 지역에 따라 현격한 차이가 있었다. 앞서 밝힌 히타이트의 사례처럼 철의 생산과 철기제작기술은 오랜기간 엄격하게 관리하고 통제됨으로써 주변 지역과 격차가 발생하였다.

이와 같은 현상은 한반도를 중심으로 한 동북아시아 각지에서도 보인다. 동북아시아 철기문화의 기원은 중국의 상商대로 거슬러 올라간다. 운철隕鐵로 만든 인부刃部와 결합된 청동제 무기류에서 시작한 철기의 사용은 춘추전국시대에 이르러 인공철을 생산하기 시작하면서 본격적으로 철기를 사용하기 시작하였다고 보는 것이 일반적이다. 특히 동북아시아 철기문화의 중심인 중국 대륙은 주물로 된 철[銑鐵]을 이용한 주조기술이 크게 발달하여 철기의 대량생산이라는 세계사에 유래없는 독특한 제철기술을 발전시킨다.

그럼에도 동시기 동북아시아 여러 지역의 철기 유입은 극히 한정적이며, 철의 생산과 철기가 사용되는 시기는 지역에 따라 큰 차이를 보인다. 필자는 동북아시아라는 공간적 범위에서 철기문화의 등장과 전개과정, 지역성을 살피고 그 원인을 찾아보고자 한다. 그리고 동북아시아 철기문화의 확산과정에서 한반도 철기문화의 지역성이 갖는 역사적 의미를 전국 연나라에서 한나라 중심의 정세 전환, 고조선 철기문화의 등장이라는 관점에서 생각해보고자 한다.

이 책은 규슈九州대학 대학원 비교사회문화학부 기층구조基層構造 강좌에서 수학하며 작성한 박사학위논문을 근간으로 한 것이다. 만족스럽지 못한 학위논문을 충분히 다듬어야 한다는 책임감으로 수년을 보냈으나 그 목적을 충분히 달성하였다고는 생각하지 않는다. 그러기에 이 책이 갖는 여러 한계는 전적으로 본인의 책임이며, 도와주신 분들에게 한없는 감사함과 죄송스러운 마음을 동시에 보낸다. 그럼에도 부족한 필자를 보듬고 이끌어 주신 스승님들이 많이 계신다. 엄격한 가르침과 세심한 배려로 힘들었던 유학생활을 다잡아 주는 큰 동력이 되어 주신 규슈대학의 미야모토 가즈오宮本一夫 선생님, 일본에서 공부를 할 수 있는 계기를 마련해 주시며 유학생활 전반에 대해 많은 관심과 지원을 해 주신 에히메愛媛대학의 무라카미 야스유키村上恭通 선생님 그리고 답보상태에 빠져 끝이 보이지 않던 논문작성 과정에서 'もう少しだね'라는 격려로 눈물을 왈칵 쏟게 해주신 故 다나카 요시유키田中良之 선생님. 이 세분의 교수님이 안계셨으면 이 책은 나올 수 없었을 것이다. 또한 이와나가 쇼죠岩永省三, 미조구치 고지溝口孝司, 츠치다 준이치로辻田淳一郎, 후나하시 교우코舟橋京子, 다지리 요시노리田尻義了, 나카하시 다카히로中橋孝博, 사토우 렌야佐藤廉也, 세구치 노리코瀬口典子 선생님 등 여러 은사님들의 지도와 훈련은 유학생활 중 부족한 필자를 단단하게 채워주셨다.

그리고 부족한 학위논문의 번역과 교정을 도와준 平郡達哉(시마네島根대학), 金子真夕, 藤元正太, 米元史織, 梶原慎司, 福永将大, 森貴教, 三阪一徳, 松本圭太, 柿添康平, 石田智子, 岩橋由季, 主税英徳, 早川和賀子, 齊藤希, 的野文香, 田中麻美(이상 당시 규슈대학 학부, 대학원생), 大森麻衣子(후쿠오카시교육위원회), 亀澤一平(당시 에히메대학 대학원생) 등 동료, 선후배 연구자들에게도 한없는 감사의 마음을 전한다.

이 책의 토대가 되는 박사학위논문과 전공 분야에 대한 지식, 고고학 연구의 응용 등은 일본 유학을 통해 얻은 성과지만, 그에 앞서 고고학의 기초는 본인의 모교 은사님들께 배운 것이다. 최성락 선생님, 이영문 선생님, 이헌종 선생님, 김건수 선생님은 천둥벌거숭이 같던 필자를 고고학이라는 학문에 흥미를 갖고 연구자의 길로 들어설 수 있게 해주셨다. 항상 존경하며 무한한 감사를 드린다.

또한 한신대학교 이남규 선생님, 국립중앙박물관 故 손명조 선생님, 영남대학교 정인성 생생님, 한국학중앙연구원 오강원선생님, 전남대학교 조진선 선생님, 충북대학교 성정용 선생님, 경북대학교 이성주·박천수 선생님, 기양고고학연구소 김무중 선생님, 부산대학교 김일규 선생님, 대한문화재연구원 이영철 원장님, 국립청주박물관 박진일 실장님, 에히메대학 시모조 노부유키下條信行선생님, 사사다 토모타카笹田朋孝 선생님, 후쿠오카福岡대학 다케스에 준이치武末純一선생님, 시마네현 가쿠다 노리유키角田徳幸 선생님, 오오사와 마사미大澤正己 선생님을 비롯한 많은 선생님의 아낌없는 조언과 학문적 영향을 받았다. 종종 뵙고 인사드리면서도 제대로 된 감사 인사를 못 드렸는데, 지면을 빌어 감사의 마음을 전한다. 그리고 이 책을 집필하는 와중에 모자란 글쓰기를 바로 잡아준 한국고고학컨텐츠 연구원 장대훈, 영남대학교의 김새봄·박장호, 목포대학교 강귀형·김동일·박혜경·이윤지·전상진·정건주·최유지 등의 선후배 연구자들의 노고가 있었다. 진심으로 감사드린다. 더불어 이 책의 출판을 상담하면서 흔쾌히 허락해주신 김선경 사장님과 꼼꼼하게 편집해주신 김소라 편집자께도 감사의 말씀을 전한다.

마지막으로 가족들의 희생은 현재의 나를 있게 해주었다. 잘 다니던 직장을 그만두고 유학을 간다는 아들에게 조건 없는 지원을 해주신 부모님과 형님, 무뚝뚝한 사위를 품어주시고 손녀를 정성껏 돌봐주시는 장인어른과 장모님 그리고 부족한 남편의 길잡이가 되어주는 천사 같은 아내와 건강히 자라나는 말괄량이 딸 시원이에게 항상 미안하고 고마운 마음을 전한다.

2020년 3월

金 想 民

목차

제1장
동북아시아 철기문화의 연구 현황과 과제

1절 동북아시아 철기문화에 관한 연구 동향

동북아시아 철기문화에 관한 연구는 크게 3가지의 경향으로 진행되었다. 첫 번째, 중국 전국戰國시대에서 한漢대에 이르는 철기의 현황을 정리하고 그 변천과정을 살피는 연구이다. 본고의 공간적 범위인 동북아시아에 한정되는 경향은 아니지만, 중국 전국시대에서 한대에 이르는 철기의 현황을 정리하고 큰 틀에서 철기의 변화양상을 개괄적으로 제시하였다. 두 번째로 연나라 철기의 확산에 중점을 둔 연구이다. 주로 한국과 일본 연구자에 의해 시도되고 있으며, 이를 근거로 한반도와 일본열도 각 지역에서 철기문화의 기원과 연대를 추정하고 있다. 세 번째로 철기생산기술과 유통에 대한 연구이다. 주로 일본 연구자들에 의해 일본열도의 야요이[彌生]시대 철기생산에 대한 고고학적 자료를 한반도의 철기생산과 관련된 자료와 비교함으로써 생산기술의 유입 단계와 그 특징을 검토하고 있다. 또한 철·철기생산에 대해서는 금속학적 분석도 진행하고 있는데, 특히 중국 연구자에 의해 제시된 기존 분석 결과를 일본열도에서 출토된 철기의 분석 결과와 상호 비교하여 생산기술의 특징을 유추해 가고 있다.

1. 중국 전국시대~한대 철기에 대한 연구

중국에서는 비교적 이른 시기에 철기가 생산되며, 유적 내 철기류의 출토량도 많다. 그럼에도 철기에 대한 실질적인 연구는 비교적 적은 편이다. 중국 연구자에 의해 이루어진 철기 연구는 자료의 현황을 소개하는 정도에 그치는 경우가 대다수이다. 그 원인에 대하여 백운상白雲翔은 송宋대의 학자들을 중심으로 금속에 새겨진 명문자료를 기록하고 해석하는 금석학金石學적 전통의 유행 속에서 금속유물이 연구되기 시작하였기 때문에 녹이 슨 채 출토되는 철기는 처음부터 연구대상이 되지 못하였다고 평가한다. 이러한 연구경향이 초기 고고학 연구자에게도 영향을 미쳐 철기가 연구 대상으로 자리 잡지 못하였다고 본다(白雲翔, 2005). 중국 내 철기에 대한 본격적인 연구가 한漢대의 철관鐵官을 나타내는 명문銘文에 주목하며 시작된다는 점을 고려하면 타당한 견해로 여겨진다.

이처럼 금석학적 전통이 강하게 남아있는 중국의 고고학 연구에서 녹이 슨 상태의 철기는 중요하게 다루어지지 않았던 것으로 여겨진다. 이로 인해 유적에서 출토된 철기에 관한 고고학적 정보는 생략되는 경우가 많았고, 보고 자료가 축적되지 않아 현재까지 조사된 철기의 수량이나 구체적인 출토양상을 파악하는 것조차 어렵다. 결국 고고학적으로 자료화된 철기의 수량 부족은 중국 내 철기 연구가 진전되지 못한 요인으로 작용되었다.

한편, 서양 고고학의 영향을 받아 선진양한先秦兩漢시기의 철기가 갖는 사회 발전 단계의 의미를 염두에 두며 문헌자료를 기초로 증명하려는 연구의 경향도 나타났다. 철의 발견에서 기술의 발전, 그리고 도구로의 실용화라는 단계를 문헌과 비교한 연구로 발전시킨 것이다(章炳麟, 1925; 章鴻釗, 1927).

청동기를 포함한 금속유물 속에서 철기를 다루며, 문헌기록을 기초로 해석한 대표적인 연구자는 장병린章炳麟이다. 장병린은 춘추전국시대에 철기문화가 발생하여 전국시대에서 한대의 초기에 크게 성행하는데, 이 시기 농구와 같은 일상용 도구는 모두 철제화되며 무기류는 청동기와 병행한다고 보았다(章炳麟, 1925). 특히 최초의 중국 철기는 재질에 따른 도구의 변화에 기초하여 석기에서 청동기, 철기로 교체되어가는 양상에 주목하였다. 이와 같은 이론을 문헌기록과 비교하던 연구경향은 철의 발견과 발전에 대한 논쟁으로 이어져 오랜 기간 동안 쟁점이 되었다(楊寬, 1956; 魚易, 1959; 李學勤, 1959).

이후 사회 발전 단계에서 철기가 가지는 의미를 중요하게 바라보기 시작하면서 철기의 등장은 중국 고대 사회가 봉건화되는 시기와 일치한다고 보았다. 즉, 철기의 등장은 생산력의 증가로 이어졌으며, 결국 노예제에서 봉건제로 전환되는 사회 구조적 변화를 만들었다고 보았다(郭沫若, 1973). 이는 춘추시대 후기부터 전국시대 중기라는 큰 전환점[劃期]을 중심으로 그 이전에 철기가 사용되기 시작하여, 봉건제 실시 이후에 철기의 보급이 본격화된다고 보는 견해로 연결된다(中國科學院考古研究所, 1961).

1950~60년대 전국적으로 발굴조사가 증가하면서 철기에 관한 자료 소개도 이전보다 많아지게 되었다. 하남성 휘현 고위촌河南省輝縣固囲村이나 하북성 흥륭현 수왕분촌河北省興隆縣壽王墳村, 요령성 요양시 삼도호遼寧省遼陽市三道壕유적 등 철기가 주목받는 유적이 발견되기 시작하였다. 이와 같은 고고학 자료의 증가로 인해 생산유적에 관한 연구, 철기의 기종별 연구, 시대·지역을 한정한 철기 연구 등이 활발히 진행되는 계기가 되었다. 이는 철기를 대상으로 고고학적 방법을 이용한 유형[형식形式]과 특징을 파악하여 당시 철기의 실용화와 사회 발전 단계를 해석하는 연구로 이어졌다(陣惠, 1956). 즉 기존 이론 중심의 연구경향에 고고학적 자료를 적용한 연구로 발전한 것이다.

중국 내 철기를 최초로 고고학적으로 분류한 연구자는 이문신李文信이다. 하남성, 하북성, 요령성, 내몽고 등에서 출토된 진한秦漢시대 철제 농공구 46점을 기경구, 제초구, 수확구로 분류하였다(李文信, 1954). 이후 한대의 철제공구와 농구를 구분하는 등 큰 틀에서의 기종 분류가 이루어졌다(曾庸, 1959).

또한 금속학적 분석을 이용한 철기의 제작기술 연구도 진행되며 하남성 휘현河南省輝縣 출토 전국시대 철기에 관한 분석(孫廷烈, 1956)을 시작으로 1960년대 이후부터 하남성, 하북성, 요령성에서 출토된 26점의 철기가 금속학적 분석을 통해 철기의 제작과 제철기술을 종합적으로 고찰되었다(華覺明, 1960). 이는 비교적 단순한 분석에 근거한 고찰이지만, 현재까지도 중국 철기 연구에서 중요한 부분을 차지하고 있는 금속학적 분석의 기초적인 연구였다는 점에 의미가 크다.

1970년대 이후부터는 철기에 대한 고고학적 연구와 금속학적 고찰이 심화되었다. 고고학적 연구는 기종에 따른 연구가 본격적으로 이루어지기 시작하였는데(許玉林, 1980; 李殿福, 1983; 陳文華, 1991; 周昕, 1998), 특히 전국시대 농구를 통해 당시 사회를 이해하려는 시도가 이루어졌으며(雷從雲, 1980; 黃展岳, 1984), 종래에 제시되었던 철기와 사회 발전 단계를 고고학적 연구 관점에서 접근하는 연구도 진행되었다(趙化成, 2000). 그리고 지역별로 철기를 연구하는 경향이 강해지기 시작하였다(趙建立, 2005; 肖景全 외, 2007).

한편 초보적이었던 금속학적 고찰은 좀 더 진전되는데, 주로 유적에서 출토된 철기나 철 소재의 금속 조직 분석을 통해 철에 포함된 탄소량을 확인하거나 세부적인 제작공정을 파악하기 위한 연구가 이루어지게 된다. 이와 같은 금속학적 분석 결과는 고고학 연구자들도 주목하고(万欣, 2009; 西海峰, 2012; 郭京寧, 2012), 축적된 분석 결과를 기초로 중국 고대 철기생산에 대한 새로운 논의가 시작되었다. 특히 상商대 철인동기鐵刃銅器의 분석 결과는 상商대 철인동기鐵刃銅器가 가장 오래된 인공철이며, 괴련침탄塊煉浸炭 방법으로 제작된 것이 밝혀졌다(韓汝芬 외, 1999). 이 결과는 1950년대부터 진행되어 온 중국 야철의 기원에 관한 쟁점인 중국 내 철기의 사용시기를 풀어내는 근거가 되었다. 이로써 중국 내 철 생산과 철의 실용화는 춘추시대 후반인 기원전 7~6세기이며, 그 중에서도 초楚나라에서 가장 이르다(黃展岳, 1976; 北京鋼鐵學院 외, 1978)는 종래의 일반론이 바뀌게 되는 계기가 되었다. 더불어 최초의 철기에 대해서도 방사성탄소연대 결과를 근거로 기원전 10세기까지 상향하게 되었으며, 이보다 더 이르게 보는 경향도 있다(陳戈, 1990).

1980년대에는 신강新疆지역에서 출토된 철기류가 주목되어 초기 철기에 관한 활발한 논의가 이어졌다(陳戈, 1990; 劉學堂, 2004; 白雲翔, 2005; 韓建業, 2007; 陳戈, 2011). 신강지역의 초기철기와 중원지역의 고대 철기를 비교하여, 인공 철제품이 출토된 신강지역은 기원전 10세기부터이며 중원지역은 그보다 늦은 기원전 9세기부터 철기가 출현한다고 보는 견해가 공감을 받게 되었다(唐際, 1993; 白雲翔, 2005).

최근 전국시대에서 한대의 철기에 대한 연구를 종합한 백운상白雲翔은 고고학

자료를 중심으로 철기를 기종별로 분류하고 시기별로 그 변천양상을 검토하였다. 그리고 문헌자료와 금속학적 분석자료를 함께 다루면서 철기의 발생과 발전 과정을 논하였다. 서주西周시대 후반부터 인공철기를 제작하기 시작해 전국시대에 본격적으로 발전하며, 전국시대 중·후반인 기원전 4세기 이후 철기는 농업 및 수공업 분야까지 보급되었다고 보았다(白雲翔, 2005). 백운상의 연구는 고고학 이론과 문헌, 금속학적 분석을 중심으로 편중된 기존 철기 연구와 달리 유적에서 출토된 고고학 자료를 중심으로 연구하였다는 점에서 높게 평가할 수 있다.

한편 중국 철기에 대한 연구는 일본과 한국 연구자에 의해 정리된 바 있다. 주로 철기의 보급과 그 특징에 대한 검토가 이루어졌다. 먼저 시오미 히로시[潮見浩]는 전국시대와 한대에 이르는 동아시아 철기문화의 현황과 특징을 정리하였다(潮見浩, 1982). 전국시대 전기부터 한대까지의 농공구류가 주조품이 주류라는 점에 주목하고, 이는 종래의 발달된 청동기 주조기술을 기반으로 중국 내 독자적으로 발전한 제철기술이라는 점을 지적하였다. 그리고 중국의 철기는 먼저 농공구가 제작된 후 철제무기가 나중에 제작되는 특징을 가진다고 보았다.

이후 좀 더 구체적인 시간성을 언급한 연구도 진행되었다. 일반적으로 전국시대 전기를 중심으로 농공구의 철기화가 시작되며, 전국시대 중·후기에 다양한 기종이 철기화되어 보급된다고 보고 있지만(崔德卿, 1990; 佐野元, 1993; 村上恭通, 1998), 고이 나오히로[五井直弘]는 전국시대 후기에 이르러 철기의 보급이 이루어졌지만 철제 농구는 귀족에 의해 관리되며 임시로 빌려주는 과정을 거쳤다고 추정하기도 하였다(五井直弘, 1985).

이상과 같이 중국의 철기 연구는 유적과 유물이 증가하면서 본격적으로 연구대상으로서 다루어지기 시작하였다. 과학적 분석이나 문헌자료를 기초로 한 연구 관점에서 철기의 형식型式분류를 통해 시기적 변화양상을 살피는 고고학적 관점을 중심으로 한 연구로 전환되고 있다.

2. 전국시대~한대 철기문화의 확산과정에 관한 연구

1) 연산(계) · 한식철기의 확산에 대한 연구

(1) 연나라 철기의 확산에 대하여

동북아시아 철기문화의 확산에 대한 연구는 연구자에 따라 그 방법론과 연대관은 다르지만, 연나라 영역 확장과 함께 연 문화가 확산되면서 그 문화요소의 하나로 철기가 유입된다는 것은 공통된 의견이다(村上恭通, 1998; 石川岳彦 외, 2012). 이로 인해 연나라 철기와 주변 지역 철기와의 비교분석은 주된 검토 방법 중 하나였다.

최초 연나라 철기문화의 확산에 관한 연구는 유적 내 출토된 철기를 소개하며 주변 유적과 비교하고 그 유사성을 검토하거나 주조철부를 중심으로 농공구를 비교하는 연구가 다수였다. 전자는 주로 중국 연구자에 의해 비교적 일찍부터 언급되었다. 연하도燕下都와 흥륭현 수왕분興隆縣壽王墳지구가 발견되면서 이 유적들에서 출토된 철기를 연나라 철기로 비정하고 주변 유적과 비교하여 유사성을 찾았다. 예를 들면, 하북성과 요령성의 여러 지역에서 출토되는 철기를 연나라의 철기생산유적인 수왕분 지구 출토품과 비교한 후 그 유사성을 강조하고, 이를 연나라 철기의 영향이라 보았다(鄭紹宗, 1955). 이 때문에 구체적인 근거를 제시하지 못한 채 다소 감각적으로 비교하여 연나라 철기로 설정하는 등의 한계가 있었다. 이와 같은 연구경향은 일부 최근까지도 지속되어 단일 유적에서 출토된 철기를 살피면서『연하도』철기와의 유사성을 지적하거나(河北省文物研究所 외, 2001), 요동지역과 길림지역의 철기를 연나라 철기와 비교하여 유사성을 찾기도 하였고(이종수, 2005; 肖景全 외, 2007), 요동지역 초기철기를 검토하면서 철기의 유사성을 기초로 연나라 철기문화의 확산을 설명하기도 하였다(이광명, 2010). 이처럼 유사성에 기반을 둔 연구가 중심을 이루는 가운데 동아시아 제지역의 철기생산을 개별적으로 비교하기보다는「군群」단위의 유형으로 살핌으로써 전국에서 양한兩漢시대 중국 철기생산이 동시기 주변 지역으로 어떻게 전파되었는가를 검토한 만흔万欣의 연구가 주목된다(万欣, 2011).

반면 일본 연구자들에 의해 철제 농공구의 기종과 형식에 따른 분류와 그 분포를 살피는 연구가 진행되었다. 1980년대에 들어서 시오미 히로시[潮見浩]를 필두로 한 여러 일본 연구자들은 중국 동북지역과 한반도, 일본열도를 함께 살피면서 유적에서 출토된 철기를 기종별, 형식별로 분류하고 그 분포양상을 검토하였다.

먼저 동아시아 초기철기시대라는 넓은 범위에 대해 전반적인 검토를 실시한 시오미 히로시는 각 유적에 대해 비교적 상세하게 기술하고 상호 비교하며 연나라와 한나라 철기의 확산을 설명하였다(潮見浩, 1982). 또한 가와코에 데츠지[川越哲志]와 아즈마 우시오[東潮]는 동아시아 철부鐵斧에 대한 형식을 설정하고 그 분포범위로 연나라 철기의 확장을 설명하였다(川越哲志, 1980; 東潮, 1982). 시모조 노부유키[下條信行]는 요령·길림지역 철기의 특징을 정리하여 「동북식東北式」이라는 유형을 설정하고, 중원지역 철기문화의 확장을 논하기도 하였다(下條信行, 1984). 그 밖에도 무라카미 야스유키[村上恭通]는 주조철부의 형식과 그 분포 현황, 부장양상에 주목하며 연나라 철기의 확장 과정을 제시하였다(村上恭通, 1988·1997). 이 시기 일본 연구자에 의해 정리된 중국 동북지역의 철기문화는 1990년대 이후 창원 다호리유적을 필두로 한 한반도 남부지역 초기철기시대 유적 연구와 삼한 철기문화 연구에 기초가 된 것이 사실이다. 그러나 1980년대만 하더라도 한반도 남부지역 초기철기~원삼국시대의 철기는 거의 전무한 상태였다. 이로 인해 중국 대륙의 연나라, 한나라 철기의 특징을 살피면서도 한반도 남부지역 철기문화에 대해서는 구체적으로 언급되지 못한 채 일본 야요이시대 초기철기와의 관계가 설명되었다. 이후 고고학 자료의 축적과 함께 중국에서 출토되는 화폐나 청동기류 등의 특징을 토대로 공반된 철기에 대해 설명하는 연구가 이어졌다. 청동기의 기종과 형식분류 후 그 분포범위를 확인함으로써 공반되는 철기 양상을 파악하는 방법이었다(村上恭通, 2000; 李淸圭, 2000).

특히 무라카미 야스유키는 요령식동검의 분포범위 변화를 통해 연나라 영역 확장에 따른 철기의 유입과정을 파악하고자 하였다(村上恭通, 2000). 또한 미야모토 가즈오[宮本一夫]는 전국시대 분묘에서 연 계통의 요소를 찾아가며, 분묘 분포양상과 연나라 장성의 위치 관계를 함께 살폈다. 이를 통해 전국시대 전기에는 요하遼河유역 서쪽으로 연나라화 되는 현상이 확인되며, 연나라는 전국시대 중기후반에 들어 동쪽으로 확산하기 시작하며, 전국시대 후기에는 요동지역 일대까지 영역화하였다는 견해를 제시하였다(宮本一夫, 2000). 더불어 최근에는 기종구성에 따른 동북아시아 각 지역 철기의 특징을 정리하고 연 문화의 확산과 연나라 철기의 등장을 연관지어 설명하기도 하였다(石川岳彦 외, 2012).

한편 연나라의 영역에 관한 연구에서 명도전과 공반되는 주조철기가 연나라 철기문화를 살피는 연결고리라고 평가된 이래(潮見浩, 1982), 명도전의 분포는 연나라의 영역을 검토하는 기초 자료가 되었다. 국내 연구자 중심으로 명도전과 철기가 공반된 사례에 주목하여 연나라의 영역 확대를 전제로 한 연구가 진행되었다(김원룡, 1986; 최몽룡, 1997; 李南珪, 2002a). 그리고 문헌에 기록된 진개秦開의 동진을 요령지역으로 연나라의 영향이 미쳤던 계기로 보고 한반도 남부지역 철기의 유입시기를 그 이후인 준왕準王의 남하와 관련하여 보았다(朴淳發, 1993). 이와 같이 화폐의 분포범위와 문헌기록이라는 현상에 고고학 자료인 철기의 출토양상을 맞춰감으로써 한반도 철기문화의 유입은 연나라 철기문화의 확산과 관련된다는 학설의 기본 골격이 만들어지게 되었다.

1990~2000년대에 걸쳐 창원 다호리, 대구 팔달동, 장수 남양리, 완주 갈동 유적 등 한반도 남부 지역 내 초기철기시대의 새로운 유적이 확인됨에도 불구하고 기존 견해는 여전히 유효하다고 보며(朴淳發, 2004), 한국고고학회에서 간행한 「한국 고고학강의」에서도 한반도 철기문화의 등장 배경은 준왕의 남하에 초점이 맞춰진 듯하다(한국고고학회, 2012). 이 같은 연구경향으로 인해 한반도 초기철기에 대한 연구는 진전되지 못하였다고도 볼 수 있다.

또한 최근 한반도를 포함한 주변 지역에 연나라 철기문화가 얼마나 영향을 주었는가를 파악하기 위한 연구가 적극적으로 진행되었다. 특히 국립문화재연구소에서 2009년부터 2013년까지 『연나라 철기문화의 형성과 확산』이라는 사업의 일환으로서 자료집이 간행되고 학술 포럼이 개최되었다(국립문화재연구소, 2011·2012). 고고학 자료로서 철기 연구의 기초 자료를 집성하고 한·중·일 연구자가 함께 논의할 수 있는 자리를 마련한 것이다. 이후 한국철문화연구회가 주최한 국제 학술 세미나(2017), 국립중앙박물관·국립중원문화재연구소가 공동주최한 국제 심포지움(2017)처럼 동북아시아 여러 지역으로 철기생산기술의 확산과정에 관한 논의가 이어지고 있다.

(2) 한식漢式 철기의 확산에 대하여

동북아시아에서 한식철기의 확산에 대한 연구는 낙랑군에서 한반도 남부지역과 일본열도로 이어지는 철기문화의 유입이라는 관점에서 주목받았다. 낙랑군의 철기에 관한 연구는 그다지 많지 않지만 공반되는 화폐와 한경 등을 통해 출토양상에 대한 시간성을 추출하여 조합양상의 변화과정을 파악해 왔다(西谷正, 1966; 潮見浩, 1982). 청동제 무기류에서 철제 무기류로의 변화과정을 살피며, 무기류의 철기화는 기원 1세기 이후로 상정하였다. 이와 같은 낙랑 철기의 변화와 연대관은 현재까지도 그대로 수용되고 있는데, 그 배경으로 분석 대상인 고고학 자료의 추가적인 보고가 없는 점, 북한의 낙랑 고고학 자료를 실견할 수 없어 새로운 견해를 제시하기 어려운 점을 들 수 있다. 이로 인해 구체적인 분석에 따른 검토라기보다 대표적인 철기나 기종 간의 조합을 중심으로 한 연구에 한정되어 있다.

낙랑 철기의 연구는 정인성이 언급한 바와 같이 아래의 두 가지 관점에서 진행되었다(鄭仁盛, 2007b). 첫 번째는 낙랑군의 정치적 지배를 계기로 한반도 남부지역으로 철기문화가 확산되었다는 관점이고, 두 번째는 『삼국지三國志』 위서동이전魏書東夷傳 변진조弁辰條에 주목하여 낙랑군과 교류를 통해 철기를 받아들였다는 관점이다.

이남규는 한반도 남부지역 철기문화의 확산 주체로 낙랑을 지목하였다. 낙랑고분에 부장된 철기류를 분석하여 전형적인 한식漢式 고분이 확인되는 시기를 기원 1세기대 이후로 상정하고, 부장철기의 구성을 검토하였다. 특히 고분 내 농공구류가 부장되지 않는 점과 철제 무기류는 중원지역에서 사용되던 모든 기종이 부장된다는 점을 주목하였다(李南珪, 1993). 이를 통해 낙랑군은 지배적 성격이 강하다고 보았으며, 낙랑군 설치 이후 한반도 남부지역에서 보이는 철기문화의 편중현상에 대해서는 낙랑군의 지배에 의한 결과로 상정하였다(이남규, 2007). 한반도 서남부지역은 낙랑군 설치 이전에 비교적 이른 철기가 유입되지만 낙랑군 설치와 함께 사라지는 반면, 동남부지역은 낙랑군 설치 이후부터 본격적으로 철기문화가 발달하는 점에 주목하였다. 이와 같은 현상의 배경에 대해 서남부지역은 낙랑군에 반발하면서 쇠퇴하지만, 동남부지역은 낙랑군과의 관계를 강화하면서 발전하게 된다고 해석하였다.

반면 낙랑의 철기를 주변 지역과의 관계 속에서 해석한 연구는 시오미 히로시에 의해「위서魏書」의 기술을 고고학 자료와 대응하여 살피기 시작한 이후 많은 연구자들에 의해 다뤄졌다. 대표적인 연구로 아즈마 우시오[東潮]의 논고가 있다. 아즈마 우시오는 동아시아 철기생산과 유통을 연구하며「위서魏書」,「후한서後漢書」등 교역에 관한 기록과 고고학 자료의 대응관계를 검토하였다(東潮, 1999). 특히 낙랑과 변진한의 철기를 매개로한 교역의 소재로서「도끼형 철기[斧狀鐵器/板狀鐵斧]」를 제시하였다.

또한 무라카미 야스유키[村上恭通]는 낙랑의 철기 중 장검과 극戟과 같은 중국제품의 무기류가 부장되는 점을 강조하며, '청동기를 부장하는 기존의 전통 속에서 점점 철제품이 증가하여, 결국 철이 주체가 된 철모, 철부, 철겸 등을 중심으로 한반도의 독자적인 기종 조합이 형성되었다'고 보았다(村上恭通, 1992). 더불어 정백동 62호묘와 81호묘에 주목하여 주조를 중심으로 한 전국시대 연나라의 계보관계 속에서 단조라는 새로운 요소를 가진 철기생산으로 변한다고 보았다. 무라카미 야스유키는 앞서 제시한 낙랑 철기의 특징을 제시하면서도 창원 다호리유적에 주목하여 변진한이 낙랑군과 대방군에 철기를 공급하였다고 기록된「위서魏書」와 연계함으로써 문헌기록을 높게 평가하였다(村上恭通, 1998).

이 두 가지의 관점은 기본적으로 변진한에서 가야·신라로 발달하는 동남부지역 철기문화의 기원을 추적하는 과정에서 해석을 달리한 평가라고 볼 수 있다. 그러나 여기서 문제가 되는 점은 동남부지역에서 낙랑군 설치 이전의 철기가 증가하고 있는 현상을 어떻게 바라볼 것인가[1]에 대한 차이이다. 따라서「동남부지역=낙랑군의 영향」이라는 견해는 재검토되어야 한다. 한편 낙랑과 변진한에 관한 문헌기록은 기원 3세기의 상황을 기술한 것이다. 낙랑군의 존속기간(기원전 108~기원 313)을 고려하더라도 변진한과 낙랑군의 교역에 관한 기록을 낙랑군 설

1) 구체적인 내용을 5장 3절에서 살피고자 한다.

치 단계까지 올려가며 고고학 자료와 비교할 필요는 없을 것이다. 이처럼 낙랑 철기문화의 확산을 생각하기 위해서는 철기와 공반된 유물을 비교 검토한 후 시간성을 고려하며 고찰해야 한다.

2000년대 이후 낙랑과 관련한 새로운 고고학 자료와 성과가 보고되면서 낙랑문화에 대한 논의가 다시 활발해지고 있다.[2)] 그 중 낙랑토성 출토유물이 보고되어 고고학 자료로서 주목받았는데(早乙女雅博, 2007), 특히 낙랑토성에서 출토된 철기는 낙랑고분의 부장철기류와 다른 특징을 가지는 것으로 확인되었다(鄭仁盛, 2004). 정인성은 주조품이 다수라는 점에 주목하고 낙랑군에 고도로 발달한 철기 주조기술이 존재한다는 이남규(1993)의 가설을 재평가하며, 「낙랑=단조품」이라고 하는 인식을 재검토할 필요가 있다고 지적하였다(鄭仁盛, 2007b). 그동안 낙랑고분을 중심으로 한 철기 연구가 진행되었지만, 최근 한강유역의 취락유적에서 낙랑계 유물과 철기가 출토되는 사례가 증가함에 따라 낙랑의 주변문화로부터 낙랑을 추정하려는 새로운 관점의 연구도 이어지고 있다.

2) 한반도 철기의 기원과 연대에 대한 연구

한반도 철기문화에 대한 연구는 일본 연구자에 의해 시작되었다. 1920년까지 조사·수집된 자료를 기반으로 한반도에서 출토된 청동기와 철기 등의 금속기는 중국 계통이며, 한반도에서 철기가 출토되기 시작한 시기에 석기류의 출토량은 더 많아진다고 강조하는 소위 「금석병용기金石竝用期」로 다루었다(藤田亮策, 1925·1930). 즉, 중국에서 금속기 문화의 영향이 있었지만 석기시대에 머물렀다고 보면서 철기에 대해서는 구체적인 언급을 하지 않았다. 이후 김해패총 조사에서 출토된 철기의 계보와 그 연대에 관한 연구가 진전되었지만, 석기시대 말기 중국 대륙

---

2) 2000년대 국립중앙박물관의 특별전『낙랑』이후 낙랑과 관련된 전시와 연구회 등이 증가하고 있다.
국립중앙박물관, 2001,『특별전 樂浪』.
忠南大學校百濟硏究所, 2003,『百濟와 樂浪』.
한국상고사학회, 2005,『낙랑의 고고학』.

의 금속기가 전해진 것이라는 정도의 견해에 머물렀다. 그리고 철기와 공반되는 화천의 연대를 근거로 그 연대를 기원전후로 설정하면서도 중국의 문화가 활발하게 이동하여 전국시대 후기인 기원전 3세기부터 철기문화가 시작된다고 보았다(藤田亮策, 1940).

이처럼 일본 연구자들은 한반도의 초기철기문화를 석기가 공존(병용)하는 시기로 설정하였으나, 철기의 유입시기는 이르게 보는 다소 모호한 입장을 취했다. 일본열도로 중국의 선진 문화가 이른 시기에 유입되었음을 주장하기 위해서 한국의 철기문화를 일부 인정할 수밖에 없었던 것으로 여겨진다.

1950년대 이후 북한에서는 철기문화의 유입과 관련된 연구가 본격적으로 진행되었다. 정백운은 한반도 전역을 대상으로 고고학 자료라는 관점에서 철기를 집성하면서 한반도 철기문화의 기원이 중국 전국시대까지 올라간다는 것을 지적하였다(정백운, 1956·1957). 당시 한반도 국제 정서가 혼란스러움에도 고고학적 방법에 기초하여 중국과 한반도, 주변 지역 자료를 비교하며 그 연대를 상정한 것이다. 이러한 50년대 북한의 연구경향은 이후의 북한 고고학 연구가 이데올로기적 관점에서 시기를 상향하는 경향으로 선회하였다는 점을 고려할 때, 비교적 객관적인 시각이었다고 평가할 수 있다.

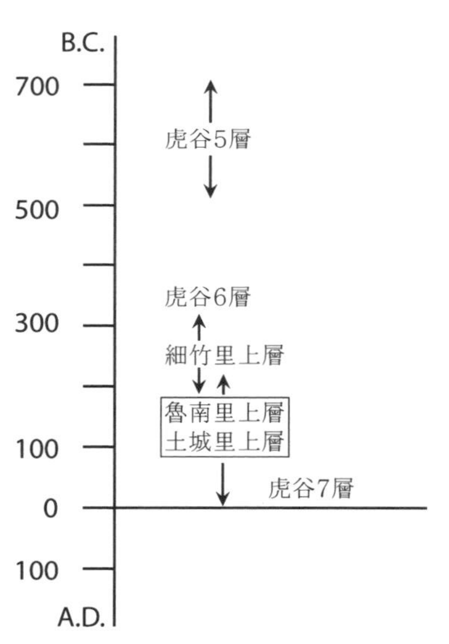

그림 1-1. 황기덕의 유적편년표

1960년대 이후 북한의 연구자들에 의해 철기의 유입과 사용시기를 더욱 상향하는 연구가 이루어졌다. 리병선은 무산 호곡동유적의 철기시대 연대를 참고하여 압록강유역 철기의 사용시기를 기원전 7세기까지 상향하기도 하였다(리병선, 1967). 또한 황기덕은 그 당시까지 철기가 출토된 유적의 시기를 검토하면서 철기의 사용 개시기를 상향하였다(황기덕, 1981). 유적의 시기관계를 호곡 5층-호곡 6층-세죽리 상층-로남리·토성리 상층-호곡 7층 순으로 보고 호곡 5층의 시기를 기원전 8~7세기까지 상향하였으며(그림 1-1) 이후 북부지역 철기문화를 고조선의 문화로 인식한 연구가 진전되기 시작하였다(박영초, 1989).

이 같은 북한 연구자들의 철기 유입시기에 관한 견해는 민족주의에 기반을 둔 것으로, 고조선을 등장시킴으로써 북한의 주체사상을 강조하기 위함이었다. 이러한 연구경향은 사회과학원고고학연구소에서 출판한 고고학 개론서인 「조선고고학의 개요」에서도 확인된다(사회과학원고고학연구소, 1975). 여기서는 한반도 철기의 사용시기를 기원전 5~4세기로 설정하였지만 그 근거는 명확히 제시하지 않았다. 북한의 철기문화에 관한 연구는 1990년대 이후 단군릉 발굴과 맞물려 급진적으로 연대를 상향시키며 학술적인 연구로서 신뢰성은 떨어지게 되지만, 그 이전까지 보여준 한반도 철기문화의 기원과 연대에 관한 연구는 국내외 연구경향과 비교해 참고할 만하다. 한반도 초기철기의 사용시기에 대해서는 오다 후지오[小田富士雄]와 다케스에 준이치[武末純一]에 의해 학사學史적으로 정리되어 그 문제점과 과제가 지적된 바 있다(小田富士雄 외, 1983).

한편, 국내 연구자들의 철기문화에 관한 연구는 1960년대 들어서 본격적으로 시작된다. 당시 발굴조사된 유물 자체가 적었지만 철기시대로 설정할 근거를 찾아가며 철기문화의 전개를 추정하였다. 1970년대 이후 본격적인 한반도 철기문화의 기원에 관한 연구가 발표되었는데, 비중국계인 북방계 금속기문화에서 철기문화가 유입되었다고 보는 견해(金貞培, 1977), 한반도 서북부지역으로 유입된 전국계 철기가 한반도 남부지역으로 유입되어 철기문화가 시작된다는 견해(金元龍, 1973)가 대표적이다. 1990년대 이후 초기철기시대의 고고학 자료가 증가하면서 금강유역에서 출토되는 초기철기를 어떻게 해석하느냐에 따라 그 기원에 대한 해석과 유입연대가 달라졌다. 금강유역에서 출토되는 이른 단계 철기는 전국시대 연나라의 철기와 비교하여 그 형태와 조성의 차이가 있다는 점에 주목하여 독자적인 생산의 가능성이 지적되기도 한다.

연나라 계통의 철기가 출토된 위원 용연동과 영변 세죽리유적 일대는 연나라의 직접적인 영향을 받은 범위, 그 남부지역 일대는 간접적인 영향을 받은 범위라고 보거나(최성락, 1997) 한반도 북부지역 초기철기문화를 중국 요동지역 철기문화권인 소위 '연화보-세죽리 문화권'에 포함시켜서 한반도 남부지역 철기문화의 기원으로 보았다(李南珪, 2002a). 또한 한반도 남부지역 철기문화의 세부적인 전개를 논하며 서남부지역과 동남부지역이 서로 다른 문화에 영향을 받는다고 보았다(李南珪, 2002b). 한반도 서남부지역에서는 가장 이른 철기가 출토되는데, 그 대다수를 기원전 2세기대로 보았다. 그 연대에 대해서는 연화보유적에서 주조철부와 함께 공반된 반량전의 연대(기원전 3세기 후반~2세기대)를 참고하였다(李南珪, 2002a; 趙鎭善, 2005). 이 같은 한정된 연대관의 설정은 초기철기와 공반되는 유물 중 절대연대를 추정할 수 있는 화폐와 한경 등이 출토되지 않은 점과 한반도 북부지역 철기의 유입에 관한 연구가 충분하게 이루어지지 않은 점이 원인이다. 더불어 문헌기록을 다분히 의식한 것으로 여겨지는데, 점토대토기의 등장은 연나라 소왕昭王 때 '진개秦開의 동진', 철기의 등장은 '준왕準王의 남하'라는 연결고리 속에서 만들어진 연대로 여겨진다.

최근 만경강유역을 중심으로 완주 갈동, 신풍유적 등 대규모 분묘에서 다양한 철기가 출토됨에 따라 기원전 2세기로 비정되던 한반도 남부지역 초기철기의 연대를 상향하는 경향도 있다. 완주 갈동유적 3호묘에서 출토된 철겸을 연나라 철기로 비정하고 공반되는 점토대토기의 연대 등을 고려하여 기원전 3세기대로 상향하기도 하며(김상민, 2013·2019a), 동촉의 병부에 대한 AMS연대를 기반으로 공반유물의 선후관계를 비교하여 기원전 4세기까지 상향하기도 하였다(이창희, 2010). 또한 철기와 공반된 유물의 선후관계를 확인하고 청동기의 상대연대를 비정하여 기원전 4세기까지 올려보기도 하였다(李昌熙, 2011). 그러므로 한반도 서남부지역의 초기철기에 관한 면밀한 검토를 통해 고고학 자료를 중심으로 한반도 남부지역 철기문화의 유입시기를 추정해 볼 필요가 있다.

또한 한반도 남부지역으로 철기문화가 확산되는 배경에 대한 논의 역시 계속되고 있다. 이것은 고고학 자료와 문헌자료의 대응과 해석의 차이에 따른 견해차이다. 특히 연나라 장수 진개秦開의 고조선 침략과 준왕準王의 남하에 관한 문헌기록과 고고학 자료를 연계하여 보는 경우가 많다. 박순발은 한반도 남부지역으로 철기문화가 유입된 시기를 점토대토기의 등장시기인 연나라 소왕昭王대로 추정하였다. 그리고 서북부지역과 동일한 철기 구성을 가진 서남부지역의 철기문화는 준왕의 남하에 따른 결과로 보았다(박순발, 1993·2004). 반면 한반도 남부지역 철기문화의 유입 이후에 주조철기는 단기간에 소멸되며, 단조문화가 발생하는 시기를 준왕의 남하에 따른 것으로 보는 견해도 있다(이영훈·손명조, 2000). 또한 박순발의 견해에 덧붙여 한반도 청동기문화권 내 선진지역에 형성된 교역권의 존재를 배경으로 서남부지역에서 이른 단계에 철기가 유입된다고 보는 해석도 있다(李南珪, 2002a).

한편, 한반도 동남부지역은 1990년대 이후 창원 다호리유적의 조사와 함께 철기문화의 기원을 낙랑군과 관련된 것으로 보고(李南珪, 2002b), 이로 인해 동남부지역은 낙랑군 설치 이후 본격적으로 철기가 유입된다고 보았다. 그러나 동남부지역에서도 가장 이른 철기가 출토되는 대구 팔달동과 경산 임당유적의 철기류는 전형적인 낙랑의 철기와 다른 특징을 띠며, 이조돌대二組突帶를 띠는 전국시대 연산燕産철부도 출토된다. 이는 낙랑군 설치 이전에 유입된 동남부지역 철기문화의 일면으로 추정된다. 이것을 근거로 동남부지역 철기문화의 유입을 서남부지역과 동일한 시기인 기원전 2세기로 상정하거나(鄭永和 외, 2000; 송계현, 2002; 申東昭, 2007), 중원계 이민에 의해 먼저 철기가 인식된 상태에서 낙랑군 설치 이후 복합적으로 철기가 도입된다고 보기도 한다(李在賢, 2003). 또한 서남부지역에 비해 공반되는 점토대토기의 형식이 늦다는 특징에 주목해 서남부지역보다 한 단계 늦게 출현한다고 보기도 한다(우병철, 2012). 즉, 한반도 동남부지역 철기문화의 유입시기는 낙랑군 설치 이전과 이후라는 두 가지 설로 구분되지만, 최근 연구에서는 낙랑군 설치 이전 서북부지역 물질문화가 동남부지역으로 유입되는 과정에서 철기도 함께 들어왔다고도 본다(윤형준, 2009; 鄭仁盛, 2008; 정인성, 2011). 특히 정인성은 와질토기의 등장을 위만조선과의 교역과정에서 연계燕系 토기의 유입과 함께 나타나게 되는 것으로 보고, 철기 역시 위만조선과 관계가 깊다고 보았다. 결국 동남부지역 철기문화의 유입에 대한 논점은 낙랑군 설치 이전인가 이후인가라는 시간성이 쟁점인 것이다. 이와 같은 견해차는 동남부지역 단조철기문화의 연대를 추정하는 과정에서 「위만조선」과 「낙랑군」이라는 각각의 다른 계보관계를 염두한 해석의 차이에서 나타나는 현상이다. 다만, 「위만조선」과 「낙랑군」의 철기문화가 무엇인지 면밀하게 검토되지 않은 채 「위만조선=주조」, 「낙랑군=단조」라는 단편적인 인식에서 연구되는 경향이 있다.

3. 철기생산기술과 유통에 대한 연구

1) 한반도 남부지역 초기철기생산에 관한 연구

한반도 최초의 철기생산유적은 1950년대 발견된 가평 마장리유적이다. 이후 1970년대 가평 이화리유적과 양평 대심리유적, 마산 성산패총 등의 조사에서 슬래그와 송풍구 등이 확인되면서 야철지로 보고되었다. 원삼국시대에 해당하는 유적이지만, 상세한 내용이 제시되지 않아 그 실체는 명확하지 않다.

이남규는 1980년대 이전 초기철기시대 자료를 분석학적으로 고찰하며, 이 유적들에 대해 대략적인 시기를 추정하였다. 그 중에서 한강유역 일대의 유적은 기원전 1세기대, 낙동강 하류 패총은 기원전후에 철기 제작기술이 도입되면서 나타나는 현상으로, 낙랑의 영향에 의한 것으로 보았다(李南珪, 1982). 이후 고고학적 자료가 증가하면서 당시 금속학적 분석자료들이 비교적 늦은 시기였다는 것이 확인되었지만 최근 한강유역과 낙동강 하류 일대의 유적에서 낙랑계 유물과 공반되는 유적이 확인되고 있어 낙랑에 의해 철기 제작기술이 도입되었다는 견해는 현재도 통용되고 있다. 이남규의 견해는 기존의 조사·보고만으로 유구를 명확히 알 수 없는 상황에서 분석학적 조사로 철기 제작기술을 복원하려는 최초의 시도라는 점에서 의미가 크다. 그 후에도 1980년대는 실제 유적과 유물을 통해 철기생산을 검토하려는 시도보다는 금속학적 분석으로 철기의 제작기술을 복원하려는 연구가 다수를 차지하였다(尹東錫, 1983).

1990년 이후 동래 내성유적과 경주 황성동유적 등에서 단야유구가 확인되면서 비교적 이른 시기의 철기생산유적의 존재를 인지하기 시작하였다. 그리고 사천 늑도유적에서 확인된 철기생산관련유구를 통해 초기철기생산공정에 대한 본격적인 논의를 가능하게 하였다. 이 유적들을 바라보는 연구자들의 의견을 정리하면 표 1과 같다.

표 1-1. 초기단계 단야유적에 대한 논의

문헌	대상 유적	공정	시기
宋桂鉉, 1995	萊城遺蹟	단야	紀元前2世紀後半
村上恭通, 1998	萊城遺蹟	재활용을 포함한 단조 철기생산	弥生中期前半
孫明助, 1998·2010	勒島·大成洞燒成 萊城遺蹟	간단한 단야	紀元前2世紀末~ 茶戶里1호묘 이전
李南珪, 2002b	萊城遺蹟	단야로 부정	紀元前2世紀代를 부정
金一圭, 2007b·2010	勒島·萊城遺蹟 達川遺蹟	단야·정련·제련?	紀元前1世紀末~ 原三國前期後半
申東昭, 2007	勒島·隍城洞· 達川萊城遺蹟	단야·정련·제련?	紀元前2世紀~後1世紀代
金想民, 2010	勒島·萊城遺蹟	단련단야 고철의 재가공	紀元前2世紀~前後(0년)

내성유적의 보고서를 작성한 송계현과 하인수는 단야와 관련된 유구로 판단하였지만(宋桂鉉·河仁秀, 1990), 이남규는 완형재와 슬래그가 명확하지 않다는 점을 지적하는 등 부정적인 입장(李南珪, 2002b)을 제시하였다. 여기서 중요한 문제는 조우노코시식城ノ越式과 수구 I 식須久 I 式의 야요이토기가 출토되는 동래 내성유적의 단야로를 어떻게 판단할 것인가 하는 점이다.

최근 사천 늑도나 김해 구산리유적 등 공반유물의 유사성을 갖는 유적 내에서 단야관련유구가 확인되는 점은 다수의 연구자에 의해 인정되고 있다(村上恭通, 1998; 申東昭, 2007). 송계현에 의해 지적된 단야로와 이와 관련된 연구는 손명조와 같은 철기생산공정 자체를 연구하는 경향으로 이어지며, 1990년대 후반 이후 증가하는 제철 관련유구의 발견과 조사에도 큰 영향을 주었다.

또한 경주 황성동유적의 조사·보고가 이루어지면서, 제철에 관한 연구가 더욱 활발해졌다. 황성동유적은 기원 2세기에서 4세기대 제철유적으로 단야와 용해로 등이 확인되면서 철 생산기술이 신라 형성에 중요한 역할을 하였다는 것을 알려준다(孫明助, 1997). 황성동유적의 연대는 와질토기의 편년을 이르게 보는 경향과 함께 단야로 역시 이르다고 보기도 한다. 황성동유적의 일부 단야유적은 연구자에 따라 바라보는 관점이 다르다. 기원전 1세기대로 올려보면서 늑도유적과 함께 동남부지역 철기문화의 발전에 원동력이었다는 견해(申東昭, 2007)와 「삼국지 위지동이전」의 변진한의 철 생산 기록과 관련해서 기원 2세기대로 보는 견해가 있다(이영훈·손명조, 2000). 최근 다양한 고고학 자료의 증가로 삼한의 물질문화 연구에서 시기를 상향하는 경향이 있는데 이것이 타당한가에 대해 검증이 필요하다.

그 밖에도 초기 제련에 대한 논의도 이루어졌다. 황성동유적에서 출토된 괴련철괴와 다호리 64호묘에서 출토된 철광석을 근거로 기원전후한 시기에 제련공정이 존재하였을 가능성이 지적된 바 있다(村上恭通, 1997; 申東昭, 2007). 또한 울산 달천 채광유적이 조사되면서 이른 시기부터 제련이 이루어졌을 가능성에 대한 기대가 커지고 있다. 하지만 구체적인 근거가 되는 노나 폐기장 등이 확인되지 않아 아직까지 가능성에 머무르고 있다.

2) 한반도 철기생산집단의 등장과 교역에 관한 연구

앞서 밝힌 바와 같이 한반도 초기철기생산에 관한 연구는 아직 활발하지 않으며, 단야기술에 대한 한일 비교연구도 적은 편이다. 그러나 한반도 남해안을 중심으로 야요이토기가 출토되고 있어 두 지역의 물질문화가 비교검토되고 있으며, 교역의 관점으로 철기와 생산기술이 논의되고 있다.

철기생산집단의 등장과 교역은 부산 내성유적의 조사에서 시작된다. 철기생산과 관련된 유구의 흔적은 미약하지만, 유적 내 야요이토기가 출토되는 점에 주목해 문화교섭의 산물로 다루어지며, 야요이인이 국내에 거주하며 제작하였을 가능성이 제기되었다(宋桂鉉·河仁秀, 1990). 또한 무라카미 야스유키는 내성유적에 대한 검토에서 출토된 불명철기가 성형·제련된 소재이며, 1호 주거지는 단야관련 유구라는 점을 처음으로 제기하였다. 공반되는 야요이토기는 일본열도 북부 규슈지역의 공인工人이 철기생산 조업에 관여하여 철 소재를 왜倭로 보내는 일련의 과정을 알려주는 것으로 단순히 철 소재를 획득하기 위함이 아니라 기술 전수 등을 고려하여 계획적으로 진행된 것이라고 보았다(村上恭通, 1997). 나가야 신[長家伸] 역시 야요이시대 단야유구와 한반도 사례를 비교하여 북부 규슈지역에 한반도의 단야기술이 수용되었다고 보았다. 특히 경주 황성동유적의 원삼국시대 전기 단야유구를 함께 검토하여, 일본열도의 경우 한반도 내 고도의 철기생산기술은 도입되지 못하고 낮은 수준의 생산기술만이 수용되었다고 보았다(長家伸, 2002).

이후 늑도유적의 보고서(경남고고학연구소, 2006)를 계기로 철기생산과 교역에 관한 본격적인 연구를 진행할 수 있게 된다. 최종규는 늑도유적을 상공업 취락으로 보며 철기생산은 주로 2차 가공이 이루어진 중간적 생산 취락이라고 보았다. 도량기인 석권石權의 존재와 야요이·낙랑토기의 출토를 근거로 주변 지역과의 교역관계를 상정하였다(崔鍾圭, 2006). 그리고 주거형태에서 차이를 보이는 두 계통의 집단이 존재하였으며, 두 집단은 중개 무역을 담당하는 거주민으로 집단 간의 시간 차이가 존재하였던 것으로 추정하기도 한다(金武重, 2010). 늑도유적의 철기생산을 유형분류라는 관점에서 철기생산집단으로 비정하며, 한반도 내 최고最古의 철기생산집단으로 설정하기도 하였다(孫明助, 2006; 金想民, 2009).

한편, 김해 구산동유적의 사례를 통해 철기생산을 매개로 한 교역 관계가 지적되기도 하였다. 다케스에 준이치[武末純一]는 구산동유적에서 출토된 야요이토기를 검토하여 이 유적의 야요이계 집단을 「① 원료철의 확보와 철기생산기술의 획득, ② 금속 공인의 북부 규슈지역 이전 추진, ③ 북부 규슈지역의 여러 국國과 교역로 설정·유지, 고조선과의 교역 및 권위 획득」이라는 목적으로 교역한 것으로 보았다(武末純一, 2010). 미야모토 가즈오는 이키섬 가라카미유적의 단야관련유구와 철기 소재를 교역품의 일부로 보고 야요이토기가 출토된 구산동, 늑도유적 등 한반도 자료와 비교하여 한반도 남부지역을 포함한 교역 네트워크에 철기가 있다고 상정하였다(宮本一夫, 2011·2012b).

3) 금속학적 분석을 이용한 철기생산기술에 대한 연구

금속학적 분석을 이용한 철기생산기술의 연구는 국내의 윤동석과 일본의 오오사와 마사미[大澤正己]에 의해 주도되었다.

국내 연구자 중 윤동석은 다량의 철기에 대한 금속학적 분석을 실시하고 그 결과를 통해 제작기술을 복원하였다. 이른 시기 철기류를 화학·현미경 분석하여 서로 다른 소재를 사용한 단접이나 접는 단야기술이라는 점을 밝혀냈다. 용융 상태의 선철銑鐵을 용범에 넣어 소재를 만든 후 탈탄脫炭 처리한 것을 단야하여 제품을 만들었다고 보았다(尹東錫, 1982).

이후 신경환과 이남규, 오오사와 마사미를 중심으로 적극적으로 유적 내 출토된 철기를 금속학적 분석을 시도하였다. 초기철기생산과 관련된 유적이 발굴되면서 창원 다호리, 사천 늑도, 경주 황성동, 울산 달천, 가평 대성리유적 등의 슬래그와 철광석에 관한 금속학적 분석이 진행되었는데, 그 중 늑도유적의 분석 결과에서는 용해과정에 생성된 슬래그라는 점이 밝혀지기도 하였다(신경환·이남규, 2006). 또한 경주 황성동유적의 원삼국시대 전기에 해당하는 Ⅰ-다-11호·17호 주거지에서 출토된 구상철괴球狀鐵塊의 분석 결과가 주목된다. 구상철괴는 선철괴銑鐵塊로 비소를 포함하지 않고 있는데, 황성동유적의 원삼국시대 후기 주거지에서 나온 철괴는 비소를 포함하고 있어 그 성분이 다른 것으로 확인되었다(尹東錫·大澤正己, 2000). 이는 시기에 따라 철 성분의 차이가 난다는 것을 알려준다. 그리고 한반도 중부지역의 가평 대성리유적에서는 정련단야에서 단련단야까지 모든 단야공정의 존재를 상정할 수 있는 분석 결과가 확인되어 상호 비교가 가능해졌다(大澤正己, 2009).

한편 한국, 중국, 일본의 철기를 상호 비교하여 철기문화의 유입단계를 살피기도 하였다. 오오사와 마사미는 야요이시대 철기의 분석 결과를 기초로 한국과 중국 철기의 금속학적 분석 결과와 비교하였다. 이를 통해 동아시아 철·철기생산기술은 3단계로 구분된다고 보았다. 특히 초기철기생산과 관련된 야요이시대 단야유구를 주목하며 석착이나 지석이 나오지 않고 송풍구도 보이지 않는 점을 근거로 고온조업이 없었다고 보았다. 또한 철편이 그대로 방치된 상태로 존재하고 있어 재이용이 되지 않았다는 점에 주목하였다(大澤正己, 1997·2000). 이와 같은 원시적인 초기철기생산유구의 특징은 부산 내성유적과 김해 구산동유적 등에서도 유사하게 확인되는 특징이라는 점에서 한반도 남부지역에 유입된 철기생산기술을 검토할 때 참고할 만하다.

2절 문제 제기 및 연구방법

1. 동북아시아 철기 연구의 과제와 연구 방향

1) 소위 「연산(계)철기[3]」와 「한식철기」의 구체적인 특징을 설명할 수 있는가?(1절-1, 2-1)에 대한 문제점)

중국 철기문화의 연구는 비교적 큰 틀에서 연구되고 있으며, 전국시대에서 한대 철기에 관한 전반적인 검토가 진행되고 있다. 하지만 전국 7국의 철기문화에 대한 세밀한 연구가 이루어지지 못한 채, 초楚나라의 철기문화가 가장 발달하였으며, 관영 수공업이 있었다는 정도의 간단한 가설만이 제시되고 있다(崔德鄕, 1993). 연구사를 통해 동북아시아 철기문화에 큰 영향을 주었다고 하는 연나라 철기문화에 대한 구체적인 고고학적 검토는 이루어지지 않은 채 초나라 철기문화에 주목하고 있는 것이다.

더불어 연나라의 영역에 해당하는 유적의 철기에 대한 자료를 소개하는 정도에 그치고 있는 실정으로 조사 보고서에서도 대략적인 시기만을 제시하고 있다. 연나라 영역에서 발견된 전국시대 철기는 고려채高麗寨와 목양성牧羊城, 남산근南山裡 유적 등 요동반도 남단인 여순旅順지역(濱田耕作 외, 1929; 原田淑人 외, 1931; 東亞考古學會, 1933)과 연하도燕下都(傅振倫, 1955) 등에서 조사·보고되었다. 이처럼 다수의 전국시대 철기 자료가 축적되면서 연나라 철기의 개요는 대략적으로 제시되었지만, 철기의 구체적인 분석과 해석을 포함한 체계적인 검토가 이루어지지 않고 있다. 연구사에서 제시한 것처럼 아직도 「유사하다」는 정도의 추상적인 비교에 의한 고찰이 이루어지고 있는 것이다.

반면 국내 학계에서는 연나라 계통의 철기라는 개념으로 연계燕系철기, 연식燕

---

3) 여기서는 연나라 계통의 철기를 아우르는 표현으로 연산(계)철기로 칭하였다. 본고에서는 연나라에서 제작된 철기로 확정할 수 있는 것은 연산燕産, 연나라 계통의 철기이지만 연나라에서 제작된 것으로 보기 어려운 것은 연계燕系로 구분하여 기술하였다.

式철기라는 용어가 통용되고 있다. 필자는 선행연구를 살피며 강조한 것처럼 연나라 계통 철기를 모두 연나라의 공방工房에서 만든 것으로 보는 것은 주의할 필요가 있다고 생각한다. 그리고 요령지역과 한반도 일대에서 전형적인 연나라 철기류와 다른 특징의 주조제 철기류가 보인다는 점에 주목하고자 한다. 즉 필자는 연나라에서 만든 것은 연산燕産, 연나라 계통인 것은 연계燕系의 철기로 구분하여 보아야 한다고 생각한다. 그 중 연계철기는 고조선의 철기문화를 추정하는 실마리가 될 수 있을 것이다.

또한 국내의 많은 연구자들은 낙랑 분묘에서 출토된 철기류를 모두「한식철기」로 다루고 있으며, 낙랑계 유물과 공반되는 철기류도「한식철기」로 보는 경우가 적지 않다. 시오미 히로시와 무라카미 야스유키는 낙랑군의 철기 중에는 전형적인 중원지역 철기와 낙랑군의 독자적인 철기류가 공존한다고 지적하였다. 이 점에 주목한다면 낙랑 철기를 모두「한식철기」로 규정되고 있는 점은 재검토되어야 한다.

따라서 연나라 철기의 실체를 좀 더 구체적으로 살피고 그 변화과정을 검토할 필요가 있는데, 연하도(1996)의 종합 보고서와 그 이전에 보고된 약보고서(조사개요 등)를 총체적으로 살피고 분석함으로써 연나라 철기의 실태를 파악해보고자 한다. 그리고 전한의 성립과 함께 연나라 철기가 어떻게 변화되는가를 추적해가며 한식철기의 특징을 밝혀보고자 한다.

2) 연나라 철기문화가 주변 지역으로 확산되는 시기와 범위, 그 특징은 어떠한가?(1절-2-1)-(1)에서 대한 문제점)

현재까지 동북아시아 철기문화의 기원은 연나라이며, 연 문화가 주변 지역으로 확산되었다는 연구가 많은 지지를 받고 있다. 지금까지 많은 연구자들은『사기史記』「흉노열전匈奴列傳」"燕襲走東胡 却地千里 度遼東而攻朝鮮"라는 문헌기록을 근거로 연나라의 동쪽 진출이 철기문화의 확산에도 영향을 주었다고 보고 있다. 연나라 장성과 전국시대 화폐의 분포양상을 토대로 문헌기록을 고고학적 현상과 맞춰가면서 연나라 철기의 유입 역시 마찬가지일 것이라고 추정해왔다. 그러나 문헌기록에 따른 영역 확장과 철기 유입을 동시기로 볼 수 있는가 하는 의문점이 생긴다.

이와 같은 연구경향 중에 연나라의 분묘에 관한 고고학적 분석을 통해 시기에 따른 연나라의 영역 확장을 검증한 미야모토 가즈오의 연구가 주목된다. 그는 "연나라 분묘의 분포와 연나라 장성의 범위를 검토하면 문헌에서 추정하고 있는 기원전 300년 전후 북방지역으로의 영역 확장 이전부터 연나라의 북방 경영이 시작되었다"고 주장하였다(宮本一夫, 2007·2009b). 미야모토 가즈오의 견해는 다소 과장된 면이 없지 않지만 연나라의 동쪽 확장을 굳이 문헌의 시기에 한정할 필요가 없음을 보여주는 사례 중의 하나라고 할 수 있다.

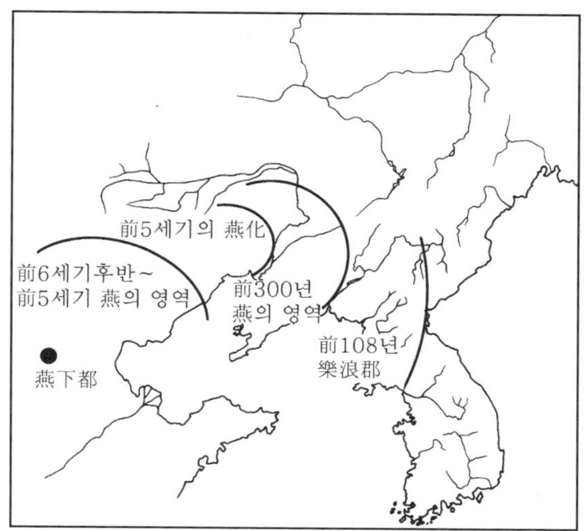

그림 1-2. 미야모토 가즈오의 연나라 영역 변화

따라서 동북아시아 제지역에서 출토되는 철기의 시기에 따른 분포양상을 확인하고 이를 통해 연나라 철기가 시기에 따라 어떻게 확산되며, 변용되는가를 검토해 볼 필요가 있을 것이다.

3) 한반도 철기문화의 유입과 연대 문제는 어떻게 보아야 하는가?
(1절-2-2)-(1)에서 대한 문제점)

한반도 철기문화의 유입시기는 북부지역은 기원전 3세기, 남부지역은 기원전 2세기대로 보는 것이 일반적이다. 북부지역은 새로운 고고학 자료가 보고되지 않아 진전된 견해가 나오지 않고 있다. 그러나 한반도 남부지역은 최근 자료의 증가와 함께 철기문화에 대한 연구가 활발해지고 있다. 특히 서남부지역에서는 비교적 이른 시기부터 철기가 등장한다는 것이 인정되고 있으며, 소위「연산(연계)철기」도 출토되고 있다. 그러나 아직까지도 그 연대는 기원전 2세기에 한정하고 있으며, 낙랑군 설치와 함께 기원전 1세기대에 철기문화의 단절이 시작된다고 보고 있다. 기원전 2세기라는 연대관은 서북부지역 철기문화의 유입시기가 기원전 3세기라는 점이 전제가 되며, 전파론적 관점에서 시기차를 고려한 연대이다. 또한 문헌기록에 맞춰감으로써 기원전 2세기대 이전으로 상향할 수 없다는 인식이 강하다. 결국 준왕의 남천, 위만조선의 멸망에 따른 위만계 주민의 남하에 따라 철기문화도 함께 들어온다고 하는 인과관계에 기초한다.

한편 최근 AMS 분석 결과를 근거로 일본 야요이시대 연대를 상향 조정하는 경향이 두드러진다. 이와 같은 경향 속에서 철기의 유입시기 역시 AMS 연대를 토대로 기원전 4세기까지 올려보는 견해가 제시된다. 또한 일본열도보다 한반도에서 철기의 출현시기가 늦을 수 없다는 인식에서 한반도 철기 유입시기도 기원전 4세기까지 상향하려는 경향도 있다. 그러나 AMS 분석 결과의 전제로 고고학 자료를 그 연대에 맞추는 경향이 강하다. 고고학 자료로서 철기와 공반유물에 대한 구체적인 분석과 검토를 하기 전부터 철기의 유입시기를 미리 정해두고 있는 것이다.

한반도 남부지역 철기의 유입시기는 문헌자료를 기준으로 한 연대에서는 기원전 2세기대보다 상향되기 어렵고, 과학적 분석으로 얻어진 연대는 기원전 4세기대로 보아 상호 간에 다소 큰 연대차가 발생한다. 또한 연나라 영역 확장과 한반도 내 철기의 등장 전부터 일본열도 내 철기가 등장하는 모순이 생긴다. 그리고 그 모순을 해결하기 위해 한반도 철기문화의 유입시기를 상향하는 또 다른 모순을 낳는다.

그러므로 본고에서는 동북아시아 전체를 시야에 두고 고고학 자료를 중심으로 한 변천단계를 설정한 후 지역 간의 비교를 통해 연대를 설정해 가고자 한다.

4) 한반도 철기문화의 전개과정에서 단조철기의 등장은 『낙랑』의 영향인가?(1절-2-1)-(2) , 1절-2-2)-(1)에서 대한 문제점)

한반도 철기문화의 전개에서 단조기술의 등장은 큰 획기가 된다. 단조기술을 기반으로 한 다양한 무기류의 생산은 삼국시대 국가 형성과도 밀접한 관련이 있다. 단조품은 한반도 서북부지역에 존재한 것으로 상정되는 낙랑군의 영향이며,

이후 남부지역에 보급된 것으로 보고 있다. 이로 인해 한반도 남부지역에서 주조품과 단조품이 공반되는 시기는 낙랑군 설치 이후로 한정해왔다. 또한 「위서魏書」에 기록된 철을 매개로 한 변진한과 낙랑의 교역을 연계하여 해석하였다.

하지만 최근 보고된 자료를 통해 낙랑군 설치 이전에 한반도 남부지역으로 단조품을 포함한 철기가 유입되었다고 보는 연구가 증가하고 있다. 낙랑군 설치 이전의 단조철기를 서북부지역 재지在地집단의 철기문화에서 유입된 것으로 추정하며, 소위 「위만조선」 철기문화의 남하라고 보는 연구도 있다. 이 같은 연구들은 아직 가설적 논증으로 낙랑군 설치 이전 서북부지역 철기문화의 실태가 고고학적으로 명확하지 않으므로 위만조선과 관련된 문헌기록에서 그 답을 찾고 있다.

단조철기의 유입에 관한 서로 다른 견해는 서북부지역에 공개되지 않은 고고학 자료가 많다는 점이 주요한 원인이지만, 한국 고고학계에서 문헌자료에 대한 해석을 중심으로 고고학 자료를 살피는 연구경향도 그 원인의 하나라고 생각된다.

따라서 서북부지역 철기문화에 관한 고고학적 분석을 통해 낙랑군 설치 이전과 이후에 어떠한 변화가 있는지를 검토할 필요가 있다. 그 결과를 남부지역 단조철기문화와 비교함으로써 단조철기문화의 출현과정을 풀어내고자 한다.

5) 한반도 철기생산기술의 유입시기는 언제부터이며, 그 공정은 어떠한가?(1절-2-1)-(2), 1절-2-2)-(1)에서 대한 문제점)

앞서 연구사에서 제시한 바와 같이 한반도 남부지역 철기생산기술의 등장에 대해서는 많은 견해차가 있다. 이는 명확한 유구가 확인되지 않은 것에 기인하며, 일부 불분명한 고고학 자료를 강하게 부정하는 학계 분위기가 반영된 것이다. 또한 앞서 제기한 의문점의 하나인 단조철기의 유입시기와도 관련된 문제로서 최초의 철기생산유적인 부산 내성유적을 신뢰하는가 그렇지 않는가에 따른 논쟁이다. 내성유적 내 단야생산이 이루어졌다고 보는 지점은 주거지 내부이며, 야요이시대 중기 전반에 속하는 야요이토기가 출토되고 있어 기원전 2세기 후반이라고 본다. 그러나 국내 유적을 야요이토기 연대로 살핀다는 점이나 단야와 관련된 유구임에도 단조박편이 출토되지 않은 점을 근거로 생산유구로 인정하지 않기도 한다. 이는 「낙랑=단조품」이라는 인식에 근거한 것으로 단야기술의 도입은 낙랑군 설치 이후라는 미리 정한 전제 속에서 자료를 살피고 있기 때문이다. 그러나 상기의 견해라면 동남부지역에서는 지역성이 강한 철기류가 다량 출토되고 있음에도 동시기에 철기생산유적이 없는 모순이 발생하게 된다.

이와 같이 초기철기생산유적에 관한 논쟁은 한반도 남부지역만의 문제가 아니라 일본열도 초기철기생산유적과도 관련된 문제이다. 왜냐하면 많은 일본 연구자들은 일본열도의 초기철기생산유적의 기원을 한반도 남부지역에서 찾고 있기 때문이다. 앞서 살핀 「내성유적은 철기생산이 아니다」라는 견해를 인정하게 되면 실제 한반도 남부지역의 철기생산유적은 일본열도의 철기생산유적보다 늦은 시점에 나타나는 것이 되어버린다. 최근 동남부지역을 중심으로 새로운 철기생산유적이 발견되고 있으며, 초기철기생산에 관한 새로운 논의도 진행되고 있다.

따라서 본고에서는 한반도 남부지역 철기생산유적을 시론적으로 살핌으로써 철기생산기술의 유입과 전개과정을 추정해 보고자 한다.

6) 동북아시아 여러 지역 철기문화의 지역차와 변용을 어떻게 해석해 나갈 것인가?

현재까지 동북아시아 각 지역의 철기문화 연구는 철기의 유입 계보와 그 시기를 비정하는 것이 중심이었다. 그리고 각 지역 철기류의 기종과 형식변화를 살핌으로써 지역별 철기문화의 전개과정을 밝히는 연구가 진행되었다.

동북아시아 철기문화의 유입과 전개과정을 볼 때, 각지에서는 서로 간의 차이점이 존재한다. 그러나 철기문화를 세부 지역별로 다룸으로써 동아시아적인 넓은 관점에서 종합적으로 비교하는 연구는 적다. 이처럼 동북아시아에서 보이는 철기문화의 지역차를 살피는데 주목할 수 있는 것이 철기문화의 재지在地화 시점이다. 중국의 철기문화가 어떻게 변용되어가며 재지화되는가를 살피는 것이 중요하다. 그러므로 각 지역별로 철기의 변화와 변용과정을 살피고 재지화된 철기를 파악해 보고자 한다. 그리고 이들의 시기적 위치를 찾아가면서 철기문화가 어떻게 각 지역에 뿌리 내려 가는지 이해할 수 있을 것이다. 이상과 같은 검토를 통해 동북아시아 제지역에서 철기를 인지하기 시작한 후 재지화되기까지의 과정을 당시 사회의 동향과 함께 해석해 보고자 한다.

2. 연구 대상과 방법

앞서 각 지역의 연구사를 기초로 한 철기 연구의 현황과 과제를 확인하였다. 이와 같은 과제를 해결하기 위해 중국과 그 주변 지역에서 철기를 매개로 한 교류 등 상호관계의 실체를 살펴보고자 한다. 본고는 동북아시아를 대상으로 초기국가 형성기인 전국~한대의 철기문화를 살피며, 한반도 주변 지역정치체의 발전과정과 상호관계를 해명하는 것을 목적으로 한다. 그리고 그 실체가 명확하지 않은 고조선을 철기문화를 통해 밝혀내고자 한다.

연구 방법은 다음과 같다. 먼저 전국시대에서 전한 병행기의 동북아시아 전역의 유적에서 출토된 철기를 기종별로 분류하고, 주요 기종의 형식학적 분류를 시도하고자 한다. 대상 유물은 동북아시아 전역에서 공통적으로 존재하는 농공구류를 중심으로 한다. 동일한 분류 기준으로 각 지역 철기문화의 변천단계를 설정하고, 층서나 공반유물의 변화 경향을 참고하여 객관성을 높이고자 한다.

그리고 각 지역 간의 시기적 병행관계를 확인함으로써 시기에 따른 동북아시아 철기의 분포양상뿐만 아니라 분포범위의 차이를 확인하고자 한다.

동북아시아 철기생산에 대해서는 고고학 자료를 중심으로 문헌자료와 자연과학적 분석, 실험고고학적 검증, 민속 자료 등 여러 관련 분야의 분석을 참고하여 종합적으로 검토한다. 특히 시기에 따라 나타나는 철기생산공정을 상정하여 앞서 살핀 확산단계와의 시간적 병행관계를 확인할 수 있다. 즉 확산단계에 따라 생산유적의 분포와 그 공정의 차이를 밝혀낼 수 있을 것이다.

철기라는 「제품」과 제철이라는 「기술」의 이동을 종합적 검토함으로써 동북아시아 철기문화의 변천과정에서 보이는 지역차의 원인을 해결하고자 한다. 또한 유적과 유물로 살핀 고고학적 연구 결과를 문헌기록과 비교해 본다면 동북아시아 지역정치체의 사회구조와 철기문화의 특징을 상정할 수 있을 것이다. 이와 같은 분석과 고찰을 통해 앞서 지적한 동북아시아 철기문화에 관한 연구 과제를 풀어나가고자 한다.

제2장
연구 대상과 기종 분류

본 장에서는 전국시대에서 전한대에 출토되는 철기의 분포양상을 검토하고 이에 기초하여 분석 대상을 공간적으로 구분하고자 한다. 동시에 동북아시아 전역에서 출토되는 철제 농공구의 기종과 형식을 설정함으로써 본 연구의 분석 대상인 동북아시아 전역을 통일된 기준으로 검토하고자 한다. 기종 분류는 수량적으로 안정적이고 선행연구에서도 주목받아온 주조철부를 중심으로 면밀히 분석하고, 그 밖에 기종은 선행연구의 분류를 참조해 각 형식의 변화를 상정하고자 한다.

1절 지역 구분

동북아시아 철기문화는 지역적으로 다른 전개양상을 갖는다. 그리고 지역에 따라 출토되는 기종이 다르며, 동일한 기종이더라도 형태적 차이가 크다. 또한 철기문화의 유입과 전개과정에서 보이는 시기차도 큰 편이다. 이와 같은 현상은 중국 대륙에서 주변 지역으로 철기문화가 확산되는 과정에서 지역별로 다르게 변용되기 때문이다. 그러므로 중국 대륙으로부터 한반도에 이르는 철기문화 연구는 지역별로 다루어져야 하고 그 특징을 상호 비교해 가야 한다. 3장에서 5장에 걸친 지역적 분석과 철기문화의 변천단계를 정리하는 전제가 된다.

서두에서 밝힌 바와 같이 전국시대 연나라는 한반도를 비롯한 동북아시아 철기문화의 발전에 큰 영향을 주었다는 점은 이론의 여지가 없다(潮見浩, 1982; 村上恭通, 1997·1999). 전국시대 연나라는 연산燕山 남부지역에서 요령遼寧지역, 한반도 북부지역에 이르는 넓은 범위에 직·간접적인 영향을 주었다. 이것은 연나라 장성의 위치 및 화폐의 분포 등에서도 추정되고 있다. 또한 연나라의 멸망 이후에는 한나라의 성립과 함께 철관鐵官이나 마노관馬弩關 등 각종 제도를 만들며 철기의 유출을 금지하였지만, 군현郡縣 등 치소를 설치하여 주변의 동북지역을 지배하였기 때문에 그 영향을 받지 않았다고 단정할 수는 없다.

따라서 동북아시아 철기문화의 연구에서 『연나라의 철기문화가 어떻게 전개되는가?』, 『연나라 철기는 지역에 따라 어떻게 변화되는가?』에 대한 검토가 필요하다. 또한 『한반도 철기문화는 전한대에 설치된 낙랑군의 영향에 의한 것인가?』에 대해서도 생각해 보아야 한다.

본고의 대상 지역은 연나라의 중심 영역이었던 연산 남부지역에서부터 한반도 남부지역에 이르는 범위이다. 지역 구분은 분석 대상 유적과 유물의 분포양상을 기초로 큰 강과 산맥을 기준으로 구분하였으며, 선행연구를 참고하여 크게 6개 지역으로 구분하였다.

먼저 연나라의 중심지인 연산 남부지역과 연나라의 영역이었다고 추정되는 요령지역은 동북지방의 평원을 지나가는 요하遼河를 기준으로 요서遼西지역과 요동遼東지역으로 구분하였다. 또한 요동지역과 한반도 북부지역의 경계는 전국시대 철기의 분포양상과 연나라 장성의 범위를 참고로 청천강淸川江의 이북과 이남지역으로 구분하였다. 이는 연나라가 요령 진출 후 우북평군右北平郡, 요서군遼西郡 등을 설치하고 그 외곽外郭에 장성長城을 축조하였다는 선행연구의 지적(李慶發 외, 1991; 宮本一夫, 2000; 吳江原, 2011)을 참고하였다. 연산 남부지역에서는 연나라 중심지 중 하나인 「연하도燕下都」가 존재하고 있으며, 그 주변으로도 다수의 유적에서 철기가 출토된다. 특히 「연하도」에서는 다수의 분묘와 취락에서 다양한 기종과

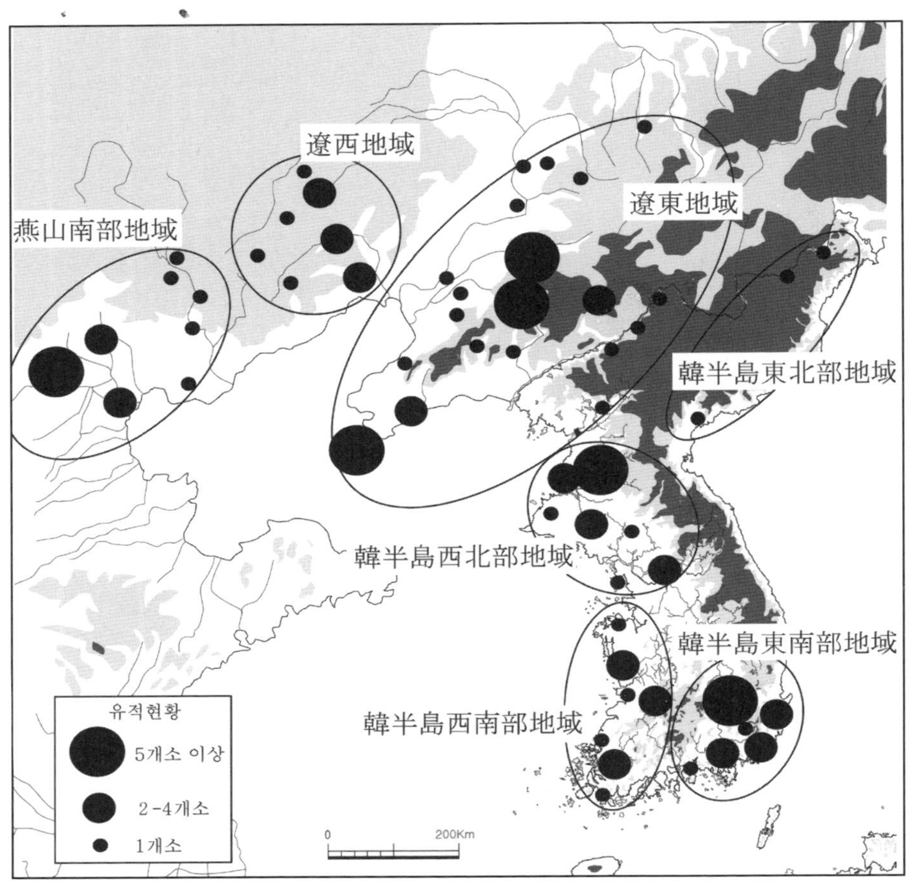

그림 2-1. 분석 대상 유적 내 철기의 분포와 지역 구분

형식의 철기류가 출토되어 전국시대 연나라의 철기문화를 확인할 수 있는 기준이 될 수 있다.

한반도의 지역 구분은 유적의 분포양상에 따라 한강을 기준으로 북부지역과 남부지역으로 구분하였다. 그리고 한반도 북부지역은 유적이 집중되는 청천강 이남지역에서부터 북한강유역까지를 서북부지역으로, 백두대간의 동쪽인 동해안 지역을 동북부지역으로 구분하였다. 다만 동북부지역의 유적과 유물은 아직 소수에 불과하므로 서북부지역의 철기문화를 검토하는 과정에서 비교 자료로서 함께 살피고자 한다.

한반도 남부지역은 유적의 분포양상과 지형적 특징을 기초로 태백산맥에서 이어지는 소백산맥을 기준으로 동서로 구분된다. 이를 근거로 소백산맥의 서쪽을 서남부지역으로, 동쪽을 동남부지역으로 구분하였다. 한반도 남부지역은 철기문화의 유입시기와 전개과정에서 큰 지역차가 지적되는데, 특히 동남부지역은 비교적 이른 시기부터 독자적인 형태의 철기가 출토되고 있어 주목된다. 외래계 철기의 유입과 독자적인 철기생산이라는 관점을 염두하여 통시적으로 검토해 가고자 한다.

2절 기종과 형식분류

동북아시아 제지역에서는 다양한 철기류가 출토되고 있다. 그 중에서 전 지역에 걸쳐 다수를 차지하는 유물은 철제 농공구류이다. 연나라의 영역 확장에 따른 철기문화의 확장과정에서도 철제 무기류는 거의 출토되지 않는다고 알려져 있다. 또한 낙랑군의 설치 이후에도 한반도 남부지역에서는 한식 철제무기로 볼 수 있는 철기는 거의 보이지 않는다. 이처럼 연나라의 철기문화가 주변 지역으로 파급됨에도 무기류는 청동기로 유지되는 경향이 각 지역정치체에서 보이는 공통적인 현상이다.

따라서 전국시대에서 한 대에 이르는 철기문화의 확산은 무기류보다는 농공구와 같은 도구가 중심이 되었던 것으로 여겨진다. 여기서는 비교적 안정적인 출토량을 갖는 농공구류를 중심으로 기종과 형식분류를 시도하고자 한다.

1. 주조철부

주조철부는 한국과 일본 연구자에 의해 일반적으로 통용되는 용어이다. 중국에서는 공부銎部를 갖는 도구를 기능별로 용어를 붙여 분錛이나 곽钁, 산鏟, 삽鍤과 같이 세분하고 있다. 본고는 중국 대륙의 동북지역으로부터 한반도에 이르는 넓은 지역의 철기를 다루므로 우선적으로 공부銎部를 갖춘 철기류의 기종을 분류하고자 한다.

연구 대상인 동북아시아 전 지역에서 공통적으로 확인되는 삽입식 공부銎部를 갖춘 철기류는 중국의 분류인 분錛과 곽钁이 있다. 중국의 연구자 중에서는 이를 소위 「공수부空手斧」로 부르기도 한다(白雲翔, 2005). 그 밖에도 산鏟, 서鋤, 삽鍤은 주로 중국에서 출토되는 기종이다.

본고에서 대상으로 하는 주조철부는 중국에서 「錛」, 「钁」로 칭하는 철기로 한정한다. 중국의 보고 자료에서는 연구자에 따라 같은 기종임에도 다른 용어를 사용하여 분류하는 경우도 있다. 여기서는 그림 2-2와 같이 기종을 분류하고 이를 기준으로 논지를 전개한다.

동북아시아의 주조철부는 다양한 크기와 형태로 확인되며, 시기와 지역에 따라 형태적 차이도 크다. 대상 지역 내 주조철부는 약 300점이지만, 중국이나 북한의 보고서에는 도면이나 사진만 보고되거나 수량만 기재된 경우가 많아 실제 수량은 더 많을 것으로 생각된다.

주조철부의 분류는 선행연구에서 용범[鑄型]형태에 따라 다른 공부銎部의 단면형태를 띤다는 점에 주목하여 공부의 단면형태를 기준으로 삼았다. 여기에 평면형

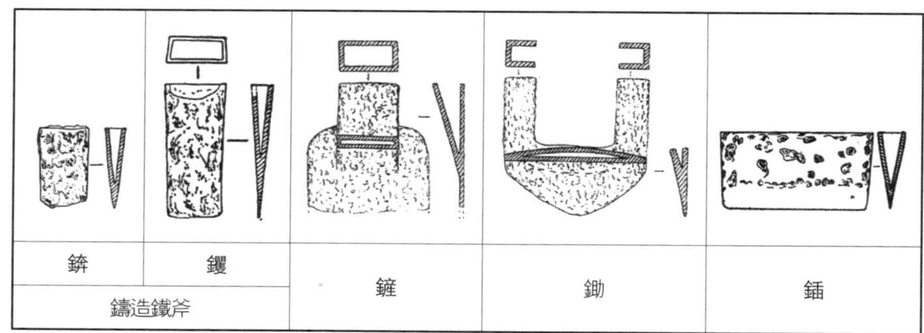

그림 2-2. 삽입부를 가진 농공구의 기종 분류

태, 인부刃部형태, 신부身部의 돌선突線 및 융기선隆起線의 유무 등이 세분하는 기준이 되었으며, 인부와 신부폭을 기준으로 크기에 따른 분류도 실시되었다(표 2-1). 이처럼 선행연구에서 다루고 있는 세부 속성을 종합하여 본고에서는 다음과 같은 속성을 사용하여 분류하고자 한다.

먼저 주형鑄型을 추정할 수 있는 단면형태를 1차 기준으로 적용한다. 주형의 형태를 단면도를 통해 명확히 확인할 수 없는 경우는 측면 관찰을 통해 양인兩刃은 쌍합범雙合范인 장방형長方形, 편인片刃은 단합범單合范인 제형梯形으로 본다.

융기선隆起線과 돌대突帶의 유무도 형식분류의 중요한 속성이므로 공부銎部의 단면형태를 분류에 포함시킨다. 한반도 남부지역에서 출토되는 공부銎部의 외형에 단段이 있는 형태(村上恭通, 2008)도 1차 분류안에 넣었다. 또한 선행연구에서 평면형태나 공부폭, 인부폭의 비율 등을 하나의 변화 속성으로 보는 점을 참고하였다. 이는 인부의 형태 변화에 착안한 속성으로 볼 수 있다. 따라서 인부의 평면형태를 세부 속성의 하나로 포함한다.

주조철부는 길이와 인부刃部의 비율로 세분되기도 하지만 인부폭은 제작된 후 변형되었을 가능성도 있다. 여기서는 전체 길이(전장長全)는 소형과 대형으로 구분되므로 계량적 속성의 기준으로 보았지만, 인부폭은 계량적인 속성으로 살피지 않았다. 이상과 같은 주조철부의 속성을 정리하면 그림 2-3과 같다.

단면형은 장방長方형(A)과 제梯형(B)으로 구분하고, 다시 제형은 융기선의 유무

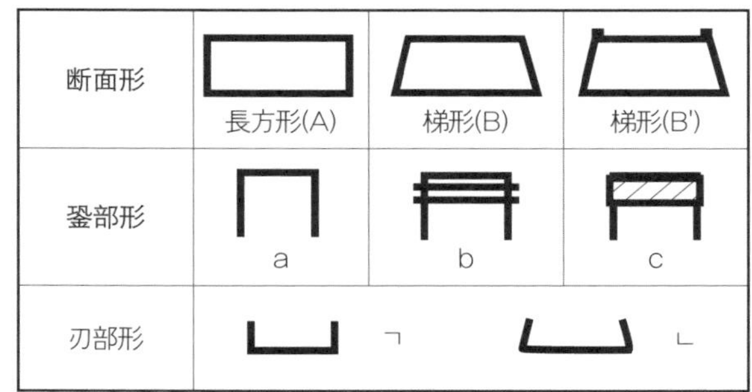

그림 2-3. 주조철부의 속성

표 2-1. 선행연구의 주조철부 분류

<table>
<tr><th>1次 屬性</th><th>細部屬性</th><th>型式</th><th>地域/中心時期</th><th>備考</th></tr>
<tr><td colspan="2">全長</td><td>2 또는 3式</td><td>中國/戰國/漢代</td><td>中國報告書 多数</td></tr>
<tr><td>機能(空首頭·錛)</td><td>平面形</td><td>5型</td><td>中國/戰國時代</td><td rowspan="2">白雲翔, 2005</td></tr>
<tr><td>機能(空首頭·錛)</td><td>平面形</td><td>4型</td><td>中國/漢代</td></tr>
<tr><td></td><td>刃部側面</td><td>4型式</td><td>韓國/初期鐵器時代</td><td>盧泰天,
1989·2000</td></tr>
<tr><td>平面과
斷面形態 ⇒</td><td>隆線有無</td><td>4型式</td><td>韓國/原三國時代</td><td>이상율, 1990</td></tr>
<tr><td>鑄型의 形態 ⇒</td><td>銎部의 斷面形 →
平面形態 → 隆起線有無</td><td>5型式</td><td>韓國/原三國時代</td><td>宋桂鉉, 1995</td></tr>
<tr><td>銎部(身部)
斷面形態 ⇒</td><td>上面의 凸帶有無</td><td>4型式</td><td>韓國/初期鐵器
~原三國時代</td><td>김수경, 2000</td></tr>
<tr><td>全長 ⇒</td><td>刃部幅</td><td>5型式</td><td>韓國/原三國時代</td><td>金度憲, 2001</td></tr>
<tr><td rowspan="2">銎部의
斷面形 ⇒</td><td>平面形態 → 凸帶有無
〈長方形·六角形〉</td><td rowspan="2">8型式</td><td rowspan="2">韓國/初期鐵器~
原三國時代</td><td rowspan="2">金度憲, 2002</td></tr>
<tr><td>銎部幅/高 → 平面形態
→ 隆線帶有無〈梯形〉</td></tr>
<tr><td>鑄型 →
斷面形 ⇒</td><td>平面形態 →
凸·隆線帶의 有無</td><td>7型式</td><td>韓國/初期鐵器~
原三國時代</td><td>申東昭, 2007</td></tr>
<tr><td>鑄型 →
斷面形 ⇒</td><td>隆線有無·刃部形態·
길이/刃部幅</td><td>12型式</td><td>韓國/初期鐵器~
三國時代</td><td>金想民, 2009</td></tr>
<tr><td>斷面形(袋部) ⇒</td><td>凸帯有無 →
袋部와 刃部幅의 비율</td><td>5型式</td><td>韓國/初期鐵器時代</td><td rowspan="2">川越哲志, 1980</td></tr>
<tr><td>凸帶有無 ⇒</td><td>袋部와 刃部幅의 비율
→ 斷面形(袋部)</td><td>12型式</td><td>中國/戰國~漢代</td></tr>
<tr><td>斷面形 ⇒</td><td>刃部幅/袋部幅</td><td>6型式</td><td>中國~日本/
戰國~漢代 병행기</td><td>東潮, 1982</td></tr>
<tr><td>斷面形
(梯形·凸帶) ⇒</td><td>平面形態·隆線有無·
길이/刃部幅</td><td>8型式</td><td>中國~日本/
戰國~漢代 병행기</td><td>村上恭通, 1988</td></tr>
</table>

에 따라 융기선이 없는 제형을 B식으로, 융기선이 있는 형태를 B'식으로 세분한다. 공부銎部형은 돌대突帶의 유무에 따라 돌대가 없는 형태를 a식으로, 이조돌대二組突帶가 있는 형태를 b식으로 구분한다. 그리고 공부의 외형에 단과 같이 「대帶」를 형성하는 형태를 c식으로 설정한다. 인부刃部형은 공부銎部에서 인부刃部로 직선에 가깝거나 좁아지는 형태를 ㄱ식으로, 공부에서 인부로 점점 넓어지는 형태를 ㄴ식으로 설정하였다.

한편, 주조철부는 길이에 따라 크기가 구분된다. 그림 2-4는 동북아시아 주조철부의 길이에 따른 수량을 정리한 것이다. 중국 보고서에는 실측도나 사진에 대한 기록과 함께 같은 형식의 수량이 함께 보고된다. 이와 같은 양상을 염두하여 주조철부의 수량을 살펴보면, 대략 11cm를 기준으로 소형과 대형으로 구분됨을 알 수 있다. 이 같은 현상은 같은 형식으로 보고된 예상량을(그림 2-4; 회색범위) 보더라도 동일한 패턴을 보인다.

앞서 살핀 속성 중 공부의 단면형태는 일반적으로 쌍합범雙合范에서 단합범單合范으로 변화되는 것으로 상정된다. 즉 주조철부의 단면형은 장방형에서 제형으로 변화되는 것으로 추정되고 있다. 제형 B'식은 원삼국시대 한반도 동남부지역에서 일반적으로 보이는 특징이므로 그 시기를 특정하면 전한대 이후라고 판단된다. 그렇다면 장방형(A) → 제형(B) → 제형(B')으로 변화를 상정할 수 있다.

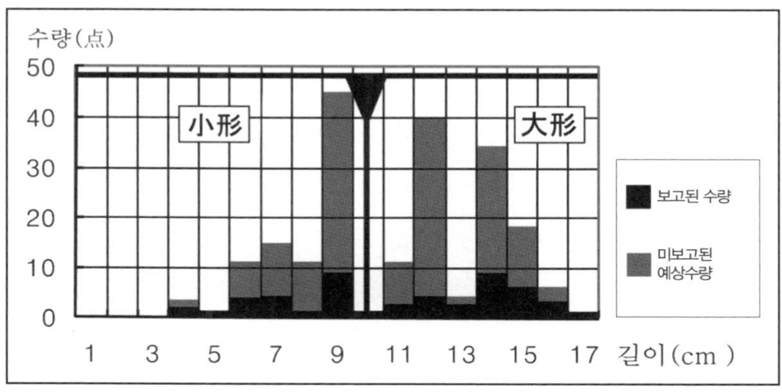

그림 2-4. 주조철부의 길이에 따른 구분

또한 공부銎部 a · b形은 연나라 주조철부의 기본적인 특징으로 적용되고 있는(川越哲志, 1980; 村上恭通, 1988) 반면, c형은 한반도 내 청동기의 생산기술을 토대로 제작되었다고 추정된다(村上恭通, 2008). 이러한 지역차를 고려한다면, 연나라 영역 내 철기의 속성이 좀 더 이른 속성이라는 전제에서 (a형=b형)→c형으로 변화한 것으로 생각할 수 있다.

인부형刃部形은 한나라 주조철부가 공부에서 인부로 넓어지는 형태를 띠는 점(川越哲志, 1980)과 낙랑군 설치 이후 주조철부 역시 인부가 넓어지는 점에 주목할 수 있다. 이처럼 인부가 넓어지는 경향은 단조철기문화가 성행하여도 지속되는 점을 고려한다면, ㄱ식→ㄴ식으로 변화를 상정할 수 있다.

이상과 같이 선행연구를 통해 상정할 수 있는 속성의 변화양상을 층위관계를 통해서 검증해 보고자 한다. 연하도 취락유적에서는 다수의 주조철부가 출토되었으며, 오랜 시기의 층위가 존재한다. 따라서 연하도 취락의 층위관계를 기초로 속성변화를 검증할 수 있다. 취락 내의 층위관계에 대한 정리는 도면이나 사진 등으로 보고되어 실제로 확인할 수 있는 수량과 일괄 보고되어 수량만 알 수 있는 것으로 구분하여 검토하였다.

먼저 단면형의 속성변화를 살펴보면, 실제 확인할 수 있는 수량과 예상할 수 있는 수량이 모두 제형에서 장방형으로 변화되고 있다(그림 2-5). 그러나 좀 더 면밀히 살펴보면 장방형은 전국시대 중기층부터 본격적으로 증가하는 양상을 띠

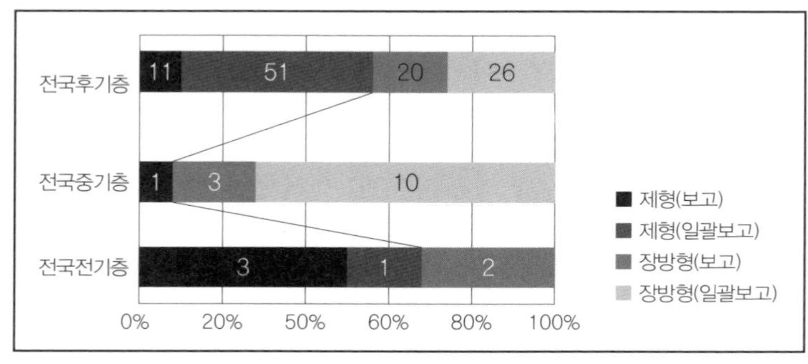

그림 2-5. 단면형의 변화양상

고, 제형은 전국시대 후기층에서 그 수량 증가가 두드러진다. 단면형태는 제형에서 장방형으로 변화되는 것으로 보이지만, 전국시대 전기층의 자료가 소수이므로 단정하기는 어렵다. 오히려, 안정적인 수량이 확인되는 전국시대 중기층에서 후기층까지의 수량 변화를 통해 장방형에서 제형으로 변화되는 경향이 보인다는 것이 좀 더 객관적인 해석일 것이다.

표 2-2. 인부형의 변화양상

층위 \ 형태	인부형	
	ㄱ	ㄴ
전국전기층	5(6)	1
전국중기층	3(10)	1(3)
전국후기층	22(60)	10(38)

※ ( )는 일괄보고된 포함한 수량

또한 공부형 a식은 전국시대 전기층부터 꾸준히 증가하는 반면, b식은 단면형태가 장방형(A)인 전국시대 중기층부터 출토되기 시작하여 후기층에서 증가한다. 인부형의 층위관계를 살펴보면, ㄱ식은 전국시대 전·중기에서 후기층까지 꾸준히 출토되는 경향을 보이는 반면, ㄴ식은 전국시대 후기층에 집중된다(표 2-2).

이상과 같이 선행연구에서 제시된 속성변화를 연하도 취락의 층위관계를 통해 검증해 본 결과 기존에 제시된 속성변화와 큰 차이가 없음을 알 수 있었다. 다만 공부 단면형 제형과 장방형의 등장과 관련된 선후관계는 확정할 수 없지만, 각각의 단면형이 증가하는 시점에서의 상대적인 선후관계는 확인되었다고 볼 수 있다.

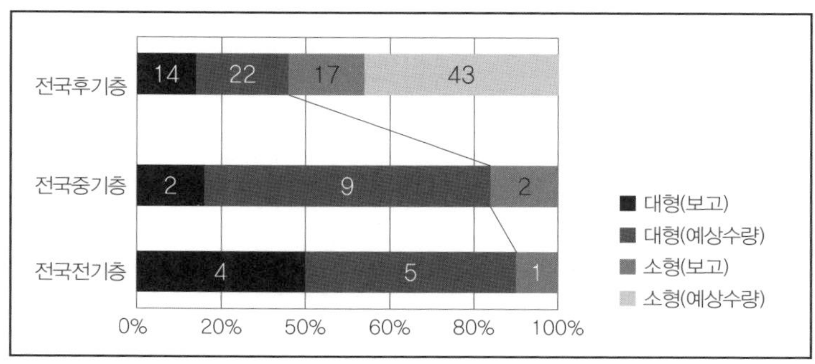

그림 2-6. 길이의 변화방향

한편 주조철부의 길이(全長)에 따라 구분한 소형과 대형의 변화양상을 확인하기 위해 동일한 방법으로 층위관계를 검토하였다. 실제 보고된 수량에서는 전국시대 전·중기층에서는 소형과 대형의 수량이 크게 차이를 보이지 않았으나, 후기층에서는 소형이 다수를 차지하는 경향이 명확하였다. 그러나 같은 형식으로 보고된 자료의 예상량으로 길이의 변화를 살펴보면, 그림 2-6에서 확인할 수 있는 것처럼 대형은 전국시대 전기층에서 후기층에 걸쳐 꾸준히 증가하는 경향을 보이며, 소형은 전국시대 후기층에서 급격히 증가하는 것을 알 수 있다. 이를 통해 대형에서 소형으로 변화하는 경향을 띤다고 볼 수 있다.

이상과 같은 주조철부의 속성변화를 토대로 각 속성 간의 조합을 통해 형식을 설정하면 9형식으로 설정할 수 있다. 여기에 한반도에서 주로 확인되는 속성인 단면형 B'식과 공부형 c식을 포함해 형식을 추가하였다. 그리고 소수이지만 한반도 남부지역에서 보이는 낙랑토기와 공반되는 인부형이 좁아지는 형태까지 포함해서 재정리하면 동북아시아의 주조철부는 총 14형식으로 분류된다(그림 2-7).

철부는 주조품鑄造品(Ⅰ)과 단조품鍛造品(Ⅱ)으로 대별하고,[1] 주조철부(Ⅰ)는 단면형태가 장방형(A)인 것과 제형(B)인 것으로 구분한다. 각 형식을 세부 속성까지 정리하여 설정하면 다음과 같다.

ⅠA-1형　대형으로 공부에서부터 인부로 직선에 가까운 형태
ⅠA-2형　대형으로 공부에서부터 인부로 점점 넓어지는 형태
ⅠA-3형　대형으로 공부에 이조돌대가 있으며, 인부는 직선에 가까운 형태
ⅠA-4형　대형으로 공부에 단과 같은 대가 돌아가며, 인부는 직선에 가까운 형태
ⅠA-5형　소형으로 인부가 직선에 가까운 형태
ⅠA-6형　소형으로 공부에서부터 인부로 점점 넓어지는 형태

1) 본고에서 철기는 주조품과 단조품을 모두 다룬다. 외형적 속성에 따른 형식분류에 포함할 수 없지만 주조품과 단조품의 차이는 철기문화를 살피는 과정에서 중요한 기준이다. 본고에서는 농공구를 중심으로 여러 기종의 철기를 살피면서 형식을 설정함에 있어 각 형식의 큰 분류로 주조품은「Ⅰ」, 단조품은「Ⅱ」로 설정하여 표기하였다. 이것은 형식명만으로도 주조품인지 단조품인지 구분하기 위함이다.

ⅠB형은 융기선의 유무에 따라 다시 ⅠBa형과 ⅠBb형으로 구분하였다.

- ⅠBa-1형 대형으로 공부에서부터 직선에 가깝게 인부로 이어지는 형태
- ⅠBa-2형 ⅠBa-1형과 같이 단면형태가 명확히 제형을 띠며, 신부폭이 비교적 좁은 형태
- ⅠBa-3형 ⅠBa-2형과 같으나, 인부가 넓어지는 형태
- ⅠBa-4형 소형으로 인부가 직선에 가까운 형태
- ⅠBa-5형 소형으로 공부에서부터 인부로 좁아지는 형태
- ⅠBb-1형 대형으로 공부에서 인부로 직선에 가까우며, 신부에 융기선이 이어지는 형태

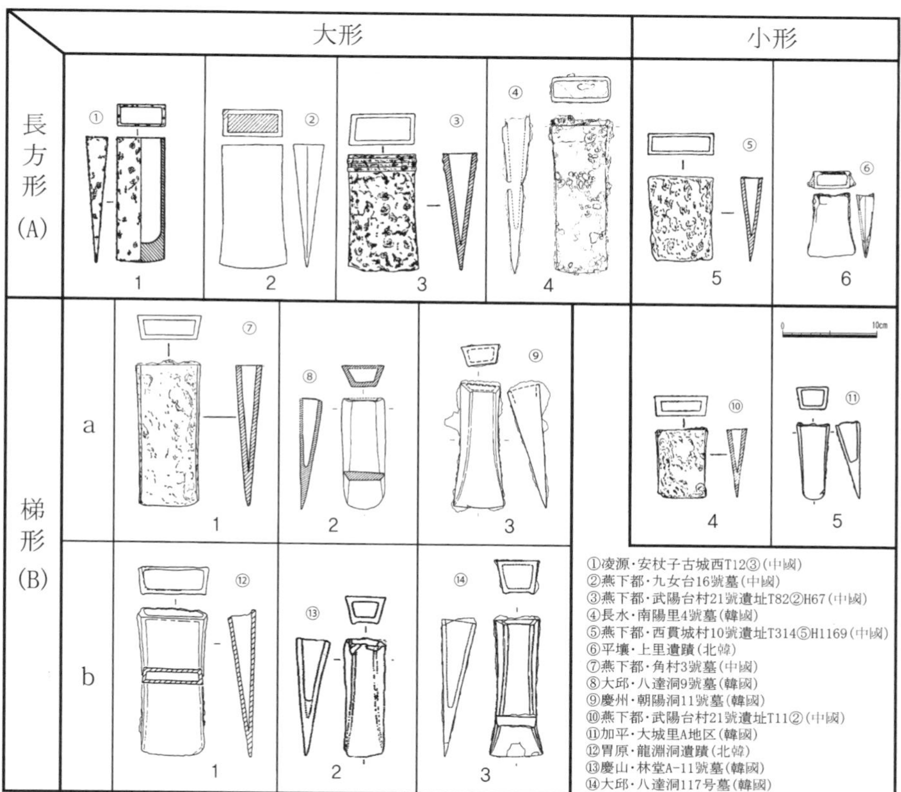

그림 2-7. 鑄造鐵斧의 型式分類

ⅠBb-2형 ⅠBb-1형과 같은 형태를 띠나 융기선이 좀 더 명확해지며, 신부폭이 좁은 형태

ⅠBb-3형 ⅠBb-2형과 같은 형태를 띠나 인부가 넓어지며, 공부 높이가 높아진 형태

각 형식은 지역에 따라 분포양상이 다르다는 점을 알 수 있다. ⅠA-1형·ⅠA-2형·ⅠA-3형·ⅠA-5형·ⅠA-6형과 ⅠBa-1형·ⅠBa-4형은 연산 남부지역을 비롯한 요령지역 일대에서 다수를 차지한다. 반면 ⅠA-4형은 현재까지 한반도 서남부지역에서만 출토되고 있다. 또한 ⅠBa-2형·ⅠBa-3형·ⅠBb-2형·ⅠBb-3형은 한반도 동남부지역에서 주로 출토되는 형식이며, ⅠBa-5형은 낙랑토기와 공반되는 경향이 있어 서북부지역과 관련된 형식으로 추정된다.

2. 단조철부

단조철부는 전국시대 연나라 권역 유적에서 드물게 출토되기도 하지만, 주로 한나라 병행기에 동북아시아 전역에서 출토된다. 주조철부의 감소와 함께 단조철부가 증가하는 경향으로 볼 수 있다. 단조철부에 대한 연구는 한국과 일본 연구자를 중심으로 원삼국시대에서 삼국시대, 야요이[彌生]시대에서 고훈[古墳]시대로의 변화양상이 검토되었다.

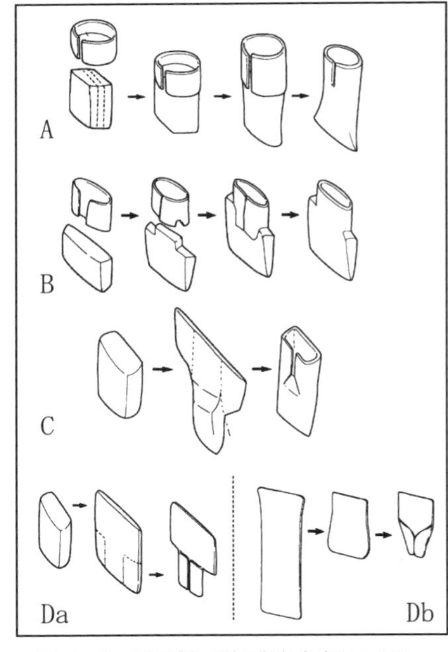

그림 2-8. 단조철부의 제작기법(村上恭通, 2001 수정; 金想民, 2006)

단조철부의 형식분류는 공부와 신부의 경계단境界段 유무, 공부의 단면형태에 따라 유견식과 무견식으로 분류하기도 하며(이상율, 1990; 川

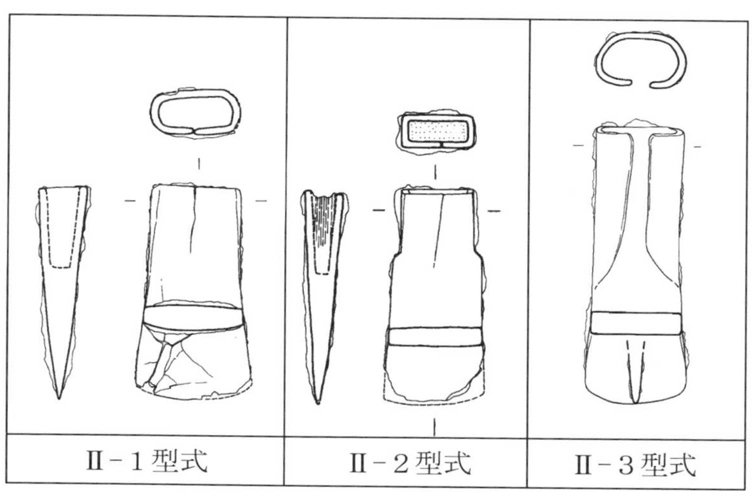

그림 2-9. 鍛造鐵斧의 型式分類

越哲志, 1993), 크기와 평면형태 등을 세부 속성으로 하여 분류하기도 한다(金基雄, 1995; 洪潽植, 2001; 金度憲, 2001; 孫明助, 2005).

또한, 제작기법에 주목한 형식분류가 이루어지기도 한다. 일본의 야요이시대에서 고훈시대에 이르는 단조철부의 제작기법은 가네다 요시노리에 의해 정리(金田善敬, 1995)되기 시작해서 무라카미 야스유키[村上恭通]에 의해 형식분류안의 하나로 제시되었다(村上恭通, 2001·2007b).

이와 같은 선행연구의 분류안을 토대로 한 단조철부의 분류는 평면과 단면형태를 통해 3형식으로 구분할 수 있다. 먼저 Ⅱ-1형은 공부에서 인부로 점점 넓어지는 형태로서 공부의 단면형태는 타원형에 가깝다. Ⅱ-2형은 공부에서 단段을 형성하며, 인부로 이어지는 형태로 단면형태는 장방형에 가깝다. Ⅱ-3형은 공부에서 인부로 직선에 가깝게 이어지며, 공부형은 타원형에 가깝다. 이상의 세 형식의 단조철부를 제작기법과 비교하여 살펴보면, Ⅱ-1형과 Ⅱ-2형은 공부의 접합선이 거의 맞닿아 있는 양상을 통해 인부와 공부를 분리하여 접합하였다고 볼 수 있다. 신부를 공부에 더욱 강하게 고정시킬 수 있어 제작기법 A·B와 관련성을 상정할 수 있다. 또한 Ⅱ-3형은 인부와 공부를 하나의 소재로 제작한 것으로, 공부를 펴서 두드린 후 말아 올린 제작기법 C와 대응하는 것으로 볼 수 있다.

Ⅱ-1형은 한반도 서북부지역의 평양 상리유적에서 확인되는데, 공반유물의 특징을 통해 전한대에 들어서면서부터 등장한다고 볼 수 있다. Ⅱ-2형은 한반도 남부지역의 창원 다호리유적 단계에 출토되는 것으로 지적되고 있으며(川越哲志, 1993; 村上恭通, 2007b), Ⅱ-3형은 한반도 남부지역의 원삼국시대에서 삼국시대에 주로 나오는 형식이다. 이를 통해 Ⅱ-1형→Ⅱ-2형→Ⅱ-3형으로 변화를 상정할 수 있다. 단조철부의 제작기법 역시 A→B→C로 변화가 지적되고 있어(村上恭通, 2001·2007b; 金想民, 2006), Ⅱ-1형에서 Ⅱ-3형으로 변화한다고 보는 것은 큰 문제가 없다.

단조철부는 현재까지 보고된 자료만을 본다면, 한반도 내 출토품이 다수이며, 중국 대륙에서는 한대에 들어서면서 횡공부橫銎斧의 출토가 두드러진다. 그러므로 본고에서 제시한 단조철부의 형식은 주로 한반도에 한정된 분류라고도 볼 수 있다. 다만 연산 남부지역과 요령지역에서는 Ⅱ-1형 철부와 비교해 볼 수 있는 자료도 출토되고 있어 중국 내 미보고 자료를 포함한다면, 본고에서 다루지 않은 단조철부의 형식도 존재할 것으로 생각된다.

3. 철초鐵鍬

철초는 긴 목병부木柄部에 연결해서 사용하는 도구로서 중국에서는 서鋤와 함께 가장 기본적인 농구이다. 그 용도는 농작물의 주변을 정리하거나 잡초를 제거하는 용도 등으로 사용되었을 것으로 생각된다. 이 용도는 산동성 진안山東省秦安의 벽화에서도 확인

그림 2-10. 산동성 진안 벽화의 철초(孫機, 2008)

된다(그림 2-10).

철초의 형태와 기능을 갖는 도구를 중국에서는 보고자에 따라 서鋤, 삽鍤과 같은 용어로 혼용하고 있다. 따라서 본고에서는 목병에 90° 가깝게 날을 고정하여 사용하는 도구를 철초鐵鍬로 분류한다. 즉, 그림 2-10과 같은 이미지를 갖는 농구를 철초로 정의한다.

철초와 같은 도구는 오늘날 농가에서도 사용되고 있으며, 민속품을 통해서도 확인된다. 그러나 민속품의 사례를 보더라도 한국과 일본에서는 철초를 사용하는 사례는 드물다. 한반도 남부지역의 광주 신창동유적, 일본 북부 규슈지역의 후쿠오카 사사이[雀居]유적에서 출토되는 것처럼 목제품이 출토되고 있는 것과도 상통된다.

반면 중국 대륙에서는 이른 시기부터 철초가 출토되고 있다. 연산 남부지역과 요령지역에서 출토되는 철초는 백운상白雲翔에 의해 분류되었다. 철초를 궐鐝과 서鋤로 분류하고, 횡공궐橫銎鐝과 이치二齒·삼치三齒·오치궐五齒鐝, 육각형서六角形鋤로 세분하였다(白雲翔, 2005). 반면 무라카미 야스유키[村上恭通]는 당초唐鍬, 우초又鍬, 요자형초凹字形鍬의 날, 일자형초一字形鍬의 날, 산형서鏟形鋤, 육각형서六角形鋤 등 6종류로 분류하였다(村上恭通, 1998). 이처럼 다소 복잡한 용어의 철초를 필자는 평면형태를 기준으로 육각형六角形과 장방형長方形, 오치형五齒形, 삼치형三齒형의 4형식으로 구분한다. 또한 산형서鏟形鋤(村上恭通, 1998)나 서판鋤板(白雲翔,

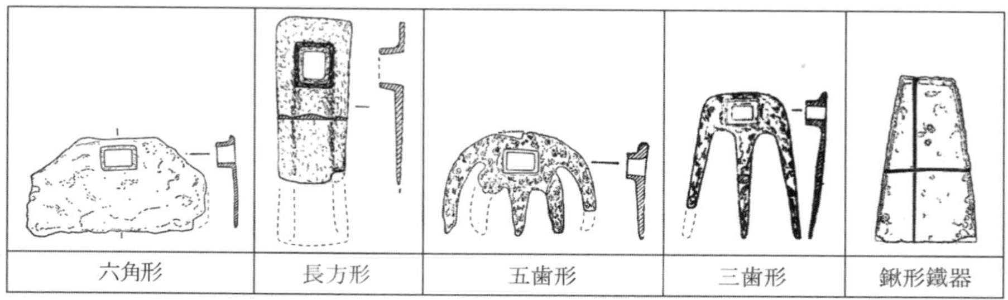

그림 2-11. 철초鐵鍬의 형식분류

2005)으로 칭해진 형태는 철초의 한 종류인 초형철기로 설정하였다(그림 2-11).

철초를 포함한 생산공구의 다수는 청동기에서 철기로 변화하는 전국시대 중·후기부터 확인되기 시작한다(潮見浩, 1982; 佐野元, 1993). 특히 주조철부와 함께 철산鐵鏟, 육각형철초六角形鐵鍬는 청동제에서 철제로 변화되는 양상이 확인된다(佐野元, 1993). 하지만 각 형식의 뚜렷한 변화를 정리하기는 쉽지 않다. 일반적으로 철초는 전국시대 후기에 집중적으로 출토되기 시작하며, 전한대까지 이어진다. 그 중 일부 오치형五齒形→삼치형三齒形으로의 변화(그림 2-12)가 제시된 바 있다(村上恭通, 1998).

한편, 연하도의 취락유적에서는 다수의 철초가 확인되었지만, 대부분 전국시대 후기층에서 출토되며, 전국시대 중기층에서는 초형철기가 출토되었다. 아직 자료의 수량이 적어 확정하기 어려우나 초형철기가 철초보다 이른 시기에 출현하였을 가능성도 있다.

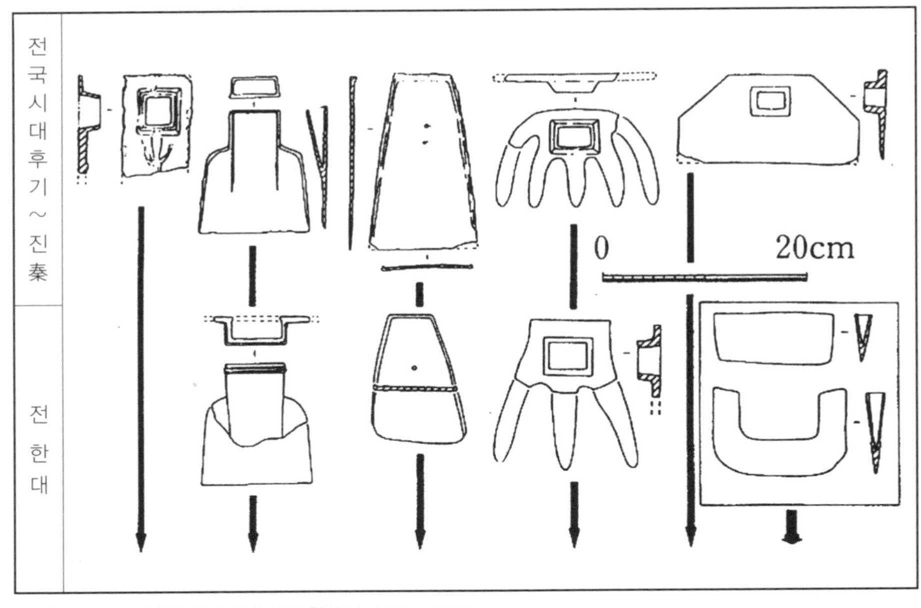

그림 2-12. 철초鐵鍬의 변화방향(村上恭通, 1998)

4. 철겸鐵鎌

겸鎌은 일반적으로 수확구로 분류하며, 풀이나 가지를 베는 용도의 농구이다. 겸은 석겸에서 청동겸, 철겸으로 재질이 변화하면서 발전해왔으며, 오늘날에도 주요 농구로의 역할을 하고 있다. 특히 중국의 금속제 겸은 고고학 분석을 통해 청동에서 철로 재질변화가 이루어진다는 점을 제시하며(佐野元, 1993), 철겸을 등부분(背部)에 융기선隆起線이 있는 것과 없는 것으로 분류하였다. 백운상은 중국 대륙을 중심으로 한 철겸의 형식을 분류하며, 전국시대에서 한대까지의 철겸을 주조품 3형식과 단조품 4형식으로 구분하였다(白雲翔, 2005). 주조품은 인부의 형태와 등부분(背部)의 융기선, 기돌출부基突出部의 유무를 기준으로 분류하고 있으며, 단조품은 기부基部의 착장방법에 주목하여 분류하였다.

한편, 한국과 일본의 철겸 연구는 단조품에 대한 연구가 주로 이루어졌으며, 인부의 형태에 따른 용도의 차이나 착장방법을 고려한 사용법의 논의에서 시작되었다(都出比呂志, 1967; 천말선, 1994). 특히 일본 연구자에 의해 초기 철겸의 기원에 대한 논의가 이루어지며 대륙계 석겸의 영향을 받아 재질이 변화되어 철겸이 형성되었다는 학설(川越哲志, 1977)과 중국 대륙의 철겸의 영향을 직접 받았다는 학설(片岡宏二編, 1981)이 제시되었다. 또한 기부基部의 방향에 따라 우겸右鎌(甲)과 좌겸左鎌(乙)을 구분하여 철겸의 계보관계를 살피기도 하였다(都出比呂志, 1967; 松井和幸, 1985; 川越哲志, 1993; 村上恭通, 2007). 특히 무라카미 야스유키는 기돌출부의 방식에 따른 지역별 분포양상을 살핌으로써 연나라와 한반도 북부지역(낙랑지역)의 철겸은 우겸右鎌(甲)이, 한반도 동남부지역의 철겸은 좌겸左鎌(乙)이 많고, 일본열도의 철겸은 대부분 우겸右鎌(甲)이나 고훈시대 전기부터 좌겸左鎌(乙)이 증가한다고 보았다(村上恭通, 2007).[2] 결국 기돌출부의 방향에 따른 계보와 시간성까지 추정하고 있다.

---

2) 그러나 야요이시대에도 좌겸左鎌(乙)은 북부 규슈지역에서 출토되지만, 한정된 유적에 집중되는 경향이 지적되고 있다. 예를 들어 후쿠오카 미구모[三雲]유적, 나가사키 하루노츠지[原の辻]유적에서는 야요이시대 후기부터 좌겸左鎌(乙)이 출토되고 있다.

표 2-3. 철겸의 형식분류 (※ ○:있음 △:미약 ×:없음)

型式		刃部의 길이	背部의 만곡도	基部端	背部의 隆起線	基突出部 및 鑿空	基突出部의 방향
주조(Ⅰ)	1型	짧다	基部부터 곡선화	△	×	×	·
	2型	길다	背部 중단부에서 곡선화	○	○	○	甲(右)
	3型	짧다	基部부터 곡선화	×	×	○	甲(右)
단조(Ⅱ)	1型	길다	전체적으로 완만하게 곡선화	○/△	×	×	甲(右)
	2型	짧다	전체적으로 완만하게 곡선화	×	×	○	乙(左)
	3型	길다	基端部에서 刃部로 점점 곡선화	○	×	○	乙(左)
	4型	길다	基部부터 곡선화	○	×	×	·

철겸의 연구경향을 정리하면, 아직 국내에서는 철겸의 분류나 계보에 대한 연구는 적은 편이며, 일본 연구자들에 의한 철겸 연구는 야요이시대에 출토되는 초기 철겸의 계보에 관한 검토가 다수를 차지한다. 철겸의 형식분류는 주로 인부의 형태를 살펴 직인겸直刃鎌과 곡인겸曲刃鎌으로 분류하고, 길이에 따라 소형과 대형으로 구분한다(川越哲志, 1977; 松井和幸, 1985·1993·2001).

본고에서 다루는 전국시대에서 전한 병행기에 해당하는 철겸에는 주조품과 단조품이 있다. 먼저 재질에 따라 주조(Ⅰ)와 단조(Ⅱ)로 구분하고 선행연구에서 분류의 기준으로 삼았던 길이, 인부 만곡도, 기부와 인부 중간의 단段의 유무, 기돌출부의 유무 등으로 세분하였다. 그 조합관계를 정리하여 형식을 분류하면 표 2-3과 같다.

주조품은 Ⅰ-2형이 비교적 많은 수가 확인된다. 흥륭 수왕분지구興隆壽王墳地區에서 Ⅰ-2형의 주형鑄型이 확인되며, 대표적인 연나라 철기의 하나로 분류된다. 반면 Ⅰ-1형과 Ⅰ-3형은 Ⅰ-2형에 비해 소수이지만, 각 형식이 갖는 의미는 큰 편이다. Ⅰ-1형은 청동겸, 소위「치도齒刀(鋸刀)」와 형태적으로 유사한 점을 통해 청동겸에서 철겸으로 재질변화가 이루어지는 것으로 추정할 수 있다. Ⅰ-3형은 목양성牧羊城에서 출토된 철겸으로 단조품에서 보이는 속성을 띠고 있지만, 금속학적 분석을 통해 주조품으로 제작된 후 탈탄처리된 것임이 밝혀졌다(大澤正己, 2007b). 주조품에 탈탄기술이 가해지는 시기가 전국시대 후기라는 점을 고려한다면, Ⅰ-3형을 통해 적어도 전국시대 후기 이후 나타나기 시작한 형식이라는 점을 알 수 있다. Ⅰ-3형은 아직 그 수량이 적지만, 분석조사를 통해 추후 자료의 증가가 기대된다.

단조품인 Ⅱ-1형은 주조품인 Ⅰ-2형의 영향으로 제작된 형식으로 보인다. 실제 중국 안산安山 추암岫岩유적 출토품은 Ⅰ-2형으로 분류할 수 있지만, 융기선이 약하며, 기부가 단조품의 형태를 띠고 있어 주조철겸에서 단조철겸으로 변화되는 과도기적 유물로 추정된다. 그리고 기부의 방향이 동일하다는 점도 그 근거의 하나로 볼 수 있다.

한편, Ⅱ-2형과 Ⅱ-3형, Ⅱ-4형은 한반도 동남부지역에서 많이 보이는 형식이다. Ⅱ-2형은 Ⅱ-1형과 유사한 속성을 가지나 비교적 소형이며, 기부의 방향이 다르다. Ⅱ-3형과 Ⅱ-4형은 기부와 인부를 구분하는 기부단이 형성되어 있고 인부형은 직선에 가깝다.

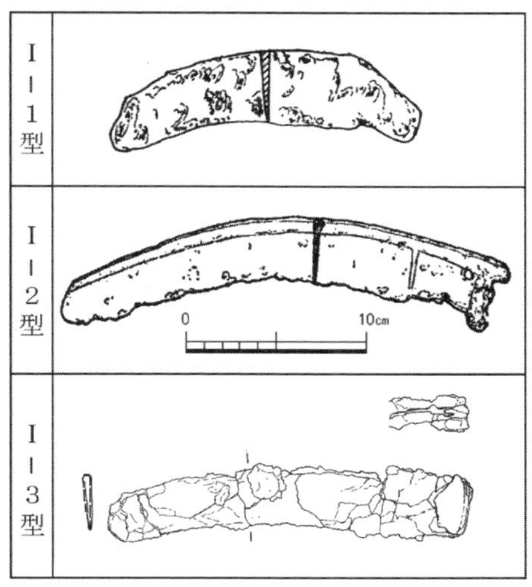

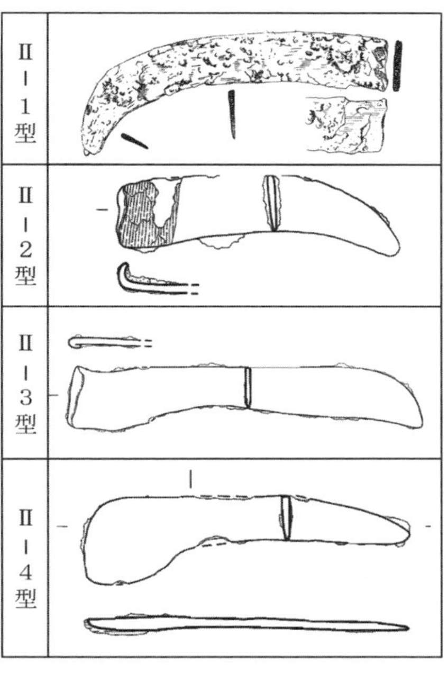

그림 2-13. 철겸의 형식분류

이상과 같이 주조철겸은 청동겸의 영향을 받아 형성되어 대형의 철겸으로 변화한다. 또한 단조철겸 중에는 주조철겸의 영향으로 상정할 수 있는 형식이 지역별로 출토된다. 단조품이 되면서 지역적 특징이 더욱 강해진다고 볼 수 있다.

앞서 분류한 형식별 변화양상을 정리하면, Ⅰ-1형→Ⅰ-2·Ⅰ-3형→Ⅱ-1형→Ⅱ-2·Ⅱ-3형→Ⅱ-4형 순으로 변화하는 것을 상정할 수 있다.

5. 철착鐵鑿

철착의 연구는 거의 이루어지지 않았지만, 석제·청동제 착鑿의 형태가 존재하고 있어 이후 철로 재질변화가 이루어진 기종으로 여겨진다. 착鑿은 민속품의 사례를 포함하여 현재의 사용법을 토대로 목재를 다듬거나 구멍을 뚫는 용도로 사용하는 공구로 보는 것이 합리적이다. 최근에는 농구로서의 기능으로 접근하기도 하는데, 한반도 서남부지역의 철착에 대해 민속품의 사례와 일본 사가현 하부(佐賀縣土生)유적에서 출토된 목제품과의 비교를 통해 굴착 도구인 편인片刃 따비로 보기도 한다(李東冠, 2011).

철착의 형식은 공부銎部의 단면형태와 공부에서 인부로 이어지는 평면형태를 주요 속성으로 분류하며(川越哲志, 1993; 白雲翔, 2005), 인부의 측면형태(片刃·雙刃)도 분류 기준의 하나로 보기도 한다(川越哲志, 1993). 그러나 여기서는 인부의 측면형태는 사용과정에서 변형될 가능성이 높다고 보고 분류 기준에서 제외하고자 한다. 본고는 제품의 재질과 공부에서 인부로 이어지는 평면형태, 공부의 형태를 토대로 형식분류를 시도하였다.

철착은 크게 주조품(Ⅰ)과 단조품(Ⅱ)의 구분하였다. 먼저 주조품은 공부 단면형이 제형梯形을 띠는 것들 중 공부에서 인부로 이어지는 평면형태에 따라 세분한다(그림 2-14).

Ⅰ-1형 공부에서 약간의 단이 지며 좁아지는 인부를 갖는 형태
Ⅰ-2형 공부에서 인부로 직선으로 이어지는 형태
Ⅰ-3형 공부에서 인부로 좁아지다가 곡선형으로 넓어지는 형태
Ⅰ-4형 Ⅰ-3형과 같은 형태이지만, 공부에 단이 지며 띠[帶]를 형성하는 형태

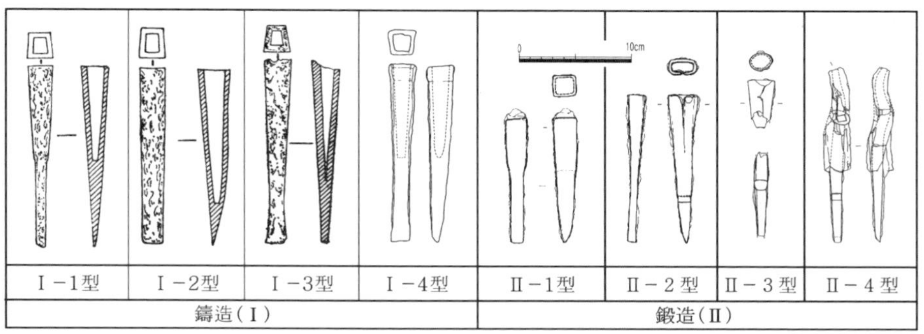

그림 2-14. 철착의 형식분류

단조품은 공부의 단면형태가 방형, 타원형, 원형 등으로 다양한데, 그에 따라 공부에서 인부로 이어지는 평면형태도 다르다. 공부와 평면형태 조합으로 형식을 정리하면 다음과 같다.

Ⅱ-1형 공부의 단면형태는 방형을 띠며, 공부에서 단이 지며 인부로 연결되는 형태

Ⅱ-2형 공부의 단면형태는 타원형을 띠며, 공부에서 인부로 좁아지다가 곡선형으로 넓어지는 형태

Ⅱ-3형 공부의 단면형태는 원형에 가까우며, 공부에서 인부로 좁아지는 형태

Ⅱ-4형 공부를 형성하지 않으며, 목병에 기부를 삽입하는 형태

철착은 단면형태가 제형(주조품)에서 방형, 타원형, 원형(단조품)으로 변화한다. 또한 평면형태를 살펴보면, 단이 지면서 좁아지거나 직선에 가깝게 이어지는 형태는 전국시대에 다수를 차지하는 반면, 공부에서 좁아지는 형태는 한대漢代 유적에서 출토되는 경우가 많다. 재질의 차이가 있지만 형태의 유사성을 고려한다면, Ⅱ-1형과 Ⅱ-2형은 Ⅰ-1형과 Ⅰ-3형의 외형적 특징과 관련되는 것으로 판단된다. 이상과 같은 속성의 변화와 계보관계를 토대로 철착의 형식변화를 추정하면 Ⅰ-1형, Ⅰ-2형→Ⅰ-3형, Ⅰ-4형, Ⅱ-1형→Ⅱ-2형, Ⅱ-3형→Ⅱ-4형으로 변화를 추정할 수 있다.

6. 환두도자環頭刀子

철도자는 일반적으로 소도小刀와 같이 호신용으로 알려져 왔으나 최근에는 다용도의 만능공구로 인식되고 있다(김상민, 2007). 철도자는 크기와 형태가 다양하기 때문에 그 밖에도 목제 가공도구(이상율, 1990), 석도를 대신한 수확구(李賢惠, 1990) 등 여러 기능이 추정되었다.

철도자는 기부관基部關의 형태에 따라 분류되고 있지만(川越哲志, 1993) 그 형식변화에 대해서는 구체적으로 제시하지 못하고 있다.

한편, 동시기 중국에서는 서도書刀의 일종인 소환두도자素環頭刀子도 출토되는데, 환두도자는 이후 한반도를 비롯해 일본열도에 이르기까지 보편화된다. 철도자와 달리 환두도자는 환두부를 중심으로 일정한 형식으로 분류되어 그 변화양상이 추정되고 있다(豊島直博, 2005). 따라서 여기서는 철도자 중에서도 환두부의 형태에 따라 형식변화를 상정할 수 있는 환두도자를 대상으로 형식분류를 시도하고자 한다.

전국시대~한대 환두도자의 형식분류는 기부基部와 등부분(背部)의 형태를 기준으로 분류하고 있으며, 기부와 인부 경계단의 유무가 세부 분류의 기준이 된다(白雲翔, 2005). 본고에서는 등부분의 형태와 기부 경계단의 유무라는 평면형태를 중심으로 분류하고자 한다. 그리고 단조품의 경우 환두부의 형태를 세부적으로 구분하였다. 이를 정리하면 그림 2-15와 같다.

먼저 크게 주조품鑄造品(Ⅰ)과 단조품鍛造品(Ⅱ)으로 구분하고, 인부와 기부의 경계단 유무를 기준으로 세분하였다. 그리고 환두부의 형태를 조합하여 살폈다.

Ⅰ-1형 등부분(背部)이 곡선형이고 기부와 인부 사이에 단이 형성된 형태

Ⅰ-2형 등부분(背部)이 직선형이고 기부와 인부 사이에 단이 없는 형태

Ⅱ-1형 등부분(背部)이 곡선형이고 기부와 인부 사이에 단이 형성되며, 환두부는 접은 후 말아 올린 형태

Ⅱ-2형 등부분(背部)이 거의 직선형이고 기부와 인부 사이에 단이 없으며, 환두부는 타원형이나 원형으로 크게 말아 올린 형태

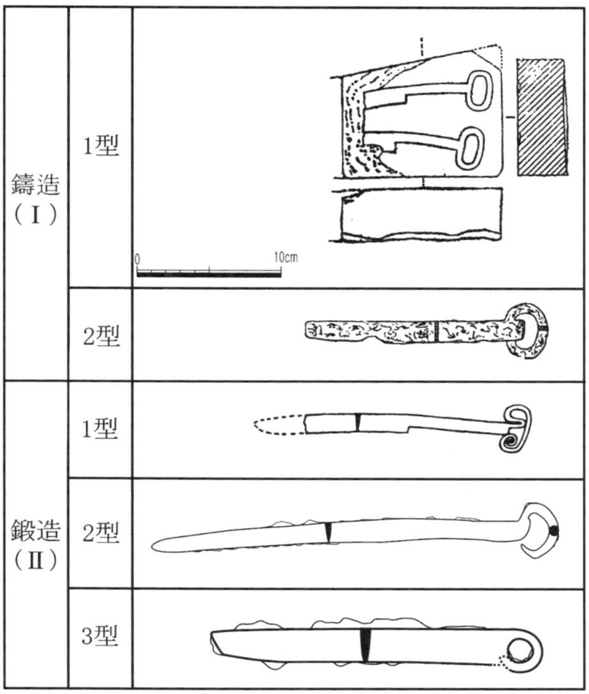

그림 2-15. 환두도자의 형식분류

Ⅱ-3형 등부분(背部)이 직선형으로 기부와 인부 사이에 단이 없으며, 환두부의 선단(先端)을 둥글게 감아 내린 형태

Ⅰ-1형은 청동제 환두도자의 직접적인 영향을 받은 것으로 전국시대에 가장 많이 보이는 형태이다(白雲翔, 2005). 연하도 낭정촌郎井村 10호유적의 전국시대 중기층에서 용범[鑄型][3]이 출토됨에 따라 전국시대에 보편화되기 시작한 형식으로

3) 연하도 낭정촌 10호유적 전국시대 중기층에서 출토된 환두도자의 용범에 대해 철제품을 주조한 주형인지는 아직 의문이다. 하지만 전국시대 중기가 되면 철 주조기술이 존재하며, 같은 층위에서 주조철부와 철착의 용범도 출토된다. 따라서 철제품을 주조한 용범으로 보더라도 문제가 없다고 여겨진다.

볼 수 있다. 반면 한대의 환두도자는 단조품만이 출토되고 있으며 등부분은 직선형이다. 또한 인부와 기부 사이에 단이 없는 장도화長刀化된 형태가 다수를 차지한다.

이와 같이 전국시대부터 한대에 걸친 환두도자의 출토양상을 살펴보면, 등부분이 곡선형에서 직선형으로, 인부와 기부의 경계단은 점차 없어지는 경향으로 변화한다. 단조품은 환두부 형태에 따라 1형 환두는 전국시대, 2형 환두는 전국시대에서 후한대, 3형 환두는 전한대에서 후한대에 걸쳐 확인된다. 그러므로 환두도자의 형식변화는 Ⅰ-1형→Ⅰ-2·Ⅱ-1형→Ⅱ-2형→Ⅱ-3형 순으로 추정된다.

7. 판상철부板狀鐵斧

그림 2-16. 창원 다호리유적 판상철부

판상철부는 평면형태가 장방형이나 제형을 띠며 철판의 한쪽에 날이 있는 철기로, 도끼 또는 자귀로 사용된 도구이다(國立文化財研究所, 2001). 판상철부는 창원 다호리유적에서 자루와 같이 출토되어 자귀나 도끼의 기능이었을 것으로 판단되지만 이후 한반도 남부지역과 일본열도에서는 도구로서 기능이 사라져 철정鐵鋌과 같은 소재로 변화되는 것으로 알려져 있다(宋桂鉉, 1995; 東潮, 1995).

한편 판상철부는 연하도를 비롯한 중국 대륙에서도 출토되고 있다. 소위 「鏟刀」(白雲翔, 2005), 「薄刃刀」(河北省文物研究所, 1996)로 불리며, 연하도 내 출토되는 박인도薄刃刀는 한반도 판상철부의 조형으로 보기도 한다(村上恭通, 1997·1998). 따라서 본고에서 다루는 판상철부는 연하도에서 출토된 박인도薄刃刀를 포함해서 검토하고자 하며, 일정한 두께를 갖는 철판으로 공부銎部가 없는 형태를 포괄적으로 살피고자 한다.

판상철부의 형식분류는 비교적 단순한 형태로서 그동안 계량적인 분류로 형식을 설정하였다[4](金度憲, 2004; 申東昭, 2007; 류위남, 2009).

본고에서 판상철부의 분류는 주로 길이와 인부/기부폭의 비율을 활용하여 계량적으로 살폈다. 다만 연하도에서 출토된 판상철부는 보고된 수량이 적어 계량분석의 의미가 없다. 전국시대에 해당하는 연하도 출토 판상철부는 외형을 통해 다음과 같이 분류하였다.

전국 a형 기부에서 인부로 곡선형이며, 길이가 15cm 이하인 것
전국 b형 기부에서 인부로 곡선형이며, 길이가 15cm 이상인 것
전국 c형 기부에서 인부로 직선형인 것

반면 한반도 남부지역에서 출토된 판상철부는 앞서 제시한 길이와 인부/기부폭의 비율을 활용하여 분류하였다[5](그림 2-17).

판상철부는 길이 25~30cm에 집중되어 25cm를 기준으로 소형(1)과 대형(2)으로 구분된다. 그리고 인부/기부폭의 비율의 산포를 살피며 형식을 세분하였다.

소형은 인부/기부폭 비율이 1.1 이하인 것(1a형), 1.2~1.6에 해당하는 것(1b형), 1.6 이상에 해당하는 것(1c형)으로 세분하였다. 대형은 인부/기부폭 비율 2.0을 기준으로 이하인 것(2a형)과 이상인 것(2b형)으로 구분하였다. 본고에서 분

4) 류위남은 판상철부의 분류에서 신부 측선의 형태를 분류 기준으로 설정하였다. 곡선형인 것과 직선형인 것으로 분류하고 곡선형에서 직선형으로 변화한다고 보았다. 직선형 판상철부는 목곽묘 단계인 기원 2세기 이후에 출현한다고 본다. 그러나 측선 변화의 획기인 목곽묘 단계는 본고에서 다루는 주요 시기에 해당하지 않는다. 이에 여기서는 측선형을 분류에 포함하지 않았다. 또한 신동조는 평면형태를 분류 기준으로 삼고 있으나 본고에서 다루는 「基部와 身部의 폭에 대한 계량 분류」를 통해서 확인할 수 있는 속성이다.
金度憲, 2004, 「고대 판상철부에 대한 검토」, 『韓國考古學報』 53, 韓國考古學會.
申東昭, 2007, 「嶺南地方 原三國時代 鐵斧와 鐵矛의 分布定型 硏究」, 慶北大學校 大學院 碩士學位論文.
류위남, 2009, 「삼한시대 영남지역 출토 주조철부와 판상철부 연구」, 『嶺南考古學』 51.

5) 판상철부의 계량산포는 초기철기시대 판상철부가 출토되는 가장 이른 단계 유적인 대구 팔달동, 경산 임당 등 동남부 내륙지역을 기준으로 분석하였다.

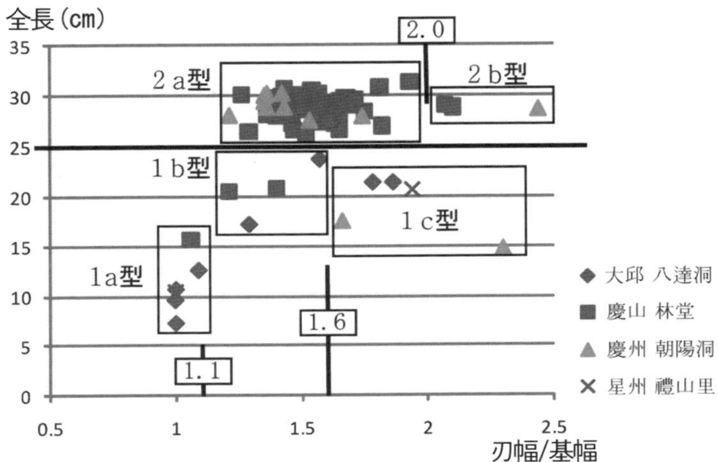

그림 2-17. 판상철부의 계량 분류

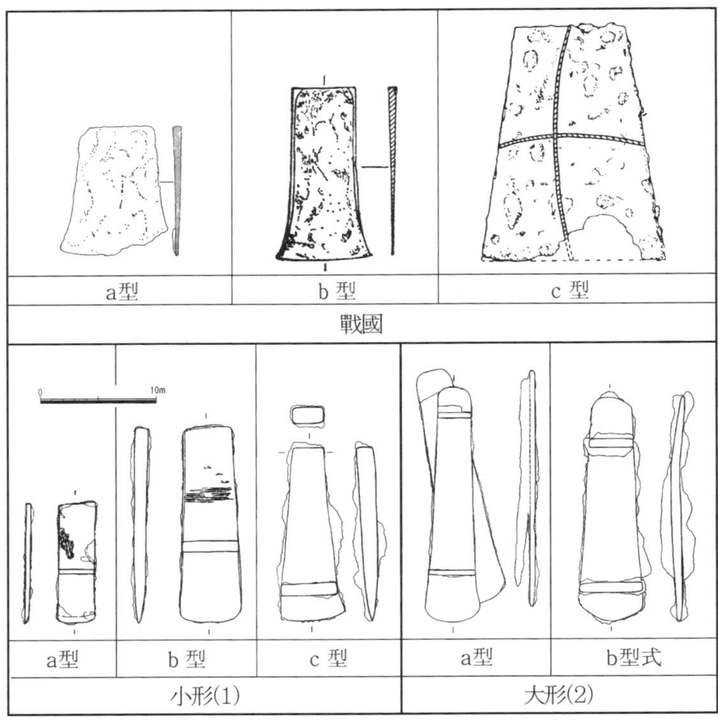

그림 2-18. 板狀鐵斧의 型式分類

류한 판상철부의 형식을 정리하면 그림 2-18과 같다.

판상철부의 형식변화는 소형에서 대형으로의 변화가 상정되며, 인부/기부폭의 비율이 좁은 것에서 넓은 것으로 변화되는 것으로 본다(김도헌, 2004). 이와 같은 양상은 원삼국시대 목곽묘 단계가 되면 양단부兩端部가 넓어지는 소위 「판상철부형 철정」으로 변화된다고 지적된 바 있다(宋桂鉉, 1995). 반면 전국시대 판상철부는 한반도 남부지역의 판상철부보다 이른 시기로 여겨지지만, 전국계 판상철기의 형식변화는 아직 명확히 제시하기 어렵다.

판상철부의 형식변화를 정리하면, 전국계 판상철부 → 1a형 → 1b · 1c형 → 2a · 2b형으로 변화하는 것으로 보인다.

8. 철사鐵鉇

사鉇는 중국에서는 목간이나 죽간 등 묵서 된 글씨 면을 지우는 문방구로 출발해 일본에서는 목공구로서 변용되며 발달한 특색있는 철기이다(川越哲志, 1993). 중국의 문헌에는 삭削, 삭도削刀로 정의된다. 주로 중국의 남방지역에서 유행하였으며, 그 중 초楚나라의 범위에서 많은 수가 확인된다(白雲翔, 2005). 청동으로 된 사鉇의 존재로부터 청동제품에서의 재질변화가 이루어진 것으로 추정된다.

사鉇는 한반도를 중심으로 한 동북아시아 일대에서도 출토되는데, 일반적으로 전국시대 연나라에 기원을 둔다고 알려져 있다. 철사는 최근 한반도 남부지역에서 그 출토량이 증가하면서, 한반도를 거쳐 일본으로 이어지며 전파되었다고 이해되고 있다(村上恭通, 2007b). 하지만 사鉇는 중국 대륙과 한반도에서는 청동에서 철로 바뀌는 것 이외에 큰 변화가 보이지 않지만, 일본열도에서는 다양한 형태로 변화되며 공구의 하나로 보편화된다. 즉 철사鐵鉇는 일본으로 넘어가면서 목공구로 전용되어 일본 내 독자적 발전으로 이어지는 기종인 것이다(川越哲志, 1993).

철사鐵鉇는 많은 일본 연구자에 의해 연구되었다. 주로 분류와 편년에 관한 연구가 진행되었으며(小田富士雄, 1977; 岡村秀典, 1985; 村上恭通, 1992a; 野島永, 1993; 川越哲志, 1993), 제작기법과 형식변화를 비교하여 기술적인 변화양상을 검토한 연구도 있다(村上恭通, 1992a). 선행연구에 의한 철사鐵鉇의 분류는 크게 단면형태로 분류한 후 신부·인부의 폭과 인부의 호鎬 유무有無 등을 기준으로 세분한다. 또한 최근에는 인부의 휘어진 정도에 주목하기도 한다(田中謙, 2009). 한편 중국의 철사鐵鉇를 분류한 백운상白雲翔은 길이와 최대폭의 위치를 중심으로 4형식으로 분류하기도 하였다(白雲翔, 2005).

여기서는 선행연구에서 논의되고 있는 속성을 기초로 철사鐵鉇의 형식을 분류하고자 한다. 먼저 단면형태를 기준으로 초승달형(1)과 V자형(2)으로 분류하였다. 그리고 신부단身部端의 형태와 신부폭을 기준으로 다시 세분하였다.

초승달형은 신부단이 직선을 띠며 신부와 인부의 폭의 차이가 없는 것(1a형), 신부단이 직선에 가까우나 인부에서 최대폭을 이루는 것(1b형), 신부단이 U자형에 가깝고 비교적 길어지는 것(1c형)으로 구분된다.

선행연구에서는 단면형태 초승달형(1)→V자형(2)으로, 신부폭이 넓은 것→좁은 것으로, 신부의 형태는 직선형→U자형으로 속성변화한다고 보았다. 이를 토대로 철사의 형식은 1a·1b형→1c형→2형으로 변화한다고 볼 수 있다.

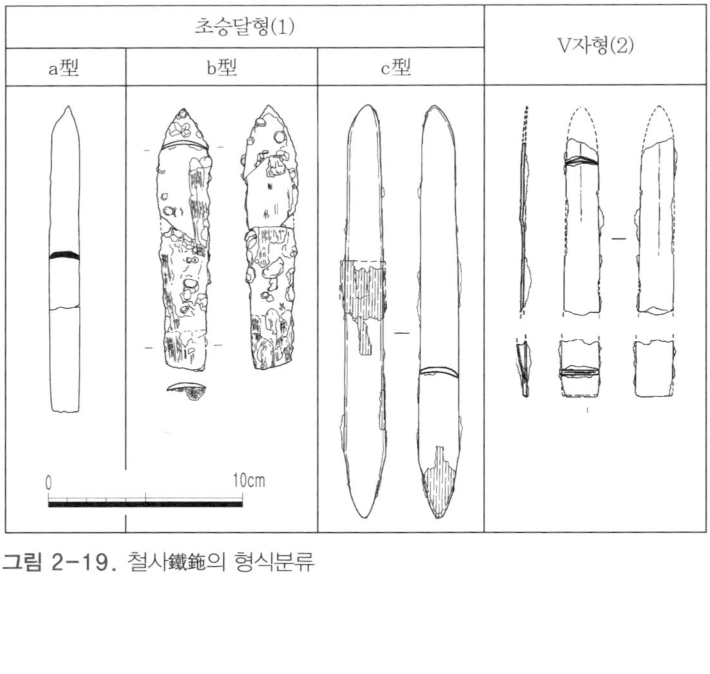

초승달형(1)			V자형(2)
a型	b型	c型	
0 10cm			

그림 2-19. 철사鐵鉇의 형식분류

제3장

연산 남부지역 철기문화의 변천

연산燕山 남부지역은 전국시대 연나라의 중심 지역으로 연나라의 도성으로 알려진 연하도燕下都가 위치하고 있다. 전국시대 연나라는 연산 남부지역을 중심으로 기원전 6~3세기에 걸쳐 영역을 확장해 가며, 기원전 3세기대에는 현재 북한의 청천강 이북지역까지 영역화한다고 보기도 한다(宮本一夫, 2000·2009; 石川岳彦 외, 2012).

철기문화 역시 연나라의 영역 확장과 함께 동북아시아 각 지역으로 확산되기 시작한 것으로 본다. 그러므로 연나라 철기문화의 실체를 파악하고 그 변화양상을 검토하는 과정은 동북아시아 철기문화의 전개양상을 살피는데 주요한 기준이 될 수 있다.

본 장에서는 2장에서 설정한 철제농공구의 각 형식을 기초로 연산 남부지역 중심거점인 연하도의 철기문화를 검토하고자 한다. 먼저 분묘에 부장된 유물의 현황을 확인하고 철기의 기종과 형식변화를 파악하고자 한다. 그 과정에서 철기와 공반된 유물의 변화양상을 함께 살피며, 연나라 철기의 변천단계를 설정하고자 한다. 또한 다수의 철기류가 출토된 취락 내 철기를 대상으로 층위별로 분석하여 분묘와의 시기별 병행관계를 밝혀보고자 한다.

1절 전국시대 · 한대 연산 남부지역 유적의 현황

연산 남부지역은 북쪽으로 연산燕山과 서쪽으로 태행太行산맥이 위치하는 현재의 화북華北지역에 해당한다. 대상 유적은 연하도가 위치하는 역현易縣 일대와 란하灤河를 중심으로 분포하고 있다. 여기서 다루는 연산 남부지역은 태행산맥의 동쪽에 위치하는 평야지대에서 란하 일대까지이며, 남쪽 경계는 연나라의 남쪽 장성과 해하海河로 한다.

연산 남부지역 내 전국시대·한대 유적은 해발 1,000m 내외의 낮은 구릉지대에 분포하고 있다. 분묘는 역현 연하도 내 분묘군과 회래현 관장懷來縣官庄, 양원현 삼분구陽原縣三汾溝, 당현 고창唐縣高昌유적 등 5개소에서 철기의 부장이 보고되었다. 특히 연하도 내부 분묘군에서는 전국시대에서 후한대에 이르는 분묘 21기에서 철기의 부장이 보고되었다. 취락유적은 12개소로 연산 남부지역에 넓게 분포하지만, 약보고서와 같은 단편적인 현상 보고에 그치는 경우가 대다수이다. 분묘와 마찬가지로 연하도 내 취락지에서는 비교적 구체적인 보고가 이루어졌다. 여기서는 비교적 구체적인 보고가 이루어진 연하도의 분묘와 취락지를 중심으로 한 분석을 통해 연나라 철기문화의 변천단계를 파악하고자 한다.

연하도 내부에는 허량총虛粮塚지구, 구녀대九女臺지구, 신장두辛莊頭지구와 같은 분묘군이 형성되어 있다. 다수의 분묘가 확인되었음에도 실제로 조사·보고가 이루어진 분묘는 21기에 불과하다. 구체적인 현황을 알 수 있는 21기의 분묘에 부장된 유물의 현황을 정리하면 표 3-1과 같다. 분묘의 규모와 부장양상을 통해 비교적 다양한 계층의 분묘가 존재하며, 시기적인 차이도 큰 것을 알 수 있다. 특히 비교적 많은 유물이 부장된 구녀대 16호분과 신장두 30호묘는 연나라의 귀족묘로 추정되고 있다(宮本一夫, 2000).

철기는 주조철부와 같은 농공구류가 부장되는 것이 공통적인 특징이며, 공반되는 철기 간의 조합양상에서는 분묘 간의 차이가 두드러진다. 또한 금속제 무기류는 청동제와 철제 무기가 확인되고 있어 재질에 따라 무기류의 변화도 함께 이루어짐을 알 수 있다. 철기와 공반되는 부장품에서 주목되는 유물은 특수부장토

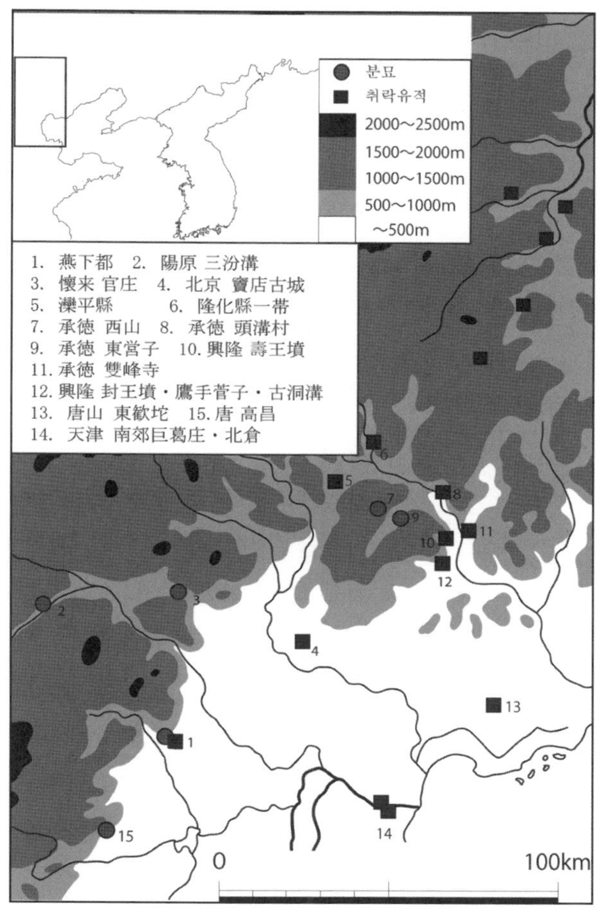

그림 3-1. 연하도와 주변 유적의 분포

기를 포함한 토기류와 청동기이다. 특히 특수부장토기[1]는 기종의 변천과정과 편년이 설정되어 있어 공반된 철기의 시간성을 추정하는데 유용하다(賀勇, 1989; 宮本一夫, 2000; 石川岳彦, 2001).

---

1) 전국시대 분묘에서는 청동예기를 모방한 장식 토기가 출토된다. 미야모토 가즈오는 이것을 특수부장토기로 정의한 바 있다(宮本一夫, 2000).

표 3-1. 연하도와 주변 지역의 부장철기의 현황

順番	遺蹟	遺構	鐵器類	共伴遺物	參考文獻
1	易縣 燕下都	3號(解村)	钁2, 車軸	銅鏃, 裝飾陶器	河北省文物研究所, 1996
		8號 (虛粮塚)	钁4, 鑿, 刀子 등	銅劍3, 銅戈7, 銅矛13, 銅鏃9, 釜形土器	
		城의 東北側墓	钁, 鐵鎖	·	河北省文物管理處, 1975a
		16號墓 (九女臺)	钁5, 鎚 板狀鐵斧3·鐵刀子	裝飾陶器 등	河北省文化局 工作隊, 1965a 河北省文物 研究所, 1996
		30號 (辛莊頭)	钁2, 鑿, 劍	鏡, 銅劍, 銅戈2, 銅鏃52	河北省文物研究所, 1996
		30號 (東漢墓)	钁, 環頭刀	壺, 灯, 碗, 尊 등 漢式陶器	河北省文化局 工作隊, 1965b
		31號	板狀鐵斧	銅戈, 銅豆, 裝飾陶器, 壺類 등	
		44號	钁4, 六角鍬, 劍15 胄, 矛19, 戟12 등	銅戈, 銅劍, 銅鏃19	河北省文物管理處, 1975b
		2號墓 (D6T26②)	鎚, 鉆, 矛	銅鏃, 釜, 裝飾壺2, 盒	河北省文物研究所, 2001
		4號墓 (D6T25②)	環頭刀, 環狀鐵器	帶鉤, 壺	
		6號墓 (D6T28②)	棒狀鐵器, 棺釘	銅環頭刀, 裝飾壺2, 盒	
		7號墓 (D6T29②)	钁	壺3, 碗4, 甑, 三足陶器2	
		13號墓 (D6T45②)	環狀鐵器	小銅鐸6	
		14號墓 (D6T46②)	環頭刀	壺2, 盒2	
		15號墓 (D6T46②)	錘	帶鉤, 壺3, 盒2	
		21號 (D6T53②)	環頭刀	帶鉤, 壺4	

順番	遺蹟	遺構	鐵器類	共伴遺物	參考文獻
1	易縣 燕下都	26號墓 (D6T69②)	劍	壺3, 裝飾銅器2	河北省文物研究所, 2001
		4號 (W21T75①)	板狀鐵器	陶製動物品2	
		5號 (W21T74①)	鐏	銅鏃, 銅棒, 五銖錢	
		7號 (W21T85①)	鐏	부뚜막型陶器, 甑 陶製動物品2 五銖錢2, 半兩錢, 貨泉, 漢鏡	
		8號 (W21T79①)	钁	鐵頸銅鏃	
2	張家口 市白廟	6號	刀子	·	張家口市文物事業 管理所, 1985
3	唐縣高昌	M42	鍤·環頭刀子	未確認	河北省文物局 외, 2007 徐海峰, 2012 참고로 유물현황파악
		M55	帶鉤		
		M60	環頭刀子		
		M76	鍤		
		M78	鍤		
		M84	鋏形鐵器		
		M123	鑄造鐵斧		
4	承德市 東營子	ⅠM14	長劍	·	河北省文物 研究所 외, 2007
5	承德市 西山	ⅠM4	環頭大刀	未詳	未報告 徐海峰, 2012: 참고로 유물현황파악
		ⅠM7	鍤		
		ⅠM8	鏃		
		ⅡM6	鑄造鐵斧2		
		ⅡM9	鍤		
		ⅡM10	鍤		
		ⅢM3	鍤		
		ⅢM13	長劍·矛		

順番	遺蹟	遺構	鐵器類	共伴遺物	參考文獻
6	陽原縣 三汾溝	M2	鍤·釘	五銖錢7	河北省文物 研究所 외, 1990
		M3	鋸	壺, 罐, 銅帶鉤	
		M4	帶鉤	壺, 五銖錢8	
		M9	環頭刀子, 鉗	銅馬具, 玉類 부뚜막型陶器, 罐	
7	懷來縣 官庄	19號	鍤	壺3, 漢鏡	河北省文物 研究所 외, 2001
		21號	鍤	壺3	

허량총 8호묘에서는 철기와 연식부燕式釜가 공반된다. 연식부는 미야모토 가즈오에 의해 변화과정과 연대가 비정되고 있어, 공반되는 철기의 시기를 추정할 수 있다(宮本一夫, 2004). 철기와 공반되는 청동기 중에서도 동과銅戈는 형식과 명문銘文의 변천이 제시되고 있다(李學勤 외, 1982; 林巳奈夫, 1989). 그 밖에 신장두 30호묘에서는 중국식 동과와 세형동과가 공반된다. 이 세형동과는 요동지역과 한반도의 세형동과와 비교되며, 한반도 세형동과와의 유사성이 지적되었다(村上恭通, 2000; 趙鎭先, 2009). 이처럼 분묘에 부장된 철기는 기종과 형식조합의 차이를 띠고 있어 공반된 유물의 변화를 살핌으로써 부장철기의 형식변화를 확인할 수 있다.

한편, 연하도 내부 취락유적 중 조사·보고가 이루어진 곳은 15개소이다. 당시 마을명에 근거해 조사 지구를 구분하여 보고하였다. 연하도 내 취락은 전국시대 전기부터 후기에 이르는 긴 시간에 걸쳐 형성되었다. 서침촌西沈村과 동침촌東沈村, 서관성촌西貫城村 일대의 취락은 전국시대 전기에서 중기에 걸친 문화층이 확인되며, 후기의 문화층은 낭정촌郎井村, 무양대촌武陽臺村, 고맥촌高陌村유적 등에서 확인되고 있다. 이를 통해 시기에 따른 취락의 중심지는 성지의 남쪽에서 북동쪽 일대로 이동한 것으로 판단된다.

취락 내 출토유물은 층위에 따라 보고되었다. 보고된 철기를 층위별로 정리한 것이 표 3-2이다. 전국시대 후기에 해당하는 문화층의 유물이 다수를 차지하지만 전국시대 전기에서 후기에 이르는 긴 시간에 걸친 문화층이 남아있는 유적도 있다. 특히 서관성촌 9호유적과 낭정촌 10호유적에서는 중기층에서 후기층에 걸

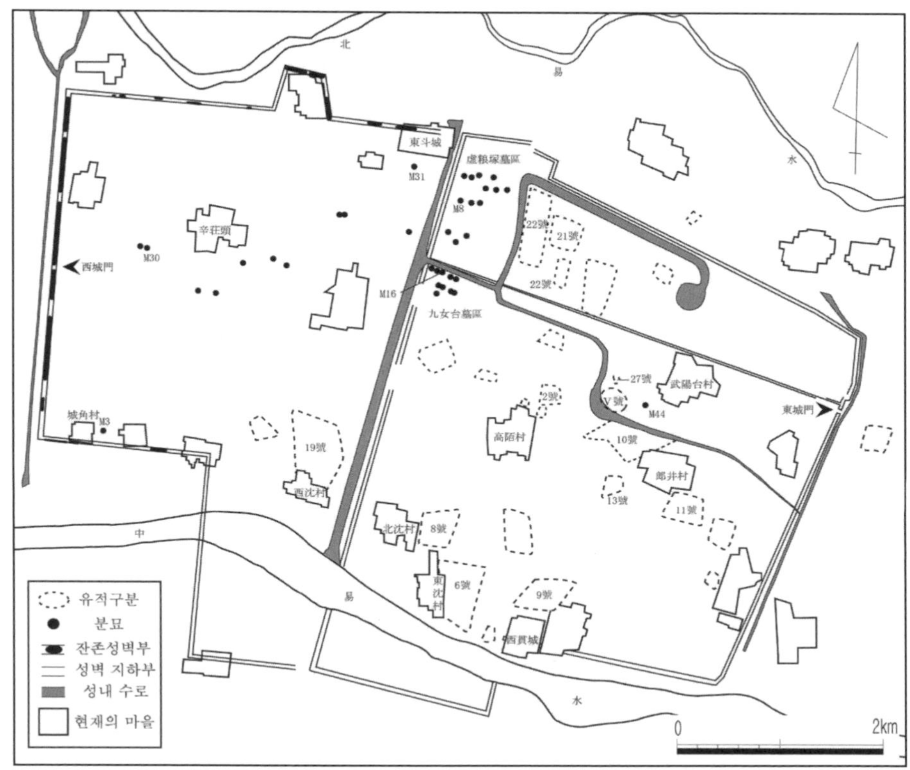

그림 3-2. 연하도 내부 유적의 분포양상

쳐 동일 기종의 철기가 출토되고 있어 층위에 따른 형식의 변화를 추정할 수 있다.

그러므로 연하도 취락은 지점(트렌치)과 층위에 대한 기록을 토대로 동일한 지점과 층위에서 출토된 철기를 확인하고, 이것들의 일괄자료[2]를 함께 살펴보아야 한다. 또한 층위에 따라 출토되는 화폐의 종류도 다르므로, 층위별로 화폐의 종류를 검토하여 시기적인 위치를 추정할 수 있다.

2) 여기서 다루는 「일괄자료」라는 개념은 동일 지점(트렌치) 내 동일 층위에서 출토된 유물로 시기적으로 가까운 유물로 설정해 둔다.

연산 남부지역의 동쪽에 위치하는 당산 동환타唐山東歡坨유적은 연하도와 요령지역의 철기문화가 공존한다. 동환타유적에서 출토된 오각형 초鍬는 현재까지 연하도 22호유적에서만 발견되는데, 요령지역을 중심으로 출토되는 반월형철도와 공반된다.[3] 때문에 동환타유적은 연나라의 혼란 중 이동한 연나라 집단의 하나로 요령지역의 재지적 철기문화와 혼재된 취락으로 보고 있다(河北省文物研究所 외, 2001).

이상과 같이 연하도를 중심으로 한 연산 남부지역의 철기 현황을 정리하면, 연하도와 수왕분 지구에서 철기의 생산이 이루어졌으며, 연하도 내에는 비교적 장기간 분묘과 취락유적이 형성되었음을 알 수 있다. 따라서 이 유적들에서 출토된 철기와 공반유물, 층위관계를 분석하면 연산 남부지역 철기문화의 변화양상을 파악할 수 있을 것이다.

여기서는 다음과 같은 방법으로 분석을 진행한다. 먼저 분묘 출토품을 검토하여 부장철기의 변화양상을 파악하고, 이를 취락유적의 층위관계를 통해 검증한다. 그리고 각 유적에서 보이는 철기와 공반되는 토기류와 화폐를 상호 비교하여 분묘와 취락의 시간적 병행관계를 설정하고자 한다.

표 3-2. 연하도와 주변 지역 취락 출토 철기의 현황

順番	遺蹟	地區	出土鐵器	貨幣	層位	參考文獻
8	易縣 燕下都	西沈村 19號	帶鉤, 钁2		前期	河北省文物研究所, 1996
		東沈村 6號	钁, 車軸		前期	
		環頭刀(削)	明刀錢	中期		
		北沈村 8號	钁, 鐵鎖		前期	
			鎌		中期	

3) 반월형철도는 주로 요령지역에서 보이는 유물이지만, 연하도 채집 유물 중 1점이 보고된 바 있다(河北省文物研究所, 1996).

順番	遺蹟	地區	出土鐵器	貨幣	層位	參考文獻
8	易縣 燕下都	老爺届臺 V號	钁, 刀子2, 環頭刀(削)片, 冑片8		中期	河北省文物 研究所, 1996
			劍, 鐵釣針		後期	
		西貫城村 9號	钁, 鎌, 鑿, 鏟, 鐵刀子	布幣	後期	
			钁, 鎌, 鏟4, 環頭刀(削)2, 鏃2, 冑片		後期 前漢	
		郎井村 10號	帶鉤, 鐵釣針		早期	
			钁11, 鎌7, 鎚, 鑿, 環頭刀(削)2 車馬具22, 劍3	明刀錢	中期	
			釜2, 钁41, 鏟10, 鍬10, 鎌12, 鑿12 環頭刀(削)24, 棒狀鐵器2 板狀鐵器4, 車馬具4, 劍, 矛2 鐵鏃2, 鋌10, 甲冑片, 기타10	明刀錢 布幣	後期	
		郎井村 11號	钁, 鎌		後期	
		郎井村 13號	帶鉤, 钁4, 環頭刀(削), 甲片		後期	河北省文物 研究所, 1987 河北省文物 研究所, 1996
		武陽臺村 21號	钁30, 鏟, 鍬, 鎌2, 鑿24, 鎚12, 砧6 切具5, 刀子3, 矛22, 劍7, 鏃3 鋌808, 甲片261, 冑片261 등		後期	河北省文物管 理處, 1982a 河北省文物研 究所, 1996
		武陽臺村 22號	钁13, 鎌2, 鑿, 鎚, 鍬, 鏟 鐵刀子, 環頭刀(削)12		後期	河北省文化局 文物工作隊, 1965 河北省文物 研究所, 1996
		武陽臺村 23號	钁2, 鍬, 鎌, 刀子, 棒狀鐵器		後期	河北省文物管 理處, 1982b 河北省文物 研究所, 1996
		老爺届臺 27號	帶鉤, 钁	明刀錢	後期	河北省文物 研究所, 1996
		高陌村 2號	钁4, 鍬, 鑿2, 鐵刀子5, 棒狀鐵器3, 馬具3, 車軸		後期	

順番	遺蹟	地區	出土鐵器	貨幣	層位	参考文獻
8	易縣 燕下都	高陌村 一帶	钁4, 鏟, 鐵鎌, 鐵滓, 鐵塊, 爐壁	明刀錢		中國歷史博 物館考古組, 1965
		武陽臺村 一帶	鐵滓, 鐵塊, 爐壁			
9	興隆縣壽王墳地區		钁77, 鍬3, 鎌2, 鑿2		戰國	鄭紹宗, 1956; 楊根, 1960
10	興隆縣古洞溝		錘	半兩錢		鄭紹宗, 1955·1956
11	興隆縣封王墳		鍬2			鄭紹宗, 1956
	興隆縣鷹手营子		钁			
	隆化縣一帶		钁			
12	承德縣頭溝村		钁, 鎌, 鍬			佟柱臣, 1956; 石永士, 1985
13	灤平縣		钁	明刀錢 2000		佟柱臣, 1956
14	天津市南郊巨葛庄		钁1, 鏟, 鍬, 鑿2	明刀錢 20		天津市文化局 考古發掘隊, 1965
15	天津市北倉		钁3, 鎌			天津市文物 管理處, 1982
16	北京市 竇店古城		钁4		漢代	北京市文物 研究所 拒馬河 考古隊, 1992
17	唐山市東歡坨		钁35, 鎌33, 鍬3, 半月形鐵刀 刀子8, 矛2, 帶鉤	明刀錢 20	中· 後期	河北省文物 研究所 외, 2001
18	承德市雙峰寺		鏟, 鋸, 横孔斧2, 鏃, 鋤 등		前漢	未報告, 徐海 峰, 2012 참고로 유물현황 파악
19	廊坊市錯橋村		鏟2, 鋤3, 鑿, 鑄造鐵斧, 横孔斧 刀子3, 車軸具5		前漢	廊坊市文物 管理所 외, 1993

2절 부장철기의 변천

1. 단계설정의 기준

주조철부의 형식변화를 중심으로 철기의 변천단계를 설정하고 공반유물의 상호 비교를 통해 철기가 부장된 분묘군의 선후관계를 확인하고자 한다. 공반유물의 검토는 토기류와 청동기, 화폐 등을 대상으로 한다. 이 중 토기류는 연나라 청동예기靑銅禮器와 유사성에 주목하여 청동예기를 모방한 특수부장토기의 변화양상이 제시된 바 있다(宮本一夫, 2000; 石川岳彦, 2001). 특히 정鼎과 호壺는 철기와 공반되는 사례도 확인되고 있어 특수부장토기의 형식변화가 철기의 기종 및 주조철부의 형식변화와 어떻게 연동되는지 검토할 수 있다.

정鼎은 동체부의 형태와 장식의 유무에 따라서 속성변화가 인정되고 있다(宮本一夫, 2000; 石川岳彦, 2001). 동체부는 구형에서 편구형으로 변화되며, 저부는 평저화되는 경향을 보인다. 그리고 장식이 없는 간단한 형태에서 기하학 장식이 있는 형태로 변화하는 것으로 알려져 있다. 호壺는 동체 최대경이 하단부에서 상단부로 이동해 구형에 가깝게 변화되며, 경부는 점점 벌어지는 경향이 지적되었다(宮本一夫, 2000). 반면 이시카와 다케히코는 호의 형태로부터 명확한 시기차를 확인하는 것에 대해서는 쉽지 않다고 지적하면서도, 미야모토 가츠오와 거의 동일한 변천도를 제시하고 있다(石川岳彦, 2001).

본고의 단계설정은 부장토기인 정鼎과 호壺의 형식변화에 기초한다. 형식분류안은 이시카와 다케히코의 분류안을 토대로 한대에 부장되기 시작하는 채색호를 추가한다.

주조철부의 각 형식과 공반유물의 상관관계를 정리하면 다음과 같다(표 3-3). 주조철부와 토기류가 공반되는 대표적인 사례로 각 유적을 비교해보면, ⅠA-2형, ⅠA-3형의 주조철부가 부장되는 구녀대 16호묘에서는 정鼎D1형과 함께 정鼎D2형, 호壺A형이 다수 확인된다. 반면, ⅠA-5형의 주조철부가 부장되는 신장두 30호묘에서는 정鼎D2형, 호壺A형이 감소하며, 호壺B형·호壺C형이 부장된다.

표 3-3. 연산 남부지역 부장철기와 공반유물의 현황

器種 / 型式 / 遺蹟名	鑄造鐵斧(Ⅰ)							鍬	鍤	鑿		環頭刀子			刀子	鉇	板状鐵斧		鍛冶具	劍		銅戈		鐵戈	戟	矛		銅鏃	冑	特殊副葬陶器(石川,2011 참고)								漢式陶器	鏡	貨幣	段階
	A-1	A-2	A-3	A-5	A-6	Ba-1	Ba-6	六角		Ⅰ-1	Ⅰ-2	Ⅰ-2	Ⅱ-1	Ⅱ-2		2	戰b	戰c		銅	鐵	燕式	細形			銅	鐵			鼎D1	鼎D2	壷A	壷B	壷C	彩色壷	蓋豆A	蓋豆B				
解村 3號墓						●																						●					◎								1期
M31號墓																	●					●																			
九女臺 16號墓		●	●										●					●	●											●	■	■				■	●				
虛粮塚 8號墓			●			◎				●					●					◎		■				■		●												刀幣	
辛荘頭 30號墓				●							●									●	●	●	●					■		■	◎	●	◎								2期
M44號墓				■				●				●				●				●	■	●		■	■		●		■											刀幣 布幣	
燕下都 東2號墓																			●								●	●						◎							3期
燕下都 東4號墓												●																							●						
燕下都 東7號墓									●																																
燕下都 東14號墓														●																					◎						
燕下都 東21號墓														●																					■						
燕下都 東26號																					●														◎						
懷来県 官庄19號									●																										◎				● 漢		
懷来県 官庄21號									●																										◎						
燕下都 武8號墓					●																							●												五銖	4期
燕下都 高30號	●																																					■			

※東 : 東沈村, 武 : 武陽臺村, 高 : 高陌村 ● : 1점, ○ : 가능성, ◎ : 복수, ■ : 다수

한편, 주조철부의 부장은 확인되지 않지만, 철삽鐵鍤이 부장되는 회래 관장 19호묘에서는 한식 채색호가 부장된다. 그리고 ⅠA-6형의 주조철부가 부장되는 연하도 무양대촌 8호묘에서는 공반토기가 확인되지 않았지만 오수전五銖錢이 부장되어 그 시기를 추정할 수 있다. 이를 통해 앞서 제시한 주조철부의 형식변화와 모순되지 않으며, 주조철부는 크게 ⅠA-2형·ⅠA-3형→ⅠA-5형→ⅠA-6형의 순으로 변화되는 것을 알 수 있다. 이를 토대로 연하도 철기문화의 변천은 3단계로 구분할 수 있다. 다만 ⅠA-5형에서 ⅠA-6형으로 변화는 전국시대 후기에서 후한대에 이르며, ⅠA-5형의 존속기간이 길어 한 시기로 단정하기 어렵다. ⅠA-5형에서 ⅠA-6형으로 변화하는 과정에서 철삽이 부장되는 것을 고려한다면, 철삽의 등장과 채색토기가 부장되는 단계를 설정할 필요가 있다. 그렇다면 부장철기의 변천을 4단계로 구분할 수 있다. 이를 근거로 연산 남부지역 1기에서 4기로서 설정하고자 한다.

연하도 철기문화의 변천단계는 각 단계별로 공반되는 금속제 무기류의 차이가 두드러진다. 즉, 청동제 무기류만 부장되는 단계(1기)에서 청동제와 철제 무기류와 공반되는 단계(2기), 철제 무기류만 부장되는 단계(3기)라는 특징을 띤다. 이를

표 3-4. 연하도 부장철기의 단계설정(● : 1점, ◎ : 복수, ■ : 다수, ○·□ : 동일 단계 유적에서 추정가능)

分類＼段階	農工具類							陶器類							武器類		貨幣		
	鑄造鐵斧					鍬	鍤	特殊副葬陶器 (石川岳彦, 2011에 추가)						漢式陶器					
	A-2	A-3	Ba-1	A-5	A-6			鼎D1	鼎D2	壺A	壺B	壺C	彩色壺		青銅製	鐵製	刀幣	布幣	五銖
1期	●	●	□					●	■	■					■		○		
2期				●		○		●	◎	●	◎	◎			●	● (□)	○	○	
3期							●						■			○			
4期					●									□					●

통해 각 단계별 주조철부의 형식변화는 무기류의 재질변화와 함께 이루어지는 것으로 볼 수 있다. 또한 선행연구에서 지적된 것과 같이 구녀대 16호분이 신장두 30호분보다 이르다는 견해와도 모순되지 않는다(賀勇, 1989; 宮本一夫, 2000; 石川岳彦, 2001). 따라서 부장철기의 변천단계는 어느 정도 유효할 것으로 판단된다.

다음으로 부장철기의 각 단계별 연대는 토기류의 연대를 참고할 수 있다. 부장토기의 연대는 미야모토 가즈오의 편년안을 참고하고자 하며, 공반되는 화폐의 주조연대를 활용해 부장토기의 연대를 보정하고자 한다.

2. 부장양상의 변천

앞서 주조철부와 공반유물의 변화양상을 통해 각 단계별 철기문화의 특징을 살펴보고자 한다. 철기와 공반유물의 현황은 각 단계에 따라 표 3-4와 같이 정리하였다. 대상 유적 중 단계설정의 기준이 되는 유물이 출토되지 않은 유적의 경우, 그 밖의 다른 공반유물을 상호 비교함으로써 앞서 설정한 부장 단계에 대응시켰다.

1) 연산 남부 1기

철기는 ⅠBa-1형과 ⅠA-2형, ⅠA-3형의 주조철부가 확인되며, 동검과 동과와 같은 청동 무기가 공반된다. 연산 남부 1기는 구녀대 16호묘로 대표되며, 정鼎 등의 부장토기가 공반되지 않았지만 해촌解村 3호묘와 허량총 8호묘, M31호묘도 이 시기에 해당한다. 이들 분묘를 동시기로 판단하는 근거는 다음과 같다.

먼저 해촌 3호묘에서 출토된 개蓋는 구녀대 16호묘에 부장된 호壺B의 개蓋로 분류할 수 있다. 해촌 3호묘에서 출토된 개蓋는 조형鳥形장식부가 크게 발달하지 않은 형태로 형식학적으로 구녀대 16호묘 출토품보다 이른 것이다. 또한 M31호묘 공반유물인 존형기尊形器 역시 구녀대 16호묘와 비교할 수 있다. 구녀대 16호묘의 존형기尊形器는 M31호묘 부장품에 비해 견부가 좁고 구연부가 벌어진다. 미야모토 가즈오의 형식변화를 참고한다면, M31호묘 부장품이 구녀대 16호묘 출토품보다 선행하는 것을 알 수 있다(宮本一夫, 2000). 이처럼 해촌 3호묘와 M31 호묘가 구녀대 16호묘보다 이른 시기라는 점을 고려한다면, 이들 분묘에 부장된 주조철부의 선후관계는 ⅠBa-1형에서 ⅠA-2·ⅠA-3형으로 변화되는 것으로 상정할 수 있다.

한편 허량총 8호묘는 도굴로 인해 공반되는 토기류의 구체적인 형태를 알 수 없다. 하지만 허량총 8호묘에서 출토되는 포수형鋪首形장식과 단용투조單龍透雕장식은 구녀대 16호묘 부장품과 유사성을 확인할 수 있다(그림 3-3). 따라서 구녀대 16호묘를 전후한 시기로 볼 수 있을 것이다. 허량총 8호묘에 부장되는 철기류는 ⅠA-3형과 ⅠBa-1형 철부이다. 주조철부의 형식조합을 해촌 3호묘와 구녀대 16호묘의 주조철부와 비교하면, 허량총 8호묘 주조철부의 형식조합은 해촌 3호묘와 구녀대 16호묘의 주조철부 형식조합 사이에 위치한다. 다만, 허량총 8호묘에서 출토되는 연식부燕式釜는 낭정촌 10호유적 9호 옹관부甕棺釜와 유사성이 강하며, 진성秦城 5호 옹관부甕棺釜와 윤가촌尹家村 1호 옹관부甕棺釜의 사이 어느 시점에 해당하는 형식이라는 점을 감안하면(宮本一夫, 2004), 허량총 8호묘는 1기의 하한으로 보는 것이 타당할 것이다.

연산 남부 1기 철기문화의 특징을 정리하면, 철기는 봉토를 갖춘 대규모의 분묘 내에서 출토되며 매장주체부의 규모는 3m 이상의 대형에 속한다. 소위 연

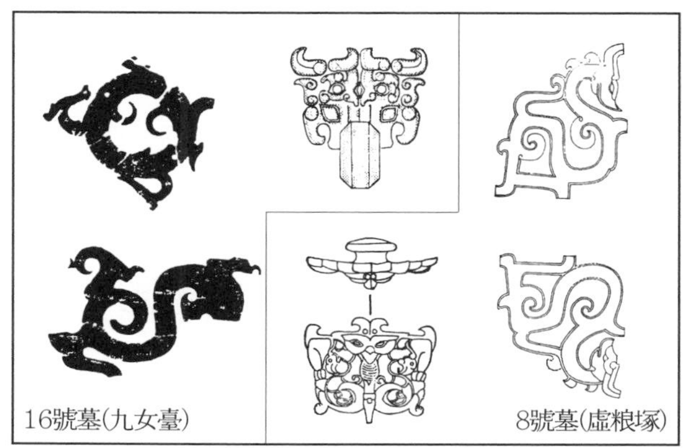

그림 3-3. 장식구의 비교검토

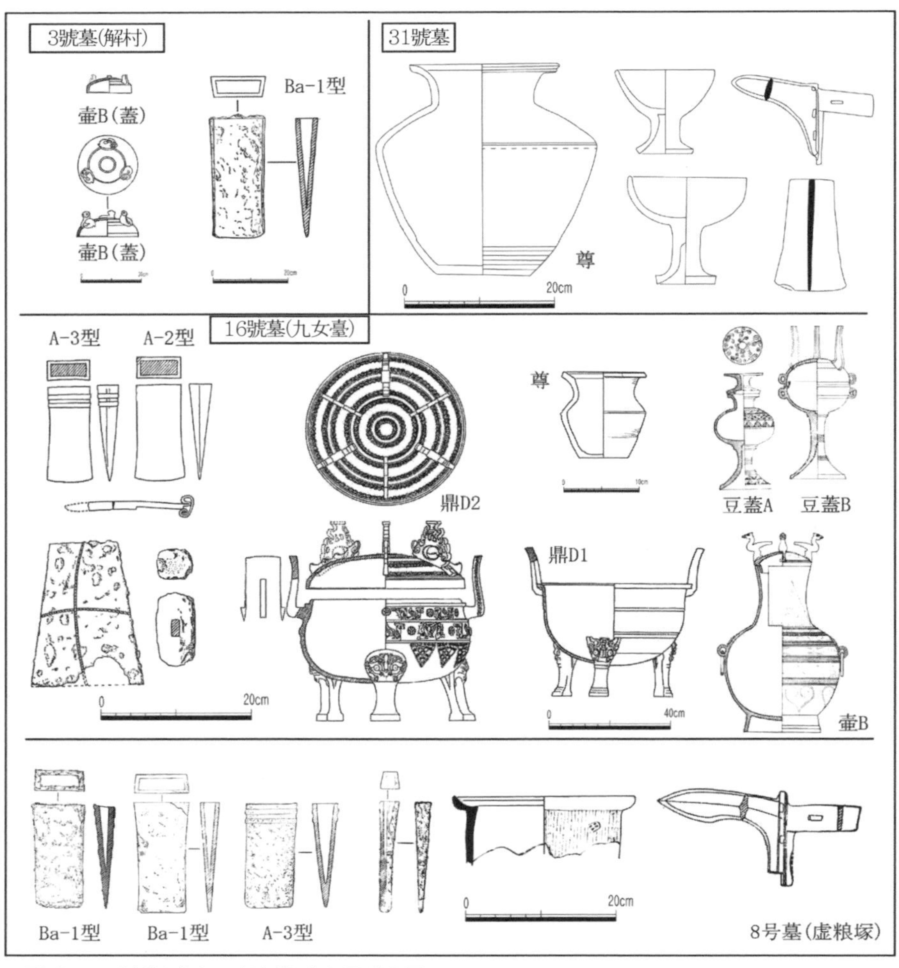

그림 3-4. 연산 남부 1기의 철기와 공반유물

나라의 귀족묘로 추정되는 분묘에서 철기가 부장되는 양상이다. ⅠBa-1형, ⅠA-2형, ⅠA-3형의 주조철부가 부장되는 시기로 농공구류에 대한 철기화가 이루어지는 것으로 추정된다. 또한 망치형철기와 공반되는 판상철부, 단조제 환두도자가 출토되는 현상은 주조기술과 함께 일부 단조기술도 존재하였다는 것을 추측할 수 있다. 연산 남부 1기는 연나라 철기문화의 성립기로 설정해 두고자 한다.

2) 연산 남부 2기

철기는 ⅠA-5형의 철부와 철제 무기류가 부장되는 것을 획기로 한다. 주조철부가 소형화되기 시작하는 시기로 신장두 30호묘를 대표적인 예로 볼 수 있다. 연하도 2기에 해당하는 유적은 많지 않아 대형의 주조철부가 중심인 연산 남부 1기에서 연속적으로 변화되었다고 단정하기 어렵다. 다만, 대형의 주조철부는 요령지역을 중심으로 지속적인 부장이 이루어지므로 소형과 대형의 형식은 서로 병행하며 어느 시점까지 공존하였을 것으로 보인다. 연산 남부 1기의 구녀대 16호묘와 신장두 30호분의 공반토기를 비교해보면, 정鼎의 변화보다는 호壺의 형식변화가 두드러진다. 그리고 연산 남부 1기의 허량총 8호묘와 신장두 30호묘의 철착은 다소 형태적인 차이를 보이고 있다.

반면, M44호묘에서는 토기의 부장이 이루어지지 않고 있지만, ⅠA-5형의 철부와 함께 청동제, 철제 무기류가 공반되고 있어 신장두 30호묘의 부장양상과 유사하다고 볼 수 있다. 검劍·모矛·극戟 등 다량의 무기류가 갑주와 함께 부장되었으며, 철초鐵鍬·철사鐵鍦 등 다양한 농공구가 확인된다. M44호묘와 신장두 30호묘는 분묘의 규모나 부장품에서 큰 차이를 보이고 있어, 피장자의 신분적 차이도 생각할 수 있다.

연산 남부 2기의 철기문화는 소형화된 ⅠA-5형 철부가 부장되는 시기로서 철제 무기류가 공반되기 시작하는 것을 가장 큰 특징으로 볼 수 있다. 또한 1기보다 다양한 농공구류의 철기화가 이루어지는 시기이다. 연산 남부 1기와 마찬가지로 대규묘의 분묘에 철기의 부장이 이루어지지만, M44호묘와 같이 동일 분묘 내 22개체의 인골이 매장되는 양상도 확인된다. M44호묘의 매장양상은 일반 무인武人의 다장多葬으로 볼 수 있는데, 이를 통해 철기의 무기화와 보급이 이루어지는 시기였다는 것을 유추할 수 있다.

더불어 신장두 30호묘의 북방문화와 관련된 유물, 한반도와 관련된 세형동과가 부장되는 양상은 이 시기가 활발하게 대외교류를 실시하던 시기였다는 것을 간접적으로 시사한다. 그러므로 연산 남부 2기는 연나라의 철기문화가 본격적으로 동북아시아 여러 지역으로 확산되는 시기로 볼 수 있을 것이다.

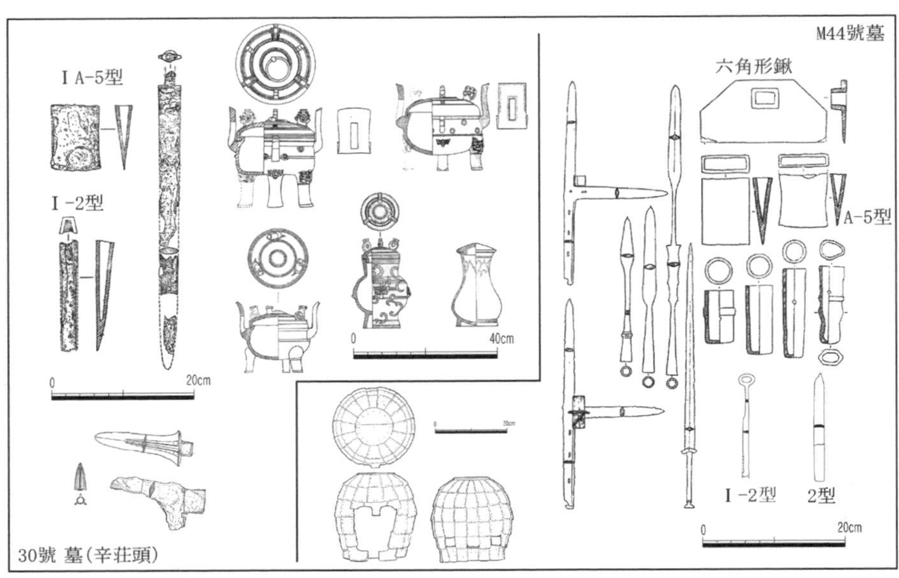

그림 3-5. 연산 남부 2기 철기와 공반유물

3) 연산 남부 3, 4기

농공구는 인부의 형태가 넓어지는 I A-6형 철부와 철삽이 부장되며, 청동제품의 부장이 사라진다. 연산 남부 2기까지 주요 부장품으로 자리잡았던 주조철부의 감소가 두드러지고 철삽이나 철서 등의 기종으로 대체된다. 또한 다양한 형태의 환두도자의 부장이 증가한다.

연산 남부 3기에 해당하는 유적은 동침촌 일대의 분묘군이 있다. 이전 시기까지는 비교적 대형의 분묘 내에서 철기의 부장이 이루어지는 것과 달리 매장주체부의 폭이 1m 내외인 소규모 분묘에서도 철기의 부장이 이루어진다. 게다가 소규모 분묘 내에서 철제 망치나 모루가 부장되고 있어 단조기술의 보급을 추정할 수 있다.

4기에 해당하는 유적은 무양대촌 8호묘와 고맥촌 30호묘이다. 모두 전축분에 해당하는데 분묘의 규모에 비해 철기의 부장은 적은 편이다. I A-6형의 철부와 같이 소형의 형태가 주류를 이루지만, 고맥촌 30호묘 출토품과 같이 일부 대형 주조철부도 존재한다.

한편 연하도 이외에 철기의 부장은 당현 고창唐縣高昌유적과 승덕 서산承德西山 유적이 있다. 이 유적들은 ⅠA-5형, ⅠA-6형 철부와 철삽, 장검, 환두도 등이

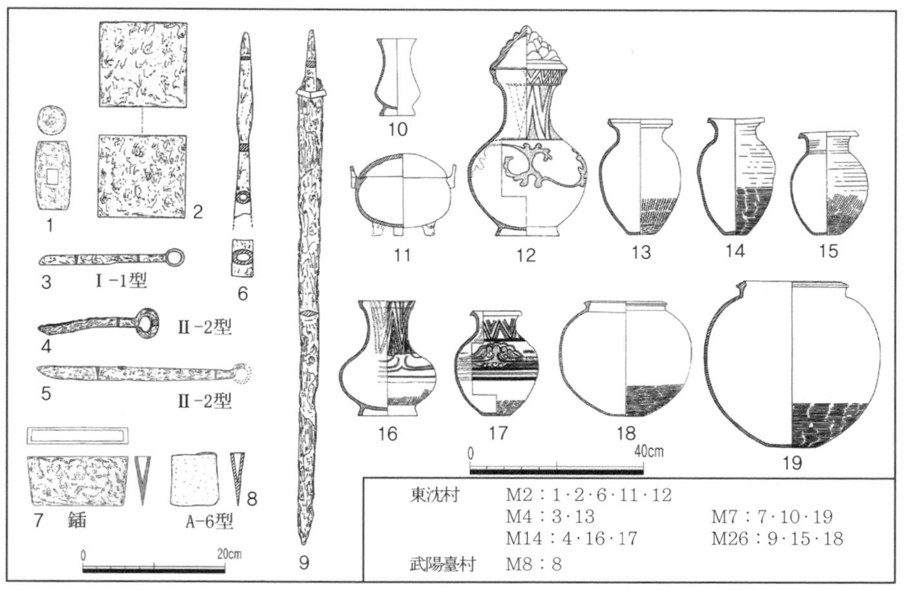

그림 3-6. 연산 남부 3·4기의 철기와 공반유물

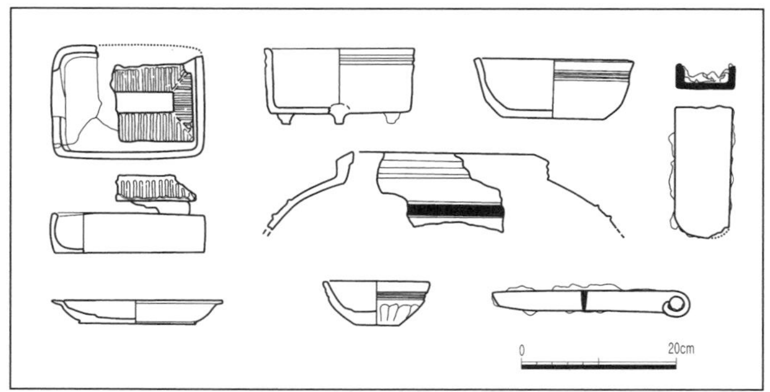

그림 3-7. 연하도 고맥촌 30호묘 출토 철기와 공반유물

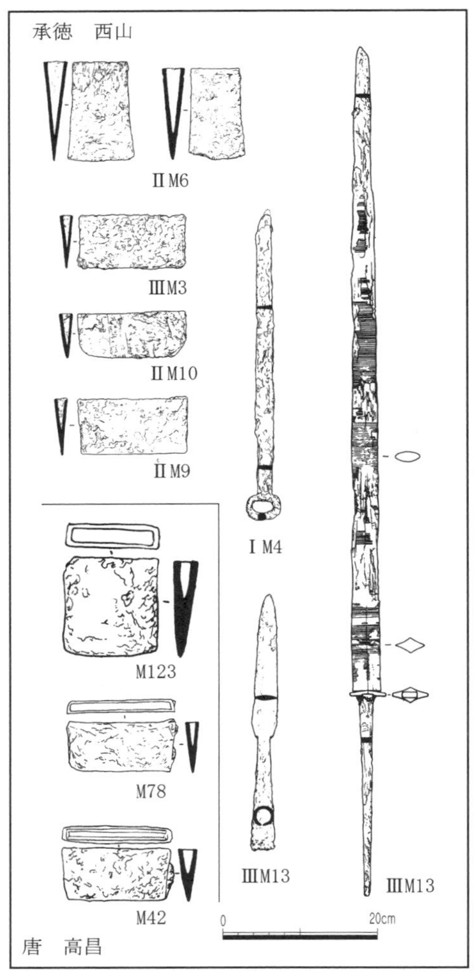

그림 3-8. 서산, 고창유적의 부장철기

출토되고 있어 주로 연산 남부 3기의 철기 조합을 띤다. 특히 두 유적에서는 철삽이 각 1점씩 부장되는 공통적인 특징이 있고, 고창 M123호묘에서 출토된 ⅠA-5형 철부는 연산 남부 2기의 ⅠA-5형 철부보다 폭이 넓다. 따라서 연산 남부 2기의 철기와는 다른 특징을 띤다고 볼 수 있다. 그러나 서산유적 ⅡM6호묘에서 출토된 ⅠA-6형 철부는 2점이 세트를 이루어 출토되었는데, 그 중 1점은 공부에 돌대의 흔적이 보인다. 아직 정식 보고서를 통해 상세한 양상을 파악할 수는 없으나 ⅠA-3형 철부와 같은 이조돌대와의 관련성에 주목할 수 있는 자료이다.

이처럼 연산 남부지역의 철기문화에서 3~4기의 분묘는 기존의 농공구를 중심으로 한 부장양상과 달리 기종에 관계없이 1점이 부장되는 경향이 있다. 그러나 앞서 살핀 서산 ⅡM6묘의 주조철부처럼 2기의 전통도 일부 잔존하고 있는 것을 알 수 있다. 공반유물과 유구의 구조를 통해 주로 3기는 전한대, 4기는 후한대로 설정할 수 있다.

전국시대 연산 남부지역은 연나라의 중심지인 연하도를 중심으로 철기가 제작되고 보급되었으나, 연나라가 멸망한 이후 지속적인 철기문화의 발전은 이루어지지 못하였을 것이다. 오히려 한대에 들어서 철기생산의 제한과 철관의 설치와 같은 제도적인 규제로 철기문화의 수급지로 전락하였을 것이다. 따라서 연산 남부지역 3~4기의 철기문화는 쇠퇴기에 해당하는 것으로 볼 수 있다.

3. 연대의 검토

연산 남부 1기의 대표 유적인 구녀대 16호묘의 연대는 기원전 4세기 후반으로 설정되고 있다. 그러나 앞서 제시한 것과 같이 연하도 M31호묘, 해촌 3호묘가 구녀대 16호묘보다 이른 시기에 해당한다는 점에 주목할 필요가 있다. 두 유적의 연대는 부장토기의 편년을 통해 추정할 수 있다. M31호묘에서 출토되는 존형기尊形器는 기원전 5세기 후반으로 편년되는 서관성촌 9호유적 14호 주거지의 존형기尊形器보다 기고가 낮으며 동최대경은 내려간다. 앞서 제시한 것처럼 M31호의 존형기尊形器는 구녀대 16호묘 출토품보다 이른 형태에 해당하므로, 서관성촌 14호 주거지→M31호묘→구녀대 16호묘의 상대적 순서를 갖는다고 볼 수 있다. 그렇다면 M31호묘의 존형기尊形器는 해촌 2호묘의 존형기尊形器와 거의 동시기에 해당한다고 볼 수 있을 것이다.

따라서 해촌 2호묘의 연대를 연산 남부 1기의 상한으로 본다면, 미야모토 가즈오의 편년을 참고하여 기원전 4세기 전반으로 설정할 수 있다. 하한연대는 구녀대 16호묘의 연대를 통해 기원전 4세기 후반으로 둘 수 있다. 또한 허량총 8호묘에 부장된 연식부燕式釜가 낭정촌 21호유적 19호 옹관의 부釜와 유사성이 강하다는 것을 고려한다면, 전국시대 후기까지 낮추기는 어려울 것이다. 따라서 연하도 1기는 대략적으로 기원전 4세기를 중심연대로 보아도 무방하다.

연산 남부 2기의 하한은 M44호묘에서 출토된 화폐를 통해 추정할 수 있다. M44호묘에서는 명도전과 포전이 공반되고 있다. 이 중 명도전은 67점이 확인되는 반면, 포전은 786점이 확인된다. 포전 중에서도 방족포가 639점으로 다수를 차지하는데, 방족포는 주로 전국시대 중기에서 후기에 주조되어 유통되지만(박선미, 2009), 명도전과 포전이 공반되는 양상은 기원전 3세기 후반에 집중된다(古澤義久, 2010). 따라서 M44호묘의 연대는 기원전 3세기 후반으로 둘 수 있다.

연산 남부 2기의 상한연대를 추정하기 위해서는 신장두 30호묘의 연대를 검토할 필요가 있다. 부장토기의 연대를 통해 기원전 3세기 전반으로 생각할 수 있다. 또한 부장품 중에서 세형동과는 연대를 추정하는 자료로 평가되고 있다. 미야모토 가즈오는 宮本Ⅱ식의 세형동과와 유사한 점을 들어 신장두 30호묘의 세형동과를 기원전 3세기 전후(300년)로 두고 있는데, 이는 다수의 연구자에 의해 지지되고 있다(宮本一夫, 2000; 岡内三眞, 2003; 後藤直, 2007). 반면 신장두 30호묘를 상기의 연대보다 좀 더 늦게 보는 경향도 있다. 신장두 30호묘에 부장된 은제금구의 연대를 전한대까지 낮출 수 있다는 견해(志賀和子, 1996)가 제시된 이후 그 연대를 참고한 이시카와 다케히코는 신장두 30호묘의 부장토기에 대한 검토를 통해 기원전 3세기 중엽으로 낮추어 보기도 한다(石川岳彦, 2001). 곤도 교우이치는 부장되는 세형동검이 무양대촌 10호유적에서 출토된 연식과燕式戈를 모방한 것으로 피장자를 진개秦開로 보면서 기원전 3세기 전반으로 설정하고 있다(近藤喬一, 2003). 조진선은 신장두 30호묘의 부장품이 연나라 부장양상을 계승하고 있지만, 전국시대 다른 대형묘와 다른 특징을 보이며, 전한 전중기에 유행하는 유물들도 공반되고 있어 그 시기를 기원전 2세기 초로 비정하고 있다(趙鎭先, 2012).

이처럼 신장두 30호묘의 연대는 다양한 견해가 제시되고 있으며, 연구자에 따라 시기적인 연대차가 크다. 전술한 것처럼 지가 가시코의 은제금구 연대를 통해 전한대까지 내려보는 경향이 있지만, 은제금구와 청동제금구의 비교를 통해 한대일 가능성을 제시하면서도 신장두 30호묘에서 출토된 은제금구가 더 이른 단계에 해당한다는 것은 인정하고 있다(志賀和子, 1996). 또한 신장두 30호묘에 부장된 토기 중에서는 한식 토기로 볼 수 있는 유물을 명확히 제시하기 어려운 반면, 옥장식과 패어貝魚가 부장되는 양상은 구녀대 16호묘의 부장양상에 모티브를 두는 것으로 보아도 무방하다. 따라서 신장두 30호묘의 연대는 한대까지 내려가지 않을 것으로 생각되며, 선행연구에서 진행된 부장품의 연대를 통해 늦어도 기원전 3세기 전반으로 보는 것이 타당할 것이다.

연산 남부 3기는 연나라가 멸망한 이후 전한前漢의 성립과 함께 하는 것으로 생각된다. 동침촌 일대의 분묘군은 모두 수혈토광묘로서 전한 전기와 후기로 구분되고 있다(河北省文物硏究所, 2001). 공반되는 호壺는 주칠된 채색호가 대부분이며,

연하도 2기에 부장되는 호壺와는 기형에서 큰 차이를 보인다. 분묘의 구조와 공반유물은 전형적인 전국시대의 것이라기보다는 전한대의 특징을 갖고 있다. 다만, 동침촌 M7의 호壺와 M2의 정鼎은 연산 남부 2기에 해당하는 신장두 30호묘의 출토품과 유사한 점은 인정된다. 그러므로 상한연대는 연하도 2기인 신장두 30호묘·M44호 이후에 해당하는 기원전 2세기 전반으로 보고자 한다.

3기의 하한 연대는 현재의 자료를 통해 명확히 제시하기 어렵다. 그러나 출토된 오수전이나 연식부를 통해 어느 정도 그 연대를 추정할 수 있다. 동침촌 M7호묘에서는 철삽과 함께 오수전이 출토되었으며, 동일하게 오수전이 출토되고 있는 M22호묘에서는 연식부가 확인되었다. 연식부는 구연부가 「〈」와 같이 형태가 약해지고 내면의 돌기부가 도드라지는 형태를 띠는데, 진성 35호 옹관부甕棺釜에서 보이는 특징과 유사하다. 따라서 그 연대를 기원전 1세기의 어느 시점이라고 추정할 수 있다(宮本一夫, 2004).

연산 남부 4기의 철기는 고맥촌高陌村 30호묘(河北省文物局工作隊, 1965b)와 무양대촌武陽臺村 지구(河北省文物硏究所, 2001)의 한묘漢墓인 전축분에 부장된다. 고맥촌 30호묘에 부장된 부뚜막형토기, 가형家形토기, 화로와 같은 전형적인 후한의 토기들이 공반되어 후한 이후로 보는 것이 타당하다. 또한 무양대촌 7호묘에서 전한의 반량전과 후한 전중기의 오수전, 화천이 공반되고 있는 점을 고려하면, 기원 1세기대가 중심이라는 것을 알 수 있다.

3절 취락 내 철기의 변천

연하도 내부에는 전국시대 전기에서 후기에 이르는 긴 시간에 걸친 취락이 존재한다. 층위에 따른 조사를 실시하여 주거지, 수로, 건물지 등 다양한 유구가 발견되었으나, 아쉽게도 그 구체적인 실체는 보고되지 않아 유구에 따른 공반유물의 양상은 확인하기 어렵다. 다만 각 문화층의 대표적인 유물이 보고되어 시간적 변화양상을 추정할 수 있다. 여기서는 연하도 성지 내에 취락유적을 중심으로 층위에 따른 철기의 변화양상을 확인하고, 철기와 관련유물(일괄자료)에 대한 검토를 통해 취락유적 철기의 변천단계를 상정하고자 한다.

1. 층위별 철기의 출토양상

1996년 간행된 연하도의 보고서는 기존에 개괄적으로 보고된 고고학 잡지의 내용과 함께 미보고 내용을 추가한 종합보고서이다(河北省文物研究所, 1996). 앞서 제시한 바와 같이 총 14개소의 취락이 보고되었으며, 동일 취락 내 복수의 문화층이 존재하는 경우도 있다.

연하도 내부 취락유적에서 출토된 철기의 보고 수량은 약 1,500점이다. 이 중에서 수량적으로 분석할 수 있는 자료는 일괄로 출토된 철정과 개체수를 확인할 수 없는 갑주편, 용도미상철기를 제외한 369점이다. 369점을 대상으로 농공구류와 무기류, 단야관련유물로 구분하여 그 수량을 비율로 표시하면 그림 3-9와 같다. 농공구류가 약 70%로 다수를 차지한다. 주로 농공구류는 주조품, 무기류와 단야관련유물은 단조품이므로, 농공구류가 많다는 것은 단조품보다 주조품이 다수라는 것을 의미한다. 농공구류 중에서는 철부, 철착, 철산鐵鏟과 같은 공부銎部를 갖는 도구가 60% 이상을 점하고 있다.

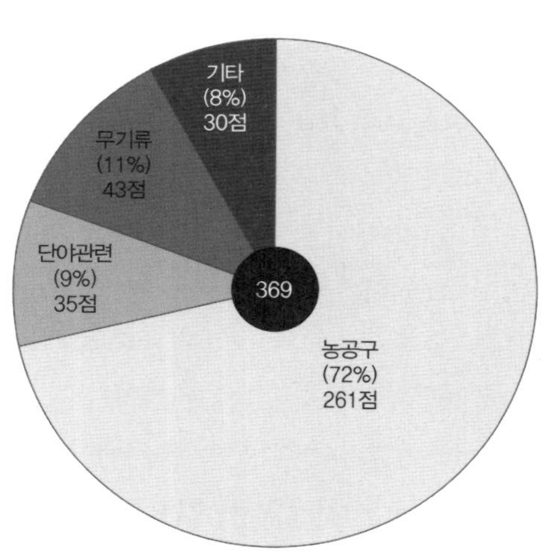

그림 3-9. 취락 내 철기의 기종비

다음으로 취락 내에서 출토된 철기를 층위별로 정리하면 그림 3-10과 같다.[4] 철기는 전국시

4) 연하도 취락에서 출토된 유물은 동일 지점과 층위 내에서 출토된 유물 중 대표적인 것만 도면이나 사진으로 보고되고 있다. 또한 「동일형식 ○점」과 같이 수량으로 보고되었다.

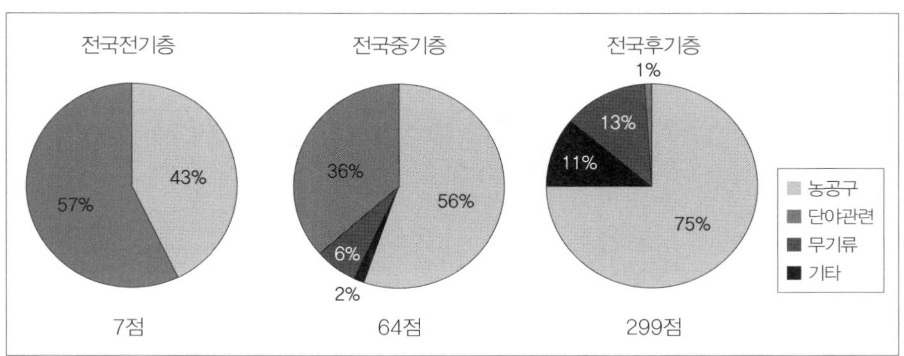

그림 3-10. 층위별 기종의 출토비율

대 후기에 급격히 증가하고 기종도 다양해진다. 전국시대 전기층의 철기는 소수에 불과하지만 절반에 가까운 수가 주조철부이다. 전국시대 중기층에서는 농공구류의 증가가 두드러지며 무기류가 출토되기 시작한다. 또한 차축구車軸具와 같은 주조품의 비율도 증가한다. 단야와 관련된 철제 망치(鐵鎚)도 출토되지만 그 수량은 아직 적은 편이다. 이를 통해 전국시대 중기까지는 주조품을 중심으로 철기의 제작과 사용이 이루어졌다는 것을 알 수 있다.

전국시대 후기층 역시 농공구류의 비율이 75%로 큰 비중을 차지하지만, 무기류와 단야관련유물의 비율이 좀 더 커진다. 또한 농공구류 중에서도 단조품이 출토되는 사례가 확인되어 주조와 함께 단야공정이 본격적으로 이루어졌다는 것을 생각할 수 있다.

이와 같이 연하도의 취락유적에서 출토된 철기는 농공구류가 주를 이루며 층위에 따른 변화양상을 확인할 수 있다.

그림 3-9에서 제시한 층위별 철기의 수량은 보고서에 도면과 사진을 포함해 기록된 총 수치를 정리한 것이다. 후술할 층위별 형식의 변화도 마찬가지로 도면과 사진을 통해 형태를 확인할 수 있는 자료뿐만 아니라 함께 보고된 동일 형식의 수량을 포함한 수치이다.

2. 층위에 따른 철기의 형식변화

앞서 살펴본 것처럼 연하도 취락 내 철기는 농공구류가 중심이 되고 있으며, 지속적으로 증가되는 양상을 보인다. 농공구류는 기종에 따라 양적인 차이를 보이는데, 표 3-5와 같이 정리된다.

표 3-5. 연하도 취락의 층위별 기종현황

器種 / 時期	農工具							鍛冶關聯道具						武器類				기타		
	鑄造鐵斧	鏟	鍬	鎌	鑿	刀子	環頭刀子	板狀鐵器	棒狀鐵器	鎚	砧	切具	鋌	胄片	劍	矛	鏃	釣針	帶鉤	車軸
戰國前期層	3																	1	2	1
戰國中期層	13	1		9	5	3	4			1				8	4			1		22
戰國後期層	97	16	13	19	29	10	39	4	6	13	6	5	881	264	8	24	7		2	1

주조철부는 전국시대 전기부터 후기까지 꾸준히 증가하는 반면, 철겸·철착·환두도자 등은 전국시대 중기에서 후기에 걸쳐 비교적 수량이 안정적이다. 무기류 중에서 철검은 지속적으로 증가하는 것처럼 보이지만, 전국시대 중기층에서 확인되는 철검은 인부만이 확인되는 파편이므로 전국시대 후기층의 철검과 직접적으로 비교하기는 어렵다. 따라서 시기에 따라 안정적인 수량이 확보되는 주조철부를 층위별로 살펴봄으로써 형식의 변화를 확인하고자 한다. 그리고 앞서 살핀 분묘 부장철기의 변화양상과 상대 비교해 보고자 한다.

주조철부의 형식을 각 층위별로 정리하면 그림 3-11과 같다. 앞서 주조철부의 속성을 검토하며 공부의 단면형태와 인부형태, 전체 길이를 층위별로 확인하였다. 단면형태는 제형과 장방형의 선후관계를 명확하게 확인할 수 없었지만, 장방형은 전국시대 중기층에, 제형은 전국시대 후기에 들어서 급증하는 경향을 알 수 있었다. 길이 역시 대형과 소형이 전국시대 전기층부터 공통적으로 확인된다.

표 3-6. 연하도 출토 주요 철기류의 층위별 출토양상

遺蹟名	Tr.	層位	鑄造鐵斧							鏟	鍬				鐵鎌			鐵鑿			環頭刀子			전국a	전국b	奉狀鐵器	鍛冶具	鐵矛	鐵鏃	刀	時期
			B-1	A-1	A-2	A-3	A-5	A-6	B-6		鍬形	六角	三齒	五齒	I-1	I-3	II-1	I-1	I-2	I-3	I-1	I-3	II-1								
東6	90	③	●																											●	前期
西19	51	②			●																										
西19	73	②		●																											
北8號	11	③	●																												
貫9	19	③													●																中期
貫9	21	③								●																					
東6	29	③																					●								
郎10	81	①																									●				
郎10	95	①									●																				
郎10	143	⑤	●																												
老V	2	③																													
貫9	28	③					●											●												●	
老V	3	③							●												●										
高2	3	④														●															後期
高2	8	③	●																												
貫9	17	③															●														
貫9	18	②								◎																					
貫9	24	②																●													
郎10	4	②																						●							
郎10	10	②																					●								

遺蹟名	Tr.	層位	鑄造鐵斧							鏟	鍬				鐵鎌			鐵鑿			環頭刀子			전국a	전국b	奉狀鐵器	鍛冶具	鐵矛	鐵鏄	刀	時期
			B-1	A-1	A-2	A-3	A-5	A-6	B-6		鍬形	六角	三齒	五齒	I-1	I-3	II-1	I-1	I-2	I-3	I-1	I-3	II-1								
郎10	19	②									●																				後期
郎10	21	①				●																									
郎10	22	③																								●					
郎10	25	②						●					●													●					
郎10	28	②	●																												
郎10	36	②								●																					
郎10	35	③																	●												
郎10	37	②								●																					
郎10	46	②									●																				
郎10	47	②																		●											
郎10	49	①					●																								
郎10	60	③																					●							●	
郎10	62	③								●																					
郎10	65	③																					●								
郎10	126	③											●																		
郎10	126	⑤		○														●													
郎10	130	③																●													
郎10	130	④										●																			
郎10	136	④																						●							
郎10	138	④														●															

遺蹟名	Tr.	層位	鑄造鐵斧							鏟	鍬				鐵鎌			鐵鑿			環頭刀子			전국a	전국b	奉狀鐵器	鍛冶具	鐵矛	鐵鐏	刀	時期
			B-1	A-1	A-2	A-3	A-5	A-6	B-6		鍬形	六角	三齒	五齒	I-1	I-3	II-1	I-1	I-2	I-3	I-1	I-3	II-1								
郎11	1	②															●														後期
高2	8	②					●							●																	
郎11	7	②						●																							
郎13	2	②					●																								
郎13	5	②	●																			●									
郎13	8	②						●																							
郎11	146	③																							●						
老27	26	②					●																								
武21	11	②					●		●																	●			●		
武21	19	②								●																					
武21	42	②														●															
武21	42	②														●			●												
武21	74	②											●																		
武21	76	②																●													
武21	82	②				●																				◎	■	●			
武23	1	①			●																					●					
武23	1	②										●				●															
武23	1	②					●									●															

※ 郎: 郎井村, 東: 東沈村, 老: 老爺廟臺, 西: 西沈村, 北: 北沈村, 高: 高陌村, 武: 武陽臺村, 貫: 西貫城村
●: 1점, ○: 형식불명, ◎: 복수, ■: 다수

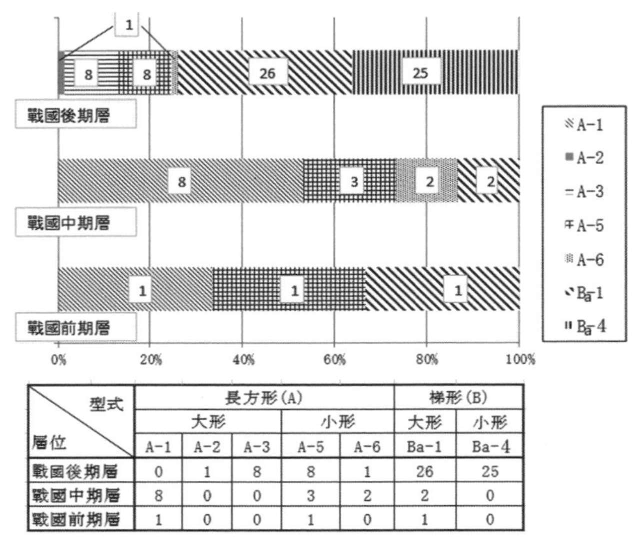

型式 / 層位	長方形(A)					梯形(B)	
	大形			小形		大形	小形
	A-1	A-2	A-3	A-5	A-6	Ba-1	Ba-4
戰國後期層	0	1	8	8	1	26	25
戰國中期層	8	0	0	3	2	2	0
戰國前期層	1	0	0	1	0	1	0

그림 3-11. 주조철부의 각 형식의 층위별 출토양상

하지만 대형품이 전국시대 중기층에서 다수를 차지하며, 소형품은 후기에 들어서 증가하는 경향을 보인다. 인부의 형태에서 ㄱ식은 전국시대 전기층부터 후기층까지 지속적으로 출토되고 있으나, ㄴ식은 전국시대 중기층부터 출토되기 시작해 후기층에서는 급격하게 증가하는 것을 알 수 있었다. 이와 같은 속성의 변화를 기초로 층위별 주조철부의 형식조합을 살펴보았다.

ⅠA-5형·ⅠBa-1형 철부는 전국시대 전기에서 후기에 걸쳐 꾸준히 증가한다. ⅠA-1형은 중기층을 중심으로 출토되고 있으나 후기층에서는 출토되지 않는다. 반면 ⅠA-2형과 ⅠA-3형 철부는 후기층에서 출토 예가 보이기 시작하며, ⅠBa-1형 철부도 동일하게 후기층에서 급증하는 경향을 보인다.

이상을 정리하면 주조철부는 대형인 ⅠA-1형, ⅠBa-1형이 먼저 출현하지만 이 중에서 ⅠA-1형 철부가 주류가 된다. 이후 ⅠA-3형, ⅠA-5형 철부가 추가되면서 주요 형식으로 자리 잡는다. 공부의 단면형태는 장방형(A)의 경우 중기층과 후기층에서 출토량의 차이가 보이고 있어 ⅠA-1형에서 ⅠA-3형 철부로 대체되어가는 것으로 보인다. 소형 주조철부는 ⅠA-5형과 ⅠA-6형 철부가 선행하며, ⅠBa-4형 철부로 변화하는 경향을 띤다.

철착은 주조품(Ⅰ)만이 전국시대 중기층와 후기층에서 확인된다. 주조철착은 모두 단면형태가 제형을 띠지만, 평면형태가 다르다. Ⅰ-1형이 전국시대 중기층에서 비교적 다수를 차지하며, 후기층에서 감소한다. 반면 Ⅰ-2형은 중기층에서는 소수이지만, 후기층에서 급격히 증가하는 것을 알 수 있다. 또한 Ⅰ-3형은 후기층에서부터 출토되는 양상을 확인할 수 있다. 그러므로 전국시대 중기에서 후기에 걸쳐 Ⅰ-1형에서 Ⅰ-2형으로 교체되어가는 양상으로 추정할 수 있으며, 후기에 들어서면서 비교적 다양한 형태로 발전되는 것으로 추정된다.

표 3-7. 층위별 철착의 형식변화

형태 / 층위	주조(Ⅰ)		
	1	2	3
전국전기층			
전국중기층	4	1	
전국후기층	2	12	3

표 3-8. 층위별 철겸의 형식변화

형식 / 층위	주조(Ⅰ)		단조(Ⅱ)
	1	2	1
전국전기층			
전국중기층	2		
전국후기층		13	2

철겸은 주조품(Ⅰ)과 단조품(Ⅱ)이 모두 확인된다. 주조품은 Ⅰ-1형과 Ⅰ-2형 철겸이 출토되며, 단조품은 Ⅱ-1형 철겸이 출토된다. 철겸은 전국시대 중기와 후기에 걸쳐 출토된다. 인부의 형태는 모두 곡선형을 띠는 좌겸이며. 주조품은 기부와 인부의 단이 모두 잔존한다. 따라서 철겸의 변화를 확인할 수 있는 속성은 제작기법에 따른 차이(주조·단조)와 크기, 기부단과 배부의 융기선의 유무 등을 들 수 있다.

층위에 따른 속성의 변화를 살펴보면, 먼저 전국시대 중기층에서는 소수의 주조품(Ⅰ)이 확인되기 시작하여 후기에 들어서 수량이 증가한다. 반면, 단조품은 후기층에서 소수만 확인되고 있다. 주조품에서 보이는 변화는 크기와 융기선의 유무로서 소형인 Ⅰ-1형 철겸은 중기층에서 출토되지만, 후기층에서는 출토되지 않는다. 대형인 Ⅰ-2형 철겸은 전국시대 후기층부터 출토되고 있다. 따라서 소

표 3-9. 층위별 환두도자의 형식변화

층위 \ 형식	주조(Ⅰ)		단조(Ⅱ)	
	1	2	1	2
전국전기층				
전국중기층	2		1	
전국후기층	1	8	13	

형에서 대형으로 변화되는 것을 추정할 수 있다. 연하도에서 출토된 철겸은 Ⅰ-1형 철겸이 선행하며, Ⅰ-2형 철겸으로 교체되는 과정에서 단조품의 제작도 함께 제작되는 것으로 판단된다.

한편 소수에 불과하지만, 초鍬와 환두도자의 변화양상을 추정할 수 있다(표 3-9). 초는 전국시대 중기층에서 보이는 초형철기가 선행하며, 후기층에서 다양한 형태의 초가 급격히 증가한다. 환두도자는 전국시대 중기층에서 주조품(Ⅰ-1형)과 단조품(Ⅱ-1형)이 소수 출토되는데, 후기에 들어서 단조품이 다수를 차지한다. 주조제작에서 점차 단조제작으로 변화하는 경향을 읽을 수 있다.

3. 공반유물의 검토

연하도의 취락에서 출토된 철기를 층위별로 검토하여 각 기종의 전반적인 변화양상을 파악하였다. 철기와 같은 지점과 층위 내에서 출토된 토기[5]의 양상을 검토하고 분묘에서 출토된 철기의 변천단계에 대응시켜 보고자 한다.

먼저 철기와 같은 지점 및 층위에서 출토되는 시간차가 크지 않은 일괄자료에 준하는 자료를 살펴보았다. 그 대상 기종은 부釜류와 호壺류, 소배小杯, 두豆 등이 있으며, 화폐로는 포전이 있다. 이 중에서 일괄자료에 준하는 토기의 변화양상을 살펴봄으로써 함께 출토된 철기의 시간성을 추정하고자 한다.

1) 력鬲·부釜의 변화와 철기의 시간성

먼저 취락에서 출토된 철기 중에서 가장 이른 단계로 볼 수 있는 것은 동침촌 6

5) 동일 지점 내 동일 층위에서 출토된 유물을 일괄자료에 준하는 것으로 보았다.

호유적 T90·3층에서 출토된 ⅠBa-1형 철부이다. ⅠB-1형 철부는 협사회도夾砂灰陶 력鬲[6] 2점과 시기차가 없는 일괄유물로 볼 수 있다(그림 3-12). 격은 춘추시대부터 전국시대에 출토되는 기종으로, 족부足部가 발달하여 3족을 가진 것을 「력鬲」, 관罐과 세트를 이루며 옹관에서 출토되는 것을 「부釜」라고 구분한다. 전국시대 중기 이후에 출토되는 부釜는 소위 연식부燕式釜로 칭한다.

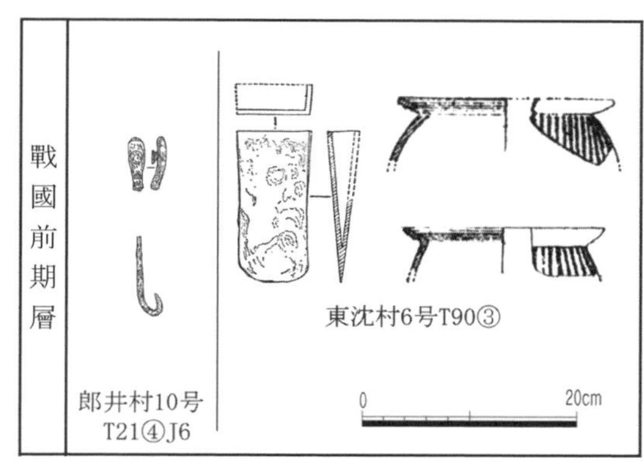

그림 3-12. 전국시대 전기층 일괄자료

동침촌 6호유적 T90·3층에서 출토되는 협사회도夾砂灰陶 력鬲은 파편이다(그림 3-12). 그러나 잔존양상이 외반되는 구연에 둥글게 이어지는 동체부를 가진 형태로 3족을 가진 력鬲으로 판단된다. 력鬲의 층위별 출토양상을 근거로 형식학적 변화를 살펴보고자 한다. 춘추시대 후기 력鬲은 평저로 저부의 세 가장자리가 약간 돌출된 형태이다. 전국시대에 들어서면 3족을 가진 형태로 변화하며, 이후 기본적인 형태는 유지되나 소형화되는 경향을 보인다. 전국시대 중기에 들어서 전형적인 연식격燕式鬲으로 변화되며, 기고가 높아지고 족부가 길어진다. 동체부의 최대경도 저부쪽으로 내려오는 경향을 보인다.

또한 전기층에서 확인되는 력鬲(그림 3-13;2)은 동일 유구 내에서 정鼎과 존尊, 두豆 등이 공반되며, 연하도 서관성촌 9호유적 M13호묘와 M14호묘, M31호묘의 출토품과 유사하다. 중기층의 력鬲(그림 3-13;3)은 낭정촌 21호유적 19호 옹관묘 출토품과 유사하다. 그리고 후기층에서 출토된 력鬲(그림 3-17;7)은 후술할 도량관

6) 보고서에서는 력鬲이라는 용어를 사용하였으나, 한국과 일본에서 일반적으로 사용하는 용어인 부釜로 보아도 무방할 것으로 생각된다. 미야모토 가즈오는 보고서의 력鬲을 부釜로서 정리한 바 있다(宮本一夫, 2004).

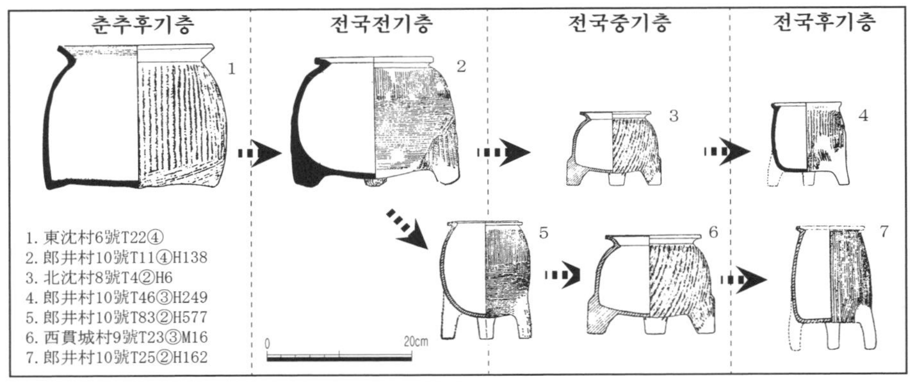

그림 3-13. 력鬲의 변화양상

陶量罐이 공반된다.

력鬲과 공반유물에 대한 선행연구를 근거로 시간성을 살펴보고자 한다. 먼저 서관성촌 9호유적 M13호와 M14호, M31호는 기원전 5세기 후반(宮本一夫, 2000)에서 기원전 4세기 전반(石川岳彦, 2001)으로 편년되고 있다. 낭정촌 21호유적 19호 옹관묘는 회유성북懷柔成北 4호묘의 부釜와의 비교되며 기원전 4세기 전반(宮本一夫, 2004)으로 보고 있다. 19호 옹관묘의 관罐은 견부가 발달되어 있고, 동체부 최대경이 상부에 위치한다. 낭정촌 10호 T25의 후기층에서 확인된 도량관陶量罐은 견부에서 축약된 구연부의 형태를 띠는데, 이 같은 형태는 오히려 전국시대 중기의 형태로 지적되기도 한다(정인성, 2010). 따라서 력鬲과 공반되는 유물 검토에서도 앞서 제시한 층위에 따른 변화양상의 타당성이 검증되고 있다.

이상과 같은 력鬲의 변화양상을 토대로 동침촌 6호유적 T90 3층에서 출토품의 시간적 위치를 추정해 보고자 한다. 두 점 모두 구경은 약 20cm 내외로 소형화되기 이전 단계로 볼 수 있다. 구연부의 형태는 춘추시대 후기의 전통을 가지고 있지만 외반 각도는 좁은 편이므로 낭정촌 10호유적 H138(그림 3-13;2)의 이전 단계로 볼 수 있다. 또한 전국시대 중기층에 해당하는 북침촌 8호유적 T6·3층(그림 3-15)에서도 력鬲이 출토되는데 동침촌 6호유적 출토품과 거의 유사한 형태를 띠고 있어 동일시기로 보아도 문제되지 않는다.

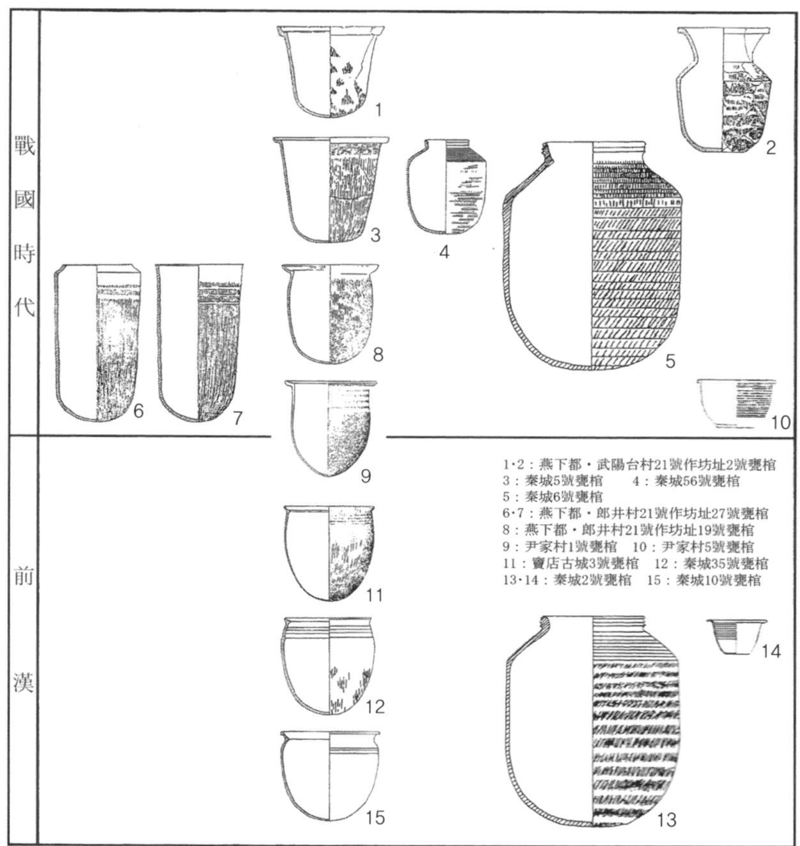

그림 3-14. 연계옹관의 변천(宮本一夫, 2004)

한편 낭정촌 13호 T5·2층의 ⅠBa-1형 철부와 부釜는 동시기로 볼 수 있는데(그림 3-15), 전국시대 후기층임에도 불구하고 비교적 이른 단계의 부釜가 출토되고 있다. 부釜는 무양대촌 21호유적 2호 옹관의 구연부와 유사하다. 또한 무양대촌 21호유적 2호 옹관에서는 관棺의 역할로 관罐을 이용하고 있다. 이는 연계 옹관으로(그림 3-14;1~2) 미야모토 가즈오는 고식古式으로 분류하고 있어 보고된 층위의 시기보다 이른 단계일 가능성도 있다.

이와 같이 철기와 일괄자료로 볼 수 있는 력鬲에 대한 검토를 통해 동침촌 6호

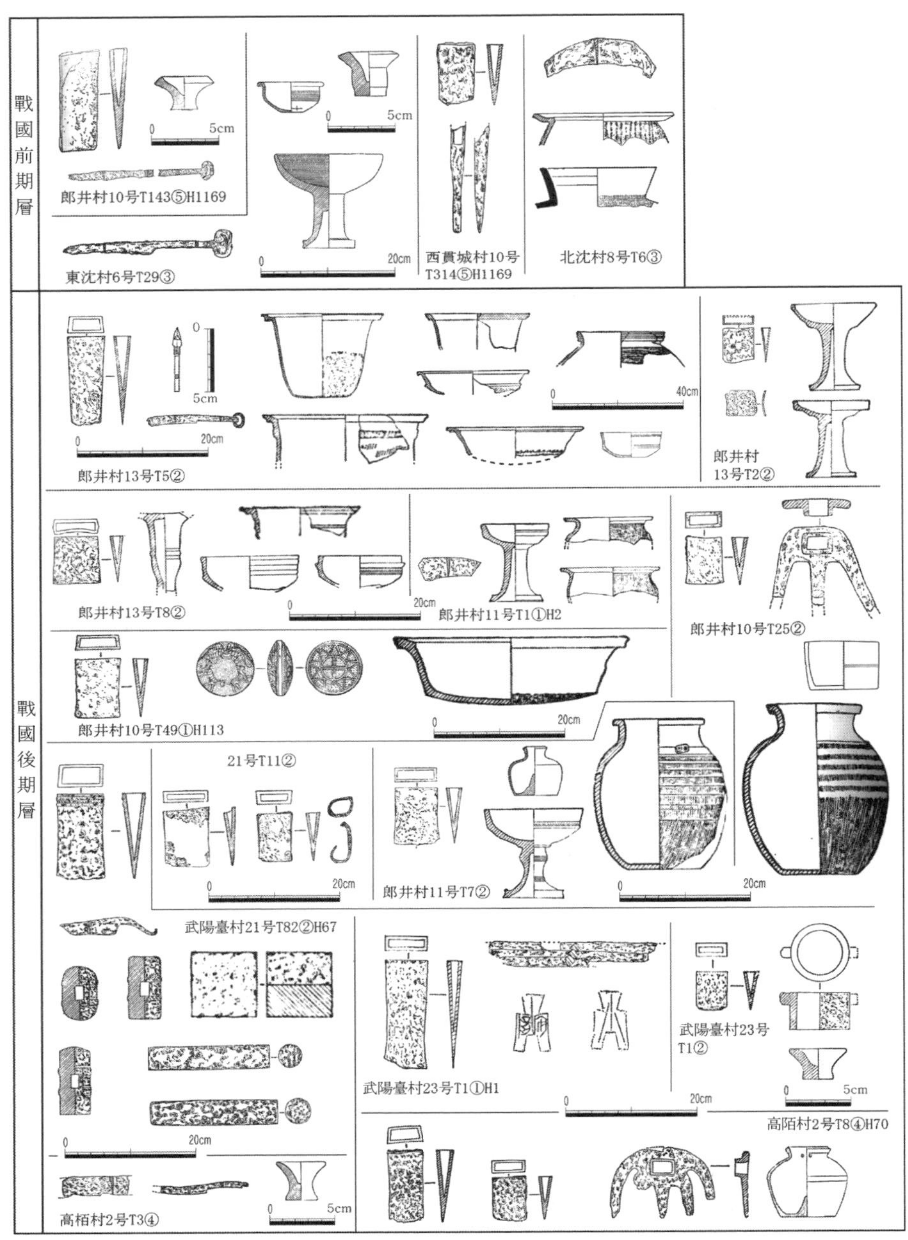
戰國前期層
郎井村10号T143⑤H1169
東沈村6号T29③
西貫城村10号
T314⑤H1169
北沈村8号T6③
戰國後期層
郎井村13号T5②
郎井村
13号T2②
郎井村13号T8②
郎井村11号T1①H2
郎井村10号T25②
郎井村10号T49①H113
21号T11②
郎井村11号T7②
武陽臺村21号T82②H67
武陽臺村23号T1①H1
武陽臺村23号
T1②
高陌村2号T8④H70
高栢村2号T3④

그림 3-15. 전국시대 중후기층 일괄자료

유적 T90·3층의 ⅠBa-1형 철부는「연산 남부 1기」의 이른 단계와 관련 깊을 것으로 보인다. 또한 북침촌 8호유적 T6·3층에서 출토된 Ⅰ-1형 철겸 역시「연산 남부 1기」와 동시기로 판단된다.

2) 관罐(陶量)[7]의 변화와 철기의 시간성

연하도에서 관罐은 춘추시대 후기부터 출토되기 시작하여, 전국시대 중기와 후기에 걸쳐 형태가 다양해지고 그 출토량도 많아진다. 특히 관罐은 전국시대 후기에 다량 출토되며, 조양 원대자朝陽市袁臺子유적 등 넓은 지역에서 출토되고 있어 전국시대 후기가 되면 대량생산이 이루어졌다고 추정되고 있다. 이와 같이 전국시대 후기에 관罐이 증가하는 양상에 대해 토기 제작에 있어서 형뜨기 수법의 등장과 관련된다고 추정하고 있다(宮本一夫, 2012).

관罐의 변화에 대해서는 연하도에서 보고된 층위관계를 기준으로 형태적 변화가 상정되고 있으며(鄭仁盛, 2007c), 형식학적인 변화양상을 살펴본 후 명문銘文을 토대로 연대를 추정한 연구도 있다(宮本一夫, 2012). 정인성은 연하도에서 출토된 관罐을 층위별로 나열하여 각 시기의 특징을 추출함으로써 형식학적 변화를 살펴보았다(그림 3-17). 즉, 견부에서 좁아진 구연을 형성하며 구연단이 아래로 처지는 형태에서 견부의 좁아짐이 약해지고 직립하다가 크게 외반되는 형태로 변화한다고 보았다. 그리고 동체부의 최대경은 동체부의 상부에서 하부로 내려오는 변화를 지적하였다(鄭仁盛, 2007c). 또한 미야모토 가즈오도 명문이 찍혀진 관罐의 견부의 형태와 동체부 최대경 위치의 변화를 지적하였다. 그리고 견부의 변곡점이 약해지는 형태로 변화되며, 동최대경은 점점 아래로 향한다는 점을 강조한 형식학적 변화를 제시하였다(宮本一夫, 2012).

이와 같이 선행연구에서 제시한 관罐의 변화양상을 토대로 철기와 공반(일괄자료)되는 관罐을 검토하였다. 먼저 낭정촌 11호유적 T7·2층에서 출토된 관罐(그림

7) 罐(하북성문물연구소, 1996)은 연구자에 따라 타날문단경호로 불리기도 하며(정인성, 2010), 장경호로 분류하여 회도호로 정의하기도 하였다(宮本一夫, 2012).

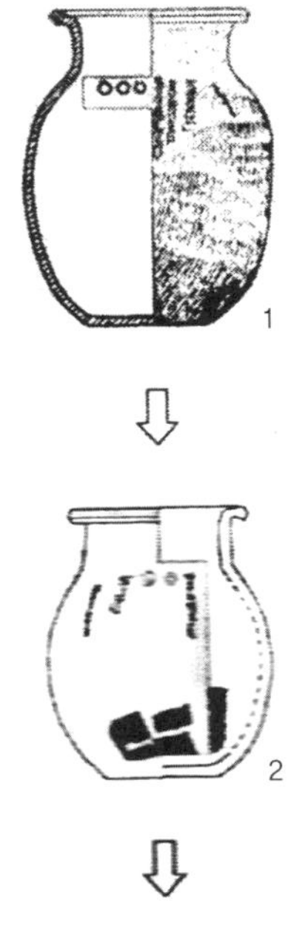

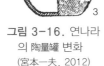

그림 3-16. 연나라의 陶量罐 변화 (宮本一夫, 2012)

3-15; 이하 11호 출토품으로 칭함)을 살피고자 한다. 동체부형은 장동형長胴形으로 견부에서 좁아지며 직립하다가 외반되는 구연 형태를 띤다. 동체부 최대경은 중위부에 위치하며, 견부에 「陶攻■」라는 명문이 찍혀 있다. 명문이 찍혀 있는 관罐은 연나라의 중앙집권화에 따른 도량형度量衡 성립과의 관계가 지적되고 있으며 기원전 3세기를 전후한 시점(300년)으로 보고 있다(宮本一夫, 2012). 11호 출토품의 전체적인 기형은 전국시대 중기에 해당하는 낭정촌 10호유적 H544(그림 3-16;1)에서 출토된 형태와 유사하지만, 구연이 거의 직립하고 있다는 점이 달라 동일시기로 보기는 어렵다.

여기서 주목되는 자료는 미야모토 가즈오가 보고한 도쿄東京대학에 소장된 관罐(그림 3-16;2)이다. 미야모토 가즈오는 동경대학 소장 관罐을 명문이 찍힌 전국시대 중기 출토품(낭정촌 10호유적 H544)과 후기 출토품(낭정촌 10호유적 F3)을 비교하였다. 동경대학 소장품은 동체부의 형태상으로는 후기 출토품과 유사하지만 구연부 형태에 있어서는 중기 출토품과 유사한 특징을 띤다. 이를 통해 중기와 후기 출토품의 중간에 해당하는 형식으로 보았다(그림 3-16). 이 같은 형식학적 변화를 토대로 11호 출토품의 위치를 살펴보면, 동체부의 형태는 중기 출토품, 구연부의 형태는 동경대학 소장품과 유사성이 강한 것을 알 수 있다. 따라서 11호 출토품은 상기의 두 관의 과도기에 해당하는 형태로 볼 수 있을 것이다. 동경대학 소장품의 연대를 연나라 소왕昭王 22년을 근거로 기원전 3세기 전엽으로 추정되고 있어(宮本一夫, 2012) 11호 출토품은 이보다 이전 시기로 볼 수 있으며 그 연대는 기원전 4세기의 어느 시점이라고 추정된다. 11호 출토품은 앞선 단계인 낭정촌 10호유적 H544 출토품의 연대를 추정하기 어려워 그 시기를 구체화하기는 어렵다. 다만 중기층인 동침촌 6호유적 T22·2층 출토품(그림 3-18; 이하 6

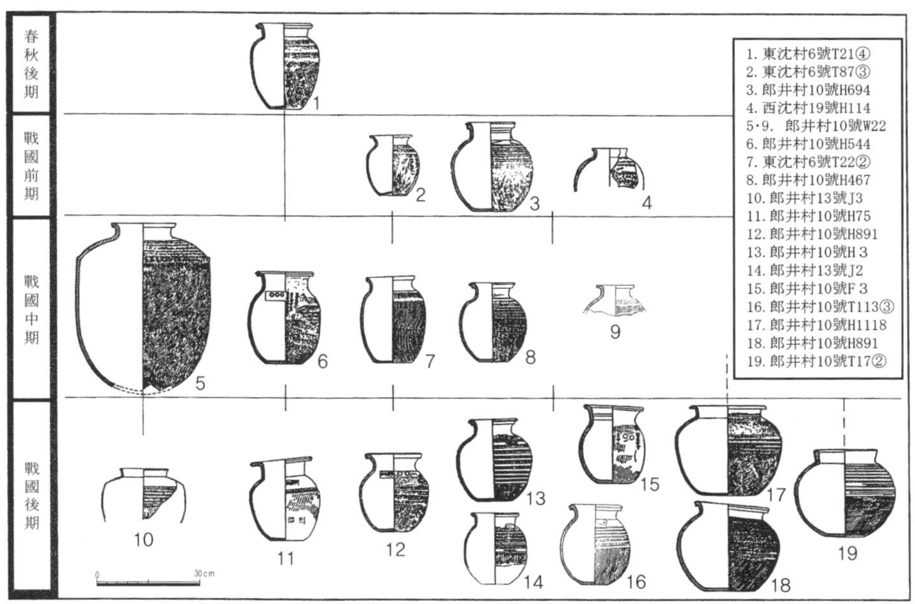

그림 3-17. 관罐의 변화양상(정인성, 2010; 수정)

호 출토품으로 칭함)을 통해 간접적으로 추정할 수 있다. 6호 출토품은 장동화된 동체부에서 급격히 좁아진 견부를 형성한 후 구연은 짧게 외반된다. 관罐의 변화를 보여주는 속성인 동체부와 구연부의 형태는 장동형에서 구형으로 변화되며, 구연부는 점점 크고 정형화된다. 이러한 관점에서 6호 출토품은 낭정촌 10호유적 H544보다 이른 단계라고 볼 수 있다. 또한 6호 출토품의 개蓋는 연하도 29호묘의 장식도기관裝飾陶器罐의 뚜껑과 유사

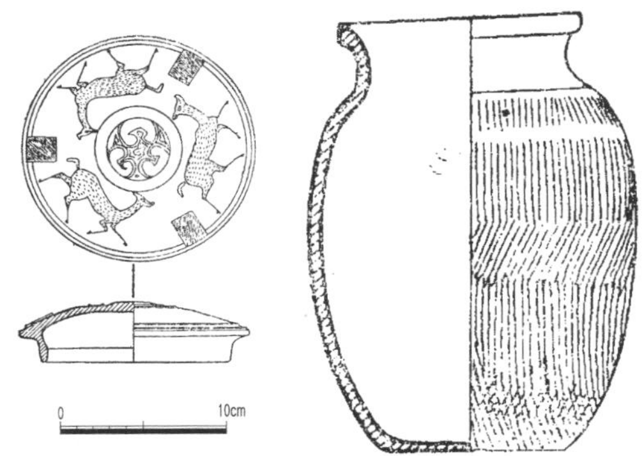

그림 3-18. 동침촌 6호유적 T22·2층 일괄자료

하다. 연하도 29호묘는 미야모토 가즈오의 편년에 의하면 기원전 4세기 중후반에 해당한다. 그러므로 연하도 29호묘의 장식도기관裝飾陶器罐보다 늦은 형태이며, 명문이 찍힌 낭정촌 10호유적 H544 출토품은 기원전 4세기 후반, 그 다음 형식인 11호 출토품은 기원전 4세기 전후(기원전 300년)에 위치한다고 볼 수 있다.

이상과 같이 관罐의 변화양상과 그 연대에 대해 살펴보았다. 11호 출토 관罐과 이와 공반되는 ⅠA-5형 철부는「연산 남부 2기」에 대응한다고 볼 수 있다.

3) 소배小杯의 변화와 철기의 시간성

전국시대 중기층에서 후기층에 걸쳐 출토되는 철기류는 소배小杯와 공반된다. 소배小杯는 전국시대 전기층에서부터 출토되는데, 기벽이 두껍고 잔의 깊이가 얕은 형태이다(그림 3-19;1). 이처럼 단순한 형태의 소배小杯는 중기에서 후기로 이어지면서 잔으로 사용할 수 있을 정도로 깊이가 있는 형태로 변화한다. 소배小杯는 잔부와 대각부가 명확히 구분되는 형태로 변화된다. 전국시대 전기층에서 출토된 서침촌 19호유적 H8(그림 3-19;1)에서는 소배小杯가 궤簋와 공반된다. 궤簋의 구연부 내면에는 해촌 2호묘에서 출토되는 관罐의 외면 문양과 동일한 문양이 시문되고 있어 동시성이 인정된다. 반면 전국시대 후기층인 낭정촌 10호유적 F3에서 출토된 두豆(그림 3-19;3)는 명문이 찍힌 관罐(그림 3-16;3)과 공반된다.

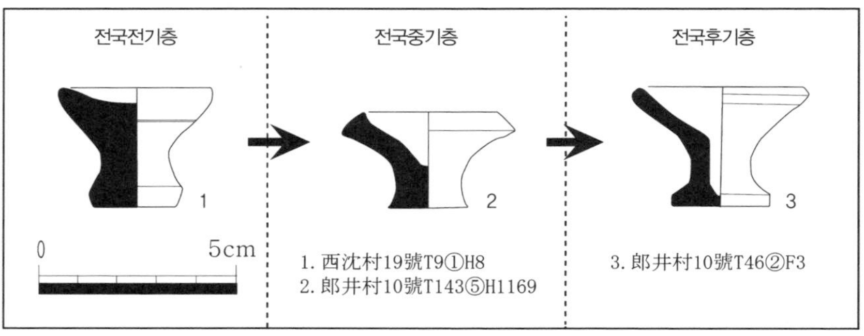

그림 3-19. 소배小杯의 변화양상

앞서 살핀 바와 같이 낭정촌 10호유적 F3의 명문관銘文罐은 미야모토 가즈오에 의해 기원전 3세기 전엽 이후로 비정되고 있다(宮本一夫, 2012). 따라서 층위관계를 중심으로 관의 변화를 제시한 그림 3-17은 공반유물을 통해서도 검증된다.

소배小杯와 공반되는 철기는 ⅠBa-1형 철부와 Ⅱ-1형 환두도자, Ⅰ-3형의 철겸이 있다. 낭정촌 10호유적 H1169에서는 ⅠBa-1형 철부와 Ⅱ-1형 환두도자가 소배小杯와 공반된다(그림 3-15). 소배小杯는 기벽이 비교적 얇고, 잔의 깊이는 어느 정도 갖추고 있지만, 전형적인 전국시대 후기의 소배小杯로 보이진 않는다. 동침촌 6호유적 T29·3층에서도 Ⅱ-1식 환두도자와 소배小杯가 함께 출토되어 동시성을 추정할 수 있다(그림 3-15). 이 소배小杯는 잔의 구연부가 사면에 가깝게 형성된 공통점을 띠지만 기형은 전국시대 전기의 소배小杯와 유사하다. 이러한 특징을 살펴보면 낭정촌 10호유적 H1169 출토품과 동침촌 6호유적 T29·3층 출토품은 유사성이 강하다고 볼 수 있다. 환두도자의 형식도 역시 동일하여 이 두 자료가 동일시기라는 것을 추정케 한다.

한편 소배小杯는 ⅠA-5형 철부(무양대촌 23호유적 T1·2층), 철겸(고맥촌 2호유적 T3·4층)과도 함께 출토된다. 이 소배小杯는 전국시대 후기의 기형과 구연부 형태를 가진다. 특히 고맥촌 2호유적 T3·4층에서 출토된 소배小杯는 전국시대 후기인 낭정촌 10호유적 F3 출토품보다 형태적으로 이른 단계로 볼 수 있다.

이상을 정리하면, 낭정촌 10호유적 H1169과 동침촌 6호유적 출토품의 단계, 무장대촌 23호유적과 고맥촌 2호유적 출토품의 단계로 구분할 수 있다. 소배小杯를 통해 시기를 살펴보면 각각「연산 남부 1기」와「연산 남부 2기」에 대응하는 것으로 판단된다.

4) 두료의 변화와 철기의 시간성

연하도에서 출토된 두료는 높이 20cm 전후의 대형과 15cm 전후의 소형으로 구분되며, 춘추시대부터 전국시대 후기까지 지속적으로 출토된다. 두료는 동일 형태로 존속되는 시기가 길어 전체적인 시기 변화를 파악하기 쉽지 않다. 다만 시기에 따라 다소 변형된 형태는 존재한다. 여기서는 시기에 따른 두료의 변화양상을 살피는데 있어서 변형된 형태의 등장시점을 확인해보고자 한다.

두료는 대각의 형태와 잔부분의 형태에서 차이가 난다. 저부에서 곡선을 띠며 좁아져 둥근 잔으로 이어지는 형태는 춘추시대 후기부터 전국시대 후기에 이르는 긴 시간동안 지속적으로 확인된다. 이와 같은 현상은 동일 지점 내 층위상에서도 확인할 수 있다. 그 예로 동침촌 6호유적 T21에서는 춘추시대 후기인 4층과 전국시대 중기인 3층에서 동일한 기형의 두료가 확인되기도 한다.

두료의 변화가 확인되는 시기는 전국시대 중기층부터이다. 중기의 두료는 잔이 「〈자형」으로 각이 지며 구연부로 이어진다. 그리고 명문銘文이 찍힌 것도 출토된다. 낭정촌 10호유적 H109에서는 춘추시대부터 지속된 기존의 두료와 앞서 제시한 특징으로 변형된 두료가 공반되며, 고식古式 부釜가 함께 출토된다. 공반되는 부釜의 시기를 통해 두료가 변형되기 시작한 시점을 추정할 수 있다. 낭정촌 10호유적 H109의 부釜는 무양대촌 21호유적 2호 옹관의 형태를 띠고 있어 미야모토 가즈오의 편년을 참고한다면 기원전 4세기 전엽으로 볼 수 있다. 또한 「陶攻■」과 같이 관罐에 명문이 시문되는 시점이 기원전 4세기 후엽 이후에 급격히 증가한다는 점을 고려한다면 「연산 남부 1기」에 속한다고 볼 수 있다.

이 같이 시기에 따른 두료의 변화에 덧붙여, 전국시대 후기에 접어들면 대각부의 변화도 보인다. 대표적인 사례로 낭정촌 10호유적 T7 출토품을 들 수 있다. 대각부에서 잔부분으로 연결되는 대각의 중간부분이 둥글게 돌출된 형태로 발전하며, 대각부의 외면에 침선이 돌아가는 등 세밀한 변화도 나타난다. 또한 잔의 외면에 2줄의 침선이 돌아가는 것도 특징으로 볼 수 있다. 낭정촌 11호유적 T7호 출토품과 함께 출토된 관罐을 통해 시기를 추정하면 앞서 제시한 분류를 기준으로 기원전 4세기 전후한 시기로 볼 수 있다.

두료의 변화양상을 토대로 공반되는 철기의 시기적 위치를 살펴보면, 먼저 낭정촌 13호유적 T2·2층에서는 ⅠA-5형 철부가 두료와 공반된다(그림 3-15). 이 두료는 전국시대 중기에 등장하는 변형된 잔盞의 형태로 확인된다. 잔盞은 「〈자형」을 띠며 직각에 가깝게 굴곡져 배신부杯身部도 얇은 형태이다. 따라서 전형적인 전국시대 중기의 변형된 두료라고 볼 수 있다. 또한 대각부과 배신부의 연결부분이 미약하게 돌출된 형태가 보이는데, 이것은 전국시대 후기의 대각부보다

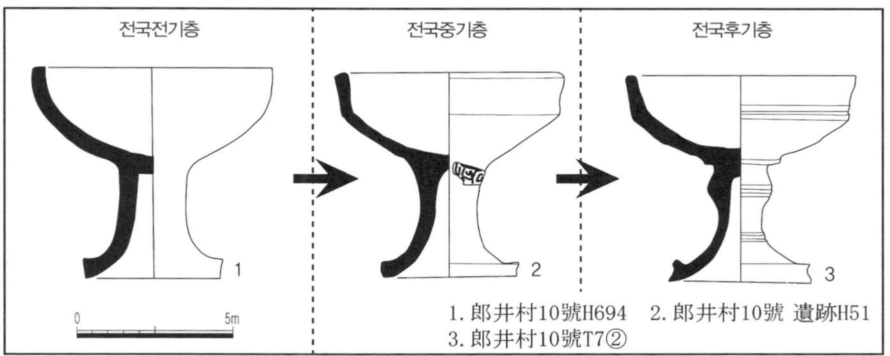

그림 3-20. 두표의 변화양상

이른 형태의 특징으로 여겨진다. 그러므로 기원전 4세기 후반으로 보아도 될 것이다.

또한 전국시대 후기의 특징을 지닌 두표와 철기가 공반되는 유적으로는 낭정촌 11호유적 H2와 T7·2층 출토품, 낭정촌 13호유적 T13호·2층 출토품이 있다. 특히 낭정촌 11호유적 T7·2층 출토품은 전국시대 후기에 등장하는 전형적인 형태를 띠고 있다. 반면 낭정촌 11호유적 H2에서 출토된 두표는 잔盞의 형태가 전국시대 후기의 두표와 유사하지만, 대각부에 돌출부가 확인되지 않는다. 낭정촌 11호유적 T7 출토품은 낭정촌 11호유적 H2보다 이전 형태로 볼 수 있다.

한편 낭정촌 13호유적 T8·2층에서 출토된 두표는 대각부와 배신부가 각각 결실된 채 출토되었지만, 배신부의 다수가 침선이 돌아가거나 돌출부가 확인된다. 또한 대각부의 돌출된 형태는 대각의 하단부로 내려온다. 형식학적으로 본다면 낭정촌 11호유적 T7 출토품보다 늦은 형태로 추정된다.

이와 같이 철기와 공반되는 두표의 비교를 통해 선후관계를 정리하면, 낭정촌 13호유적 T2 출토품과 낭정촌 11호유적 H2 출토품은 낭정촌 11호유적 T7 출토품, 낭정촌 13호 T8 출토품보다 이르다고 볼 수 있다. 이는「연산 남부지역 1기」와「연산 남부지역 2기」에 각각 대응할 수 있을 것으로 보인다.

4절 소결

본 장에서는 연산 남부지역 철기문화의 변천단계를 설정하고, 층위와 공반유물을 통해 검증하였다. 먼저 부장철기에 관한 검토를 통해 연산 남부지역의 철기문화를 크게 네 단계로 구분하였다. 그 연대는 연하도를 중심으로 기원전 4세기부터 발전하여 기원전 3세기대에 최성기를 맞이하는 것으로 상정하였다.

더불어 연하도 취락에서 출토된 철기에 대해 층위별로 철기의 출토양상을 정리함으로써 변화양상을 검증하였다. 공반(일괄자료)토기에 대한 검토를 통해 부장 단계와의 병행관계를 확인하였다.

1. 연하도 철기문화의 변천

연하도 철기의 부장 단계에서 「연산 남부 1기」는 I A-2형, I A-3형, I Ba-1형 철부가 부장되며, 「연산 남부 2기」는 I A-5형 철부, 「연산 남부 3기」는 철삽, 「연산 남부 4기」는 I A-6형 철부가 부장된다. 주조철부는 거의 대형에서 소형으로 변화되는 경향을 보이며, 삽은 전형적인 연나라 철기로 보기 어렵다는 것을 확인하였다.

이와 같은 주조철부의 변화는 연하도 취락유적의 층위관계를 검토한 결과에서도 동일한 경향임을 알 수 있었다. 중기층에서는 대형인 I A-2형과 I Ba-1형 철부가 다수이지만, 후기가 되면 소형의 I A-5형과 I Ba-4형 철부의 양이 증

年　代	450年 前5世紀代	前4世紀代	300年 前3世紀代	200年 前2世紀代	前1世紀代 紀元前	紀元後 1世紀代
墳墓段階		燕山南部1期	燕山南部2期	燕山南部3期		燕山南部4期
聚落層位		戰國前·中期層	戰國後期層			

그림 3-21. 연산 남부지역 부장철기의 변천단계와 연하도 층위의 병행관계

가하는 경향이다.

층위에 따른 주조철부의 형식과 공반유물에 대한 검토에서도 같은 결과가 나왔다. 중기층에서 출토된 I Ba-1형 철부와 공반(일괄자료)토기는 고식古式 부釜와 소배小杯이며, 그 상대연대는 기원전 4세기 중엽으로 「연산 남부 1기」에 속한다고 볼 수 있다. I A-5형 철부는 중기에서 후기에 걸쳐 출토량이 증가하는 경향이 있고, 공반되는 관罐과 두豆의 형태 변화를 고려하여 연대를 상정하면 거의 기원전 4세기 후엽에서 3세기 전엽에 해당한다. 따라서 I A-5형 철부는 연산 남부 1기 후반과 2기 전반에 제작되기 시작하였다고 볼 수 있다. 즉, 「연산 남부 1기」= 전국시대 중기와 이전층, 「연산 남부 2기」= 전국시대 후기층과 대응한다고 보아도 무방하다.

실연대에 대해서는 철기와 공반유물을 통해 대략적으로 「연산 남부 1기」는 중기층이 중심이 되는 기원전 4세기대라고 볼 수 있으며, 「연산 남부 2기」는 후기층으로 기원전 3세기대로 볼 수 있다. 이후 「연산 남부 3기」부터 한대로 이어지는 것으로 여겨진다.

2. 연산 남부지역 철기문화의 전개양상

연산 남부지역 철기문화는 분묘에서 청동 무기류와 함께 판상철부, 주조철부와 같은 농공구류가 부장품으로 출토되면서 시작된다. 특히 주조로 제작된 농공구의 출토가 많다. 이후에도 환두도자를 제외하고는 거의 모든 기종이 주조품이므로 연산 남부지역의 초기철기문화는 주조품이 주체가 되는 것으로 보인다.

먼저 「연산 남부 1기」에 해당하는 구녀대 16호묘에서는 망치형[鎚形] 철기와 판상철기와 같은 단야와 관련된 세트가 부장된다. 이것은 최초 철기의 소유와 생산이 특정 계층에 한정된다는 것을 말한다. 다양한 부장품과 함께 철기가 부장되는 구녀대 16호묘와 허량총 8호묘는 연나라 귀족묘로 추정되고 있어(宮本一夫, 2000), 철기를 생산하고 소유한 계층의 사회적 위치를 간접적으로 추정할 수 있다. 취락에서는 철대구鐵帶鉤와 같은 장식구가 출토되지만, 철제품의 본격적인 실용화라고 보기는 어렵다.

「연산 남부 2기」가 되면 무기류의 부장이 증가하며, 무기류를 중심으로 철기의 기종이 증가한다. 특히 M44호묘와 같은 분묘에서 다양한 무기류가 부장된다는 점이 주목된다. 무기류의 부장이 증가하는 양상은 이 시기에 무기에 대한 상징성이 강하였다는 것을 시사한다.

또한 「연산 남부 1기」에는 철기가 주로 부장품으로 다루어지지만, 「연산 남부 2기」가 되면 취락 내 철기의 출토량도 급격히 증가한다. 취락에서는 주조철부뿐만 아니라 다양한 기종의 농공구류가 철기화된다. 이러한 특징은 철제 농공구의 보급이 있었다는 것을 추정케 한다. 더불어 취락에서는 철모루, 망치, 철 소재 등의 단야관련유물도 출토된다. 따라서 「연산 남부 2기」에는 주조생산과 함께 단야공정도 이루어지기 시작한다고 볼 수 있다.

연나라가 멸망한 이후인 「연산 남부 3~4기」에는 기존의 철기문화가 더욱 발전하였다고 보기 어려우며, 오히려 출토량은 감소한다. 연하도 이외의 지역에서도 한대 분묘를 중심으로 철기가 부장되기는 하지만, 다른 부장품과 비교하여 그 부장량은 적어져 1~2점 부장하는 정도에 그친다. 농공구는 주로 철삽이 부장되지만, 유구와 공반유물의 특징으로 볼 때 전형적인 한식철기로 볼 수 있다. 즉 철삽이 부장되는 점은 전한대 부장철기의 큰 특징이라고 판단된다. 또한 취락에서는 횡공부, 서鋤, 보습 등 새로운 농공구가 출토된다. 「연산 남부 3~4기」에 걸쳐 전국시대에 중심을 이루던 주조품은 감소하며 단조품이 다수를 점하게 된다. 이러한 특징에서 기존의 연나라 철기문화에서 한나라 철기문화로 전환되었다는 것을 확인할 수 있다.

3. 연산燕産철기와 한식漢式철기

앞서 연산 남부지역을 대상으로 철기 자료를 살펴보았다. 그 과정에서 확인된 전국시대 철기와 한대 철기의 개념을 소위 「연산철기」와 「한식철기」로 설정하고 기종과 형식을 정리하면 표 3-10과 같다.

표 3-10. 연산 남부지역에서 보이는 연산철기와 한식철기의 구분

區分	燕産鐵器	漢式鐵器
斧類	ⅠA-1型·ⅠA-2型·ⅠA-3型·ⅠBa-1型 ⅠA-5型·ⅠBa-3型	ⅠA-6型·Ⅱ-1型 鍤·鋤·犁先
鐵鎌	Ⅰ-Ⅰ型·Ⅰ-2型	Ⅱ-1型
環頭刀子	Ⅰ-1型·Ⅰ-2型·Ⅱ-1型	Ⅱ-2型·Ⅱ-3型

연산철기는 주조품, 한식철기는 단조품으로 다소 단순하게 구분해 왔지만, 예외의 사례도 있어 단정할 순 없다. 주조품 중 철착과 철초鐵鍬류는 전국시대에 제작되기 시작하지만, 한대에도 지속적으로 출토되고 있어 기종과 형식으로서 그 시기를 한정하기는 어렵다. 그러나 철부류와 철겸, 환두도자의 경우 연산철기와 한식철기로 설정하더라도 무리가 없다. 이와 같이 연산철기와 한식철기의 구분은 동북아시아 철기문화에 큰 영향을 준 전국시대 연나라와 한나라 철기의 경향성을 파악할 수 있다. 이 분류는 4장에서 5장에 걸쳐 검토한 동북아시아 주변 지역 철기문화의 검토과정에 적용해 나가고자 한다.

※표 3-1·2 참고문헌

1. 河北省文物研究所, 1996,『燕下都』, 文物出版社.

河北省文物管理處, 1975a,「燕下都遺跡出土奴隶鐵頸鎖和脚鐐」,『文物』6期.

河北省文物局工作隊, 1965a,「河北易縣燕下都第十六号墓發掘」,『考古學報』2期.

河北省文物局工作隊, 1965b,「1964-1965年燕下都墓葬發掘報告」,『考古學報』11期.

河北省文物管理處, 1975b,「河北易縣燕下都44号墓發掘報告」,『考古』4期.

河北省文物研究所, 2001,「燕下都遺跡內的兩漢墓葬」,『河北省考古文集』2.

2. 張家口文物事業管理所, 1985,「張家口白廟遺跡淸理簡報」,『文物』10期.

3·5·18. 西海峰, 2012,「中國河北地區戰國至西漢時期的燕系鐵器与冶鐵遺存」,『2012 동아시아 고대 철기문화연구 연국 철기문화의 형성과 확산』, 국립문화재연구소.

4. 河北省文物研究所ほか, 2007,「東營子墓地發掘簡報」,『河北省考古文集』3.

6. 河北省文物研究所ほか, 1990,「河北陽原汾溝漢墓群發掘報告」,『文物』1期.

7. 河北省文物研究所ほか, 2001,「河北省懷來縣官庄遺跡發掘報告」,『河北省考古文集』2.

8. 河北省文物研究所, 1996,『燕下都』, 文物出版社.

河北省文物研究所, 1987,「河北易縣燕下都第13号遺跡第一次發掘」,『考古』5期.

河北省文物管理處, 1982a,「河北易縣燕下都第21号遺跡第一次墓發掘報告」,『考古學集刊』2期.

河北省文物局工作隊, 1965c,「燕下都第22号遺跡發掘報告」,『考古』11期.

河北省文物管理處, 1982b,「燕下都第23号遺跡出土一批銅戈」,『考古』8期.

中國歷史博物館考古組, 1962,「燕下都城址調查報告」,『考古』1期.

9. 鄭紹宗, 1956,「熱河興隆發見的戰國生産工具鑄范」,『考古通信』1期.

楊　根, 1960,「興隆鐵范的科學調査」,『文物』2期.

10·11. 鄭紹宗, 1955,「解放以來熱河省考古的新發見」,『考古通信』5期.

鄭紹宗, 1956,「熱河興隆發見的戰國生産工具鑄范」,『考古通信』1期.

12·13. 佟柱臣, 1956,「考古學上漢代及漢代以前的東北疆域」,『考古學報』1期.

石永士, 1985,「戰國時期燕國農業生産的發展」,『農業考古』1期.

14. 天津市文化局考古發掘隊, 1965,「天津南郊巨葛庄戰國遺跡和墓葬」,『考古』1期.

15. 天津市文物管理處, 1982,「天津北倉戰國遺跡淸理簡報」,『考古』2期.

16. 北京市文物研究所拒馬河考古隊, 1992,「北京市竇店古城調査与試掘報告」,『考古』8期.

17. 河北省文物研究所ほか, 1998,「唐山東歡坨戰國遺跡發掘報告」,『河北省考古文集』2.

19. 廊坊市文物管理所ほか,「廊坊市三河縣出土的漢代鐵器」,『文物春秋』1期.

제4장

요령지역 철기문화의 유입과 변천

요령지역은 중국 동북지역에 위치하며 현재의 행정구역상 요령성에 해당하는 지역이다. 이 일대는 북동쪽으로 높은 산악지대가 형성되어 있으며, 남서쪽은 요동반도와 접하는 해역이 있고, 남동쪽으로 압록강을 경계로 북한과 접하고 있다. 본 장에서 다루는 범위는 내몽고자치구의 동남부에 위치하는 대릉하大凌河를 중심으로 한 유적군부터 길림합달령吉林哈達嶺과 용강산龍崗山 산지의 서쪽까지를 경계로 하며, 동남쪽은 북한의 청천강 일대까지이다. 본 장에서 다루는 요령지역은 포전, 명도전, 반량전 등 중국의 고대 화폐의 주요 분포범위이기도 하다(그림 4-1).

요령지역에 대한 지역 구분은 연나라의 동쪽 진출과 고조선에 대한 문헌기록이 기준이 되었다. 연나라는 동쪽으로 세력을 확대하여 2,000여 리의 영토를 개척하고 상곡上谷·어양漁陽·우북평右北平·요서遼西·요동遼東의 5군郡을 설치하였다는 문헌기록이 근거가 된다.[1] 문헌에 기록된 요서군와 요동군과 같은 치소治所에 대

---

1) "燕乃遣將秦開攻其西方, 取地二千餘里, 至滿番汗爲界, 朝鮮遂弱"
『三國志』 卷30 「烏丸鮮卑東夷傳」 '韓(馬韓)條' 『魏略』
"其後燕有賢將秦開, 爲質於胡, 胡甚信之. 歸而襲破走東胡, 東胡卻千餘里. 與荊軻刺秦王秦舞陽者, 開之孫也. 燕亦築長城, 自造陽至襄平. 置上谷, 漁陽, 右北平, 遼西, 遼東郡以拒胡."

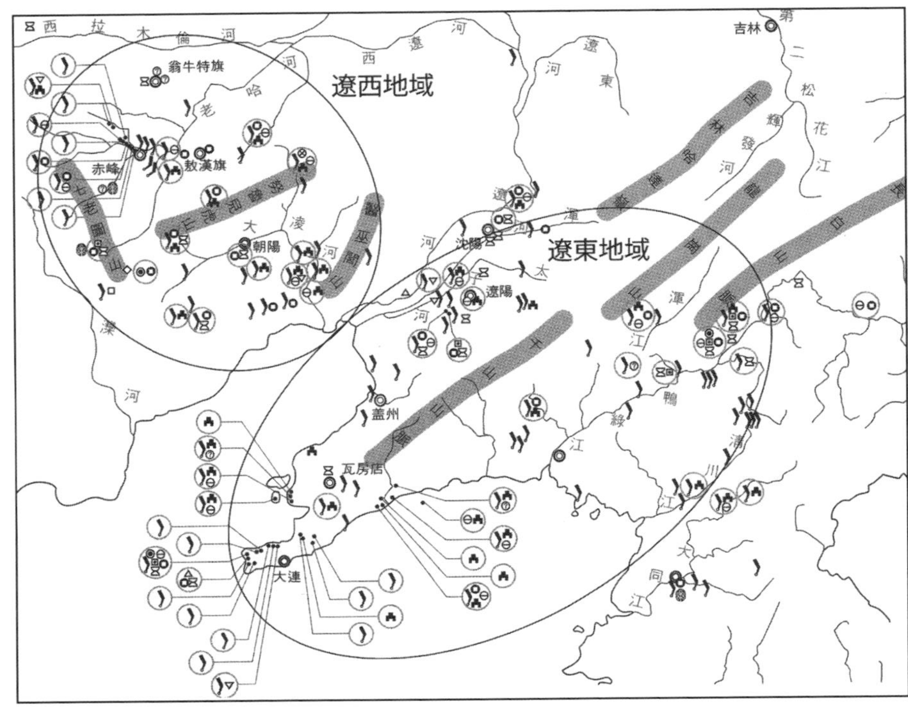

그림 4-1. 화폐의 분포를 통한 지역 구분(박선미, 2009; 수정)

한 기록은 당시에도 두 지역이 요동과 요서지역으로 구분되고 있음을 알려준다.

요동지역의 요령식동검(비파형동검) 문화는 문헌기록의 「고조선」과 관련된 물질문화로 해석되기도 한다. 특히 요하유역을 경계로 양식樣式의 차가 인정되고 있으며, 일반적으로 요하의 동쪽에 해당하는 요동지역은 고조선으로 비정되는 독자적인 문화권이 형성되었다고 본다(송호정, 2003).

요령지역의 지역 구분은 고고학 유구와 유물의 검토과정에서도 제시된 바 있

『史記』 卷110 「匈奴列傳」
"燕襲走東胡 却地千里 度遼東而攻朝鮮."
『鹽鐵論』 卷6 「伐功」 編

다. 미야모토 가즈오는 요령식동검의 특징을 정리하는 과정에서 요서와 요동지역의 차이를 제시하며 지역성으로 보았다. 요하의 동쪽에 해당하는 요동지역은 지석묘와 석개묘라는 특징적인 무덤구조를 보인다고 지적하였다(宮本一夫, 2000). 이처럼 요령지역의 문화요소를 정리하며 요하를 중심으로 한 동서의 문화적 차이를 인정할 수 있다. 여기서는 요하의 서쪽을 요서지역으로, 동쪽을 요동지역으로 구분하고자 한다.

1절 요령지역 철기문화의 단계설정 기준

전장에서 살핀 바와 같이 동북아시아의 철기문화는 연나라 철기문화의 확산에 의한 것으로 보는 것이 가장 유력하다. 요령지역은 비교적 이른 시기에 연나라의 철기문화가 유입되어 다양한 철기류가 재지적인 문화요소와 공존하며, 변화·발전한다고 평가된다. 그렇다면 요령지역 철기문화는 시기에 따라 어떤 차이를 보이는지, 연나라 철기의 유입과 함께 재지적인 요소가 확인되기 시작하는 전환기는 언제인지 등을 구체적으로 살펴볼 필요가 있다. 여기서는 시기에 따른 요령지역 철기문화의 차이를 확인하기 위한 시간적 기준을 제시하고, 그 기준에 따라 요서지역과 요동지역의 철기문화가 어떤 차이를 갖는지 살펴보고자 한다.

연나라의 동쪽 진출은 요령지역으로 연 문화가 들어오는 계기가 되었다. 그 중에서 철기는 기존의 청동기와 석기를 중심으로 한 요령지역 지역집단의 무기류 및 도구 구성에 큰 전환점이 되었을 것이다.

3장에서 제시한 바와 같이 연나라의 중심지에서 시기에 따른 철기류의 변화가 확인되는 것처럼 요령지역에서도 철기류의 연속적인 변화가 있었을 것이다. 요령지역 철기문화의 변화양상은 연나라 철기문화의 변화와 연동될 것으로 판단된다. 따라서 요령지역 철기문화를 검토함에 있어, 연나라 중심지역 철기류의 형식변화를 단계설정의 획기로 삼고자 한다. 특히 다수를 차지하는 주조철부의 소형화와 인부의 변화는 형식변화의 기준으로 설정할 수 있으며, 연나라의 철기류에

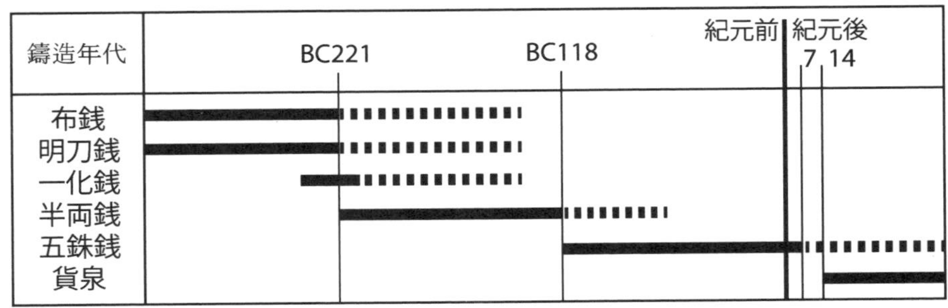

그림 4-2. 화폐의 주조연대와 유통시기(박선미, 2009; 古澤義久, 2010 참고)

서 그 출토량이 적은 철삽과 같은 기종의 등장은 시기구분의 기준이 될 수 있다. 또한 철기류와 함께 공반되는 화폐, 한경, 토기류는 대략적으로 연산철기와 이후 철기류를 구분하는 기준으로 삼을 수 있을 것이다.

철기와 공반(일괄)자료 중에서 화폐는 그림 4-1과 같이 요령지역에 넓게 분포하고 있어 전국시대에서 한대에 걸쳐 유통된 것으로 볼 수 있다. 크게 포전, 명도전, 반량전, 오수전으로 구분하여 그 주조연대과 유통시기를 추정할 수 있다(박선미, 2009; 古澤義久, 2010). 즉 전국시대에 주조되는 포전布錢과 명도전明刀錢만이 출토되는 단계와 진秦의 시황제始皇帝대(기원전 221년)부터 한漢 무제武帝대(기원전 136년)까지 주조되는 반량전半兩錢이 출토되는 단계, 한 무제(기원전 118년)때 주조되기 시작하여 신新(기원 8년)의 왕망王莽대에 폐지된 전한 오수전五銖錢이 출토되는 단계로 구분할 수 있다.

또한 요령지역에서는 분묘를 중심으로 전한경이 출토되는 사례가 다수 확인되는데, 철기와 공반되어 부장되기도 한다. 전한경과 공반되는 사례를 정리하여 전국시대와 한대의 철기의 특징을 살필 수 있으며, 변천단계의 획기로서 볼 수 있다. 전한경의 형식과 변천은 오카무라 히데노리의 분류안을 참고하고자 한다(岡村秀典, 1984·1993).

한편, 철기만으로 시기적 위치를 비정하기는 쉽지 않으므로, 토기의 분류와 대략적인 변화상을 함께 검토할 필요가 있다. 토기의 변화양상을 검토하기 위해 전국시대부터 한대에 이르는 비교적 긴 시간동안 형성된 분묘인 조양 원대자朝陽市袁臺子유적의 토기를 살펴보았다.

원대자유적 부장토기의 기종을 살피면, 정鼎, 개두蓋豆, 관형개두罐形蓋豆, 두豆, 호壺, 관罐, 반盤 등으로 구분할 수 있다. 그 중 정鼎과 개두蓋豆, 관형개두罐形蓋豆, 호壺는 전형적인 전국시대의 부장품이다.[2)] 원대자유적에서 출토되는 주요 기종을 분류하면 표 4-1과 같다.

부장토기의 기종별 형식분류와 변화과정을 살펴보면, 먼저 정鼎은 미야모토 가즈오의 토기 연구를 토대로 동체부가 구형球形(A형)에서 편구형扁球形(B형)으로 변화한다고 볼 수 있다(宮本一夫, 2000). 관형정罐形鼎은 A형 정鼎과 함께 출토되며 정鼎, 개두蓋豆, 관형개두罐形蓋豆, 두豆, 호壺, 소관小罐, 반盤과 같은 전국시대 부장 기종들은 유지되나 기종별 변형이 큰 원대자 M13, M14, M21은 전국시대 분묘 중 가장 늦은 단계에 속한다고 볼 수 있다. 기종별 변화를 정리하면 다음과 같다. 개두蓋豆와 관형개두罐形蓋豆, 소관小罐은 동체부가 편구형에 가깝게 변화되며, 호壺는 동체부의 기하학적 문양이 사라지고 저부와 구연부의 변화가 두드러진다. 형식변화는 각각 A형→B형→C형으로 변화되는 것으로 추정된다.

관罐은 연하도의 관罐이 장동형長胴形인 반면에 한경漢鏡과 공반되는 관罐은 편구형扁球形에 가깝다. 원대자유적에서 출토되는 도량관度量罐의 형태가 구형球形에 해당하는 것을 감안한다면, 동체부는 장동형長胴形에서 편구형扁球形으로 변화되는 것으로 생각된다. 또한 연하도 관罐의 구연부 형태는 동체부에서 좁아지며, 직립하는 경부를 형성한 후 외반되는 경향을 보이는 반면, 한경과 공반되는 관罐은 동체부에 직립하며 구연이 짧게 외반되는 형태이다. 이처럼 관罐은 구연부의 형태를 통해 변화를 확인할 수 있다.

2) 전국시대 부장품에 해당하는 정鼎, 개두蓋豆, 관형개두罐形蓋豆, 두豆, 호壺 등은 장식의 유무와 특징을 그림 4-3, 4-4와 같이 세분할 수 있다. 그렇지만 철기와 함께 공반되는 사례가 확인되지 않아 대부분 부장유물로서 철기가 다루어지기 이전 단계로 판단된다. 따라서 본고에서는 각 기종의 세부적인 분류안은 생략하고자 한다.

표 4-1. 조양 원대자유적 부장토기의 분류안

器種	分類	특징 및 세분
鼎	A	胴部가 구형을 띠는 것. 蓋의 장식과 幾何文의 시문여부에 따라 세분(1~4)
	B	胴部가 편구형를 띠는 것. 蓋에 乳의 형태나 彩色의 유무에 따라 세분(1~3)
	罐形	小罐으로 鼎과 같이 三足을 갖춘 것.
蓋豆	A	臺脚에 회전성형 흔적이 강한 것.. 蓋의 장식에 따라 세분(1~4)
	B	대각부에 회전성형의 흔적이 지워져 약한 것.
	C	A·B에 비해 대각부가 낮고, 杯身에서 구연으로 단이 지며 이어지는 것.
罐形蓋豆	A	胴部가 편구형을 띠는 형태. 蓋의 장식에 따라 세분(1~3)
	B	胴部가 편구형을 띠지만, 蓋의 裝飾과 乳가 없는 것. 대각부의 높이에 따라 세분(1~2)
豆	I	높이 15cm 以上의 高杯. 대각부의 회전 성형흔적과 杯身의 형태를 통해 세분(A~C)
	II	높이 15cm 以下의 杯. 대각과 杯身형태로서 세분(A~C)
壺	A	胴部의 幾何文指紋과 動物이 시문되어 있는 것. 蓋의 裝飾으로서 세분(1~4)
	B	胴部의 幾何文指紋이 생략된 것. A式과 底部와 頸部의 형태적 차이에 기초해 세분(1~3)
	C	胴體上部에서 좁아지며 짧은 구연을 띠는 것. 胴部形態를 통해 세분(1~2)
小罐	A	胴部가 구형을 띠는 것.
	B	胴部가 편구형을 띠는 것.
罐	A	胴部가 장동형을 띠는 것. 陶量系, 구연부 형태를 통해 세분(1~2)
	B	胴部가 편구형을 띠며, 胴部에 沈線이 확인되는 것. 구연부 형태를 통해 세분(1~2)
	C	胴部가 편구형을 띠며, 胴部는 消文처리된 것. 직립구연을 띠며, 구연부 형태에 따라 세분(1~3)

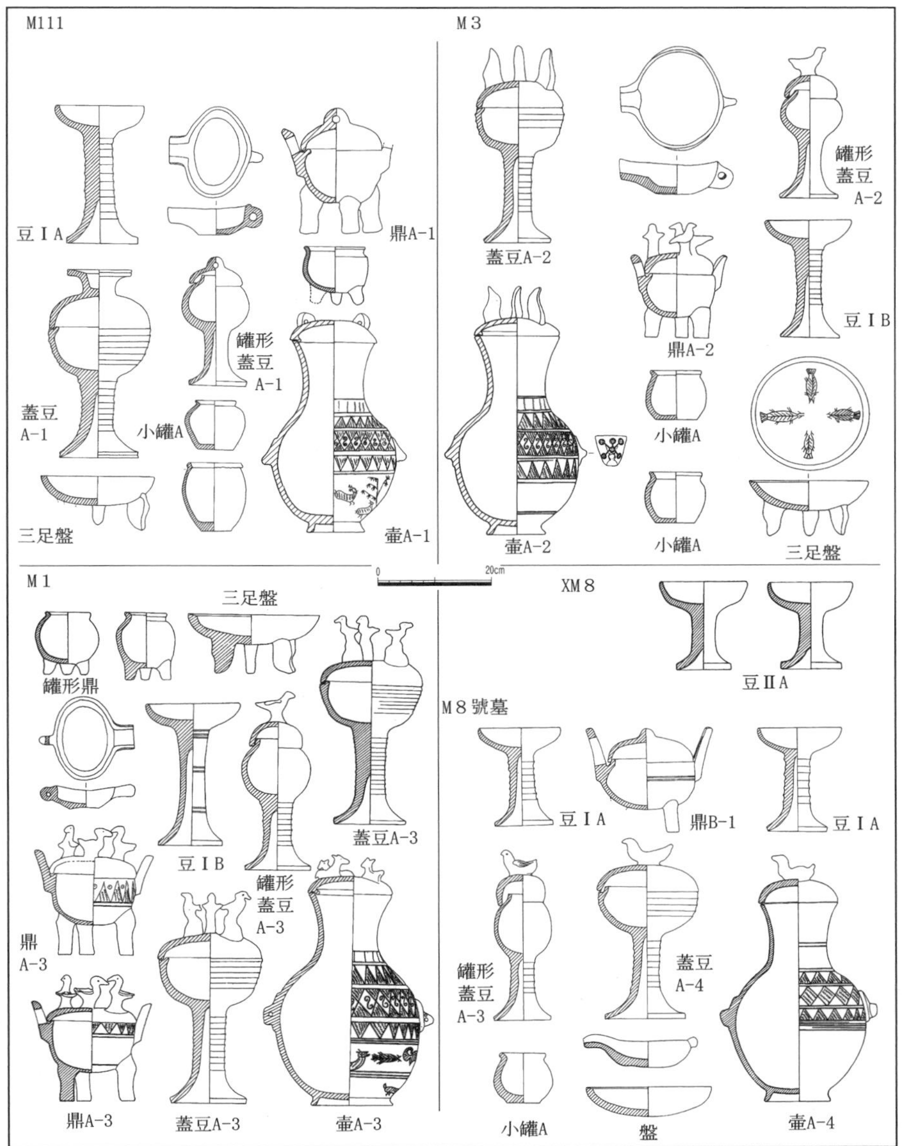

그림 4-3. 조양 원대자유적 부장토기의 기종과 분류1

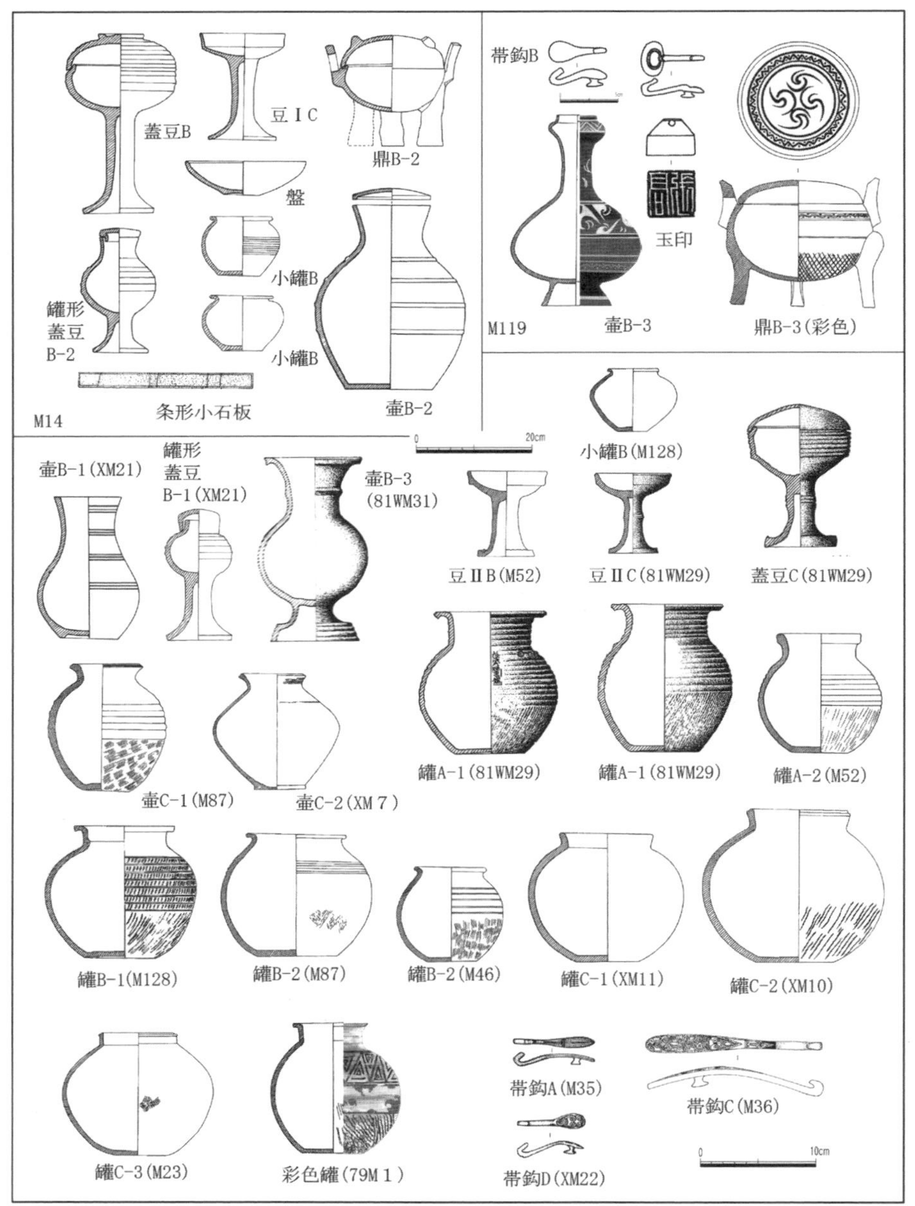

그림 4-4. 조양 원대자유적 부장토기의 기종과 분류2

따라서 동체부와 구연부의 형태를 기준으로 크게 A형에서 C형으로 분류할 수 있으며, A형→B형→C형으로 변화를 추정할 수 있다.

또한 부釜의 변화상은 전장에서 다룬 것과 같이 미야모토 가즈오의 형식변화를 토대로 살펴보고자 한다(宮本一夫, 2004). 그 밖에 원대자유적에서 동대구銅帶鉤, 조형소석판條形小石板이 출토되고 있는데, 이 유물들은 전국계 도기류와 세트를 이루고 있어, 그 시기를 추정할 수 있다.

2절 요서지역 철기문화의 유입과 변천

요서지역의 철기류는 성지城址로 대표되는 취락유적에서 출토되는 사례가 많지만, 조양 원대자유적과 같은 대규모 분묘군에서도 출토된다. 이를 통해 취락과 분묘 내 철기의 출토양상을 함께 살필 수 있다. 본 절에서는 앞서 제시한 단계설정의 기준을 토대로 요서지역에서 철기가 출토되는 유적들을 검토하고자 한다. 그리고 유구별 철기문화의 변천단계를 정리하고 분묘와 취락 내 철기문화의 병행관계와 함께 그 시기를 상정해 가고자 한다.

1. 유적 현황

요서지역은 연나라의 중심지에 해당하는 연산 남부지역의 동쪽이다. 지리적인 위치를 통해 연나라의 영역 확장에서 연 문화의 전래가 가장 이른 지역으로 보고 있다(宮本一夫, 2000·2008; 石川岳彦, 2011). 내몽고자치구의 동남부에 해당하며, 남쪽으로 발해만이 위치한다. 요서지역은 란하灤河의 서쪽을 경계로 유적의 밀집도가 낮아진다.

요서지역에서도 다수의 철기가 확인되는 지역은 대릉하와 인접한 지역의 해발 500m 내외의 저평한 구릉과 내몽고자치구의 동남쪽 일대이다. 철기는 대릉

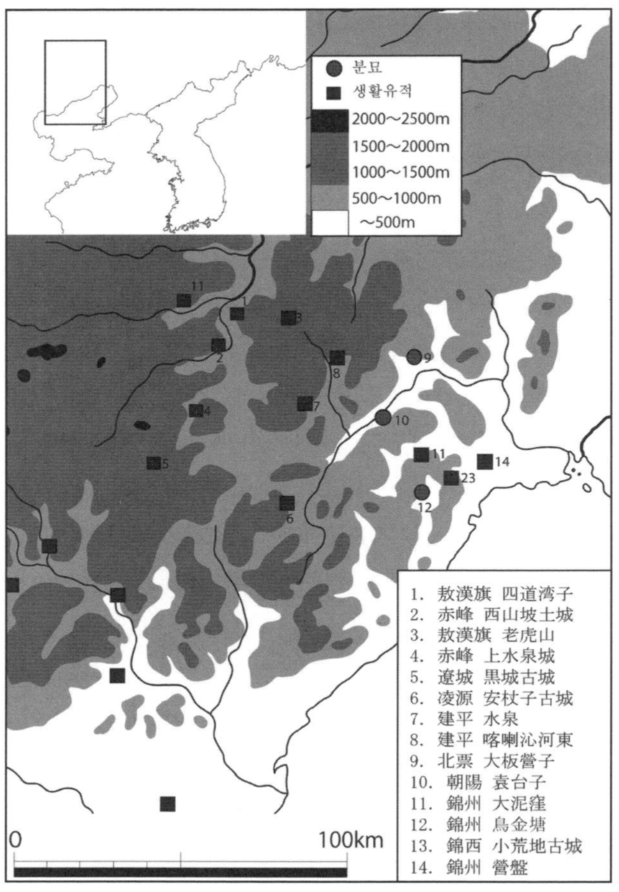

그림 4-5. 요서지역 철기 출토 유적의 분포

하와 인접지역에 위치하고 있는 금서 오금당묘錦西市烏金塘墓와 조양 원대자유적의 분묘에서 주로 확인된다. 오금당묘에서는 주조철부[钁] 3점과 철겸, 철도자가 보고되었으나 도면, 도판 등이 제시되지 않아 구체적인 내용은 확인할 수 없다. 약술된 기술에는 요령식동검, 동과, 동부, 동착 등이 공반되었다고 한다(錦州博物館, 1960). 오금당묘 철기는 요서지역에서 가장 이른 시기의 분묘 내 부장품으로 볼 수도 있으나 철기의 외형적 특징은 확인할 수 없다. 다만 주조철부는 금주 대니와大泥窪 유적 출토품과 유사성이 지적된 바 있다(錦州博物館, 1960).

반면 조양 원대자유적은 춘추전국시대부터 한대에 이르는 비교적 오랜 기간에 걸쳐 형성된 분묘군으로 150여 기의 분묘가 조사·보고되었다(遼寧省博物館工作隊, 1970; 遼寧省文物研究所, 2010).

원대자유적에서는 연나라의 문물로 볼 수 있는 장식토기류와 함께 재지적인 요소의 토기가 공반되어 연 문화의 재지화를 검토하는데 유용하다.

또한 다양한 구조의 분묘가 존재하고 있어 분묘 간의 중복관계 등을 통해 분묘 구조의 변화양상을 살필 수 있다. 그러나 분묘군의 규모에 비해 철기의 부장량이 적은 편이며, 도면이나 사진을 통해 그 형태를 파악할 수 있는 철기도 소수에 불과하다. 또한 철기의 기종도 주조철부, 철삽, 철도편 등 비교적 단순하다. 연나라의 문화적 요소를 띠는 다수의 유물들이 존재하면서도, 연나라 철기는 부장되지 않는다. 원대자유적은 요서군의 고지로 불리는 지역으로(高青山, 1987), 연 문화의 직·간접적인 영향을 받은 유적으로 추정된다. 따라서 연 문화가 재지 문화와의 공존하는 과정 속에서 철기문화가 정착되는 과정도 있을 것이다.

한편 취락유적은 총 17개소의 유적이 존재한다. 성지가 다수를 차지하며, 유물포함층(전국시대 문화층) 내에서도 철기가 출토되기도 한다. 취락은 내몽고 동남부지역과 대릉하유역에 위치한다.

내몽고 동남부지역의 적봉 일대인 냉수당성冷水塘城, 상수천성上水泉城, 서산파토성西山坡土城, 노야묘老爺廟 취락 등의 철기는 「부斧」, 「곽钁」과 같은 용어로 간략하게 보고되어 출토유물의 구체적 실체는 파악하기 어렵다. 반면 오한기 노호산敖漢旗老虎山유적은 주조철부, 철산, 초형철기, 철겸, 반월형철도, 철착 등 다종다양한 철기류가 보고되었다. 또한 노호산유적 일대에서 철산을 비롯한 100여 점의 철기류가 채집되어 내몽고지역에서 가장 많이 연나라 철기가 확인되었다고 한다(敖漢旗文化館, 1976).

표 4-2. 요서지역 부장철기의 현황

順番	遺蹟	遺構	鐵器類	共伴遺物	參考文獻
1	錦西縣 烏金塘		鑄造鐵斧(钁)3·鎌·刀子	銅劍4·銅戈·銅鏃15	錦州博物館, 1960
2	朝陽市 袁臺子	東M21	環頭刀		遼寧省文物考古研究所 외, 2010 遼寧省博物館文物隊, 1970
		東M23	鑄造鐵斧(钁)	五銖錢	
		東M38	鎌		
		東M59	鑄造鐵斧(钁)		
		東M71	鑄造鐵斧(钁)	漢鏡2·半兩錢	
		東M81	刀子(刀片)		
		東M110	帶鉤		
		東M114	鐵片		
		東M114	鑄造鐵斧(钁)	銅帶鉤	
		東M130	刀		
		西M7	鑿	五銖錢15·漢鏡	
		西M11	鑄造鐵斧(钁)·刀片	五銖錢37	
		西M12	鑄造鐵斧(钁)2	五銖錢28	

표 4-3. 요서지역 취락 출토 철기의 현황

順番	遺蹟	出土地區	出土鐵器	貨幣	參考文獻
1	錦州市 大泥窪		鑄造鐵斧(钁)·鎌2	明刀錢200	劉謙, 1955
2	錦州市 營盤		鑄造鐵斧(钁)2	明刀錢10	閻宝海, 1954
3	錦西市 小荒地古城	T5⑤	權·鏃		吉林大學 考古係 외, 1997
		T5⑤	劍		
		T8③	鑄造鐵斧(钁)	②層:五銖錢	
		T8④	鑄造鐵斧(钁)·鏟		
		T9⑤	鑄造鐵斧(钁)·鍬·鑿		
		J1	鑄造鐵斧(钁)		

<table>
<tr><th>順番</th><th>遺蹟</th><th>出土
地區</th><th>出土鐵器</th><th>貨幣</th><th>參考文獻</th></tr>
<tr><td>4</td><td>建平縣
喀喇沁
河東</td><td>T1①</td><td>鑄造鐵斧(钁)3</td><td></td><td>遼寧省博物館
文物工作隊
외, 1983</td></tr>
<tr><td>5</td><td>建平縣
水泉</td><td></td><td>鑄造鐵斧(钁)·刀子·針</td><td></td><td>遼寧省博物館
외, 1986</td></tr>
<tr><td>6</td><td>建平縣
下霍家城</td><td></td><td>鑄造鐵斧(钁)·鎌</td><td></td><td>李慶發 외,
1991</td></tr>
<tr><td rowspan="16">7</td><td rowspan="16">朝陽市
袁臺子</td><td>J1</td><td>半月形鐵刀</td><td></td><td rowspan="16">高青山,
1987
遼寧省文物
考古研究所
외, 2010</td></tr>
<tr><td>J6</td><td>鍬·鏟·環頭刀·針·鏃</td><td></td></tr>
<tr><td>H10</td><td>鑄造鐵斧(钁)</td><td></td></tr>
<tr><td>H14</td><td>鑿</td><td></td></tr>
<tr><td>H16</td><td>刀子</td><td></td></tr>
<tr><td>H25</td><td>鑄造鐵斧(钁)</td><td></td></tr>
<tr><td>東T1②</td><td>半月形鐵刀</td><td></td></tr>
<tr><td>T2②</td><td>板狀鐵器·環頭針</td><td></td></tr>
<tr><td>T3②</td><td>鏃</td><td></td></tr>
<tr><td>T6②</td><td>鏃</td><td>銅鏃2</td></tr>
<tr><td>T8②</td><td>刀子</td><td></td></tr>
<tr><td>T16②</td><td>鏃</td><td>銅鏃</td></tr>
<tr><td>T19②</td><td>鑄造鐵斧(钁)3·鎌·刀子·矛
鍬狀鐵器</td><td></td></tr>
<tr><td>T29②</td><td>鑿</td><td>銅鏃</td></tr>
<tr><td>T39②</td><td>鏃</td><td></td></tr>
<tr style="display:none"></tr>
<tr><td rowspan="8">8</td><td rowspan="8">凌源縣
安杖子古城</td><td>中T1③</td><td>帶鉤</td><td>丘貝布</td><td rowspan="8">李恭篤,
1994
遼寧省文物
考古研究所,
1996</td></tr>
<tr><td>西T2③</td><td>鑄造鐵斧(钁)2</td><td></td></tr>
<tr><td>西T3③</td><td>鑄造鐵斧(钁)</td><td>一化錢150·明化錢</td></tr>
<tr><td>西T12③</td><td>鑄造鐵斧(钁)2</td><td></td></tr>
<tr><td>中T7②</td><td>鑿</td><td></td></tr>
<tr><td>中T1①</td><td>針</td><td></td></tr>
<tr><td>西T2②</td><td>劍·甲片20·環刀子</td><td></td></tr>
<tr><td>東T1②</td><td>鑄造鐵斧(钁)</td><td></td></tr>
</table>

順番	遺蹟	出土地區	出土鐵器	貨幣	參考文獻
8	凌源縣 安杖子古城	東T6②	戟·劍		李恭篤, 1994 遼寧省文物 考古研究所, 1996
		H4	矛·鋸·鑿·環刀子	平陽布4·安陽布7 襄平布57 陰平布8 益昌布·封泥(前漢)	
		H5	鍬狀鐵器		
		F2	鑿2		
9	敖漢旗 老虎山		鑄造鐵斧(钁)14·鏟6 鍬狀鐵器9 鎌5·半月形鐵刀·鑿·權	明刀錢50·布錢 半兩錢3	敖漢旗文化館, 1976
10	敖漢旗 四道湾子		鑄造鐵斧(钁)·鍬狀鐵器		邵國田, 1989
11	遼城縣 黑城古城		鑄造鐵斧(钁)4·鍬 鍬狀鐵器2·權	明刀錢·半兩錢 五銖錢·布錢	馮永謙 외, 1982
12	赤峰市 西山坡土城		鑄造鐵斧(钁)		李慶發 외, 1991
13	赤峰市 冷水塘城		鑄造鐵斧(钁)		佟柱臣, 1956
14	赤峰市 上水泉城		鑄造鐵斧(钁)	明刀錢	佟柱臣, 1956
15	赤峰市 老爺廟		鑄造鐵斧(钁)	明刀錢	佟柱臣, 1956

표 4-4. 원대자유적 보고현황 및 본고의 유구명

1987年報告 (高青山, 1987)	2010年報告 (遼寧省文物研究所 외, 2010)	本稿
T5②	J6 및 채집	T5②
T1G1	J1	J1
H14	채집	H14
T6H16	채집	T6H16
T8②	채집	T8②
T19②	채집	T19②
언급없음	H25	H25

대릉하유역은 완만한 충적평야가 형성된 하류지역에 유적이 집중된다. 이 지역은 일찍부터 중원지역과 요동지역의 각지를 잇는 교통의 거점지역으로 중요한 역할을 하였다(박선미, 2009). 금서 소황지고성小荒地古城과 능원 안장자고성安杖子古城과 같은 성지가 형성된 것도 이 때문이었을 것이다. 특히 안장자고성은 남북 교통의 요충지로 중요한 역할을 한 지역으로 우북평군으로 추정되기도 한다(李恭篤, 1994). 두 성지는 발굴조사를 통해 다양한 지점에서 다수의 철기가 확인되었으며, 층위와 유구에 따라 시기구분이 가능하다. 전국시대 문화층과 유구, 전한대 문화층과 유구로 각각 구분하여 살필 수 있어 철기의 변화양상을 검토하는게 유효하다.

철기는 성지와 함께 유물포함층이라고 할 수 있는 전국시대 문화층과 취락의 트렌치 내에서도 출토된다. 전국시대의 문화층은 금주 대니와錦州大泥窪와 영반營盤, 건평 객나심하동建平喀喇沁河東유적이 있다. 주로 주조철부만이 출토되는데, 일부 연하도 출토품과 유사성이 지적되기도 한다(遼寧省文物工作隊 외, 1993). 반면 건평 수천水泉, 조양 원대자유적과 같은 취락 내 유구에서 철기가 출토되기도 하는데, 특히 원대자유적은 유구와 트렌치·층위에 따른 공반[일괄]자료를 철기와 함께 검토함으로써 그 시기적 위치를 확인할 수 있다.[3)]

요서지역의 철기 현황을 정리하면, 원대자유적의 분묘에 대한 분석을 통해 철기의 부장시점을 살필 수 있을 것으로 생각된다. 또한 소황지고성과 안장자고성과 같은 시기차가 뚜렷한 유구, 층위관계를 검토하여 시기에 따른 철기의 변화상을 검토해 갈 수 있을 것으로 생각된다.

---

3) 조양 원대자 취락에 대한 보고는 1987년에 이루어진 바 있으며, 2010년 간행된 원대자 유적의 종합보고서에 재정리되었다. 2010년 보고는 분묘에 대한 구체적인 현상은 기술되어 있지만 취락 내 출토품에 대해서는 간략하게 보고되어 있다. 또한 동일 유물에 대한 유구의 기술이 1987년도 보고와 달라 혼란이 있다. 여기서는 두 보고 내용을 각각 검토하여 표 4-4와 같이 유구명을 정리하여 기술해 가고자 한다.

2. 부장철기의 변천 -조양 원대자유적을 중심으로-

조양 원대자유적은 총 162기의 분묘가 조사되었다. 보고자는 시기에 따라 갑류甲類에서 계류癸類로 분류하고 서주西周에서 오호십육국五胡十六國시대까지로 시기구분하고 있다. 본고에서 다루는 전국시대에서 한대에 이르는 분묘는 정류丁類에서 임류壬類까지에 해당한다. 전국시대는 정류丁類(재지계통)와 무류戊類(연나라 계통)이며, 전국 말·진한교체기는 기류己類와 경류庚類, 전한은 신류辛類, 후한은 임류壬類로 구분하였다(遼寧省文物考古研究所, 2010). 하지만 유적 내 출토되는 분묘의 구조는 보고서에서 구분한 유형분류와 반드시 일치하지는 않는다. 각 시기로 설정된 분묘의 구조는 시기에 따른 유형설정이라기보다는 유적 내 분묘의 시기적 연속성을 보여주기 위한 분류로 여겨진다. 예를 들어 전국시대 무류戊類와 정류丁類 분묘의 구조는 그림 4-6의 A유형과 B유형에 속하지만, 전국시대에 한정되지 않고 전한대까지 존속하기도 한다. 전한대에 해당하는 신류辛類에는 C~F유형과 같이 다양한 구조를 갖고 있지만 각 구조 간에 병행관계를 설명하기에는 다

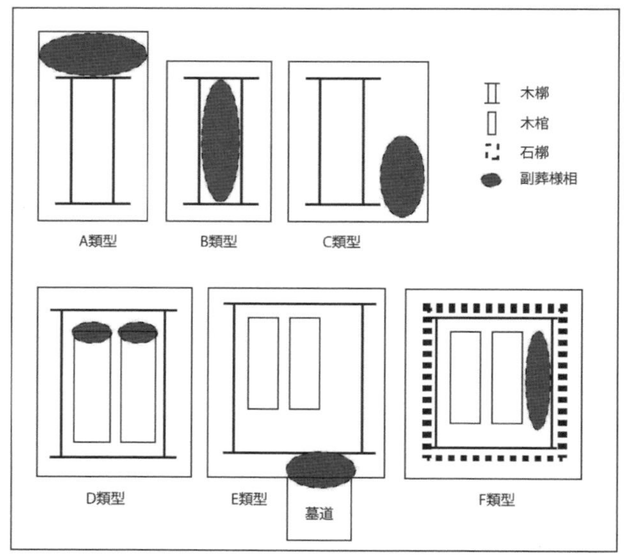

그림 4-6. 원대자유적 분묘의 구조분류

소 부족하다.

따라서 본 절에서는 전국시대에서 한대에 이르는 원대자유적의 분묘 구조와 부장양상을 중심으로 그림 4-6과 같이 분류한 후 철기가 부장되는 C~F유형을 중심으로 각 유형의 부장유물을 확인하고자 한다. 그리고 그 선후관계를 비교하여 유형별 병행관계를 정리해 보고자 한다. 이를 통해 원대자 분묘군에서 철기가 부장되는 특정 시기를 추정해 볼 수 있을 것이다.

1) 유형별 단계설정

(1) A유형 분묘

A유형은 토광수혈묘로 장축은 대부분 남북방향이며, 두향頭向은 북쪽이다. 일반적으로 목관과 목곽을 갖는데, 피장자의 머리 쪽인 관과 곽 사이에 유물의 부장이 확인된다. 부장유물 세트관계는 크게 정鼎, 개두蓋豆, 관형개두罐形蓋豆, 호壺, 반盤 등 연계 장식토기류[4)]가 부장되는 분묘와 점토대토기와 같은 재지계 토기가 부장되는 분묘, 관罐을 중심으로 부장되는 분묘로 구분된다. 그 중 연계 장식토기류와 재지계 점토대토기가 부장되는 분묘는 동대구銅帶鉤와 조형소석판條形小石板이 함께 부장되는 양상을 띠어 두 부장양상이 뚜렷한 시기차를 보이지 않은 것으로 볼 수 있다. 이것은 보고서에서 제시한 전국시대인 정류丁類(재지계통)와 무류戊類(연나라 계통)에 대응하는 것으로 추정된다. 반면 관罐이 부장되는 분묘의 경우 연계 장식토기가 부장되지 않고 한경이 출토되는 사례도 확인되고 있어 전술한 두 부장양상과는 시기적인 차이가 있는 것으로 보인다.

A유형의 분묘를 앞서 분류한 기준을 통해 정리하면 표 4-5와 같다.

가장 이른 단계에 해당하는 요서 분묘 1기는 연계 장식토기류가 출토되는 분묘(戊類)와 협사계夾砂系 점토대토기만이 출토되는 분묘(丁類)이다. 연계 장식토기류는 비교적 선행하는 형식으로 판단되는 정鼎A, 개두蓋豆A, 관형개두罐形蓋豆A, 호壺

---

4) 여기서는 연나라 계통의 장식토기라는 개념의 미야모토 가즈오[宮本一夫]의 용어를 적용하여 연계 장식토기류라고 칭한다.

표 4-5. A유형 분묘의 공반유물과 단계설정

器種/遺構	土器類																								土器類																				銅器類						條形小石板	鐵器類		貨幣	段階
	鼎							蓋豆						罐形蓋豆					豆						壺								三足盤	盤	小罐		罐							盒	帶鉤				鏡	環頭銅刀		銅頭鐵刀	鐵刀		
	罐形	A-1	A-2	A-3	B-1	B-2	B-3	A-1	A-2	A-3	A-4	B	C	A-1	A-2	A-3	B-1	B-2	IA	Ib	IC	IIA	IIB	IIC	A-1	A-2	A-3	A-4	B-1	B-2	B-3	C-1			A	B	A-1	A-2	B-1	B-2	C-1	C-2	彩色		A	B	C	D							
M60	●	●						◎						◎					◎						◎								●		●										●										遼西墳墓1期
M35		●						◎						◎					◎						◎								●		◎										●						●			明刀4	
M37	●	●						◎						◎					◎						◎								●		◎																				
M76	●	●						◎						◎					◎						◎								●		●																				
M111	●	●						◎						◎					◎						◎								●		●																				
M3			●						◎						◎				◎							◎							●		◎																				
XM25			●						●						●				●							●									●																				
M31			●						◎						◎				◎							◎							●		◎										●										
XM14			●						●											◎						●																				●					●				
M11	●		●?					◎						◎					◎						◎								●		●																				
M36																																															●				●				
M1	◎			◎						◎						◎				◎							◎						●																						
M4				●					◎						◎					◎						◎							●		◎																				
M6	◎			●						◎						◎				◎							◎						●																						
M8					●						◎					◎			◎									◎						●	◎																				
M50																																														●				●	●				
M85																																														●									
M86																																														●								明刀10	
M29																																																			●				
M27																						◎																																	
XM8																						◎														◎?										●					●				
XM22					◎							◎					◎										◎?							●		●												●							遼西墳墓2期
XM9						●		◎?							◎											◎								●	●																◎5				
XM21					◎							◎					◎												◎																										
XM13						●						●																	●					●																					
M14						●						◎						●			◎									●																					●				
MI19							●																								◎彩															●		●							

器種 / 遺構	土器類																								土器類																			銅器類						條形小石板	鐵器類		貨幣	段階
	鼎							蓋豆						罐形蓋豆					豆						壺								三足盤	盤	小罐		罐							盒	帶鉤				鏡	環頭銅刀		銅頭鐵刀	鐵刀		
	罐形	A-1	A-2	A-3	B-1	B-2	B-3	A-1	A-2	A-3	A-4	B	C	A-1	A-2	A-3	B-1	B-2	IA	Ib	IC	IIA	IIB	IIC	A-1	A-2	A-3	A-4	B-1	B-2	B-3	C-1			A	B	A-1	A-2	B-1	B-2	C-1	C-2	彩色		A	B	C	D							
MI28																																				●	●																	半兩7	遼西墳墓3期
81WM9																								◎														◎																	
81WM31													◎											◎							◎																								
M52																							◎																●																
M127																															◎彩															○									
M9																															◎彩															○									
M62																																●									●					○			●	※渦狀虺文鏡					
M115																																							◎					●											
M70																																							●	●				●											遼西墳墓4期
M90																																●								●				●											
M87																																								●				●											
M92																																				●				●		●													
M46																																								●		●		●											
79M1																																											◎	●										五銖2	
M81																																				◎						●											●		
M10																																								○												●			

※ ●: 1점, ◎: 다수, 彩: 채색도기, ?: 가능성

A, 두豆Ⅰ型과 삼족반三足盤이 부장되며, M35, M37, M111에서는 연계 장식토기류와 함께 재지계 토기로 볼 수 있는 협사계 점토대토기가 공반되는 사례도 확인된다. 연계 장식토기와 재지계 토기가 공반되는 사례를 통해 협사계 점토대토기만이 출토되는 분묘 역시 큰 시기적 차이가 나지 않는다고 볼 수 있다. 이 시기의 분묘인 M35호와 M29호에서는 명도전이 출토되었다.

요서 분묘 2기는 이전 시기와 마찬가지로 연계 장식토기가 출토되지만, 정鼎B, 개두蓋豆B, 관형개두罐形蓋豆B, 호壺B, 반盤이 부장되는 분묘이다. 또한 연계 장식토기의 변형이 이루어지는 시기로 볼 수 있다.

요서 분묘 3기는 도량과 같은 관罐A형이 출토되는 분묘이다. 연계 장식토기가 사라지고, 개두蓋豆C와 두豆Ⅱ와 같이 대각이 낮아지며 단순화된다. 그리고 호壺B는 채문의 요소도 관찰된다. 이전 시기까지 보이던 동대구銅帶鉤와 조형소석판條形小石板의 부장양상이 감소하는 것을 특징으로 볼 수 있다. M62호묘에서는 한경이 출토되고 있어 대략적인 시기를 추정할 수 있다.

요서 분묘 4기는 다양한 형식의 관罐이 부장품이 되는 분묘이다. 관罐은 동체부가 편구형에 가까운 관罐B와 관罐C가 부장되는 것을 특징으로 한다. 이전 시기 호壺에서 보이던 채문의 요소가 관罐에서도 확인되기도 한다. 화폐는 M128호에서 반량전, 79M1호에서 오수전이 출토되었다.

표 4-6. B유형 분묘의 공반유물과 단계설정

器種 / 遺構	土器類				銅器類				石器類		鐵器類		貨幣	段階
	小罐		粘土帶土器系		銅帶鉤				條形小石板	小石奉	鐵鎌	鐵刀		
	A	B	圓形	三角形	A	B	C	D						
M7			●?											遼西墳墓1期
M67			●											
M91			●											
M22										◎				
M30			●	●										
M96	●								●					
XM19	●								●					

器種 / 遺構	土器類				銅器類				石器類		鐵器類		貨幣	段階
	小罐		粘土帶土器系		銅帶鉤				條形小石板	小石棒	鐵鎌	鐵刀		
	A	B	圓形	三角形	A	B	C	D						
M53	◎?								●					遼西墳墓1期
XM18				●	●									遼西墳墓1期
M77				●										遼西墳墓1期
M13						●								遼西墳墓1期
M15						●								遼西墳墓1期
M101						●								遼西墳墓1期
XM2						●			●					遼西墳墓1期
M104						●								遼西墳墓1期
M58						●			●					遼西墳墓1期
M20							●		●					遼西墳墓1期
M25							●							遼西墳墓1期
M100							●							遼西墳墓1期
M42								●						遼西墳墓2期
M43								●	●					遼西墳墓2期
M63								●						遼西墳墓2期
M64									●					遼西墳墓2期
M65								●						遼西墳墓2期
XM15								●						遼西墳墓2期
M94								●						遼西墳墓2期
M18									●					遼西墳墓2期
M16									●				半兩	遼西墳墓2期
M12									●					遼西墳墓2期
M82									●					遼西墳墓2期
M108									●					遼西墳墓2期
M110						●鐵								遼西墳墓3, 4期
M38											●			遼西墳墓3, 4期
M130												●		遼西墳墓3, 4期
XM3													五銖16	遼西墳墓3, 4期

※ ●: 1점, ◎: 다수,
鐵: 철제품, ?: 가능성

이상과 같이 A유형 분묘의 부장유물의 변화를 토대로 크게 4단계로 구분할 수 있다. 보고서에서 제시한 시기와 대비한다면, 각각 요서 분묘 1기는 무류戊類 1~2기, 요서 분묘 2기는 무류戊類 3기, 요서 분묘 3기는 기류己類~신류辛類 1~2기, 요서 분묘 4기는 신류辛類 3~4기에 해당한다. 즉, 요서 분묘 1기와 2기는 전국시대 중후기대, 요서 분묘 3기는 진한교체기에서 전한 전기, 요서 분묘 4기는 전한 후기로 상정할 수 있을 것이다.

(2) B유형 분묘

B유형 분묘는 A유형의 토광수혈묘와 마찬가지로 목관과 목곽을 갖춘 구조이지만,[5] 굴착면과 목관의 규모가 큰 차이를 보이지 않는다. 유물의 부장은 관 내에 1~2점만이 부장되며, 토기가 부장되지 않기도 한다. 토기류는 협사계 소관小罐과 점토대토기가 부장되며, 동대구銅帶鉤와 조형소석판條形小石板이 출토된다. 공반유물이 적어 단계를 설정하기 어렵지만, 주로 정류丁類로 구분되는 분묘이므로 A유형 재지계(丁類)분묘와의 비교를 통해 단계를 설정하고자 한다.

동대구銅帶鉤와 조형소석판條形小石板이 출토되는 양상은 기본적으로 요서 분묘 1기에서 2기에 해당하는 특징이다. 따라서 두 유물이 출토된 분묘에 대한 시기를 추정할 수 있다. 또한 A유형 요서 분묘 1기에는 동대구銅帶鉤와 조형소석판條形小石板과 함께 토기가 부장된다. 그리고 동대구銅帶鉤는 B~C형만이 부장된다. 반면, 요서 분묘 2기에는 토기는 부장되지 않으며, 동대구銅帶鉤 D형이 부장된다.

이와 같은 특징을 참고해 단계를 설정하면, 표 4-6과 같다. B유형의 분묘는 부장유물을 통해 주로 1기와 2기로 설정된다. 일부 1~2기로 보기 어려운 형태의 분묘에 대해서는 일괄적으로 요서 분묘 3~4기로 설정해두고자 한다. 왜냐하면 이 분묘들에서는 오수전이 부장되어 요서 분묘 3기보다 이르다고 보기 어렵기 때문이다.

---

5) B유형의 경우 보고된 도면이나 사진을 통해 관과 곽의 구분이 명확하게 확인되지 않는다. 하지만 유구 기술을 통해 곽의 존재를 확인할 수 있다.

표 4-7. C유형 분묘의 공반유물과 단계설정

遺構＼器種	土器類											金屬器類		貨幣	段階
	鼎	壺			罐				盤	盒	盆	鐵刀	鐵鍤		
	B-3	B-2	B-3	C-1	B-1	B-2	C-1	C-2							
XM5	●彩	●彩	●彩												遼西墳墓3期
M98			◎彩						○						
M74		●			●	●				●					遼西墳墓4期
M93			●			●				●					
M32				●			●			◎				五銖錢	
M59	※ ●: 1점, ◎: 다수, 彩: 채색도기, ?: 가능성					●		◎					●		
M114					○				○		◎	鐵塊			
XM10								●						五銖錢10	

(3) C유형 분묘

C유형의 분묘는 토광수혈묘처럼 목관과 목곽을 갖춘 구조로 좀 더 넓게 구축한 곽에 관을 안치한 형태이다. 부장유물은 관의 측면에서 발견된다. 부장유물은 호壺와 관罐이 다수를 차지하는데, 호壺B(채문)가 부장되는 단계와 관罐B·C가 부장되는 단계로 구분된다. 각각 보고서의 신류辛類 1기와 신류辛類 2~3기에 해당하며, 철기가 부장되지 않은 A유형 분묘의 부장토기와 비교하여도 그보다 상향되지 않는다. M32와 XM10에서는 오수전이 부장되고 있어 그 시기를 추정할 수 있다.

(4) D유형 분묘

토광수혈묘로 대형의 목곽 내 목관을 안치한 구조이다. 유물은 머리 부분의 상부에 부장된다. D유형 분묘는 그 수가 적어 부장품의 특징이 명확하지 않지만, 보고자는 모두 신류辛類 4기로 분류하고 있다. 호壺C와 관罐C가 부장되고 있어 C유형이 오수전과 병행하는 시기로 추정된다. 다만 M71와 M48에서 공통적으로 반량전이 확인되고 있어, C유형보다 선행될 것으로 여겨진다. 더불어 M71에서는 한경이 출토되어 그 시기를 특정할 수 있다.

표 4-8. D유형 분묘의 공반유물과 단계설정

器種 / 遺構	土器類									金屬器類		貨幣	段階
	壺			罐				盤	盒	銅鏡	鐵鍤		
	B-1	B-2	C-1	A-1	C-1	C-2	C-3						
M71				※ ●: 1점, ◎: 다수,					●	◎	●	半兩錢	遼西墳墓3期
M48	●?			彩: 채색도기, ?: 가능성				●				半兩錢17	
M45		●彩	◎						◎				遼西墳墓4期
M34			●	●	●	●			◎				

(5) E·F유형 분묘

E유형은 대형의 목곽을 구축한 후 두 개의 목관이 합장된 묘도가 있는 凸자형의 구조이다. 유물은 묘도의 입구에 다수 부장되었다. F유형도 대형의 토광수혈묘로 E유형과 동일하게 대형의 목곽을 설치하고 그 외곽에 석재를 채워 넣은 구조이다. 내부에는 두 개의 목관이 합장된 구조이다. 유물은 목관의 측면에 다량 부장된다. 두 유형은 주로 관罐C가 다수를 차지하고 있으며 다량의 오수전이 부장되는 공통적인 특징을 가지고 있다. 보고 연대는 신류辛類 4기로 보았고, M23호의 경우 후한대인 임류壬類로 설정하였다. 요서 분묘의 가장 늦은 단계인 4기로 비정할 수 있다.

표 4-9. E·F유형 분묘의 공반유물과 단계설정

器種 / 遺構	墳墓의 構造 分類		土器類										金屬器類					貨幣	段階
			壺	罐					盒	盆	樽	부뚜막형	銅鏡	鐵刀	鐵斧	鐵鑿	鐵鍤		
	E	F	C-1	B-1	C-1	C-2	C-3	彩色											
XM1	●							◎	●									五銖錢10	遼西墳墓4期
XM11	●				●		◎			◎			●	●	●			五銖錢37	
XM12	●											●			●			五銖錢28	
XM7		●	●		◎					●						●		五銖錢15	
M23		●		◎		●	●			◎	●						●	五銖錢16	

2) 분묘의 중복관계와 유형 간의 선후관계

원대자유적의 분묘군은 도로를 기준으로 서쪽지구와 동쪽지구로 구분된다. 동쪽 지구에서 131기, 서쪽지구에서 24기가 조사되었다.[6] 동쪽지구 북단과 서쪽지구는 원래 하나의 군집이었지만 도로가 개설되면서 분리된 것이며, 동쪽지구 북단 군집에서 100~150m 떨어져 있는 남단 군집은 독립된 분묘군으로 볼 수 있다(趙鎭先, 2011). 또한 긴 시간에 걸쳐 이루어진 분묘군으로 분묘 간의 중복관계를 통해 선후관계를 확인할 수 있다. 여기서는 원대자유적의 유구 간의 중복관계를 통해 각 분묘 유형으로 설정한 단계를 검증해보고자 한다.

원대자분묘군의 분포와 중복양상이 확인된 지점을 표시하고, 중복된 각 지점의 분묘를 유형과 단계로 정리하면 그림 4-7과 그림 4-7 내부의 표와 같다. 중복관계가 확인된 지점은 총 12개소이며, 같은 유형 간의 중복은 4개소, 서로 다른 유형 간의 중복은 7개소, 연식燕式 옹관묘와의 중복은 1개소이다.

먼저 동일 유형 간의 중복관계를 통해 앞서 제시한 단계설정을 검증해보면, 다음과 같이 정리된다.

A유형: M8(先)→M9(後), M50→M52, M68→M92 / B유형: M91→M81

모두 1기에 해당하는 분묘를 3기나 4기에 해당하는 유구가 파괴하고 조성된 양상으로 앞서 설정한 단계설정과 부합된다.

다음으로 다른 유형 간의 중복양상을 살펴보면, 1기와 2기인 A유형과 B유형의 분묘를 3기와 4기의 A~D유형의 분묘가 파괴한 것을 알 수 있다. 여기서 주목되는 것은 그림 4-7의 순번1에 해당하는 XM3(B유형)과 XM10(C유형)의 중복관계이다. 두 유구 모두 오수전이 다량 부장된 양상을 띠지만, XM3(B유형)을 파괴하고 XM10(C유형)이 조성되고 있음을 알 수 있다. 즉 앞서 B유형 중 부장유물이

6) 원대자유적의 보고서에는 동쪽지구(東區)와 서쪽지구(西區)를 구분하여 정리하고 있으며, 분묘의 호수를 적용하고 있다. 다수를 차지하는 동쪽의 분묘는 M1~M131로 표기하고, 서쪽지구는 XM1~24로 보고하였다.

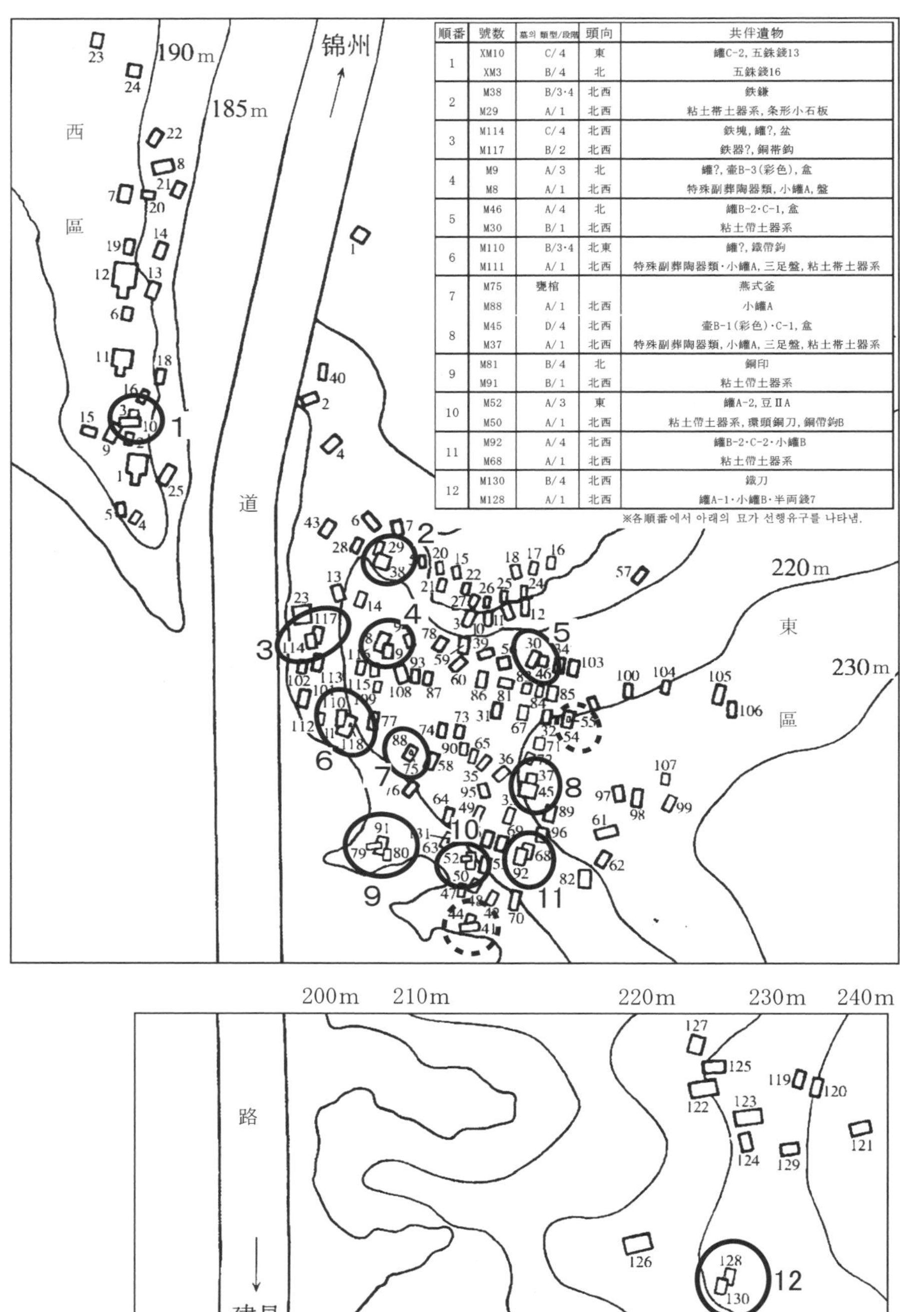

順番	號数	墓의 類型/段階	頭向	共伴遺物
1	XM10	C/4	東	罐C-2, 五銖錢13
	XM3	B/4	北	五銖錢16
2	M38	B/3·4	北西	鉄鎌
	M29	A/1	北西	粘土帯土器系, 条形小石板
3	M114	C/4	北西	鉄塊, 罐?, 盆
	M117	B/2	北西	鉄器?, 銅帯鉤
4	M9	A/3	北	罐?, 壷B-3(彩色), 盒
	M8	A/1	北西	特殊副葬陶器類, 小罐A, 盤
5	M46	A/4	北	罐B-2·C-1, 盒
	M30	B/1	北西	粘土帶土器系
6	M110	B/3·4	北東	罐?, 鐵帶鉤
	M111	A/1	北西	特殊副葬陶器類·小罐A, 三足盤, 粘土帯土器系
7	M75	甕棺		燕式釜
	M88	A/1	北西	小罐A
8	M45	D/4	北西	壷B-1(彩色)·C-1, 盒
	M37	A/1	北西	特殊副葬陶器類, 小罐A, 三足盤, 粘土帯土器系
9	M81	B/4	北	銅印
	M91	B/1	北西	粘土帶土器系
10	M52	A/3	東	罐A-2, 豆ⅡA
	M50	A/1	北西	粘土帶土器系, 環頭銅刀, 銅帶鉤B
11	M92	A/4	北西	罐B-2·C-2·小罐B
	M68	A/1	北西	粘土帶土器系
12	M130	B/4	北西	鐵刀
	M128	A/1	北西	罐A-1·小罐B·半両錢7

※各順番에서 아래의 묘가 선행유구를 나타냄.

그림 4-7. 원대자유적의 분포와 분묘 간의 중복관계

명확하지 않아 3기와 4기를 구분할 수 없었던 분묘가 4기인 C유형 분묘에 의해 파괴되었다는 점은 B유형 분묘의 조성이 3기까지에 한정된다는 것을 알려준다.

한편, M75호 옹관묘에 의해 훼손된 M88(A유형)은 소관小罐A만이 출토된다. 소관小罐A이 주로 연계 장식토기와 공반되고 있어 A유형의 1기에 해당한다고 생각된다. 즉 A유형 1기의 연대는 M75호 연식부燕式釜보다 이른 단계인 것이다. M75호는 연식부燕式釜로 구성된 옹관묘로 연식부燕式釜의 형태를 통해 시기를 추정할 수 있다. M75호 연식부燕式釜는 「〈형」 구연부의 굴곡부 내면에 돌기부가 없지만 구연부가 축소화되지 않은 형태로 동체부 승석문이 퇴화되는 경향을 보이지 않는다.

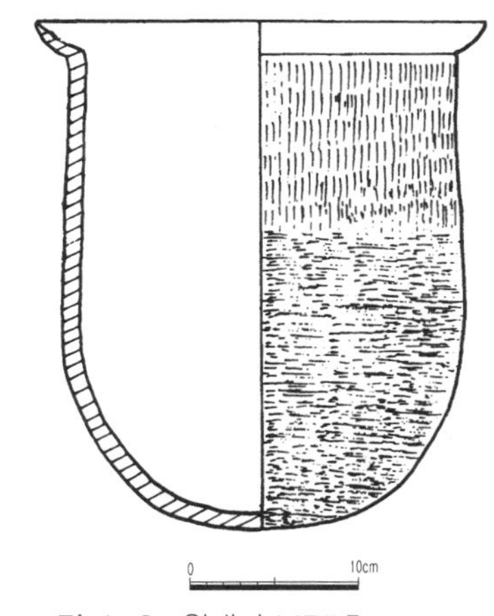

그림 4-8. 원대자 M75호 연식부燕式釜

M75호 출토품을 미야모토 가즈오의 연식부燕式釜 변천양상(宮本一夫, 2004)에 적용해 보면, 연하도 낭정촌 21호유적 19호 연식부燕式釜와 윤가촌尹家村 1호 연식부燕式釜의 중간 단계에 해당하는 것으로 생각된다. 윤가촌尹家村 1호 연식부燕式釜는 진한교체기이므로 원대자 M75호 출토품은 그 이전 시기인 전국시대 후기에 해당하는 것으로 볼 수 있다. 이를 통해 A유형 1기의 연대는 적어도 전국시대 후기 이전으로 볼 수 있다.

3) 각 유형의 시기적 병행관계

이상과 같이 원대자유적에서는 다양한 구조의 분묘가 확인된다. 이를 유형별로 출토유물의 변화단계를 설정하고, 각 분묘 유형의 존속시기와 중심시기를 정리하면 그림 4-9와 같다.

1기와 2기는 A유형과 B유형의 분묘에서 연계 장식토기와 재지계 협사토기류가 출토되는 단계이다. 1기에는 연계 장식토기가 기종별 세트를 이루며 출토되고, 재지계 토기와 공반되는 양상을 보이기도 한다. 하지만 2기에 연계 장식토기에서 보이는 장식과 외면의 기하학적 문양이 사라지는 등의 특징은 전형적인 연나라의 그것과 다른 점이다. 철기의 부장양상은 확인되지 않으며, 동대구銅帶鉤나 청동제 환두도자와 같은 청동제품의 부장이 두드러진다.

3기가 되면 A유형과 B유형 분묘가 감소되며, C유형·D유형과 같은 새로운 유형의 분묘구조가 확인된다. 특히 D유형과 같이 묘광이 넓어지며 2인이 합장되는 풍습의 등장은 주목되는 특징 중 하나이다. 연계 장식토기의 부장이 사라지며, 채문호와 구형의 관罐이 다수를 차지한다. 이전 시기에 비해 유물의 부장량도 적은 편이다. 한경과 함께 철삽 같은 철기의 부장이 이루어지며, 재지적 요소가 강한 B유형 분묘에서도 철겸, 철도와 같은 철기류가 부장되기도 한다.

4기는 기존의 C유형과 D유형 분묘와 함께 대형화된 E유형과 F유형이 등장한다. 이전 시기 D유형에서 보이던 합장의 전통이 이어지며, 편구형의 관罐을 중심으로 토기의 부장이 두드러진다. 철기류는 도刀, 부斧, 착鑿, 삽鍤 등 이전 시기에 비해 다양한 기종이 부장된다.

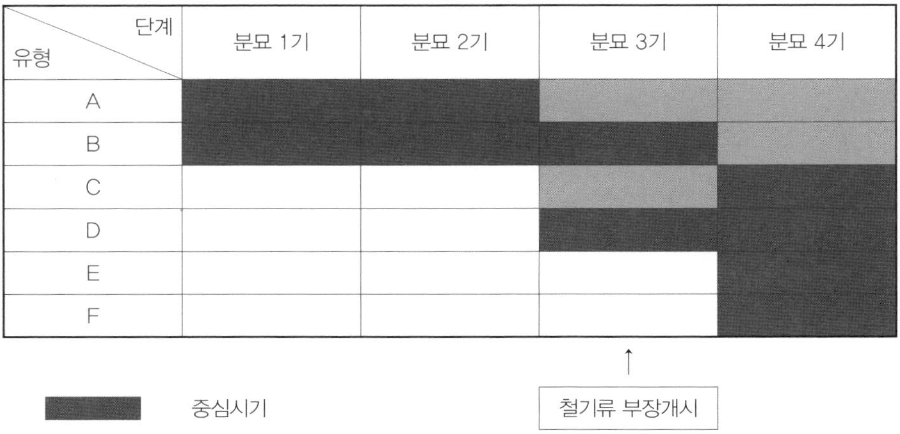

유형 \ 단계	분묘 1기	분묘 2기	분묘 3기	분묘 4기
A				
B				
C				
D				
E				
F				

중심시기

철기류 부장개시

그림 4-9. 원대자유적의 분묘유형에 따른 존속시기

4) 요서지역 부장철기의 변천단계

원대자유적의 분묘 부장품을 살피며 요서지역 분묘 내 철기의 부장 단계를 설정하였다. 원대자유적의 분묘에서 가장 주목할 점은 전국시대 후기와 전한대를 구분하고 전한대에 대한 세부 편년이 이루어졌다는 것이다(趙鎭先, 2011). 본 장에서도 앞서 살핀 바와 같이 절대연대를 추정할 수 있는 화폐와 한경, 공반되는 부장토기의 변천을 토대로 크게 4단계로 구분하였다.

보고서의 연대를 기초로 대략적인 시기를 정리하면, 요서 분묘 1기는 전국시대 중기 이전, 2기는 전국시대 후기, 3기는 진에서 전한 초, 4기는 전한 중후기 이후로 판단된다. 이 중 철기가 본격적으로 부장되기 시작하는 단계는 분묘 3기 이후이다. 대간, 금서 오금당묘의 사례를 통해 알 수 있듯이 3기 이전에도 철기가 부장되었을 가능성이 있다. 따라서 요서지역 부장철기의 변천단계를 3기 이전, 3기, 4기의 3단계로 설정하여 살피고자 한다.

(1) 요서지역 분묘 3기 이전

오금당묘에서는 고식 비파형동검과 동과, 동촉, 동부 등이 출토되고 있어 십이대영자유적의 청동단검묘와 비교되는 이른 단계의 분묘이다. 철기의 구체적인 출토양상은 알 수 없지만, 채집된 주조철부는 동검이 공반된 것으로 기술하며 훼손된 분묘의 부장품으로 추정하였다. 주조철부는 전장 11cm, 인부폭 6cm로 대니와大泥窪 출토품(그림 4-18; 上)과의 유사성이 지적되고 있다(劉謙, 1960). 대니와 출토품과의 유사성만을 고려한다면, ⅠA-1형으로 분류될 수 있으나 단정할 수는 없다. 왜냐하면 보고된 길이에서 대형과 소형을 구분하기에 어려움이 있기 때문이다. 보고자는 대니와 하층의 주조철부와 공반되는 명도전을 근거로 전국시대로 보고 있다. 주조철부의 인부가 직선에 가깝고 명확한 소형화가 이루어지지 않은 것을 고려하면, 전국시대의 어느 시점에 해당한다고 생각된다.

(2) 요서지역 분묘 3기

철기는 철삽의 부장을 획기로 한다. D유형에 해당하는 원대자 M71에서는 철삽鐵鍤, 철환鐵環과 함께 반량전, 한경이 출토되었다.

철삽은 연하도에서 살펴본 연산철기에 포함되지 않으며, 전한대에 들어서 부장되기 시작한다. 요서지역에서 본격적으로 철기가 부장되기 시작한 시기는 전한대의 어느 시점이라고 볼 수 있다.

청동제 곽钁, 삽은 전한 이전에 유입된 사례도 있지만 한두 사례에 불과하며, 전한대와 시간적인 공백이 크므로(陳振中, 2004), 삽과 같은 용도의 개념이 본격적으로 도입된 것은 전한 이후로 추정된다. 그 시기를 구체화하면 초엽문경草葉文鏡과 반리문경蟠螭文鏡은 전한의 전중기에 해당하는 기원전 2세기대에 주로 부장되는 형식이다(岡村秀典, 1984). 또한 공반되는 반량전은 앞서 제시한 것처럼 그

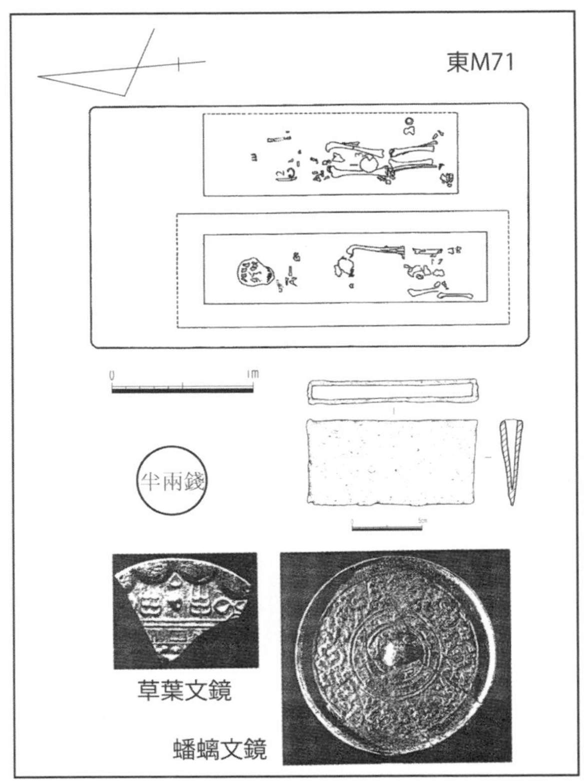

그림 4-10. 요서지역 분묘 3기의 철기 부장 현황

주조시기가 기원전 2세기대로 한경의 부장 연대와 일치한다. 따라서 M71에서 출토되는 철삽을 요서지역에서 철기가 부장되기 시작하는 시기로 볼 수 있으며, 그 시기는 전한 전기에 해당하는 기원전 2세기 중엽에서 1세기 중엽으로 볼 수 있다.

(3) 요서지역 분묘 4기

철기는 이전 시기에 출토되던 철삽과 함께 청동제 환두가 결합된 대도와 주조철부, 철착이 부장된다. D유형을 제외한 다양한 유형의 분묘에서 철기의 부장이 이루어진다. 유형에 따라 철기의 부장양상이 다소 차이를 보인다. 3기에 이르러 감소하기 시작하는 A유형과 B유형의 분묘에서는 청동제 환두철도나 도刀류가 출토되기도 하지만, 주로 C·E·F유형의 분묘에서 철삽, 주조철부, 철착과 같은 농

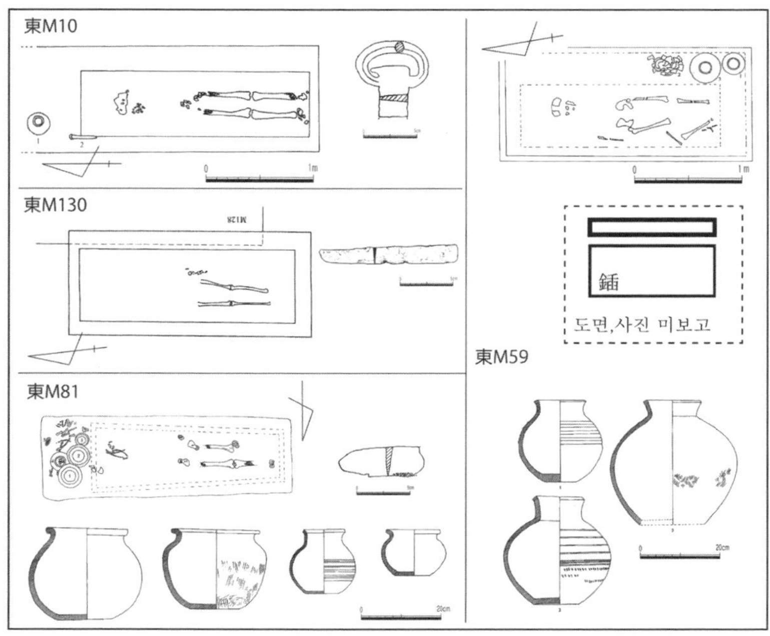

그림 4-11. 요서지역 분묘 4기의 철기 부장 현황

공구류가 출토된다. XM11와 XM12에 부장된 주조철부는 ⅠA-6형이며, XM7에 부장된 철착은 Ⅰ-2형에 해당한다.

공반유물로는 관罐이 다수를 차지하며, 화폐와 한경도 부장된다. 토기류는 관罐B형과 관罐C형이 부장되는데, 관罐C형이 다수이다.[7)]

또한 화폐와 한경의 차이가 두드러진다. 화폐는 오수전이 공반되며, 특히 E·F유형의 분묘에서는 다량으로 매납되는 양상이 확인된다. XM11호에서는 수대경獸帶鏡이 출토된다. 수대경獸帶鏡은 오카무라 히데노리의 Ⅱ형에 해당하는 것으로 기원전 1세기 전엽으로 편년되며(岡村秀典, 1984·1993), 오수전의 주조연대는 기원전 1세기가 중심이다. 다만, M23에서 출토되는 존樽과 같은 토기류가 부장되고 있어 후한 전기까지도 생각해 볼 수 있을 것이다.

따라서, 요서지역 분묘 4기는 전한대 후기에서 후한 전기에 해당하는 기원전 1세기 중엽에서 기원 1세기 중엽으로 설정해 둔다.

3. 취락 내 철기의 변천

취락은 사람의 거주지인 집이 집단을 이루는 지역을 말한다. 취락의 본래 어원은 토지에 정착을 가르키는 것이며, 취락은 인간 생활의 근원이자 인간 활동의 사회적 거점지역이다. 그러므로 취락은 주거지 집단이라는 의미에 더하여 그 생활과 생산의 기반지역(경지, 임야, 어장, 공공시설 등)을 포함한다.[8)] 3장에서 검토한 연하도 내 취락군은 이 같은 정의에 가장 적절하게 적용될 수 있다.

요서지역에서도 능원 안장자고성安杖子古城과 금주 소황지고성小荒地古城과 같은 성지 내부와 주변으로 취락이 형성되었을 것으로 추정할 수 있지만, 두 유적은

7) M10호에서 출토된 관罐은 도면과 사진이 제시되지 않고 있지만, 「니질 회도로 둥근 구연단에서 좁아지고 견부로 이어져 둥근 동체부를 형성한 후 다시 좁아져 평평한 저부로 이어진다. 동최대경은 동체부 상단에 위치하며, 타날은 소문처리되어 동체 하부에만 존재한다.」라고 기술되어 있다. 이를 통해 관罐C-1형에 가까운 형태로 추정하였다.

8) 淺香幸雄, 1993, 『日本大百科全書』, 小學館.

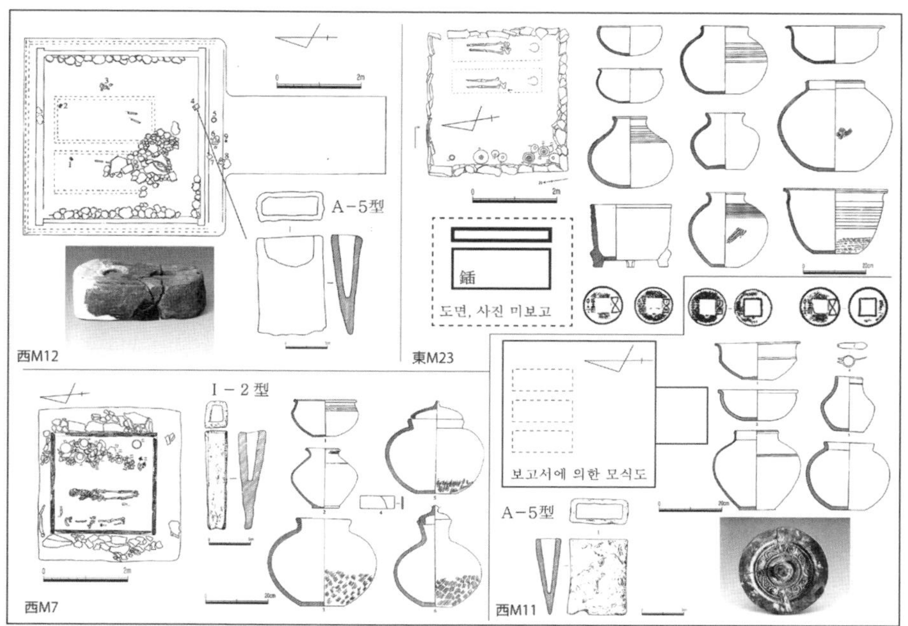

그림 4-12. 요서지역 분묘 4기(E·F유형) 철기 부장 현황

트렌치 조사만이 이루어져 당시 취락의 전모를 확인하기 어렵다. 고성지 이외에는 취락으로 볼 수 있는 대규모 발굴과 보고가 이루어지지 않아 상기의 취락이라는 정의에 부합하지 못한다. 본고에서 제시하는 취락의 개념은 분묘와 별개로 인간의 활동을 추정할 수 있는 유구와 문화층을 포함하는 유적으로 정의해 둔다.

요서지역은 고성지古城址, 주거지, 문화층 내 철기가 출토된다. 안장자고성과 소황지고성, 원대자유적의 조사에서는 다수의 철기가 출토되는데, 일부 층위에 따라 보고된 내용을 파악할 수 있어 유물 간의 선후관계도 파악할 수 있다. 그러므로 층위에 따른 유물의 선후관계를 살핀 후 함께 출토된 일괄자료를 통해 시기별 변화양상을 검증해 보고자 한다.

1) 유적별 층위의 검토

소황지고성과 안장자고성은 성벽과 성 내부에 대한 일부 트렌치 조사만이 이루어졌지만, 층위에 따른 조사가 진행되었다. 두 유적은 전국시대에서 한대에 이르는 문화층이 구분된다. 또한 철기와 동일 층위 내 출토되는 화폐를 통해 대략적인 시기를 추정할 수 있다.

(1) 금주 소황지고성지

소황지고성은 소능하小凌河의 지류인 여아하女兒河 일대에 위치한다. 주변의 성벽은 거의 완벽하게 잔존하고 있다. 전체 길이 900m의 방형으로 성벽은 지면을 굴착하지 않고 평지에 직접 세웠다. 소황지고성에서는 요령식동검이 출토된 바 있어, 전국시대 이전 시기부터 지역의 중심지였을 것으로 보기도 한다(大貫靜夫, 2007). 이처럼 전국시대 이전 단계부터 전한대에 걸쳐 비교적 긴 시간의 문화층이 확인되는데, 특히 전국시대와 전한대의 유물이 명확히 구분되는 점이 주목된다.

소황지고성에서는 층위에 따라 철기의 출토양상이 다르다. 먼저 주목할 수 있는 것은 8트렌치에서 보이는 철기의 층위관계이다(그림 4-13). 4층에서는 주조철부(ⅠA-2형)와 철산이 출토되며, 그 윗층인 3층은 철삽과 차축구가 출토된다. 그리고 5층에서는 철기가 확인되지 않았지만 오수전이 출토되었다. 이를 통해 3층과 4층은 오수전의 주조연대를 토대로 적어도 전한 중기 이전이라는 것을 알 수 있다.

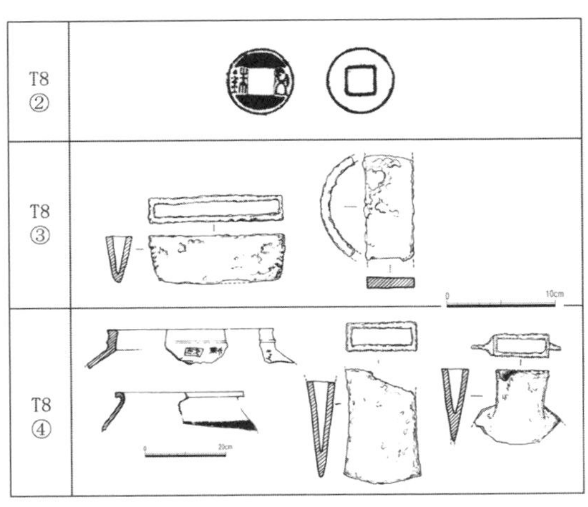

그림 4-13. 소황지고성지 T8의 층위별 출토유물

3층의 철삽과 한경이 공반되는 양상은 연산 남

부지역 분묘 3기와 대응한다고 볼 수 있어 전한 전·중기에 해당하는 것으로 판단된다. 그리고 4층은 연산철기와 도량관度量罐이 함께 출토되어 전국시대 후기에서 진대에 해당하는 것으로 추정된다. 즉, 8트렌치의 층위관계를 통해 소황지고성의 철기류는 크게 3단계로 구분할 수 있다.

또한, 5트렌치에서 7트렌치의 북벽 층위가 세부적으로 제시되었다. 각 층위별 출토유물에 대한 그림 4-14와 같이 정리하면 최소한 「가」·「나」·「다」선의 세 단계로 구분할 수 있다. 「다」선에 해당하는 일괄유물 중 J1에서 출토된 구연단이 수평으로 외반되는 관罐은 연하도의 전국시대 후기에 유행하는 형태이며(鄭仁盛, 2007), 8트렌치 4층의 일괄자료와도 유사성을 띤다. 이를 통해 「다」선의 단계는 8트렌치

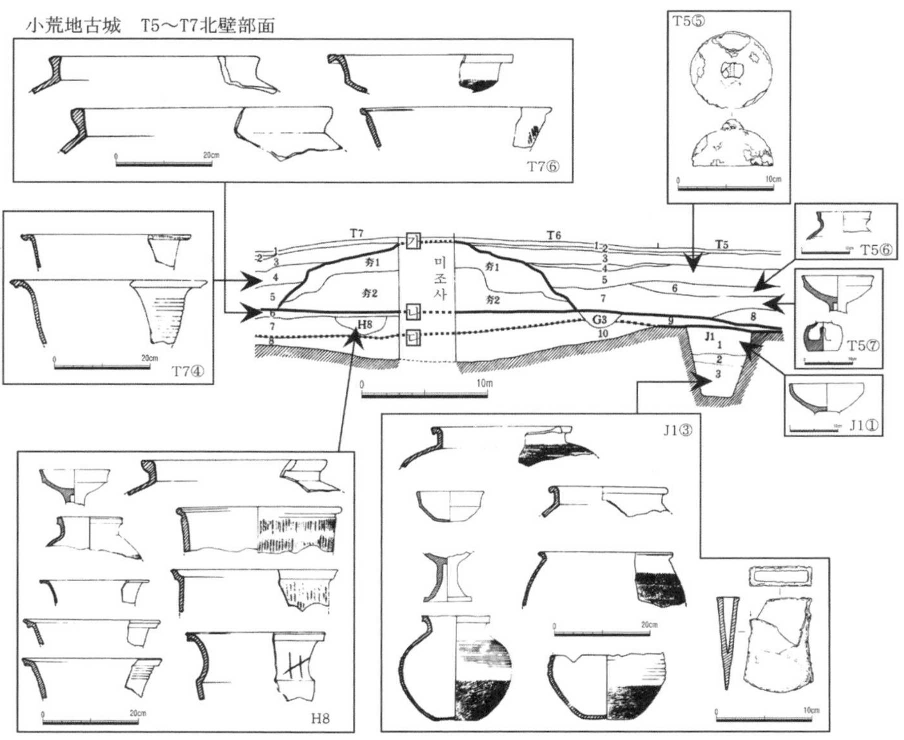

그림 4-14. 소황지고성 T5~7북벽의 층위관계

4층과 대응하는 시기로 추정할 수 있다.

다음으로「나」선은 성곽이 축조되기 이전 단계이다. H8과 7트렌치 6층의 유물을 살펴보면, 주로 관罐C이 출토되고 있다. 두묘도 이전 층위의 두묘와 달리 배신부의 변화가 두드러진다.[9] 그리고 H8에서 출토된 부釜의 형태는 구연부가 소형화되는 경향을 보인다. 철기는 출토되지 않고 있지만, 관罐과 부釜의 형태를 통해 전한대에 해당하는 시기로 추정된다.

「가」선은 축조된 성벽면을 나타내는 선이다. 성벽의 축조 이후의 시기로, 이전 시기와 직접 비교할 수 있는 일괄유물은 확인되지 않는다. 다만 5트렌치 7층의 두묘와 이전 시기의 H8의 두묘에서 유사성이 확인되고 있으므로 큰 시기차는 없을 것으로 보인다. 5트렌치 5층에서 출토된 원형의 도량추度量錘도 주목된다. 이것과 유사한 형태를 띠는 것이 중국 국가박물관에 소장된 후한대의 동추銅錘(光和二年:기원 179)이기 때문이다. 재질과 크기의 차이가 있지만, 한대의 도량추度量錘는 기년명을 통해 주조는 건무십일년建武十一年(기원 35년)부터 주조되기 시작한 것(中國社會科學院考古研究編, 2009)으로 알려져 있어, 주로 후한대에 제작된 것으로 볼 수 있다. 그러므로「가」선은 성벽의 축조 이후 시기인 전한대 후기에서 후한대로 추정된다.

이처럼 소황지고성의 층위관계를 통해 파악되는 철기의 변화단계는 크게 전국시대 후기, 전한 전~중기, 전한 후기~후한기로 설정된다.

(2) 능원 안장자고성

안장자고성은 대릉하의 남쪽 구두산九頭山 일대인 평탄지에 위치한다. 성지는 남북방향으로 제형에 가까우며, 대릉하의 지류와 접해 방형으로 돌출된 형태를 띤다. 규모는 남북길이 150~328m, 동서길이 200~230m 정도이다. 지하에

9) 두묘의 변화는 3장의 연하도 취락의 출토품을 통해 대략적인 변화양상을 확인하였다. 배신부杯身部의 형태가 둥글게 이어지는 형태에서 〈형으로 각이 지는 형태로 변화되는 것으로 생각된다. 이는 앞서 살핀 원대자 분묘 부장 두묘의 변화(두묘ⅠA·B→ⅠC형)와도 동일하게 적용된다.

기반을 둔 점은 소황지고성이나 목양성과 다른 특징이라고 지적된 바 있다(大貫靜夫, 2007).

안장자고성은 최하층의 하가점 하층문화에서부터 전한대에 이르는 유구와 유물이 층위별로 확인되고 있어 시기에 따른 유물의 변화를 확인할 수 있다. 유구는 주거지와 인두갱人頭坑, 토갱土坑, 옹관묘가 있으며, 전국시대에서 한대에 이르는 다양한 토기류, 철기류, 화폐류 등 다양한 유물이 출토된다.

전국시대에서 한대의 유구와 유물을 중심으로 살펴보면, 3층은 전국시대 후기, 2층은 전한대로 볼 수 있다. 2층의 아래에서 검출된 H3에서는 명도전, 포전, 일화전, 명화전과 같은 다양한 화폐와 철기류, 전국시대의 문자가 새겨진 도기편이 출토되고 있어 전국시대 후기에 해당하는 것으로 판단된다. 반면 전한대의 유구인 H4에서는 봉니封泥와 와당, 철제 공구류, 철경동촉鐵莖銅鏃과 다량의

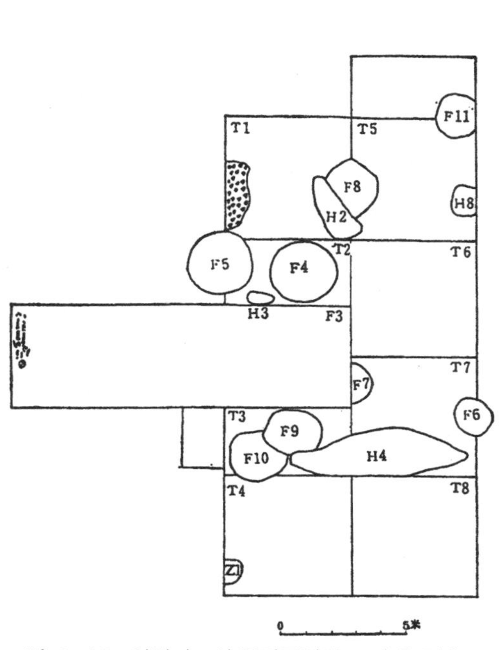

그림 4-15. 안장자고성 중간구역(中區)의 유구분포

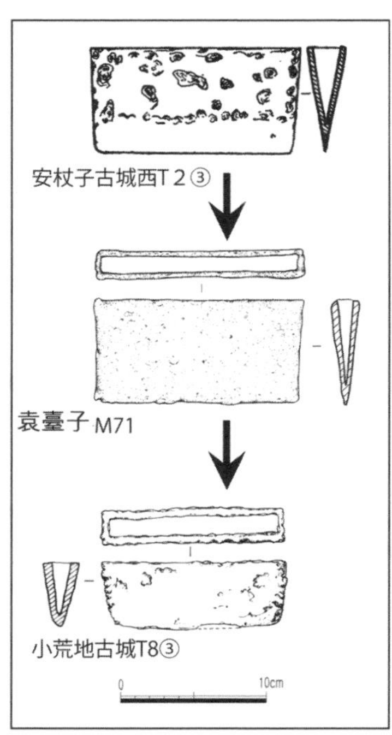

그림 4-16. 철삽의 변천

화폐가 출토되었다.

이 같은 안장자고성의 층위별 유구와 유물의 구분은 후루사와 요시히사에 의해 종합적으로 정리되었다(그림 4-17). 즉 9호 주거지·10호 주거지(하가점 하층기) → 3층(전국시대층) → 3호 주거지(전국시대 후기층) → 3호 주거지 옥내퇴적토[埋土] → 3호 주거지 퇴적토 → 2층(전한대층) → 4호 토갱土坑(전한대)의 순으로 형성된 것으로 보았다(古澤義久, 2010).

이를 토대로 중간지구[中區]에서 출토된 철기의 위치는 2트렌치의 3층과 H2의 철기에 대한 비교를 통해 확인할 수 있다. 3층에서 출토된 철기는 주조철부로 녹이 심하며, 공부銎部의 단면도가 제시되지 않아 형식설정이 어렵지만, ⅠA-1형 또는 ⅠB-1형 중 하나라는 것은 분명하다. 반면, H2에서 출토된 철기는 환두도(Ⅰ-2형), 철모, 철거鐵鋸로서 기종의 차이가 뚜렷하다. 안장자고성의 층위관계를

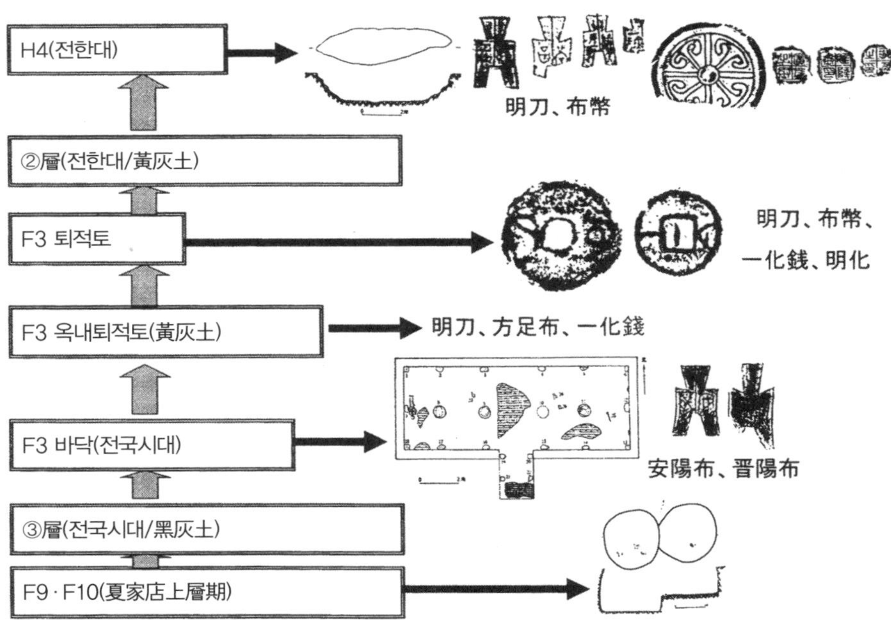

그림 4-17. 안장자고성 중간지구 T3의 층위별 유구와 유물 현황(古澤義久, 2010)

통해 적어도 전국시대 연산철기와 한식철기의 구분이 명확해진다는 점을 알 수 있다.

다만, 후루사와 요시히사의 지적처럼 3층을 전국시대로 단정 짓기는 어려울 것으로 보인다. 왜냐하면 3층에서는 연나라 철기에서 보이지 않는 철삽이 확인되고 있기 때문이다. 서쪽지구 2트렌치 3층에서 출토된 철삽은 소황지고성 8트렌치에서 출토된 철삽보다 긴 편이며, 공부銎部의 높이도 높다. 반면, 원대자 M1의 출토품은 길이가 안장자고성의 그것과 유사하지만 공부銎部 높이는 낮다. 소황지고성의 철삽이 길이가 짧고 공부銎部 높이도 낮은 편인 것을 고려한다면, 철삽은 그림 4-16과 같은 변화양상을 추정할 수 있다. 안장자고성의 3기층은 전국시대 후기가 중심이지만 소수의 전한대의 유물이 포함된 것으로 추정된다.

2) 요서지역 취락 출토 철기의 변천

소황지고성과 안장자고성의 층위관계를 통해 요서지역 취락의 철기문화는 크게 3단계로 구분되는 것을 확인하였다. 하지만 철기는 두 유적과 달리 층위관계를 확인할 수 없는 유적 내 단일문화층에서도 확인된다. 여기서는 앞서 제시한 층위관계에서 도출한 3단계의 시기를 고려하여 그 밖의 유적 내 문화층에서 출토된 철기의 시간적 위치를 추정해보고자 한다.

표 4-10은 두 성지에서 파악한 출토유물의 현황을 정리한 것이다. 하층의 전국시대 문화층부터 1기에서 3기로 구분하였다. 층위를 통해 파악할 수 있는 출토유물의 특징은 회색 부분과 같이 표기하였는데, 「주조철부의 형식변화」, 「철삽과 무기류의 등장」, 「화폐의 변화」가 획기가 된다고 정리할 수 있다.

두 성지에서 출토된 유물의 특징을 문화층 내 출토된 철기와 공반유물에 적용하여 요서지역 취락의 변천단계를 설정하면 표 4-10과 같다. 유적 내 단일문화층에서 출토된 철기를 기종과 형식, 공반유물을 토대로 시기적 위치를 비정하면, 금주 대니와유적과 오한기 노호산유적은 취락 1기, 하동유적은 취락 2기, 원대자유적은 1기~3기 전반全般에 걸쳐 조성되었음을 알 수 있다.

표 4-10. 요서지역 단계별 일괄자료의 현황(회색범위: 안장자고성, 소황지고성 출토품)

分類 / 段階	農工具														武器類	기타			貨幣					土器類		
	鑄造鐵斧						鏟	鍬		鍤	鎌		鋸	刀子		度量權		車軸具						罐		
	Ba-1	A-1	A-2	A-3	A-5	A-6		六角	三齒		I-2	II-1				方形	円形		明刀	布錢	一化	半兩	五銖	A	B	C
1期	●	●		●	●		●	●		◑	●					●			●	●	●	●		●	●	
2期			◑	◑	●		●	○	●	●		●	●	●	●			●		●		○			○	●
3期					○	●			○	○		○		●	○		●	○					●			●

※ ● : 존재, ◑ : 고식이나 변형된 형태로 존재, ○ : 미보고되었지만 존재할 가능성 높음

(1) 요서지역 취락 1기

소황지고성과 안장자고성에서 철기가 출토되기 시작하는 단계이다. 취락 1기에는 I A-1형과 I B-1형, I A-3형과 같은 대형의 주조철부와 I A-5형에 해당하는 소형의 주조철부가 출토된다. 또한 철산, 철초鐵鍬와 같은 전국시대 연나라의 농공구류도 확인되지만, 아직 무기류가 보이지 않는다. 공반되는 토기류는 관罐A와 B, 두료, 완碗 등이 출토되며, 화폐는 명도전, 포전, 일화전이 출토된다.

두 유적의 전국시대 문화층 이외에도 금주 대니와유적, 오한기 노호산유적, 조양 원대자유적 H25가 취락 1기의 유물양상을 보인다. 대니와유적에서는 I A-1형 철부와 I -2형 철겸이 명도전, 두료와 공반된다. 두료는 소황지고성 J1③층 출토품보다 고식의 형태를 띠고 있다.

오한기 노호산유적은 주조철부의 I A-1형과 I B-1형, I A-3형 철부와 명도전, 포전, 반량전이 출토된다. 공반되는 완碗은 소황지고성 J1③층 출토품과 유사성이 인정된다. 다만 노호산유적은 1기의 하한시점에 위치할 것으로 생각되는데, 공반되는 도량관度量權과 반량전의 그 주조시기가 통일 진 이후에 해당하기 때문이다. 또한 원대자유적의 H25에서는 철삽과 관罐A[度量]가 출토되는데, 원대자유적 81WM29에서 출토된 관罐과 유사하다.

이상과 같이 요서지역 취락 1기는 전국시대 연나라 농공구류가 다수를 차지하나 철삽, 도량관度量權과 같은 진과 전한대 철기도 일부 포함된다. 일화전의 주조

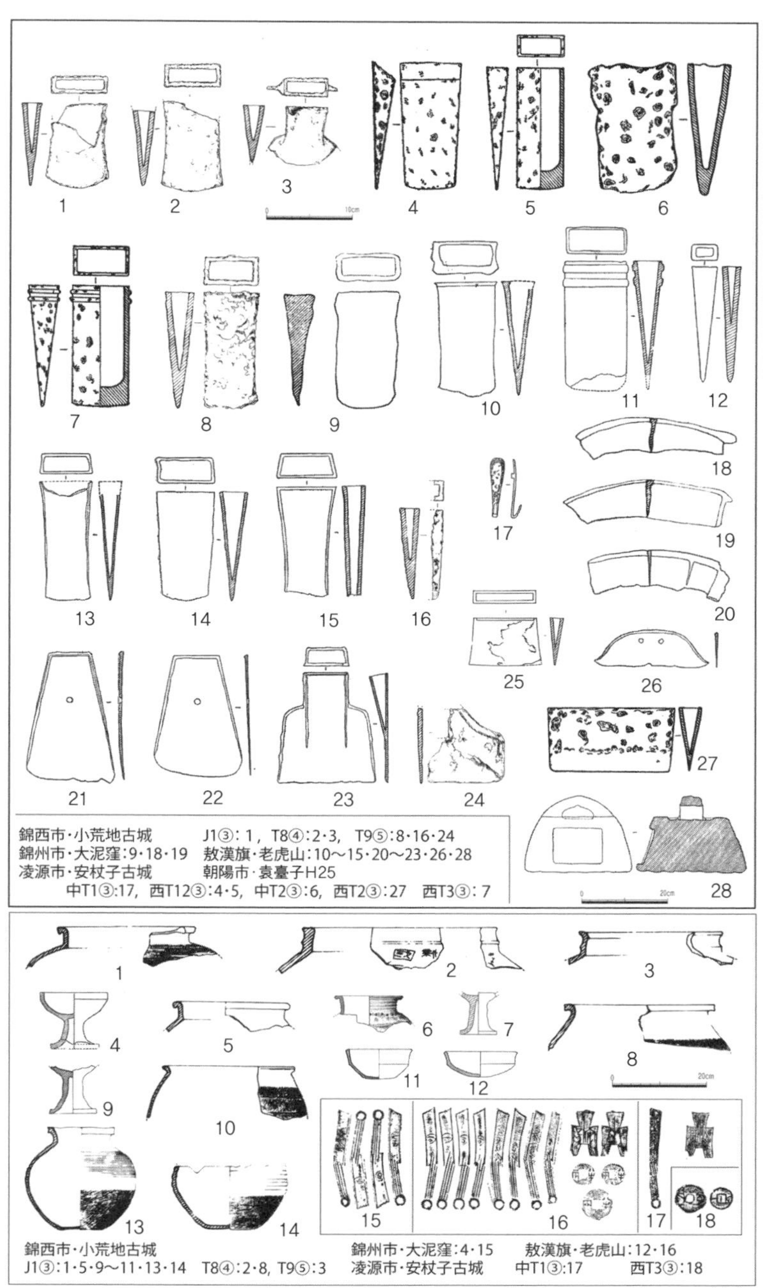

그림 4-18. 요서지역 취락 1기 철기와 일괄자료

연대를 고려해 상한을 전국시대 후기인 기원전 3세기 중엽으로 볼 수 있으며, 반량전의 연대를 통해 기원전 2세기 중엽을 하한으로 설정한다.

⑵ 요서지역 취락 2기

소황지고성과 안장자고성에서 확인된 전한대 문화층의 중심시기이다. 앞서 제시한 바와 같이 소황지고성 전한대층 철기는 철삽과 차축구로 대표성을 띠는데, 안장자고성의 2층과 병행할 것으로 여겨진다. 취락 2기 안장자고성에서 철기가 공반되는 사례는 서구[西區] 7트렌치와 H4가 있다. 그 중 H4에서는 평양포平陽布, 안양포安陽布, 양평포襄平布, 음평포陰平布, 익창포益昌布 등 다양한 형태의 전국시대 화폐가 확인되었다. 그럼에도 전한대의 봉니封泥, 와당이 공반되어 전한대로 보아도 문제가 되지 않는다.

두 유적 한대 문화층의 철기류는 철삽과 철거鐵鋸, 철착 등의 농공구류와 철모, 환두도와 같은 무기류가 출토되는 것이 특징이다. 철삽은 취락 1기 안장자고성의 출토품과 비교하면, 이전 시기의 철삽보다 길이가 짧아지며 공부銎部 높이도 낮아진다. 철거와 Ⅱ-2형 철착은 이전 시대에 보이지 않는 신기종이다. 환두도는 인부에서 L자형의 단을 이룬 후 기부로 이어지는 형태로 Ⅰ-1형에 가까우며, 철모는 공부의 길이가 봉부의 길이보다 긴 형태이다. 이 같은 무기류의 특징은 연나라 무기류의 특징과 유사하다. 조양 원대자유적과 건평 하동유적의 유물

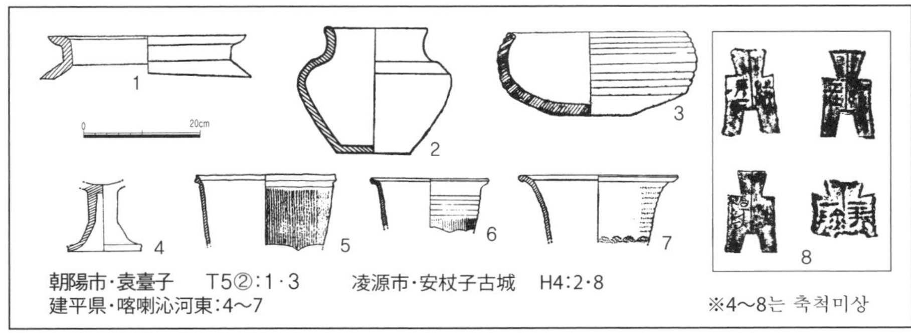

그림 4-19. 요서지역 취락 2기의 일괄자료

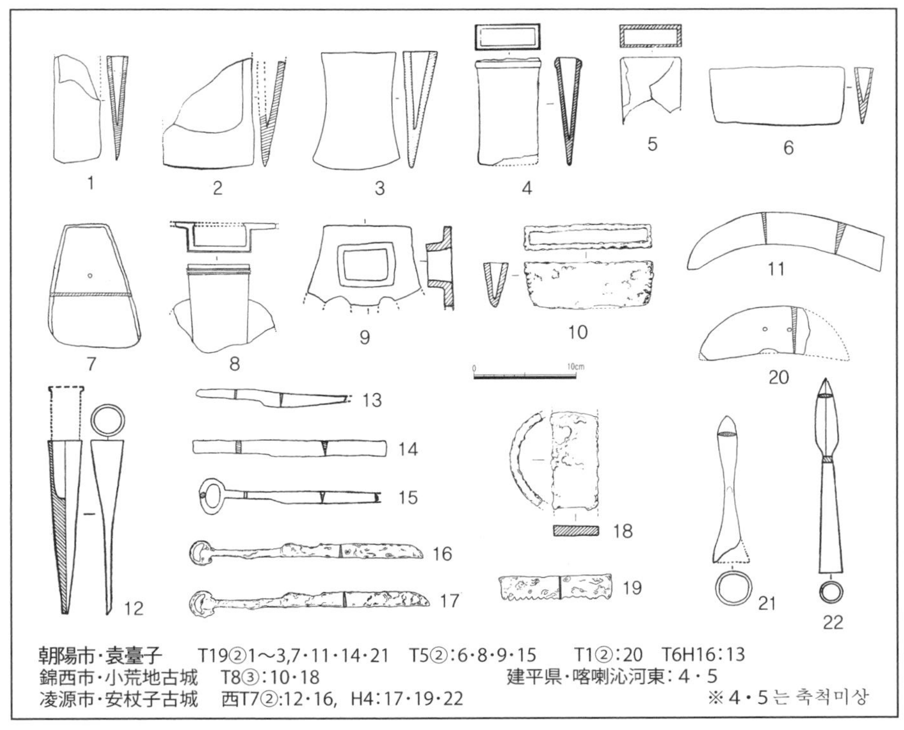

그림 4-20. 요서지역 취락 2기 철기의 현황

은 취락 2기의 특징을 띤다.

원대자유적 5트렌치 2층에서 철삽, Ⅰ-1형 환두도가 출토되는데, 함께 출토된 삼치초三齒鍬, 관罐C형은 전한 중기에 주로 출토되는 유물이다. 또한 19트렌치 2층에서의 Ⅱ-1형 철겸과 철모는 전형적인 전국시대 철기와는 차이를 보인다.

하동유적의 주조철부는 ⅠA-1형과 ⅠA-3형으로 분류되는데, 돌대가 한 줄 있는 소형 주조철부는 전형적인 연나라의 ⅠA-3형 철부로 보기 어렵다. 공반되는 부釜는 소황지고성의 H8에서 출토된 부釜와 유사한 형태를 띠고 있어 H8과 동일시기인 취락 2기로 보아도 문제없을 것이다.

요서지역 취락 2기의 특징을 정리하면, 농공구는 이전 시기의 연나라 계통이지만 다소 변형되며, 이전과 다른 신기종이 출현한다. 다양한 종류의 철제 무기류가 등장하는 것도 특징적이다. 연대는 원대자유적에서 철삽이 출토되기 시작하는 요서 분묘 3기의 상한연대를 고려해 기원전 2세기 중엽으로 볼 수 있으며, 그 하한연대는 소황지고성 8트렌치 2층의 오수전이 출현하기 이전인 기원전 1세기 중엽으로 두고자 한다.

(3) 요서지역 취락 3기

소황지고성의 8트렌치 2층과 병행하는 것으로 판단되는 성벽의 축조 이후의 시기이다. 소황지고성에서 확인되는 취락 3기의 철기류는 5트렌치 5층에서 출토된 도량관度量權뿐이다. 하지만 안장자고성에서 출토된 ⅠA-6형 철부는 연하도 무양대촌 M8출토품과 비교할 수 있는데, 오수전이 함께 출토되었다. 8트렌치의 2층에서 오수전이 출토되는 것을 고려한다면, ⅠA-6형 철부가 출토되는 시점을 취락 3기로 볼 수 있을 것이다.

ⅠA-6형 철부는 원대자유적 103트렌치의 H10과 안장자고성 동쪽지구 3트

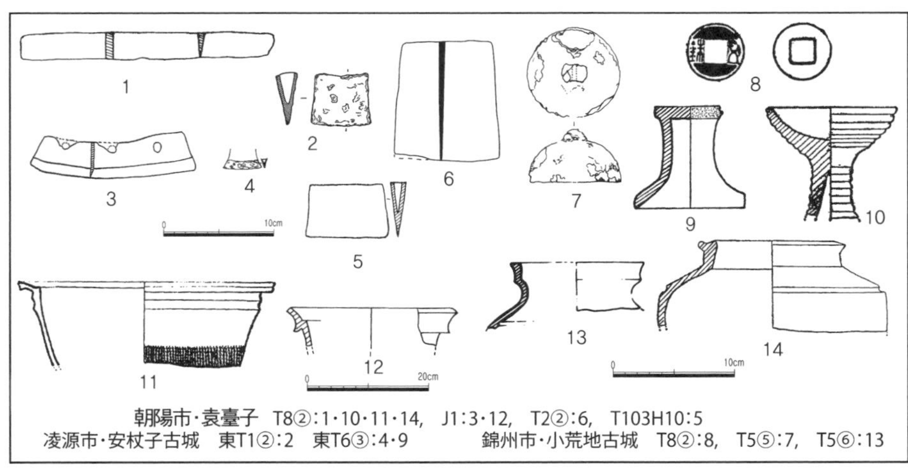

그림 4-21. 요서지역 취락 3기 철기와 일괄자료

렌치와 6트렌치의 2층에서 출토되었다. 또한 원대자유적 8트렌치 2층의 철도자와 J1의 반월형철도도 동시기 자료로 볼 수 있다. 원대자유적 8트렌치 2층에서는 관罐C가 출토되는데, 직립된 구연부와 돌출된 구연부를 띠며, 동체 상단부가 최대폭을 갖는다. 이 같은 특징을 띠는 관罐은 원대자유적 XM11출토 관罐과 비교할 수 있다. 또한 J1에서 출토된 호壺의 구연부는 소황지고성의 5트렌치 6층 출토품과 유사하다. 따라서 원대자유적 XM11의 수대경獸帶鏡과 소황지고성의 5트렌치 6층을 고려해 취락 3기의 시기를 추정할 수 있다.

취락 3기로 비정할 수 있는 철기류가 많지 않아 그 특징을 정리하기는 어렵지만, Ⅰ-6형 철부가 출토되는 시기에 해당한다고 판단된다. 그 시기는 수대경과 오수전의 주조시점을 고려해 기원전 1세기 중후엽부터 기원 1세기 중엽까지로 설정해 둔다.

4. 소결

요서지역 철기문화의 변천과정을 살펴보기 위해 유적의 성격에 따라 분묘와 취락으로 구분하여 등장시점을 파악하고 그 시기를 추정하였다. 단계설정의 기준은 전장에서 확인한 주조철부의 형식변화를 토대로 공반유물(일괄자료)의 현황을 검토하여 기종 및 형식변화를 참고하였다.

요서지역의 분묘에 부장되는 철기류는 전국시대에서 한대에 이르는 긴 시간에 걸쳐 형성된 분묘군인 조양 원대자유적을 분석하여 철기의 등장시점과 그 특징을 확인하였다. 원대자유적의 전국시대~한대 분묘는 부장품 변화양상을 토대로 분묘 1기에서 분묘 4기로 구분된다. 그 중 철기가 본격적으로 부장되는 시점은 분묘 3기인 전한 전중엽이다. 그 시기는 한경과 반량전의 연대를 근거로 기원전 2세기 중엽에서 1세기 중엽으로 비정된다. 이후 분묘 4기가 되면 농공구에서 무기류에 이르는 비교적 다양한 철기가 부장되지만, 그 부장량은 많지 않다. 연나라의 멸망 이후 동시기 연산燕山 남부지역의 연나라 도성 주변 역시 철기의 부장량이 적은데, 이 역시 같은 맥락에서 나타나는 현상으로 여겨진다. 다만, 금서 오금당묘에서 채집된 연산 주조철부를 통해 분묘 3기 이전에도 철기의 부장이 이루어졌을 가능성도 있다.

반면, 성지에서 출토된 철기를 층서학적으로 검토하면, 전국시대부터 한대에 이르는 문화층에서 연속적으로 철기가 출토되는 것을 알 수 있다. 특히 소황지고성은 층위관계를 통해 크게 3단계로 구분되며, 관련유적 출토유물과의 상호 비교를 통해 취락 1기에서 취락 3기로 설정됨을 확인하였다.

취락 1기는 주로 연나라의 철제 농공구류가 출토되는 시기로서 명도전과 반량전, 도량추度量錘의 주조연대를 통해 기원전 3세기 후엽에서 2세기 중엽에 해당하는 것으로 추정된다. 취락 2기는 철삽이 출토되며, 기존의 연나라 주조철부는 다소 변형된 형태를 띤다. 그리고 무기류가 출토되기 시작한다. 취락 2기의 상한은 1기의 하한과 병행하는 것으로 보이며, 하한은 오수전의 주조 이전 단계인 기원전 1세기 중엽으로 볼 수 있다. 취락 3기는 I A-6형 철부가 출토되는 시기로서 오수전이 주조되어 유통되는 시기에 해당하는 기원 1세기 중엽까지로 판단된다.

이상과 같은 요서지역 철기의 등장과 변천단계를 정리하면 그림 4-22와 같다. 요서지역으로의 연산철기의 유입은 기원전 3세기를 중심으로 하는 전국시대 후기에 해당하는 것으로 주로 취락에서만 확인된다. 이후 한대에 들어서면서 무기류를 비롯한 다양한 형태의 철기가 생산되고 보급되면서 분묘에서도 철기가 부장품으로 다루어지기 시작하는 것으로 추정된다.

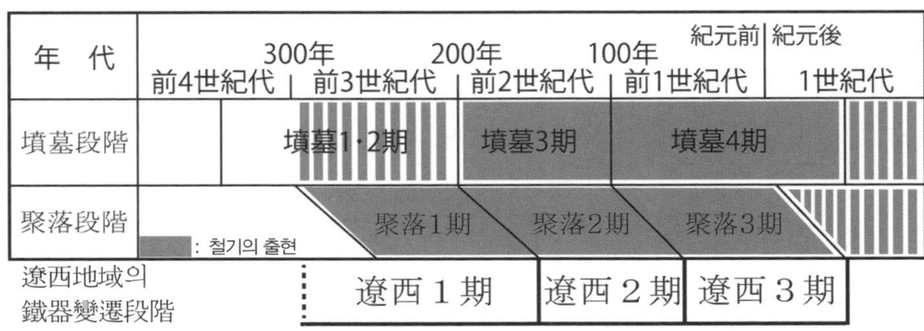

그림 4-22. 요서지역 철기의 변천단계

표 4-11. 요서지역 취락 내 일괄자료의 현황과 시간적 위치

器種 / 遺蹟 및 遺構		農工具類																		武器類			기타				土器類						貨幣				
		鑄造鐵斧						鏟	鍬		鍬形鐵器	鍤	板狀鐵器	鑿	鎌		반월형철도	鋸	刀子	環頭刀子		矛	權		鐵帶鉤	車軸具	罐						明刀	方足布	一化	明化	半兩
		B-1	A-I	A-2	A-3	A-5	A-6		六角	三齒				I-I	I-3	II-I				I-1	I-2		方形	圓形			A-1	A-2	A-3	B	C-2	C-3					
安	西TI2③	●	●																																		
大			●												○																		●				
安	西T3③				●																														●	●	
老		○	●		●			●			○			●	●		●						●										●	●			●
小	T9⑤		●			●			●																												
安	中T2③		●																																		
小	JI					●																					○		○								
小	T8④					●		●																						●							
安	中TI③																								●								●	●			
安	西T2③											●																									
河			○		●																																
袁	T19②		●	●		●					●					●			●			●															
袁	H25						●																					●									
袁	T5②							●		●		●								●											●						
袁	東T1																●																				

遺蹟 及 遺構	器種	農工具類																		武器類			기타				土器類						貨幣				
		鑄造鐵斧						鏟	鍬		鍬形鐵器	鍤	板狀鐵器	鑿	鎌		반월형철도	鋸	刀子	環頭刀子		矛	權		鐵帶鉤	車軸具	罐						明刀	方足布	一化	明化	半兩
		B-1	A-I	A-2	A-3	A-5	A-6		六角	三齒				I-I	I-3	II-I				I-1	I-2		方形	圓形			A-1	A-2	A-3	B	C-2	C-3					
袁	T6HI6																		●																		
小	T8③											●														●											
安	西T7②													●							●																
安	H4																	●			●	●												●			
袁	T8																		●													●					
袁	JI																●																				
袁	T2												●																								
袁	TI03 H10						●																														
安	東TI						●																														
安	東T6						●?																														
小	T5⑤																							●													

※安 : 凌源市 · 安杖子古城, 大 : 錦州市 · 大泥窪, 老 : 敖漢旗 · 老虎山, 小 : 錦西市 · 小荒地古城, 建平縣 · 喀喇沁河東, 袁 : 朝陽市 · 袁臺子

※ 표 4-2·3 참고문헌

1. 錦州市博物館, 1960, 「遼寧錦西縣烏錦塘東周墓調査記」, 『考古』 5期.
2. 遼寧省博物館文物隊, 1990, 「遼寧朝陽袁台子西漢墓1979年發掘簡報」, 『文物』 2期.
   遼寧省文物考古研究所 외, 2010, 『朝陽袁台子』, 文物出版社.
3. 劉　謙, 1955, 「錦州市大泥窪遺址調査記」, 『考古通信』 4期.
4. 閻宝海, 1954, 「遼西省五年來發現很多古墓葬與歷史文物」, 『文物參考資料』 2期.
5. 吉林大學考古係 외, 1997, 「遼寧錦西市邰集屯小荒地秦漢古城址試掘簡報」, 『考古學集刊』 11期.
6. 遼寧省博物館文物工作隊 외, 1983, 「遼寧建平縣喀喇沁河東遺址試掘簡報」, 『考古』 11期.
7. 遼寧省博物館 외, 1986, 「建平水泉遺址發掘簡報」, 『遼海文物學刊』 2期.
8. 李慶發 외, 1991, 「遼西地區燕秦長城調査報告」, 『遼海文物學刊』 2期.
9. 高靑山, 1987, 「朝陽袁台子漢代遺址發掘報告」, 『遼海文物學刊』 1期.
   遼寧省文物考古研究所 외, 2010, 『朝陽袁台子』, 文物出版社.
10. 李恭篤, 1994, 「凌源安杖子古城出土一批西漢封泥」, 『遼海文物學刊』 2期.
    遼寧省文物考古研究所 외, 1996, 「遼寧凌源安杖子古城址發掘報告」, 『考古學報』 2期.
11. 敖漢旗文化館, 1976, 「敖漢旗老虎山遺址出土秦代鐵權和戰國鐵器」, 『考古』 5期.
12. 邵菊田, 1989, 「內蒙古敖漢期旗四道湾子"狗澤都"遺址調査」, 『考古』 4期.
13. 馮永謙 외, 1982, 「遼城縣黑城古城址調査」, 『考古』 2期.
14. 李慶發 외, 1991, 「遼西地區燕秦長城調査報告」, 『遼海文物學刊』 2期.
15·16·17. 佟柱臣, 1956, 「考古學上漢代及漢代以前的東北疆域」, 『考古學報』 1期.

3절 요동지역 철기문화의 유입과 변천

요동지역은 지석묘, 석개묘, 요령식동검과 재지적인 문화요소가 강하다. 요서지역과 달리 전국시대 연나라와 한나라의 문화요소가 유입됨에도 불구하고 요동지역은 비교적 오랜 기간동안 재지적인 문화요소가 유지된다. 또한 소지역별 지역성이 큰 편으로 다양한 문화가 공존하는데, 이와 같은 특징은 철기의 유입과 변천과정에서도 동일하다. 이로 인해 요동의 각 지역에서 연나라의 영향을 받은 철기가 출토되지만, 지역에 따라 분묘의 구조나 공반(일괄)자료 등의 차이가 커 상호 비교를 통해 단계를 설정하기는 쉽지 않다.

여기서는 요동지역 철기문화의 변천단계를 설정하기 위해 요동지역의 재지적인 특징이 강한 토기류에 대한 검토를 배제하고, 금속유물을 중심으로 검토하고자 한다. 특히 화폐, 한경 등과 같은 연나라, 한나라의 물질문화에 대한 비교분석은 철기문화의 단계과정에서 시간적 위치를 정하는데 유효할 것으로 판단된다.

본 절에서는 요동지역의 분묘와 취락 내에서 출토된 철기에 대해 정리하고, 공반(일괄)유물에 대한 분석을 통해 철기문화의 유입시기와 변천과정을 확인하고자 한다.

1. 유적 현황

여기서 다루는 요동지역은 현재 중국 행정구역상 요령성의 동쪽지역으로 요령성의 중앙을 가로지르는 요하의 동쪽에 해당한다. 본고에서 대상으로 하는 요동지역은 북으로 요하遼河의 지류인 청하淸河의 일대, 동으로는 압록강과 청천강 일대까지로 한다.

철기가 출토되는 유적은 비교적 넓게 분포되고 있는데 유적의 분묘권역은 주로 요하의 본류와 인접한 지역, 요동반도, 강과 인접한 천산千山의 서쪽 구릉지대로 구분된다.[10]

1) 부장철기의 현황

분묘는 요동반도 일대와 천산千山 서쪽의 구릉에 다수 분포한다. 그러나 두 지역의 분묘는 구조와 출토유물에서 다소 다른 점이 있다. 천산 일대인 연나라 장

10) 요동지역 초기철기문화에 대한 검토를 실시한 이광명은 요동지역을 북부지역, 동부지역, 남부지역, 중부지역, 서북한지역으로 구분하였다. 하지만 지역에 따른 구체적인 철기문화의 변화양상에 대한 검토는 이루어지지 않았다(이광명, 2010).

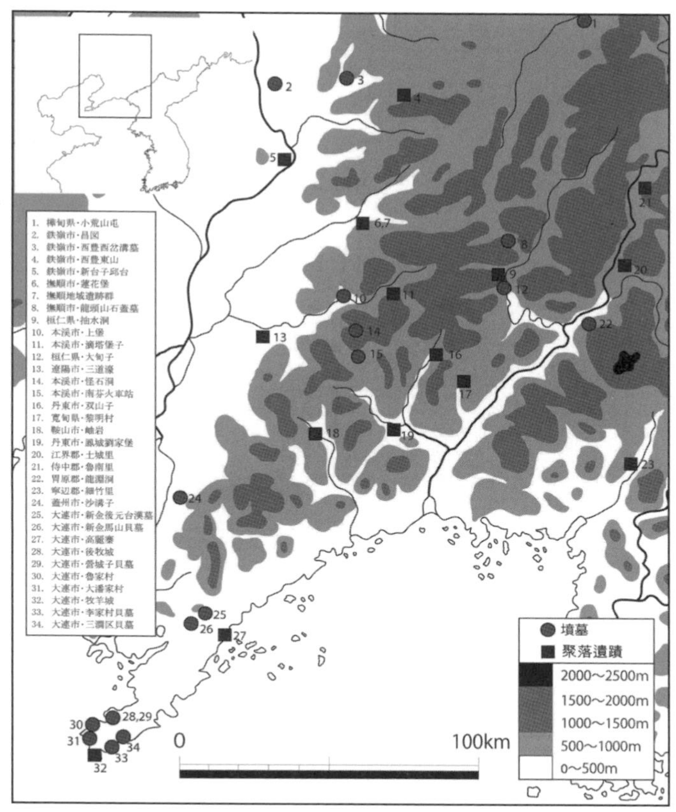

그림 4-23. 요동지역 철기 출토 유적의 분포

성과 인접한 지역의 분묘는 수혈토광묘, 석개묘石蓋墓와 같은 구조로, 연나라 철기와 함께 동검과 같은 재지계 유물이 공반된다. 반면 요동반도의 분묘는 전한의 영향을 받은 패묘貝墓가 다수를 차지하며, 전한경과 같은 한식 유물이 부장된다. 따라서 요동지역 분묘는 지역에 따라 연나라 철기의 영향을 받은 지역과 한나라 철기의 영향을 받은 지역으로 구분하여 철기의 특징을 살펴보고자 한다.

연산철기가 부장되는 분묘는 화전 서황산둔樺甸縣西荒山屯에서부터 본계 남분화차참本溪市南芬火車站묘가 위치하는 길림합달령吉林哈達嶺에서 천산千山 일대에 분포하며, 압록강 일대의 위원 용연동유적도 분묘로 보고된 바 있다.

연나라의 본토에서 동북쪽으로 가장 멀리 떨어진 유적으로는 서황산둔과 창도 적가촌昌図縣翟家村유적이 있다. 두 유적 모두 간략하게 보고되고 있어 구체적인 현상은 확인할 수 없다.

표 4-12. 요동지역 분묘 출토 철기의 현황

順番	遺蹟	遺構	鐵器類	共伴遺物	參考文獻
1	樺甸縣 西荒山屯	1號	刀子	銅劍3·銅鏃·銅刀子3 劍柄3	吉林省文物工作隊 외, 1982 李鍾洙, 2005
2		2號	鑄造鐵斧(钁)	銅鏡2·劍柄2	
3		3號	鑄造鐵斧(钁)·鎌·刀子	銅鏡·劍柄	
4		4號	鎌	銅刀子·劍柄	
5		6號	鑄造鐵斧(钁)3·鎌·刀子	銅劍3	
6		7號	刀子		
7	昌図縣 翟家村		鑄造鐵斧(钁)5	銅劍3·劍柄·銅鏃 12	裵耀軍, 1989 李矛利, 1993
8	西丰縣 西岔溝	一活 (未詳)	鑄造鐵斧(钁)5↑·劍71·環頭刀矛45·鏃1000↑·鍬		孫守道, 1960
9	鐵嶺市 新台子邱台	4號	刀子·鏃3		鐵嶺市文物管理辦公室, 1996
10	撫順市 龍頭山	2號	鑄造鐵斧(钁)·劍·戈		肖景全, 2010
11	撫順市 河心	2號	鑄造鐵斧(钁)		遼寧省文物考古研究所 외, 2008
12	本溪市 上堡	1號	鑿	銅劍2·劍柄	魏海波 외, 1998
13	桓仁縣 大甸子		刀子	銅劍·銅鏃 明刀錢200	이광명, 2010
14	本溪市 南芬火車站		鑄造鐵斧(钁)5	明刀錢46	齋俊, 1994 梁志龍, 2003
15	胃原郡 龍淵洞		鑄造鐵斧(钁)2·鍬狀鐵器·鎌 半月形鐵刀·鍬·矛·鉇	鉤·明刀錢2	梅原末治 외, 1947
16	蓋州市沙溝子	磚築墓	鑄造鐵斧(钁)·鐵片	五銖錢	魏耕耕 외, 2010
17	新金縣后元台		鑄造鐵斧(钁)	銅戈·銅矛·銅劍·五銖錢·貨錢	許明綱 외, 1980

順番	遺蹟	遺構	鐵器類	共伴遺物	參考文獻
18	新金縣馬山		鑄造鐵斧(钁)		新金縣文化館, 1981
19	旅大市 樓上墓	2號	鐵器片	銅飾	旅順博物館, 1960 中國社會科學院 考古研究所, 1996
20		3號	鎌	銅劍·銅斧·銅鑿· 銅刀子 銅飾·銅針·明刀錢	
21	旅大市 營城子	23號	鑿		于臨祥, 1958
22		33號	鑿·環頭刀		
23		42號	環頭刀		
24	大連市大潘家村	4號	鑄造鐵斧(钁)痕	鉤	劉俊勇, 1995
25	大連市李家村	20號	劍	五銖錢	于臨祥, 1965
26	旅順市三澗區	4號	刀子	鉤	于臨祥, 1957

서황산둔유적은 총 8기의 수혈 암석 개석식 지석묘[11]로, 7기에서 총 12점의 철기가 출토되었다. 주조철부, 철겸, 철도자만이 보고되었는데, 6호묘에서는 철기류와 세형동검이 공반되며, 3호묘에서 출토된 철겸은 연하도, 무순 연화보撫順市蓮花堡유적 철겸과의 유사성이 지적되고 있다(李鐘洙, 2005). 또한 적가촌유적은 요하 상류의 낮은 구릉에 위치하는데, 분묘의 구조에 대해서는 구체적으로 현황을 알 수 없지만, 5점의 주조철부와 함께 세형동검, 동촉 등의 부장되었다.

철령鐵嶺과 본계本溪 일대에서도 철기의 부장이 확인되는데, 철령 구대鐵嶺市邱臺 4호묘와 본계 상보本溪市上堡 1호묘, 남분화차참묘가 대표적이다. 구대 4호묘와 남분화차참묘는 토광묘로 보고되고 있으나 그 구체적인 현상은 알 수 없다. 구대 4호묘에서는 소도小刀와 철촉이 부장되었으며, 남분화차참묘에서는 연산 주조철부 5점이 명도전 46매와 함께 부장되었다. 또한 무순撫順지역을 중심으로 하심河心, 용두산龍頭山유적과 같은 석개묘에서 철기가 부장된다. 석관묘인 상보 1호묘

11) 서황산둔의 발굴보고서에서는 수혈암석묘竪穴巖石墓라는 용어로 정의하고 있지만(吉林省文物工作隊 외, 1982), 이종수는 지석묘의 한 종류로서 수혈 암석 개석식 고인돌이라는 용어로 정의하고 있다(李鐘洙, 2005). 분묘는 한 면에 지석을 갖고 개석을 덮은 형태의 구조이므로 수혈암석묘라는 용어보다는 지석을 갖춘 묘로서 개석식 지석묘로 보는 것이 적절할 것으로 생각된다.

에서는 철착과 함께 관罐, 원형점토대토기, 세형동검이 공반되었다. 상보 1호묘는 재지계와 전국계 유물이 공반되는 분묘로 한반도 세형동검과 점토대토기의 비교자료로서 중요한 사례로 지적되기도 하며(李淸圭, 2000), 최근에는 공반되는 관罐을 한나라의 것으로 보며 시기차를 두기도 한다(趙鎭先, 2011).

요동반도와 압록강유역에서도 일부 연나라 계통 철기가 출토되기도 하는데, 대표적인 유적으로 여대 남산근旅大市南山根 철기묘와 위원 용연동胃原郡龍淵洞유적이 있다. 두 유적에서는 주조철부와 철산, 철초, 반월형철도 등 철기 구성을 통해 시기적 유사성이 지적되어왔다(東亞考古學會, 1933). 요동반도의 남산근 철기묘는 연나라의 동쪽 진출에 의해 확산된 철기로 볼 수 있으며, 전국시대 후기로 비정된다(白雲翔, 2005). 남산근 철기묘는 윤가촌尹家村 하층 2기와 상층 간의 공백을 메울 수 있는 자료로 평가되고 있다(大貫靜夫, 2007).

또한, 압록강유역에 위치한 용연동유적도 주목된다. 용연동유적은 연산철기와 함께 반월형철도와 같은 재지적 철기가 출토된 유적으로, 공반되는 명도전의 연대와 철모를 통해 전국시대 후기인 기원전 3세기대로 비정하고 있다(潮見浩, 1982).[12] 또한 주조철부 2점이 세트로 부장되는 양상과 융기선이 발달된 형태를 통해 한반도 남부지역 주조철부의 기원으로 보기도 한다(村上恭通, 1997). 그 밖에도 환인 대전자묘桓仁縣大甸子墓에서는 철도편鐵刀片과 함께 세형동검과 명도전이 출토되었다.

반면 요동반도에서는 한식철기가 부장된 분묘가 다수를 점한다. 분묘는 거의 패묘貝墓로서, 철기가 부장된 분묘는 대련 대반가촌大連市大潘家村 4호, 여순 이가촌旅順市李家村, 신금 마산新金縣馬山, 개주 사구자蓋州市沙溝子, 여대 영성자旅大市營城子, 노가촌旅大市魯家村유적이 있다. 대반가촌 4호묘, 사구자묘, 후원대묘, 이가촌묘에서는 철기와 함께 한대 토기류와 화폐, 한경, 청동기류가 공반된다. 노가촌유적의 유구현황은 명확히 알 수 없으나 유물 구성을 통해 한대의 분묘 부장품임을 알 수 있다. 노가촌의 주조철부는 회령 오동유적의 그것과 동일 형식으로 설

12) 시오미 히로시는 용연동유적에서 출토된 명도전은 절배형折背型이 중심인 점과 연하도 M44묘 출토 철모와 유사하다는 점을 근거로 연대를 상정하고 있다(潮見浩, 1982).

정되기도 한다(村上恭通, 1988). 또한 길림 합달령哈達嶺 서쪽의 한대 분묘는 서풍현 서차구西豊縣西岔溝분묘군이 있다. 구체적인 유구와 부장유물의 대응관계는 알 수 없으나, 단인장방형토광묘로 무기류와 농공구류와 같은 철기가 출토되며, 한경과 같은 한식 유물이 공반되고 있다.

한편 요동지역의 분묘 중에서 여대 누상旅大市樓上 3호묘와 같이 요령식동검, 동부, 동착 등 비교적 이른 시기의 청동기와 명도전이 철기와 공반되는 사례도 있다(旅順博物館, 1960). 철기류는 봉토에서 출토되었으며, 교란의 가능성이 크다는 지적도 있으나 봉토에서 출토된 오수전 등과 함께 전한대 이후로 보기도 한다. 여기서는 누상 3호묘에서 출토된 철기는 제외한다.[13]

2) 취락 내 철기의 출토현황

취락의 존재를 추정할 수 있는 문화층과 주거지는 큰 강과 인접한 평지와 낮은 구릉에 위치한다. 유적은 주로 천산의 서쪽인 요하의 지류 주변의 구릉지대와 압록강의 주변 지역에 분포한다. 특히 전자는 전국~한대의 요동군이 위치한 요양시의 주변이라는 점이 주목된다. 주요 유적은 철령 구대와 무순 연화보, 본계 괴석동本溪市怪石洞, 요양 삼도호遼陽市三道壕유적 등이 있다. 특히 연화보와 구대, 괴석동유적은 전국시대 연나라 계통의 철기가 출토되고 있다.

연화보와 구대유적은 농공구류를 중심으로 한 연산(계)철기류가 다수를 점하며, 동굴유적인 괴석동유적에는 연산(계)농공구 이외에도 철과가 출토되었다. 구대유적에서 출토된 철기는 층위별로 다른 출토양상을 보이고 있어 변화양상을 추정할 수 있다. 또한, 연화보유적에서는 철기가 출토된 문화층의 상층에서 반량

---

13) 1960년 누상 3호묘는 「牧城驛戰國墓」의 보고문으로 기재되었다. 3호묘는 1호묘와 교란되었을 가능성이 지적되며, 춘추시대의 유적으로 보았다. 그러나 타당한 근거는 제시하지 않은 채 철기는 전국시대 후기로 비정하였다. 이후 1996년 보고된 「樓上墓」에서는 3호묘의 철기가 교란된 것이며, 일괄유물로 오수전을 제시하면서 전한대 이후라는 점을 밝혔다. 그럼에도 출토 위치의 불확실성을 감안하여 분석에 포함하지 않았다.
旅順博物館, 1960, 「旅順口區后牧城驛戰國墓淸理」, 『考古』 8期.
中國社會科學院考古研究所, 1996, 「肆 樓上」, 『双砣子与崗山』, 科學出版社.

전이 출토되어 철기류의 연대를 추정할 수 있다. 연화보유적 철기는 석단의 기초 부근에서 출토되는데, 층위별로 기종을 달리하고 있어 기종의 변화상을 추정할 수 있다. 연화보와 구대유적은 연나라 철기문화의 북방 경계를 규명하는데 중요한 자료로 지적되고 있다(李南珪, 1991; 鐵嶺市文物管理辦公室, 1996).

또한 삼도호유적은 주거지와 도로, 요지에 이르는 취락의 면모를 갖춘 유적이다. 철기는 농공구류에서 무기류, 차축구류에 이르는 다양한 기종이 출토되었다. 유구별로 상세한 유물 현황에 대한 보고가 이루어지지 않았지만, 명도전에서 화천에 이르는 다양한 화폐가 출토되고 있어 전한에서 신新에 이르는 유적으로 볼 수 있다.

표 4-13. 요동지역 취락의 철기 출토현황

順番	遺蹟	出土地區	出土鐵器	貨幣	參考文獻
1	西豊縣 東溝東山	全体量	鑄造鐵斧(钁)7 · 鑿 · 環頭刀2		遼寧省 文物考古 研究所, 2011
2		T0705①	環頭刀		
3		T0706①	鑄造鐵斧(钁)		
4		T0210①	鑿		
5		T0814①	鑄造鐵斧(钁)		
6	鐵嶺市 新台子邱台	全体量	鑄造鐵斧(钁)11 · 鍬2 · 鏟3 半月形鐵刀2 · 環頭刀 · 刀子 · 鉤		鐵嶺市 文物管理 辦公室, 1996
7		T3③	鑄造鐵斧(钁) · 鉤		
8		T4③	鏟		
9		T5③	鑄造鐵斧(钁) · 鍬 · 鏟 · 半月形鐵刀		
10		T6③	鉤		
11		H2	環頭刀		
12		5號住居	鑄造鐵斧(钁)		
13	撫順市 蓮花堡	全体量	鑄造鐵斧(钁)61 · 鍬狀鐵器2 · 鎌2 鍬 · 半月形鐵刀3 · 鑿2 · 刀子 · 針4		王增新, 1964
14		T1	鑄造鐵斧(钁) · 針2		
15		T2	鑄造鐵斧(钁)		
16		T3	鑄造鐵斧(钁)		

順番	遺蹟	出土地區	出土鐵器	貨幣	參考文獻
17	撫順市 蓮花堡	T4	鑄造鐵斧(钁)·鍬狀鐵器·鍬· 鎌2·半月形鐵刀2·鑿2·針		王增新, 1964
18		T8	鍬狀鐵器		
19	桓仁縣 抽水洞	2號住居	鑄造鐵斧(钁)·刀子	布錢·一貨錢 明刀錢·半兩錢(秦)	武家昌 외, 2003
20		H1	鏃2	布錢·一貨錢 明刀錢	
21		H2	刀子		
22		H3	鑄造鐵斧(钁)	一貨錢	
23		溝	半月形鐵刀		
24		石築	鑄造鐵斧(钁)	布錢·明刀錢 半兩錢(秦)	
25		T6②	半月形鐵刀		
26		T10②	刀子·鐵頸銅鏃		
27		T12②	鑄造鐵斧(钁)		
28		T16②	鐵頸銅鏃		
29	遼陽市 三道壕	1號住居	鑄造鐵斧(钁)4·鍬4·鎌4·針 ·鏃·刀·車築具2	銅劍·帶鉤·明刀錢 半兩錢·五銖錢	東北博物館, 1957
30		2號住居	鑄造鐵斧(钁)3·鎌3·鏟·針·刀子	銅鏃·明刀錢 半兩錢·五銖錢 등	
31		3號住居	鑄造鐵斧(钁)2·鎌·鏟·鍬 ·鑿·針·車築具	銅鏃·明刀錢 半兩錢·五銖錢	
32		4號住居	鑄造鐵斧(钁)2·鎌2·鏟·鑿·刀子 針·車築具片	銅鏃·帶鉤·鏡片 明刀錢 半兩錢·五銖錢	
33		5號住居	鑄造鐵斧(钁)2·鎌2·鏟·鍬·鑿 刀子·車築具片	銅鏃·鏡片·貨錢 半兩錢·五銖錢	
34		6號住居	鍬狀鐵器·鏟·鍬·鎌·刀子·針 鉇·車築具片	貨錢·半兩錢 五銖錢	
35		道路遺構	鑄造鐵斧(钁)·鍬·刀子·鑿 車築具	銅鏃·半兩錢 五銖錢	
36		塼窯	鑄造鐵斧(钁)·鍬·刀子·鑿	銅鏃·明刀錢 半兩錢·五銖錢	
37	本溪市怪石銅		鑄造鐵斧(钁)·刀子·戈		苗麗英, 1997

順番	遺蹟	出土地區	出土鐵器	貨幣	參考文獻
38	本溪市 滴搭堡子		鑄造鐵斧(钁)2·鏟·鎌·環頭刀 靑片49		楊永葆, 1994
39	寬甸市双山子		鑄造鐵斧(钁)2·半月形鐵刀7	明刀錢200	許玉林, 1980
40	鞍山市岫岩	T3③	鑄造鐵斧(钁)6·鍬·鏟·鋤7· 鎌·矛·鐵頸銅鏃2		鞍山市岫岩滿族 博物館, 2009
41		T4③	鑄造鐵斧(钁)·棒狀鐵器		
42	鞍山市羊草庄		鑄造鐵斧(钁)·鏟·鎌·鍬	明刀錢1000	佟柱臣, 1956
43	台安縣白城子		鑄造鐵斧(钁)3·鍬·劍	銅劍·銅戈	張喜榮, 1997
44	鳳城市 劉家堡	T1	鑄造鐵斧(钁)片·帶鉤·鍬·車築具	一刀錢·銅環	馮永謙, 2010
45		T2	鑄造鐵斧(钁)·鑿·環·鐵頸銅鏃		
46		T3	鑄造鐵斧(钁)		
47		T4	鑄造鐵斧(钁)		
48		T5	鑄造鐵斧(钁)2·鍬	銅鏃	
49		T10	鑄造鐵斧(钁)2·鏃	銅飾	
50		T15	鍬		
51		T17	鑄造鐵斧(钁)		
52		T20	刀子·劍?·鑿2·車築具片		
53		T21	鑿		
54	工界市土城里		刀子·鏃·針	五銖錢 鍛冶關連鐵片?	리병선,1961
55	侍中郡魯南里	2號住居	鑄造鐵斧(钁)?·鏃·針	銅鏃·明刀錢 五銖錢	정찬영,1965
56	寧辺市 細竹里	1號住居	環頭刀2·鑄造鐵斧(钁)3·鍬2 ·鑿·鎌 矛·戈·刀·針	明刀錢·布錢	김정문, 1964 김영우, 1964
57	新賓縣趙家		鑄造鐵斧(钁)		肖景全 외, 2007
58	高麗寨		鑄造鐵斧(钁)10↑·鍬5·鎌3· 鑿·劍	銅劍·銅矛· 明刀錢半兩錢	濱田耕作, 1929
59	牧羊城		鑄造鐵斧(钁)25·鏟·鍬·鎌2 ·刀子3·鏃	銅鏃·明刀錢 五銖錢	原田淑人 외, 1931 大貫靜夫, 2007
60	旅大市魯家村		鑄造鐵斧(钁)8	銅矛·銅環·漢鏡 半兩錢·五銖錢	開炎,1981

압록강 일대의 유적은 환인 추수동桓仁縣抽水洞과 시중 노남리侍中郡魯南里, 영변 세죽리寧辺郡細竹里유적 등이 있다. 이 지역의 유적은 요동군이 설치된 이후 요양 일대의 영향을 받은 것으로 상정되고 있다(武家昌 외, 2003). 철기와 함께 명도전, 반량전, 오수전과 같은 시기를 상정할 수 있는 화폐류가 공반되는 공통점이 있다. 그러므로 화폐의 출토현황을 검토함으로써 철기의 변화를 추정하는 것이 가능하다. 특히 세죽리유적은 철제 농공구와 다량의 명도전이 공반되어, 연화보유적과 함께 소위 「세죽리-연화보문화 유형」으로 설정되는 표지유적이다. 세죽리-연화보문화는 한반도 철기문화의 기원으로 인식되며(한국고고학회, 2010), 후술(5장)할 한반도 남부지역 철기문화와의 비교자료로서 중요하다. 또한 압록강유역의 취락 중에는 노남리와 토성리유적과 같이 철기생산과 관련된 유구가 확인되는 점이 주목된다. 두 유적에 대해서는 7장에서 구체적으로 다루고자 한다.

한편, 유구는 명확하지 않지만 문화층 내에서 철기가 출토된 유적도 함께 살피고자 한다. 출토 지점과 층위별로 일괄유물을 검토할 수 있는 유적은 서풍 동산, 철령 구대, 환인 추수동, 안산 추암, 봉성 유가보유적이 있다. 특히 철령 구대유적은 층위 및 유구 간의 중복관계가 제시되고 있어 철기의 선후관계를 파악할 수 있다.

그 밖에도 여대 목양성과 고려채유적에서는 다양한 철기와 함께 명도전에서 왕망전[大泉五十]에 이르는 화폐가 출토되었다. 두 유적을 통해 유물 간의 동시성은 파악하기 어렵지만, 철기의 형식을 통해 대략적인 시간적 위치를 파악할 수 있을 것이다.

이상과 같이 전국시대~한대 요동지역의 철기 현황을 분묘와 취락으로 구분하여 살펴보았다. 이를 통해 유적의 성격에 따라 철기의 출토양상에 차이가 있다는 점을 알 수 있었다. 따라서 요동지역 철기문화의 유입과 변천을 파악하기 위해 요서지역과 동일한 방법으로 접근해 보고자 한다. 즉, 분묘와 취락에 대한 각각의 변천단계와 연대를 설정하고 각각의 병행단계를 살피고자 한다. 이를 통해 요동지역 철기문화의 유입과 변천과정을 상정할 수 있을 것이다.

2. 부장철기의 변천

철기는 2장에서 제시한 기종과 형식변화를 토대로 형식 간 조합관계의 변화를 파악할 수 있다. 그리고 공반(일괄)자료인 화폐의 주조시기와 호壺, 관罐, 부釜와 같은 전국시대~한대의 토기의 변화양상, 전한경의 변천을 참고하여 검증하고자 한다.14) 그리고 각 단계의 연대는 화폐와 전한경의 주조연대를 기초로 시간적 위치를 비정하고자 한다.

요동지역의 분묘에서 공통적으로 부장되는 철기는 주조철부이다. 주조철부는 크게 대형인 ⅠB-1·ⅠA-3형과 소형인 ⅠA-5형이 공반되는 단계와 소형인 ⅠA-5·ⅠA-6형이 출토되는 단계로 구분된다. 앞서 살펴 볼 연산 남부지역(3장)과 요서지역(4장 2절)의 주조철부에 관한 분석에서 밝힌 바와 같이 각 형식 간의 대형과 소형조합인 전자는 전국시대 후기, 소형만 확인되는 후자는 한대의 부장양상으로 판단된다.

이 같은 전국시대와 한대의 유물조합은 철기의 형식변화와 공반유물의 양상을 통해 세분된 단계로 나눌 수 있다. 먼저 대형 주조철부가 부장되며 동부·동착과 같은 청동제 농공구와 명도전이 공반되는 단계, 소형인 ⅠA-5·ⅠA-6형 철부가 철제 무기류와 함께 한경·반량전·오수전 등과 공반되는 단계, ⅠA-6형 철부가 오수전, 화천과 함께 공반되는 단계로 구분할 수 있다. 대상의 철기와 공반유물의 구성을 정리하면 표 4-15와 같다.

이와 같이 주조철부의 부장양상을 통해 크게 1기에서 3기로 단계를 구분할 수

---

14) 철기의 공반(일괄)자료에 관한 검토는 토기류와 화폐, 전한경에 한정한다. 토기의 변화는 앞서 제시한 변화 방향과 선행연구를 참고한다. 선행연구로 참고한 논고는 아래와 같다.
岡村秀典, 1984,「前漢鏡の編年と様式」,『史林』67-5, 史學研究會京都大學文學部, pp.1~42.
宮本一夫, 2004,「中國の戰國·漢代の甕棺墓と朝鮮半島の甕棺墓」,『考古論集-河瀨正利先生退官記念論文集』, pp.1003~1018.
宮本一夫, 2012,「樂浪土器の成立と擴散-花盆形土器を中心として」,『史淵』149, 九州大學大學院人文科學研究院, pp.1~30.

표 4-14. 요동지역 단계별 부장철기의 현황

器種 / 遺蹟名	農工具																武器類																기타					段階
	銅斧	鑄造鐵斧							鍛造鐵斧	鏟	鑿		鎌	鐵鍦	반월형철도	鍬	銅劍 (遼寧地域의 分類; 宮本, 2008)						鐵劍		刀子		環頭刀	銅鏃	銅戈	鐵戈	銅矛	鐵矛	漢鏡	貨幣				
		A-1	B-1	A-2	A-3	B-3	A-5	A-6			銅	I-2	I-2				中原式	趙式	遼東1a	遼東2a	遼東2b	遼東3a	銅柄鐵劍	鐵劍	銅	鐵								明刀錢	半兩錢	五銖錢	貨泉	
鐵嶺市·邱台M4																										●								◎				1期
鐵嶺市·昌図			●				●										●	●			●							◎										
本溪市·南芬火車站B					◎		◎													●														■ 46				
撫順市·河心M2					●																																	
本溪市·上堡M1												●									●	●																
桓仁縣·大甸子																										●		◎						■				
胃原郡·龍淵洞※						◎							●	●	●	●																◎		◎				
旅大市·南山里			■							●					■	●																						
樺甸縣·小荒山屯M3													●																									
樺甸縣·小荒山屯M6							●														◎					●												

器種 / 遺蹟名	農工具																武器類																기타					段階
	銅斧	鑄造鐵斧							鍛造鐵斧	鏟	鑿		鎌	鐵鉇	반월형철도	鍬	銅劍 (遼寧地域의 分類; 宮本, 2008)						鐵劍		刀子		環頭刀	銅鏃	銅戈	鐵戈	銅矛	鐵矛	漢鏡	貨幣				
		A-1	B-1	A-2	A-3	B-3	A-5	A-6			銅	I-2	I-2				中原式	趙式	遼東1a	遼東2a	遼東2b	遼東3a	銅柄鐵劍	鐵劍	銅	鐵								明刀錢	半兩錢	五銖錢	貨泉	
大連市·大潘家村M4		○																																				2期
鐵嶺市·西豊西岔溝墓※	●						●	●	●														■	■		●	◎				●	■	◎		◎	◎		
大連市·魯家村							◎	◎																									◎		◎	◎		
撫順市·龍頭山石蓋墓M3							●																◎							●								
大連市·新金馬山貝墓							●	●																														
蓋州市·沙溝子								●																												○		3期
旅大市·營城子M23								◎																														
旅大市·營城子M33																											●											
旅順市·李家村																								○														
大連市·新金後元台漢墓								●									○												●		●					●	●	
旅順市·三澗區M4																										●												

※ 遺構 내 一括性未詳, ●: 1点, ○: 가능성, ◎: 複数, ■: 多数

있다. 각 단계의 변화는 시간성이 확인되는 한경의 등장과 화폐의 변화와도 맞아 떨어진다.

표 4-15. 요동지역 부장철기의 단계설정

器種 / 時期	農工具									武器類														기타					段階
	銅斧	鑄造鐵斧					鍛造鐵斧	鑿		銅劍 : 宮本2008 (遼寧地域의 分類)				鐵劍		刀子		環頭刀	銅鏃	銅戈	鐵戈	銅矛	鐵矛	漢鏡	貨幣				
		Ba-1	A-3	B-3	A-5	A-6		銅	鐵	中原式	遼東2a	遼東2b	遼東3a	銅柄鐵劍	鐵劍	銅	鐵								明刀錢	半兩錢	五銖錢	貨泉	
戰國	●	●	●	●	●			●	●	●	●	●	●			●	●		●			●			●				1期
漢					●	●	●							●	●			●			●	●	●	●		●	●		2期
						●	○								●			●		●		●					●	●	3期

1) 요동지역 분묘 1기

요동지역 분묘 1기는 I Ba-1 · I A-3형과 같은 대형과 I A-5형의 소형 주조철부가 공반되는 시기이다. 대형과 소형의 주조철부가 공반되는 대표적인 유적으로는 철령 적가촌 창도묘와 본계 남분화차참묘가 있다. 두 유적에서는 5점의 주조철부가 부장되고 있는데, 형식을 알 수 있는 것은 소수이다. 공통적으로 I A-5형과 I Ba-1형이나 I A-3형의 철부가 공반된다.

연하도 주조철부의 변천과정에서 살펴보았듯이 I A-5형과 같은 소형의 주조

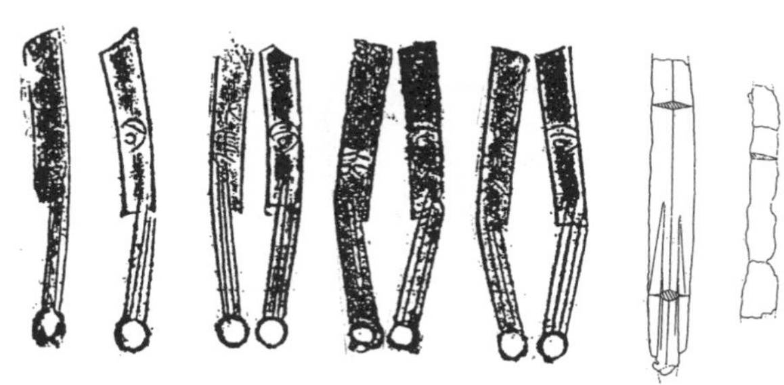

그림 4-24. 요동지역 분묘 1기의 부장양상1

철부는 전국시대 후기에 접어들면서 출토된다(김상민, 2014). 이를 고려한다면 분묘 1기의 상한은 대략적으로 전국시대 후기의 어느 시점이 된다.

분묘 1기의 부장양상에서 주목되는 것은 주조철부가 세형동검과 공반된다는 것이다. 세형동검의 부장은 한대에 해당하는 2기 이후의 분묘에서는 확인되지 않는다. 주조철부가 출토되지는 않았지만, 세형동검과 함께 철기가 출토된 본계 상보 1호묘와 환인 대전자묘 역시 분묘 1기로 볼 수 있다. 분묘 1기의 세형동검은 미야모토 가즈오의 형식분류를 기초로 살펴보면 요동2a식(남분화차참묘·상보 1호묘)과 요동2b식(상보 1호묘·대전자묘·소황산둔 6호묘)에 해당한다. 이 분류에서 세형동검은 요동2a에서 요동2b로 변화되는 것으로 보고 있는데(宮本一夫, 2008), 전형적인 연나라 주조철부와 요동2a식이 공반되는 남분화차참묘가 비교적 이른 시기로 볼 수 있다. 그럼에도 요동2a식과 요동2b식의 세형동검은 각각 명도전과 공반되어 그 시기차는 크지 않을 것이다.

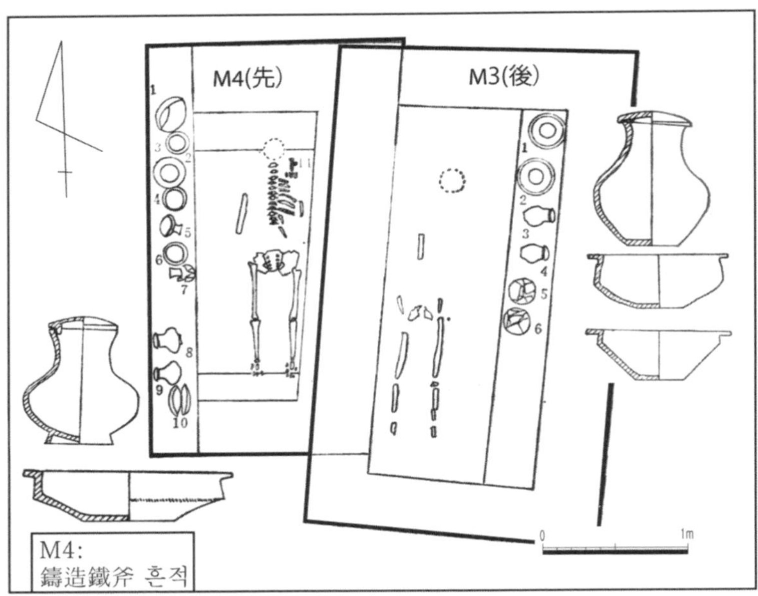

그림 4-25. 대련 대반가촌 3호묘과 4호묘의 중복관계

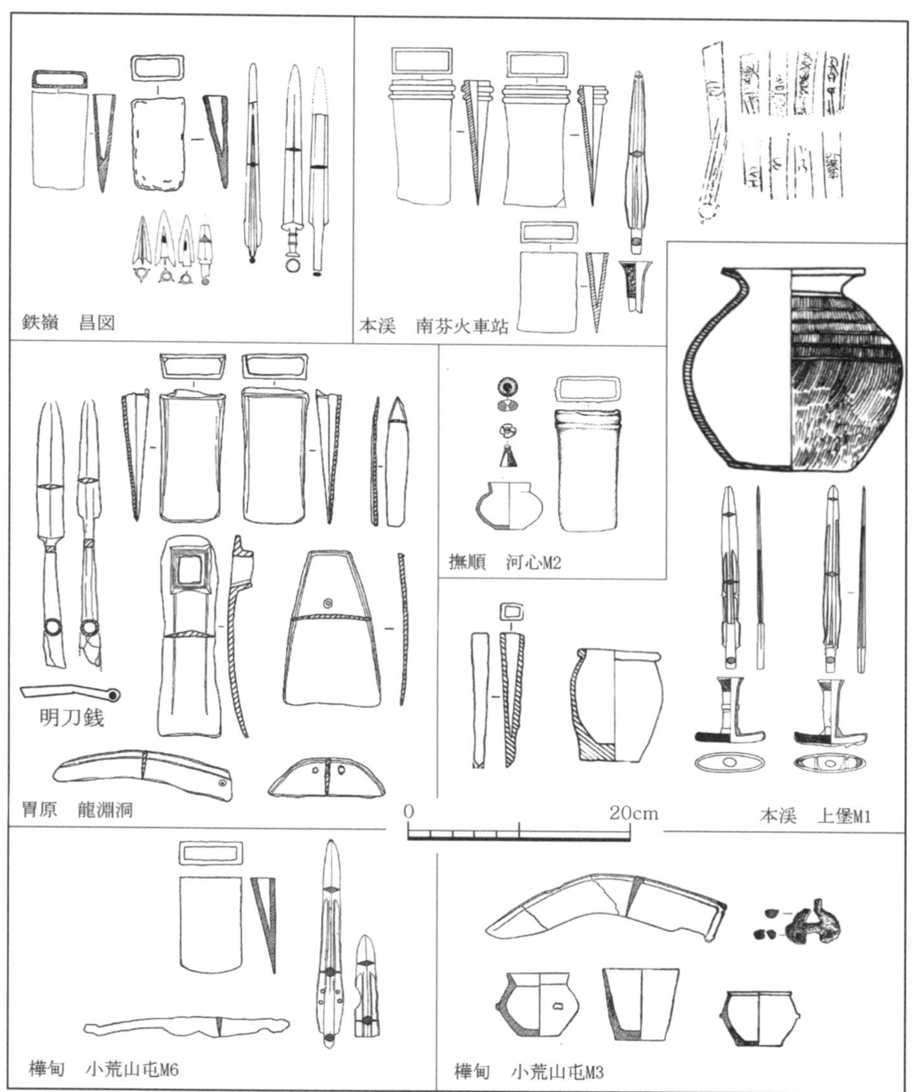

그림 4-26. 요동지역 분묘 1기의 부장양상2

ⅠB-3형 철부가 출토된 위원 용연동유적에서도 다량의 명도전이 부장되어 전국시대로 볼 수 있는데, ⅠB-3형 철부 2점 이외에도 Ⅰ-2형 철겸, 장방형괭이(鍬), 괭이형(鍬形)철기, 철사, 반월형철도와 같은 다양한 농공구류와 함께 철모가 출토되었다. 특히 철사와 철모는 연하도 M44호의 출토품과 유사하다고 지적되고 있어 전국시대 후기에 해당하는 것으로 볼 수 있다(潮見浩, 1982). 그러나 ⅠB-3형 철부가 출토되는 점이나 Ⅰ-2형 철겸이 전형적인 연나라의 그것과는 다소 차이가 있다는 점, 괭이형철기는 전국시대보다 한대의 유적에서 다수를 점하고 있는 점을 고려한다면, 용연동유적은 분묘 1기의 늦은 단계에 해당한다고 볼 수 있다.

그 밖에 대련 대반가촌 4호묘도 분묘 1기로 볼 수 있다. 4호묘에서는 주조철부의 흔적만이 관찰되고 있어 그 형식은 알 수 없다. 하지만 4호묘는 패묘인 3호묘와 중복 조성되어, 4호묘→3호묘라는 선후관계를 확인할 수 있다(그림 4-25). 3호묘가 전한대 들어서 확인되기 시작하는 패묘이므로, 4호묘는 그 이전 단계로 볼 수 있다. 4호묘에 부장되는 호가 전국시대 후기의 특징을 가지고 있다는 것을 참고한다면, 전한대 이전 시기로 볼 수 있을 것이다.

이처럼 분묘 1기는 주조철부를 중심으로 연산철기류가 부장되기 시작하는 단계로서, 명도전의 주조연대와 연하도 내 ⅠA-5형의 주조철부가 출토되기 시작하는 시점을 참고한다면 전국시대 후기인 기원전 3세기대를 중심연대로 볼 수 있다. 다만, 분묘 1기의 늦은 단계에 해당하는 용연동과 남산근 철기묘처럼 한대의 다양한 철기류와 무기류가 공반되는 특징도 보이고 있어 기원전 2세기 전반까지 내려갈 가능성도 있다.

2) 요동지역 분묘 2기

요동지역 분묘 2기는 청동제 무기류의 부장은 감소하며, 철제 무기류의 부장이 두드러지게 증가한다. 이전 시기까지 주로 부장되던 대형 주조철부는 확인되지 않으며, 소형에 해당하는 ⅠA-5형 철부와 함께 ⅠA-6형 철부가 부장된다. 대표적인 유적으로는 서풍 서차구묘, 무순 용두산 3호묘, 대련 노가촌유적이 있다.

분묘 2기의 ⅠA-6형 철부는 서차구묘와 노가촌에서 확인된다. 두 유적에서는 공통적으로 한경과 반량전, 오수전이 공반되어 동시기로 볼 수 있지만, 전한경의 형식을 기초로 살펴보면 서차구묘가 비교적 긴 시간폭을 가진 유적임을 알 수 있다.

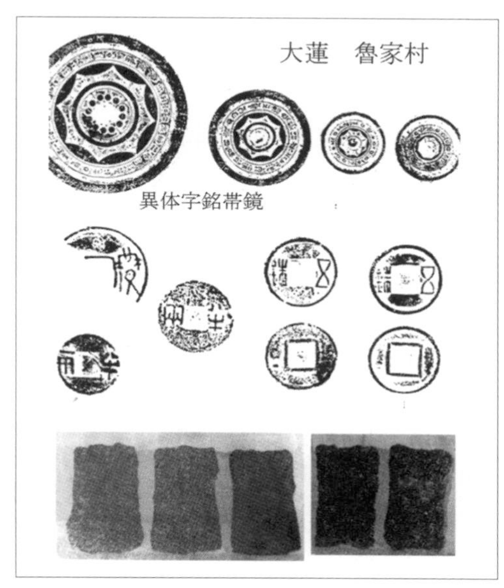

그림 4-27. 요동지역 분묘 2기의 부장양상1

무기류는 동병철검銅柄鐵劍과 철과, 철모 등 다양한 형태의 무기류 부장이 이루어진다. 동병철검은 천산 서쪽 구릉에 해당하는 서차구묘와 용두산 3호묘에 부장되었다. 특히 서차구묘에서는 동병철검과 함께 전한대 철검과 환두대도가 일괄로 소개되었다.

또한 농공구류는 동부와 함께 ⅠA-5형과 ⅠA-6형 철부가 보고되고 있어 ⅠA-6형 철부가 제작되는 시기로 보는 것이 적절할 것이다. 아직 보고서가 발간되지 않아 유구에 따른 출토현황을 확인할 수 없지만, 전한대 철기문화의 유입이 이루어지는 단계로 볼 수 있다.

한편 용두산 3호묘에 부장되는 농공구류는 ⅠA-5형 철부뿐으로 철기만으로는 서차구묘보다 이른 것처럼 보인다. 그러나 용두산 3호묘에서 출토된 동병철검의 동병부銅柄部는 서차구묘에서 출토되는 것보다 늦은 형식이다(이광명, 2010). 이를 참고한다면 두 유적은 거의 동시기라고 볼 수 있다.

요동지역 분묘 2기는 기존의 전국계 철기문화에서 벗어나 한대 철기문화의 영향을 받기 시작하는 시기이다. 서차구묘에서 출토된 초엽문경草葉文鏡과 변형된 반리문경蟠螭文鏡의 연대로 그 상한을 기원전 2세기 중엽으로 둘 수 있으며, 하한은 일광경日光鏡의 연대를 통해 기원전 1세기 중엽으로 볼 수 있을 것이다.

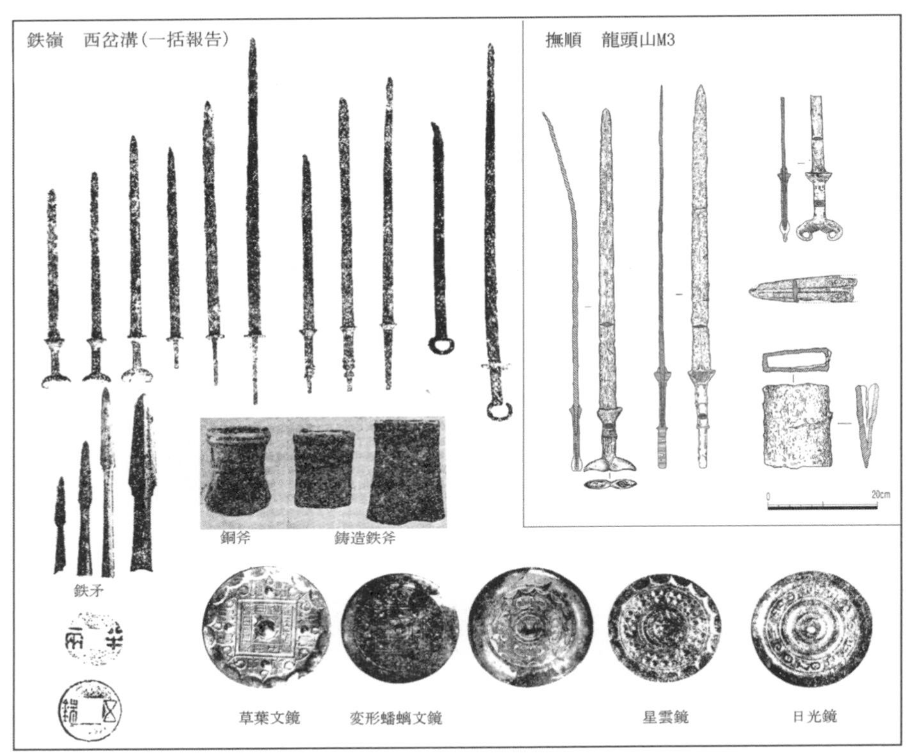

그림 4-28. 요동지역 분묘 2기의 부장양상2

3) 요동지역 분묘 3기

요동지역 분묘 3기는 주조철부 중 ⅠA-6형만이 출토되는 시기이다. 보고된 철기의 수량만으로 본다면, 분묘 내 철기의 부장이 감소하는 경향으로서 ⅠA-6형 철부나 철도자만이 부장된다. 패묘, 전실묘 등 전형적인 한대의 분묘에서 철기가 부장되는데, 특히 요령반도가 다수를 차지하며 대부분 패묘에서 출토된다. 철기류의 부장양상을 살필 수 있는 대표적인 유적으로는 신금 마산패묘와 여대 영성자 M42호가 있다.

마산패묘에서는 2점의 철부가 출토되는데, 주조품으로 보이는 철부는 인부폭

8cm 정도로 넓은 형태를 띠고 있어 ⅠA-6형 철부로 분류된다. 다른 한 점은 선형扇形으로 신부의 중앙에서 관찰되는 접합선을 통해 단조철부로 판단된다. 또한 영성자패묘는 23호와 33호, 42호묘에서 철삽鐵鍤, 환두도자가 출토되었는데, 보고서를 통해 그 형태를 파악할 수 있는 철기는 42호묘의 환두도자 뿐이다. 개주 사구자묘는 전축다실묘로 그 내부에 ⅠA-6형 철부와 소철편이 부장되었으며, 분묘의 구조를 통해 전한 후기에서 후한 전기로 볼 수 있다.

한편 대련 신금 후원대 한묘에서는 ⅠA-6형 철부와 함께 승문타날이 시문된 관罐이 출토되었다. 보고자는 전국시대의 동과, 동모, 동검과 오수전, 화천 등을

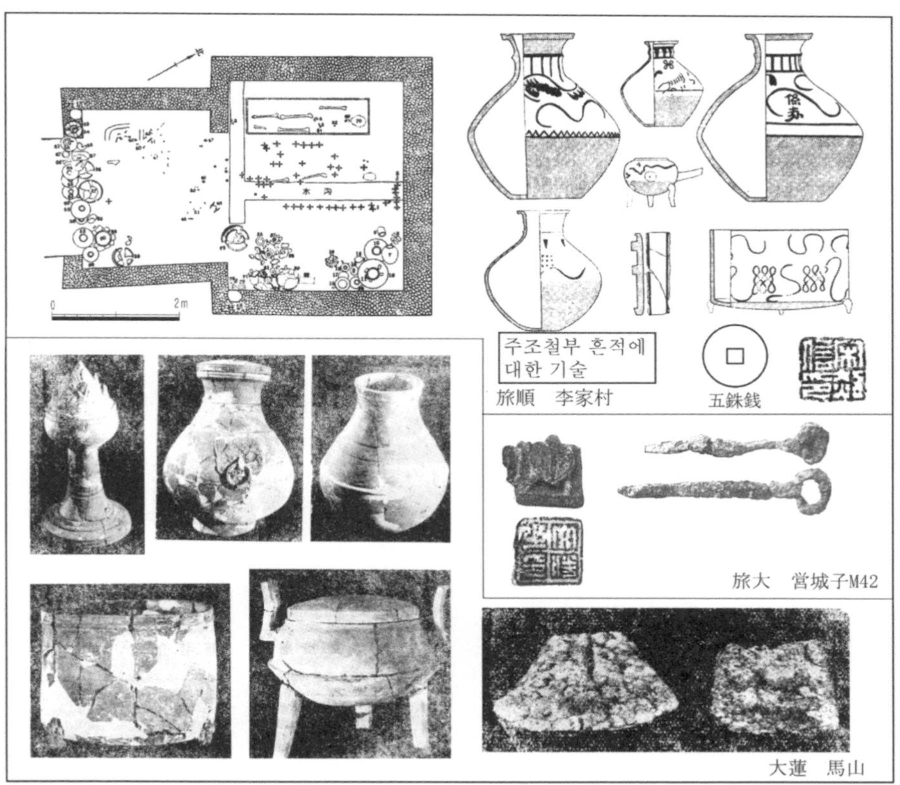

그림 4-29. 요동지역 분묘 3기의 부장양상

일괄자료로 보고하였다. 동과의 명문 '啓封廿一年'에 주목하여 전국시대 위나라의 동검으로 보고 통일 진대에 해당하는 시기로 보기도 하지만(이광명, 2010), 일괄자료인 오수전과 화천의 연대를 통해 진대까지 올려보기는 어려울 것이다.

그 밖에도 여순 이가촌, 삼간구패묘에서도 철기가 부장되고 있지만 그 구체적인 현황을 파악할 수 없다. 이가촌패묘에서 철검으로 추정되는 철기가, 삼간구패묘에서는 철도자가 각각 1점씩 보고되었다.

요동지역 분묘 3기는 패묘와 전실패묘, 전실묘와 같은 전형적인 전한에서 후한 초기에 해당하는 분묘의 구조를 가지고 있다. 또한 공반되는 토기류와 인장印章은 한대의 대표적인 유물 구성이다. 하지만 영성자패묘에 부장되는 한경의 형식이 이체자명대경異體字銘帶鏡(岡村Ⅳ식), 수대경獸帶鏡(岡村Ⅴ식), 일광경日光鏡으로 기원전 1세기 중엽을 넘지 않는다. 또한 각 분묘에서 출토되는 오수전과 화천의 주조연대는 기원전 1세기대에서 기원 1세기 중엽으로 볼 수 있다. 따라서 요동지역 분묘 3기의 연대는 기원전 1세기 중엽에서 기원 1세기 중엽에 해당할 것으로 판단된다.

3. 취락 내 철기의 변천

요동지역 취락에서 철기가 출토되는 유적은 주거지와 도로, 요지와 같은 관련 시설을 갖춘 전형적인 취락유적도 존재하지만, 한두 기의 주거지가 조사된 유적이나 동굴유적과 같은 소규모 주거시설이 대부분이다. 비교적 대규모 취락인 삼도호유적은 아직 정식보고가 이루어지지 않아 유구와 유물에 대한 구체적인 실상을 파악할 수 없다.

여기서는 현재까지 보고된 취락으로 판단할 수 있는 유적(이하 취락)에 대한 검토를 통해 요동지역 취락 내 철기의 변화과정을 확인하고자 한다. 이를 위해 층위관계를 통해 파악할 수 있는 철기의 선후관계를 확인하고, 일괄자료에 대한 검토를 통해 변천단계를 설정해가고자 한다.

1) 층위관계를 통해 본 철기의 변천

요동지역의 취락 중에서 층위관계를 파악할 수 있는 유적으로는 철령 구대유적과 무순 연화보유적, 환인 추수동유적이 있다. 그 중에서 구대유적은 층위에 따라 유구와 유물의 위치를 파악할 수 있다.

구대유적은 총 3개층으로 구분된다. 1층은 현대의 표토층이고, 2층은 약 20~35cm 정도의 경작층으로 승문도기편과 요금遼金시대 자기편이 혼재되어 있다. 3층은 유적의 중심이 되는 시기로서 유구와 유물이 집중된다. 3층은 다시 3A층과 3B층으로 구분되는데, 3A층은 주로 니질泥質토기류가 출토되며, 3B층에서는 협사狹沙토기류가 비교적 많다. 이 유적에서 주목되는 것은 유구 간의 중복관계이다. 앞서 제시한 구대유적 4호묘 부장철기의 시기적 위치와 같이 4호묘는 3B층에 형성된 5호 주거지를 파괴하고 조성되어 있다. 이를 통해 4호묘는 3A층의 단계에 해당하는 것으로 볼 수 있다. 즉, 주거군의 폐기 이후에 분묘의 매장이 이루어지고 있는 것이다. 그러므로 3A층과 3B층은 어느 정도 시기차가 존재한다고 볼 수 있다.

하지만 구대유적의 3층은 3A층과 3B층을 구분하지 않고 유물의 정리 및 보고

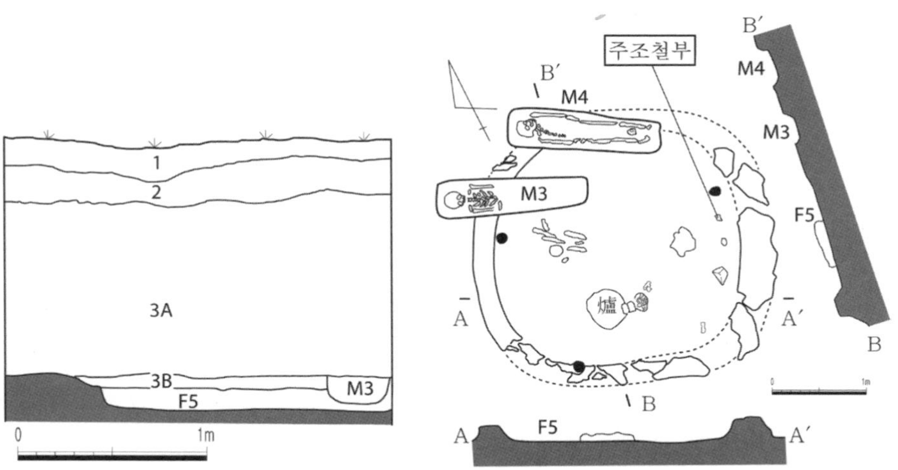

그림 4-30. 철령 구대유적의 층위와 중복관계

가 이루어져 층위에 따른 유물의 변화를 파악하기는 쉽지 않다. 그러므로 먼저 3층에서 출토된 철기의 시기차를 확인하기 위해 중복관계에 있는 5호 주거지와 4호묘의 철기를 비교해 보았다.

5호 주거지에서 출토된 철기에 대한 구체적인 특징은 알 수 없지만, 기종이 주조철부라는 사실은 확인된다. 구대유적에서 출토되는 주조철부는 모두 ⅠA-1형과 ⅠA-3형이며, 특히 5호 주거지가 위치하는 5트렌치의 3층에서 출토되는 주조철부는 ⅠA-1형이다. 현재까지 보고된 내용만으로 ⅠA-1형 철부가 5호 주거지에서 출토된 유물이라고 단정하기는 어렵다. 다만, 5호 주거지가 구대유적의 최하층에 위치하고 있는 것과 전국시대 주조철부의 형식 중에서 ⅠA-1형과 ⅠA-3형이 비교적 이른 시기의 형식이라는 것을 고려한다면, 5호 주거지에서 출토된 주조철부는 적어도 ⅠA-1형과 ⅠA-3형 철부의 형식을 벗어나지 않을 것이다. 반면, 5호 주거지를 파괴하고 조성되어 있는 4호묘에서는 전국시대의 농공구류가 부장되지 않고 있다. 오히려 철도鐵刀와 철촉과 같은 무기류가 부장되고 있다. 앞서 살펴본 것처럼 무기류가 부장되는 현상은 전한 이후 부장철기의 특징이다.

한편 이광명은 구대유적의 조성시기를 명도전, 일화전, 포전, 반량전이 출토되고 있는 점을 근거로 진한교체기로 본다(이광명, 2010). 그러나 중복관계에서 5호 주거지가 4호묘보다 이른 단계라는 점과 5호 주거지에서 명도전이 출토되었다는 점은 적어도 5호 주거지가 위치하는 3B층이 전국시대라는 것을 시사한다. 그러므로 반량전의 연대에 기초하여 구대유적의 시기를 진한교체기로 한정할 필요는 없다. 더불어 앞서 확인한 4호묘 부장철기의 시기를 고려한다면 3A층은 전한대로 볼 수 있다. 이처럼 구대유적은 전국시대에서 전한대에 이르는 비교적 긴 시간을 두고 형성된 유적으로 판단된다. 그러나 보고된 유물은 일괄적으로 3층으로 기재되고 있다.

구대유적에 보고된 유물을 살펴보면, 철기는 주조철부 이외에 판상형철산, 반월형철도, 환두도자가 확인된다. 그 중 명확하게 전국시대 유물로 볼 수 있는 유물은 ⅠA-1형과 ⅠA-3형 철부뿐이다. 판상형철산과 반월형철도는 전형적인 전국시대 유물로 보기는 어렵지만 환두도자의 경우 한대의 철기로 보아도 무방하다. 따라서 구대유적의 철기는 연산 주조철부가 출토되는 단계와 그 외의 철기가 출토되는 단계로 구분할 수 있을 것이다. 이 같은 시기적 차이는 함께 출토된 토기류와 청동기를 통해서도 확인할 수 있다.

특히 연식부燕式釜를 통해 시기차를 확인할 수 있는데, 기존의 분류안을 참고하면 부釜Ⅰ식과 부釜Ⅲ식으로 분류된다. 부釜Ⅰ식은 진성秦城 5, 6호 옹관과 유사한 전형적인 연식부燕式釜로 전국시대 후기로 볼 수 있다.[15] 부釜Ⅰ식은 구연부의 형태와 동체부 외면 승문타날의 변화과정을 토대로 부釜Ⅲ식으로 변화되는 것으로 상정된다(宮本一夫, 2004·2012). 부釜Ⅲ식은 전한대의 것으로 볼 수 있으므로, 3층에서 출토되는 연식부燕式釜는 전국시대 후기에서 한대에 이르는 형태라는 것을 알 수 있다. 덧붙여 청동촉에서 철경동촉으로, 반월형석도에서 반월형철도라는 도구의 재질변화를 염두에 두면 그림 4-31과 같이 3층의 유물을 정리할 수 있다.

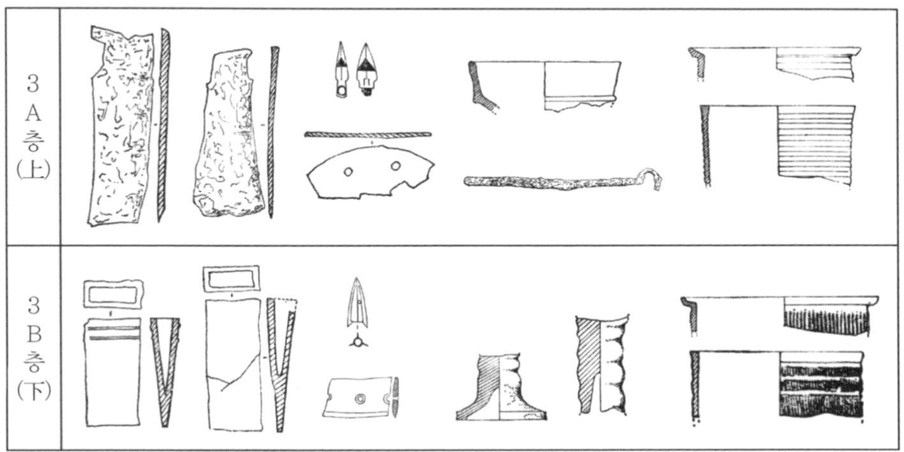

그림 4-31. 철령 구대유적 3층 유물의 분류안

15) 진성 5호묘는 보고자에 의해 전국시대 후기로 편년되었으나, 연식부를 종합적으로 분석한 미야모토 가즈오는 진성 5호묘를 북경 회유성북懷柔城北 4호묘와 비교함으로써 전국시대 중기로 상정하였다(北京市文物考古研究所拒馬河調査隊, 1992; 宮本一夫, 2004).

또한 무순 연화보유적은 보고 내용을 통해 구체적인 층위관계를 파악하기는 어렵다. 하지만 철기류가 출토되는 문화층과 그 상층에서 출토된 유물에 대한 비교를 통해 대략적인 시기를 추정할 수 있다.

무순 연화보유적은 앞서 정리한 것처럼 다양한 철기류가 출토되었으며, 단면이 원형인 점토대토기가 함께 출토되고 있어 한반도 철기문화의 유입시기를 추정하는 유적으로 주목받았다. 연화보유적의 철기 중 출토 위치를 확인할 수 있는

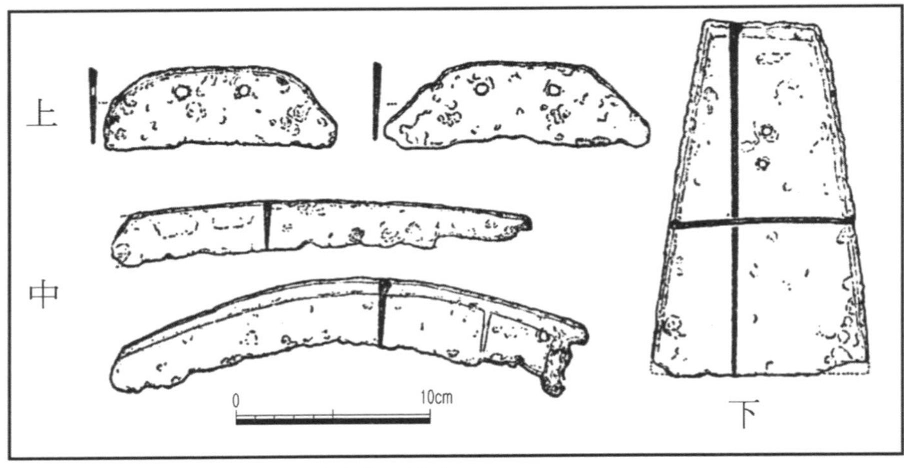

그림 4-32. 무순 연화보유적 주거지 출토 철기류

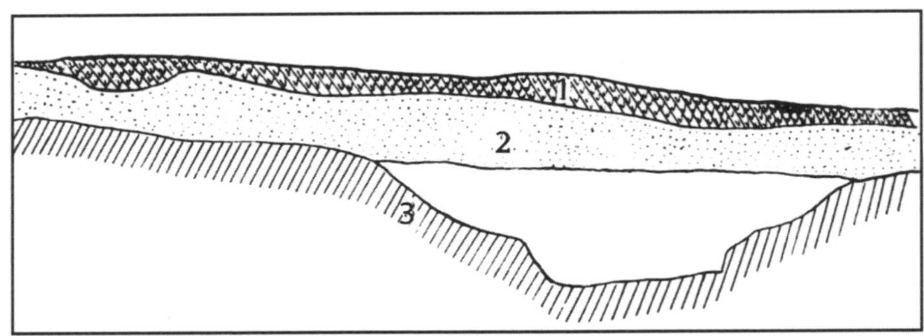

그림 4-33. 환인현 추수동유적 2트렌치 남벽 층위

것은 6점이다. 보고서에서는 주거지로 판단되는 석단石壇의 기초부基礎部를 상(반월형석도)－중(철겸)－하(괭이형철기)라는 순서로 구분하여 기록하였다. 이 같은 철기의 출토현황이 층위에 의한 구분인지는 명확하지 않지만, 이 철기들이 출토되는 문화층의 상층에서 팔수八銖반량전이 출토되어 적어도 팔수반량전의 이전 시기라는 것은 알 수 있다. 팔수반량전은 전한 고후高后 2년인 기원전 186년에 주조되었으므로, 그 하층에 해당하는 철기류의 시기는 대략 기원전 2세기 이전이라는 것을 알 수 있다.

그 밖에 층위관계를 파악할 수 있는 취락으로는 환인 추수동유적이 있다. 추수동유적은 기반층을 제외하면 크게 1층(표토층)과 2층(흑토층)으로 구분할 수 있다. 대부분의 유구와 유물은 2층에서 출토되었다. 2층은 두께 30~40cm 내외로 그 시간적 폭이 크지 않을 것으로 생각되며 거의 동시기로 보아도 무방하다. 2층에서 출토되는 철기는 ⅠA-3형 철부와 함께 철도자, 철촉과 같은 다양한 기종이 출토되는데, 특히 철촉과 철도자는 연나라 철기에서 보이지 않은 독특한 형태를 띠고 있다. 또한 ⅠA-3형 철부도 이조돌대가 약해지는 듯한 형태를 보이고 있어, 전형적인 연산철기라고 보기 어렵다. 동일한 문화층 내에서 명도전, 포전과 함께 반량전도 출토되고 있어 그 시기는 적어도 반량전이 주조되는 단계에 해당하는 것으로 볼 수 있다.

이상과 같은 층위관계가 확인되는 취락에 대한 검토를 통해 화폐의 변화와 철기류의 형태 및 기종의 변화가 함께 이루어지는 것을 알 수 있었다. 특히 반량전이 출토되는 이전 단계에는 전형적인 연산철기가 출토되지만, 반량전이 공반되는 철기류는 연산철기의 특징이 변형되면서 기종의 변화도 진행되는 것을 알 수 있다.

2) 요동지역 취락 내 철기의 변천단계

요동지역의 취락 내에서 출토되는 철기는 층위관계를 통해 검토한 것처럼 전형적인 연산 농공구류가 출토되는 시기와 주조철부가 변형되거나 무기류 등의 기종 변화가 이루어지는 시기로 구분할 수 있다. 이와 같은 철기류의 변화양상을 토대로 요동지역 취락에서 출토된 철기류와 공반유물을 검토하여 취락 내 철기의 변천단계를 설정하고자 한다.

요동지역 취락에서 출토되는 철기류와 일괄자료를 정리하면, 몇 가지 특징을 확인할 수 있다. 먼저 철기의 조합관계에서 전국시대의 연산철기만이 출토되며, 이 경우 포전과 명도전이 공반되는 경향이 확인된다. 이와 같은 출토양상은 구대유적의 3B층, 연화보 주거지에서 확인되는 유물조합으로 시기적으로도 맞아떨어진다. 특히 주조철부와 철겸은 연하도를 중심으로 한 연나라의 영역에서 출토되는 형식만이 확인된다. 그러므로 요동지역의 취락 내 철기가 출토되기 시작하는 시기의 특징이라고 볼 수 있을 것이다.

다음으로 주조철부와 철겸은 전형적인 연나라의 형식과는 다소 차이를 보이며 철착, 철서, 철산과 같은 기종이 추가되는 경향을 보인다. 화폐는 포전, 명도전과 함께 일화전一化錢, 반량전도 출토되고 있다. 전형적인 연산철기에서 다소 변형이 이루어지는 점과 반량전이 출토되는 양상은 앞서 살펴본 추수동유적의 출토양상과 유사하다.

이후 괭이, 괭이형철기, 철삽과 같은 굴지구의 출토량이 증가하고, 단조화된 철겸과 조합되는 양상도 확인된다. 철기와 함께 오수전, 화천이 출토되고 있어 비교적 늦은 시기로 판단된다.

이처럼 철기의 조합관계에서 보이는 차이는 연나라 철기의 유입과 그 이후 변형과정을 보여주는 것으로 추정되는데, 그 시기적 획기는 반량전과 오수전의 초주初鑄시기와 거의 일치한다. 따라서 요동지역 취락 내 철기의 변천단계를 앞서 제시한 특징에 기초해 크게 3단계로 설정하고자 한다.

표 4-16. 요동지역 취락 내 철기의 현황과 단계설정

器種 / 時期	農工具															武器類							貨幣						段階
	鑄造鐵斧							鍬	鍬形	鏟	鍤	鑿	鎌		반월형철도		環頭刀			刀	銅鏃		鐵鏃						
	A-1	Ba-1	A-2	A-3	A-5	A-6	기타					I-2	I-2	II-1	石	鐵	I-1	II-1	II-2		三羽	三角		布錢	明刀	一化	半兩	五銖	貨泉	
戰國	○	●	●	●	●			●					●		●	●	●	●			●			●	●					1期
秦·漢	●	○	◑	◑	●	●		■	◐	●		●	◑			●			●		●	●	●	●	●	●	●			2期
秦·漢	○	○	○	○	○	○	●	●	■	■	■	○	◑	●					●	●	●	○	○					●	●	3期

(1) 요동지역 취락 1기

요동지역 취락 1기는 구대유적의 3B층과 연화보유적의 주거지 내 출토된 철기의 형식과 조합관계로 대표된다. 철기는 농공구를 중심으로 비교적 단순한 기종

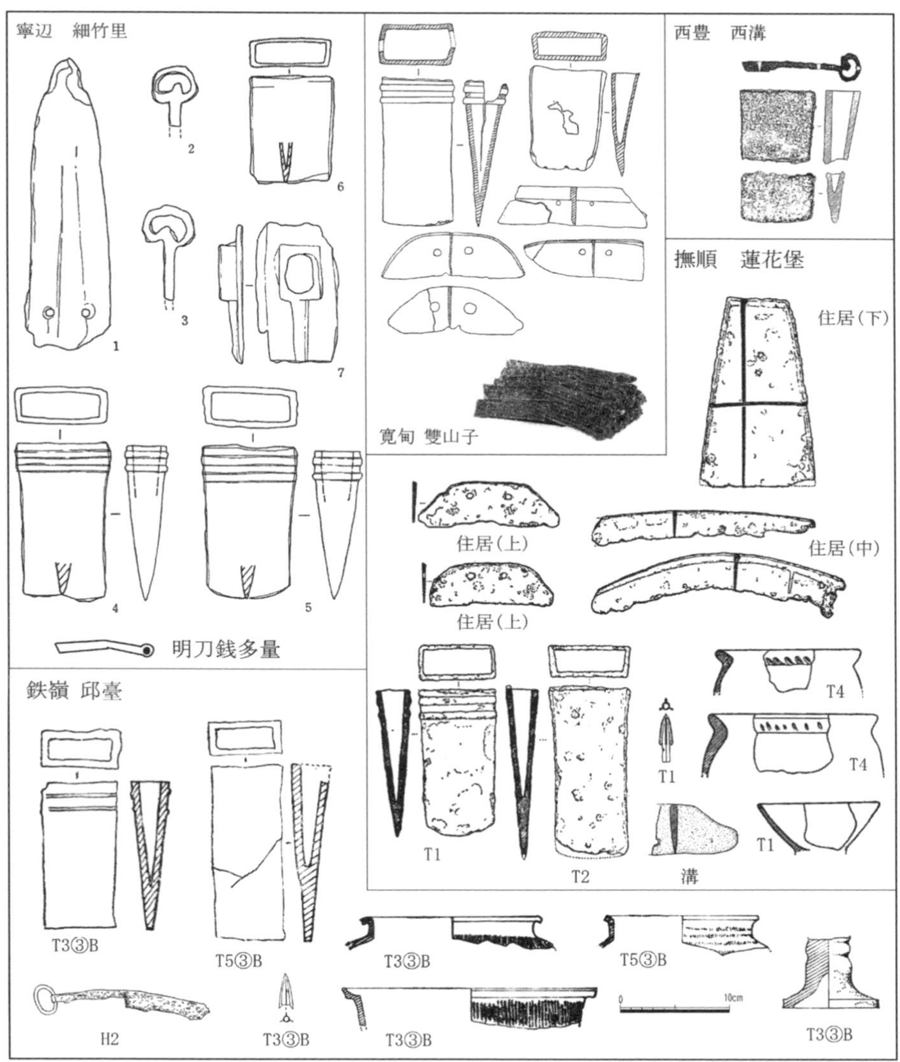

그림 4-34. 요동지역 취락 1기의 철기와 일괄자료

구성을 띤다. 주조철부는 장방형과 제형의 단면형태를 띠는 ⅠBa-1형, ⅠA-2형, ⅠA-3형, ⅠA-5형이 출토되는데, 장방형에 이조돌대를 갖춘 ⅠA-3형이 다수를 차지한다. 또한 ⅠA-5형과 같은 소형의 철부도 확인된다. 주조철부는 주조철겸과 평면육각형·장방형을 띠는 괭이와 공반되는 예가 많다. 이 단계 취락에서 출토된 농공구류는 연산철기라고 보아도 무방하다. 연하도의 취락 내 주조철부가 보편화되는 시기를 고려하면 전국시대 후기로 보는 것이 적당할 것이다.

영변 세죽리유적과 무순 연화보유적의 주거지 내에서 다량의 반월형철도가 출토된다. 반월형철도는 연하도 취락에서도 1점이 채집되었지만 기본적으로 전형적인 연산철기의 구성으로 보기 어렵다. 동시기로 추정되는 구대유적 5트렌치 3B층과 연화보유적 2트렌치에서는 반월형석도와 주조철부가 함께 출토된 사례도 있다. 그러므로 요령지역 내 청동기문화와 함께 존재하던 반월형석도가 철기화된 것으로 이해할 수 있을 것이다. 세죽리유적의 반월형철도가 다량의 명도전과 공반되고 있는 점, 연화보유적의 반월형철도가 반량전이 출토된 문화층의 아래에서 출토되었다는 점을 고려한다면, 적어도 전한대 이전 단계에 유행한 철기로 판단된다.

요동지역 취락 1기는 연나라의 철기문화가 요동지역으로 유입되는 단계이다. 그 시기는 구대유적의 3B층에서 출토된 두료와 부釜의 형태를 통해 전국시대 중기까지 올라갈 가능성도 있다. 그러나 전국시대 중기는 연나라의 중심지인 연하도 내부 취락에서도 철기가 보편화되지 않는 시점으로 이를 고려하면 요동지역의 철기를 중기까지 올려보기는 어렵다. 철기와 공반되거나 동일층에서 출토된 화폐가 모두 포전이나 명도전이라는 것을 통해 전국시대 후기인 기원전 3세기 전엽까지 올려볼 수 있을 것이다. 하한은 연화보유적 주거지에서 출토된 철기류가 팔수반량전(전한·高后 2년)보다 하층에서 출토되는 것을 통해 기원전 3세기 후엽까지로 비정해 두고자 한다.

(2) 요동지역 취락 2기

요동지역 취락 2기는 기존의 주조철부와 철겸과 같은 철제 농공구류와 함께

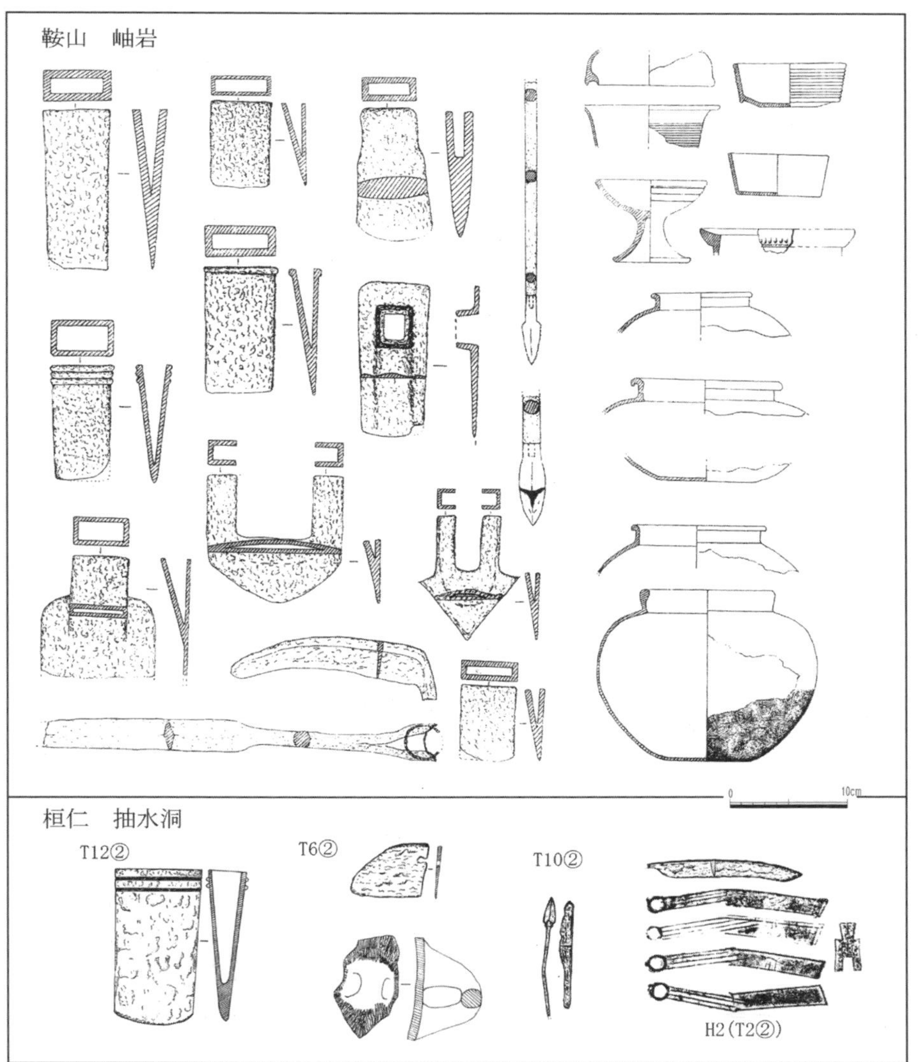

그림 4-35. 요동지역 취락 2기의 철기와 일괄자료1

다양한 굴지구가 추가되는 것이 특징이다. 특히 다수를 차지하는 괭이는 평면형태가 장방형을 띠며, 이전 시기에 출토되던 육각형의 괭이는 확인되지 않는다. 그 대신 철산, 철서鐵鋤와 같은 새로운 기종이 등장한다.

요동지역 취락 1기의 주요 기종이었던 주조철부와 철겸은 전형적인 연나라 철기에서 다소 변화한다. 대형과 소형의 주조철부가 함께 출토되는 경향은 이전 시기의 출토양상과 동일하지만 대형인 ⅠA-2형과 ⅠA-3형 철부는 전형적인 연산철기로 보기 어렵다. 연화보유적 3트렌치에서 출토된 주조철부는 공부銎部에서 인부刃部로 점점 넓어지는 형태를 띤다. 이 특징은 ⅠA-6형 철부에서 보이는 특징이지만, 길이에 따른 분류에서는 ⅠA-2형 철부로 설정된다. 그러므로 연화보유적 3트렌치 출토품은 ⅠA-2형 철부와 ⅠA-6형 철부의 특징을 모두 가지고 있어 소형화되는 주조철부의 과도기적 특징을 띤다고 볼 수 있을 것이다.

또한 ⅠA-3형 철부의 특징인 이조돌대가 퇴화되는 현상도 관찰된다. 봉성 유가보鳳城市劉家堡유적, 환인 추수동桓仁縣抽水洞유적에서 출토되는 주조철부는 ⅠA-3형으로 분류할 수 있지만, 돌대가 약해지거나 흔적만이 남아있다. 그리고 안산 추암유적과 같이 한 줄이나 세 줄의 돌대가 형성되는 것도 있다. 취락 2기가 되면, 전형적인 연산의 형식이었던 ⅠA-3형 철부가 변형되는 특징을 보인다.

한편 요동지역 취락 2기의 기종구성에서 철착과 단조철부가 포함되는 점이 주목된다. 철착은 연나라의 중심 지역에서는 비교적 이른 단계부터 출토되지만, 요동지역으로 유입된 최초의 기종구성에는 포함되지 않는다. 취락 2기에 보이는 철착의 형태는 연화보유적와 유가보유적의 철착(Ⅰ-1형)보다 이른 단계인 본계 상보유적의 철착(Ⅰ-2형)과 형식적으로 차이를 보인다.

단조철부는 Ⅱ-1형으로 공부와 신부를 따로 제작하여 단접한 형태를 띤다. 단조철부는 연나라의 전형적인 제작기술이라기보다는 한대에 들어서 보편화되는 기술이다. 단조제 철기류는 철부뿐만 아니라 철모, 철과, 철촉과 같은 무기류에서도 보이고 있어, 주조품과 함께 단조품의 제작과 유통이 이루어지기 시작한 시기로 볼 수 있다. 취락 2기에 단조품의 제작이 활발해지면서 연나라 철기문화의 영향을 벗어나기 시작하였다는 것을 추정할 수 있다.

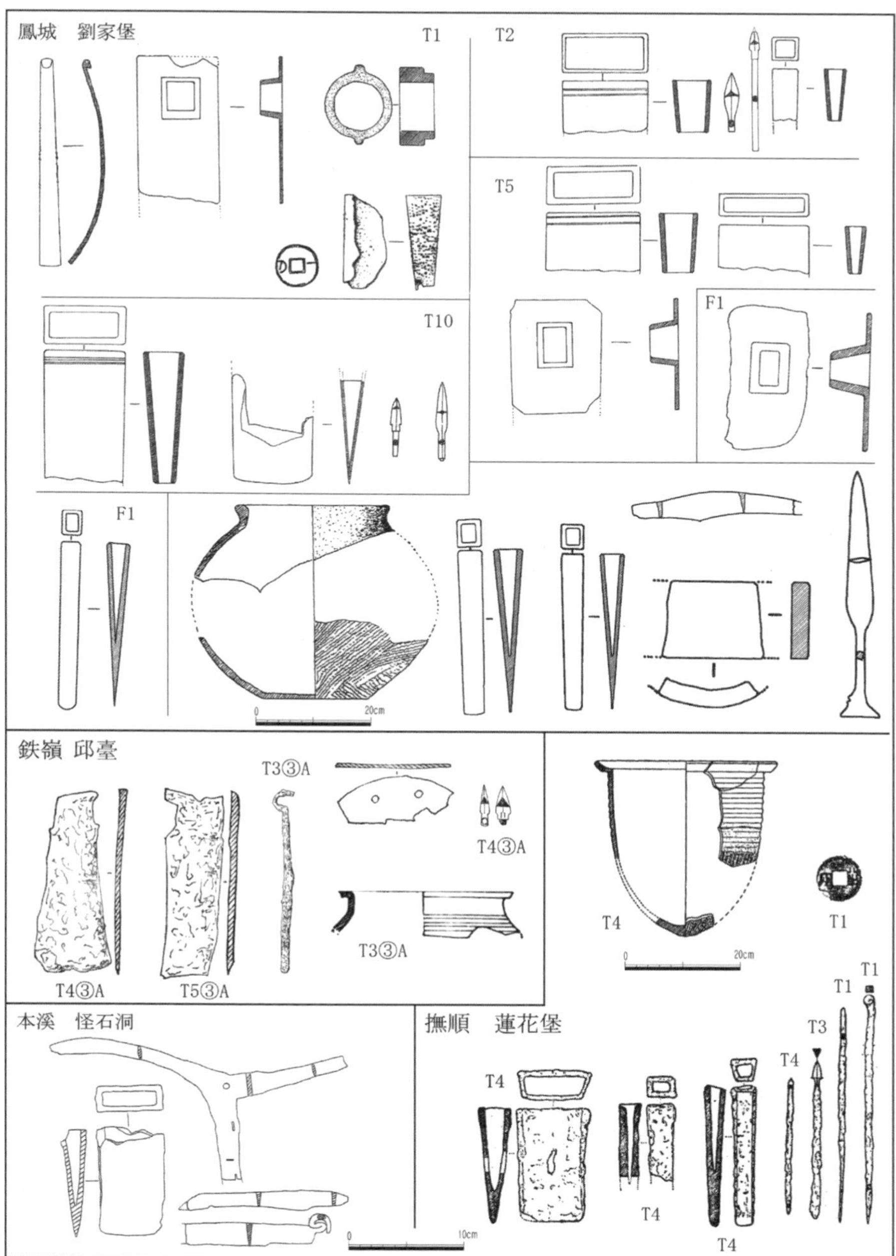

그림 4-36. 요동지역 취락 2기의 철기와 일괄자료2

취락 2기 철기의 특징을 가장 잘 보여주는 것이 안산 추암유적이다. 추암유적에서는 주조품과 단조품이 공존한다. 전형적인 전국시대 연산철기로 볼 수 있는 ⅠA-2형과 ⅠA-5형 철부와 함께 다소 변형된 ⅠA-3형 철부, Ⅰ-2형 철겸이 출토된다. 또한 주로 한대에 들어서 출토되는 단조철부, 철서, 철모, 철촉 등 단조품이 공존한다. 추암유적은 연나라 철기문화에서 한나라 철기문화로 넘어가는 과도기적 요소를 가진 유적으로 판단된다.

이처럼 요동지역 취락 2기는 연나라의 철기문화에서 한대의 철기문화로 전환되는 단계로서 철기와 함께 공반되는 화폐에서도 변화가 보인다. 기존의 명도전, 포전과 함께 전국시대 후기에 일시적으로 주조되는 일화전(기원전 226~222년; 王嗣洲, 1990[16])과 반량전이 출토된다. 그 연대를 진한교체기에서 전한대에 해당하는 기원전 2세기 전엽에서 기원전 2세기 후엽으로 두고자 한다.

(3) 요동지역 취락 3기

요동지역 취락 3기는 단조 철제품이 증가하는 시기이다. 취락 2기까지 주요 기종이던 주조철부는 감소하며, 괭이나 철산 등과 같은 굴지구가 증가하는 것을 특징으로 한다. 철삽과 같은 기종이 등장하는 것도 주목된다. 요동지역 취락 3기의 대표적인 유적으로 요양 삼도호遼陽市三道壕유적과 본계 적탑보자本溪市滴搭堡子유적이 있다.

삼도호유적은 주거지와 함께 도로, 요지가 확인되는 비교적 대규모의 취락이다. 다량의 철기류가 출토되었으나 정식 보고서가 출간되지 않아 그 구체적인 내용은 파악하기 어렵다. 하지만 현재까지 보고된 내용을 토대로 철기의 현황을 살펴보면 주조철부와 단조철겸, 괭이형철기와 같은 농공구류가 많다는 것을 알 수 있다. 또한 환두도자나 철검, 철촉과 같은 일부의 무기류에 대해서도 소개되었다(東北博物館, 1957).

삼도호유적의 철기류 중 그 형식을 파악할 수 있는 유물은 ⅠA-5형 철부 뿐으로 환두도자, 철겸 등도 출토되었으나 극히 일부만이 소개되어 철기의 형식변

---

16) 王嗣洲, 1990, 「大連市三處戰國時代貨幣窖藏」, 『考古』 2期.

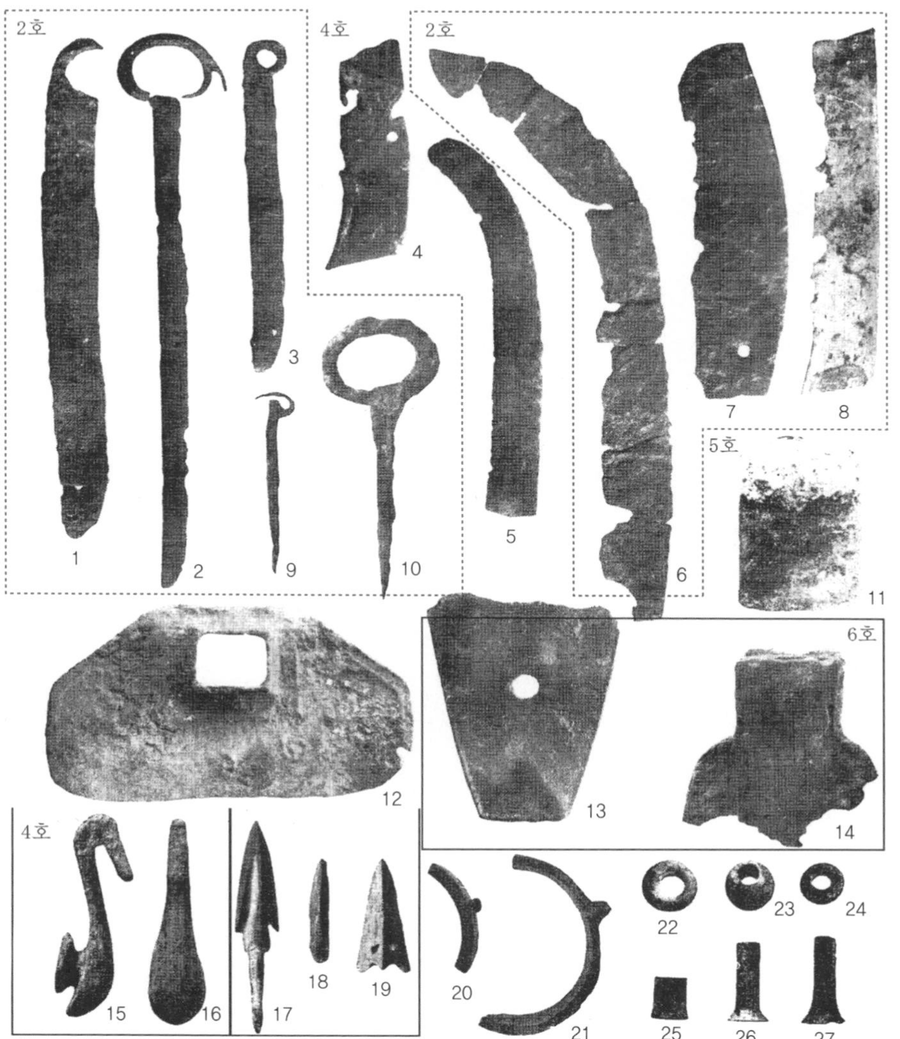

그림 4-37. 요양시 삼도호유적 철기의 현황

화는 알 수 없다. 삼도호유적에 소개된 철기류 중 주목되는 것은 철겸이다. 철겸은 대형의 단조철겸과 기부에 구멍이 뚫린 형태의 소형철겸으로 구분된다. 그 중 2호 주거지에서 출토되는 소형철겸은 위원 용연동유적 출토 철겸과 비교할 수 있다.

용연동유적의 철겸은 주조품으로 파손된 기부를 재가공한 후 구멍을 뚫었다. 용연동유적 철겸처럼 훼손된 철기를 재가공하는 경우가 있다는 점[17)]을 고려한다면, 삼도호유적 2호 주거지에서 출토된 소형철겸도 재가공한 주조철겸일 가능성이 높다. 그렇다면 2호와 4호 주거지에서 출토된 철겸의 형태를 띠는 철기류는 재가공 이전의 형태로 볼 수 있다. 삼도호유적 철겸의 사례는 단조철겸이 보편화된 이후에도 주조철겸이 재가공되어 사용되고 있음을 알려준다.

한편 적탑보자유적에서 출토되는 주조철부, 철산, 철삽, 철겸, 환두도자는 기본적으로 삼도호유적에서 출토되는 기종과 동일하다. 그러나 철부의 형태나 찰갑이 출토되는 양상에서 차이가 난다. 주조철부는 소형으로 인부가 넓어지며, 공부에 이조돌대가 형성되어 있다. 그 형태와 유사한 것으로 유수 노하심楡樹市老河深유적, 평양 조왕리 출토품이 있다. 특히 노하심유적은 동일한 형태의 철부와 찰갑이 출토되고 있어 동시기에 해당하는 것으로 생각된다. 노하심유적은 전한 후기에서 후한에 걸쳐 형성된 유적이다.

이와 같이 요동지역 취락 3기는 1~2기의 철기가 혼재되기도 하지만 단조품을 중심으로 한 한대의 철기가 출토되는 경향이 강하다. 또한 삼도호유적의 사례를 통해 취락 내 주조품의 재가공이 시도되었을 가능성도 있다. 공반되는 화폐가 오수전과 화천이 중심이므로 전한 중후기에서 후한대에 해당하는 시기로 추정된다. 따라서 요동지역 취락 3기는 기원전 2세기 후엽부터 기원 1세기 중엽으로 설정해두고자 한다.

17) 용연동유적 출토 철겸이 기부가 결실된 현상에 대해서는 2010년 국립중앙박물관에서 실시한 실견조사에서 미야모토 가즈오[宮本一夫] 교수의 조언에 의해 구체적으로 관찰할 수 있었다.

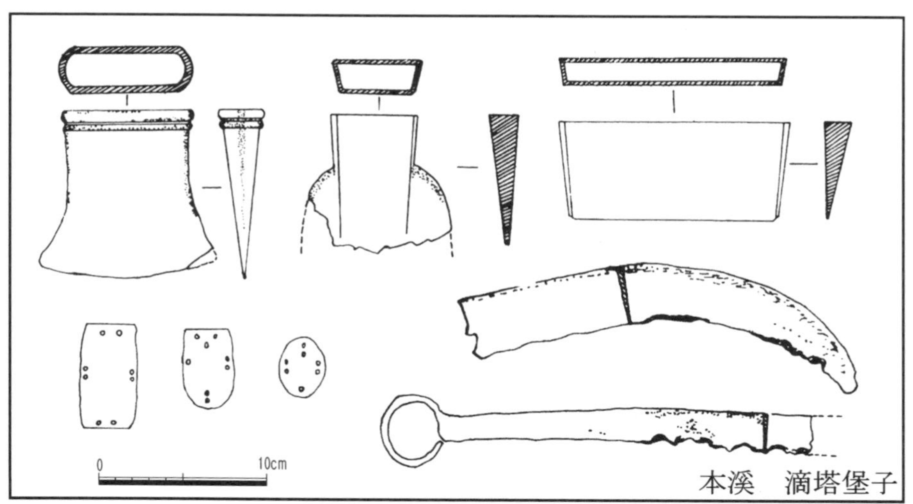

그림 4-38. 본계 적탑보자유적 철기의 현황

4. 소결

요동지역 철기문화의 변천과정을 살펴보기 위해 분묘와 취락이라는 유적의 성격에 따른 철기의 특징을 살펴보고 철기의 변천단계를 설정하고자 하였다. 또한 철기의 기종과 형식에 따른 조합관계의 변화를 살펴보고, 공반유물을 통해 철기의 변화양상에 대한 시간성을 검증하였다. 요동지역 철기문화의 변천단계는 요서지역과 마찬가지로 공반되는 화폐류의 변화와 거의 동시에 이루어지는 것으로 판단된다.

요동지역의 철기문화에서 분묘와 취락의 변천단계를 고려하면, 크게 3단계의 변천과정을 거치는 것으로 보인다. 먼저 기존의 청동기문화 안에서 소수의 철기가 포함된 단계로서, 연나라 철기가 본격적으로 유입되면서 분묘 1기와 취락 1기의 유적이 형성된다. 분묘와 취락에서 재지적인 청동제 무기류와 연나라 철제 농공구가 함께 부장된다. 그 연대는 반량전이 출토되기 이전이라는 점을 고려해 전국시대 후기인 기원전 3세기 중엽에서 기원전 2세기 전엽으로 보고자 한다. 다만, 철령 구대유적 5호 주거지의 주조철부와 공반되는 부釜와 두묘의 양식을 고려한다면, 취락 1기의 상한연대는 좀 더 올라갈 가능성도 있다.

다음으로 연나라 철기류의 변형이 이루어지고 철제 무기류가 본격적으로 출토되기 시작하는 단계이다. 분묘 2기와 취락 2기의 유적이 형성되는 시기로서 전한경과 반량전 등 한대의 문물이 유입되는 단계이다. 전한경과 반량전의 주조연대를 토대로 기원전 2세기 중엽에서 기원전 1세기 중엽으로 비정할 수 있다.

마지막으로 분묘 내 철기의 부장이 줄어들며 취락 내 한대 철기류가 출토되는 단계이다. 분묘 3기와 취락 3기의 유적이 형성된 시점으로 볼 수 있다. 단조철기류가 증가하는 경향이 강하며, 주조품을 중심으로 한 연나라 철기문화의 영향을 벗어나는 것으로 보인다. 다만, 삼도호유적에서 출토되는 재가공 철겸의 사례를 통해 주조 철기류를 재가공도 있었을 것으로 판단된다.

이상과 같은 요동지역 철기문화의 변천과정을 정리하면, 그림 4-39와 같이 요동 1기에서 요동 3기로 정리할 수 있을 것이다.

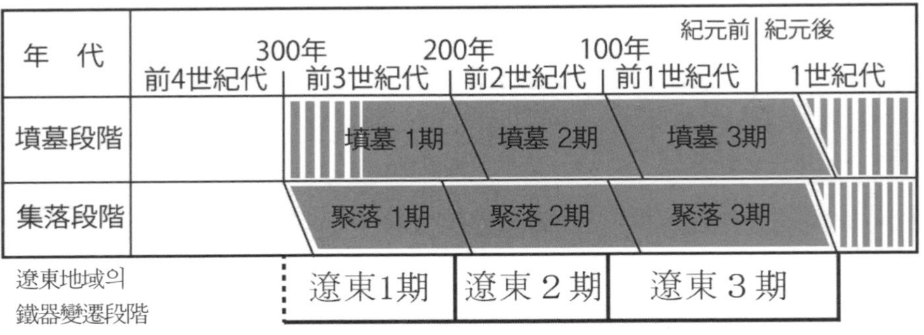

그림 4-39. 요동지역 철기의 변천단계

※ 표 4-12 참고문헌(표의 순번과 일치)
1. 吉林省文物工作隊 외, 1982, 「吉林樺甸西荒山屯青銅短劍墓」, 『東北考古与歷史』 1期.
2. 裵耀軍, 1989, 「遼寧昌図縣發見戰國,漢代青銅器及鐵器」, 『考古』 4期.
李矛利, 1993, 「昌図發見青銅短劍墓」, 『遼海文物學刊』 1期.
3. 孫守道, 1960, 「"匈奴西岔溝文化"古墳群的發見」, 『文物』 8·9期
4. 鐵嶺市文物管理辦公室, 1996, 「遼寧鐵嶺市邱台遺址試掘簡報」, 『考古』 2期.
5. 肖景全, 2010, 「新賓旺淸門鎭龍頭山石蓋墓」, 『遼寧考古文集』 2, 科學出版社.
6. 遼寧省文物考古研究所 외, 2008, 「撫順河心墓地發掘簡報」, 『遼寧省博物館館刊』, 遼海出版社.
7. 魏海波 외, 1998, 「遼寧本溪縣上堡青銅器短劍墓」, 『文物』 6.
8. 曾昭藏 외, 1981, 「桓仁大甸子發現青銅短劍墓」, 『遼寧文物』 1.
9. 齋俊, 1994, 「本溪地區發見青銅短劍墓」, 『遼海文物學刊』 2期.
梁志龍, 2003, 「遼寧本溪多年發見的石棺墓及其遺物」, 『北方文物』 1期.
10. 梅原末治 외, 1947, 『朝鮮古文化綜鑑』, 養德社.
11. 魏耕耕 외, 2010, 「蓋州沙溝子漢墓發掘簡報」, 『遼寧考古文集』 2, 科學出版社.
12. 許明綱 외, 1980, 「遼寧新金縣后元台發現銅器」, 『考古』 5期.
13. 新金縣文化館, 1981, 「遼寧新金縣馬山漢代貝墓」, 『文物資料叢刊』 4.
14. 旅順博物館, 1960, 「旅順口區后牧城驛戰國墓淸理」, 『考古』 8期.
中國社會科學院考古研究所, 1996, 「肆　樓上」, 『双砣子与崗山』, 科學出版社.
15. 于臨祥, 1958, 「營城子貝墓」, 『考古學報』 4期.
16. 劉俊勇, 1995, 「遼寧大連大潘家村西漢墓」, 『考古』 7期.
17. 于臨祥, 1965, 「旅順李家溝西漢貝墓」, 『考古』 3期.
18. 于臨祥, 1957, 「旅順市三澗區墓葬淸理簡報」, 『考古通信』 3期.
19. 開　炎, 1981, 「旅順魯家村發現一處」, 『文物資料叢刊』 4.

※ 표 4-13 참고문헌(표의 순번과 일치)
1. 遼寧省文物考古研究所, 2011, 「遼寧西丰縣東溝遺址及墓葬發掘簡報」, 『考古』 5期.
2. 鐵嶺市文物管理辦公室, 1996, 「遼寧鐵嶺市邱台遺址試掘簡報」, 『考古』 2期.
3. 王增新, 1965, 「遼寧撫順市蓮花堡遺址發掘」, 『考古』 6期.
4. 武家昌 외, 2003, 「遼寧桓仁縣抽水洞遺址發掘」, 『北方文物』 2期.
5. 東北博物館, 1957, 「遼陽三道濠西韓村落遺址」, 『考古學報』 1期.

6. 苗麗英, 1997,「本溪怪石洞發掘青銅器時代及漢代遺物」,『遼海文物學刊』1期.
7. 楊永葆, 1994,「本溪市南甸滴搭堡子發現漢代鐵器」,『遼海文物學刊』2期.
8. 許玉林, 1980,「遼寧寬甸發見戰國時期燕國的明刀錢和鐵農具」,『文物資料叢刊』3.
9. 鞍山市岫岩滿族博物館, 2009,「遼寧岫岩城南遺址」,『北方考古』2期.
10. 佟柱臣, 1956,「考古學上漢代及漢代以前的東北疆域」,『考古學報』1期.
11. 張喜榮, 1997,「台安白城子戰國遺址出土器簡介」,『遼海文物學刊』1期.
12. 馮永謙, 2010,「鳳城劉家堡西漢遺址發掘報告」,『遼寧考古文集』2, 科學出版社.
13. 리병선, 1961,「중강군 토성리 원시 및 고대유적 발굴 중간보고」,『고고민속』5.
14. 정찬영, 1965,「초기 고구려문화의 몇가지 측면」,『고고민속』4.
15. 김영우, 1964,「세죽리유적 발굴 중간보고(1)」,『고고민속』2.
김정문, 1964,「세죽리유적 발굴 중간보고(2)」,『고고민속』4.
16. 肖景全 외, 2007,「遼吉兩省相鄰地區早期鐵器時代文化的發見和研究」,『遼寧省博物館館刊』2, 遼海出版社.
17. 濱田耕作 외, 1929,『貔子窩』, 東亞考古學會.
18. 原田淑人 외, 1931,『牧羊城』, 東亞考古學會.
大貫靜夫 외, 2007,『遼寧を中心とする東北アジア古代史の再構成』, 平成16年度~18年度科學研究費補助金研究成果報告書.

제5장

한반도 철기문화의 유입과 변천

한반도·일본열도의 철기문화는 중국 동북지역에서 유입된 것으로 알려져 있으며, 특히 연나라의 철기문화에 영향을 받은 것으로 알려져 있다. 이에 대한 연구는 이미 많은 연구자에 의해서 이루어진 바가 있다(潮見浩, 1982; 村上恭通, 1997·1999; 東潮, 1999; 李南珪, 2002a). 많은 연구자들은 중국 전국시대 연나라와 한대의 철기문화가 주변 지역으로 확대되어가는 것으로 보면서 각 지역으로 확산된 철기가 지역적으로 변형되며 재지화된다고 해석하고 있다.

한반도 철기문화의 유입은 이미 철기의 보급이 이루어진 요령지역과 인접한 한반도 서북부지역(이하 서북부지역)이 선행하며, 남부지역도 서남부지역과 동남부지역의 유입시기의 차이가 크다는 것으로 알려져 있다. 한반도 서남부지역(이하 서남부지역)의 철기문화는 비교적 이른 시기에 철기가 유입되지만 크게 발전하지 못하는 반면, 한반도 동남부지역(이하 동남부지역)은 유입시기는 비교적 늦지만 이후 크게 발전하여 한반도 남부지역을 비롯한 일본열도까지도 영향을 주었다.

한반도 철기문화의 유입과 발전은 지역에 따라 서로 다른 영향을 받은 것으로 보고 있다. 철기의 유입은 일반적으로 전국시대 연나라의 영향을 받은 것으로 보고 있으나, 연나라와 별개로 소위 위만조선의 영향을 받았다고 보는 견해도 있다. 그러나 선행 연구에서는 유입단계의 철기로 보이는 유물에 대한 구체적인 검토없이 문헌에 기록된 당시의 정세에 의존한 경향이 강했다. 이후 한반도 철기문화의 발전에 결정적인 영향은 낙랑군의 설치라고 보고 있으며, 동남부지역의 창원 다호리유적과 사천 늑도유적의 낙랑계 유물들이 그 근거로 제시되어왔다.

중심지와 주변이라는 관점에서 선진문화의 확산은 지역에 따라 다른 유입과 전개과정을 띤다. 연산 남부에서 요동지역이라는 중국 대륙 내 철기의 확산과 한반도라는 변방지역으로 철기의 확산은 분명히 다른 계기적 촉매제가 있었을 것이다. 앞서 언급한 것처럼 한반도 내에서도 철기문화는 북부와 남부, 서부와 동부지역의 차이가 확인된다. 이것은 중국 대륙을 중심으로 한 중심지와 주변의 상호관계 속에서 지역에 따라 철기의 유입과 전개양상이 달랐기 때문일 것이다. 따라서 한반도 내 철기문화를 지역별로 구분하여 각각의 전개양상을 살펴보고 지역적 특징을 제시하고자 한다.

지역 구분은 2장에서 제시한 권역과 같다. 본 장에서 다루는 한반도의 제지역은 서북부지역, 서남부지역, 동남부지역이다. 동해안과 인접한 동북부지역과 한강을 중심으로 한 중부지역은 자료가 많지 않아 서북부지역과 함께 시기적 위치를 살폈다. 여기서는 각 지역의 철기문화를 살피며, 유입시기를 비정하고 변천단계를 설정하고자 한다.

1절 한반도 서북부지역 철기문화의 변천

서북부지역은 낙랑군의 치소가 위치하던 곳으로 낙랑군과 관련된 연구로 주목받던 지역이다. 특히 1916년대부터 평양 일대 고분과 토성의 조사가 이루어지면서 낙랑군의 위치에 대한 고고학적 검토가 이루어졌다. 서북부지역의 낙랑군 고분에 대한 검토가 이루어지면서 한식 유물과 재지계 유물이 함께 출토되는 현상에 주목하여 낙랑군의 설치 이후에도 기존의 토착민 문화와 공존한다는 것을 제시하였다(高久健二, 1995). 그리고 낙랑군 설치 이전에 청동기 주조기술을 토대로 한 재지적인 철기생산이 존재하였을 가능성도 지적되었다(村上恭通, 2008). 더불어 명문이 기록된 주조철부와 주조제 철촉이 존재하는 것을 통해 낙랑군 치소를 중심으로 한 서북부지역 내 철기생산이 이루어졌을 가능성도 제시되었다(東潮, 1999; 鄭仁盛, 2004). 이와 같은 서북부지역의 철기에 대한 연구는 대부분 아직 가설에 불과하다. 이것은 현재의 북한에 해당하는 지역으로 1990년대 이후 조사 및 보고 내용이 미약하며, 보고된 내용에 있어서도 한계가 있기 때문이다. 따라서 서북부 지역의 철기문화에 대한 실체를 파악하는 것은 쉽지 않은 과제이다.

본 절에서는 현재까지 조사·보고된 자료를 중심으로 서북부지역 철기문화의 유입과 전개과정을 살펴보고자 한다. 앞서 제시한 바와 같이 보고된 철기류는 다수가 낙랑고분에 부장된 것으로서 자료의 한계로 인해 가능성을 언급하는 정도에 그칠 것이다. 여기서는 낙랑고분에 부장된 철기를 중심으로 철기문화의 변천과정을 정리하고 그 연대를 상정해 보고자 한다.

1. 유적 현황

여기서 대상으로 하는 서북부지역은 철기가 출토된 유적이 분포하는 청천강 이남지역으로 행정구역상 북한의 황해도와 평안남도 일대이다. 북으로는 적유령산맥과 묘향산맥이 위치하며, 태백산맥으로 이어지는 북대봉산맥을 기준으로 서쪽에 해당하는 지역이다. 대상 유적은 해발 500m 이하의 평지와 저평한 구릉에 위치하며 대동강, 재령강 등 큰 강 유역 주변에 존재한다.

철기는 대부분 분묘의 부장품으로 출토되었다. 서북부지역의 분묘는 크게 대동강의 본류역과 재령강 일대에 주로 분포한다. 본고에서 다루는 분묘는 총 17개소 60기이다.

분묘의 집중도가 높은 대동강 일대는 평양 상리·조왕리·태성리, 황주 금석리, 순천리와 같은 대동강 하류와 지류에서도 분묘군이 확인되지만, 대다수가 평양 낙랑토성의 동쪽 구릉에 집중된다(그림 5-1). 낙랑고분은 목곽묘와 전실묘로서 낙랑군 설치 이후 비교적 긴 시간에 걸쳐 축조된다. 본고에서 다루는 철기의 부장이 이루어지는 분묘는 정백동, 정백리, 정오동, 석암리 일대에서 주로 분포하는데, 대부분 목곽묘의 부장품이다. 이 유적들은 한나라 묘제 양상을 따르고 있

그림 5-1. 평양시 일대 낙랑고분과 대상 유적의 분포

1.石巖里219號墳	2.石巖里212號墳	3.石巖里257號墳	4.石巖里205號墳
5.石巖里201號墳	6.石巖里200號墳	7.石巖里194號墳	8.石巖里120號墳
9.貞栢洞10號墳	10.貞栢洞2號墳	11.貞栢洞1號墳	12.貞栢洞3號墳
13.貞柏里2號墳	14.貞柏里4號墳	15.貞柏里4號墳	16.貞柏里3號墳
17.貞柏里17號墳	18.石巖里20號墳	19.貞梧洞3號墳	20.貞梧洞10號墳
21.貞梧洞5號墳	22.貞柏里122號墳	23.貞柏里127號墳	24.貞梧洞7號墳
25.貞梧洞9號墳	26.貞柏里221號墳		

(高久健二, 1995; 수정)

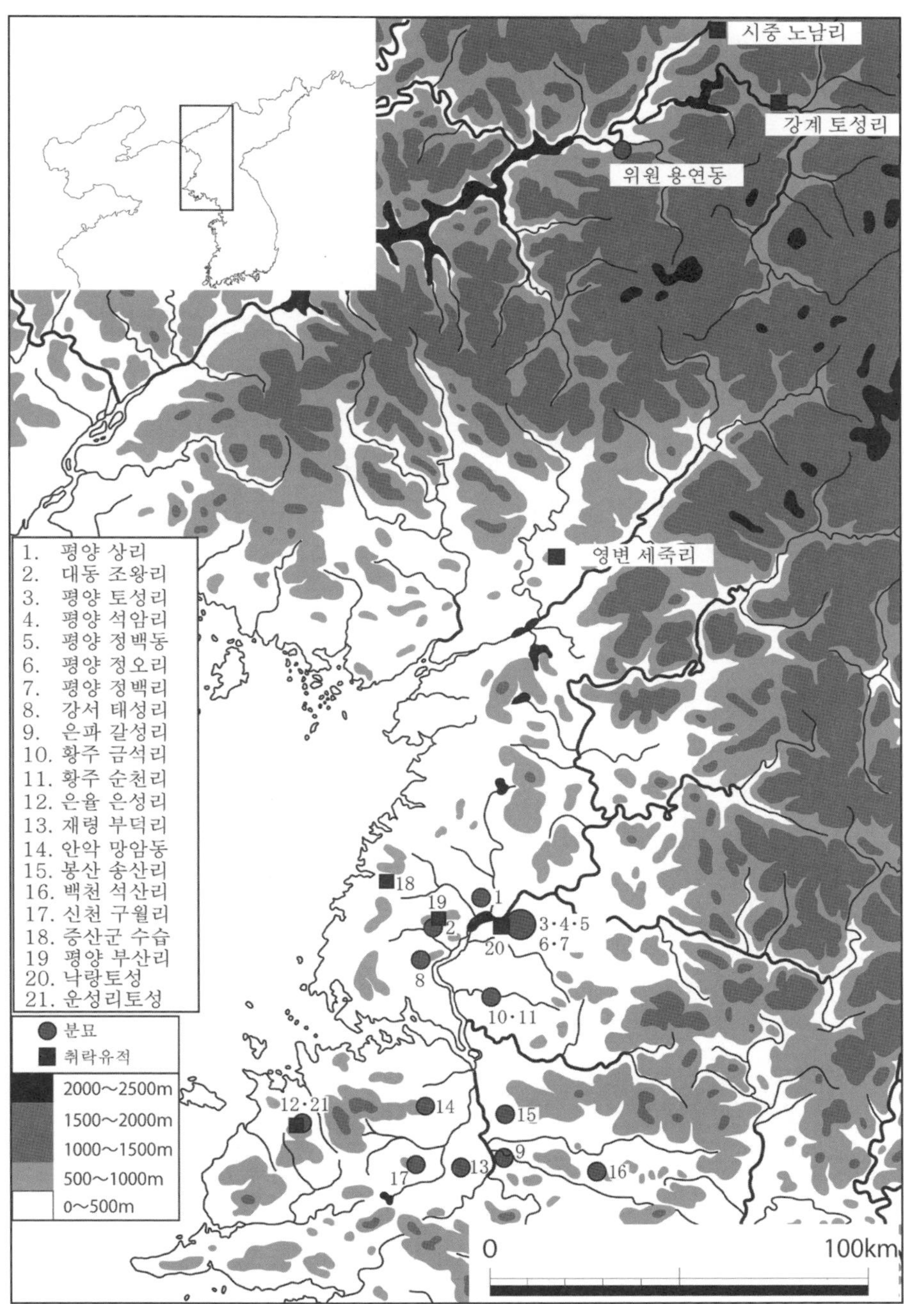
시중 노남리
강계 토성리
위원 용연동
영변 세죽리
1. 평양 상리
2. 대동 조왕리
3. 평양 토성리
4. 평양 석암리
5. 평양 정백동
6. 평양 정오리
7. 평양 정백리
8. 강서 태성리
9. 은파 갈성리
10. 황주 금석리
11. 황주 순천리
12. 은율 은성리
13. 재령 부덕리
14. 안악 망암동
15. 봉산 송산리
16. 백천 석산리
17. 신천 구월리
18. 증산군 수습
19 평양 부산리
20. 낙랑토성
21. 운성리토성
분묘
취락유적
2000~2500m
1500~2000m
1000~1500m
500~1000m
0~500m
0
100km

그림 5-2. 서북부지역 대상 유적의 분포

는 낙랑고분으로 50여 기 이상의 대규모 분묘군을 형성하고 있다. 부장품은 단조제 농공구류와 무기류가 출토되며 다수의 청동제품, 금은제품이 동반되며 화분형토기, 광구단경호와 칠기 등도 함께 출토된다.

재령강 일대의 유적은 1~4기 내외의 소규모 분묘군으로 은율 운성리, 재령 부덕리, 안악 망암동, 봉산 송산리, 백천 석산리 등이 있다. 이 중에서 송산리와 석산리유적은 석재를 이용한 구조의 분묘로서 주로 청동제 농공구류와 무기류가 부장되지만, 특히 주조철부가 함께 부장된다는 점이 주목된다. 두 유적은 낙랑군 설치 이전 단계의 분묘로 지적되는데, 대동강과 재령강 일대의 유적 간 존재하는 시기차로 볼 수도 있지만, 주요 유적만이 보고된 현재의 상황에서 단정하기는 어렵다. 다만 단조제 철기류와 다수의 한식 유물이 공반되는 대동강 일대는 낙랑군이 설치된 이후 본격적으로 형성된 분묘군이라고 볼 수 있다.

또한 한강 상류역에 해당하는 가평 달전리 2호 목관묘에서는 철부와 철겸, 철극戟, 환두도자 등이 부장된다. 철부 2점이 세트로 부장되는 양상과 철극, 화분형토기가 출토되고 유물 구성은 낙랑과 관련이 깊다고 볼 수 있다.

분묘에 부장된 철기 이외에 낙랑토성을 비롯한 토성지와 생활유적에서도 철기가 출토된다. 토성지는 낙랑토성과 운성리토성이 있다. 낙랑토성은 1930년대에 조사된 후 명확한 보고가 이루어지지 않다가 2000년대 들어서 보고되었다(鄭仁盛, 2004; 2007a·b). 철촉, 철검, 환두도자 등의 무기류와 철부 등의 농공구류가 총 110여 점이 출토되었다. 그러나 일부만이 그 출토 위치를 알 수 있을 뿐 공반유물이나 층위 등 시기를 결정할 수 있는 자료는 없고 낙랑토성이 제 기능을 하였던 시기를 넘지 않는다고 보고 있다(鄭仁盛, 2004).

낙랑토성의 철기 중 주목되는 것은 철촉과 주조철부이다. 금속학적 분석을 통해 철촉은 주조품이며, 열처리를 통한 탈탄공정이 이루어졌다는 것이 확인되었다(大澤正己, 2007). 이를 근거로 정인성은 낙랑군에서 철촉의 주조가 이루어졌다는 가능성을 지적하기도 하였다. 주조철부는 대형으로 융기선이 명확히 확인되는 형태로, 공부고銎部高는 높지 않다. 또한 금속학적 분석을 통해 열처리는 이루어지지 않은 것이 판명되었다. 이와 같은 주조철부의 특징을 통해 위원 용연동유적 출토품과 동남부지역 출토품의 과도기적인 양상을 띠는 것이라고 보기도 한다(村

上恭通, 2007a; 金想民, 2009). 운성리토성 역시 그 시기적인 위치는 알 수 없지만, 도刀, 철촉, 철겸, 철서鐵鋤 등이 출토되었다.

표 5-1. 한반도 서남부지역 부장철기의 현황(순번 그림 5-2와 일치)

順番	遺蹟	遺構	鐵器類	共伴遺物	參考文獻
1	平壤 上里		劍2·矛·戟·鑄造鐵斧·鍛造鐵斧·馬具類	細形銅劍·銅鐸3·車馬具類·花盆形土器·壺	梅原末治 외, 1947
2	大同 助王里		鑄造鐵斧	·	정백운, 1957
3	平壤 土城里	4	劍	漢鏡·細形銅劍·銅鏃20·馬具類·車馬具類 花盆形土器·壺	김종혁, 1974
4	平壤 石巖里	20 (丁墓)	環頭刀·斧·鎚	漢鏡·漆器類	小場恒吉 외, 1974
		120[1]	戟	弩·五銖錢(約184)·漆器類·壺	關野貞 외, 1927
		194 丙墓	劍·環頭刀子·環·鎖	漢鏡3·馬具類, 銅帶鉤, 銅鏃 등 銅器類 다수 玉類·銀製品類·漆器類·瓦·壺10·豆	小場恒吉 외, 1974
		200	劍片3·刀子片·鏃	弩·漢鏡2·銅鏃·馬具·銅製品·車馬具類玉類·銀製品類·漆器類	小場恒吉 외, 1974
		201	劍·矛·戟	車馬具類·漆器類·玉類·金銀製品類·壺7	小泉顯夫, 1934
		205	劍2	漢鏡·「王盱信印」木印·壺類	原田淑人 외, 1931
		212	劍·矛2	弩·漢鏡·銅帶鉤·銅製品·壺21·漆器類·五銖錢	朝鮮古跡研究會, 1935
		219	斧·劍	弩·金製品·馬具·車馬具類玉類「王根信印」銀印·花盆形土器·壺	小場恒吉 외, 1974
		257	劍·戟·刀子·馬具	漢鏡2·銅帶鉤·銅鏃·壺3·漆器類	朝鮮古跡研究會, 1936
5	平壤 貞栢洞	1	劍2·矛·刀·斧?·札片·馬具	弩·細形銅劍·細形銅矛·銅鏃15·銅鐸など銅製品 花盆形土器·壺·「夫祖薉君」銀印	리순진, 1974a
		2	劍·馬具	漢鏡·細形銅劍·銅製品 다수·花盆形土器·壺 金製帶鉤·「夫祖長」銀印·「高常賢印」銅印	사회과학원 고고학연구소, 1983a

順番	遺蹟	遺構	鐵器類	共伴遺物	參考文獻
5	平壤 貞栢洞	3	劍2 · 鑄造鐵斧	漢鏡 · 細形銅劍 · 花盆形土器2 · 壺10 · 玉類 · 銀製品明刀錢 · 五銖錢10	사회과학원 고고학연구소, 1983a
		10	斧?	花盆形土器 · 壺2	
		36	矛 · 鍛造鐵斧2 · 鎌 · 釣	漢鏡 · 銅帶鉤 · 壺2 · 印章	사회과학원 고고학연구소, 1978
		37	劍2 · 刀子 · 矛 · 馬具	漢鏡3 · 細形銅劍 · 銅鏃4 · 弩 · 馬具類 · 車馬具類花盆形土器 · 壺 · 金製帶鉤	
		49	矛 · 鎌 · 鍛造鐵斧?	漢鏡 · 玉 · 花盆形土器 · 壺	
		53	劍 · 環頭刀子2 · 戟2 · 矛 · 鍛造鐵斧?鑿2 · 馬具類 · 鐵釜2	漢鏡 · 車馬具類(다수) · 靑銅品(다수)花盆形土器 · 壺2	
		58	劍 · 環頭刀子4	漢鏡 · 銅帶鉤 · 車馬具類 · 花盆形土器2 · 壺2	
		62	劍2 · 矛 · 環頭刀 · 鑄造鐵斧 · 鍛造鐵斧 · 鎚 · 鉗 · 馬具類	銅帶鉤 · 銅鏃 · 車馬具類 · 花盆形土器2 · 壺4	
		67	劍 · 環頭刀 · 環頭刀子 · 鍛造鐵斧 · 鑿 · 鎌 · 馬具	花盆形土器2 · 壺7	
		81	矛2 · 環頭刀2 · 刀子2 · 馬具 · 車馬具鍛造鐵斧2 · 鑿 · 鎌 · 鍛冶具	花盆形土器 · 壺	
		84	矛2 · 鍛造鐵斧2 · 鑿	弩 · 花盆形土器 · 壺5	
		88	劍2	弩 · 細形銅劍 · 車馬具類 · 花盆形土器2 · 壺2	
		94	馬具類 · 車馬具類	銅製品 · 花盆形土器2 · 壺2	
6	平壤 貞梧里	3	劍	漢鏡2 · 漆器類 · 花盆形土器 · 壺6	사회과학원 고고학연구소, 1983a
		5	劍2 · 斧? · 刀子 · 馬具類	弩 · 漢鏡2 · 漆器類 · 玉類 · 花盆形土器 · 壺4	
		7	劍 · 刀子	漢鏡 · 花盆形土器 · 壺2 · 漆器類 · 유리옥	
		9	劍 · 馬具類	漢鏡 · 漆器 · 五銖錢 · 花盆形土器 · 壺5	
		10	劍 · 斧?2 · 馬具類	弩 · 漢鏡2 · 車馬具類 · 漆器6 · 花盆形土器2 · 壺7	
7	平壤 貞柏里	2[2)]	鏃2 · 劍	漢鏡2 · 銅器類 · 漆器類	關野貞 외, 1927
		3[3)]	劍 · 鏃	漢鏡2 · 漆器類 · 五銖錢	
		4	劍	漢鏡 · 銅帶鉤 · 漆器類	朝鮮古跡硏究會, 1936

順番	遺蹟	遺構	鐵器類	共伴遺物	參考文獻
7	平壤 貞柏里	17	鐵器2(미상)	土器類10·青銅器類7·漆器類38·玉類6	朝鮮古跡研究會, 1934b
		122	劍片	漢鏡2·壺3·玉類(多數)·漆器片	朝鮮古跡研究會, 1934a
		127	劍	漢鏡2·弩·銅鉇·銅帶鉤2 등 다수의 銅器類漆器類(다수)·花盆形土器·壺2·「王光」印章2	小場恒吉 외, 1935
8	江西 台城里	6	劍·環頭刀子·矛·鍛造鐵斧2·鑿·鎌·環·馬具	銅帶鉤·車馬具類·花盆形土器·壺4	채희국, 1958
		8	劍·矛·斧?2·鑿·鎌	花盆形土器	
		9	斧?·鎌	花盆形土器·壺	
		10	矛·斧?2·鎌·鑿	細形銅劍·銅矛·車馬具類·銅製品·銀製品·玉類	
		13	矛·斧?·鎌·鑿·馬具類	銅製品	
		15	劍·矛·斧?2·鎌·鑿·車馬具類·鐵片	弩·花盆形土器·壺	
		16	劍·矛·車馬具類	·	
9	銀波 葛峴里		劍·矛·板狀鐵斧	弩·細形銅劍·銅矛·車馬具類·花盆形土器	《조선유물도감》 편찬위원회, 1989
10	黃州 金石里		劍2·鑿2·鍛造鐵斧2·車馬具類	弩·細形銅劍·銅製品·花盆形土器·壺	사회과학원고고학연구소, 1983b
11	黃州 順川里		戟·刀·鍛造鐵斧·鐵釜	車馬具類·花盆形土器	《조선유물도감》 편찬위원회, 1989
12	殷栗 雲城里	3号	刀·環頭刀·矛·斧?2·鑿	花盆形土器·壺	리순진, 1974b
		4号	劍·矛·斧?2·鎌	花盆形土器·壺	
		5号	劍·環頭刀子·鑄造鐵斧·馬具類·車馬具類	車馬具類·玉21·花盆形土器2·壺3	
		9号	劍·鍛造鐵斧·鑿	細形銅劍·馬具類·車馬具類·玉23·花盆形土器·壺	
	殷栗 雲城里 가말믜	5次1	劍·鏃5·鐵片	弩·花盆形土器·壺3·漆器片	리규태, 1983
		5次2	鋤·鐵釜2	花盆形土器2·壺	
		5次3	劍·環頭刀子·鎌	花盆形土器·壺	
13	載寧 富德里		劍·鍛造鐵斧·鑿·車馬具類	細形銅劍·銅矛	리순진, 1963
14	安岳 望岩洞	2	刀·劍·鍛造鐵斧2·鑿	·	전주농, 1963

順番	遺蹟	遺構	鐵器類	共伴遺物	參考文獻
15	鳳山 松山里		鑄造鐵斧	細形銅劍 · 銅斧2 · 鑿2 · 鉇 · 銅鏡	황기덕, 1963
16	白川 石山里		鑄造鐵斧	細形銅劍 · 銅戈	황기덕, 1974
17	信川 九月里		鑄造鐵斧	·	西谷正 외, 1978
22	加平 達田里	2	環頭刀 · 戟 · 鍛造鐵斧2 · 鎌	花盆形土器 · 壺	박성희, 2003 한국문화재조사 기관협회, 2011
		3	馬具	細形銅劍 · 花盆形土器	

? : 鍛造/鑄造 구분할 수 없음

1) 참고문헌에는 大同江面8號墓로 표기됨, 2) 참고문헌에는 大同江面2號墓로 표기됨,
3) 참고문헌에는 大同江面3號墓로 표기됨

표 5-2. 한반도 서남부지역 취락 출토 철기의 현황(순번 그림 5-2와 일치)

順番	遺蹟	遺構	鐵器類	共伴遺物	參考文獻
18	甑山郡		斧의 鑄型(용범)	·	정백운, 1957
19	大同斧山面		斧의 鑄型(용범)	·	정백운, 1957
20	樂浪土城		鑄造鐵斧9 · 鍛造鐵斧3 · 鍤鐵製 工具類3 · 劍片 · 刀子10 · 鏃45	·	鄭仁盛, 2007
21	雲城里土城		刀 · 鏃 · 鎌2 · 鋤	花盆形土器 · 壺	리순진, 1974b
23	加平 大成里	原37住	鑄造鐵斧4	·	(財)京畿文化財 研究院, 2009
		原38住	鑄造鐵斧 · 釣	壺片	
		原40住	鑄造鐵斧4 · 釣 · 札甲2 · 鋤	·	
		原41住	鑄造鐵器片4	·	
		原43住	鑄造鐵器片	·	
		原44住	札甲3	花盆形土器 · 壺片	
		原15竪	鑄造鐵斧片	·	
		原46竪	札甲	花盆形土器7	
		原38竪	鑄造鐵斧	壺片	
		原39竪	鑄造鐵斧	壺片	
		原44竪	札甲3 · 鐵莖銅鏃	花盆形土器 · 壺	
		原49竪	鑄造鐵斧 · 札甲	花盆形土器4 · 壺片	
		原51竪	鑄造鐵斧 · 鑄造鐵器片4 · 鎌片	瓦片?	
		原59竪	鑄造鐵斧 · 鐵片	·	

한편 인천 운북동 1호 주거지와 가평 대성리유적과 같이 취락 내 철기가 출토되는 현상도 확인된다. 운북동유적 1호 주거지에서는 2점의 철겸이 출토되었는데, 층위에 따라 그 형태가 다소 차이를 보여 시기에 따른 철겸의 변화양상을 추정할 수 있다. 그리고 주조철부의 파편이 출토되는 2호 주거지에서는 오수전이 함께 출토되고 있어 그 시기를 추정할 수 있다. 가평 대성리유적에서도 주거지와 수혈 내에서 주조철부, 소찰과 같은 철기류가 출토되었다. 철기류와 함께 화분형토기가 공반되고 있어 낙랑군과 관련성이 깊은 취락으로 평가할 수 있다. 그 밖에도 대동 부산리 일대에는 주조철부의 용범이 채집되어 보고된 바 있다. 부산리 용범은 공반유물을 알 수 없어 시기를 알 수 없다. 하지만 서북부지역 분묘 내 유물의 전체적인 변천양상을 면밀히 살핀 후 비교분석한다면 그 시기적 위치를 추정할 수 있을 것이다.

서북부지역의 주거지 내 출토된 철기류는 그 사례가 아직 적은 편이나 부장된 철기의 변천양상과 비교하여 시기를 비정해 보고, 다수를 점하는 부장철기의 변천단계를 제시한 후 취락 출토 철기를 재검토하여 시간성을 추정해 보고자 한다.

2. 부장철기의 변천

1) 단계설정 및 검증

(1) 단계설정

한반도 서북부지역의 철기류는 주로 낙랑군 설치 이후에 출토되기 시작하여 이후 점진적으로 확대된다고 본다. 앞서 살펴본 것처럼 주로 낙랑의 철기에 주목한 연구가 진행되어, 단조철부나 단조제 무기류에 연구가 집중되었으며, 「大河五」 명銘의 주조철부와 철제 부釜, 마차 부속구의 주조기술에 대한 검토가 이루어졌다(李南珪, 1993; 東潮, 1999). 결국 낙랑 철기의 변화양상에 대한 구체적인 검토가 이루어지지 않은 상태에서 낙랑의 철기문화가 한반도 남부지역의 철기문화에 영향을 주었고 철을 매개로 한 교류관계가 있었다는 것이 논의되고 있었다.

그림 5-3. 한식 철검의 예(석암리 219호)

서북부지역 철기문화의 등장과 전개과정을 살펴보기 위해 철기가 출현하는 시기에 해당하는 목관묘와 목곽묘에서 부장되는 철기류의 특징을 살펴보고 단계별 변천과정도 살펴보기로 한다.

앞서 살펴본 서북부지역 철기의 출토현황에서 파악할 수 있는 분묘 내 부장양상은 비교적 단순하다. 크게 주조철부와 청동제 무기류가 공반되는 유형(A), 철부 2점과 무기류가 공반되는 유형(B), 무기류만이 부장되는 유형(C)으로 구분된다. 주조와 단조라는 제작기술을 확인할 수 있는 범위 내에서 살피고자 하며, 농공구를 중심으로 한 형식을 정리해 보았다.

주조철부가 단독으로 출토되는 A유형에서 철기는 ⅠA-1형 철부만이 출토되는 반면, 철부의 세트관계가 특징인 B유형에서는 일부 ⅠA-6형 철부로 판단할 수 있는 유물도 있지만, 대다수는 Ⅱ-1형 철부 2점이 공반되는 양상이다. 2장에서 살펴본 바와 같이 전국 연나라에서 한대에 이르는 철부의 변화양상을 따르고 있는데, 대형의 주조철부가 소형화되면서 소형의 단조철부로 변화되는 경향이 보인다. 이를 토대로 ⅠA-1형 철부→ⅠA-6형 철부→Ⅱ-1형 철부로의 변화를 추정할 수 있다. 부장양상을 보면 ⅠA-1형 철부의 단독→ⅠA-6형 철부+Ⅱ-1형 철부의 세트→Ⅱ-1형 철부의 2점 세트로 변화한다는 것을 알 수 있다. 다만 보고된 도면과 사진자료만으로 주조품과 단조품을 구분하기 어려운 점도 있다.[1] 그렇지만 적어도 단독부장에서 복수부장으로 변화되는 현상은 타당할 것으로 보인다.

1) 실제로 도면으로 보고된 철부의 형태는 거의 동일하다. 대다수가 단조철부인 것으로 보이지만, 평양 상리유적 철부의 경우 실견한 결과 대형 철부는 주조품인 것을 알 수 있었다. 그 밖의 사진을 통해 확인할 수 있는 자료 중에서는 표면이 녹슨 형태를 통해 주조품인 것을 알 수 있는 자료도 확인된다. 따라서 본고에서 제시한 표에서는 보고 기록과 사진 등을 통해 명확히 알 수 없는 자료는 미상으로 표기·기록하였다.

또한 철부류와 공반되는 철기류에는 농공구류와 무기류가 있다. 각 형식별로 조합양상을 살펴보면 ⅠA-1형 철부는 청동제 농공구류와 무기류가 공반되는 반면, ⅠA-6형·Ⅱ-1형 철부는 철제 농공구류와 함께 세형동검, 철제 무기류가 공반되는 양상을 띤다. 특히 한경과 한식 철검[2)]의 부장을 통해 대략적인 시기를 추정할 수 있다. 그러므로 A유형의 철기 부장에서 B유형의 철기 부장으로 변화되는 것을 상정할 수 있다.

반면 철부류가 부장되지 않고 철제 무기류만이 부장되는 C유형은 철제 농공구류를 제외한 철기의 부장양상이 B유형과 동일하다. 다만 A·B유형의 부장양상과 달리 청동제 무기류가 부장되는 양상은 거의 보이지 않는다. 세형동검, 동모, 동과 등은 철기가 유입되기 이전 단계부터 존재하였으며, 철기의 등장 이후 철제 무기화되는 기종이라는 점을 감안한다면, C유형은 A·B유형보다 늦은 단계로 볼 수 있다.

이상의 내용을 종합하면 표 5-3과 같이 정리할 수 있다. 즉, 가장 이른 단계의 철기와 부장양상을 보이는 A유형, 이후 B유형에서 C유형으로 철기의 부장양상이 변화되는 것으로 생각할 수 있다. 이를 각각 서북부지역 철기의 변천단계인 서북부 1기에서 3기로 설정할 수 있다.

표 5-3. 한반도 서북부지역 철기의 부장양상과 단계설정

分類	農工具類															武器類														기타					段階
	斧類				鎌			鑿類				青銅鉇	鍛冶具	鋤	刀子	環頭刀子	劍			刀	環頭大刀	矛		鏃		青銅戈	戟	弩器	馬具		車馬具		鐵釜	
	青銅斧	鑄造(Ⅰ)		鍛造	板狀	鍛造(Ⅱ)			青銅鑿	鐵鑿								細形銅劍	鐵劍	漢式			青銅	鐵	青銅	鐵				青銅	鐵	青銅	鐵		
副葬樣相		A-1	A-6	Ⅱ-1	3a	1	2	3		Ⅱ-2	Ⅱ-3	Ⅱ-4																							
A	●	●							●				○					●									●								1期
B			●	●	○	●	●			○	●			○		●	◑	●	●	●	●	◑	●	●	●	○		●	●	●	●	●	●	●	2期
C						○		○		○				○	○	◑	●	○	●	●		○	○	●		●		◑	●	●	●	●	●	◑	3期

※●:主流, ◑:少數, ○:1点

2) 검신檢身과 기부基部에 검의 관부장식關部裝飾이 존재하는 특징을 기준으로 한식 철검으로 분류하였다.

표 5-4. 한반도 서북부지역 단계별 부장철기의 현황

器種 / 遺蹟		農工具類															武器類																기타					段階
		斧類					鎌			鑿類				青銅鉇	鍛冶具	鋤	刀子	環頭刀子	劍			刀	環頭大刀	矛		鏃				青銅戈	戟	弩器	馬具		車馬具		鐵釜	
		青銅斧	鑄造(I) A-1	鑄造(I) A-6	鍛造 II-1	板狀 3a	鍛造(II) 1	鍛造(II) 2	鍛造(II) 3	青銅鑿	鐵鑿 II-2	鐵鑿 II-3	鐵鑿 II-4						細形銅劍	鐵劍	漢式			青銅	鐵	青銅鏃 兩羽	青銅鏃 三羽	青銅鏃 三角	鐵鏃				青銅	鐵	青銅	鐵		
松		◎	●							◎				●					●																			1期
石			●																●											●								
上				●	●														●	◎					●						●		●	●	●			2期
富					●								●						●		●			●											◎			
金					◎						○2								●	◎														●		◎		
葛						●													●	●				●	●											◎		
栢	1				●							◎					◎		●	◎	◎	●		●	●	■6		■9				◎	■	■	■			
雲	3			◎							○						●					●	●		●													
栢	62			●			●								◎					●	◎		●		◎				●					■	●	●		
栢	3			●															●		●	●																
雲	5			●													●	●			●													●	●	●		
梧	10			◎																	●											●	◎					
栢	10			○																																		
台	6				◎		●										●	●			●				◎										●			
台	8				◎			○				●	●				◎			◎					●													

器種 / 遺蹟		農工具類															武器類															기타					段階
		斧類					鎌			鑿類				青銅鉇	鍛冶具	鋤	刀子	環頭刀子	劍			刀	環頭大刀	矛		鏃				青銅戈	戟	弩器	馬具		車馬具		鐵釜	
		青銅斧	鑄造(Ⅰ)		鍛造Ⅱ-1	板狀3a	鍛造(Ⅱ)			青銅鑿	鐵鑿								細形銅劍	鐵劍	漢式			靑銅	鐵	青銅鏃			鐵鏃				青銅	鐵	青銅	鐵		
			A-1	A-6			1	2	3		Ⅱ-2	Ⅱ-3	Ⅱ-4													兩羽	三羽	三角										
台	15				◎		●					○								●					●							●						2期
台	9				●		●																															
台	13				●		○					●													◎													
雲	9				●														●		●												●		●			
栢	36				◎			●																	●													
栢	49				●		●																		●													
順					◎																	●									●				■		●	
栢	53			●								◎									●	●			●						●		◎	●	■	●	◎	
栢	81				◎		○					●			◎		◎						◎		◎									●	○			
雲	4			◎				●													●				●													
栢	2			○															●	○														●				
台	10				◎		○					●					●		●	○				●	●										■			
望	2				◎							●								●		●																
栢	67				●		○					○						●			●		●											●				
栢	84				◎							●													◎							●						
梧	5				●												●				●	●										●	●	●			●	

器種 / 遺蹟		農工具類															武器類																기타					段階
		斧類					鎌			鑿類				青銅鉇	鍛冶具	鋤	刀子	環頭刀子	劍			刀	環頭大刀	矛		鏃				青銅戈	戟	弩器	馬具		車馬具		鐵釜	
		青銅斧	鑄造(I)		鍛造 II −1	板狀 3 a	鍛造(II)			青銅鑿	鐵鑿								細形銅劍	鐵劍	漢式			青銅	鐵	青銅鏃			鐵鏃				青銅	鐵	青銅	鐵		
			A −1	A −6			1	2	3		II −2	II −3	II −4													兩羽	三羽	三角										
巖	219				●															●	●											●	■		■			2期
巖	257			○													●			○							○				●			◎				
土	4																		●			●				■		■8					◎		■			過渡期
栢	37																●		●	●	●				●			■4					◎	●	■			
栢	88																		●	●	●											●			●			
巖	20						○								●								●		●													3期
栢	58										●							■4			●																	
雲가	3								○									●			●																	
雲가	1																	●			●			●					■			●						
栢	94																																	●		●		
雲가	2															●																					◎	
巖	194																	●			●							■					●		■			
巖	200																●				●3				●		■	◎	●			●	●		■			
巖	201																				○				●						●				■			
巖	212																				●				◎							●						
梧	3																				●																	

遺蹟		農工具類															武器類																기타					段階
		斧類					鎌			鑿類				青銅鉇	鍛冶具	鋤	刀子	環頭刀子	劍			刀	環頭大刀	矛		鏃				青銅戈	戟	弩器	馬具		車馬具		鐵釜	
		青銅斧	鑄造(Ⅰ)		鍛造	板狀	鍛造(Ⅱ)			青銅鑿	鐵鑿								細形銅劍	鐵劍	漢式			青銅	鐵	青銅鏃			鐵鏃				青銅	鐵	青銅	鐵		
			A-1	A-6	Ⅱ-1	3a	1	2	3		Ⅱ-2	Ⅱ-3	Ⅱ-4													兩羽	三羽	三角										
梧	7																●				●																	3期
梧	9																				○													●				
台	16																			●					●											●		
柏	2																			○									◎									
柏	3																				●								●									
柏	4																			○																		
柏	122																			○																		
柏	127																				●											◎	◎					
巖	205																				◎																	
巖	120																														●	●						

石；白川石山里, 松；鳳山松山里, 上；平壤上里, 台；江西台城里, 富；載寧富德里, 金；黃州金石里, 葛；雲川葛城里, 雲；殷栗雲城里
雲가；殷栗 雲城里가말믜, 望；安岳 望岩里, 巖；平壤 石巖里, 梧；平壤 貞梧里, 栢；平壤 貞栢洞, 土；平壤 土城里 柏；平壤 貞柏里,
順；黃州順川里
※●:1点, ◎:複數, ■:多數, ○:可能性

(2) 변천단계의 검증

앞서 제시한 변천단계는 철부류의 형식과 철기 부장양상의 변화를 토대로 설정한 것이다. 이와 같은 서로 다른 부장양상을 시간적인 변화로서 인정할 수 있는지 다양한 관점에서 검증하고자 한다. 왜냐하면, 이러한 부장양상의 차이는 서북부지역에 낙랑군 설치 이후 확인되기 시작하는 한대 분묘와 유물이 정착하는 과정에서의 시기적인 차이도 있겠지만, 계층차로 생각될 수도 있기 때문이다. 따라서 앞서 제시한 변천단계의 시기적인 차이를 인정하기 위해서는 시간성을 살필 수 있는 고고학 자료의 변화양상과 비교하여 검증하는 과정을 거쳐야한다.

여기서는 선행연구를 통해 시간성을 알 수 있는 분묘의 구조변화와 공반유물의 변화를 살피고자 한다. 먼저 낙랑고분의 구조변화는 기본적으로 목곽묘에서 전실묘로 변화되는 것으로 보고 있지만, 본고의 대상 시기에 한정하면 목곽묘가 대부분이다. 낙랑 목곽묘의 변화와 편년은 다카구 겐지에 의해 연구된 바 있다.

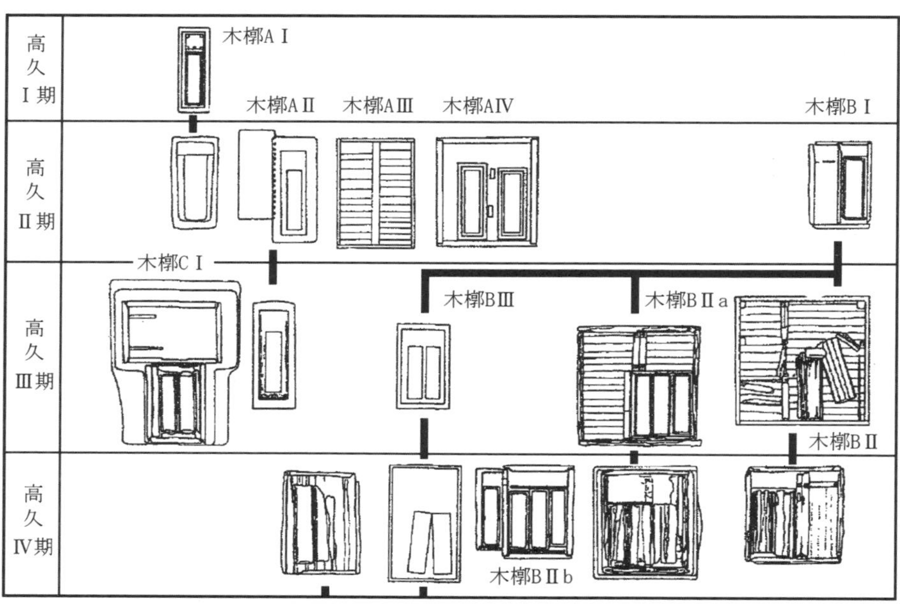

그림 5-4. 다가쿠 겐지의 낙랑고분 편년(高久健二, 1995)

목곽 내 목관의 위치를 기준으로 A류와 B류로 분류하고 각각 4형식으로 분류하였다(高久健二, 1995). AⅠ式(高久Ⅰ기)은 가장 고식으로 점차 변형되면서 AⅡ식에서 AⅣ식으로 발전하며, 더불어 BⅠ식이 등장한다고 보았다(高久Ⅱ기). 이후 BⅠ식은 BⅡ식에서 BⅢ식 형태로 변형되어 주류로 자리 잡는데, 이후 전실묘과 병존하는 양상으로 전개된다(高久Ⅳ기). 이를 정리하면 크게 A류 목곽묘→B류 목곽묘→전실묘로 변화되는데, 이는 일시적인 변화가 아니라 일정 기간동안 공존하면서 서서히 전환되는 것으로 생각된다(그림 5-4).

또한 낙랑고분에서 주로 부장되는 토기류는 화분형토기와 광구단경호, 평저단경호, 옹이 있다. 부장토기의 형식변화에 대해서는 다카구 겐지의 토기 편년을 참고할 수 있다(高久健二, 1995). 다만 다카구 겐지는 화분형토기 형식을 2형식으

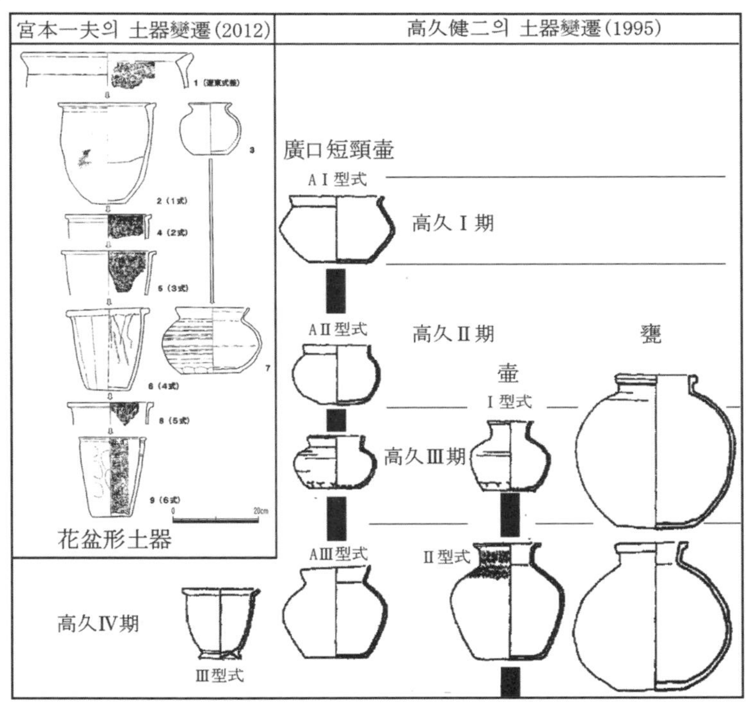

그림 5-5. 낙랑고분 부장토기의 변천(高久健二, 1995; 宮本一夫, 2012 수정)

로 분류하고 있는 한편, 이후 발표된 미야모토 가즈오의 논고에서는 요동식 연식부燕式釜 계통인 평양 미림리 출토 화분형토기를 고식古式으로 두고 구연의 단순화와 함께 평저화되는 경향으로 변화를 상정하여 6형식으로 분류하고 있다(宮本一夫, 2012). 두 연구자의 분류는 모두 구연부와 저부 형태의 변화에 기초를 두고 있으나, 미야모토 가즈오의 분류가 다카구 겐지의 분류보다 더욱 세분한 것이다. 여기서는 미야모토 가즈오의 화분형토기 형식변화를 중심으로 저부가 대각화되는 高久Ⅲ식을 포함하여 검토해 보고자 한다(그림 5-5). 또한 광구단경호와 평저단경호, 옹은 다카구 겐지의 기존 논고에 제시된 변화상을 참고하였다.

철기의 변천단계를 분묘구조와 공반유물을 통해 대응관계를 정리하면 표 5-5와 같다. 서북부 1기의 분묘는 석관묘이거나 목관묘(토광묘)로서 목곽묘 이전 단계의 구조라는 것을 알 수 있다. 서북부 2기와 3기는 주로 목곽묘 내 철기의 부장이 이루어지는데 앞서 제시한 분류로 보았을 때, 2기의 목곽묘는 주로 AⅠ·Ⅱ식[3]이며, 일부 B식의 계통이 존재한다.

서북부 3기는 AⅠ·Ⅱ식의 구조도 보이지만 BⅡ식이 다수를 차지한다. BⅡ식 중에는 대부분이 변형된 형태인 BⅡa식이 다수이다. 낙랑 목곽묘의 구조변화가 점진적으로 이루어진다는 것을 감안한다면, 철기의 변천단계와 분묘구조의 변화는 어느 정도 맞아떨어진다고 볼 수 있다.

또한 철기의 변천단계와 부장토기의 변화양상의 대응관계를 살펴보면, 철기와 토기가 공반되는 경향은 서북부 2기부터 확인된다. 화분형토기는 서북부 3기보다 2기의 분묘에서 다수를 차지한다. 화분형토기 3식 단계부터 철기와 공반부장되는 경향을 보이며, 서북부 2기는 주로 3식에서 5식에 해당하는 자료가 대부분이다. 반면 서북부 3기에는 서북부 2기에 출토되던 화분형토기 3식~5식과 함께 高久Ⅲ식[4]도 출토되기 시작한다.

3) AⅡ식은 정백동 10호묘와 37호묘를 사례로 제시하고 있지만 필자는 아직 다카쿠 겐지의 AⅠ식과 AⅡ식의 구분을 명확하게 할 수 없다. 따라서 본고에서 다카쿠 겐지의 두 형식을 같은 형식으로 보았으며, 원저자의 형식을 존중하여 AⅠ·Ⅱ 식으로 칭하였다.

4) 여기서 제시하는 高久Ⅲ식은 저부에 대각을 갖는 형태에 한정한다.

표 5-5. 한반도 서북부지역 철기의 변천단계에 대한 검증

分類 / 遺蹟		墓의 構造(高久, 1995)								共伴遺物																	段階
				木槨墓						花盆形土器※					壺類(高久, 1995)						鏡				貨幣		
															廣口短頸			平底									
		石棺	木棺	AⅠ·Ⅱ	AⅢ	AⅣ	BⅠ	BⅡ	BⅢ	塼室	3	4	5	6	高久Ⅲ	AⅠ	AⅡ	AⅢ	Ⅰ	Ⅱ	甕	銅鏡	漢鏡	青銅帶鉤	小銅鐸	明刀	五銖	
松		●																										1期
石			○																			●						
上			○								●						●			●	●			●	◎			2期
富			○																									
金			○									●					●											
葛			○								●																	
栢	1		○								○					○									■			
雲	3			●								○						●										
栢	62				●							●	●					●						●				
栢	3				●							○					●		■9				●			●2	■10	
雲	5				●							○					◎											
梧	10											○							◎				●					
栢	10			●																								
台	6			●								●					◎				◎			●				
台	8			●								○																

遺蹟		墓의 構造(高久, 1995)									共伴遺物																	段階
	分類	石棺	木棺	木槨墓						塼室	花盆形土器※					壺類(高久, 1995)						鏡		青銅帶鉤	小銅鐸	貨幣		
				A I·II	A III	A IV	B I	B II	B III		3	4	5	6	高久III	廣口短頸 A I	廣口短頸 A II	廣口短頸 A III	平底 I	平底 II	甕	銅鏡	漢鏡			明刀	五銖	
台	15											○						○										2期
台	9			●								○																
台	13																											
雲	9			●								○					●											
栢	36			●														●					●	●				
栢	49			●							●						●						●					
順					○										●													
栢	53			◎								●	●		●		●											
栢	81			●							●					●												
雲	4			●								○				●												
栢	2					●								●			●						●					
台	10				●							●	●					◎										
望	2						●																					
栢	67							●				○						■4			◎							
栢	84								●		●						■5											
梧	5							●					○						■				◎					

遺蹟	分類	墓의 構造(高久, 1995)									共伴遺物																段階
		石棺	木棺	木槨墓						塼室	花盆形土器※					壺類(高久, 1995)						鏡		青銅帶鉤	小銅鐸	貨幣		
																廣口短頸			平底		甕							
				AⅠ·Ⅱ	AⅢ	AⅣ	BⅠ	BⅡ	BⅢ		3	4	5	6	高久Ⅲ	AⅠ	AⅡ	AⅢ	Ⅰ	Ⅱ		銅鏡	漢鏡			明刀	五銖	
巖	219					●					●						◎		●									2期
巖	257							●													◎3		◎	●				
土	4			●									○				○						●					過渡期
栢	37			●	●									◎			●						◎3		●			
栢	88				●								◎				○				●							
巖	20								●														●					3期
栢	58			◎								◎					◎						●					
雲가	3			●											●					●								
雲가	1			●											●					●					◎3		●	
栢	94				●							◎					●											
雲カ	2				●										◎						●							
巖	194							●													◎		◎3	●				
巖	200							●															◎					
巖	201							●													■6							
巖	212							●																			●	
梧	3							●							○			■					◎					

遺蹟 \ 分類		墓의 構造(高久, 1995)									共伴遺物																	段階
											花盆形土器※					壺類(高久, 1995)						鏡		青銅帶鉤	小銅鐸	貨幣		
		石棺	木棺	木槨墓						塼室	3	4	5	6	高久Ⅲ	廣口短頸			平底		甕	銅鏡	漢鏡			明刀	五銖	
				AⅠ·Ⅱ	AⅢ	AⅣ	BⅠ	BⅡ	BⅢ							AⅠ	AⅡ	AⅢ	Ⅰ	Ⅱ								
梧	7							●				○						○	○				●					3期
梧	9							●							○				○		○3		●				●	
台	16																											
柏	2							●															◎					
柏	3							●															◎				●	
柏	4							●															●					
柏	122							●													◎3		◎					
柏	127							●					○								■		◎	●				
巖	205																	●		◎	●							
巖	120									●											◎						■ 184	

※ 1.●:1点, ◎:複數, ■:多數, ○:可能性

石 ; 白川 石山里, 松 ; 鳳山 松山里, 上 ; 平壤 上里, 台 ; 江西 台城里, 富 ; 載寧 富德里, 金 ; 黃州 金石里

雲가 ; 殷栗 雲城里가말믜, 望 ; 安岳 望岩里, 巖 ; 平壤 石巖里, 梧 ; 平壤 貞梧里, 栢 ; 平壤 貞栢洞

順 ; 黃州 順川里, 葛 ; 雲川 葛城里, 雲 ; 殷栗 雲城里, 土 ; 平壤 土城里, 柏 ; 平壤 貞柏里

호류는 광구단경호와 평저단경호, 옹[5]으로 구분하였지만, 실제 보고된 자료에서 다카쿠 겐지의 기종 분류를 적절히 반영할 수 있는 유물은 많지 않다. 현재까지 확인된 자료 중 철기의 변천단계와 비교하여 살펴보면, 광구단경호와 평저단경호의 변화양상이 철기의 변천단계와 일치한다고 하기는 어렵다. 다만 서북부 2기의 광구단경호 AⅡ식과 공반되는 경향이 다수를 차지하고 있어 광구단경호 AⅡ식이 제작되는 시기에 철기의 부장이 증가하였다는 것을 생각할 수 있다. 또한 평저단경호는 형식을 구분하기 애매한 유물을 제외하면 소수에 불과하지만 Ⅰ식에서 Ⅱ식으로 변화되는 경향과 일치한다고도 볼 수 있다. 여기서 주목되는 것은 옹이 서북부 3기에 집중된다는 것이다. 옹이 부장되기 시작하는 시기는 다카구 겐지의 Ⅲ기에 해당하며 이는 목곽묘의 늦은 단계이다. 그 시기를 고려하면 서북부 3기는 옹이 등장하는 시기와 어느 정도 일치한다고 볼 수 있다.

한편 서북부 1기에서 3기에 걸쳐 동경銅鏡이 부장되는데 서북부 2기 이후에 부장되는 동경은 모두 한경漢鏡이다. 서북부 1기인 봉산 송산리유적에서는 청동기시대의 전통적인 동경인 정문경精文鏡이 출토되고 있어 한경보다 선행할 것으로 생각된다. 한경은 성운문경星雲文鏡에서 반룡경盤龍鏡에 이르는 다양한 형식이 확인되는데, 오카무라 히데노리가 제시한 한경 형식변화와 편년에 따라 나열하면 표 5-6과 같다(岡村秀典, 1984·1993).

서북부 3기에 해당하는 평양 토성리 4호묘와 정백동 37호묘에서 성운문경星雲文鏡 등 비교적 이른 형식의 한경漢鏡이 부장되기도 하지만 이를 제외하면 철기의 변천단계와 동경銅鏡의 형식변화가 전체적으로 맞아떨어진다. 토성리 4호묘와 정백동 37호묘의 경우 철부류의 부장은 확인되지 않지만, 세형동검이 부장되는 양상을 통해 서북부 2기의 특징적인 요소로 볼 수 있다. 그러나 화분형토기의 6식과 같은 비교적 늦은 형식이 부장되고 있어 시기를 단정하기 어렵다. 현재까지의

5) 다카구 겐지의 기종 분류에서 옹으로 분류된 형태에 해당한다. 보고서에는 호, 백색단지, 배부른 단지 등으로 분류되어 있다.

자료로 볼 때 두 분묘의 시기를 적극 비정하기보다는 서북부 2기와 3기의 과도기에 해당하는 것으로 보는 것이 타당해 보인다.

표 5-6. 한경의 형식변화와 철기 변천단계의 대응

遺蹟 \ 分類		精文鏡	星 II	異名 V	異名 VI	方四 II	方四 Ⅳ	方四 VA	線獸 ⅣB	葉内 Ⅲ	方四 VC	葉内 Ⅳ	円内 Ⅲ	盤 Ⅲ
松		●												
土	4		●											
栢	2			○										
巖	257			○		●								
栢	3		●	●										
梧	3		●	○										
栢	37		○		●									
梧	10			○			◎							
柏	127			●				●						
梧	7						●							
巖	194						◎			●				
梧	5						●				●			
巖	200						●	●						
巖	20								●					
梧	9									●				
柏	4									●		●		
柏	2									●				●
巖	205												●	
年代※		B.C.100				紀元前	紀元後					A.D.100		

星: 星雲文鏡, 異名: 異体 字名帶 鏡, 方四: 方格規矩四神鏡, 線獸: 細線式獸帶 鏡,
葉内: 四葉座内 行花文鏡, 円内: 円座内 行花文鏡, 盤: 盤龍鏡
松; 鳳山 松山里, 土; 平壤 土城里, 栢; 平壤 貞栢洞
梧; 平壤 貞梧里, 巖; 平壤 石巖里, 柏; 平壤 貞柏里
*도면, 사진, 유물기술로서 형식을 알 수 있는 한경을 대상으로 함
※岡村秀典, 1984·1993

이상과 같이 철기의 변천단계에 따른 분묘와 공반유물의 변화양상을 살펴보았다. 선행연구에 따른 변화양상과 완벽하게 일치하지는 않지만, 철기는 시기에 따른 형식변화가 민감하지 않다는 점과 낙랑고분에 부장된 토기가 일정한 연속성을 가지고 변화한다는 점을 고려한다면, 앞서 제시한 철기의 변천단계는 큰 오류가 없는 것으로 보인다.

2) 한반도 서북부지역 부장철기의 변천

서북부지역의 철기문화는 낙랑군의 설치와 함께 본격적으로 전개되었다고 보아도 과언이 아니다. 그러나 그 이전 단계로 보이는 철기도 일부 확인되고 있다. 철기의 변화는 철제 농공구류의 변화와 소멸이라는 단계를 거치는 것으로 생각되며, 낙랑군의 설치와 함께 본격적으로 등장하는 철제 무기는 형식학적 변화를 보이지 않는다.

여기서는 낙랑군의 치소가 존재하였고 그 주요 영역으로 볼 수 있는 서북부지역에 대한 철기문화의 변천단계를 정리해 보면서, 다른 한편으로 보고된 자료가 적은 동북부지역의 철기에 대한 시기적인 위치를 살펴보고자 한다.

(1) 서북부 1기

서북부 1기에 해당하는 분묘는 소수에 불과하다. 보고된 자료를 통해 파악할 수 있는 유적은 봉산 송산리, 백천 석산리유적이 있다. 철기는 청동제품과 공반되며 주조철부 1점만이 부장되는 양상을 띤다. 철부의 형식은 보고서를 통해 파악할 수 있는 내용의 한계로 명확히 제시하기 어렵다. ⅠA-1형 아니면 ⅠA-3형 철부로 판단된다. ⅠA-3형 철부는 공부銎部에서 좁아지다가 인부만이 넓어지는 경향을 보이며, 공부에는 돌대突帶와 같은 띠가 돌아가는 것이 특징이다. 크기에서는 차이가 있지만 청동제 철부에 기원을 두며, 지역성이 강한 형태로 보기도 한다(村上恭通, 2008). 이는 한반도 남부지역에서만 보이는 특징으로 연하도를 비롯한 요령지역에서는 보이지 않는다. 송산리유적에서는 청동부와 함께 주조철부가 공반되는데 크기와 형태에서 다소 차이를 보인다. 사진자료를 통해서도 공부에 띠

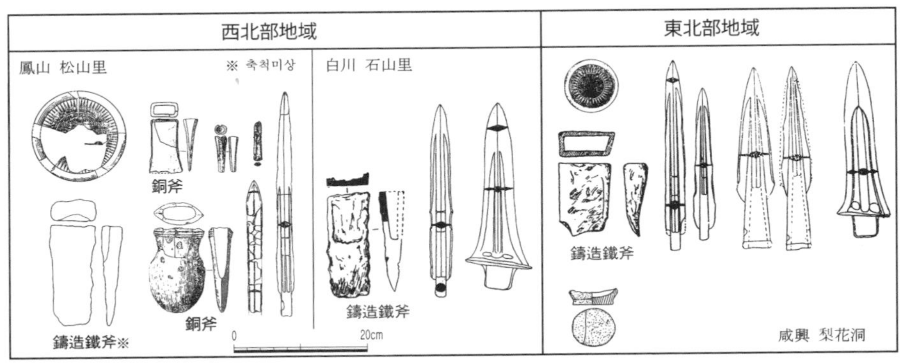

그림 5-6. 서북부 1기 철기와 공반유물

와 같은 형태는 관찰되지 않는다. 여기서는 ⅠA-1형 철부로 설정해 둔다.

서북부 1기는 낙랑군과 관련된 한식漢式의 유물이 존재하지 않고 다양한 청동제품에 철기가 추가되는 양상이다. 이를 통해 낙랑군 설치 이전 시기로 보아도 될 것이다. 기존의 전통적인 청동기문화 속에 철기의 유입이 이루어진 시기로 볼 수 있다.

(2) 서북부 2기

서북부 2기는 목곽묘의 도입과 함께 한식 유물이 본격적으로 부장되기 시작하는 시기이다. 목곽묘라는 새로운 묘제 양식이 등장하며, 단장목곽묘에서 부부합장묘로 변화된다. 화분형토기와 평저단경호 등 활석혼입계의 신기종이 세트로 부장된다. 또한 전한前漢 후기의 거울이 부장되기 시작한다. 철기는 기존의 주류였던 청동제품과 함께 한식철기가 공반된다. 대표적인 한식 철기류로는 검, 극戟과 같은 무기류를 들 수 있다.

철부류는 기존에 보이던 대형 주조철부의 부장이 확인되지 않는다. 주조철부는 ⅠA-6형이 출토되지만 부장된 예는 적은 편이다. 평양 정백동 3호와 63호, 은율 운성리 5호묘과 같이 ⅠA-6형 철부가 단독으로 부장된다. 반면 서북부 2기의 분묘에서 철부가 복수로 부장되는 양상이 유행한다. 다카쿠 겐지에 의해 가장 이른 시기의 분묘로 지적된 평양 상리의 단장목곽묘에서는 ⅠA-6형 철부와 Ⅱ-1형 철부가 복수부장된다. 두 점의 철부는 서로 크기차를 보이는데, 주조품인 ⅠA-6형 철부는 비교적 큰 편이다. 앞서 지적한 것처럼 단독부장→복수부장으로 변화되는 것으로 생각할 수 있으며, 주조철부에서 단조철부로 변화된다고 상정할 수 있다.

서북부 2기가 되면 철부류 뿐만 아니라 겸과 착의 철기화도 이루어지지만, 형식변화는 뚜렷하게 보이지 않는다. 다만, 철겸은 기돌출부가 명확하지 않는 단조가 많으며, 철착은 공부가 원형에 가까운 Ⅱ-3형이 많다.

무기류는 기존의 청동제 무기인 세형동검과 동모와 같은 유물이 지속적으로 부장되는 한편, 한식 철검와 철모, 극, 철제단검, 환두도, 철제대도와 같은 철제 무기류의 증가가 두드러진다. 특히 환두대도와 철제대도는 서북부 2기에 주로 부장되는 무기류로서 주목된다. 그 밖에도 노기弩機와 차마구류 등이 부장되고 있어 철기를 비롯한 한나라의 금속문화가 한꺼번에 유입된 것으로 여겨진다.

이 같은 서북부 2기 철기의 특징은 철기의 기종 증가와 단조제 철기의 발전으

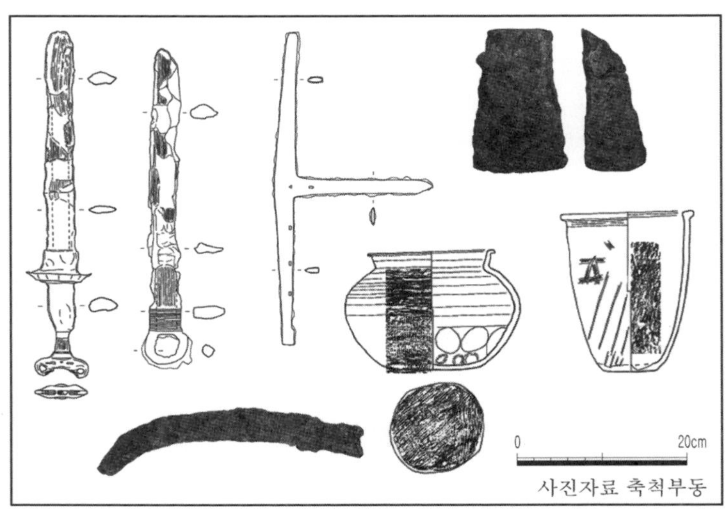

그림 5-7. 가평 달전리 2호묘 철기와 공반유물

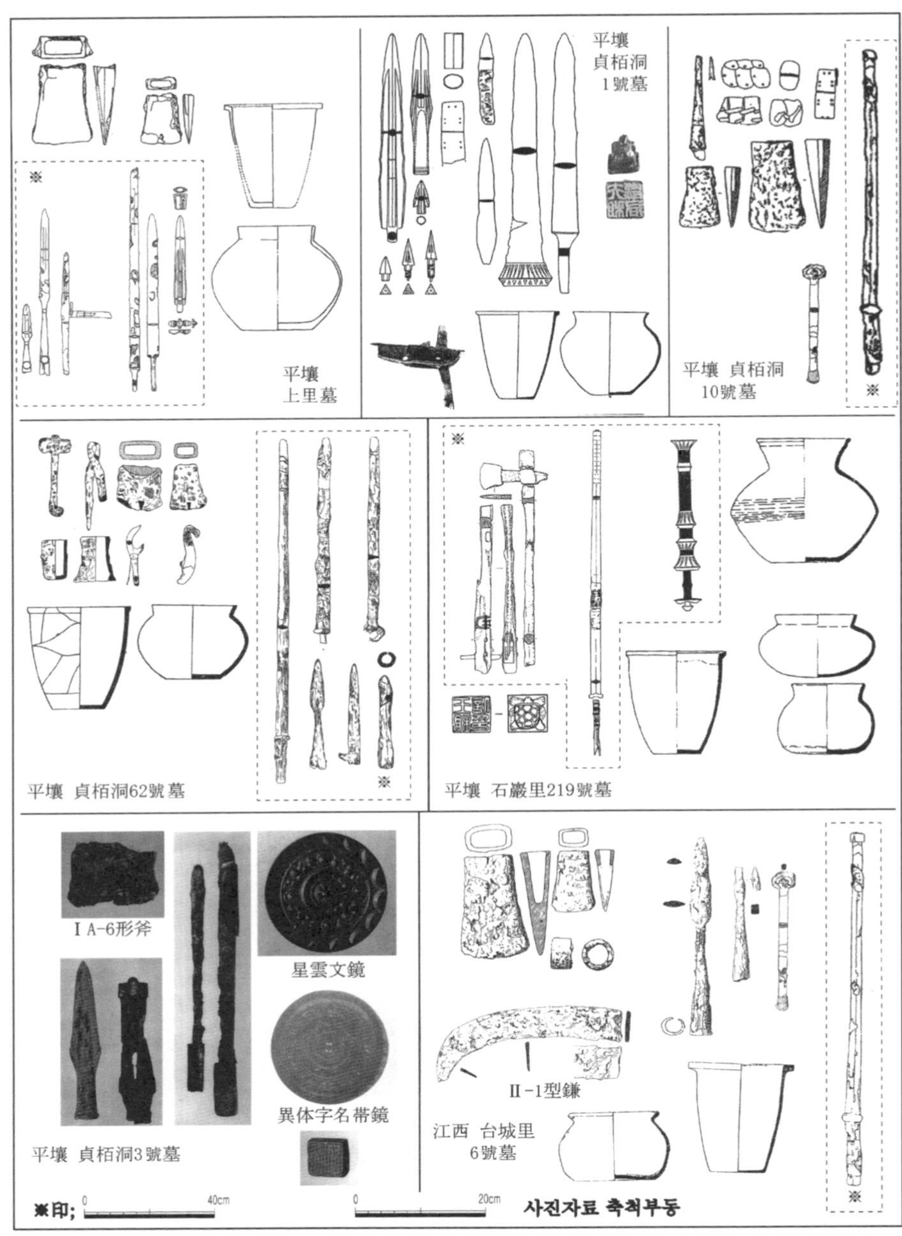

그림 5-8. 서북부 2기 철기와 공반유물

로 정리할 수 있는데, 철제품의 반입뿐만 아니라 제작기술이 함께 유입된 결과라고 볼 수 있다. 평양 정백동 62호와 81호묘에 부장되는 단야구는 서북부 2기에 들어서면 단야작업이 이루어졌다는 것을 알려준다.

따라서 서북부 2기가 되면 철기문화의 지역적인 차이가 커지는 것으로 판단되는데, 이는 낙랑군의 치소인 낙랑토성이 위치한 한漢 중심지와 그 주변의 차이일 것이다. 서북부 2기의 한식 철기류는 한반도의 중부지역인 한강 상류까지 영향을 주었다. 가평 달전리 2호묘에서 출토되는 단조철부와 철겸, 극 등의 한식철기와 화분형토기 등의 토기류는 서북부지역 철기문화의 확장성을 보여주는 사례이다(그림 5-7).

서북부 2기의 철기문화는 기존의 청동기를 중심으로 한 재지 문화와 다종다양한 한식의 철기문화가 병행하는 시기이다. 단조기술을 포함한 철기문화가 한꺼번에 유입된 것으로 추정되며, 이는 낙랑군 설치의 영향으로 여겨진다.

(3) 서북부 3기

서북부 3기는 목곽묘의 변형이 이루어지는데, 高久BⅡ식의 목곽묘가 변형된 형태인 동혈합장목곽묘가 주류를 차지한다. 또한 화분형토기는 구연부가 미약해지는 경향을 보이며, 서북부 2기에 화분형토기와 세트를 이루던 광구단경호가 감소하고 평저단경호와 옹의 부장이 증가한다. 그리고 칠기류의 부장도 두드러진다. 철기는 서북부 2기까지 복수로 부장되던 철부류를 포함한 철제농공구류가 부장되는 경향이 사라지며, 철제 무기류만 부장되는 양상을 띤다.

농공구류는 정백동 58호묘에서 철착 1점과 은율 운성리 가말믜 2호묘에서 철서鐵鋤가 부장된 바 있지만 서북부 3기의 주된 부장품으로 보기는 어렵다. 서북부 2기까지 보이던 철부의 복수부장은 연나라의 철부 부장풍습과 관련성이 있다. 하지만 서북부 3기에 철부를 포함한 농공구류의 부장이 사라지는 현상은 서북부 2기까지 잔존하던 기존의 부장풍습이 사라진 결과로 해석할 수 있다.

이처럼 무기류만이 부장되는 것을 가장 큰 특징으로 볼 수 있는데, 무기류에 있어서도 서북부 2기보다 기종이 단순화되는 경향을 보인다. 한식 철검과 환두도, 철모는 서북부 2기에서부터 꾸준히 부장되는 기종이지만 철제 단검, 환두대

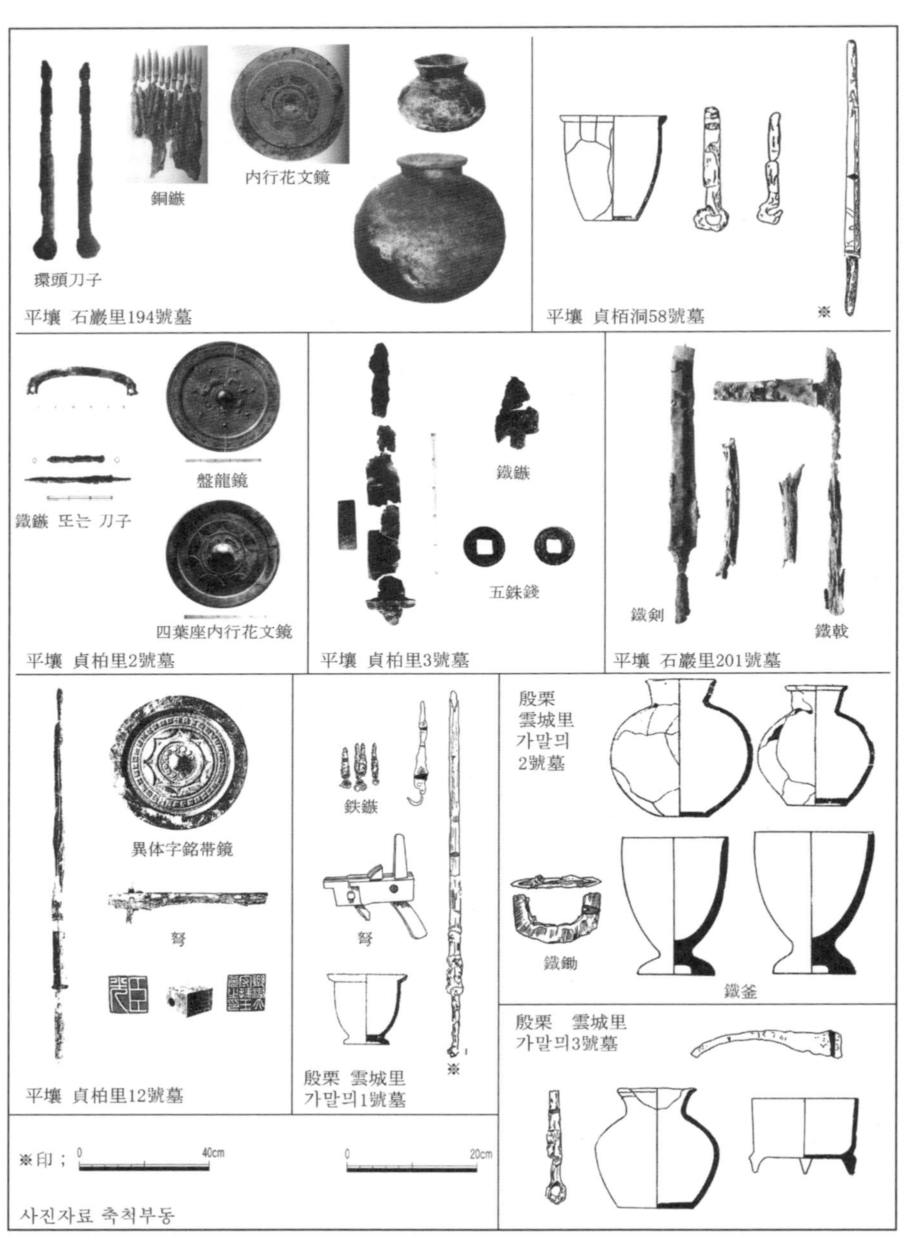
環頭刀子
銅鏃
內行花文鏡
平壤 石巖里194號墓
平壤 貞栢洞58號墓
※
盤龍鏡
鐵鏃 또는 刀子
四葉座內行花文鏡
平壤 貞柏里2號墓
鐵鏃
五銖錢
平壤 貞柏里3號墓
鐵劍
鐵戟
平壤 石巖里201號墓
異体字銘帯鏡
弩
平壤 貞柏里12號墓
鉄鏃
弩
殷栗 雲城里 가말믜1號墓
※
殷栗 雲城里 가말믜 2號墓
鐵鋤
鐵釜
殷栗 雲城里 가말믜3號墓
※印 ; 0 40cm
0 20cm
사진자료 축척부동

그림 5-9. 서북부 3기 철기와 공반유물

도, 철제대도의 부장은 눈에 띄게 줄어든다. 또한 서북부 2기까지 부장되던 세형동검은 거의 사라진다. 평양 토성리 4호묘와 정백동 37호묘, 88호묘는 철부류의 부장이 확인되지 않는 특징을 통해 서북부 3기로 설정하였지만, 세형동검이 부장되고 있다. 특히 토성리 4호묘와 정백동 37호묘는 성운문경 등 전한 후기의 거울이 확인되고 있어 비교적 이른 단계로 지적되기도 하므로(辛勇旻, 1990; 高久健二, 1995) 서북부 2기로 올려볼 수 있는 가능성도 있다. 그러므로 서북부 3기에는 청동제 무기류의 부장이 완전히 사라진다고 보아도 문제되지 않는다.

한편으로 서북부 3기에는 철촉이 부장된다는 점도 주목된다. 촉은 소모적인 특징을 가진 무기류로 이러한 소모성이 강한 무기류까지 철기화된다는 것은 철기 생산력의 증가와 실용적 발전을 의미한다고 볼 수 있다.

서북부 3기의 철기문화는 기존의 재지적 청동기문화를 벗어나 한식 유물이 더욱 증가하는 시기로 볼 수 있으며, 부장되는 철기의 기종이 단순해지고 그 수량도 감소하는 경향을 띤다. 이러한 경향은 중원지역 한나라 분묘 내 철기의 부장이 감소하는 점과 일치한다고 볼 수 있다.

3. 연대 검토

서북부지역 철기문화의 연대를 비정하는 데 있어서 낙랑군의 설치는 중요한 기준이 된다. 낙랑군은 알려진 바와 같이 한무제漢武帝가 기원전 108년 위만조선을 멸망시키고 낙랑·진번·임둔군을 설치하였다고 한다.[6] 서북부지역 철기문화의 전개에서 낙랑군의 설치를 가장 큰 획기로 볼 수 있다는 점을 감안하면, 한식 유물과 철기가 공반되는 소위 낙랑고분의 철기는 기원전 1세기대로 볼 수 있다.

앞서 살펴본 것과 같이 낙랑고분에서 철기가 부장되는 시기는 서북부 2기와 3기이다. 한식 유물의 부장이 이루어지지 않으며, 재지적인 청동제품과 함께 철기가 부장되는 서북부 1기의 분묘들은 적어도 낙랑군이 설치되기 이전인 기원전 2

6) 『史記』 朝鮮列伝.

그림 5-10. 석암리 29호묘 칠반명문

세기대에 해당하는 것으로 볼 수 있다. 다만 전국 연나라 문화가 요동지역으로 유입되는 시기는 기원전 3세기대이며, 청천강 이북지역인 영변 세죽리유적과 같이 기원전 3세기대 주거지 내 철기가 출토되는 양상에 주목하여 서북부 1기의 분묘에서 출토되는 철기를 기원전 2세기에 한정할 수는 없다. 서북부 1기에 해당하는 자료가 아직 적어 기원전 2세기대로 보는 것이 안정적이겠지만, 기원전 3세기대까지 올라갈 수 있는 가능성을 열어두고자 한다.

서북부 2기는 한식 유물이 출토되기 시작하는 단계이며, 한식 유물도 절대연대를 추정할 수 있는 한경과 명문자료를 통해 전한의 중후엽의 유물이 다수를 차지하는 것을 알 수 있다. 특히 한경은 오카무라 히데노리의 분류를 참고하면 성문문경星雲文鏡Ⅱ식과 이체자명대경異體字銘帶鏡Ⅴ·Ⅵ식, 방격규구사신경方格規矩四神鏡Ⅱ식이 부장된다(岡村秀典, 1984·1993). 표 5-6에서 제시한 것처럼 기원전 1세기대의 한경이 집중된다. 또한, 명문자료를 통해서도 연대를 추정할 수 있는데 인장印章이 부장된 정백동 1호묘의「夫祖薉君」은장銀印, 정백동 2호묘의「夫祖長」은장銀印과「高常賢印」의 동인銅印은 부조夫租와 관련된 것으로 지적되고 있다. 그리고 정백동 2호묘의 개蓋의 일부에는「永始三年十二月呑鄭氏作」이라는 기년명이 확인되는데, 永始三年은 기원전 14년에 해당한다. 이상과 같은 내용을 정리하면 성운문경星雲文鏡Ⅱ식式의 연대를 통해 기원전 1세기 전반을 상한으로 볼 수 있으며, 한경에서 다수를 차지하는 이체자명대경異體字銘帶鏡Ⅴ·Ⅵ식, 방격규구사신경方格規矩四神鏡Ⅱ식의 연대를 근거로 그 하한을 기원전 1세기 후엽으로 편년할 수 있다. 또한 기년명 자료에서도 하한연대가 기원전 1세기 후반에 해당하는 것을 알 수 있다. 그러므로 서북부 2기는 기원전 1세기대에 위치시킬 수 있다.

서북부 3기에 해당하는 유적에서도 절대연대를 추정할 수 있는 자료가 다수 확인된다. 먼저 한경은 방격규구사신경方格規矩四神鏡, 세선식수대경細線式獸帶鏡, 내행화문경內行花文鏡, 반룡경盤龍鏡 등 다양한 형태가 부장되는데, 그 연대가 기원 1세기대에 집중되는 소위 후한경이다. 한편, 서북부 3기의 부장품 중에는 칠기가 다수인데 기년명이 기록되어 주목된다. 칠기에는 제작자나 소유자에 대한 기록, 제작연대, 관청, 관인 등이 기록되기도 한다. 그 중 주목되는 기년명 칠기는 『漢書』 地理志에 의하면 「舞陰」은 지명과 인명이 확인되는데 「舞陰家…」라는 것을 고려한다면 舞陰長公主라는 인물로 보는 것이 타당할 것이다. 舞陰長公主에 관한 문헌기록을 살펴보면 기원 1년부터 84년에 해당하는 내용이 다수를 차지한다.[7] 또한 석암리 194호에서는 始健國 5년(기원 13년), 始元 2년(기원전 85년)에 이르는 기년명 칠기가 출토되고 있으며, 석암리 201호묘에서는 「元始 4年銘(기원 4년)」의 이배耳杯와 「居攝3年銘(기원 8년)」의 칠반漆盤과 이배耳杯가 출토되고 있어 기원 1세기 전엽이라는 것을 알 수 있다. 일부 기원전 1세기에 해당하는 자료도 확인되지만 다수가 0년부터 기원 1세기대에 해당한다. 이처럼 한경과 칠기의 기년명을 통해 서북부 3기의 연대는 기원 1세기대가 중심이라는 것을 알 수 있다.

한편 앞서 살핀 바와 같이 토성리 4호묘과 정백동 37호묘는 철제 농공구류의 부장은 보이지 않지만 세형동검 등 금속제 무기류가 부장되고 있어 2기와 3기의 과도기적인 양상을 띤다. 이와 관련하여 성운문경星雲文鏡이 출토되고 있는 것에 주목하여 기원전 1세기대로 설정할 수 있다. 하지만 정백동 37호묘에서는 성운문경星雲文鏡Ⅱ식과 이체자명대경異體字銘帶鏡Ⅵ식이 공반되고 있어 성운문경星雲文鏡은 전세되었을 가능성이 높다. 또한 칠곽漆槨에는 「地節四年二月」이라는 기년명이 확인된다. 地節은 전한 선제宣帝 때의 연호로서 4년은 기원전 66년에 해당한다. 이와 같은 연대를 토대로 2~3기의 과도기적 요소를 보이는 분묘의 연대는 기원전 1세기 중후엽에 위치시킬 수 있다.

7) 『後漢書』 岑彭傳, 同 皇后紀上, 同 章帝八王傳.

4. 토성지 및 취락에서 출토된 철기의 시간적 위치

서북부지역은 낙랑고분 등 다수의 분묘가 밀집되어 있어 많은 조사가 이루어졌으나 생활유적으로 볼 수 있는 취락에 대한 조사·보고는 활발하게 이루어지지 않았다. 1935년과 1937년 두 차례에 걸쳐 낙랑토성이 조사된 바 있는데, 2000년대 이후 재보고되어 연구자료로 주목받고 있다(鄭仁盛, 2007a·b; 村上恭通, 2007a). 또한 한강 상류지역의 발굴조사에서 다수의 한식 유물이 출토되는 낙랑과 관련된 유적의 조사·보고가 이루어지고 있다. 특히, 가평 대성리유적과 인천 운북동유적에서는 화분형토기와 같은 한식 유물과 철기류가 공반되고 있어 주목된다. 여기서는 낙랑토성과 대성리유적에서 출토되고 있는 철기를 중심으로 토성지와 취락에서 출토된 철기류의 특징을 살펴보고 앞서 살핀 철기의 변천단계를 토대로 시간적 위치를 추정하고자 한다.

1) 낙랑토성

낙랑토성의 철기는 정인성에 의해 정리·보고되었다(鄭仁盛, 2004; 2007a·b). 철기는 총 130점이 보고되었는데, 철부류 12점, 공구류 11점, 도刀류 11점, 철촉 57점, 철정鐵釘 19점, 그 외 기종 20점이다. 출토 지점 등에 대한 정보를 파악하기 어려워 그 시기적 위치를 확인하기는 쉽지 않다. 하지만 낙랑고분에 부장된 철기류와는 다른 특징을 보이고 있어 주목된다. 여기서는 농공구류를 중심으로 살펴보고자 한다.

철부류는 주조와 단조품이 출토되었다. 낙랑고분에서는 단조품이 다수를 차지하는 것과 달리 낙랑토성 출토품은 주조품이 많다. 주조철부 중 형식을 파악할 수 있는 것은 6점으로서 ⅠA-5형·ⅠBa-1형·ⅠBa-2형·ⅠBa-5형 모두 낙랑고분에서는 확인되지 않은 형식이다. ⅠA-5형(그림 5-11;2)은 전국시대 후기부터 등장하여 인부가 넓어지며 ⅠA-6형으로 변화된다. 낙랑토성 출토품은 인부의 변형이 이루어지기 이전 단계의 형태이다. 전국시대 후기에서 전한대에 유행한 형태로 볼 수 있으며, 낙랑군 설치 초현기의 철부로 볼 수 있다. ⅠBb-1형(그림 5-11;1) 철부는 전국시대 후기에 해당하는 위원 용연동유적의 주조철부에서 융기선의 형태가 확인되는데, 이후 이러한 형태는 동남부지역의 융기선을 갖춘 I Bb-1형으로 변형되며 주류가 된다. 낙랑토성 출토품은 용연동 출토품에 비해 융기선의 형태가 명확해지고 길이와 공부의 높이 등에서 용연동 출토품과 유사하여 용연동 출토품과 동남부지역의 I Bb-1형 철부의 과도기적 특징을 갖는 것으로 볼 수 있다(鄭仁盛, 2007a·b; 金想民, 2009). 이 역시 낙랑군 설치 초현기의 유물로 볼 수 있다. 또한 I Bb-1형은 금속학적 분석을 통해 탈탄처리되지 않았다는 것이 밝혀져(大澤正己, 2007), 탈탄흔적이 관찰되는 용연동 출토품과는 제작기술에서 차이를 보인다. 전국 연나라에서 생산된 주조철부가 탈탄처리가 되는 점을 고려한다면, 용연동 출토품을 모방한 재지적인 생산품으로 추정할 수 있다.

I Ba-2형(그림 5-11;3) 철부는 낙랑토성에서만 보이는 형식이다. 평면형태만 본다면, 동남부지역의 주조철부와 비교할 수 있으나 공부의 높이차가 현저하다. 동남부지역 주조철부 중 공부 높이가 높은 것은 대구 팔달동 117호묘 출토품이 있다. 낙랑토성에서는 I Ba-2형 철부의 내범(그림 5-11;4)도 출토되고 있어 낙랑토성 내에서 생산되었을 가능성도 있다(鄭仁盛, 2007b). I Ba-5형(그림 5-11;5) 철부는 가평 대성리 A지구 출토품에서 동일한 형식이 출토되고 있으며, 청주 신봉동 출토품과도 유사하다(金想民, 2009). 남부지역에서 보이는 두 유적의 시기는 기원 2~3세기대이다. I Ba-5형 철부는 낙랑토성의 존속시기를 고려한다면 비교적 신식에 해당한다고 볼 수 있다.

이처럼 낙랑토성에서 출토된 주조철부의 시기를 정리하면, I Ba-1형 · I A-5형 철부는 서북부 1~2기, I Ba-2형 철부는 서북부 3기, I Ba-5형 철부는 서북부 3기 이후에 해당한다고 볼 수 있다.

단조철부는 앞서 제시한 형식으로 구분하기 어렵지만, 제작기법을 통해 형식과의 대응관계를 추정할 수 있다. 두 종류의 제작기법을 확인할 수 있는데 그림 4-11;6은 측면의 형태를 통해 제작기법A(村上T1)에 의해 제작된 것으로 생각된다. 전체적인 폭이 넓은 형태로 삽鍤과 같은 기능을 하였을 것으로 보이지만 기술적으로는 단조철부와 대응된다. 또한 그림 5-11;7은 제작기법C(村上S1)에 의한 것으로 볼 수 있다. 무라카미 야스유키가 제시한 단조철부 제작기법은

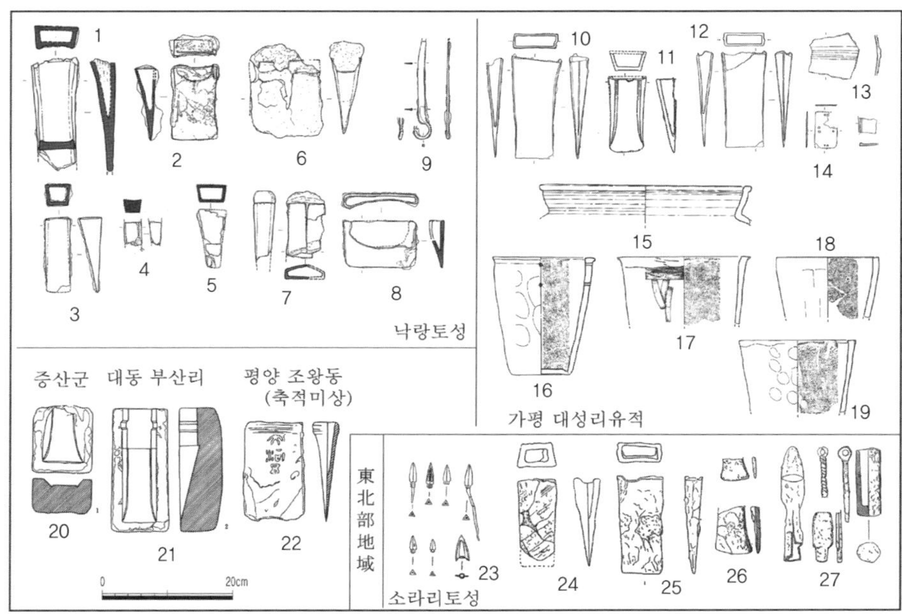

그림 5-11. 한반도 서북부지역 토성지와 취락 출토 철기와 공반유물

A→B→C의 경향으로 변화하는데, 제작기법B의 등장시점을 창원 다호리유적의 이른 단계로 본다(村上恭通, 2007b). 이를 고려하면 그림 5-11;6은 서북부 2기, 그림 5-11;7은 서북부 3기로 볼 수 있다.

2) 가평 대성리유적

가평 대성리유적은 한강의 중류역에 위치한다. 크게 원삼국 전기와 원삼국 후기로 구분하여 보고하였는데[8)] 여기서는 원삼국 전기에 해당하는 철기를 중심으

8) 대성리 취락 내에서 철기의 출토가 이루어지는 유구는 크게 두 단계로 구분되고 있다. 기원전 2~1세기의 유구와 기원 2세기 이후로 각각 원삼국 전기와 후기로 설정하여 보고하였다. 원삼국 전기의 유구는 B지구에서 확인되며 원삼국 후기 취락은 A지구에 집중된다. 여기서는 본고의 대상시기에 해당하는 원삼국 전기 취락을 중심으로 살펴본다.

로 살펴보고자 한다.

원삼국시대 전기의 철기가 출토되는 유구는 취락 내 수혈과 주거지이다. 철기는 14개소의 유구에서 주조철부 6점,[9] 소찰小札 8점, 철부鐵釜 1점이 출토되었다. 주조철부는 ⅠA-1형과 융기선을 갖춘 ⅠBa-1형이 출토되는데 파편 자료를 포함하더라도 쌍합범인 ⅠA-1형이 다수를 차지한다. ⅠA-1형(그림 5-11;10,12) 철부는 장방형의 공부를 가지며 공부에서 인부로 좁아지는 형태를 띠고 있어 서북부 1기의 송산리과 석산리 출토품과 비교될 수 있다. 하지만 原49호 수혈에서 ⅠA-1형 철부(그림 5-11;12)와 함께 출토되는 화분형토기는 구연부가 미약해지는 宮本6식(그림 5-11;16~19)이다(宮本一夫, 2012).

대성리유적의 원삼국시대 전기는 철기와 토기를 통해 파악할 수 있는 시기의 차가 크다. 대성리유적 ⅠA-1형 철부는 소찰小札과 공반되기도 하는데, 원형과 방형을 띠는 소찰은 전한대에 주로 출토되는 경향을 보인다(楊泓, 1983). 이 소찰은 유수 노하심 M67호묘와 비교되기도 하고, 낙양 서교洛陽市西郊 3023호 전한묘와 동일 형식으로 보며 기원전 1세기 중후엽으로 설정하기도 한다(김일규, 2009). 낙랑고분에서 소찰小札이 부장되기 시작하는 단계는 정백동 1호묘과 석암리 219호묘부터로 본고의 서북부 2기에 해당한다. 덧붙여 原49호 수혈에서 출토된 말치아의 AMS 분석 결과가 B.P.2071±20년이 도출된 것도 참고할 수 있다(小林紘一 외, 2007). 이를 종합하면 대성리유적의 원삼국시대 전기는 낙랑군 설치 전후부터 기원전 1세기대에 해당하는 것으로 판단된다.

ⅠA-1형 철부는 낙랑의 목곽묘에 부장되지 않아 서북부 2기의 부장품으로 인식하기는 어렵다. 취락 내 출토된 사례는 소수에 불과하지만 대성리유적의 사례를 통해 ⅠA-1형 철부는 실용품으로서 취락 내 장기간 사용되었을 가능성도 있다.

原38호 수혈에서는 ⅠBb-2형도 출토되었다. 측면에 융기선이 발달한 형태로 앞서 살펴본 용연동·낙랑토성에서 출토된 ⅠBb-1형 철부와 비교할 수 있으며, 동남부지역 목관묘·목곽묘 단계의 분묘군에 ⅠBb-2형 철부가 부장된

9) 형식을 알 수 있는 완형품의 수량으로, 파편 자료를 포함하면 11점이다.

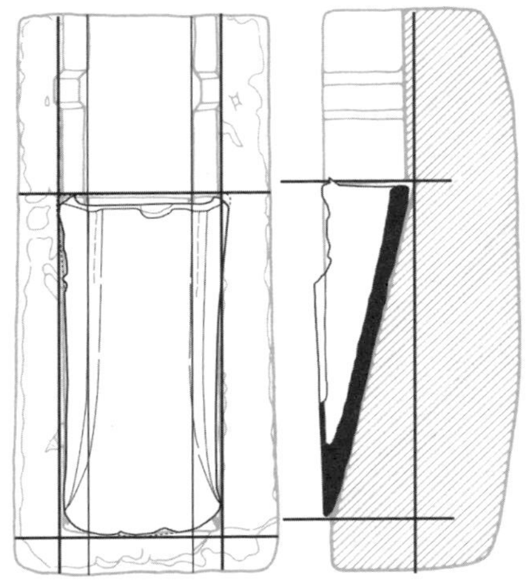

그림 5-12. 부산리 용범과 대성리 주조철부의 비교

다. 특히 대구 팔달동 78호묘 출토품은 시기 설정의 기준으로 삼기도 한다(김일규, 2009). 이를 통해 융기선의 형태가 발달한 주조철부는 용연동-낙랑토성-대성리-팔달동으로 이어지는 계통성을 띠며, ⅠBb-1형 철부에서 ⅠBb-2형 철부로 변화되는 것을 상정할 수 있다. 그렇다면 용연동과 팔달동 78호묘의 시기를 고려한다면 기원전 1세기대로 보아도 무리가 없다.

한편 ⅠBb-1형 철부에서 ⅠBb-2형 철부로의 변화는 서북부지역에서부터 시작되는 것으로 추정된다. 이것은 대동 부산리에서 출토된 용범(그림 5-11;21)이 ⅠBb-2형 철부의 형태를 띠고 있기 때문이다. 특히 대성리 原38호 수혈에서 출토품을 부산리 용범과 동일한 스케일로 맞추어보면, 그림 5-12와 같이 거의 정확히 일치하고 있는 것을 알 수 있다.[10] 부산리 용범은 시기를 특정할 수 없지만, 서북부지역에서도 ⅠBb-2형 철부를 생산하였다는 것을 추정하는 근거가 된다.

3) 인천 운북동유적

인천 운북동유적의 철기는 철겸과 차축, 도자, 환두도, 주조철부 등이 출토되

10) 정백운의 1957년 논고에 소개된 부산리斧山里의 용범에 대한 구체적인 제원은 확인할 수 없으나 도면에 제시된 축척을 기준으로 살펴보면, ⅠBb-2형 철부와 큰 차이를 보이는 것을 알 수 있다. 다만, 부산리 용범을 2배 확대하여 대성리大成里 原38호 수혈竪穴 출토품을 맞춰보면 거의 일치하였다. 크기에 대한 면밀한 확인이 필요하겠지만 흥미로운 결과이다.

었다. Ⅴ-1호 주거지는 상층과 하층에서 각각 다른 형태의 철겸이 출토되어 주목된다. 상층의 철겸은 내무 기성장萊蕪市其省莊에서 출토된 용범과 비교되며 전한 전기로 비정되기도 한다(金武重, 2012).

또한 정인성은 운북동유적 한식계 유물을 분석하여 기원전 1세기대로 비정하였다(鄭仁盛, 2012a). 삼릉촉을 통해 전한대라는 것을 상정한 후, 오수전의 연대를 고려하여 전한 중기 이전으로 보았다. 그리고 토기와 기와에서 전한 초기의 특징을 띠는 것이 없다는 점을 고려해 기원전 1세기대 전반에 해당한다고 보았다. 한편 김일규는 운북동유적의 철기를 낙랑지역을 통해 한의 철기문화가 유입된 것과 연관된다고 보고 그 시기를 기원전 1세기 후반으로 편년하였다(김일규, 2012).

운북동유적의 시기를 바라보는 연구자들의 관점은 다소 차이가 있지만 큰 틀에서 한나라와 관련된 유적으로 바라보는 것은 차이가 없다. 다만 낙랑과 연결해

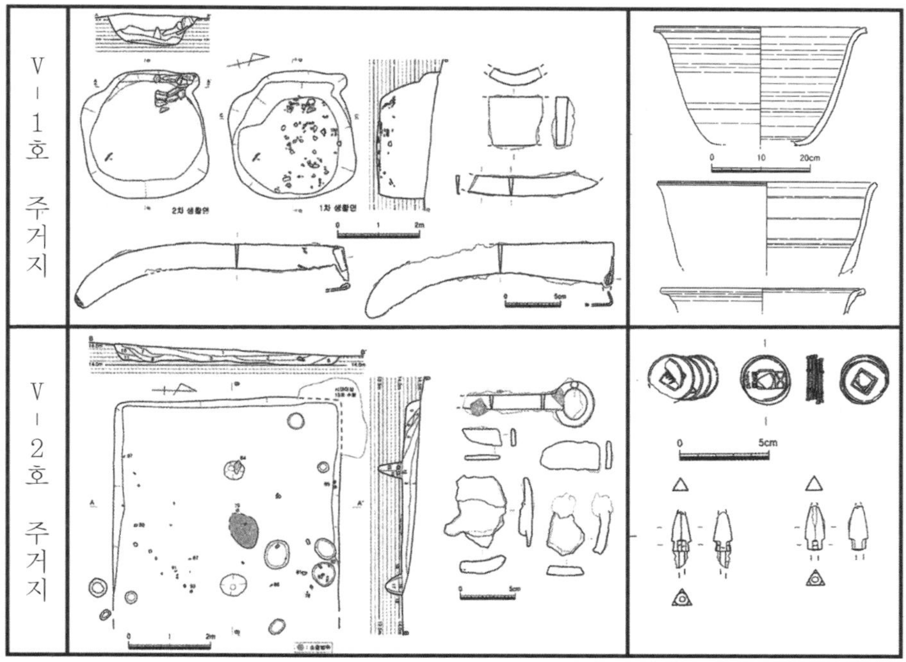

그림 5-13. 인천 운북동유적 철기와 공반유물(김무중, 2012; 정인성, 2012; 수정)

서 살필 것인지 낙랑과 다른 출자의 세력으로 볼 것인지에 대해서는 이견이 있다. 운북동유적은 기원전 1세기대 중국 선진문물을 모두 낙랑과 연결하여 보는 기존의 관점과 함께 새로운 가설을 제시하여 재검토할 수 있는 자료로 평가된다(정인성, 2012).

4) 소라리토성

동북부지역에서 철기가 출토된 생활유적은 소라리토성 뿐이다. 소라리토성에서는 일부 철기만이 간단히 보고되었다(박진욱, 1974). 8호 트렌치(구덩이)의 유물포함층 출토품만이 보고되었는데, 교란으로 인해 층위관계를 확인하지 못한 것으로 보인다.

철기는 주조철부 2점과 단조철부편 2점, 철모, 마구, 차마구 등이 보고되었다. 주조철부는 ⅠA-1형(그림 5-11;25)과 함께 제형의 단면형태를 가진 주조철부(그림 5-11;24)가 부장되었다. 제형의 철부는 ⅠBa-2형 철부 또는 ⅠBb-2형 철부로 추정된다. 보고자에 의해 공부 단면 제형인 주조철부는 용연동과 세죽리의 고대층 출토품과 유사성이 지적되고 있지만(박진욱, 1974), 신부身部의 폭이 좁고 공부고銎部高가 비교적 높아 두 유적과 유사하다고 보기는 어렵다. 단조철부는 모두 Ⅱ-1형으로 추정되며, 소형과 대형이 함께 출토되고 있다(그림 5-11;26). 또한 세형동검의 검장식, 을자형乙字形 동기와 같은 청동제품이 출토되고 있다. 이 같은 유물양상을 보면, 서북부 2기의 유물조합과 유사하다고 여겨진다. 다만 두께 1m 정도의 비교적 긴 시간에 걸쳐 조성된 유물포함층이라는 점과 ⅠA-1형 철부가 출토되는 점을 고려해 서북부 1기에서 2기에 걸쳐 형성되었을 것으로 추정할 수 있다.

5. 소결

한반도 서북부지역 철기문화의 유입과 전개과정을 살펴보기 위해 다수를 차지하는 분묘에 부장된 철기류를 중심으로 검토하여 변천단계와 그 연대를 상정하였다. 그리고 토성지와 취락 출토 철기의 시간적 위치를 추정하였다.

서북부지역의 부장철기는 소위 낙랑고분 내 부장되는 사례가 다수를 차지한다. 낙랑군의 설치가 서북부지역 철기문화의 전개에 있어서 가장 큰 획기인 것은 사실이다. 하지만 청동기문화에 철기가 소수 포함되는 부장양상도 확인되고 있어 낙랑군 설치 이전에 철기의 유입이 있었을 것으로 판단된다. 현재까지의 자료에 의하면 그 시기는 기원전 2세기대로 비정되지만 기원전 3세기대까지 올라갈 가능성도 있다.

이후 낙랑군의 설치와 함께 단조철기를 중심으로 한 철기의 부장양상이 확인된다. 철기뿐만 아니라 단야라는 새로운 철기생산기술도 함께 유입되었을 가능성이 높다. 특히 낙랑고분의 구조변화와 함께 철기류의 기종 변화도 이루어지는데, 무기류보다 농공구류의 부장양상 변화가 두드러진다. 그 중 철부가 복수로 부장되는 양상과 청동제 무기류의 부장이 사라지는 양상이 주목된다. 이 같은 현상은 낙랑군 설치 이후 서북부지역 철기문화의 특징으로 볼 수 있다. 한식 유물(한경·기년명칠기) 등의 연대를 고려해 그 시기는 전한에서 후한으로 전환되는 시기인 기원 1세기 전엽에 해당하는 것으로 생각된다.

한편, 최근 조사·보고가 증가하고 있는 낙랑과 관련된 취락에서는 부장철기와 다른 특징의 철기류가 확인된다. 즉, 부장철기류는 단조품이 중심이지만, 토성지와 취락 내 출토되는 철기는 단조품보다 주조품이 다수를 차지한다. 특히 ⅠB-1형, ⅠB-2형 철부와 같은 융기선을 갖는 주조철부가 출토되고 있어 주목된다. ⅠB-2형 철부는 주로 동남부지역에서 확인되고 있어 위원 용연동유적의 ⅠB-1형 철부에서 변형된 형태로 보기도 한다(金想民, 2009). 그럼에도 ⅠB-2형 철부의 구체적인 제작지에 대한 검토는 이루어지지 못하였다.

여기서는 대동 부산리에서 출토된 ⅠB-2형 철부의 용범과 가평 대성리에서 출토된 ⅠB-2형 철부에 대한 비교를 통해 두 유물이 거의 일치하는 것을 확인하였다. 부산리 용범과 대성리 출토품은 동남부지역의 ⅠB-2형 철부보다도 이른 단계로 볼 수 있는 것이다. 대구 팔달동 45호묘의 ⅠB-2형 철부가 대성리 출토품과 유사하다는 점을 고려한다면, ⅠB-2형 철부의 기원은 서북부지역일 가능성도 있다.

이상과 같은 검토를 통해 서북부지역 철기문화는 낙랑군의 설치와 함께 급격한 변화를 이루는 것으로 생각된다. 부장철기는 단조품이 중심이라는 점은 단야라는 새로운 제작기술의 도입과 관련된 것으로 볼 수 있지만, 취락 내 출토된 철기를 통해 이전 시기부터 이어진 주조기술도 상당기간 지속되었다고 볼 수 있다. 낙랑군 내 철기 주조기술이 존재하였다는 것은 기존의 연구자에 의해서도 지적된 바 있어(李南珪, 1993; 鄭仁盛, 2007b) 낙랑군의 설치와 함께 서북부지역의 철기문화가 한식철기로 급변한다고 단정하기는 어렵다.

※표 5-1·2 참고문헌

1. 梅原末治 외, 1947,『朝鮮古文化綜鑑』, 養德社.
2. 정백운, 1957,『조선 금속문화 기원에 대한 고고학적 자료』, 과학원출판사.
3. 김종혁, 1974,「토성동 제4호무덤 발굴보고」,『고고학자료집』4, 사회과학출판사.
4. 小場恒吉 외, 1935,『樂浪王光墓』, 古跡調査報告第二册.
關野貞 외, 1927,『樂浪郡時代の遺跡』, 古跡調査特別報告第四册.
小泉顯夫, 1934,『樂浪彩篋塚』, 古跡調査報告第一册.
小場恒吉 외, 1974,『樂浪漢墓』, 大正十三年度發掘調査報告 第一册.
原田淑人 외, 1931,『樂浪-五官掾王旴の墓』, 東京帝國大學文學部.
朝鮮古跡研究會, 1935,『古跡調査槪報-樂浪古墳昭和九年度』.
朝鮮古跡研究會, 1936,『古跡調査槪報-樂浪古墳昭和十年度』.
5. 리순진, 1974a,「부조예군무덤 발굴보고」,『고고학자료집』4, 사회과학출판사.
사회과학원고고학연구소, 1983a,「락랑구역일대의 고분 발굴보고」,『고고학자료집』6.
사회과학원고고학연구소, 1978,『고고학자료집』5.
6. 사회과학원고고학연구소, 1983a,「락랑구역일대의 고분 발굴보고」,『고고학자료집』6.

7. 關野貞 외, 1927, 『樂浪郡時代の遺跡』, 古跡調査特別報告第四册.
朝鮮古跡硏究會, 1934a, 『昭和八年度古跡調査報告』.
朝鮮古跡硏究會, 1934b, 『昭和九年度古跡調査報告』.
朝鮮古跡硏究會, 1936, 『昭和十年度古跡調査報告』.
小場恒吉 외, 1935, 『樂浪王光墓』, 古跡調査報告第二册.
8. 채희국, 1958, 『태성리 고분군 발굴 보고』, 유적발굴보고 제5집, 과학원출판사.
9·11. 《조선유물도감》 편찬위원회, 1989, 『조선유물도감-고조선,부여,진국』 2.
10. 사회과학원고고학연구소, 1983b, 「각지고대유적조사보고11.황주군 금석리 나무곽무덤」, 『고고학자료집』 6.
12. 리순진, 1974b, 「운성리유적 발굴조사보고」, 『고고학자료집』 4, 사회과학출판사.
리규태, 1983, 「각지고대유적조사보고10.은률군 운성리 나무곽무덤과 귀틀무덤」, 『고고학자료집』 6, 과학백과사전출판사.
13. 리순진, 1963, 「재령군 부덕리 수역동의 토광무덤」, 『고고학자료집 각지 유적정리보고』 3.
14. 전주농, 1963, 「복사리 망암동 토광무덤과 독무덤」, 『고고학자료집 각지 유적정리보고』 3.
15. 황기덕, 1963, 「황해북도 봉산군 송산리 솔뫼골 돌 돌림 무덤」, 『고고학자료집 각지 유적정리보고』 3.
16. 황기덕, 1974, 「최근에 새로 알려진 비파형단검과 좁은 놋단검 관계의 유적유물」, 『고고학자료집』 4.
17. 西谷正 외, 1978, 「朝鮮無文土器時代及び原三國鐵器出土地名表」, 『たたら硏究』 22.
18·19. 정백운, 1957, 『조선 금속문화 기원에 대한 고고학적 자료』, 과학원출판사.
20. 鄭仁盛, 2007, 「樂浪土城の鐵器」, 『東アジアにおける樂浪土城の位置付け』, 平成17年度~平成18年度科學硏究費補助金(基盤硏究C)硏究成果報告書.
21. 리순진, 1974b, 「운성리유적 발굴조사보고」, 『고고학자료집』 4, 사회과학출판사.
22. 박성희, 2003, 「경춘선 가평역사부지(달전리)발굴조사」, 『고구려고고학의 제문제』, 제27회 한국고고학전국대회.
한국문화재조사연구기관협회, 2011, 『한국 출토 외래유물-초기철기~삼국시대』 1.
23. 京畿文化財硏究院, 2009, 『加平 大成里遺蹟』.

2절 한반도 서남부지역 철기문화의 유입과 변천

한반도 서남부지역(이하 서남부지역) 철기문화의 유입시기는 한반도 남부지역에서 가장 이른 단계로 알려져 있다. 그러나 전술한 바와 같이 세죽리細竹里-연화보蓮化堡문화의 영향에 의한 것으로, 전파론적 입장에서 시기차를 고려하여 기원전 2세기대 이전으로 올라갈 수 없다는 인식이 강하다. 이와 같은 입장의 연구자는 문헌자료에 기록된 위만조선衛滿朝鮮의 성립과 준왕準王이 남천하는 시기에 철기문화가 전래되었다고 본다(朴淳發, 1993·2004; 李南珪, 2002b). 이로 인해 서남부지역에서 출토되는 철기류를 연산철기로 인식하면서도 기원전 2세기대로 한정하고 있으며, 낙랑군樂浪郡이 설치되는 기원전 1세기를 시점으로 철기문화의 단절이 이루어진다고 보기도 한다(李南珪, 2002b). 즉, 서남부지역 철기문화의 유입은 기원전 2세기대로 보는데, 철기를 비롯한 고고학적 자료의 구체적인 검토가 이루어지지 않은 상황에서 문헌기록을 토대로 철기의 유입시기부터 결정해 두고 있는 것이다.

한반도 남부지역 내 철기의 유입과 전개양상에 대한 고고학적 검토가 부족한 원인은 북한의 고고학 자료의 한계와 함께 서남부지역 내 철기를 비롯한 관련유물이 연속적인 변화를 보이지 않고 있기 때문이다. 하지만 최근 들어 초기철기시대에서 원삼국시대에 해당하는 고고학적 자료가 증가하면서, 철기의 등장에서 성립·발전 과정을 검토할 수 있게 되었다(김상민, 2013a).

본 절에서는 한반도 서남부지역의 철기문화의 유입시점과 전개과정을 통시적으로 살펴보는 것을 목적으로 한다. 이를 위해 먼저 대상시기 서남부지역 철기류의 현황을 정리하고, 주조철부의 분류와 공반유물에 대한 분석을 통해 단계를 세분하였다. 그리고 단계별 연대를 비정하고 전개과정에서 보이는 특징을 정리하고자 한다.

1. 유적 현황

한반도 서남부지역의 초기철기문화는 농공구류 중심의 철기류와 청동제 무기류의 부장이라는 공통점에 기초해 청천강淸川江 이남지역으로 포괄적으로 검토되거나(金一圭, 2010), 주조철부와 함께 철착鐵鑿이 부장되는 양상은 금강유역권으로 설정되기도 하였다(李南珪, 2002a). 한반도 철기문화의 유입과정에서도 청천강 이북과 이남지역은 분명한 차이를 갖는다. 하지만, 아직까지 북한 발굴자료의 한계가 있는 현실에서 청천강 이남의 초기철기문화를 동일한 문화권으로 보거나 지역차를 부각시키는 것은 어려워 보인다. 본고에서 연구 대상으로 하는 서남부지역은 한강 이남지역의 서남부에 해당하는 지역으로 설정하고자 하며, 초기철기시대의 유적이 집중되는 금강·만경강유역을 중심으로 검토해 보고자 한다.

서남부지역에서 철기가 출토되는 유적은 총 17개소이다(그림 5-14·표 5-7). 대표적인 유적으로 부여 합송리, 장수 남양리, 완주 갈동·신풍유적 등이 있다. 철기류는 목관묘, 석관묘, 토광묘와 같은 분묘에서 출토된다. 대부분의 철기는 주조품으로 철부가 다수를 차지하며, 철겸·철착·철사와 같은 농공구도 확인된다. 또한 철기류와 함께 세형동검이나 동과, 동모와 같은 청동제 무기류가 공반되기도 한다. 철기는 금강의 본류와 인접한 지역인 부여 합송리, 논산 원북리, 익산 신동유적 등과 같이 1~2기 정도의 소규모 분묘에서 확인되기도 하지만, 만경강유역 완주, 전주 일대에서는 대규모 분묘군이 확인되기도 한다. 그 대표적인 유적이 완주 갈동과 신풍유적이다. 갈동유적은 독립된 낮은 구릉과 곡간부에 위치하며, 초기철기시대에 해당하는 분묘 17기에서 세형동검의 주형을 비롯한 다수의 청동기류와 철기류가 출토되었다. 또한 인접한 신풍유적에서는 70여 기에 가까운 초기철기시대 분묘군이 확인되었는데, 철기는 주조품뿐만 아니라 일부 단조품도 확인되고 있어 주목된다.

최근 서해안권역을 중심으로 이른 시기의 철기류가 출토되는 경향을 띤다. 이 유적들에서는 주로 단조품이 확인되는데 대표적인 유적으로 인천 운북동, 영광 군동, 해남 군곡리유적이 있으며, 영산강유역인 나주 구기촌, 함평 신흥동Ⅳ, 광주 복룡동유적에서 부장품으로 단조제 철기가 출토된다. 하지만 이러한 유적들

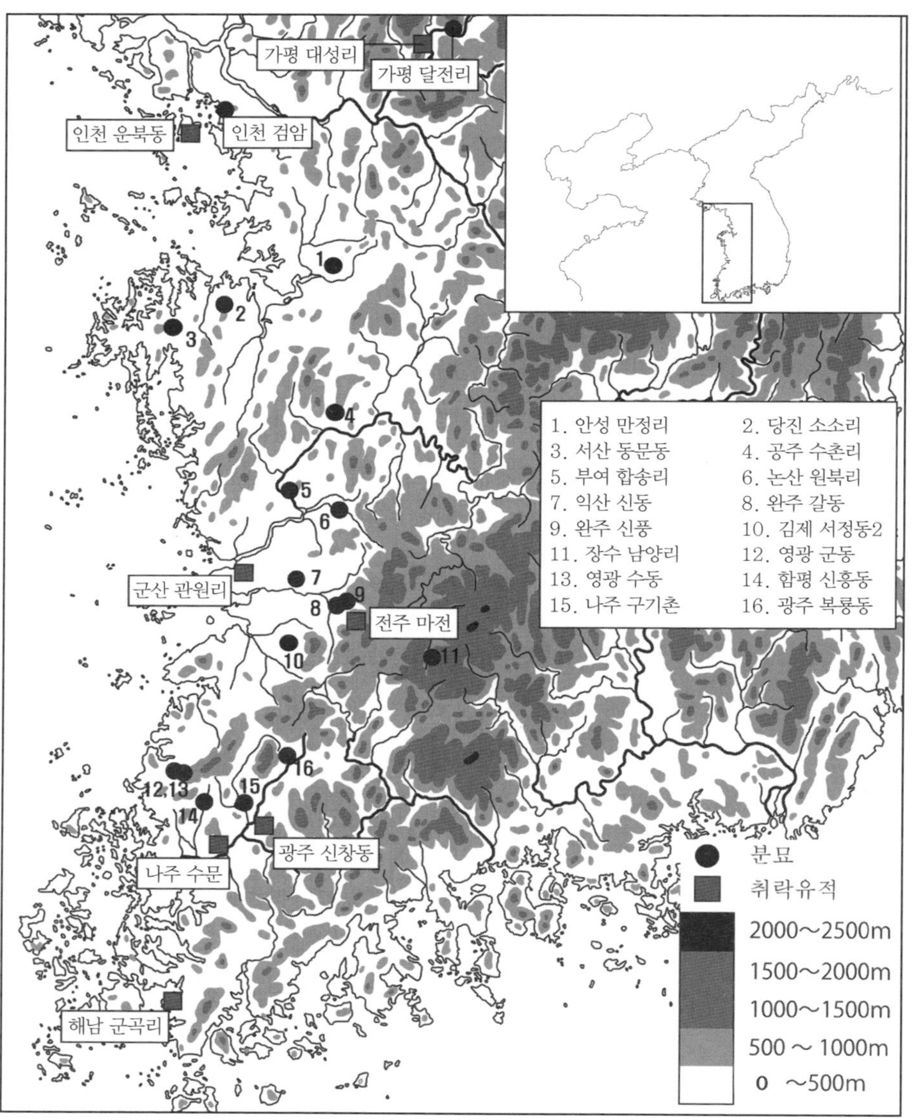
가평 대성리
가평 달전리
인천 운북동
인천 검암
군산 관원리
전주 마전
나주 수문
광주 신창동
해남 군곡리
1. 안성 만정리
2. 당진 소소리
3. 서산 동문동
4. 공주 수촌리
5. 부여 합송리
6. 논산 원북리
7. 익산 신동
8. 완주 갈동
9. 완주 신풍
10. 김제 서정동2
11. 장수 남양리
12. 영광 군동
13. 영광 수동
14. 함평 신흥동
15. 나주 구기촌
16. 광주 복룡동
분묘
취락유적
2000~2500m
1500~2000m
1000~1500m
500 ~ 1000m
0 ~500m

그림 5-14. 한반도 서남부지역 대상 유적의 분포

표 5-7. 한반도 서남부지역 초기철기유적의 현황(그림 5-14와 순번동일)

順番	遺蹟	遺構	鐵器類	共伴遺物	參考文獻
1	安城 萬井里	나-1號	鐵鏃2	石鏃9, 靑銅鏃2	(財)京畿文化財研究院, 2009
2	唐津 素素里		鑄造鐵斧·鐵鑿2	細形銅劍·銅戈·細文鏡	李健茂, 1991
3	瑞山 東門洞	1號	鑄造鐵斧·鐵鉇	平底長頸壺, 銅戈, 細形銅劍 劍把頭飾, 連結金具, 石鏃	(재)충청문화재연구원, 2017
4	公州 水村里		鑄造鐵斧, 板狀鐵器鐵鉇	粘土帶土器, 細形銅劍, 劍把頭飾銅鑿, 管玉	忠淸南道歷史文化研究院, 2007
5	扶餘 合松里		鑄造鐵斧2·鐵鑿	細形銅劍2·銅戈·銅鐸2黑色土器片	李健茂,1990
6	論山 院北里		鑄造鐵斧	細形銅劍片·銅鑿·鏡片	(財)中央文化財研究院, 2001
7	益山 信洞	1號	鑄造鐵斧	細形銅劍·粘土帶土器	崔完奎 외, 2005
		2號	鐵鉇	粘土帶土器	
8	完州 葛洞	2號	鑄造鐵鎌	銅劍·戈의 용범	(財)湖南文化財研究院, 2005
		3號	鑄造鐵斧·鑄造鐵鎌	粘土帶土器·平底長頸壺·銅鏃	
		4號	鑄造鐵斧2	粘土帶土器	
		6號	鑄造鐵斧2	組合式把手付壺	(財)湖南文化財研究院, 2009
		9號	鑄造鐵斧2	銅斧片	
9	完州 新豊	22號	鑄造鐵斧	細形銅劍	(財)湖南文化財研究院, 2014
		36號	鑄造鐵斧	平底長頸壺2	
		40號	鐵製品	銅鑿	
		41號	鐵鑿2	平底長頸壺片	
		42號	環頭刀子片	平底長頸壺, 環形琉璃, 石鏃	
		43號	環頭刀子片·鐵鉇	細文鏡·平底長頸壺	
		47號	鑄造鐵斧	細形銅劍	
		51號	環頭刀子片	·	

順番	遺蹟	遺構	鐵器類	共伴遺物	參考文獻
9	完州 新豊	54號	鑄造鐵斧·鐵刀子	竿頭鈴·銅鉇·平底長頸壺4	(財)湖南文化財研究院, 2014
		56號	鑄造鐵斧·鐵刀子	平底長頸壺·臺附鉢	
		57號	鐵鏃	石鏃·粘土帶土器片·平底長頸壺	
10	金堤 西亭洞2	1號	鐵鎌, 鐵矛?	細形銅劍, 劍把頭飾	(재)전라문화유산연구원, 2014
		2호	鑄造鐵斧2	石鏃	
11	長水 南陽里	1號	鑄造鐵斧·鐵鑿	細形銅劍·粘土帶土器	池健吉, 1990
		2號	鐵鉇	粘土帶土器	尹德香, 2000
		3號	鑄造鐵斧2·鐵鉇2	細形銅劍	
		4號	鑄造鐵斧·鐵鑿·鐵鉇	細形銅劍·銅鑿·銅矛2·細文鏡	
12	靈光 郡東	B-3號	鐵劍	粘土帶土器·平底長頸壺	최성락 외, 2001
13	靈光 水洞		鐵刀子	倣製鏡2·鳥文銅器	조선대학교박물관, 2003
14	咸平 新興洞	2호묘	鐵劍	·	(재)대한문화재연구원, 2016
		5호묘	鍛造鐵斧, 鐵鎌, 板狀鐵斧鐵劍, 鐵矛, 鐵鉇	口緣部片·環玉	
15	羅州 龜基村	1호	鍬形鐵器	粘土帶土器, 壺形土器2	(財)全南文化財研究院, 2016
		2호	鍛造鐵斧, 板狀鐵斧鐵劍, 鐵矛, 鐵鉇2	壺形土器2	
		5호	鐵矛	無文系土器片	
		9호	鍛造鐵斧鐵劍, 鐵矛	壺形土器, 靑銅製劍把頭飾牛角形銅器, 三角形銅器 등	
		10호	鐵劍	粘土帶土器·平底長頸壺3	
16	光州 伏龍洞	2-2號	鐵鎌片	粘土帶土器·甕形土器·碗	(財)東北亞支石墓研究所, 2018

은 기종과 공반유물을 통해 금강유역권의 철기류와 다소 시기적인 차이가 있을 것으로 생각된다. 여기서는 금강유역권 철기류를 중심으로 서남부지역 철기의 유입과 변천과정을 살피고자 하며, 이외 지역의 철기류는 고찰에서 언급하고자 한다.

2. 부장철기의 변천

서남부지역의 철기류 중에서 다수를 차지하는 유물은 주조철부이다. 약 30여 점으로 수량은 적은 편이지만, 다양한 크기와 형태가 출토되고 있어 형식분류가 가능하다. 주조철부는 공부銎部형태와 길이 등을 기준으로 형식분류하고, 공반유물에 대한 검토를 통해 변천단계를 설정하고자 한다.

표 5-8. 한반도 서남부지역 주조철부의 속성

遺蹟[1]	號數	銎部形態			全長	側面形		身部孔有無	型式
		長方形a	長方形c	梯形		兩面	片面		
新	가-40	●			10.4	●			ⅠA-5
信	1	●			7.9	●			
葛	3	●			9.3	●		●	
新	가-32	●			14.7	●			ⅠA-1
南	1	●			12.3	●		●	
葛	9		●		13	●		●	ⅠA-4
葛	9		●		16	●		●	
南	4		●		17	●		●	
合			●		17	●			
合			●		16.4	●			
新	가-22		●		16.8	●			
南	3		●		16.5	●		●	
葛	4		●		16.8	●			

遺蹟[1]	號數	銎部形態			全長	側面形		身部孔有無	型式
		長方形a	長方形c	梯形		兩面	片面		
葛	4			●	12.1		●		I Ba-1
南	3			●	11.2↑		●		
素			○		15.5	○		●	
葛	6			●	13		●		
葛	6			●	11.9		●		
院	다-1			●	14.5		●		

1) 유적명은 다음과 같이 생략함.
葛: 완주 갈동, 新: 완주 신풍, 合: 부여 합송리, 院: 논산 원북리
南: 장수 남양리, 信: 익산 신동, 素: 당진 소소리

1) 단계설정

(1) 형식변화와 단계설정

서남부지역의 주조철부는 공부銎部의 단면형태를 통해 장방형과 제형으로 구분된다. 그 중 단면형태가 장방형인 주조철부 중에는 공부銎部의 외형에 단이 있는 형태도 보인다. 전형적인 연나라의 주조철부에서 보이지 않는 속성으로 기존의 청동기생산기술이 반영된 형태로 보기도 한다(村上恭通, 2008). 공부銎部 단면이 장방형을 띠고 단이 없는 형태(장방형 a)와 단이 있는 형태(장방형 c)로 구분하였다. 그리고 속성 간의 조합에 따라 후자(장방형 c)를 I A-4형 철부로 분류하였다.

또한 주조철부의 길이를 검토해보면, 대략 10cm를 기준으로 구분되는 것을 알 수 있다. 이처럼 공부銎部의 형태와 전장全長에 대한 속성을 정리하면 I A-5형, I A-1형, I A-4형, I Ba-1형의 4형식으로 분류할 수 있다(표 5-8). 주조철부 공부銎部의 단면형태는 장방형에서 제형의 순으로 출현한다고 추정되고 있으며, 연나라 영역에서는 I A-4형 철부가 출토되지 않는 점을 감안한다면, I A-1형·I A-5형 → I A-4형 → I Ba-1형으로 형식이 변화되는 것을 상정할 수 있다.

앞서 분류한 주조철부의 각 형식 변화를 확인하기 위해 공반유물의 현황을 살펴보고, 이를 토대로 변천 단계를 설정하고자 한다.

그림 5-15. 장방형c의 사례(장수 남양리 유적)

공반유물은 토기류와 청동기가 다수를 차지한다. 특히, 토기류는 점토대토기와 평저장경호[흑도장경호]가 출토된다. 점토대토기와 평저장경호의 형식변화에 따라 주조철부의 형식과 철기류의 기종이 어떻게 변화되는지를 살펴보았다. 점토대토기의 형식은 점토대의 형태변화와 함께 동최대경의 위치에 따른 변화가 지적되고 있으며, 평저장경호는 굽의 유무, 동체와 경부의 형태가 속성으로 인정되고 있다(鄭仁盛, 1998; 朴辰一, 2000). 이를 정리하면, 점토대토기와 평저장경호에 대한 세부적인 속성변화의 차이는 확인되지만, 점토대가 원형에서 삼각형으로 변화하는 점, 동체부가 구형에서 편구형으로 변화하는 점, 동최대경이 점점 저부쪽으로 내려오는 점에 대해서는 의견의 차이가 없다. 따라서 본고의 단계설정은 선행연구의 점토대토기 형식변화에 기초하여 전개해 가고자 한다.

서남부지역의 철기류와 공반유물의 현황을 정리하면 표 5-9와 같다. 철기류가 토기와 공반되는 빈도는 많지 않지만, ⅠA-5형 철부는 원형점토대토기, ⅠA-4형 철부는 원형점토대토기와 삼각형점토대토기, ⅠBa-1형 철부는 변형된 삼각형점토대토기가 공반된다. 그리고 평저장경호는 박진일의 Ⅱa식에 해당하는 유물이 ⅠA-5형 철부와 공반된다. 따라서 주조철부의 형식은 ⅠA-5형→ⅠA-4형→ⅠBa-1형 철부의 순으로 변화되는 것을 상정할 수 있다.

철기류 간의 기종 변화를 살펴보면, ⅠA-5형 철부와 Ⅰ-2형 철겸은 원형점토대토기가 공반되는 양상, ⅠA-5형+ⅠA-4형 철부와 철사는 원형+삼각형점토대토기가 공반되는 양상, ⅠA-4형+ⅠBa-1형과 철사나 철겸은 변형 삼각형점

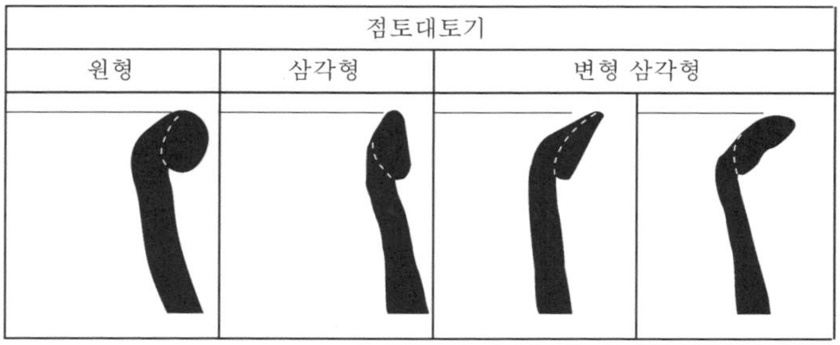

점토대토기			
원형	삼각형	변형 삼각형	

그림 5-16. 점토대토기 구연부의 분류

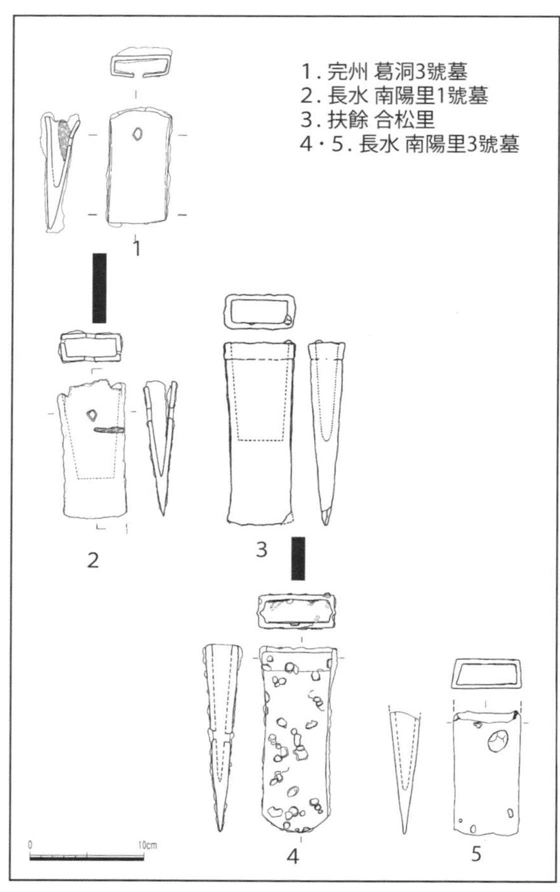

그림 5-17. 서남부지역 주조철부의 변화

토대토기가 공반되는 양상이 확인된다. 또한 ⅠA-4형 철부는 철사·청동제 무기류와 공반되는 사례가 다수를 차지한다. 이상과 같은 내용을 정리하면, 주조철부 각 형식이 등장하는 시점을 기준으로 3단계로 구분할 수 있다. 그리고 각 단계별 주조철부의 변화와 함께 추가되는 금속기는 연산(계)에서 재지계在地系로 변화되는 것으로 생각된다(표 5-9).

표 5-9. 주조철부의 형식과 공반유물을 통한 단계설정

型式				共伴土器		段階
ⅠA-5	ⅠA-1	ⅠA-4	ⅠBa-1	粘土帶土器	鐵器類	
●				圓形	燕系	1
●	●	●		圓形+三角形		2
		●	●	變形三角形	在地系	3

(2) 서남부지역 부장철기의 조합양상

한반도 서남부지역의 주조철부는 단독으로 부장되는 양상과 복수로 부장되는 양상이 확인된다. 이 같은 부장양상의 차이는 기능적 차이로 인식되기도 하며(東潮 외, 1983; 李東冠, 2011), 연나라 철기 부장양상의 특징이라고 해석하기도 하였다(村上恭通, 1998). 앞서 다룬 주조철부의 형식과 변천단계를 기초로 각 형식과 부장양상의 상관관계를 확인해 보고자 한다. 단독부장과 복수부장으로 구분하여 단계별 변화를 살펴보면 표 5-10과 같다.

먼저 단독으로 부장되는 양상은 주조철부 형식변화와 함께 1기에서 3기에 걸쳐 꾸준히 이어진다. 주조철부 외에도 단독으로 부장되는 기종이 확인되기도 하는데 1기에는 철겸, 3기에는 철사가 부장된다. 반면 복수로 부장되는 사례는 2기에 들어서 증가하는데, ⅠA-4형 철부를 중심으로 세트를 이룬다. ⅠA-4형 철부 2점+철착 또는 철사, ⅠA-5·ⅠA-4형 철부+철착 또는 철사, ⅠA-4형 철부+철착+철사의 조합과 같이 3점의 농공구류가 부장되는 것이 특징이다. 또한 2기는 동착과 동사와 같은 청동제 농공구류가 주조철부와 공반되기도 한다. 2기

의 철착과 철사가 추가되는 양상은 기존의 청동제 농공구류의 부장양상에서 재질만이 변화된 것으로 볼 수 있다. 반면 3기가 되면 주조철부와 청동제 농공구류의 조합은 확인되지 않으며, 2기와 마찬가지로 주조철부와 세트를 이루기도 하지만, 철착과 철사가 단독으로 부장되기도 한다.

표 5-10. 서남부지역 부장철기의 조합 변화

段階	單獨副葬						複數副葬			
	鑄造鐵斧				鎌	鉇	斧+鎌	斧+鑿	斧2+鉇	斧2+鑿
	I A-1	I A-5	I A-4	I Ba-1						
1	●				●		●			
2	●	●	●					●銅	●銅	●
3			●	●		●		●	●	●

銅: 청동제 착·사 등을 포함

3. 한반도 서남부지역 철기문화의 전개양상

한반도 서남부지역에 등장하는 철기류는 그 수량이 적은 편이지만, 주조철부가 비교적 안정적인 수량을 확보하고 있어 형식변화를 살필 수 있다. 주조철부는 형식변화와 함께 공반유물의 변화도 동시에 이루어져 변천단계의 설정에 유효하다. 특히, 서남부지역에 최초로 유입된 철기류는 연나라에서 생산한 철기와 유사성이 강해 주목된다. 여기서는 각 단계별 철기의 특징을 정리하면서 앞서 다룬 연산 남부지역, 요령지역의 철기와 비교해 보고자 한다.

1) 서남부 1기

철기는 주조철부와 환두도자가 단독으로 부장되거나 주조철부가 겸이나 착과 세트를 이루며 부장된다. 주조철부는 I A-5형이 출토되는데, 최근 조사된 완주 신풍유적 가-47호묘에서 출토된 I A-5형의 주조철부는 육안관찰을 통해 탈탄흔적이 확인되는 점이 주목된다. 신풍유적 가-47호에서 출토품(그림 5-18;2)은 공부銎部의 높이가 비교적 낮고, 측면에 용범의 능선(결구선)이 명확히 관찰된다. 이와 같은 특징은 연나라의 주조철부에서 자주 관찰되는 현상이다. 주조철부와 공반되는 철기류는 주조철겸과 철착, 환두도가 있다.

Ⅰ-2형 철겸(그림 5-18;5·6)은 모두 전형적인 연나라에서 생산한[燕産] 철겸으로 중국 흥융 수왕분지구에서 용범이 출토되는 것을 비롯해, 연하도 서관성촌 9호, 화전 서황산둔 3호묘, 무순 연화보, 위원 용연동유적 등에서 출토되었다.

환두도자(그림 5-18;3)는 환두부가 결실되어 일부만 잔존하지만, 기부의 끝부분

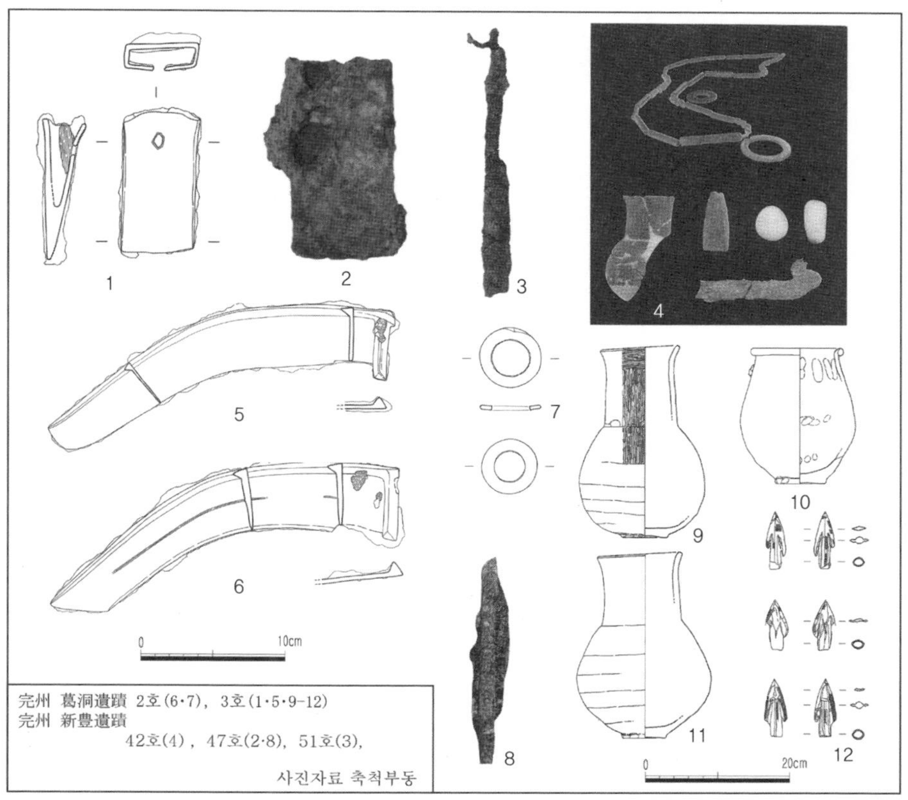

그림 5-18. 서남부 1기 철기류와 공반유물

을 접은 후 말아 올린 형태로 연하도 낭정촌 10호유적의 전국시대 후기층과 연하도 16호묘(九女臺)에 부장된 형태와 유사하다.

1기에 철기가 부장되는 분묘에서는 세형동검을 비롯한 청동제 무기류가 공반되는 양상이 적으며, 갈동 2호묘와 신풍 가-42호묘에서는 환형유리(그림 5-18;4·7)와 같은 전국시대의 요소도 확인된다. 특히 갈동 3호묘에서 출토된 동촉은 능원 삼관전凌源市三官甸유적의 전국묘에서 출토된 동촉과 형태, 경부 길이 등에서 유사하다(그림 5-18;12). 이와 같은 철기와 공반유물의 특징에서 연나라의 요소가 확인되는 것을 통해, 1기를 전국시대 연나라 철기가 유입되는 시기로 보는 것이 타당할 것이다.

2) 서남부 2기

철기는 주조철부가 단독으로 부장되거나 착鑿 또는 사鉇와 세트로 부장된다. 또한 주조철부가 복수부장되는 경향과 함께 타기종의 농공구류가 추가되는 조합양상도 확인된다.

ⅠA-1형·ⅠA-5형 철부와 함께 ⅠA-4형 철부의 출토가 증가하여 주요 부장품이 된다. ⅠA-1형 철부에 해당하는 장수 남양리 1호묘 출토품은 형태상으로는 완주 갈동 3호묘 출토품(ⅠA-5형)과 동일하지만 대형화되는 것을 알 수 있다. 이처럼 소형과 대형의 분류가 명확해지는데, ⅠA-4형 철부는 모두 전장 16cm 전후로 어느 정도 일정한 크기로 규칙성을 갖는다. ⅠA-4형 철부로는 갈동 4호묘(그림 5-19;5)·9호묘, 남양리 4호묘(그림 5-19;4), 합송리 출토품이 있다. ⅠA-4형 철부는 공부銎部 외면에 단이 있는 형태나 공부銎部에서 직선으로 이어지다가 인부刃部에서 벌어지는 평면형태로 기존 청동부靑銅斧의 형태와 유사하다. 따라서 ⅠA-4형 철부는 전형적인 연나라의 것에서 다소 변형된 형태인 것으로 판단된다.

철착은 합송리와 남양리 4호묘에서 출토되는데, 합송리 출토품(그림 5-19;3)의 공부銎部는 ⅠA-4형 철부처럼 공부銎部의 외면에 단과 같은 형태가 관찰된다. ⅠA-4형 철부와 동일한 기술에 의해 제작된 것으로 생각된다. 또한 이 시기 철기

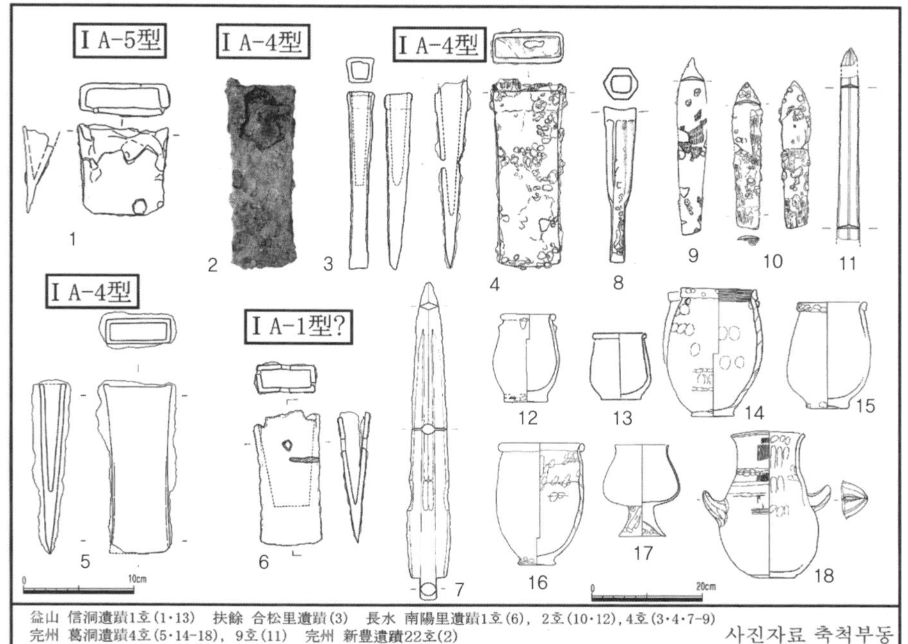

그림 5-19. 서남부 2기 철기류와 공반유물

부장의 특징 중 하나가 철사가 공반된다는 것이다. ⅠA-4형 철부와 함께 동착과 동사, 철착과 철사가 세트를 이루는 양상이 공존한다. 이와 같은 부장양상을 통해 기존의 부장전통을 그대로 두고 부장유물의 재질이 바뀌었다고 볼 수 있을 것이다.

한편, 서남부 2기에는 철기와 함께 세형동검, 동과, 동모와 같은 청동제 무기류의 공반양상이 두드러진다. 또한, 남양리 1호묘에서 출토된 석도石刀는 무순 연화보유적, 영변 세죽리유적 출토품과 관련성을 검토한 바 있다(李健茂, 1990). 이상과 같이 철기와 공반유물의 특징을 통해 서남부 2기는 기존의 청동기문화와 외부에서 유입된 연나라 철기문화가 병행하는 시기로 볼 수 있을 것이다.

3) 서남부 3기

철기는 I Ba-1형 철부가 중심이 되는 시기이다. I Ba-1형 철부는 단독부장(원북리유적)되거나, 착鑿 또는 I A-4형 철부와 세트(남양리 3호묘)를 이루기도 하며, I Ba-1형 주조철부가 2점이 세트(갈동 6호묘)를 이루는 등 다양한 부장양상이 확인된다. 3기의 철기 부장양상에서 주목되는 특징은 주조철부의 부장이 중심이 되던 이전 시기와 달리 철착과 철사의 부장률이 높아지며, 이전 시기에 부장되지 않던 철도자, 철검 등이 출토된다는 점이다.

I A-1형 · I A-5형 철부의 부장은 확인되지 않으며, I A-4형과 I Ba-1형 철부의 부장이 다수를 이룬다. 남양리 3호묘의 I A-4형과 I Ba-1형 철부가 공반되는 양상은 서남부 2기와 3기의 과도기에 해당하는 것을 알려준다. 제형의 단면형태를 띠는 I Ba-1형 철부는 후술할 동남부지역 I Ba-1형 철부와 달리 측면 경사면의 각이 적은 편이다. 이와 같은 I Ba-1형 철부와 철도자(그림

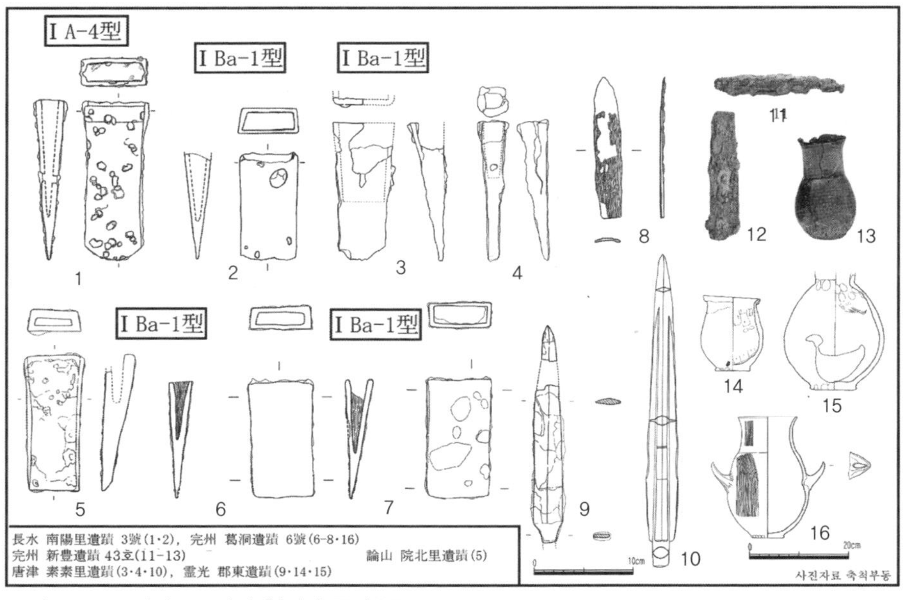

그림 5-20. 서남부 3기의 철기와 공반유물

5-20;11), 철검(그림 5-20;9) 등의 신기종은 이후 원삼국시대 동남부지역에서 일반적으로 출토되는 기종이므로, 이 신기종들은 재지적 성격이 강한 것이라고 볼 수 있다. 그러므로 서남부 3기가 되면 연나라 철기의 영향에서 벗어나, 재지적인 성격의 철기가 등장하기 시작하는 것으로 볼 수 있다.

철도자와 철검 등이 출토되는 유적으로 군산 관원리, 영광 군동·수동, 해남 군곡리유적 등이 있다. 이들 유적은 이전 시기의 중심지인 금강과 만경강 내륙지역을 벗어나 서남해안과 인접한 지역에 위치하고 있다. 철검, 철도자와 함께 철

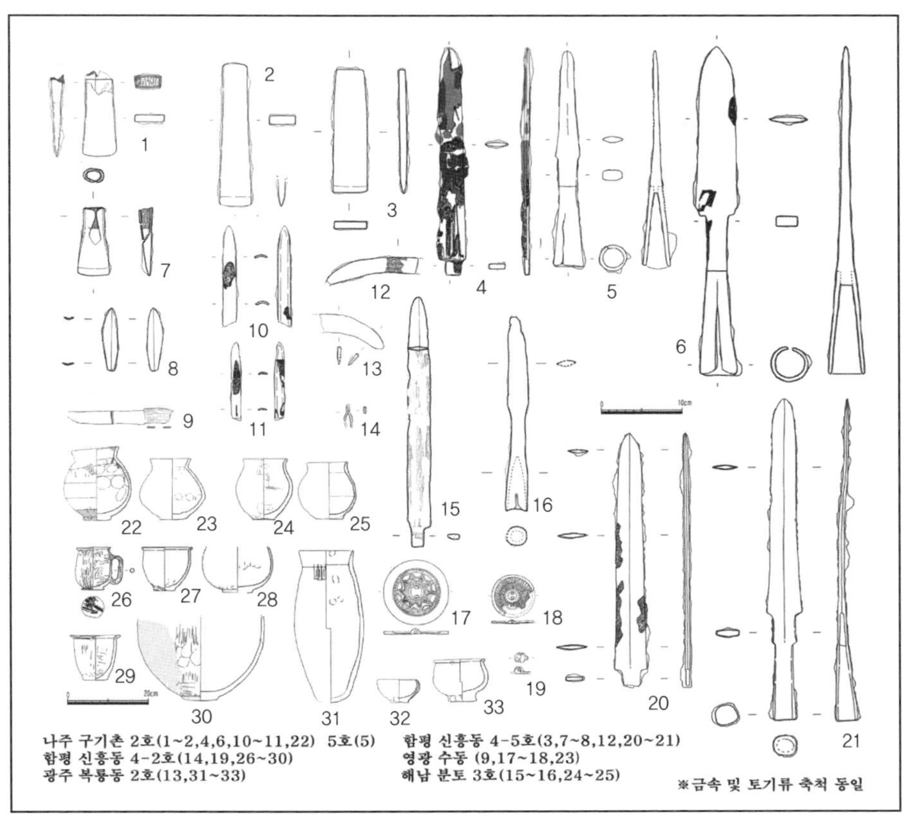

그림 5-21. 영산강·서남해안권역의 철기와 공반유물

경동촉(신창동유적), 방제경(수동유적)이 부장되는 양상은 이전 시기까지 이어진 연나라 계통 철기문화와는 다르다는 것을 알 수 있다. 또한 최근 조사·보고된 영산강유역의 함평 신흥동, 나주 구기촌유적에서는 철검과 철모, 단조철부가 조합된 구성의 철기 부장양상도 확인된다. 철기의 구성을 살펴보면, 단조품 중심으로 서남부 2기까지 보이던 주조품 중심의 철기문화와는 분명히 다르다. 이 같은 이전 시기와 다른 단조품을 중심으로 한 철기문화의 등장은 한반도 중부지역의 취락에서 출토된 철기류를 통해 그 계통을 추정할 수 있다. 동시기 중부지역의 가평 달전리·대성리, 인천 운북동유적에서 출토되는 철기는 화분형토기, 철경동촉과 같은 낙랑계 유물과 함께 철기류가 출토된다. 철기류의 면면을 보면 ⅠB형계 주조철부와 함께 단조제품이 다량 출토된다. 이와 달리 이 시기 영산강유역의 철기 기종구성은 유사하지만 아직 전형적인 낙랑 또는 한나라 계통의 물질문화는 보이지 않는 것이 특징이다. 이전 시기까지 성행했던 연나라 철기문화의 요소가 사라지는 것과 금강·만경강유역을 벗어난 서남해안지역에서 단조품을 중심으로 한 철기문화가 새롭게 출토되는 것은 이 시기 서남부지역에서 큰 문화적 변동이 있었다는 것을 알려준다.

4. 연대 검토

한반도 남부지역 철기문화의 유입시기는 기원전 2세기대로 보는 것이 일반적이다. 절대연대를 추정할 수 있는 화폐나 한경 등이 출토되지 않아 상대연대를 통해 연대를 비정하고 있다. 즉 중국 연화보유적의 주조철기류와 함께 출토되는 반량전半兩錢을 토대로 연대(기원전 3세기후~2세기대)를 설정한 후 한반도 남부지역은 그 이후라는 견해(趙鎭先, 2005)인 것이다. 이와 함께 문헌자료에 등장하는 연장燕將 진개秦開의 고조선 침략과 관련된 내용에 주목하여 한반도 남부지역 점토대토기의 등장시점이 연燕 소왕昭王대라는 견해[11]가 지지를 받으며, 철기문화의 유입

11) 朴淳發, 1993,「우리나라 初期鐵器 文化의 展開過程에 대한 약간의 考察」,『考古美術史論』3.

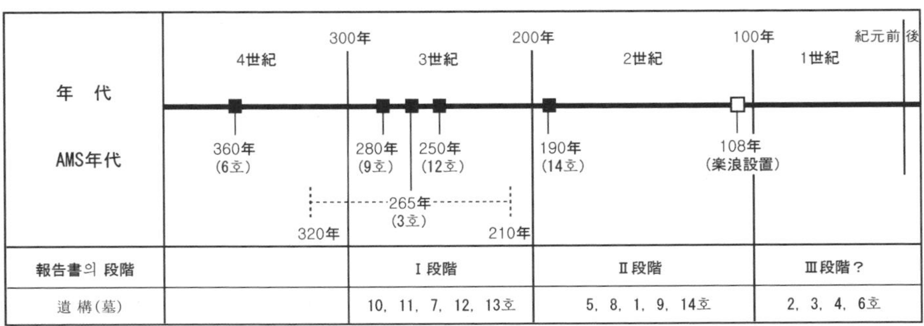

그림 5-22. 보고서에 따른 완주 갈동유적의 단계와 편년

시점이 기원전 2세기를 상한으로 보는 근거가 되었다.

반면, 최근 철기의 유입시기를 상향하는 경향도 확인된다. 이는 일본 야요이시대 편년의 상향과 맞물리는데, AMS 분석 결과를 적용하여 절대연대를 설정하고 있다. 특히 원형점토대토기가 철기와 공반되는 갈동 3호묘의 연대에 대한 새로운 견해가 제시되고 있다. AMS 결과를 통해 도출된 원형점토대토기의 하한연대와 갈동 3호묘의 동측 확대 부분의 절대연대를 토대로 철기의 유입시기를 기원전 4세기대로 상향하였다(이창희, 2010). 또한 철기나 공반유물을 순서배열하여 선후관계를 확인한 후 청동기의 상대연대와 비교하였을 경우 기원전 4세기대까지 상향하기도 하지만, 상기의 AMS 연대에 맞추어가는 듯한 인상을 준다(李昌熙, 2011; 石川岳彦·小林青樹, 2011). 다시 말해 AMS 결과를 통해 하한기준을 정해두고 고고학적 현상을 대응하는 방법을 취하고 있는 것이다. 결국, 문헌자료를 토대로 한 연대는 기원전 2세기대보다 상향될 수 없고, 과학적 분석을 통해 얻어진 연대는 기원전 4세기대에 해당한다는 견해차로 이어진다. 철기를 중심으로 한 고고학 자료의 구체적인 검토는 이루어지지 않은 상태에서 철기의 유입시기부터 상정되고 있는 것이다. 본고에서는 고고학적 자료를 중심으로 서남부지역 철기문화의 유입연대를 생각해보고자 한다.

朴淳發, 2004, 「遼寧 粘土帶土器文化의 韓半島 定着過程」, 『錦江考古』 創刊號.

먼저 서남부 1기에 해당하는 갈동 3호묘의 연대에 대한 검토는 어떤 자료를 기준 자료로 두는가에 따라 연대차가 확인된다. 갈동유적의 보고자는 2·3호에서 출토되는 철겸에 대해 전국계[연산]유물이며, 진한교체기에 해당한다고 보면서도 그 연대는 청동촉의 연대를 기준으로 기원전 2세기 후엽에서 기원전 1세기로 보았다(金健洙 외, 2005). 이후 갈동유적 2차 조사의 보고 과정에서 좀 더 구체적으로 시기를 제시하고 있는데, 1·2차 조사를 통해 확인된 분묘를 3분기로 나누면서도, 2·3호묘는 Ⅲ단계로 설정하여 기원전 1세기로 상정하였다(박수현, 2009). 이는 단계설정에 대한 구체적인 근거가 생략되어 단계설정의 기준은 명확하지 않지만, 토광묘에서 목관묘, 목곽묘라는 변화상에 중점을 둔 한편, 3호묘에서 출토된 청동촉의 편년(韓修英, 2004)을 기준으로 한 것으로 생각된다. 즉, 갈동 3호묘에 대한 연대를 재검토하는데 쟁점이 되는 유물은 청동촉인 것이다. 평양 정백동平壤貞栢洞 1호묘 출토품과 유사성을 강조하며 그 시기를 비정하는 기준으로 삼고 있기 때문이다.

그렇다면 갈동 3호묘에서 출토된 청동촉을 평양 정백동 1호분과 동일시기로 판단할 수 있는가에 대해 검토할 필요가 있다. 갈동 3호묘의 청동촉은 양익촉으로 형태상으로는 정백동 1호묘 출토품과 유사하다. 그러나 세부적인 특징을 살펴보면 차이점이 관찰된다.

먼저 경부의 단면형태에 있어 차이점이 확인되는데 갈동 출토품은 타원형에 가깝지만 정백동 출토품은 팔각형이다. 그리고 촉신부와 경부의 비율을 보면 정백동 1호분 출토품이 갈동 출토품보다 짧은 것을 알 수 있다. 이와 같은 삽입형 경부에 양익형을 띠는 청동촉은 전국시대 유적에서도 확인된다. 미야모토 가즈오는 이러한 형식의 청동촉을 「유공식동촉有銎式銅鏃」으로 정의하고 갈동·정백동 출토품을 전국시대 유적인 능원 삼관전유적 출토품과 비교하여 시기를 비정하였다(宮本一夫, 2012c). 삼관전三官甸유적 청동촉은 경부의 단면형태가 타원형에 가까우며 경부가 긴 편이다.[12)] 반면 낙랑군 설치 이후로 볼 수 있는 낙랑리樂浪里와 소라

12) 2012년 요령성박물관에 소장된 삼관전三官甸유적의 동촉을 실견할 수 있었다. 관찰하는 과정에서 미야모토 가즈오 교수에게 삼관전유적 동촉과 갈동 3호묘 동촉과의 유사성에

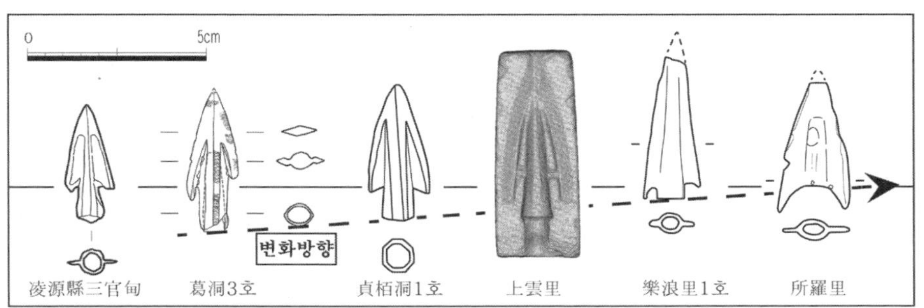

그림 5-23. 쌍익동촉雙翼銅鏃의 변화방향

리所羅里 출토품은 경부가 짧은 형태를 띠고 있는 것을 알 수 있다.

이상을 정리하여 변화양상을 상정한다면, 경부의 단면형태는 타원형에서 팔각형으로 변화하며, 경부의 길이는 짧아지는 경향으로 변화된다고 볼 수 있다. 즉, 삼관전三官甸 출토품→갈동 출토품→정백동貞栢洞 출토품→낙랑리樂浪里 출토품→소라리所羅里 출토품의 순으로 보는 것이 좀 더 적절할 것으로 생각된다. 갈동 3호묘의 청동촉을 삼관전 청동촉과 정백동 청동촉의 중간에 위치하는 것이라고 본다면, 정백동 출토품과 비교를 통해 기원전 1세기대로 시기를 한정할 필요는 없다. 오히려 갈동 3호묘 청동촉은 전국계 청동촉의 계통의 하나로 볼 수 있는 것이다.

덧붙여 갈동 3호묘의 철기와 공반되는 점토대토기와 흑도장경호[평저장경호] 등은 유적 내 가장 이른 시기로 판단되고 있으며(中村大介, 2008; 劉香美, 2009; 石川岳彦·小林青樹, 2012), 이 중 원형점토대토기는 보령 교성리 3호 출토품과 유사성이 강하다. 이처럼 연나라 철기가 부장되는 갈동 3호묘의 공반유물 연대를 그대로 적용한다면, 전국시대 후기인 기원전 3세기까지 상향할 수 있게 된다. 따라서 갈동 3호묘의 철기와 공반유물은 서남부지역 철기의 유입연대를 비정하는 근거로 제시할 수 있다.

대한 교시를 받았다.

한편, 완주 신풍유적의 가-51호묘와 42호묘는 부장된 환두도자에 주목하여 서남부 1기에 포함된다. 특히 44호묘에서 출토된 환두도자는 환두부가 일부 결실되었지만, 환두부의 형태에서 연하도 16호분(九女臺) 부장품(河北省文物局工作隊, 1965)과 낭정촌 10호유적의 후기층(河北省文物研究所, 1996)에서 출토되는 것과 유사하다는 것을 알 수 있다. 연하도 16호분은 선행연구를 통해 기원전 4세기 후엽(宮本一夫, 2000; 石川岳彦, 2011)으로 편년되고 있으며 낭정촌 10호유적 후기층은 기원전 3세기대로 편년되고 있다(石川岳彦, 2011·2012). 이 형태의 환두부를 갖는 환두도는 현재까지 보고된 자료에서는 요서·요동지역에서 발견되지 않으며,[13] 진秦·한漢대에 들어서면서 둥근 환두부를 감싸서 고정하거나 기부에서부터 둥글게 말아 돌리는 형태가 보편화되는 것으로 생각된다. 이 환두도자의 상대연대를 추정한다면 연하도 두 유적의 하한연대를 고려하여 기원전 3세기의 어느 시점으로 볼 수 있을 것이다.

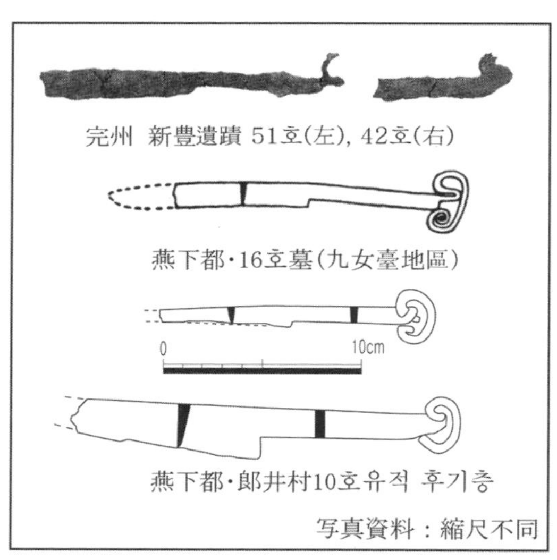

그림 5-24. 신풍유적 환두도자와 비교유물

이상과 같은 서남부 1기의 연대를 기초로 서남부 2기와 서남부 3기를 추정해 본다면 다음과 같다. 서남부 2기는 ⅠA-5형 철부와 함께 ⅠA-4형 철부가 출토되며 철착, 철사와 같은 다양한 형태의 농공구의 증가가 두드러지며 갈

13) 중국 전국시대에서 한대에 이르는 철기를 수집하여 검토한 결과 연하도燕下都 이외의 지역에서는 출토되지 않았다. 다만, 중국의 보고서에서 도면이나 사진, 기술을 통해 확인할 수 있는 범위 내에서 이루어진 것으로 추후 보고나 실견조사 등을 통해 발견될 가능성도 있다.

동 4호묘와 같이 원형점토대토기와 삼각형점토대토기가 공반된다. 즉, 삼각형점토대토기가 등장하는 시기로 볼 수 있을 것이다. 절대연대를 추정할 수 있는 자료가 없어 명확한 시기를 제시하기는 어렵지만 삼각형점토대토기의 출현 시기를 통해 기원전 2세기대로 상정해 두고자 하며(朴辰一, 2000; 中村大介, 2008), 낙랑계 유물의 유입이 확인되지 않은 것을 통해 기원전 2세기 후엽을 하한으로 하고자 한다.

서남부 3기는 단면이 제형을 띠는 I Ba-1형 철부와 함께 소형의 철도자와 철검 등의 단조제 무기류가 부장되고 있다. 경질무문계 평저장경호와 삼각형의 점토대가 약해진 삼각형점토대토기가 부장되며 청동기의 감소가 두드러진다. 이와 같은 부장양상의 변화를 통해 2기보다 늦은 단계인 기원전 1세기대로 상정해 두고자 한다. 그 하한연대는 영광 수동유적에서 출토된 방제경의 연대를 통해 기원 1세기대로 두고자 한다.

5. 취락 내 철기의 특징과 연대

취락 내 철기가 출토된 유적은 5개소로 패총과 수혈 등이 있다. 분묘 부장품에 비해 취락 내 철기류는 적은 편인데, 가장 이른 취락 내 철기의 사례로 전주 마전유적을 들 수 있다. 구상유구 내에서 다량의 무문계 토기류와 주조철부가 출토되었다. 주조철부는 공부가 결실되었지만 장방형의 공부형태를 띠는 것을 알 수 있다. 공반유물의 특징을 살펴보면 완주 갈동 3호묘에서 출토된 원형점토대토기와 유사성이 강하지만 일부 삼각형점토대토기도 확인되었다. 삼각형점토대토기의 출현시기를 고려하더라도 마전유적의 주조철부는 기원전 2세기대라는 것을 알 수 있다.

또한 군산 관원리유적에서는 매납 수혈 내 철검과 동모가 공반되었다(조규택, 2003). 아직 미보고된 상태로 구체적인 시기를 알 수 없지만, 공반되는 무문계 외반구연호의 형태를 통해 서남부 3기의 영광 군동과 수동의 중간에 해당하는 것으로 추정된다. 철제단검이 출토되는 시기와 공반되는 토기의 형태를 통해 기원 1세기대로 볼 수 있을 것이다. 그리고 관원리유적에서 출토된 동모는 시기적으로 동모와 철모의 공백을 이어주는 자료로 평가된다.

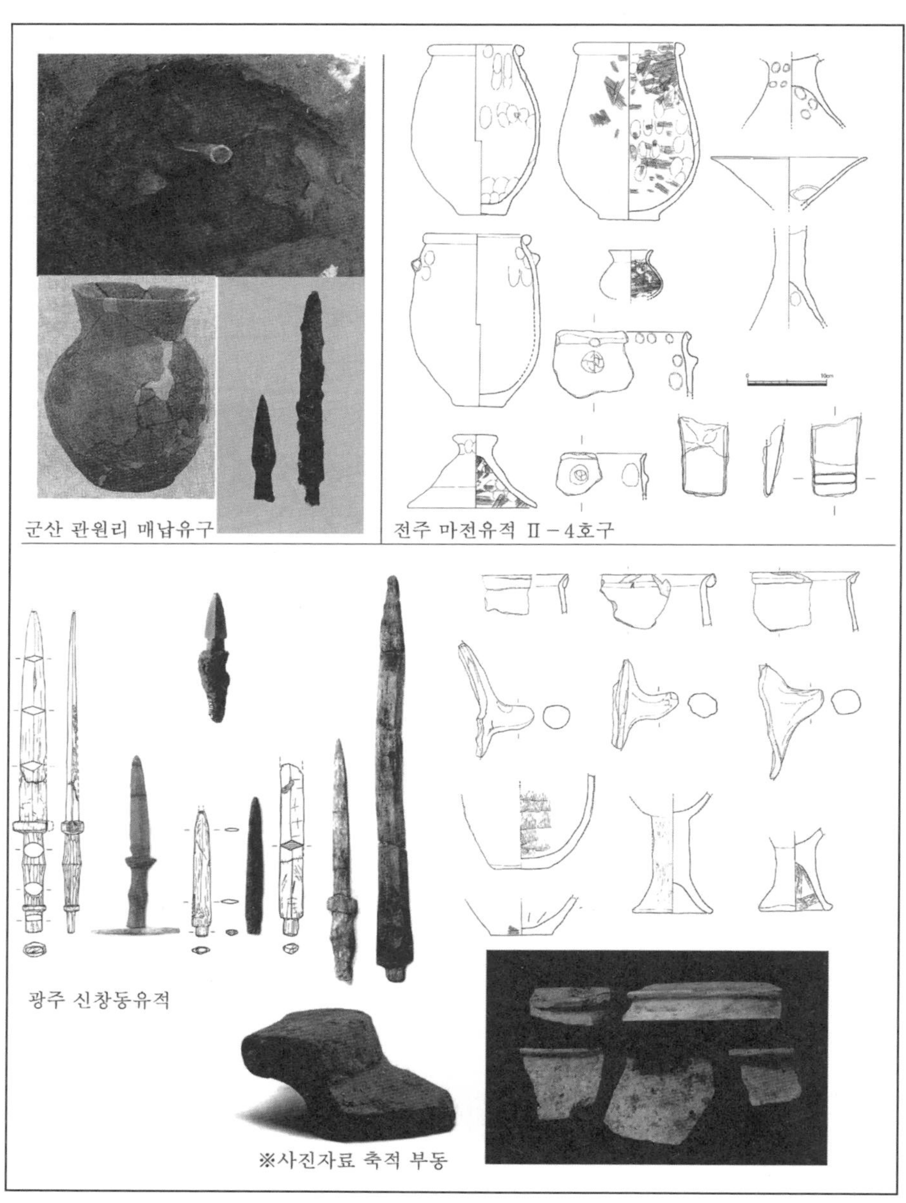

그림 5-25. 서남부지역 취락유적의 철기와 공반유물1

광주 신창동유적은 다양한 무문계 토기류와 수구[須久]식 야요이토기, 낙랑계 토기가 출토되는 것을 통해 기원전 1세기대에 형성되기 시작한 취락으로 이해되고 있다. 철기는 철경동촉 이외에는 출토되지 않아 구체적인 실체를 알 수 없으나, 철경동촉의 존재는 적어도 기원전 1세기대 철기의 유입이 이루어졌다고 추정할 수 있다. 게다가 유적 내 출토되는 다양한 목기류 중에는 세형동검을 모방한 목검뿐만 아니라, 철제단검과 장검을 모방한 목기들도 존재한다. 이러한 철제무기를 모방한 목기는 신창동유적이 존속하던 시기에 철제 무기류가 존재하였을 가능성을 시사한다.

한편 서남해안지역에서는 초기철기시대에서 원삼국시대에 걸쳐 패총이 형성되는 것이 특징이다. 대표적인 유적으로 해남 군곡리유적을 들 수 있다. 군곡리유적 내 화천이 출토된 층을 기준으로 유적의 형성시기를 추정할 수 있으며, 다양한 무문계 토기에 대한 층위별 검토를 통해 점토대토기의 변화양상이 밝혀지게 되었다. 군곡리유적에서 출토된 철기류 중에서 7층의 도자병과 5층의 단조철부는 대략적인 시기를 추정할 수 있다. 먼저 5층에서는 화천이 출토되어 있어 그 연대를 기원 1세기대로 둘 수 있다. 공반되는 변형된 점토대토기와 흑도장경호, 무문계 외반구연호를 보더라도 3기의 분묘 내 부장되는 무문계토기와 유사성이 강하다. 7층의 도자병[14]은 함께 출토된 유물이 명확하지 않지만, 5층의 아래에 위치하므로 적어도 5층보다 이른 시기로 볼 수 있다. 그러므로 군곡리유적 내 철기가 유입되는 시기는 기원 1세기대가 중심이 될 것으로 보이며, 7층의 도자병 등은 기원전 1세기대로 상향될 가능성도 있다.

나주 장동 수문패총의 철기도 군곡리유적과 동일한 시기로 추정되는데, 철기류는 변형된 삼각형점토대토기와 동시기로 볼 수 있어 「서남부 3기」로 위치시킬 수 있다. 그러나 B1pit의 도자병은 군곡리유적과 마찬가지로 공반되는 점토대토기를 통해 시기를 올려볼 수 있는 여지도 있다. 또한 수문패총의 C0pit에서 출토된 공부의 단면형태가 제형인 Ⅰ-B형계 주조철부는 영산강유역 분묘에 부장되는 주조철부류의 불연속성을 메울 수 있는 자료이다.

14) 도자병은 골각기로 만들어진 자루형태로 철도자의 기부가 박혀있는 상태로 출토되었다.

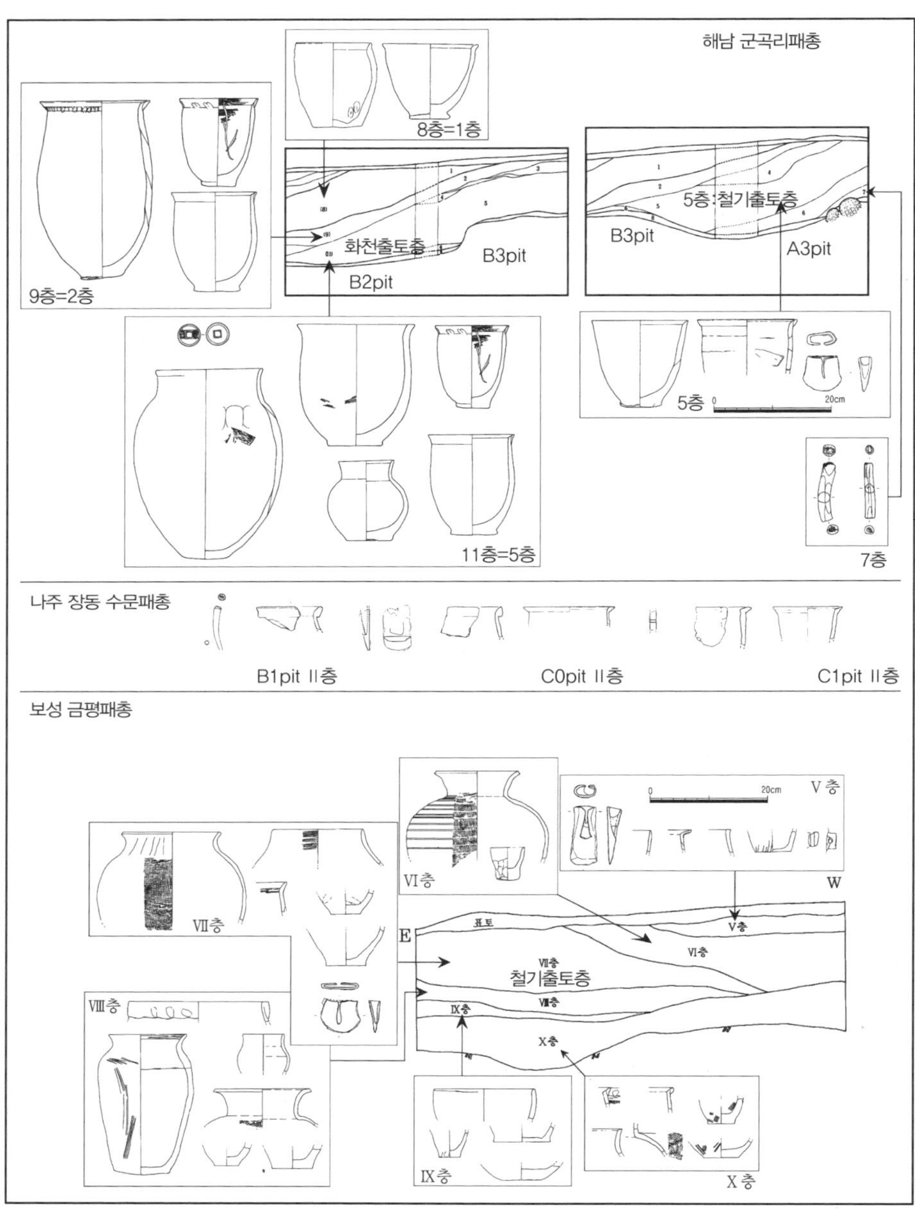

그림 5-26. 서남부지역 취락유적의 철기와 공반유물2

6. 소결

한반도 서남부지역 철기문화의 유입과 전개과정을 살피기 위해 서남부지역 부장철기의 현황을 확인하고 철기와 공반유물의 관계를 분석하여 변천단계를 3단계로 상정하였다.

서남부지역 철기문화는 완주 갈동, 신풍유적을 중심으로 서남부지역 철기류에서 연산철기가 확인되고 있기 때문에 비교적 이른 시기에 유입된 것으로 보인다. 그 시기는 기원전 3세기의 어느 시점으로 판단된다. 기원전 3세기는 전국시대 연나라가 동쪽으로 확장하여 한반도 북부지역까지 영향을 준 시기로 보기도 한다(宮本一夫, 2000; 石川岳彦, 2011). 동시기 한반도 남부지역에서도 어느 정도의 직·간접적인 영향을 받으며 철기에 관한 정보가 유입되었을 것으로 추정된다.

철기가 유입되기 시작한 서남부 1기는 연나라에서 생산한 철기[燕産]만 부장된다. 재지계 청동기와 공반되지만 그 사례는 많지 않다. 1기의 철기가 부장된 매장시설은 그 전후시기의 매장시설과 다른 특징을 가진다. 대표적인 사례로 갈동 3호묘의 구조를 들 수 있다. 갈동 3호묘는 단장목곽묘로 분류되는데(劉香美, 2009; 金健洙 외, 2005) 기존 청동기문화의 기본적인 묘제와 차이가 난다. 또한 서남부 2~3기의 매장시설은 목관묘[토광묘]이다. 이와 같은 연산철기가 부장된 단장목곽묘는 일시적으로 등장하는 것으로 여겨진다. 따라서 서남부지역 철기문화의 유입은 연 문화의 영향을 받은 지역에서의 이주 또는 이동에 의한 것으로 추정된다.

연산철기가 유입된 이후 서남부지역의 철기문화의 전개에 있어서 획기로 볼 수 있는 것은 재지적在地的 요소가 강한 철기류의 등장이다. 재지계在地系 철기로는 ⅠA-4형 주조철부와 철착, 철사가 있다. 재지계 철기는 세형동검, 동경 등 기존의 재지적 유물과 공반되는 사례가 비교적 다수를 차지하며, 장수 남양리유적과 같이 석관묘 내 철기의 부장이 확인되기도 한다. 즉, 동착이나 동사와 같은 청동제로 부장되던 기종이 철제로 대체되어가는 현상으로 이해할 수 있다. 이 같은 현상은 이전 시기에 유입된 철기문화가 현지화되는 과정에서 나타나는 것으로 추정된다. 주조철부와 철착이 공반되는 양상(李南珪, 2002a)이나 합송리, 남양리유적과 같이 공부銎部에 단이 형성되어 있는 주조철부가 증가하는 양상에 대해 기존의 청동기생산기술이 반영된 것으로 보고 자체적인 주조철기의 생산을 추정하기도 한다(村上恭通, 2008). 현재까지 초기철기시대 철 주조생산과 관련된 고고학적 자료가 확인되지 않은 상황에서 기종의 변화 및 철부의 형식변화에 기초해서 서남부지역 내 철기의 주조생산이 있었다고 단정하기는 어렵다. 하지만 무라카미 야스유키의 지적처럼 연나라와의 접촉이 빈번했던 서북부지역으로 기술이 도입되어 기존의 청동제작기술에 기초한 주조철기를 생산해 남부지역으로 공급하였다고 상정한다면(村上恭通, 1997·2008), 서남부지역 내 재지계 철기생산에 대한 가설은 좀 더 검토해 볼 여지가 있다.

더불어 전주 안심유적에서 출토된 송풍관도 서남부지역 내 청동주조기술의 존재와 함께 자체적인 철 주조생산의 근거일 수 있다. 이상과 같이 서남부지역의 철기문화 유입과 전개양상을 정리하면, 그림 5-27과 같은 모식도를 제시할 수 있다. 연나라 철기의 유입 이후 재지계 철기생산기술의 등장과 함께 연나라 계통의 영향에서 벗어나 점차 재지화되어 가는 양상으로 전개되는 것으로 판단된다.

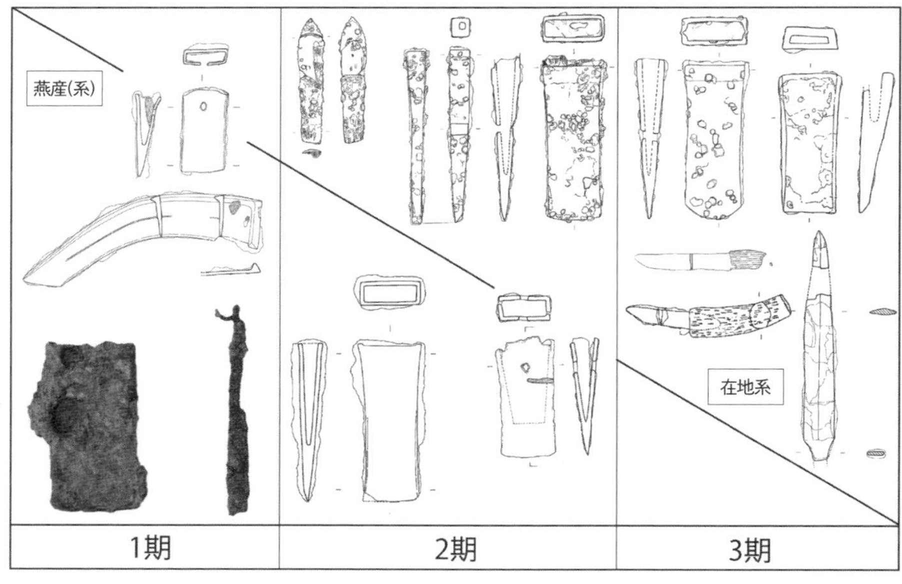

그림 5-27. 서남부지역 철기문화의 유입과 전개과정에 대한 모식도

한편, 한반도 서남부지역의 철기문화는 서남부 3기에 들어서면 철기 출토량이 감소하여 기원 3세기까지 지속된다. 그 원인에 대해서는 현 단계에서 명확하게 알 수 없으나, 낙랑군 존속시기와 중첩되고 있어 낙랑군의 영향과 관계된다고 추정된다. 이처럼 서남부 3기 이후 재지적 철기가 출토되지 않는 점은 낙랑군 설치 이후 한반도 북부지역과 남부지역의 상호관계의 재편에 의한 것으로, 서남부지역의 지역정치체는 당시 한반도 서남해안권역에서 이루어졌던 철기의 제작 소재와 기술의 유통구조 속에 포함되지 못하였기 때문으로 여겨진다.

※ 표 5-7 참고문헌

1. (財)京畿文化財研究院, 2009,『安城 萬井里 신기遺蹟』.
2. 李健茂, 1991,「唐津素素里遺蹟出土一括遺物」,『考古學誌』3.
3. (財)忠淸南道歷史文化研究院, 2007,『公州 水村里』.
4. (재)충청문화재연구원, 2017,『서산 동문동유적』.
5. 李健茂, 1990,「扶餘合松里遺蹟出土一括遺物」,『考古學誌』2.
6. (財)中央文化財研究院, 2001,『論山 院北里遺蹟』.
7. 崔完奎 외, 2005,『益山 信洞里遺蹟-5·6·7地區-』, 圓光大學校 馬韓·百濟文化研究所.
8. 金健洙 외, 2005,『完州 葛洞遺蹟』, (財)湖南文化財研究院.
   (財)湖南文化財研究院, 2009,『完州 葛洞遺蹟(Ⅱ)』.
9. (財)湖南文化財研究院, 2014,『完州 新豊遺蹟Ⅰ』.
   (財)湖南文化財研究院, 2014,『完州 新豊遺蹟Ⅱ』.
   (財)湖南文化財研究院, 2014,『完州 新豊遺蹟Ⅲ』.
10. (재)전라문화유산연구원, 2014,『金堤 上東洞Ⅲ·西亭洞Ⅱ遺蹟』
11. 池健吉, 1990,「長水南陽里出土靑銅器·鐵器一括遺物」,『考古學誌』2.
   尹德香, 2000,『南陽里』, 全北大學校博物館.
12. 최성락 외, 2001,『영광 군동유적-라지구 주거지·분묘-』, 목포대학교박물관.
13. 조선대학교박물관, 2003,『영광 마전·군동·원당·수동유적 -구석기, 청동기, 철기시대의 문화』.
14. (재)대한문화재연구원, 2016,『咸平 新興洞遺蹟Ⅳ』.
15. (財)全南文化財研究院, 2016,『羅州 龜基村·德谷遺蹟』.
16. (財)東北亞支石墓研究所, 2018,『光州 月田洞 下船·伏龍洞·下山洞遺蹟』.

3절 한반도 동남부지역 철기문화의 유입과 변천

한반도 동남부지역(이하 동남부지역)은 문헌자료에 기록된 「삼한」의 변·진한이 위치하는 지역으로 이후에도 가야, 신라로 이어져 독창적인 철기문화로 발전한다. 특히 신라의 형성기로 볼 수 있는 기원 2세기 이후에는 철기의 다장이라는 독특한 풍습으로 전개된다. 동남부지역 철기문화의 발전은 「國出鐵, 濊倭馬韓並從市之[15]」, 「國出鐵, 韓·濊·倭皆從取之 … 又以供給二郡[16]」과 같은 문헌기록을 통해서도 간접적으로 확인할 수 있다. 한반도 남부지역 원삼국·삼국시대[17]의 철기문화는 동남부지역이 대표한다고 해도 과언은 아니다. 하지만, 철기의 유입시기는 원형점토대토기와 공반되는 서남부지역과 달리 주로 삼각형점토대토기와 공반되는 사례가 다수 확인되고 있어 서남부지역보다 한 단계 정도 늦게 출현한다고 볼 수 있다(우병철, 2012). 동남부지역의 철기문화는 그동안 낙랑군의 설치 이후에 유입되어 발전되어 간다고 인식되었다(李南珪, 2002b). 하지만, 경산 임당유적과 대구 팔달동유적, 부산 내성유적, 김해 구산동유적 등에서 출토되는 철기류를 통해 낙랑군 설치 이전 단계부터 철기가 유입되었다고 보는 견해도 있다(鄭永和 외, 2000; 송계현, 2002; 武末純一, 2010).

이와 같은 문제 인식을 가지고 본 절에서는 한반도 남부지역의 철기문화에 대한 연구에서 중요한 지역인 동남부지역 철기문화의 유입과 변천단계를 설정하고 각 단계의 연대를 상정해 보고자 한다.

15) 『後漢書』 東夷列傳 韓條.

16) 『三國志』 烏丸鮮卑東夷列傳 韓條.

17) 본고에서 연구대상으로 하는 시기는 한국 고고학에서의 초기철기에서 원삼국에 걸친 시기이다. 「철기시대」, 「삼한시대」라는 시대명칭이 사용되기도 하고, 초기철기와 원삼국시대에 대한 시기구분에 대해서 아직도 논의가 이루어지고 있다. 본고는 2012년도에 한국고고학회에서 간행한 『한국 고고학강의』의 시대구분을 기준으로 한다.

1. 유적 현황

본 절에서 다루는 동남부지역은 현재의 경상도에 해당한다. 한반도의 동해안을 따라서 형성된 태백산맥은 남쪽에서 소백산맥으로 갈라져 서쪽으로 뻗어간다. 동남부지역은 소백산맥小白山脈의 지리산 동쪽으로 유적은 대체로 낙동강과 그 지류에 인접하여 분포한다.

동남부지역에 최초로 등장하는 철기류는 대부분 분묘 내 부장품으로, 공반유물은 점토대토기와 주머니호 등이 있다. 그 분포양상을 살펴보면 철기류가 부장되는 분묘군의 주변에는 다수의 점토대토기·주머니호가 출토되는 취락(생활유적)이 확인된다(그림 5-28). 그러나, 취락 내에서는 철기류가 출토되는 경향을 보이지 않는다. 즉, 동남부지역에 등장하는 철기는 주로 부장품으로서 다루어진 것으로 생각된다.

다만, 김해 구산동유적과 사천 늑도유적, 경주 황성동유적 등과 같은 철기 유입단계의 취락도 확인되지만, 아직 소수에 불과하다. 그럼에도 이 유적들은 초기철기생산과 관련된 유적으로서 주목할 수 있다. 동남부지역 등장기 단계의 철기류는 대구, 경산과 같은 동남부 내륙지역에서 출토되고 있어, 앞서 언급한 생산유적과 직접적인 관련성이 있는가에 대해서는 검토의 여지가 있다. 그러므로 본 절에서는 분묘에 부장된 철기를 중심으로 한 변천단계를 정리해 가고자 한다.[18]

철기류가 부장된 분묘는 크게 대구-경산-경주의 북부 내륙지역과 부산-김해-창원 일대의 남부권역에 분포하고 있다. 두 지역에 분포하는 분묘는 큰 시기적인 차이를 보이지 않는다고 보기도 하지만, 철기의 유입시기에 대한 지역차는 언급되고 있다.

분석대상은 총 16개 유적 151기를 대상으로 한다.[19] 대표적인 유적으로는 대

18) 앞서 제시한 초기철기생산유적과 철기에 대해서는 7장 3절에서 구체적으로 검토해 가고자 한다.

19) 해당 유적에서 철기와 공반된 유물을 통해 시기를 추정할 수 있는 분묘를 대상으로 하였다. 이는 후술할 단계설정에 있어서 공반유물의 변화양상을 기초로 하고 있기 때문이다. 또한 본 절에서 집성한 자료는 주로 목관묘가 중심인 유적으로, 2012년도까지 간행된 유

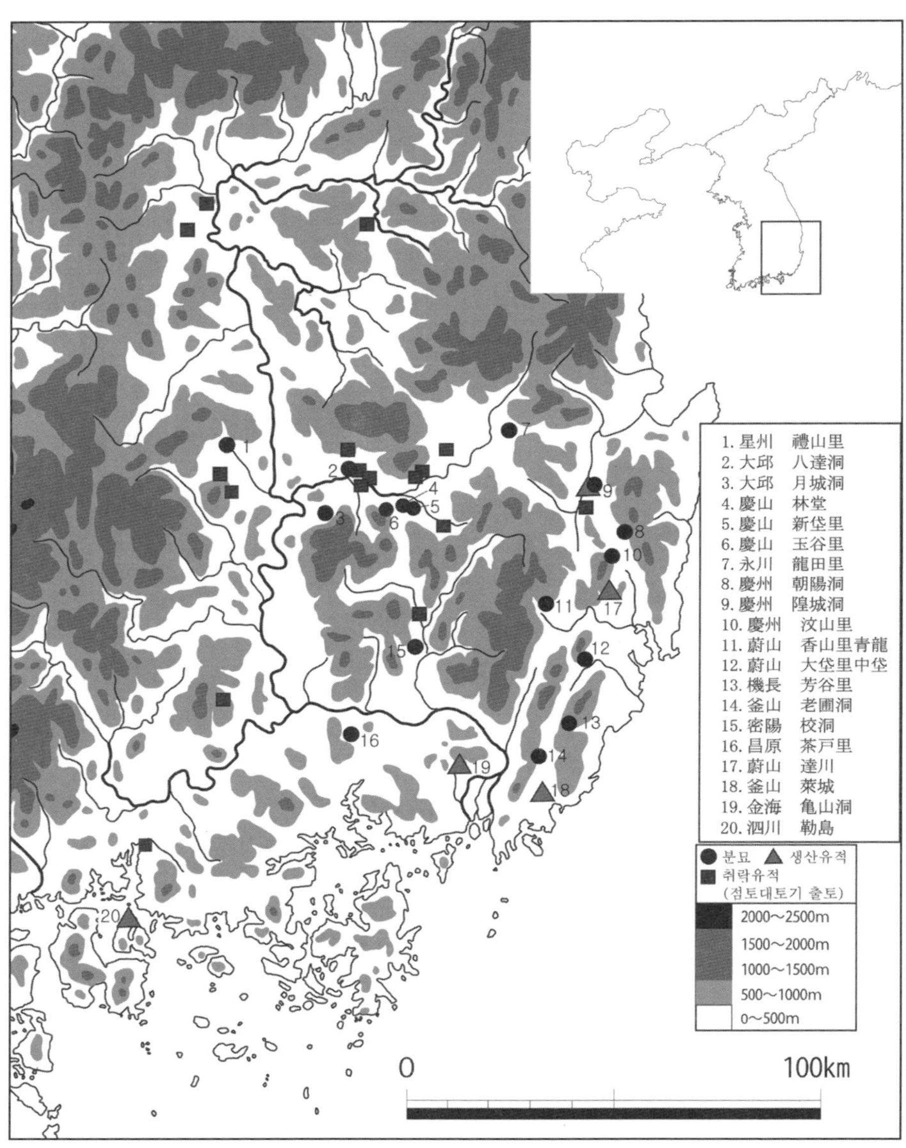
1. 星州 禮山里
2. 大邱 八達洞
3. 大邱 月城洞
4. 慶山 林堂
5. 慶山 新垈里
6. 慶山 玉谷里
7. 永川 龍田里
8. 慶州 朝陽洞
9. 慶州 隍城洞
10. 慶州 汶山里
11. 蔚山 香山里青龍
12. 蔚山 大垈里中垈
13. 機長 芳谷里
14. 釜山 老圃洞
15. 密陽 校洞
16. 昌原 茶戶里
17. 蔚山 達川
18. 釜山 萊城
19. 金海 亀山洞
20. 泗川 勒島
분묘
생산유적
취락유적
(점토대토기 출토)
2000~2500m
1500~2000m
1000~1500m
500~1000m
0~500m
0
100km

그림 5-28. 한반도 동남부지역 대상 유적의 분포

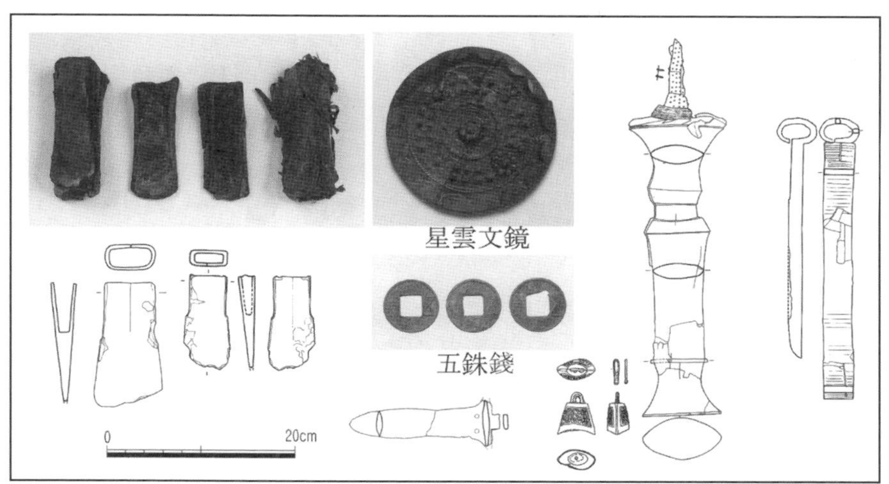

그림 5-29. 창원 다호리 1호묘 부장유물

구 팔달동, 경산 임당, 경주 조양동, 밀양 교동, 창원 다호리유적이 있다. 철기의 부장은 목관묘가 다수를 차지하지만, 토광묘·적석목관묘와 같은 구조의 분묘에서도 확인되고 있다. 유적은 대규모 분묘군과 소규모 분묘군으로 구분할 수 있다. 대규모 분묘군은 단일지역 100여 기 이상의 분묘가 밀집되는 유적으로 대구 팔달동, 경산 임당, 경주 조양동, 창원 다호리유적 등이 있다. 그리고 10여 기 내외의 분묘가 확인되는 경산 옥곡동, 경주 문산리, 울산 향산리 청룡, 울산 대대리 중대, 부산 방곡리유적 등을 소규모 분묘군으로 볼 수 있다.

대규모 분묘군은 대다수가 낙동강의 본류와 인접한 지역에 위치하고 있다. 대규모 분묘군 중 이른 시기에 조사가 이루어진 다호리와 조양동유적에서는 단조제 철기류와 한경, 오수전 등 전한대 이후의 유물 등이 공반되었다. 특히 다호리 1호묘에서는 주조철부를 비롯한 다양한 단조제 철기류와 함께 한경과 오수전이 부장되면서 전한 이후, 구체적으로는 낙랑군 설치 이후에 동남부지역 철기문화의

적보고서를 중심으로 하였다.

유입시기를 비정하는 결정적인 근거가 되었다. 또한 조양동 5호묘에서는 다양한 단조제 철기류와 함께 소동탁小銅鐸이 주목받았는데 낙랑지역 내 소동탁小銅鐸과의 유사성이 지적되며 낙랑군과 관련된 철기문화의 유입으로 이해되었다. 이후 발굴조사의 증가와 함께 대규모 분묘군의 조사 사례가 증가하면서 기존의 단조제 철기류를 중심으로 한 부장이 이루어지는 분묘군뿐만 아니라 연나라 계통 철기류의 부장을 특징으로 하는 분묘군도 확인되었다. 그 대표적인 분묘군이 대구 팔달동유적과 경산 임당유적이다.

두 유적은 다호리유적과 동일한 목관묘임에도 다호리유적보다 이른 형태의 철기가 부장되고 있어 주목된다. 팔달동 45·57·77호묘에서 출토된 주조철부는 쌍합범으로 제작된 것으로 서남부지역의 소소리, 남양리, 합송리유적과 비교되며 동남부지역 최고最古의 철기로 주목받았다(孫明助, 2005). 또한 임당 F지구 I-34호묘에서 출토되는 I A-3형 철부는 전형적인 연나라의 철기로 국내 최고의 주조철부로 볼 수 있다(鄭永和 외, 2000). 두 유적에서 확인되는 주조철부의 특징은 동남부지역의 다른 분묘군과 차별화된 것으로 볼 수 있으며, 낙랑군 설치 이전 단계에 철기의 유입을 설명할 수 있게 하였다. 두 유적의 주조철부는 단조제 판상철부, 철착, 철사鐵鉇, 철검, 철모 등과 공반되지만, 전한경·오수전 등 전형적인 한나라 유물의 부장은 보이지 않는다.

이로 인해 동남부지역 철기문화의 유입과 전개과정을 설명할 때, 낙랑군에 의해 단조제 철기를 중심으로 한 다양한 철기류가 유입되었다고 단정하기 어려워졌다. 이 같은 현상은 주조철부의 형식변화에서도 확인된다. 다호리와 조양동유적에서 출토된 융기선이 명확해진 주조철부보다 팔달동유적 78호묘에서 출토된 주조철부가 형식학적으로 앞선다고 볼 수 있다. 동남부지역 철기문화의 유입과 전개과정은 적어도 다호리 1호묘와 조양동 38호묘로 대표되는 단조철부가 부장품의 중심이 되기 이전과 이후로 구분할 수 있다.

앞서 살펴본 것처럼 전국시대 연나라의 철기생산은 주조품이 중심이 되며, 한대에 이르러 단조기술이 보편화되는 경향이 있다. 이러한 관점에서 본다면 동남부지역 철기문화의 발전은 한나라 단조기술의 유입과 관련성이 깊을 것으로 생각된다. 그리고 판상철부, 단조철부, 따비 등과 같은 재지적인 성향이 강한 단조제 철기의 등장은 독자적 생산에 따른 철기문화의 발전과정을 시사한다고 볼 수 있다.

표 5-11. 한반도 동남부지역 부장철기의 현황

順番	遺蹟	遺構	鐵器類	共伴遺物	參考文獻
1	星州 禮山里	Ⅲ-1	鑄造鐵斧2·鍛造鐵斧2·鑿·鐵鉇 鐵劍·鐵矛2·馬具	주머니호·壺	(財)慶尙北道 文化財硏究院, 2005
		Ⅲ-4	鍛造鐵斧·鐵鎌	파수부호3	
		Ⅲ-5	鐵鎌·鐵刀子	壺·파수부호2	
		Ⅲ-6	鑄造鐵斧2·板狀鐵斧	주머니호·壺	
		Ⅲ-11	鑄造鐵斧·鐵鏃	주머니호	
		Ⅲ-15	鏃	壺·파수부호	
		Ⅲ-17	鍛造鐵斧·鎌·鏃	壺	
		Ⅲ-18	板狀鐵斧·鍛造鐵斧·矛	주머니호·파수부호	
		Ⅲ-20	矛	주머니호·壺	
		Ⅲ-24	板狀鐵斧	점토대토기·壺	
		Ⅲ-27	鎌	壺·파수부호	
		Ⅲ-31	鑄造鐵斧3·鍛造鐵斧·鑿·鉇2 鏃(다수)·劍2·矛2·戈	주머니호·壺· 파수부호	
		Ⅲ-39	鑄造鐵斧	점토대토기·壺	
2	大邱 八達洞	28號	板狀鐵斧	壺·파수부호	(財)嶺南文化財 硏究院, 2000
		30號	鑄造鐵斧·鍛造鐵斧·鎌·鑿·鉇 劍·環頭刀	壺·점토대토기· 주머니호	
		31號	鑄造鐵斧2·板狀鐵斧·鍛造鐵斧 鑿·劍	壺·주머니호	
		45號	鑄造鐵斧·板狀鐵斧·鑿·矛	壺·점토대토기· 파수부호·銅劍	
		49號	鑄造鐵斧	壺	
		71號	劍	壺	
		74號	鑄造鐵斧·鍛造鐵斧2·鎌	壺	
		77號	鑄造鐵斧·劍	壺·점토대토기	

順番	遺蹟	遺構	鐵器類	共伴遺物	參考文獻
2	大邱 八達洞	78號	鑄造鐵斧2·劍	점토대토기·주머니호	(財)嶺南文化財 研究院, 2000
		82號	鍛造鐵斧	壺·주머니호	
		86號	鑄造鐵斧2	壺·점토대토기	
		88號	鑄造鐵斧2·矛	점토대토기	
		90號	板狀鐵斧·劍	점토대토기·파수부호 (다수)·銅矛·銅戈	
		92號	鍛造鐵斧·鎌·鑿2·鏃(다수)· 環頭刀	주머니호	
		99號	鐵矛	파수부호	
		100號	板狀鐵斧·鍛造鐵斧·劍·矛	파수부호·銅劍·銅矛	
		101號	鎌·따비	壺·주머니호	
		102號	板狀鐵斧·鍛造鐵斧·鎌·刀子	壺·파수부호	
		107號	鍛造鐵斧·鎌·劍	壺·파수부호	
		111號	鍛造鐵斧·鎌	壺·주머니호·파수부호	
		112號	鍛造鐵斧	주머니호	
		117號	鑄造鐵斧·鍛造鐵斧·따비	파수부호	
		120號	劍·矛	壺·점토대토기	
		121號	劍·矛	주머니호	
		124號	鑄造鐵斧2	壺	
3	大邱月城洞 777-2	Ⅰ-2號	鑿·劍	壺·점토대토기	(재)경상북도문화 재연구원, 2008
		Ⅰ-6號	鉇·劍	壺·점토대토기	
4	慶山 林堂A 地區	Ⅰ-11號	板狀鐵斧3·劍	점토대토기·파수부호	韓國文化財 保護財團, 1998A
		Ⅰ-74號	板狀鐵斧(다수)·鍛造鐵斧 矛·刀子·劍	五銖錢	
		Ⅰ-96號	板狀鐵斧3·劍·馬具	주머니호·파수부호	
		Ⅰ-135號	鍛造鐵斧2·鑿·劍	주머니호·파수부호· 점토대토기	
		Ⅱ-4號	鍛造鐵斧2·鉇2·鑿2·矛2· 劍·環頭刀	주머니호·銅劍	
	C地區	Ⅰ-1號	鍛造鐵斧2·劍	壺	韓國文化財 保護財團, 1998B
	E地區	132號	劍2	주머니호	韓國文化財 保護財團, 1998C

順番	遺蹟	遺構	鐵器類	共伴遺物	參考文獻
	F地區	Ⅰ-33號	板狀鐵斧	壺 · 점토대토기3	(財)嶺南文化財研究院, 1999
		Ⅰ-34號	鍛造鐵斧 · 板狀鐵斧 · 鑿	壺 · 파수부호	
	G地區	4號	鉇 · 鏃(다수)		(財)嶺南文化財研究院, 2001
		14號	板狀鐵斧 · 鍛造鐵斧 · 矛	주머니호	
5	慶山新垈里 670番地	2號	鍛造鐵斧 · 鎌 · 刀子 · 矛	주머니호 · 파수부호	(財)嶺南文化財研究院, 2009
	慶山 新垈里	1號	矛 · 馬具	주머니호 · 파수부호	(財)嶺南文化財研究院, 2010
		7號	鎌	파수부호	
		10號	鍛造鐵斧 · 鎌	주머니호 · 파수부호	
		14號	鍛造鐵斧 · 鑿 · 鉇 · 劍 · 矛	파수부호	
		18號	鑄造鐵斧2 · 劍 · 鑿 · 鏃3	주머니호	
		22號	鍛造鐵斧 · 鎌 · 矛 · 鉇	파수부호	
		24號	鍛造鐵斧 · 劍 · 矛	파수부호	
		25號	鍛造鐵斧 · 鎌	주머니호	
		26號	鍛造鐵斧	주머니호	
		27號	鍛造鐵斧 · 鎌	주머니호	
		31號	鍛造鐵斧	파수부호	
		39號	鍛造鐵斧 · 鎌	파수부호	
		44號	刀子	파수부호	
		45號	鍛造鐵斧	주머니호2 · 파수부호5	
		47號	鍛造鐵斧 · 鑿 · 三齒鍬(鍛造) · 劍 · 矛	주머니호 · 파수부호	
		48號	鍛造鐵斧 · 劍 · 矛 · 鏃4	주머니호 · 파수부호	
		49號	鎌	주머니호 · 파수부호	
		54號	鍛造鐵斧	주머니호	
		57號	鍛造鐵斧	주머니호 · 파수부호2	
		62號	鍛造鐵斧2 · 鍛造鐵斧 · 鎌 · 鉇 · 矛	파수부호	
		63號	鍛造鐵斧 · 鎌 · 鑿 · 馬具 · 劍	파수부호2	
		64號	鍛造鐵斧 · 鎌	파수부호	
		66號	鍛造鐵斧 · 鎌 · 刀子	주머니호 · 파수부호	
		74號	鍛造鐵斧 · 鎌 · 矛	주머니호2 · 파수부호	
		75號	鍛造鐵斧 · 鎌 · 劍	파수부호 · 漢鏡	

順番	遺蹟	遺構	鐵器類	共伴遺物	參考文獻
		76號	鎌	주머니호	
		77號	鍛造鐵斧·鎌	파수부호	
6	慶山 玉谷洞	3號	鍛造鐵斧·馬具	주머니호·파수부호	韓國文化財保護財團, 2009
		5號	鍛造鐵斧·鎌·鏃	파수부호	
7	永川龍田里		鑄造鐵斧(다수)·鍛造鐵斧·鎌 環頭刀子·戈·異形鐵器	주머니호·파수부호· 銅戈·銅鐸·五銖錢	國立慶州博物館, 2007
8	慶州 朝陽洞	5號	鑄造鐵斧2·板狀鐵斧·鎌 劍·矛2·環頭刀·戈	점토대토기· 파수부호·銅鐸	國立慶州博物館, 2003
		11號	鑄造鐵斧(다수)·鍛造鐵斧 板狀鐵斧·鎌·鑿·鉇·矛	주머니호·파수부호	
		18號	鎌	壺	
		20號	鍛造鐵斧·鎌	壺·파수부호	
		23號	鍛造鐵斧·鎌	壺·주머니호·파수부호	
		28號	鑄造鐵斧·鍛造鐵斧·鑿·鉇· 劍·矛2	壺·주머니호	
		31號	鍛造鐵斧·鎌	壺·주머니호·파수부호	
		35號	鍛造鐵斧·鎌·刀子	壺·파수부호	
		36號	鍛造鐵斧·鎌·矛	壺2·주머니호·파수부호	
		38號	鑄造鐵斧2·鍛造鐵斧3 板狀鐵斧(다수)·鎌·鉇·刀子·劍	壺2·주머니호· 파수부호2·漢鏡	
		52號	板狀鐵斧2·鍛造鐵斧2· 鎌2·鑿·鉇鏃·矛	주머니호	
		58號	鍛造鐵斧·鎌	주머니호·파수부호	
9	慶州 隍城洞 江邊路	1號	鍬形鐵器2	주머니호?	韓國文化財保護財團, 2003·2005
		2號	板狀鐵斧2·劍·鏃(다수)	주머니호	
		3號	鍛造鐵斧·鑿·劍2·矛·鏃	주머니호	
10	慶州 汶山里	2號	鑄造鐵斧	豆	(財)新羅文化遺産研究院, 2009
11	蔚山 香山里靑龍	1號	鉇·劍·矛	주머니호	(財)蔚山文化財研究院, 2005
12	蔚山 大垈里中垈	1號	鑄造鐵斧	점토대토기	(財)蔚山文化財研究院, 2006
13	釜山 芳谷里	1號木棺	鍛造鐵斧·板狀鐵斧3·鎌	壺·주머니호	양상현 외, 2007
		13號木棺	鍛造鐵斧·鎌	壺·주머니호	

順番	遺蹟	遺構	鐵器類	共伴遺物	參考文獻
14	釜山 老圃洞	木棺	板狀鐵斧·鑿·刀子·矛	주머니호·豆	慶南發展硏究院歷史文化센터, 2007
15	密陽 校洞	1號	板狀鐵斧2·鍛造鐵斧·刀子	壺·주머니호	密陽大學校 博物館, 2004
		3號	板狀鐵斧·鍛造鐵斧·鎌·鍬形鐵器 異形鐵器·劍	주머니호·파수부호· 漢鏡	
		5號	板狀鐵斧	주머니호·豆	
		8號	鍛造鐵斧2·鎌·鑿·鉇· 따비·劍·矛2	파수부호2·豆	
		9號	板狀鐵斧·鍛造鐵斧·鎌	파수부호	
		10號	板狀鐵斧2·鍛造鐵斧·鎌·鑿·鉇 劍·矛2·戈·馬具	주머니호·파수부호	
		11號	鑄造鐵斧2·板狀鐵斧·鍛造鐵斧 鎌·劍·矛	주머니호	
		12號	鍛造鐵斧	주머니호	
		13號	鑄造鐵斧·板狀鐵斧·鍛造鐵斧·鎌 鉇·鑿·矛	壺·주머니호·銅劍	
		16號	鍛造鐵斧	壺·주머니호	
		18號	鍛造鐵斧2·鑿·鉇	壺·주머니호	
		19號	板狀鐵斧·	점토대토기·주머니호	
		20號	鑄造鐵斧2·鍛造鐵斧·鑿2· 鉇·劍·矛2	주머니호·파수부호	
		21號	板狀鐵斧·鍛造鐵斧·鎌·鍬形鐵器 異形鐵器·劍	주머니호	
		22號	鍛造鐵斧	점토대토기·주머니호	
16	昌原 茶戶里	1號	鑄造鐵斧(다수)·板狀鐵斧(다수) 鍛造鐵斧2·鎌·刀子·따비· 劍2·矛·戈	銅劍·銅矛·銅鐸· 五銖錢·漢鏡	李健茂 외, 1989 李健茂 외, 1991 李健茂 외, 1993 李健茂 외, 1995
		5號	矛	주머니호	
		6號	鍛造鐵斧2·板狀鐵斧(다수) 劍·矛(다수)	점토대토기·주머니호· 銅劍	
		10號	板狀鐵斧2·鍛造鐵斧·劍	주머니호	
		17號	鍛冶具	파수부호	
		18號	板狀鐵斧·鍛造鐵斧·劍·矛	壺·점토대토기	
		22號	鉇	파수부호4	
		25號	鍛造鐵斧·鎌·矛	주머니호·파수부호	

順番	遺蹟	遺構	鐵器類	共伴遺物	參考文獻
16	昌原 茶戶里	26號	鎌·劍	주머니호	李健茂 외, 1989 李健茂 외, 1991 李健茂 외, 1993 李健茂 외, 1995
		27號	板狀鐵斧	壺·주머니호	
		29號	鍛造鐵斧·鑿·刀子	壺·파수부호	
		31號	鍛造鐵斧·鎌·따비	壺·주머니호·파수부호	
		32號	鑄造鐵斧·鍛造鐵斧2·鎌·鑿·鉇 劍·矛·鏃(다수)	壺·주머니호	
		35號	鍛造鐵斧·鎌·鉇	壺·주머니호	
		36號	鍛造鐵斧·矛	주머니호	
		37號	劍	주머니호	
		38號	鑄造鐵斧·鑿·刀子·鉇· 따비·劍·矛2	주머니호	
		39號	板狀鐵斧	점토대토기·주머니호· 파수부호	
		40號	鑄造鐵斧2·板狀鐵斧2· 鍛造鐵斧·鎌·劍·矛	점토대토기·주머니호· 파수부호	
		42號	鍛造鐵斧2	점토대토기2·주머니호· 파수부호	
		47號	鍛造鐵斧·鑿2·鉇·矛2·鏃(다수)	주머니호·파수부호	
		48號	鍛造鐵斧·鎌·劍·矛	주머니호·漢鏡	
		51號	鍛造鐵斧·鎌·鑿·鉇·劍· 矛·鏃(다수)	파수부호	
		53號	鍛造鐵斧·鎌·劍·矛2	주머니호	
		54號	鎌·刀子	주머니호·파수부호	
		61號	鍬形鐵器	주머니호	
		63號	鍛造鐵斧·矛	주머니호·파수부호	
		64號	鍛造鐵斧·刀子·鐵鉱石	壺·주머니호	
		66號	鍛造鐵斧·鎌	壺·주머니호	
		67號	鍛造鐵斧·鎌	파수부호	
		68號	鍛冶具	주머니호·파수부호	
		70號	鍛造鐵斧·鎌2·鑿·鉇· 鏃(다수)·矛	壺·주머니호·파수부호	
		72號	矛	점토대토기·파수부호	

또한 기본적으로 주조철부, 단조철부, 판상철부와 같은 철부류와 철착, 철사鐵鉇, 철겸 등의 농공구류가 함께 부장되는 양상이다. 더불어 철검과 철모가 공반되는 사례와 함께 무기류만이 부장되기도 한다. 서남부지역 철기의 부장유형에 기초한다면, 철제 농공구류만이 부장되는 유형, 철제 농공구류와 무기류가 공반되는 유형, 무기류만 부장되는 유형이 존재하며, 이러한 유형변화가 연속적으로 일어난다고 추정할 수 있다.

이상과 같이 동남부지역의 초기철기문화는 연나라 계통의 주조품, 한나라 계통의 단조품, 재지계 철제품이 혼재된 양상을 띠며 등장하는 것을 알 수 있다. 따라서 분묘의 시간성을 검토하는 과정에서 철기의 유입과 전개과정을 구체화할 수 있을 것이다.

분묘의 시간성을 검토하는데 공반되는 토기류의 출토양상에 주목할 수 있다. 철기는 점토대토기와 주머니호, 단경호, 파수부호 등이 함께 부장된다. 점토대토기와 무문단경호 등 기존의 청동기시대 분묘의 출토양상에 기반을 둔 부장유형이 확인되는 반면, 점토대토기+주머니호+타날문단경호(罐)[20]가 공반되거나, 주머니호+타날문단경호가 공반되는 등 다양한 부장유형도 확인된다. 이와 같은 철기류와 공반되는 토기류의 형식변화와 조합관계를 통해 선후관계를 상정할 수 있을 것이다.

2. 부장철기의 변천

1) 단계설정의 기준

한반도 동남부지역 목관묘 단계[21]의 철기류는 그 규모와 형식에서 거의 변화

---

20) 본 절의 타날문단경호는 3·4장의 연산 남부와 요령지역에서 철기와 함께 살펴본 관罐과 대응하는 유물이다.

21) 여기서는 한반도 남부지역 매장시설이 일반적으로 목관묘에서 목곽묘로 변화하는 점을 참고하여 「목관묘 단계」·「목곽묘 단계」라고 칭한다. 본고에서 대상으로 하는 전국시대에서 전한대 병행기는 주로 목관묘 단계에 해당한다.

양상을 파악하기 어렵다. 이는 철기의 형식변화는 철기제작기술의 변화와 관련되며, 철기 제작 소재의 보급 정도에 따라 한계가 있기 때문이다(孫明助, 2005). 특히 무기류의 형식변화는 명확히 보이지 않는다. 최근 동남부지역의 무기류에 대하여 형식학적 분석을 통해 변천과정을 살피는 연구가 증가하고 있음에도 아직까지 각 기종별 형식변화의 연속성을 파악하지는 못하였다. 목관묘 단계에서 출토되는 주요 무기류인 철검, 철모, 환두도를 살펴보면, 각각의 형식이 동일한 시간폭 내에 존재하며, 그 중 일부 다른 형식이 일시적으로 등장하는 정도의 변화에 그친다(申東昭, 2007; 林暎希, 2011). 무기류의 형식변화를 인정할 수 있는 시기는 철기의 부장이 급증하고 노형爐形토기가 공반되는 목곽묘 단계 이후부터이다. 동남부지역 무기류의 변화에 대해 목관묘 단계의 후반기에 이르러 이단관식二段關式철모의 등장과 같은 변화 요소가 나타나기 시작한다고 본다(孫明助, 2005; 우병철, 2012).

한편 철제 농공구류에 대한 형식변화는 많은 연구자에 의해 시도되었으며, 시기에 따른 형식변화도 인정되고 있다. 목관묘 단계의 철기 유입과 전개과정을 설명하는 과정에서 주로 검토되는 기종이 주조철부와 판상철부이다.

주조철부는 동남부지역 철기류 중에서 가장 이른 시점부터 부장되기 시작하는 유물로 다양한 형식이 공존한다. 2장에서 정리한 것과 같이 주로 단면과 인부형태에 따라 형식변화가 상정되는데 필자가 제시한 형식변화를 재정리하면 그림 5-30(左)과 같다.[22] 이 같은 목관묘 단계 주조철부의 형식변화는 다수의 연구자에 의해 진행되었는데(金度憲, 2002; 申東昭, 2007; 류위남, 2009), 비정 연대의 차이는 있지만 형식의 변화양상에서는 큰 차이를 보이지 않는다. 이를 참고하면 동남부지역 주조철부는 ⅠA-2형·ⅠBa-1형 철부→ⅠBa-2형·ⅠBb-2형 철부→ⅠBa-3형·ⅠBb-3형 철부로 형식변화가 이루어진다는 점을 인정할 수 있다.

판상철부는 목관묘 단계 초기부터 출토되어 목곽묘 단계에 대량 매장으로 이

22) 전고(2009)에서는 한반도 남부지역의 초기철기시대에서 삼국시대에 걸친 주조철부의 형식변화를 검토하였다. 이 연구의 이른 단계에 확인되는 형식을 2장의 형식분류에 대응시키면, ⅠA-2형(본고)=Ⅲ형(전고), ⅠBa-1형=Ⅰ-1형, ⅠBa-2형=Ⅰ-3형, ⅠBa-3형=Ⅰ-4형, ⅠBb-1형=Ⅱ-1형, ⅠBb-2형=Ⅱ-2형, ⅠBb-3형=Ⅱ-3형과 같다.

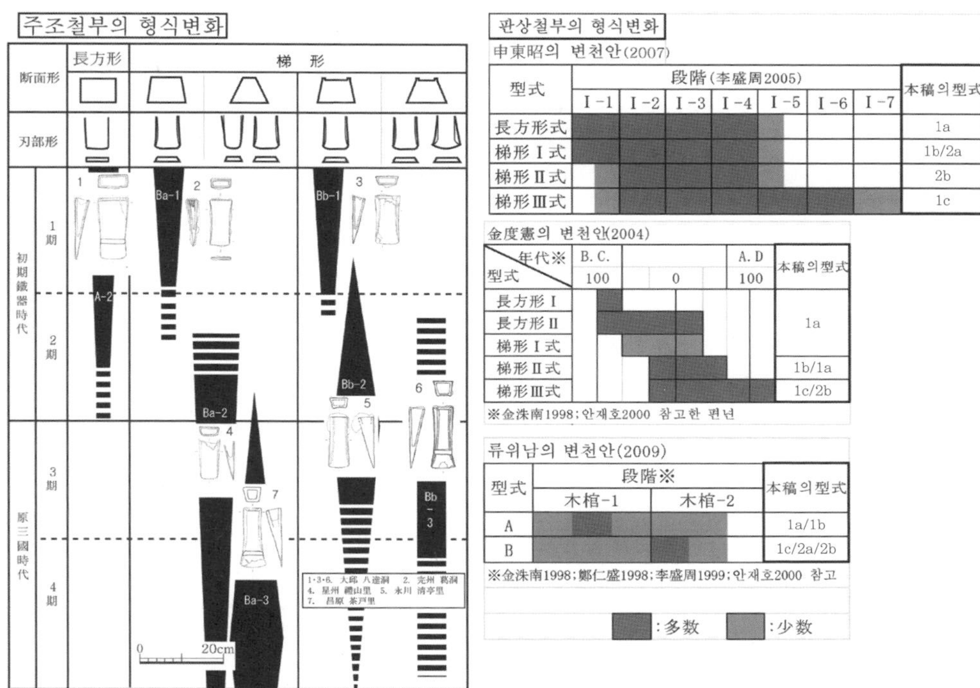

그림 5-30. 한반도 동남부지역 철기의 형식변화

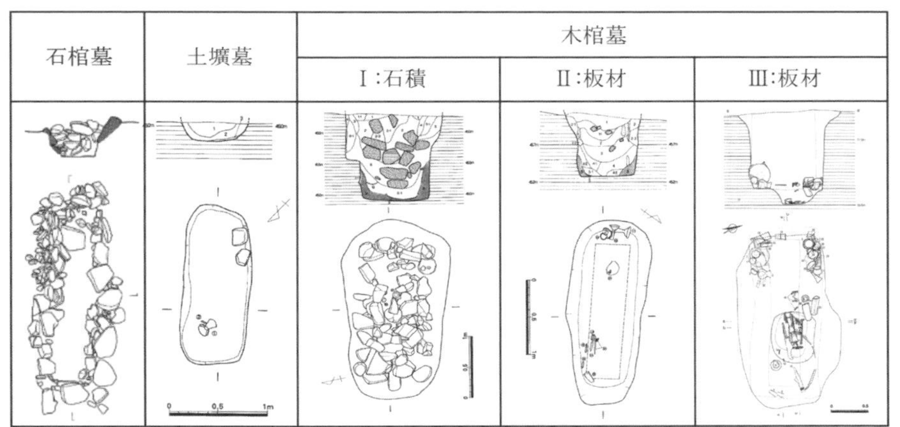

그림 5-31. 분묘구조의 분류(진수정 외, 2000; 權志瑛, 2009)

어진다. 판상철부는 목관묘 단계부터 형식변화가 인정되고 있다. 선행연구에서 제시된 판상철부의 형식변화를 본고의 형식분류에 대응해 보면 그림 5-30(右)과 같다. 판상철부는 연구자에 따라 다양한 형식과 시기차를 갖지만 큰 틀에서의 변화는 소형에서 대형으로, 인부폭이 넓어지는 형식으로 변화된다는 점이 인정된다(金度憲, 2004; 申東昭, 2007; 류위남, 2009). 따라서 2장에서 제시한 판상철부의 형식은 1a형(소형) → 1b · 2a형(중형) → 1c · 2b형(대형)으로 변화된다고 할 수 있을 것이다.

그 밖에도 앞서 언급한 것처럼 단조철부는 공부의 단면형태가 장방형 → 타원형 → 원형으로의 변화가 상정되고 있으며(孫明助, 2005; 金想民 외, 2012), 제작기법은 공부와 인부를 단접하여 제작하는 방법에서 철괴를 두드려 공부를 형성하는 방법으로 변화된다고 본다(金想民, 2006).

이 같은 철기의 형식변화와 더불어 철기류가 출토되는 분묘의 구조와 공반유물의 변화는 단계설정에 기준이 될 수 있다. 또한 분묘구조의 변화에 따라 달라지는 철기 부장양상의 차이를 검토함으로써 단계설정에 참고하고자 한다.

분묘의 구조에 따른 분류는 선행연구에서 제시된 분류안을 참고하였다(진수정 외, 2000; 權志瑛, 2009). 목관묘는 적석목관묘(Ⅰ), 소형판재목관묘(Ⅱ), 대형판재목관묘(Ⅲ)로 분류할 수 있다. 대구 팔달동유적을 중심으로 한 분묘의 구조변화를 살펴본 진수정은 대략적으로 토광묘 → 목관묘Ⅰ형 → 목관묘Ⅱ형 → 목관묘Ⅲ형 → 목곽묘로 점진적인 변화를 상정한 바 있다.

한편 목관묘 단계의 철기와 공반되는 토기류는 점토대토기와 와질토기가 있다. 점토대토기는 5장 2절에서 살펴본 것처럼 점토대의 형태가 원형에서 삼각형으로의 변화가 상정되고 있다. 하지만 동남부지역에서 철기와 함께 부장되는 점토대토기는 대부분이 삼각형의 점토대를 가지고 있으며 유형별로는 삼각형점토대토기만이 부장되는 유형과 삼각형점토대토기와 와질토기가 공반되는 유형, 와질토기만이 부장되는 유형이 존재한다. 조양동 5호묘에서는 와질계 점토대호가 부장되는데, 이러한 양상은 삼각형점토대토기가 와질의 주머니호와 공반되며 점차 주머니호로 교체되어 가는 경향을 띤다는 것을 알려준다(그림 5-32).

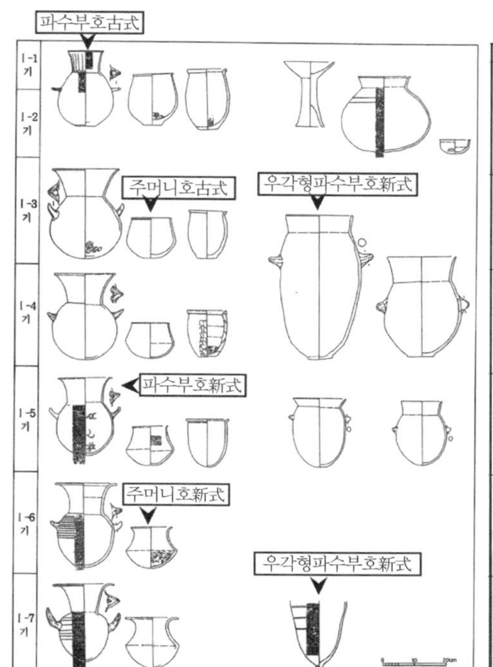

	代表遺物	段階
원형 점토대 토기		
원형 +삼각형 점토대 토기		
삼각형 점토대 토기		삼각형 점토대토기 單純期
삼각형 점토대토기 + 와질 점토대호		慶州 朝陽洞5號
주머니호 古式		慶州 朝陽洞38號
주머니호 新式		

그림 5-32. 토기류의 형식분류와 변화양상(左: 李盛周, 2005, 右: 沈秀娟, 2010)

철기와 함께 주머니호를 비롯한 와질토기가 부장된 목관묘는 이성주의 와질토기의 형식변화를 참고하고자 한다(李盛周, 2005). 이성주는 와질토기의 변천을 7단계로 구분하였는데, 부장토기와 유적의 대응관계를 정리한 것이 표 5-12이다. 와질토기의 변천에서 가장 큰 획기로 볼 수 있는 것은 고식의 와질토기에서 신식의 와질토기로의 변화이다. 고식과 신식 와질토기는 구연부와 저부의 형태 변화가 두드러지며, 파수부호의 경우 외면 타날의 등장을 가장 큰 획기로 본다.

더불어 와질토기의 변화에서 중요한 획기는 타날문단경호의 등장이다. 따라서 기존의 청동기시대에서부터 이어지는 외면의 소문처리한 호가 감소하는 양상과 타날문 호의 증가하는 양상이라는 외면성형기술의 변화도 주목해야한다.

이처럼 목관묘 단계에서 보이는 철제 농공구류의 형식변화를 기초로 분묘의 구

표 5-12. 이성주(2005)의 와질토기 단계와 대표 유적

段階	代表遺跡
Ⅰ-1	慶州 朝陽洞5號墓
Ⅰ-2	昌原 茶戸里1號墓
Ⅰ-3	慶州 朝陽洞38號墓
Ⅰ-4	慶州 朝陽洞11號墓
Ⅰ-5	慶州隍城洞江邊路2號墓
Ⅰ-6	慶山 新垈里48號墓
Ⅰ-7	慶州 朝陽洞60號墓

조와 공반되는 토기의 변화를 검토하였다. 각 유적에 대한 관찰을 표로 정리하면 표 5-12·표 5-13·표 5-14이다.[23)]

앞서 제시한 기준에 따라 동남부지역 분묘에 부장된 철기의 양상을 정리하면 크게 3단계로 구분할 수 있다(표 5-13). 먼저 비교적 이른 형식에 해당하는 ⅠA-1형·Ba-1형 철부와 판상철부 1a형이 부장되는 단계를 상정할 수 있다. 특히 팔달동 45호묘와 57호묘에서는 ⅠA-1형 철부와 판상철부 1a형이 공반되고 있어 두 기종이 동일시기라는 것을 추정할 수 있다. 또한 임당 F지구 Ⅱ-34호묘에서는 ⅠA-3형 철부가 출토되는데 판상철부 1a형과 공반되고 있어 같은 단계로 볼 수 있다. 다음으로 ⅠBa-2형 철부와 판상철부 1b형·2a형이 부장되는 단계이다. 다호리 1호묘와 조양동 5호묘, 교동 13호묘에서는 두 기종이 공반되는 양상이 확인된다. 또한 두 기종 이외에도 단조철부, 철겸, 철착, 철검, 철모와 같은 단조제 철제품이 공반되는 양상을 보인다. 마지막으로 ⅠBa-3형·Bb-3형 철부와 판상철부 1c형이 부장되는 단계를 설정할 수 있다. 대표적인 분묘로 조양동 38호묘와 교동 11호묘를 들 수 있다. 두 기종 이외에도 기존에 부장되던 단조철기류와는 다른 기종들이 확인되며 무기류의 증가가 두드러진다.

이와 같은 동남부지역 철기문화의 3단계 변화는 분묘의 구조 및 공반토기의 변화양상과도 맞아떨어지고 있어 크게 모순되지 않는다.

23) 본 절의 말미에 정리해둔다.

표 5-13. 철기의 형식과 기종 변화에 따른 단계설정

分類	鐵器類																																					
	農工具																											武具類										
	鑄造鐵斧(I)								板狀鐵斧					鍛造鐵斧(II)			鎌(II)				鑿(II)				鉇			따비	刀子	鏃	劍		環頭刀	矛		戈		馬具
段階	A-1	A-3	A-5	Bb1	Bb2	Ba2	Ba3	Bb3	1a	1b	2a	1c	2b	1	2	3	1	2	3	4	1	2	3	4	1-b	1-c	2				銅	鐵		銅	鐵	銅	鐵	
1期	●	○	○	◑	◑	○			●					○							◑	◑			○						○	◑			◑	○		
2期					●	◑		◑		●	●	◑	◑	◑	●		○	●	◑			●	●		○	○			◑		●	●	○	◑	●		◑	
3期					◑	○	●	●	○	◑	◑	●	◑	●	●	◑	○	◑	●	○	○	◑	●	◑	○	●	○	◑	●	●	◑	●	◑		●		◑	◑

●	다수	◑	보통	○	소수

표 5-14. 단계별 분묘와 공반토기의 변화

分類	墓の構造				土器類									
	土壙墓	木棺墓		木槨墓	점토대토기		주머니호		壺		파수부호			
段階		I	II		圓形	三角形	古式	新式	無文	打奈文	組合式古式	組合式新式	牛角古式	牛角新式
1期	●	●	●		◑	●	○		●		●		◑	
2期		●	●			●	●		●	●	●		●	
3期			●	●			●	●	○	●	○	●	●	●

●	다수	◑	보통	○	소수

2) 한반도 동남부지역 철기문화의 변천

동남부지역 목관묘 단계의 철기는 수량도 한정적이며, 동일 기종 내 형태적 유사성도 강한 편이다. 특히 무기류의 연속적인 형식변화는 뚜렷하게 보이지 않는다. 그러나 앞서 살펴본 것처럼 철기의 유입 단계부터 부장되는 주조철부와 판상철부의 형식변화와 공반유물의 특징을 통해 크게 3단계의 변천과정을 거친다고 볼 수 있다.

(1) 동남부 1기

동남부 1기는 철기문화의 등장기로서 삼각형점토대토기와 같은 무문계 토기와 철기류가 공반된다. 철기는 주조철부와 판상철부가 부장된다. 주조철부는 ⅠA-1형과 ⅠBb-2형이 다수를 차지하며, 판상철부는 편평편인석부偏平片刃石斧와 같은 형태의 소형인 1a형의 판상철부만이 부장된다. 동남부 1기 철기의 특징은 경산 임당과 대구 팔달동유적으로 대표되는 일부 분묘군에서 확인된다.

주조철부는 외래적인 형식과 재지적인 형식이 공존한다. 쌍합범으로 제작되는 공부 단면장방형인 ⅠA-1형, ⅠA-3형, ⅠA-5형 철부는 기본적으로 외래적인 요소가 강한 철기로 볼 수 있다. 그 중에서 ⅠA-1형 철부가 비교적 다수를 차지하며, ⅠA-3형과 ⅠA-5형 철부는 각각 한 점씩만 출토되었다. 특히, 임당 F지구 Ⅱ-34호(이하 임당 34호)에 부장된 ⅠA-3형 철부는 연하도, 오한기 노호산, 금서 소황지고성지, 무순 연화보, 철령 구대, 영변 세죽리유적 등 전국시대 연나라의 중심지에서부터 요령지역의 전역에서 출토된다. 흥융 수왕분지구에서 동일한 형태의 용범이 확인되고 있어 전형적인 연나라의 철기로 인식되고 있다. ⅠA-1형·ⅠA-5형 철부는 전형적인 연나라의 철기로 단정 짓기는 어렵지만, 서남부지역 주조철부와의 비교를 통해 연나라 계통의 하나로 볼 수 있다. 또한 ⅠBb-1형과 ⅠBb-2형 철부가 부장되는 양상이 주목된다. ⅠBb-1형 철부는 공부가 제형의 단면형태를 띠며, 미약하게 융기선의 흔적이 관찰된다. 동남부지역의 주조철부는 이후 단합범으로 제작되어 제형의 공부 단면형태가 주류를 이루며, ⅠBb-2형 철부와 같이 융기선이 발달된 재지적인 형태로 발전한다. 따라서 ⅠBb-1형 철부는 ⅠBb-2형 철부의 조형이 되는 형식으로 볼 수 있다.

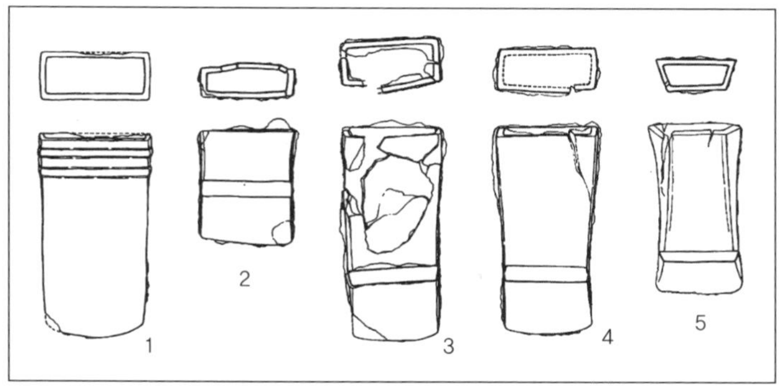

그림 5-33. 동남부지역 1기의 주조철부

1. 慶山 林堂FⅡ-34号墓, 2. 大邱 八達洞49号墓, 3. 八達洞57号墓,
4. 八達洞77号墓, 5. 八達洞78号墓(우병철, 2012)

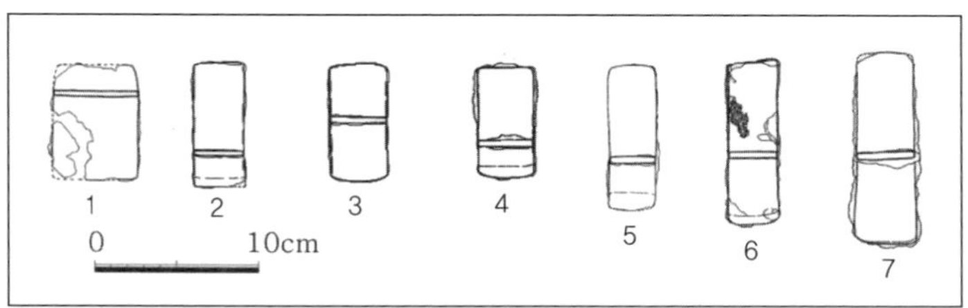

그림 5-34. 동남부지역 1기의 판상철부

1. 慶山 林堂FⅡ-34号墓, 2. 大邱 月城路3号墓, 3. 月城路1号墓,
4. 大邱 八達洞57号墓, 5. 八達洞67号墓, 6. 八達洞116号墓, 7. 八達洞45号墓

이와 같이 동남부 1기의 주조철부는 다양한 형식이 공존하는 현상을 띠는데, 여기에 시기적인 차이를 부여하기는 어렵다. 왜냐하면 공반유물의 차이가 뚜렷이 구분되지 않기 때문이다. ⅠA-1형과 ⅠBb-2형 철부는 동일 형태의 철검이 공반되고 있으며, ⅠA-1형, ⅠA-3형 철부에서는 공통적으로 1a형의 판상철부가 공반된다. 또한 공반되는 토기 역시 삼각형점토대토기를 중심으로 부장되며, 형태의 차이를 관찰하기 어렵다.

다만, 임당 34호묘에 부장된 ⅠA-3형 철부와 삼각형점토대토기는 비교적 고식이며, 공반되는 판상철부도 전형적인 1a형이라기보다는 소형의 판재에 가까운 형태이다. 임당 34호묘의 판상철부는 그 주변에 분포하는 임당 33호묘에서 출토된 원형점토대토기와 함께 부장된 소형의 판상철부와 유사한 양상을 띠고 있다. 따라서 동남부 1기에서도 가장 고식인 철기로 이해해도 될 것이다.

한편, 무기류는 철검과 철모와 같은 한정된 기종이 부장되는데, 모두 ⅠA-1형 철부와 1a형 판상철부에만 공반되는 양상을 띤다. 이 시기의 철검은 형태적으로 세형동검의 신부와 유사성을 가지고 있으며, 자루에 부착되는 검파두식 등의 검 부속구는 세형동검의 전통을 그대로 따르고 있다. 이에 세형동검을 모방하여 제작한 것으로 보기도 한다(林暎希, 2011). 그 밖에도 소수이지만 철착과 철사鐵鉇, 단조철부가 확인되는데, 기본적으로 주조철부와 판상철부에 추가적으로 부장되는 양상이다.

이를 종합해 보면 동남부 1기는 연나라 계통 철기의 유입과 함께 서서히 재지화되기 시작하는 단계로 볼 수 있다.

(2) 동남부 2기

동남부 2기는 새로운 토기제작기법의 등장과 철기류의 변화가 함께 이루어지는 시기이다. 무문계 토기류과 함께 와질계 토기류가 공반되며, 공부의 형태가 제형인 주조철부와 단조철부가 본격적으로 부장되기 시작한다. 또한 철제 무기류는 이전 시기부터 부장되기 시작한 철검과 철모의 부장이 크게 증가하며, 복수

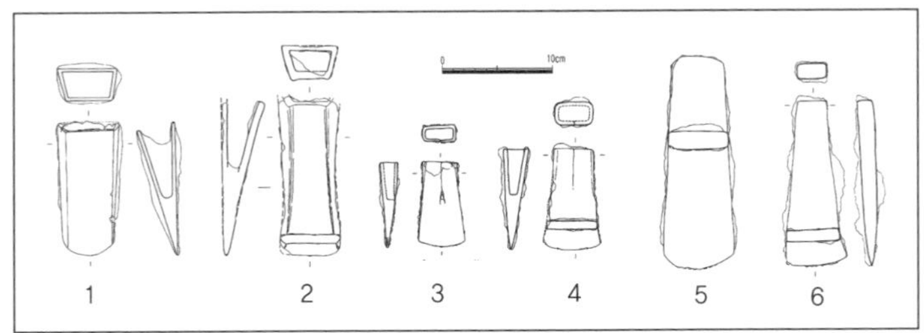

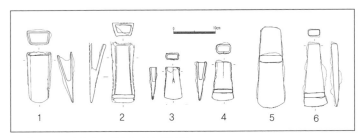

그림 5-35. 동남부지역 2기의 철부류

1. 星州 禮山里Ⅲ-1号墓, 2. 永川 龍田里木棺墓, 3. 大邱 八達洞31号墓, 4. 八達洞34号墓, 5. 昌原 茶戸里40号墓, 6. 慶州 朝陽洞5号墓

로 부장되기도 한다.

주조철부는 단면형태가 장방형을 띠는 ⅠA형계의 부장은 확인되지 않으며, 모두 제형의 단면형태인 ⅠB형계이다. 특히 융기선이 명확해지며 공부 높이가 높아지는 ⅠBb-2형 철부가 주류가 된다. 또한 융기선이 없는 형태인 ⅠBa-2형 철부의 수량도 다소 증가한다. ⅠB형계 철부는 2점이 세트를 이루며 부장되는 양상이 확인되는데 동남부 2기에 더욱 증가하는 양상이다.

판상철부는 소형인 1a형의 부장은 사라지고, 1b형·2a형과 같은 15~20cm(중형) 내외로 좀 더 커지는 경향을 띤다. 또한 기존의 판상철부가 거의 직선형에 가까운 인부형태를 띤다면, 동남부 2기의 판상철부는 기부에서 인부로 넓어지는 八자형을 띠는 형태도 확인된다. 일부 25cm 이상의 대형의 판상철부도 확인되는데, 다호리 1호묘와 40호묘에서는 중형과 대형이 공반되기도 한다.

동남부 2기의 출토양상에서 주목되는 것은 단조철부를 비롯한 단조제 농공구류의 부장이 증가한다는 것이다. 단조철부는 인부에 공부를 말아 단접한 제작기법으로서 공부 단면형이 타원형인 것과 장방형인 것이 공존하며, 장방형을 띠는 경우 견부肩部가 발달된 사례가 많다. 이것은 각각 Ⅱ-1형과 Ⅱ-2형으로 분류되는데 Ⅱ-1형의 부장량이 다소 많은 편이지만, 시기적인 차이를 확인하기는 어렵다. 다만, 앞서 살펴본 바와 같이 한나라의 단조철부가 Ⅱ-1형이고, 한반도 북부지역 낙랑군의 단조철부 역시 Ⅱ-1형에 해당하므로 Ⅱ-1형은 외래적인 요소가 강한 형식이라고 볼 수 있다. 반면, Ⅱ-2형의 단조철부는 동남부지역 이외에는 그 출토 예가 드물어 동남부지역의 지역성이 강한 철기로 볼 수 있다.

단조제 철겸도 부장되기 시작하는데, 철겸은 다호리 43호묘에서 출토된 것과 같이 기돌출부의 방향이 우측인 철겸도 일부 확인되지만, 대부분이 기돌출부의 방향이 모두 좌측에 해당하는 형식인 Ⅱ-2형이다. 이것은 한반도 북부지역을 비롯한 요령지역의 단조철겸인 Ⅱ-1형이 다수를 점하는 것과 다른 특징이다. 또한 동남부 1기부터 존재하였던 철착도 증가하는데 단면형태가 방형인 Ⅱ-1형이 사라지고 타원형(Ⅱ-2형)이나 원형(Ⅱ-3형)의 단면형태를 띤다. 하지만 출토량은 아직 적은 편이다.

한편, 동남부 2기에는 1기에 확인되지 않던 신기종의 철기류가 부장된다. 대표적인 기종으로 초형철기와 따비, 철도자, 환두도자, 철과 등이 있다. 그 중 초형철기와 철과는 일시적으로 등장하는 기종인데, 특히 초형철기는 전국시대부터 전한대에 이르는 긴 시간에 걸쳐 요령지역 내에서 출토되는 기종이지만 한반도 남부에서는 동남부 2기에 일시적으로 등장한다.

동남부 2기의 철기문화를 정리하면, 외부지역으로부터 좀 더 직접적인 철기의 유입이 있었으며, 그 중심에는 단조제 철기가 있었던 것으로 생각된다. 반면, 동남부지역의 지역적인 특징을 지닌 형식의 철기가 부장되고 있어 재지적 철기문화가 형성되는 단계로 볼 수 있다.

⑶ 동남부 3기

동남부 3기는 무문계 토기제작기술이 사라지고, 와질계 토기가 주류를 이룬다. 와질토기는 구연부와 저부의 변형이 이루어진 소위 신식 와질토기류로 변화된다. 또한 2기부터 등장하기 시작한 타날문토기는 꾸준히 부장된다. 철기는 2기에 출토되던 기종 이외에도 단조제 철기가 다양해지는 특징을 보인다. 또한 2기까지 출토되던 청동제 무기류의 부장이 급격히 감소한다.

주조철부의 형식변화도 확인된다. ⅠBa-2형과 ⅠBb-2형 철부가 감소하며, 인부형태가 변화된 ⅠBa-3형과 ⅠBb-3형 철부의 부장이 주류가 된다. 판상철

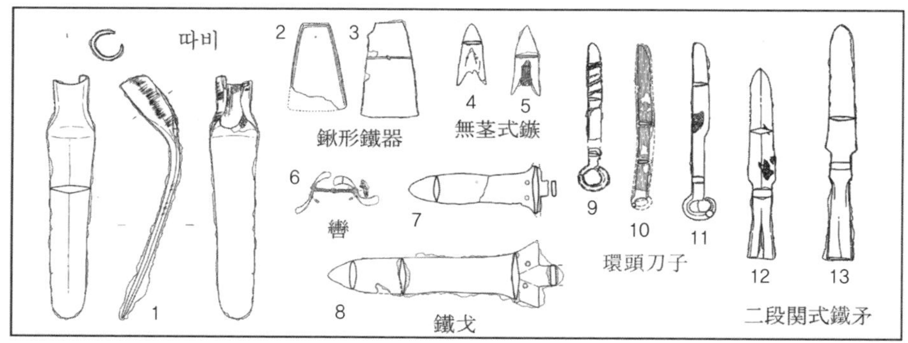

그림 5-36. 동남부지역 2~3기 등장하는 신기종 철기류

부는 2기의 1b형과 2a형이 감소하며, 1c형·2b형과 같은 25cm 이상의 대형이 부장된다.

동남부 2기부터 확인되기 시작하는 단조제 농공구류에서도 약간의 변화가 확인된다. 단조철부는 2기와 마찬가지로 Ⅱ-1형과 Ⅱ-2형이 주류를 이루는 가운데 Ⅱ-3형 철부도 출토되기 시작한다. Ⅱ-3형 철부는 Ⅱ-1형·Ⅱ-2형 철부와는 다른 제작기법의 형식으로 철괴를 두드려 접어서 공부를 제작한 것이다.[24] Ⅱ-3형 철부의 제작기법은 이후 크게 성행하여 삼국시대의 대표적인 철부 제작기법으로 자리잡는다. 철겸과 철착은 2기에 주류가 되던 Ⅱ-2형이 감소하며, Ⅱ-3형이 증가하는 양상을 보인다. 또한 1~2기에 걸쳐 간헐적으로 출토되던 철사鐵鉇의 수량이 증가하는 것도 하나의 특징으로 볼 수 있다. 동남부 2기에서 3기에 부장되는 단조제 농공구류의 형식 변화는 어느 정도 연속적인 변화 양상 속에서 교체되어 가는 것으로 보인다. 2기에서 3기에 걸쳐 일시적으로 부장되는 초형철기는 황성동 3호 옹관묘 출토품과 같

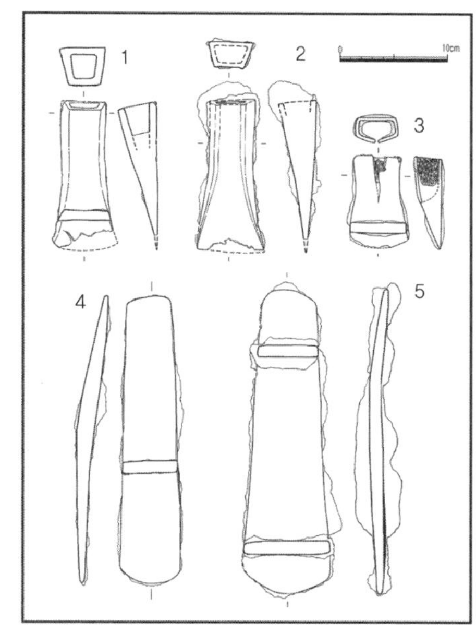

그림 5-37. 동남부 3기의 철부류

1·2·4. 慶州 朝陽洞11号墓, 3. 星州 禮山里Ⅲ-1号墓, 5. 朝陽洞52号墓

24) 단조철부 Ⅱ-3형의 제작에 있어서 판상의 철괴를 반복적으로 두드리는 과정이 필요하다. 이를 위해서는 고온을 유지할 수 있는 단야공정이 이루어지지 않으면 제작하기 어렵다(野島永의 教示). 이는 단야기술의 발전과도 연결해서 생각할 수 있을 것이다. 생산기술의 유입과 전개에 대해서는 7장에서 구체적으로 검토해 가고자 한다.

이 단조품도 확인된다. 초형철기는 전국시대에서 한나라의 여러 지역 내에서는 주조품으로만 확인된다는 것을 고려하면, 황성동 출토품은 외부로부터 유입된 초형철기를 모티브로 이 지역 내에서 제작하였을 가능성을 시사한다.

한편, 무기류는 철검과 철모를 중심으로 한 부장이 더욱 증가하며, 철촉과 마구류 등의 신기종이 추가되는 양상을 띤다. 철검의 변화는 명확히 확인되지 않지만, 철모는 이단관식의 형태가 유행한다. 이단관식의 철모는 목곽묘 단계 이후 관부가 돌출된 관부돌출형 철모로 대체되어 가는 것으로 여겨진다(우병철, 2012; 김새봄, 2011).

철도자와 환두도자는 2기부터 등장하기 시작하여 3기에 증가가 두드러지며, 이후 삼국시대까지 지속적으로 부장되는 기종이다. 또한 무경식의 철촉이 부장되는 양상도 확인되며, 마구류는 S자형 비轡가 주류를 이룬다.

동남부 3기에서 확인되는 주조철부와 판상철부는 대부분이 고식 와질토기류와 공반되는 경향을 띠며, 신식 와질토기와 공반되는 예는 드물다. 그럼에도 오히려 두 기종은 목곽묘 단계가 되면 다량으로 부장되는 양상을 보인다. 그 대표적인 유적으로 경주 사라리유적과 포항 옥성리유적이 있다. ⅠBa-3형과 ⅠBb-3형 철부의 특징인 인부가 넓어지는 형태는 목곽묘 단계까지 이어지며, 삼국시대 주조철부의 기원이 되는 것으로 판단된다(金想民, 2009). 1c형·2b형(대형)의 판상철부 역시 진변한-가야에서 확인되는 판상철부형 철정-대형 철정으로 변화하는(宋桂鉉, 1995) 철정과 관련된 것으로 추정된다.

한편 다호리 30호묘와 64호묘에서는 철괴와 철광석이 부장되는 양상이 확인되고 있어 제철의 가능성이 제시되기도 한다(申東昭, 2007). 아직 제철유구는 확인되지 않아 제철기술의 존재를 명확히 제시할 수는 없지만, 적어도 동남부 3기가 되면 철광석을 원료로 철을 생산한다는 인식은 있었던 것으로 보인다.

이상과 같이 동남부 3기가 되면, 2기와 마찬가지로 외부에서 철기가 유입되기도 하지만 재지적인 성향이 강한 철기류가 크게 증가한다. 이는 자체적인 철기생산과 관련된 것으로 보인다. 이를 배경으로 지역 내 독자적인 철기문화가 발전하게 되었을 것이다.

3. 연대 검토

2절에서 살펴본 것처럼 한반도 남부지역으로 철기가 유입된 시기는 기원전 3세기대의 어느 시점으로 보인다. 원형점토대토기가 중심이 되는 시기로 주조철겸, 환두도자와 같은 연나라에서 제작한 철기가 유입된다. 그러나 동남부지역 1기의 부장철기를 살펴보면, 일부 연나라 철기의 요소도 확인되지만, 단조제품이 함께 부장되는 양상을 띠고 있다. 두 지역에 부장된 철기의 차이는 시기적인 차이로 보는 것이 일반적이며(한국고고학회, 2012), 서남부지역이 동남부지역보다 이른 시기에 철기가 유입된 것으로 보고 있다. 이로 인해 동남부지역으로 철기가 유입된 시기는 낙랑군의 설치 이후인 기원전 1세기대로 보는 견해가 일반적이었다(안재호, 2000; 李南珪, 2002b). 하지만 최근 일부 연구자에 의해 철기의 유입시기를 상향하는 경향을 보인다. 특히 정인성은 전국계 타날문토기에 대한 지적을 통해 타날문토기와 와질토기의 연대를 기원전 2세기까지 상향시키며, 철기의 유입연대 역시 동일하게 상향하였다(鄭仁盛, 2008·2010). 이창희는 점토대토기의 연대를 상향하면서 한반도 철기의 유입시기도 함께 올려보기도 한다(이창희, 2010). 또한 우병철은 대구 팔달동과 월성로유적 등 일부 유물에 대해 초기철기시대에 해당하는 기원전 2세기 중엽에서 후엽으로 설정하였다(우병철, 2012).

이상과 같이 동남부지역 철기의 유입시기를 검토하는 과정에서 확인되는 문제점은 낙랑군 이전에 철기의 유입이 있었는가 하는 것이다. 창원 다호리 1호묘로 대표되는 낙랑계 유물과 철기가 공반되는 사례를 통해 기원전 1세기대에 철기문화가 존재하였다는 것은 공통된 인식이다. 하지만 대구 팔달동유적을 비롯한 동남부 내륙지역에서 보이는 철기의 등장시기에 대해서는 연대적 차이가 있다. 또한 절대연대를 비정하는 결정적인 근거인 한경과 화폐의 연대를 초주初鑄연대로 할 것인가, 전세傳世 기간을 더하여 적용할 것인가에 따라 그 시기적인 차이가 생기게 된다.

이와 같이 연대에 대한 논의 가운데 대구와 경산 일대의 일부 분묘에서는 낙랑군 설치 이전에 철기의 유입이 있었다고 볼 수 있는 것들이 있다. 이것은 앞서 밝힌 동남부 1기에 해당하는 분묘이다. 한경과 오수전 등 전형적인 낙랑계 유물과

공반되는 분묘에서는 단면형태 제형에 융기선이 형성된 주조철부(ⅠBb형계)와 단조철부가 출토되며, 무문계 토기와 와질계 토기가 공반되는 양상을 띤다. 반면, 팔달동과 월성로, 임당 등 일부 유적에서는 주로 단면형태 장방형인 주조철부(ⅠA형계)가 출토되며, 전형적인 연나라 철기[燕産]에 해당하는 이조돌대 주조철부가 부장된다. 또한 소형 판상철부(1a형)는 야요이토기의 연대를 참고할 수 있는데, 김해 구산동유적의 취락[25]에서 출토된 소형 판상철부는 죠노코시식(城ノ越式)에서 수구1식(須玖Ⅰ式)의 토기류와 공반되었다. 그 연대를 참고한다면, 기원전 2세기대의 어느 시점으로 올려볼 수도 있다. 낙랑계 유물이 공반되지 않는 점을 고려한다면, 낙랑군 설치 이전을 하한으로 둘 수 있다.

동남부지역 2기에서 3기에 이르는 단계의 연대 비정은 한식 유물의 연대를 참고할 수 있다. 앞서 지적한 것처럼 일부의 연구자들은 한경, 화폐 연대를 경사편년과 전세를 고려해 초주연대에 비해 늦춰보는 경향도 있다(金一圭, 2010). 하지만 생산지보다 소비지가 늦을 것이며, 일정기간 전세가 될 것이라는 가정에 동의하지 않는다. 왜냐하면 이 두 가지의 가정은 증명할 수 있는 방법도 없을 뿐 아니라 지극히 주관적인 시기상정이 가능하기 때문이다. 오히려 정인성의 주장처럼 초주연대를 고려해 연대를 추정해가는 것이 더욱 객관적일 것으로 생각된다(鄭仁盛, 2011).

동남부 2기는 단조철부, 환두도자와 같은 낙랑계의 철기류가 출토되며, 오수전·소동탁小銅鐸, 한경과 같은 한나라의 유물이 공반된다. 2기의 대표적인 유적으로 볼 수 있는 다호리 1호묘와 교동 3호묘에서는 성운문경星雲文鏡이 부장되고 있으며, 철기와의 공반관계는 명확하지 않지만, 용전리 목관묘에서도 성운문경이 출토되고 있다. 성운문경은 오카무라 히데노리의 연대를 참고하면 성운문경Ⅰ식으로(岡村秀典, 1984), 그 연대는 기원전 2세기 후반으로 낙랑군이 설치되는 시점과 맞아 떨어진다. 그러므로 낙랑군이 설치되는 시점인 기원전 108년을 상한으

25) 김해 구산동유적은 명확한 단야로의 검출은 이루어지지 않았지만, 부산 내성유적과 함께 이른 시기의 철기생산유적으로서 보고 있다(武末順一, 2010; 金武重, 2010). 7장의 3절에서 구체적으로 검토하고자 한다.

로 하며, 그 중심연대는 기원전 1세기대로 비정할 수 있다. 또한 이체자명대경異體字銘帶鏡이 부장된 교동 17호묘(그림 5-38)는 철기의 부장은 확인되지 않지만, 공반되는 토기의 특징을 통해 2기로 볼 수 있다. 이것은 오카무라(岡村)의 이체자명대경異體字銘帶鏡Ⅲ식·Ⅳ식의 형태를 띠지만, 주조된 명문 내용은 오카무라(岡村)의 Ⅱ식에 해당한다. 따라서 이체자명대경異體字銘帶鏡Ⅱ식과 Ⅲ식의 중간 어느 시점으로 볼 수 있어 기원전 1세기 중엽으로 편년할 수 있을 것이다. 더불어 다호리 1호묘에 철기류와 함께 부장되는 오수전의 주조연대를 고려하더라도 동남부 2기의 연대가 기원전 1세기대가 중심이라는 것에는 큰 모순이 없다.

동남부 3기는 2기와 마찬가지로 한나라의 유물이 꾸준히 부장된다. 그 중에서 주목할 수 있는 분묘로는 훼룡문경虺龍文鏡이 출토된 신대리 75호묘이다. 신식 와질토기류와 함께 단조철기류만이 부장되었다. 오카무라(岡村)의 훼룡문경虺龍文鏡ⅡB식에 해당하며, 그 시기는 기원전후에 해당한다. 즉 적어도 신식 와질토기는 기원전후를 기점으로 하는 시기에 등장하는 것으로 볼 수 있다. 3기의 와질토기가 고식과 신식의 와질토기가 혼재되는 것을 감안한다면, 그 시기는 다소 상향할 수 있을 것으로 생각된다. 따라서 동남부 3기의 상한은 기원전 1세기 후엽으로 둔다. 하한은 명확히 제시하기는 어렵지만, 한반도 남부지역의 철기문화에서 가장 큰 획기로 볼 수 있는 목곽묘의 등장 이전 단계로 생각된다.

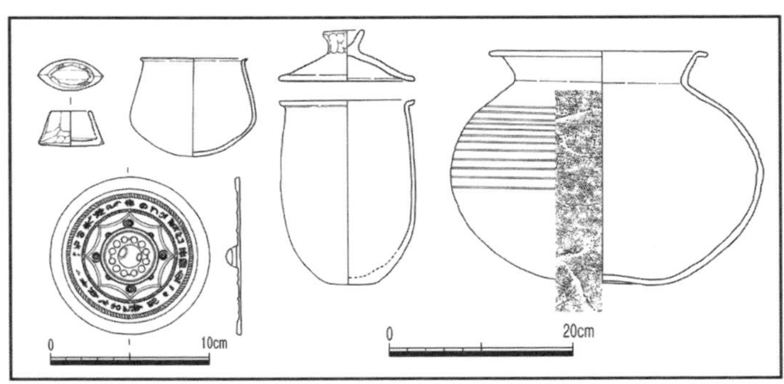

그림 5-38. 밀양 교동 17호묘의 異體字銘帶鏡과 공반유물

4. 소결

한반도 동남부지역 철기문화의 유입과 전개과정을 살펴보기 위해 분묘 부장품을 중심으로 한 철기의 변화양상을 검토하였다. 먼저 주조철부와 판상철부에서 보이는 형식변화와 여러 기종과의 조합관계를 토대로 변천단계를 설정하고 공반유물을 검토하여 변천단계의 모순을 검증하였다.

한반도 동남부지역 철기문화의 유입은 서남부지역보다 다소 늦어짐에도 불구하고 독자적인 철기문화로 발전한다. 철기의 등장기인 목관묘 단계의 철기문화는 크게 3단계의 변천과정을 거치는 것으로 판단된다.

먼저 전국 연나라 철기[燕産]와 함께 판상철부와 철검, 철모와 같은 일부 단조제 철제품이 부장되는 단계이다. 철검과 청동제 장신구가 세트를 이루고 있어 기존의 세형동검문화의 전통을 충실히 따르고 있는 것으로 보인다. 그 연대(동남부 1기)는 철기와 공반되는 부장토기인 삼각형점토대토기가 중심이며, 한나라의 유물 부장양상은 보이지 않아 낙랑군 설치 이전 시기인 기원전 2세기대에 해당하는 것으로 생각된다.

그 후 주조철부와 함께 단조철부의 부장이 두드러지며, 단조제 철기류의 증가 및 신기종이 등장한다. 철기류와 함께 한경, 오수전과 같은 한나라 유물이 공반되는 경향이 두드러진다. 그러므로 낙랑군이 설치된 이후로 생각할 수 있으며, 이 시기는 주조철부와 판상철부의 형식과 철기류의 기종 변화를 토대로 다시 동남부 2기와 3기로 구분할 수 있다. 동남부 2~3기의 철기문화는 신기종의 등장과 소멸, 재지계 철기로의 발전이라는 전개과정을 거친다. 그 연대는 한경과 오수전의 연대를 토대로 기원전 1세기대(동남부 2기)와 기원 1세기(동남부 3기)가 중심이 되는 것으로 생각된다. 동남부 2기에서부터 보이기 시작하는 재지적인 철기의 특징은 철기생산기술의 발전과 관련이 깊을 것이다. 한반도 동남부지역 목관묘 단계의 철기문화는 이후에도 계속적인 발전을 거듭해 진·변한에서 가야·신라고분에서 보이는 철기를 다량으로 부장하는 매장문화로 전개되어간다.

※ 표 5-12~15 참고문헌

1. (財)慶尙北道文化財研究院, 2005,『星主市 栢田 禮山里 土地區劃整理調査區內 文化遺蹟發掘調查』.
2. (財)嶺南文化財研究院, 2000,『大邱 八達洞 遺蹟Ⅰ』.
3. (재)경상북도문화재연구원, 2008,『大邱 月城洞772-2番地 遺蹟(Ⅱ) -青銅器~近代』.
4. 韓國文化財保護財團, 1998A,『慶山 林堂 遺蹟(Ⅰ) -A~B地區 古墳群-』.
韓國文化財保護財團, 1998B,『慶山 林堂 遺蹟(Ⅰ) -C地區 古墳群-』.
韓國文化財保護財團, 1998C,『慶山 林堂 遺蹟(Ⅰ) -D·E地區 古墳群-』.
(財)嶺南文化財研究院, 1999,『慶山 林堂洞遺蹟Ⅰ -F·H地區 및 土城-』
(財)嶺南文化財研究院, 2001,『慶山 林堂洞遺蹟Ⅲ·Ⅳ -G地區 』.
5. (財)嶺南文化財研究院, 2009,『慶山 新垈里670番地 遺蹟』.
(財)嶺南文化財研究院, 2010,『慶山 新垈里 遺蹟Ⅰ』.
6. 韓國文化財保護財團, 2009,『慶山 玉谷洞 遺蹟』.
7. 國立慶州博物館, 2007,『永川 龍田洞 遺蹟』.
8. 國立慶州博物館, 2003,『慶州 朝陽洞遺蹟Ⅱ』.
9. 韓國文化財保護財團, 2003,『慶州 隍城洞遺蹟Ⅰ -강변로 개설구간 발굴조사 보고서-』.
韓國文化財保護財團, 2005,『慶州 隍城洞遺蹟Ⅱ -江邊路 3-A地區 開設區間 內 發掘調查 報告書-』.
10. (財)新羅文化遺産研究院, 2009,『慶州 汶山里遺蹟Ⅰ』.
11. (財)蔚山文化財研究院, 2005,『蔚山 香山里 青龍 遺蹟』.
12. (財)蔚山文化財研究院, 2006,『蔚山 大垈里 中垈 遺蹟』.
13. 양상현 외, 2007,『機張 芳谷里遺蹟』, 울산대학교박물관.
15. 密陽大學校博物館, 2004,『密陽 校洞 遺蹟』.
16. 李健茂 외, 1989,「義昌 茶戶里遺蹟 發掘調查進展報告(Ⅰ)」,『考古學誌』1, 韓國考古美術研究所.
李健茂 외, 1991,「昌原 茶戶里遺蹟 發掘調查進展報告(Ⅱ)」,『考古學誌』3, 韓國考古美術研究所.
李健茂 외, 1993,「昌原 茶戶里遺蹟 發掘調查進展報告(Ⅲ)」,『考古學誌』5, 韓國考古美術研究所.
李健茂 외, 1995,「昌原 茶戶里遺蹟 發掘調查進展報告(Ⅳ)」,『考古學誌』7, 韓國考古美術研究所.

제6장

동북아시아 철기문화의 변천과정과 확산단계

3장에서 5장에 걸쳐 동북아시아 제지역 철기의 형식변화와 공반유물의 상관관계를 검토하고, 각 지역별 철기문화의 유입과 전개과정의 시간성을 설정하였다. 이를 통해 동북아시아 철기문화의 유입과 전개는 농공구류가 중심이 되는 것을 알 수 있었다. 또한 연산 남부지역과 요령지역의 철기는 분묘 내 부장품과 취락 내에서 각각 시기차를 두고 존재하는 반면, 한반도의 철기는 거의 부장품으로서만 존재하고 있는 것을 알 수 있었다.

본 장에서는 앞서 살핀 지역별 연대관을 적용하여 동북아시아 철기문화의 변천과 지역별 특징을 살펴보고자 한다. 또한 지역 간에 시기적 병행관계를 정리하여 철기의 분포양상에서 확인할 수 있는 연나라 철기문화의 확산단계를 설정하고자 한다.

1절 동북아시아 철기문화의 변천
-철부와 철겸의 변화양상을 중심으로

동북아시아 제지역에서 유입되는 철기는 주로 농공구류이며, 다양한 기종이 존재한다. 특히 굴지구나 벌목구의 기능을 가진 삽입형揷入形 농공구류[1]가 다수이며, 다양한 형태로 발전한다. 주조철부와 단조철부는 대표적인 삽입형 농공구로서 동북아시아 전역에서 출토되며, 지역에 따라 형태적 변화가 두드러진다. 또한 수확구인 철겸은 비교적 이른 시기부터 동북아시아 전역에 확산되며 지역에 따라 다른 변화양상을 거친다.

본 절에서는 주조철부로 대표되는 삽입형 공부銎部를 가진 철부와 철겸을 중심으로 지역에 따라 그 형태가 어떻게 변용變容·전개되는지를 살펴보고자 한다.

1. 동북아시아 제지역 철부의 변화양상 -삽입형 농공구류를 포함하여-

1) 연산 남부지역 철부의 변화양상

연산 남부지역의 주조철부는 연나라가 성행하던 「연산 남부 1~2기」에 변화·발전한다. 주조철부는 비교적 다양한 형식이 존재하지만, ⅠBa-1형 철부가 가장 이른 형식으로 생각된다. 이 같은 현상은 분묘와 취락 출토품에서 보이는 공통적인 현상으로 해촌解村 2호묘(그림 6-1;1)와 북침촌北沈村 8호 H27출토품(그림 6-2;1)을 통해 기원전 4세기 전중엽에 등장한다고 볼 수 있다. ⅠBa-1형 철부는 분묘 내 부장품으로서 2점이 세트로 부장되는 경향으로 발전하는데, 허량총虛粮塚 8호묘에서 확인할 수 있는 것처럼 ⅠA-3형 철부와 공반되기도 한다(그림 6-4·5). 이 같은 특징은 주조철부의 2점 세트 부장이라는 연나라 철기 매장풍습의 사례라고 지적되었다(村上恭通, 1997).

연산 남부지역 내 주조철부를 세트로 부장하는 경향은 현재까지 고고학 자료를 기준으로 기원전 3세기 중엽 이후의 분묘에서는 확인되지 않는다. 따라서 ⅠBa-1형 철부의 부장은 기원전 4세기대가 중심이 되는 것으로 판단되며, 허량

---

1) 본고에서는 곽钁, 산鏟, 부斧 등의 공부銎部가 있는 농공구류의 총칭으로 정의한다.

총허량총虛粮塚 8호묘를 하한시기로 상정할 수 있다. ⅠBa-1형 철부는 취락 내에서도 비교적 이른 시기에 출토되지만, 전국시대 후기인 기원전 3세기대의 취락 내에서 출토량이 증가한다. 즉, 연산 남부 2기에 들어서면 분묘 내에서 부장되던 ⅠBa-1형이 취락 내에서도 증가한다고 볼 수 있다. 연산 남부 2기에 들어서면서 ⅠBa-1형 철부는 부장품으로 보다는 실용품으로서 보편화된다고 추정할 수 있다.

연산 남부 2기의 취락 내에서 출토되는 ⅠBa-1형 철부는 고맥촌高陌村 2호 출토품(그림 6-2;①)과 같이 약간 작아지는 경향을 보인다. 동시기 공부銎部 단면형태가 제형으로 소형인 특징을 띠는 ⅠBa-4형 철부(그림 6-2;6)가 등장한다. 이를 통해 ⅠBa-1형 철부가 소형화되어 ⅠBa-4형 철부로 변화되는 것을 알 수 있다. 이후 연나라의 멸망과 함께 연산 남부지역 내에 ⅠBa-1형, ⅠBa-4형 철부는 확인되지 않고 있어 ⅠBa-1형과 ⅠBa-4형 철부는 연나라의 대표적인 형식이었다고 볼 수 있다.

한편, 공부銎部의 단면이 장방형을 띠는 주조철부는 ⅠA-1형 철부가 가장 이른 형식이다. ⅠA-1형 철부는 취락 내에서만 출토되고 있어 공반유물을 통해 시간적 위치를 제시하기는 어렵다. 그러나 앞서 살핀 것처럼 취락 내 층위를 기준으로 그 시기를 추정할 수 있다. ⅠA-1형 철부는 전국시대 중기층(연산 남부 1기)의 취락에서 주로 출토되고 있으며, 전국시대 후기층(연산 남부 2기)에서는 확인되지 않는다. 그 대표적인 사례로서 서침촌西沈村 19호 출토품과 낭정촌郎井村 10호 T1169(그림 6-2;2) 출토품을 들 수 있다. ⅠA-1형 철부는「연산 남부 2기」가 되면 연나라 중심지에서는 유행하지 않는 것으로 여겨진다.

또한 ⅠA-1형 철부의 용범[鑄型]이 연산 남부지역에서 떨어진 흥융 수왕분興隆縣壽王墳지구에서 출토되는 점은 ⅠA-1형 철부는「연산 남부 2기」이후 연나라의 중심지보다 주변 지역에서 생산되어 유통되었을 가능성을 시사한다고 볼 수 있다.

한편 ⅠA-1형 철부의 하한시기는「연산 남부 2~3기」의 자료가 없어 구체적으로 입증할 수 없으나 대략적으로 전국시대 후기 이후 사라지는 것으로 보인다. 그러나 ⅠA-1형 철부는 기원전후(0년) 이후인「연산 남부 4기」인 고맥촌高陌村 30호묘(그림 6-1;18)에 부장된 사례도 있다. 따라서 형태적인 속성을 유지하면서 긴

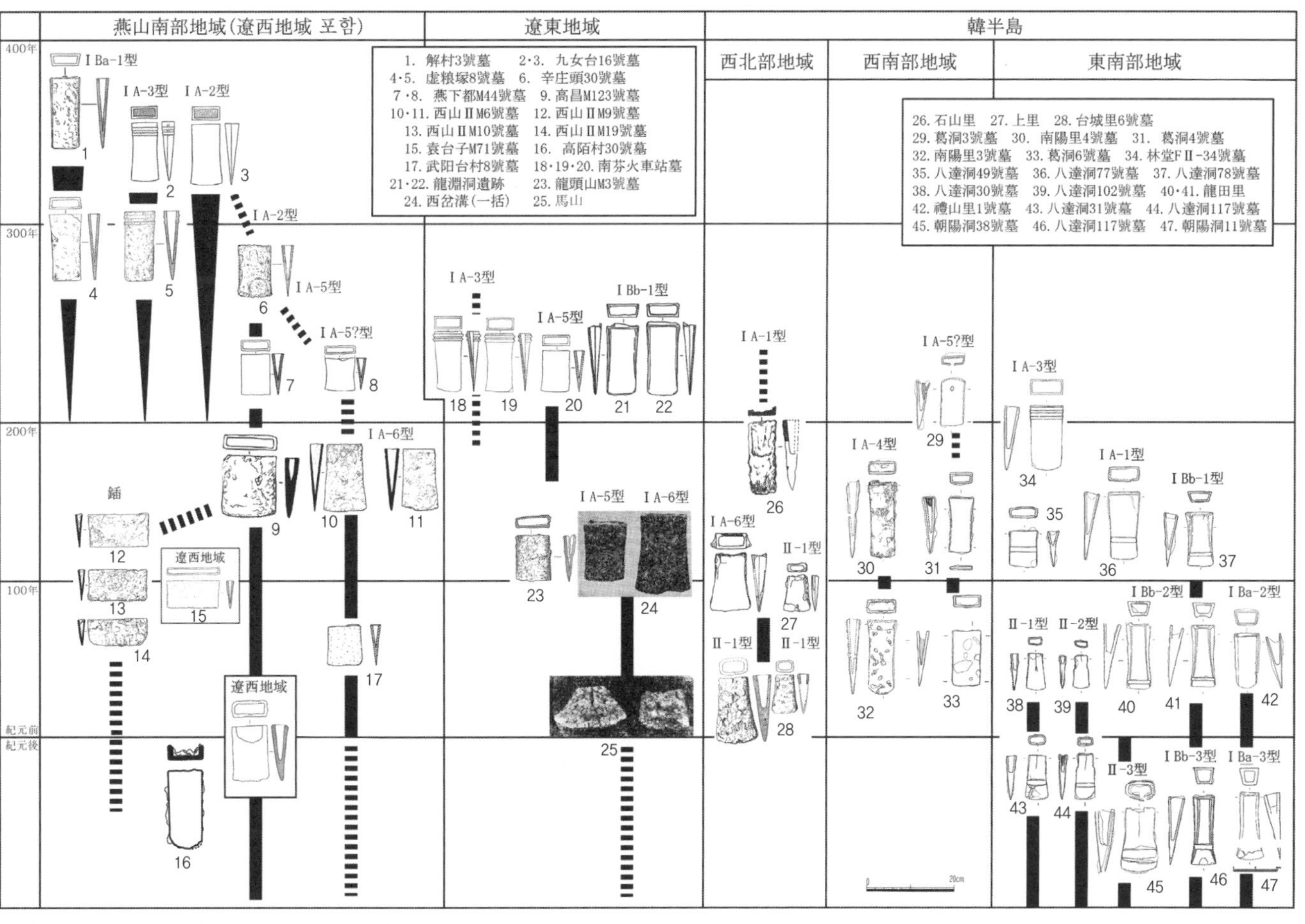

그림 6-1. 동북아시아 부장철부의 전개과정

시간동안 잔존하였을 가능성도 있다.

ⅠA-2형과 ⅠA-3형 철부는 처음부터 분묘 내 부장품으로 출토된다. 구녀대九女臺 16호묘(그림 6-1;2·3)에서는 ⅠA-2형과 ⅠA-3형 철부가 세트로 부장되는데, 공반유물을 고려하면 그 시기는 기원전 4세기 후엽이다. ⅠA-2형과 ⅠA-3형 철부는 ⅠBa-1형 철부와 마찬가지로 「연산 남부 2기」에 접어들면서 취락에서만 출토되는 경향을 보인다. 특히 ⅠA-3형 철부는 「연산 남부 2기」의 취락에서 출토량이 크게 증가한다.

ⅠA-2형 철부는 비교적 그 출토량이 적지만 「연산 남부 2기」가 되면 소형화되는 것으로 생각된다. 이는 「연산 남부 2기」 이후 분묘 내 소형화된 ⅠA-5형 철부의 부장과 관련된다. 신장두辛莊頭 30호묘(그림 6-1;6)와 연하도 M44호묘(그림 6-1;7·8)에서 출토되는 주조철부는 공부銎部의 단면형태가 장방형을 띠어 ⅠA-2형 철부에서 길이만 짧아진 것으로 여겨진다. 특히 신장두辛莊頭 30호묘에 부장된 ⅠA-5형 철부는 형식학적으로 구녀대九女臺 16호묘의 ⅠA-2형 철부와 유사성이 강하다. 즉 ⅠA-5형 철부는 ⅠA-2형 철부의 영향을 받아 제작되기 시작하는 형식이라고 추측할 수 있다.

이처럼 소형인 ⅠA-5형 철부는 한나라 철부의 특징인 인부가 크게 벌어지는 형태로 변화되면서 「연산 남부 3기」의 어느 시점에 ⅠA-6형 철부로 변화되는 것으로 생각된다. 그 근거로 「연산 남부 3기」에 해당하는 서산西山Ⅱ 6호묘(그림 6-1;10·11)에서 ⅠA-6형 철부가 세트로 부장되는 점을 들 수 있다. 「연산 남부 2기」에 속하는 연하도 M44호묘에서는 ⅠA-5형 철부가 세트로 부장되지만, 그 중 한 점은 인부가 넓어지는 경향을 띤다. 그렇다면 2점 세트라는 부장양상이 유지된 채 철부의 형태만 변화되었을 가능성이 크다.

또한 ⅠA-5형 철부의 인부가 넓어지는 경향은 「연산 남부 2기」의 취락에서도 확인된다. 그 대표적인 예로 낭정촌郎井村 13호 출토품이 있다. 이후 통일 진과 전한에 걸쳐 단조철부(Ⅱ-1형)가 다수를 차지하는 점을 고려하면 낭정촌郎井村 13호 출토품은 그 과도기적인 형태의 철부로 상정할 수 있다. 더불어 연하도 채집품(그림 6-2;13)은 공부銎部에서 직선형으로 넓어지며 선형扇形의 인부를 띠는 단조철부이다. 이 형태의 철부는 전국시대 진나라에서 다수를 차지한다고 지적된 바 있다(村上恭通, 2012).

이를 정리하면「연산 남부 2기」의 ⅠA-5형 철부는 인부가 변화되면서 ⅠA-6형 철부이나 Ⅱ-1형 철부로 변화된다고 볼 수 있다. 이와 같은 철부의 변화요인은 연나라의 멸망과 진·한나라의 성립 등 당시 사회의 동향과 관련이 깊은 것으로 여겨진다.

한편, ⅠA-5형 철부는「연산 남부 3기」가 되면 대형화되는 경향도 보이는데, 고창高昌 123호묘의 출토품(그림 6-1;9)을 예로 들 수 있다. 고창高昌 123호묘에 부장된 ⅠA-5형 철부는 길이와 폭이 거의 1:1에 가깝다. 이처럼 대형화된 ⅠA-5형의 철부는 요서지역 원대자袁臺子유적에서도 확인된 바 있어 한대에 부장되는 철부와 연결된다. 그리고 전한대 들어서 부장양상이 증가하는 철삽鐵鍤과도 연관성을 찾을 수 있다. 철삽은 길이가 점점 짧아지는 방향으로 변화하는 것(그림 6-1;12~14)을 고려한다면, 철삽의 초기 형태는 고창高昌 123호묘의 출토품과 같은 대형화된 ⅠA-5형 철부와 관련될 가능성도 있다.

이상과 같이 연산 남부지역의 주조철부는 전국 연나라에서 성행하며, 진·한대에 들어서 그 수량이 감소하는 경향을 보인다. 주조철부가 감소하는 경향은 취락내 출토품을 살펴보면 좀 더 명확히 알 수 있다. 전한대 취락인 쌍봉사雙峰寺와 착교촌錯橋村 유적에서는 주조철부는 출토되지 않고 철서鐵鋤(그림 6-2;16,17)와 함께 다량의 철산鐵鏟(그림 6-2;14), 보습(그림 6-2;18) 등의 철기가 출토된다. 그 중 철산鐵鏟만이 전국시대에서부터 한대까지 꾸준히 이어지는 기종으로 그 밖에 철기는 신기종으로 볼 수 있다. 결국 전한대가 되면 신기종의 등장과 함께 농공구의 구성이 다양해지게 되고, 전국시대 주조철부의 역할은 새로운 신기종으로 대체되어 갔다고 볼 수 있다.

이를 정리하면, 주조철부는 연나라가 성행하는 기원전 4세기에서 3세기대에 걸쳐 대형에서 소형으로 변화하며, 기원전 2세기대부터 단조철부(Ⅱ-1형)를 시작으로 하는 새로운 기종으로 대체되는 것으로 여겨진다. 또한 부장품으로 다루어지던 주조철부는 기원전 3세기대를 획기로 하여 취락 내 보급되기 시작한다. 이것은 주조철부가 기원전 3세기대에 본격적으로 실용화되었다는 것을 의미한다.

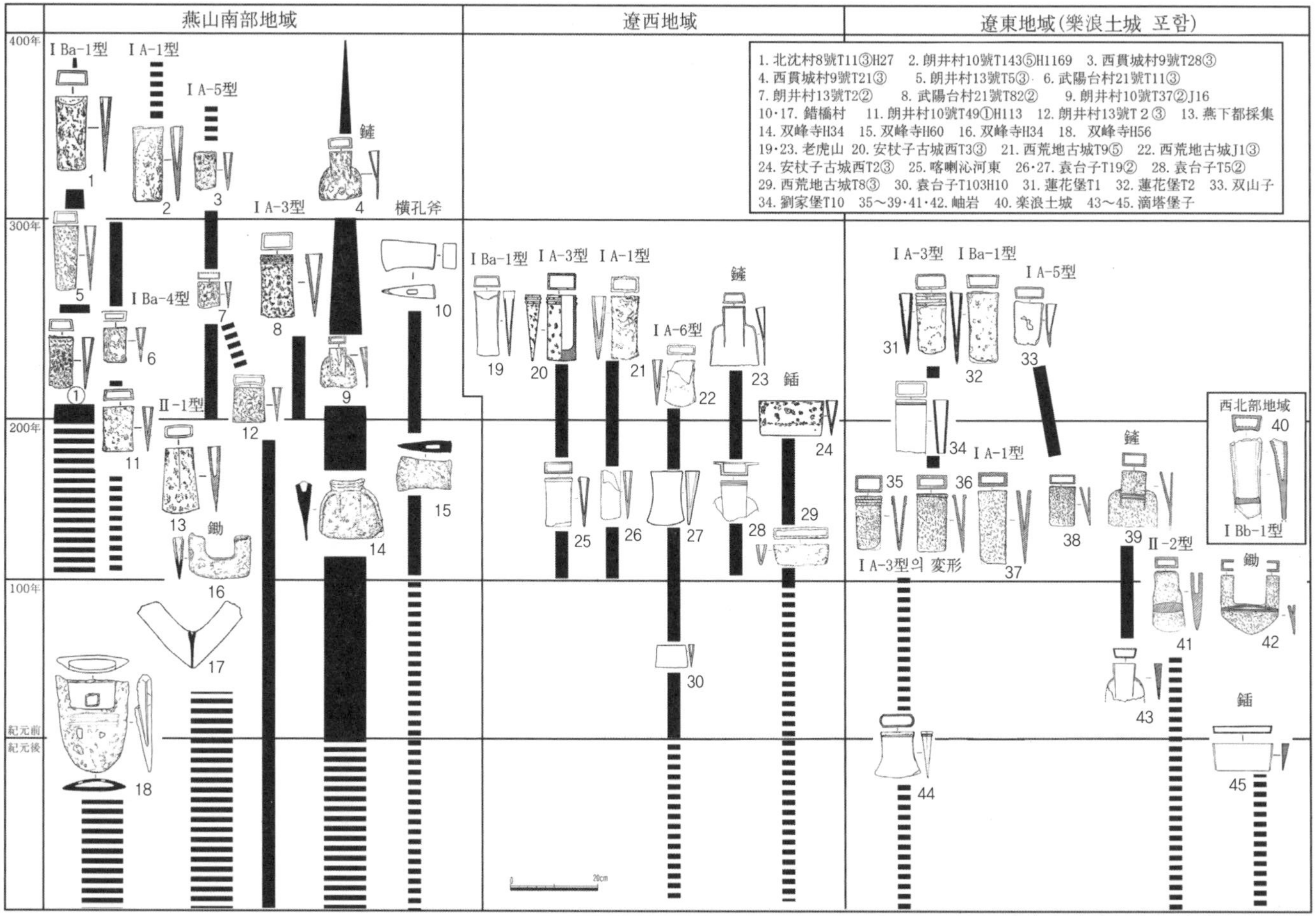

燕山南部地域 | 遼西地域 | 遼東地域(樂浪土城 포함)

400年 | 300年 | 200年 | 100年 | 紀元前 | 紀元後

I Ba-1型 I A-1型 I A-5型 I A-3型 鏟 橫孔斧 I Ba-4型 II-1型 鋤

I Ba-1型 I A-3型 I A-1型 I A-6型 鏟 鍤

I A-3型 I Ba-1型 I A-5型 I A-1型 I A-3型의 變形 鏟 II-2型 鋤 鍤 西北部地域 I Bb-1型

1. 北沈村8號T11③H27 2. 朗井村10號T143⑤H1169 3. 西貫城村9號T28③
4. 西貫城村9號T21③ 5. 朗井村13號T5③ 6. 武陽台村21號T11③
7. 朗井村13號T2② 8. 武陽台村21號T82② 9. 朗井村10號T37②J16
10·17. 錯橋村 11. 朗井村10號T49①H113 12. 朗井村13號T 2 ③ 13. 燕下都採集
14. 双峰寺H34 15. 双峰寺H60 16. 双峰寺H34 18. 双峰寺H56
19·23. 老虎山 20. 安杖子古城西T3③ 21. 西荒地古城T9⑤ 22. 西荒地古城J1③
24. 安杖子古城西T2③ 25. 喀喇沁河東 26·27. 袁台子T19② 28. 袁台子T5②
29. 西荒地古城T8③ 30. 袁台子T103H10 31. 蓮花堡T1 32. 蓮花堡T2 33. 双山子
34. 劉家堡T10 35～39·41·42. 岫岩 40. 楽浪土城 43～45. 滴塔堡子

20cm

그림 6-2. 동북아시아 취락 출토 철부의 전개과정

2) 요령지역 철부의 변화양상

요령지역의 주조철부는「연산 남부 2기」와 병행하는 시기인「요서 1기」와「요동 1기」부터 출토된다. 이 시기 요령지역은 주로 I Ba-1형과 I A-2형, I A-3형, I A-5형 철부가 출토되는데,「연산 남부 2기」에 성행하던 형식이다. 이것은「연산 남부 2기」 이후 요령지역으로 주조철부가 확산되기 시작한다는 것을 시사한다. 그러나 요령지역 주조철부의 출토양상을 살펴보면, 요서지역과 요동지역의 차이가 큰 편인데, 요서지역의 철기는 취락 내 출토되는 반면, 요동지역의 철기는 취락과 함께 분묘에서도 출토된다.

요서지역 취락에서는 앞서 제시한 주조철부의 형식과 함께 철산鐵鏟과 같은 삽입형 농공구도 출토된다. 이것은 연산 남부지역 철기문화의 영향을 강하게 받았다는 것을 알려준다. 특히 안장자고성지와 소황지고성지와 같은 성지 내에서 출토된 철기가 다수를 점하고 있어 지역 거점을 중심으로 철기가 보급되었다는 것을 추정할 수 있다.

이 같은 출토양상은「요서 2기」까지도 이어진다. 다만 요서지역의 주조철부는 기존의 연나라의 그것과 다소 다른 형태로 전개된다. 특히 I A-3형 철부는 공부銎部의 일조組의 돌대突帶만이 존재하거나(그림 6-2;25) 공부銎部에서 신부身部로 곡선을 띠는 형태(그림 6-3;27)도 확인된다. 이 같은 연나라 철기의 지역적 차이는 연나라 철기문화의 영향을 받아 지역 내에서 생산하였다는 것을 추정케 한다. 당시 기록에서 연나라가 동진하면서 장성長城을 축조하고 5군郡을 설치한다는 기록은「요서 2기」 이후 군 단위로 철기를 생산하기 시작하였을 가능성을 상정할 수 있다.

「요서 3기」가 되면 철기류가 분묘 내 부장되는 양상도 확인되는데, 모두 한묘漢墓의 구조에서만 보이는 현상으로 연나라 계통의 철기는 보이지 않는다. 취락 내에서 출토되는 철기도 길이가 짧아지며 인부가 넓어지는 I A-6형(그림 6-2;30)철부가 출토된다. 또한 철삽과 같은 한식철기도 부장된다.

반면, 요동지역에서는 주조철부가 유입되는 시점부터 부장품으로 다루어진다. 특히 남분화차참南芬火車站과 용연동龍淵洞유적에서 보이는 2점 세트로 부장되는 양상은「연산 남부 1~2기」에 유행하던 연나라의 매장풍습이 그대로 전해진 것으로 볼 수 있다.

요동지역의 주조철부에서 주목되는 점은 용연동유적에서 출토된 다소 변형된 ⅠBb-1형 철부(그림 6-1;21·22)이다. 이 철부는 같은 형식의 2점이 세트로 부장되었는데, 공반되는 반월형철도나 철사鐵鉇 등은 연산 남부지역 철기의 구성에서 보이지 않는 기종이다. 이러한 철기들은 연산 남부지역에서 생산되어 요동지역으로 유입되었다고 보기 어렵다. 오히려 요서지역과 마찬가지로 연나라 철기문화의 영향을 받은 요동지역 내에서 생산하였다고 보는 것이 자연스럽다.

철기류는「요동 2기」이후 분묘 내 부장되는 양상이 감소하며, 부장품으로 다루어지는 지역은 요동반도나 요동지역 북부 일부지역으로 한정된다. 상기의 두 지역에서 출토되는 철부는 모두 ⅠA-6형 철부로 한나라 철기의 영향을 받은 것으로 볼 수 있다. 그럼에도 요동지역 동북부에 위치한 서풍구묘西豊溝墓에서는 ⅠA-6형 철부와 함께 동병철검銅柄鐵劍과 같은 재지적인 철기도 함께 출토된다.

이처럼「요동 2기」부터 보이는 요동지역 철기문화의 지역차는 취락 내 출토품을 통해 더욱 확연히 드러난다. 요동지역의 남부 취락 내에서는 동시기 주변 지역에서 보이는 ⅠA-6형 철부가 출토되지 않으며, 연나라 계통 주조철기의 특징이 지속된다. ⅠA-1형(그림 6-2;37), ⅠA-5형(그림 6-2;38), ⅠBa-4형 철부와 같은 연나라 계통의 주조철부가 존재하며, 요서지역과 마찬가지로 ⅠA-3형 철부가 변형된 사례도 확인된다. 특히 안산 추암抽岩유적에서는 ⅠA-1형[燕産]·ⅠA-5형 철부[燕系], ⅠA-3형 철부[變形]·Ⅱ-2형 철부·철서鐵鋤[漢式]가 공반된다. 즉, 한나라 철기문화가 유입됨에도 요동지역은 지역에 따라 연나라 철기문화가 지속되는 양상이 보인다.

「요동 3기」의 주조철부는 자료가 많지 않아 명확한 변화상을 살피기 어렵다. 그러나 한반도 북부지역까지 한식철기가 보급되는 점을 고려하면, 기존의 연나라 계통의 주조철부는 사라졌을 것으로 추정된다. 다만, 본계 적탑보자滴塔堡子유적에서 보이는 것처럼 비한식非漢式 주조철부(그림 6-2;44)도 확인되고 있어 재지적인 철부의 존재도 상정할 수 있다.

3) 한반도 철부의 변화양상

한반도 주조철부는 대부분 분묘 내 부장품으로 출토된다. 한반도 주조철부 중 가장 이른 것은 완주 갈동 3호묘 출토품(그림 6-1;29)과 경산 임당 FⅡ-34호묘(그림 6-1;34)를 들 수 있다. 서남부지역에 위치한 갈동 3호묘 출토품은 ⅠA-5형 철부로 분류할 수 있지만, 신부身部의 폭幅이 좁은 점은 전형적인 연나라 ⅠA-5형 철부와 다른 특징이다. 그러나 갈동 3호묘의 ⅠA-5형 철부는 원형점토대토기, Ⅰ-2형 철겸이 공반된다. 이러한 공반유물의 구성을 통해 전국시대 연나라 철기문화의 영향을 받은 것으로 보아도 문제되지 않는다.

또한 동남부지역의 경산 임당 FⅡ-34호묘에는 ⅠA-3형 철부(그림 6-1;34)가 부장되었다. 이는「연산 남부 2기」와「요서 1기」,「요동 1기」에 출토되는 전형적인 연나라 주조철부로 볼 수 있다. 그러나 단조제 철착, 삼각형점토대토기 등이 공반되고 있어 다소 시기적인 차이는 있어 보인다. 즉 한반도에 유입된 최초의 주조철부는 연나라[燕産]인 것이 틀림없으나, 공반유물을 통해 반입시기의 차이는 난다고 볼 수 있다. 두 유적에서 출토된 주조철부는 적어도 전국시대 후기에서 통일 진나라에 걸친 과도기에 해당한다고 볼 수 있다.[2)]

이후 한반도 서해안 일대를 중심으로 ⅠA-1형과 ⅠA-4형, ⅠBa-1형 철부가 출토된다. 이 철부들은 전형적인 연나라 철기[燕産鐵器]에서 약간 변형된 형태로서 ⅠA-4형 철부와 같이 공부銎部 끝에 띠처럼 대帶를 갖춘 형태(그림 6-1;30)로 전형적인 연나라 철기에서 보이지 않는 특징이다. 그 밖에도 ⅠBa-1형 철부는 길이가 짧아지며(그림 6-1;31), ⅠA-1형 철부는 공부銎部의 깊이가 얕다(그림 6-1;26).[3)]

---

2) 최근 서남부지역인 보성 현촌유적 3호 목관묘에서도 ⅠA-3형 철부와 관련유물이 출토되었다. 추후 구체적인 시간성과 출토 의미에 대해서는 논의되겠지만, 철부의 형식학적 특징만을 기준으로 본다면 경산 임당 FⅡ-34호묘와 동시기로 볼 수 있다.

3) 전국시대 연나라 주조철부의 공부銎部는 인부刃部까지 깊게 형성되지만, 이 시기 한반도에서 보이는 주조철부는 공부銎部의 깊이가 얕은 것이 특징이라고 한다. 이에 대해서는 실견을 통해 좀 더 구체적으로 살펴볼 필요가 있다. 이 같은 주조철부의 지역적 특징에 대해서는 히로시마대학의 野島永 교수로부터 교시를 받았다.

「서북부 1기」·「서남부 2~3기」는 「요서 2기」·「요동 3기」와 병행하는 시기로, 요령지역에서도 동일하게 변형된 연계 주조철부가 출토된다. 이처럼 서해안 일대에서 보이는 주조철부의 특징은 서북부지역의 「서북부 2기」 이후, 서남부지역의 「서남부 3기」 이후에는 사라지는 일시적인 것이다.

반면 서북부지역은 「서북부 2기」가 되면 주조철부의 부장이 사라지며 Ⅱ-1형 철부와 같은 단조철부가 부장되기 시작한다. 상리유적은 Ⅱ-1형 철부가 출토된 가장 이른 시기의 유적으로 볼 수 있다(高久健二, 1995). 상리유적에서는 Ⅱ-1형 철부와 함께 ⅠA-6형 철부가 공반되는데, 전한대 등장하는 ⅠA-6형 철부는 그 외형적 특징은 유지한 채 단조로 제작되어 Ⅱ-1형 철부로 전환된다고 볼 수 있다. 이처럼 「서북부 2기」가 되면 Ⅱ-1형 철부의 등장과 함께 기존의 연나라 계통 주조철부는 거의 사라진다. 그러나 철부의 형태만 변화될 뿐 「서북부 2기」까지 2점 세트 부장이라는 연나라의 매장풍습은 지속된다.

동남부지역의 철부는 ⅠA-1형, ⅠA-3형, ⅠA-5형, ⅠBb-1형 철부가 부장되지만, ⅠBa-1형 철부를 제외하고는 모두 연속적인 변화를 보이지 않는다. ⅠBb-1형 철부는 길이와 인부폭의 변화와 함께 ⅠBb-2형과 ⅠBb-3형 철부로 변화한다. 「동남부 2~3기」에 보이는 ⅠBa-2형·Ba-3형 철부는 동북아시아 내 다른 지역에서 보이지 않은 형식으로 동남부지역의 독자성을 인정할 수 있다. 이것은 「동남부 1기」에 유입된 ⅠBa-1형 철부가 변형되면서 재지화되었다고 볼 수 있다. ⅠBa-1형 철부는 압록강유역의 위원 용연동유적, 대동강유역의 평양 낙랑토성에서도 출토되고 있어 그 계보관계가 추정되고 있다(金想民, 2009a). 또한 대동 부산리 용범은 가평 대성리와 대구 팔달동유적에서 출토된 ⅠBa-2형 철부와 거의 일치하는 점이 주목된다. 즉 동남부지역 ⅠBa-2형 철부는 서북부지역의 ⅠBa-2형 철부의 영향을 받았다고 볼 수 있다.

한편 동남부지역에서는 「서북부 2기」와 병행하는 시기인 「동남부 2기」에 단조철부의 부장이 증가한다. 그러나 서북부지역에서는 Ⅱ-1형 철부만이 출토되는 반면, 동남부지역에서는 Ⅱ-1형 철부와 함께 Ⅱ-2형 철부도 출토된다. 또한 「동남부 3기」가 되면 Ⅱ-3형 철부가 추가되면서 다양한 철부의 형식이 공존한다.

동남부지역 내 주조철부가 부장되는 양상은 삼국시대까지 지속되며, 2점 세트로 부장되는 양상 역시 비교적 오랜 기간동안 지속된다.[4]

2. 동북아시아 제지역 철겸의 변화양상

1) 연산 남부지역 철겸의 변화양상

연산 남부지역의 철겸은 Ⅰ-1형과 Ⅰ-2형, Ⅱ-1형이 출토된다. 분묘에 부장된 사례는 확인되지 않으며, 모두 취락 내에서 확인된다. 3장에서 검토한 것처럼 층위관계에서 크게 Ⅰ-1형→Ⅰ-2형→Ⅱ-1형으로 형식변화가 상정된다. 이 같은 형식변화는 공반유물의 검토에서도 확인할 수 있다. Ⅰ-1형 철겸은 서관성촌西貫城村 9호유적의 사례를 들 수 있다. 서관성촌西貫城村 9호유적에서는 Ⅰ-1형 철겸과 정鼎·호壺 등이 공반된다. 이 공반유물은 해촌解村 2호묘와 구녀대九女臺 19호묘 출토품과 유사하다.

Ⅰ-2형 철겸과 공반된 력鬲은 연하도 22호유적 출토품과 비교된다. 22호유적의 일괄자료는 력鬲과 고배高杯, 발鉢 등이 있는데, 력鬲은 소위「연식력燕式鬲」으로 불리는 것으로 연하도 29호유적 출토품보다 늦은 형태이다. 또한 Ⅱ-1형 철겸의 일괄자료로서 출토되는 서관성촌西貫城村 9호유적의 시루나 천복분淺腹盆, 회로灰爐 등은 모두 전형적인 한식 토기이다(그림 6-3). 이를 통해 철겸과 공반되는 유물의 변화상 역시 층위를 통해 상정할 수 있는 철겸의 형식변화와 다르지 않다는 것을 알 수 있다.

철겸의 각 형식에서는 세부적인 속성변화가 확인된다. 이를 정리하면 그림 6-4와 같다. 먼저 가장 이른 단계의 철겸은 Ⅰ-1형이다. 서관성촌西貫城村 18호유적의 전기층(그림 6-4;1)에서 출토되고 있으며, 공반자료를 통해 기원전 4세기대

4) 동남부지역에서는 주조철부가 2점 세트로 부장되는 양상이 철기가 등장하는 시기부터 삼국시대까지 이어진다. 이 견해는 이미 村上恭通 교수에 의해 지적되었다(村上恭通, 1997).

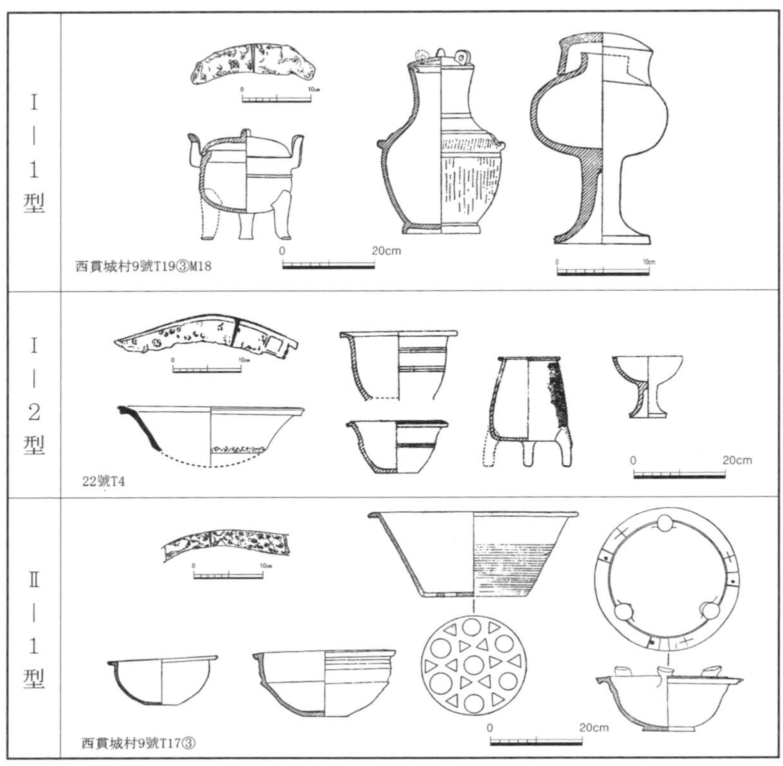

그림 6-3. 연산 남부지역 철겸과 공반유물

인「연산 남부 1기」부터 출토되기 시작한다고 볼 수 있다. Ⅰ-1형 철겸은 청동겸과 동일하게 전체 길이가 짧은 곡인을 띠고 있어 청동에서 철로 재질만 변화된 형식으로 보인다. 이후「연산 남부 1기」의 철겸은 전체적인 형태에서 청동겸의 전통을 따르면서도 기부가 변화한다고 볼 수 있다. 철겸은 인부刃部와 기부基部의 사이에 약간의 단段이 지며, 자루와 착장부着裝部의 구분이 이루어진다. 북침촌北沈村 8호유적 출토품(그림 6-4;2)과 비교해 보면, 평면형태는 거의 동일하지만 기부基部의 형태에서 약간의 변화가 확인된다. 즉, 인부와 기부의 경계에 단이 생기면서 기부가 좀 더 명확해진다. 이처럼 연산 남부지역의 이른 지역 철겸은 기부단이 명확히 드러나는 방향으로 변화하며, 이를 통해 기부에 자루를 착장하는 방식이 발달

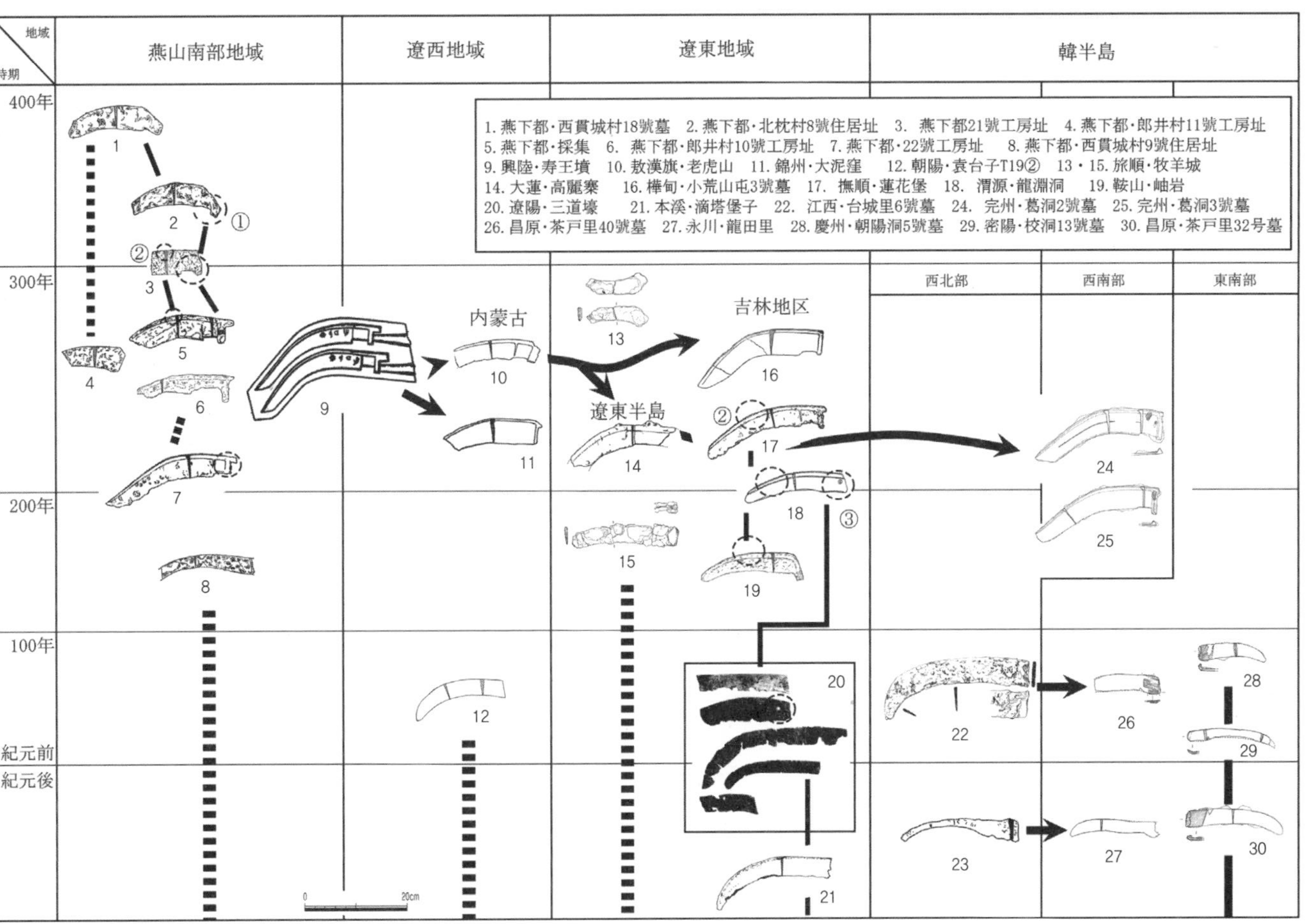
地域
時期
燕山南部地域
遼西地域
遼東地域
韓半島
400年
300年
200年
100年
紀元前
紀元後
1. 燕下都·西貫城村18號墓 2. 燕下都·北枕村8號住居址 3. 燕下都21號工房址 4. 燕下都·郎井村11號工房址
5. 燕下都·採集 6. 燕下都·郎井村10號工房址 7. 燕下都·22號工房址 8. 燕下都·西貫城村9號住居址
9. 興隆·寿王墳 10. 敖漢旗·老虎山 11. 錦州·大泥窪 12. 朝陽·袁台子T19② 13・15. 旅順·牧羊城
14. 大蓮·高麗寨 16. 樺甸·小荒山屯3號墓 17. 撫順·蓮花堡 18. 渭源·龍淵洞 19. 鞍山·岫岩
20. 遼陽·三道壕 21. 本溪·滴塔堡子 22. 江西·台城里6號墓 24. 完州·葛洞2號墓 25. 完州·葛洞3號墓
26. 昌原·茶戸里40號墓 27. 永川·龍田里 28. 慶州·朝陽洞5號墓 29. 密陽·校洞13號墓 30. 昌原·茶戸里32号墓
西北部
西南部
東南部
內蒙古
吉林地区
遼東半島
0
20cm

그림 6-4. 동북아시아 철겸의 변천과정

하게 된다는 점을 알 수 있다(그림 6-4;①).

연산 남부지역 철겸의 가장 큰 변화는 청동겸의 형태를 벗어나기 시작한다는 것이다. 곡인겸의 전통은 유지되지만 길이가 길어지며, 등부분(背部)에 융기선이 발달한다. 무양대촌武陽臺村 21호유적 출토품(그림 6-4;3)과 무양대촌武陽臺村 23호 출토품에서는 약하게 융기선이 확인된다. 또한 연하도 채집품(그림 6-4;5)과 낭정촌郎井村 10호유적 출토품(그림 6-4;6)도 역시 전체 길이는 짧지만 융기선이 발달한 형태를 띤다(그림 6-4;②). 연하도 채집품과 낭정촌郎井村 10호유적 출토품과 같은 과도기적인 형태를 거쳐 수왕분壽王墳지구에서 출토된 철겸의 용범[鑄型](그림 6-4;9)과 같은 전형적인 Ⅰ-2형 철겸으로 발전하는 것으로 여겨진다.

한편 낭정촌郎井村 11호유적 출토품(그림 6-4;4)은 전국시대 후기층에서 출토되었음에도 동시기의 철겸과 다소 차이를 보인다. 낭정촌郎井村 11호유적 출토품은 길이가 짧고 융기선이 보이지 않는 Ⅰ-1형과 유사하다. 보고서에는 주조와 단조라는 개념 구분마저도 기록되지 않아 Ⅰ-1형으로 단정짓기는 어렵다. 그러나 전국시대 후기인「연산 남부 2기」에는 취락 내 다량의 단조와 관련된 유물이 출토되고 있어「단조품」일 가능성이 높아보인다.

여기서는 형태적으로 Ⅰ-1형 철겸과 유사성이 강하다는 점,「연산 남부 3기」에 보이는 Ⅱ-1형 철겸과 형태적인 차이가 크다는 점에 주목하고자 한다. 취락 내 단조기술이 발전하는「연산 남부 2기」에는 기존의 Ⅰ-1형 철겸의 형태를 모방하여 제작한 철겸이 공존하였을 수도 있다.「연산 남부 3기」가 되면 철겸은 폭이 좁아지고, 인부의 만곡도가 기존의 형식보다 내만하지 않은 Ⅱ-1형 철겸으로 변화된다. Ⅱ-1형 철겸은 전한대 보편적인 철겸의 형식으로 발전하는데, 이는 Ⅰ-2형 철겸의 영향을 받은 것으로도 볼 수 있다. Ⅱ-1형 철겸 중에도 낭정촌郎井村 10호유적 출토품과 같은 완만한 만곡도를 갖는 것도 존재하기 때문이다.

연산 남부지역의 철겸은 춘추시대에 성행하던 청동겸을 모티브로 한 철겸에서 기부의 변화와 융기선의 발달 등 전국시대의 전형적인 주조철겸으로 변화되었다고 생각된다. 이후 단조기술의 발전과 함께 주조철겸은 단조철겸으로 대체되어 가는 것으로 보인다.

2) 요령지역 철겸의 변화양상

전국시대 철겸의 변화(그림 6-4)는 앞서 제시한 것처럼 주조품으로 대형화되며, 등부분[背部]에 융기선이나 기부단이 발달한 Ⅰ-2형 철겸이 등장하는 것이 가장 큰 획기라고 볼 수 있다. Ⅰ-2형 철겸은 전국시대 후기에서 전한대에 이르기까지 일정기간 동안 지속되며, 요령지역 전역으로 넓게 확산된다. 요령지역 내 Ⅰ-2형 철겸이 확인되는 시기는 「요서 1기」, 「요동 1기」부터이며, 연산 남부지역의 「연산 남부 2기」와 시기적으로 병행한다. 그 확산범위는 북쪽으로는 오한기 노호산老虎山, 동북쪽으로는 화전 소황산둔小荒山屯유적까지이다. 이 유적들은 모두 연산 남부지역의 수왕분지구에서 출토된 용범과 거의 일치한다. 요령지역에서 출토된 Ⅰ-2형 철겸 중에서도 무순 연화보蓮花堡유적(그림 6-4;17)과 노호산老虎山유적 출토품(그림 6-4;10)은 수왕분지구 용범과 가장 유사하다. 이를 통해 Ⅰ-2형 철겸은 수왕분지구와 같은 연나라 생산거점에서 제작되어 요령지역 각지로 유통된 것으로 추정된다.

요령지역의 철겸에서 주목되는 점은 연산 남부지역에서 보이지 않는 Ⅰ-2형 철겸에서 Ⅱ-1형 철겸으로의 과도적 변화양상이 확인되는 점이다. 특히 요동지역 천산산맥의 동쪽지역에서는 Ⅰ-2형 철겸의 세부적인 변화를 추정할 수 있는 주조철겸이 존재한다.

그 사례로서 용연동유적(요동 1기), 추암抽岩유적(요동 2기), 삼도호三道濠유적(요동 3기)이 있다. 각 유적의 철겸을 살펴보면, 전형적인 연나라 철겸인 Ⅰ-2형과는 다소 차이가 있지만, 주로 연나라 계통이라고 볼 수 있는 특징이 확인된다.

먼저 용연동유적 철겸(그림 6-4;18)을 연화보蓮花堡유적의 철겸과 비교해보면, 인부刃部의 전체적인 형상은 거의 동일하다. 그러나 용연동유적 철겸은 연화보 철겸보다 길이가 약 4cm 정도 짧으며, 등부분[背部]의 융기선도 비교적 퇴화된 형태이다. 연화보 철겸은 용연동 철겸과 동일하게 기부단은 존재하지만, 융기의 단면형태가 타원형에 가깝다. 또한 용연동 출토품에는 기부의 중앙에 구멍이 뚫려있는 점도 차이점으로 들 수 있다. 이처럼 용연동 출토품의 특징을 살피면 연나라에서 생산한 Ⅰ-2형 철겸의 속성을 띠고 있음에도 세부적인 차이가 난다는 것을 알 수 있다.

하지만 용연동유적 철겸을 실제 관찰해보면 기부基部 말단 양쪽 끝부분에 마연한 흔적이 확인된다. 연화보유적의 Ⅰ-2형 철겸보다 용연동유적 철겸의 길이가 짧은 것은 겸의 기부基部 일대가 결실되었기 때문인 것이다. 용연동유적 철겸은 기부基部가 전체적으로 결실된 것을 일부 재가공한 것이었다고 추정할 수 있다.

또한 연화보유적 철겸의 길이를 기준으로 용연동유적 철겸을 관찰해보면, 용연동유적 철겸 기부基部의 말단은 연화보 출토품의 기부단基部段의 위치와 거의 일치한다. 이것은 용연동유적 철겸이 기부단基部段을 경계로 결실되었으며, 인부의 일부를 가공하여 다시 기부단基部段을 만들었다는 것을 알려준다.[5)]

따라서 용연동유적 철겸은 연나라에서 제작된 Ⅰ-2형 철겸의 재가공품으로 생각되며, 기부基部의 투공은 훼손된 기돌출부基突出部를 보완하여 자루를 장착하기 위한 장치였던 것으로 여겨진다. 연화보유적 철겸과 비교하여 복원하면 그림 6-5와 같다. 이처럼 용연동유적 철겸은 연나라 Ⅰ-2형 철겸을 재가공하여 변형된 것으로 판단된다.

반면 추암抽岩유적 철겸은 기부의 변형이 크며, 공반유물 역시 한식 유물이 출토되고 있어 용연동 철겸보다 늦은 단계로 볼 수 있다. 그럼에도 추암유적 철겸은 등부분[背部]의 융기선이 남아 있고 인부가 곡선형을 띤다. 따라서 「요동 2기」가 되어도 Ⅰ-2형 철겸의 특징은 남아 있었다고 볼 수 있다.

또한 Ⅰ-2형 철겸을 재가공한 형태는 「요동 3기」인 삼도호三道壕유적에서도 확인된다. 삼도호유적의 철겸(그림 6-4;20)의 기부에 구멍이 뚫려 있는 특징은 이미 용연동 철겸과의 유사성이 지적된 바 있다(潮見浩, 1982). 그리고 용연동유적과 동일하게 재가공한 형태의 철겸군이 존재한다는 점이 지적되었다(金想民, 2016). 다만 삼도호유적에서는 길이가 긴 Ⅱ-1형 철겸도 출토되고 있어 이미 단조를 중심으로 한 철기문화의 발전단계에 속한다고 볼 수 있다.[6)]

5) 용연동유적 철겸의 기부 결실양상에 대해서는 2011년 2월 실시한 국립중앙박물관의 자료 조사를 통해 미야모토 가즈오 교수의 지적을 참고하여 구체적으로 관찰하였다. 이후 필자가 국립중앙박물관 학예연구사로 재직 중 여러 차례 실견을 통해 확신하게 되었다.

6) 삼도호유적의 철기류는 아직 상세한 정식보고가 되지 않았다. 본고의 견해는 현재까지

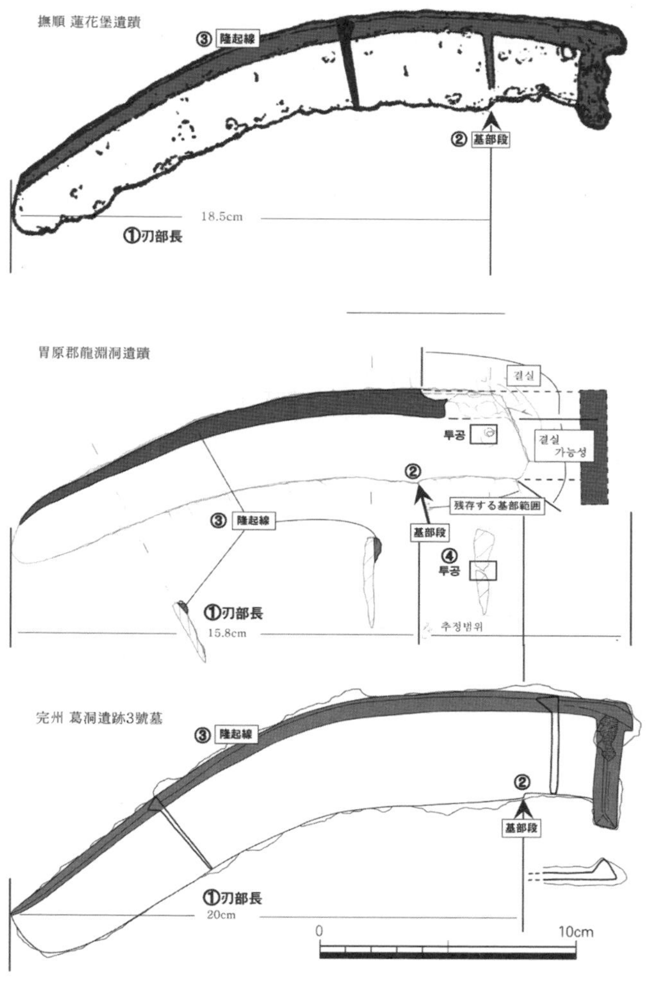

그림 6-5. Ⅰ-2형 철겸의 비교

이처럼 용연동유적에서 삼도호三道壕유적까지 보이는 기부基部의 투공과 재가공 같은 특징은 연나라 계통의 Ⅰ-2형 철겸이 유입된 이후에 재지적인 특징을 띠는

보고된 자료를 기초로 한 필자의 추정에 불과하다는 점을 밝혀둔다.

철겸이 등장한다는 것을 알려준다(김상민, 2017). 즉 등부분[背部]의 융기선이나 기부단基部段과 같이 Ⅰ-2형 철겸의 속성이 퇴회되고, 투공 등을 이용하여 자루와의 결합이 용이한 형태로 기부의 변형이 이루어지는 것이다. 그리고 이러한 특징은 한식철기문화가 유입된 이후에도 일부 잔존하는 것으로 보인다. 요동지역 연나라 철겸은 재지적인 재가공이라는 특징 속에 변형되면서 Ⅱ-1형 철겸으로 전환된다고 생각된다.

반면, 요동반도의 목양성牧羊城과 고려채高麗寨유적에서도 철겸이 출토되는데, 그 형식은 Ⅰ-1형, Ⅰ-2형, Ⅰ-3형이다. 특히 여타의 요령지역에서 보이지 않는 Ⅰ-1형과 Ⅰ-3형 철겸이 출토되는 점이 주목된다. 연산 남부지역 철겸의 형식변화를 토대로 본다면 목양성의 Ⅰ-1형 철겸(그림 6-4;13)은 요령지역 중에서도 요동반도가 비교적 이른 단계부터 철기가 유입되었다는 것을 알 수 있다. 목양성牧羊城에서 출토된 Ⅰ-3형 철겸(그림 6-4;15)은 주조한 후에 탈탄처리한 철기라는 것이 판명되었다(大澤正己, 2007b). 그 형태만을 고려하여 형식분류한다면, 단조품인 Ⅱ-1형으로 설정할 수 있지만 금속학적 분석 결과 주조품이라는 것을 알 수 있게 되었다. 그러므로 여타의 Ⅱ-1형 철겸 중에서도 목양성牧羊城 출토품처럼 주조품임에도 단조품으로 분류된 Ⅰ-3형 철겸이 존재할 가능성도 있다. 다만 아직 소수에 불과하므로 여기서는 Ⅰ-3형 철겸을 형태적 특징에 주목하여 Ⅰ-2형과 Ⅱ-1형 철겸의 과도기적 형태라고 설정해 두고자 한다.

3) 한반도 철겸의 변화양상

한반도에서 출토되는 철겸은 주로 단조제 철겸이지만, 가장 이른 단계의 철겸은 Ⅰ-2형이다. Ⅰ-2형 철겸은 한반도 서남부지역의 완주 갈동 2·3호묘에서 출토되었다. 2점은 선단부先端部의 형태와 기돌출부基突出部가 약간 다르지만 거의 동일 형식이라고 볼 수 있다.

갈동유적의 철겸을 요령지역에서 출토된 철겸과 비교하면, 서황산둔西荒山屯유적 철겸과 가장 유사하며, 연화보유적 철겸보다 인부刃部의 종폭이 좁다. 그러나 갈동유적 철겸은 사용 흔적이 보이지 않는 완전한 형태의 부장품인 반면,[7] 연화보유적 철겸은 주거지에서 출토되어 실제 사용되었을 가능성이 높다. 연화보유적 철겸은 사용과정에서 선단부先端部와 인부刃部의 변형이 이루어졌을 가능성도 있다. 그렇다면 갈동유적과 연화보유적의 철겸은 거의 같은 형태로 보아도 될 것이다.

반면 갈동유적과 같이 부장품으로 보고된 용연동유적 철겸은 갈동유적 철겸과 직접 대비해보면 유사점보다 차이점이 많다. 먼저, 용연동유적 철겸의 길이는 갈동유적 철겸보다 약 4cm 정도 짧아 갈동유적 철겸의 인부 길이 정도에 불과하다. 인부폭:기부폭 비율도 용연동유적 철겸이 4:1인 반면, 갈동유적 철겸은 5:1로 차이가 난다. 또한 기부단基部段 역시 갈동유적 철겸이 용연동유적 철겸에 비해 비교적 명확하며, 등부분[背部]의 융기선도 세부적인 형태가 다르다. 갈동유적 철겸의 융기선은 선단부先端部에서 기부基部 말단까지 'ㄱ'자형으로 연결되고 있으며, 단면형태는 삼각형에 가깝다. 이에 반해 용연동유적 철겸의 융기선은 등부분[背部]이 '一'자형을 띠며, 단면형태는 반원형에 가깝다.

이처럼 두 유적에서 출토된 철겸의 차이는 앞서 제시한 사용에 따른 결실과 재가공으로 인해 생긴 것으로 생각된다. 그러나 용연동유적 철겸의 융기선이 퇴화된 형태라는 점은 전형적인 연나라의 Ⅰ-2형 철겸인 갈동 출토품이 용연동 출토품보다 이를 수 있다는 것을 의미한다. 다만 서남부지역에서는 갈동유적 철겸 이외 Ⅰ-2형 철겸이 보이지 않으며, 요동지역처럼 재가공과 같은 변형된 특징도 보이지 않는다. 따라서 서남부지역에서 출토된 Ⅰ-2형 철겸은 일정시기에 단발적으로 유입되었다고 보는 것이 타당할 것이다.

이후 서북부지역과 동남부지역에서는 단조품인 Ⅱ-1형, Ⅱ-2형, Ⅱ-3형 철겸이 주류이다. 그러나 두 지역의 철겸은 서북부지역은 우겸이, 동남부지역은 좌겸이 다수를 차지하는 차이점이 있다. 주조철겸을 시작으로 전국시대에서 한대 철겸이 우겸이라는 점을 고려하면,[8] 서북부지역 Ⅱ-1형 철겸은 중국 대륙 철기

7) 갈동유적 철겸은 보고서 작성 당시 직접 실측을 통해 구체적으로 관찰할 수 있었다.

8) 철겸의 착장방식에 관한 지역성에 대해서는 무라카미 야스유키 교수의 교시를 받았다.

문화의 영향 하에서 유입된 것으로 생각된다. 이에 반해 동남부지역의 좌겸인 Ⅱ-2형, Ⅱ-3형은 한반도 재지적인 특징이라고 추정할 수 있다.

한편, 동남부지역에서도 창원 다호리 13·40호묘와 경주 용전리유적과 같이 우겸이 출토되는 사례도 확인되고 있다. 이 유적들은 한경漢鏡이 부장되는 등 한나라의 물질문화가 많이 보이는 공통점을 띤다. 이것은 일부 중국계 철겸의 유입이 있었다는 것을 알려준다. 이처럼 「한반도 동남부 2~3기」에는 재지계 철겸을 중심으로 부장되며, 일부 중국계 철겸이 포함된다고 볼 수 있다.

2절 동북아시아 철기문화의 확산단계

3장에서 5장에 걸쳐 살펴본 동북아시아 제지역 철기문화의 변천을 정리하면 그림 6-6과 같다. 전국시대에서 전한대에 걸친 동북아시아 철기문화의 유입과 전개 방식은 시기에 따라 그 확산범위가 다르고, 동시기 철기문화의 분포양상은 중심지와의 거리에 비례하여 유적의 밀집도도 달라진다. 동북아시아 제지역 내 철기의 유입시기는 일부 예외적인 사례도 있지만, 중심지인 중국 대륙과의 거리와 밀접한 관계가 있는 것으로 생각된다.

여기서는 시기에 따라 다른 철기의 분포양상을 토대로 동북아시아 철기문화의 확산과정을 4단계로 설정하고자 한다. 즉 연나라의 중심지에 분포하는 「연산 남부 1기」의 단계를 확산 1기로 보고, 연산 남부에서 요령지역 일대로 확산되는 「연산 남부 2기」·「요서 1기」·「요동 1기」의 단계를 확산 2기로 설정하였다. 확산 2기에 보이는 철기문화의 특징은 일부 한반도 서남부지역이나 서북부지역에서 확인되기도 한다. 또한 「연산 남부 3기」·「요서 2기」·「요동 2기」·「서북부 1기」·「서남부 2기」의 단계를 확산 3기, 동북아시아 전역에서 철기의 분포가 보이는 단계를 확산 4기로 설정하였다. 여기서는 앞서 설정한 확산단계의 상세한 특징에 대해 검토해 보고자 한다.

年代 / 年表 / 地域	4世紀	3世紀	2世紀	1世紀 (紀元前)	1世紀 (紀元後)
年代		300年	200年	100年	紀元前 紀元後 50年
年表	戰國時代中期	後期 / 秦 (221年 206年)	前漢 (樂浪郡設置 108年)		新 (8年) / 後漢
燕山南部地域	燕山 1 期	燕山 2 期	燕山 3 期		4 期
遼西地域		遼西 1 期	遼西 2 期	遼西 3 期	
遼東地域		遼東 1 期	遼東 2 期	遼東 3 期	
韓半島北部			西北部 1 期	西北部 2 期	3 期
韓半島 西南部地域		1 期	西南部 2 期	西南部 3 期	
韓半島 東南部地域			東南部 1 期	東南部 2 期	東南部 3 期
擴散段階	1期	2期	3期	4期	

그림 6-6. 동북아시아 철기문화의 확산단계

1. 확산단계 1기

연나라의 중심지인 연산 남부지역의 철기류는 「연산 남부 1기」부터 분묘와 취락유적에서 출토되기 시작한다. 그러나 아직 취락 내 철기의 출토량은 적은 편이며, 연하도 내부에서도 대규모 분묘에 부장된다. 연하도 M31호묘와 16호묘(九女臺 지구)에는 단야구와 판상철기가 부장되었다. 이러한 양상은 당시 철기가 주로 위신재로 인식되었다는 것을 시사한다. 따라서 「연산 남부 1기」의 철기류는 실용품으로서 사용되었기보다는 주로 위신재로서 사여賜與되었을 가능성이 크다.

연하도를 기준으로 확산단계 1기의 철기가 출토된 유적의 범위를 살펴보면, 남쪽의 당현 고창唐縣高昌유적, 동쪽의 당산 동환타唐山市東歡坨유적까지이다. 고창유적 M55호묘에서는 철대구鐵帶鉤가 부장되며, 동환타유적에서는 Ⅰ-1형 철겸과 철대구鐵帶鉤가 출토되었다. 이와 같은 출토양상을 통해 확산단계 1기는 철기가 일부 주변 지역으로만 유통되었고, 주로 부장품으로만 다루어졌다고 볼 수 있다. 아직 요령지역에서는 철기가 출토된 유적의 사례가 보이지 않는다. 확산단계

1기에는 연나라 중심부에서 철기를 생산하여 주변 일부지역으로만 유통되었다고 볼 수 있다.

2. 확산단계 2기

「연산 남부 2기」는 연하도 취락 내에서 주조품과 단조품을 포함한 다양한 철기가 출토된다. 또한 연하도 M44와 같이 철제 무기류가 다량으로 부장되는 양상도 보인다. 연하도 M44의 무기류 부장에 대해 22명의 병사를 한꺼번에 매장하였다고 보는 견해(河北省文物管理處, 1975b)도 있는데, 이것은 낮은 계급의 병사까지 철제 무기류가 보급되었다는 것을 추정하게 한다. 이러한 「연산 남부 2기」의 연하도 내 철기의 출토양상은 철기생산이 보편화되었다는 것을 알려준다. 더불어 동시기에 등장하는 수왕분지구에서는 다량의 철제 용범이 출토되는데, 이를 통해 연나라의 철기와 철기생산이 연산 남부지역에 한정되지 않았음을 알 수 있다.

병행기인 「요서 1기」와 「요동 1기」가 되면 각 지역의 분묘와 취락 내 철기가 출토되기 시작한다. 요령지역 철기의 출토양상은 서쪽과 동쪽이 다소 차이를 보인다. 요서지역의 철기류는 안장자고성지安杖子古城址와 소황지고성지小荒地古城址와

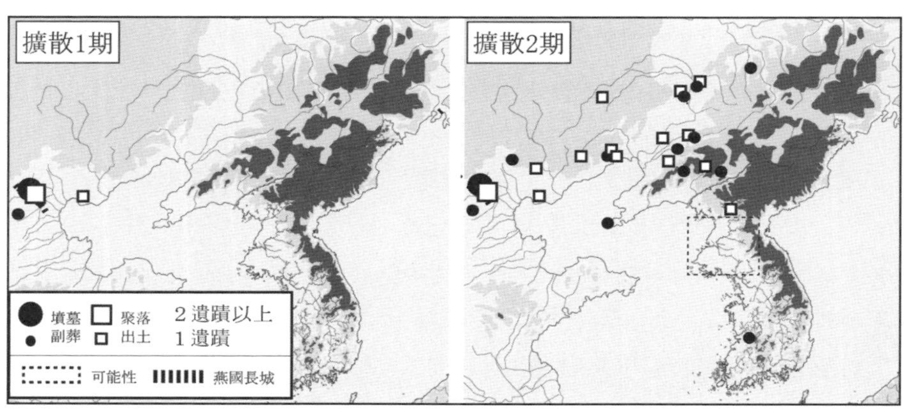

그림 6-7. 확산단계 1~2기 유적의 분포양상

같은 성지와 유물포함층(문화층)에서 출토되는 사례가 많다. 요서지역 조양 원대자朝陽市袁臺子유적에서는 약 20기의 분묘에서 연나라 계통의 장식토기가 부장되고 있으나 연나라 철기[燕産]의 부장은 보이지 않는다. 이것은 연 문화가 요서지역으로 들어왔음에도 연나라 철기의 지역집단 내 소유는 이루어지지 않았다는 것을 알려준다.

반면, 요동지역에서는 철기가 취락과 함께 분묘 내 부장품으로도 출토된다. 요동지역 내 부장철기의 분포양상을 살펴보면, 주로 천산산맥의 동쪽 일대이다. 이 시기 천산산맥을 중심으로 철기가 분포하는 양상에 주목한다면, 현재까지 공개된 자료가 적어 구체적인 결론을 제시하지 못하는 「한반도 서북부지역」도 확산단계 2기부터 철기의 유입이 있었을 가능성이 있다. 이것은 비교적 원거리에 위치하는 요동의 동북지역인 소황산둔小荒山屯 M3·M6과 한반도 서남부지역인 갈동 2·3호묘에서 연나라 철기[燕産](Ⅰ-2형 철겸)가 출토되는 것도 그 근거의 하나이다.[9] 이처럼 확산단계 2기가 되면 연나라 철기가 한반도 서남부지역과 중국 동북지역까지 유통된다.

한편 연나라 중심지역에서도 장거리 교역을 상정할 수 있는 유물이 출토되고 있어 주목된다. 기원전 3세기대인 연하도 신장두辛莊頭 30호묘의 부장품에는 북방문화의 영향을 받은 소와 말, 양 등의 문양이 그려진 유물이 출토되었으며(河北省文物硏究所, 1996), 함께 부장된 세형동과는 한반도계로 분류되고 있다(村上恭通, 2000; 李淸圭, 2002). 이처럼 연나라의 중심지에서도 북방과 한반도계 유물이 출토되는 점은 연나라 영역권 내 장거리 교역이 있었다는 것을 알려준다. 이는 중국의 물질자료가 일방적으로 요령지역, 한반도로 파급되는 것이 아니라 공적·사적 교역 등 상호 간에 '주고받는 관계'가 형성되었을 가능성을 제시한다(김새봄, 2012). 또한 한반도 서남부지역의 주조철겸을 비롯한 연산철기가 출토되는 분묘는 기존

9) 여기서는 검토대상으로 다루지 않았으나, 이용호고성지二龍湖古城址에서도 연나라 주조철부[燕産]가 출토되었다. 이 유적에서 출토된 주조철부 중에는 연나라 명문이 함께 주조된 것도 포함된다. 무라카미 야스유키는 이용호고성지에서 출토된 주조철부를 수왕분壽王墳지구에서 주조된 철기로 보고 있다(村上恭通, 2011).

의 청동기문화를 기반으로 한 전통적인 분묘구조가 아니라 목관묘(단장목곽묘)라는 점이 주목된다. 한반도 남부지역에서 본격적으로 목관묘가 등장하는 시기는 기원전 1세기대에 들어서 나타나는 현상이기 때문이다. 이보다 훨씬 이른 시기에 연나라 철기가 단장목곽묘에서 확인된다는 점은 연나라의 영향을 받은 지역의 주민 이동이 있었을 가능성을 추정케한다. "진秦의 침공으로 기원전 226년 연산 남부를 포기하고 요동지역으로 물러나 기원전 222년에 연이 멸망한다"는 문헌을 따른다면, 기원전 3세기 후반에 연나라의 혼란에 따른 주민의 이동도 상정해볼 수도 있다(万欣, 2011). 완주 갈동유적에서 보이는 단장목곽묘와 연산철기의 조합은 연속성을 띠지 못하고 단발적인데, 이것은 연나라 문화의 일시적인 유입이 있었다는 것을 추정케 한다.

이처럼 확산단계 2기 철기의 분포양상은 지역별로 철기의 유통방식이 달랐을 수 있다는 것을 추정할 수 있다. 연나라 중앙에서 가까운 요서지역은 군郡 단위로 철기를 관리하며 지역집단에 분배하지 않았지만, 중앙에서 멀리 떨어진 요동지역의 경우 지역집단 내 철기의 소유가 인정되거나 교역품의 하나로 유통되었다고도 볼 수 있다. 그러므로 확산단계 2기에는 지역에 따라 제한되긴 하지만 비교적 다양한 경로로 철기가 확산되기 시작하였으며, 그 범위도 넓어졌다고 볼 수 있다.

3. 확산단계 3기

진秦나라에 의해 전국칠웅戰國七雄이 통일된 후 다시 한나라가 성립되는 당시 사회 분위기에도 연나라의 중심지였던 연산 남부지역 철기문화의 특징은 현저히 미약하다. 「연산 남부 3기」의 철기는 연하도 내 분묘에 부장되긴 하지만, 그 출토량은 적은 편이다. 철삽鐵鍤과 ⅠA-6형 철부와 같은 한식철기가 출토되며, 한식 토기류가 공반된다. 연산 남부지역 일대에서는 기존 연나라 철기문화의 특징은 사라지며, 요서지역과 요동반도를 중심으로 분묘와 취락 내에서 철기의 출토가 증가한다. 특히 확산단계 2기에는 보이지 않던 요서지역 내 철기 부장은 원대자袁臺子유적을 중심으로 확인된다. 철삽鐵鍤 등의 농공구가 소량 부장된다는 점은 전한대 철기류의 부장양상과 관련된다. 연산 남부지역부터 요서지역과 요동반도 일대에는 기존의 연나라 계통의 철기는 보이지 않으며 주로 철삽과 ⅠA-6형 철부 등 한식철기로 통일된다.

한편, 「요동 2기」에는 확산단계 2기의 분포양상과 크게 다르지 않으며 연나라 철기의 출토양상이 지속된다. 철기는 주로 취락 내 실용품으로 출토되는 경향이 많으며, 전형적인 연나라 철기에서 약간 변형된 형태이다. 특히 ⅠA-3형 철부가 주목되는데, 전형적인 이조돌대二組突帶는 보이지 않고 일조一組나 삼조三組돌대突帶 등 변형이 확인된다. 이처럼 확산단계 3기부터 나타나는 연나라 철기의 변형을 알려주는 대표적인 유적이 안산 추암鞍山市岫岩유적이다. 추암유적에서는 연나라 철기[燕産 鐵器], 변형된 연나라 철기[燕系 鐵器], Ⅱ-2형 철부·철서鐵鋤와 같은 한나라 철기[漢式 鐵器]가 공반되어 연나라 철기문화에서 한나라의 철기문화로 변화과정을 살필 수 있다.

앞서 제시한 것처럼 요동지역은 확산단계 3기가 되어도 철기의 분포양상에서는 확산단계 2기와 큰 차이를 보이지 않는다. 그리고 철기 역시 연나라의 전통적인 요소가 남아 있다. 이처럼 확산단계 3기에 보이는 동북아시아 철기문화의 지역성에 대해 무라카미 야스유키는 "한 왕조가 성립된 이후에 무제武帝에 의해 철관鐵官이 설치되기 이전에는 연燕 장성長城 내 후방 지원적인 생산 공방에서 공급된 연계철기가 한인漢人 경영의 거점에 분여되어 왔다[10]"는 견해(村上恭通, 2012)를 참고할 수 있다. 이것은 연나라 멸망 이후 요동지역은 한 왕조에 의해 「연燕나라」로 봉건되어, 그 봉건제 속에서 연나라의 기술이나 공인 조직이 그대로 잔존하였다는 것을 의미한다고 볼 수 있다. 이와 같은 양상은 확산단계 3기의 후반, 무제武帝대(기원전 141~87)에 중앙정부 체제의 일환으로 철관을 설치하는 등 관리시스템이 강화되면서 다시 지방 생산조직의 다변화를 꾀하며 급변하게 된다고 볼 수 있다.

---

10) 일본어 원문은 다음과 같다.
"漢王朝が成立し，武帝による鐵官設置以前は長城内の後方支援的な生産工房から供給された燕系鐵器が漢人経營の據点に分与されていた"
村上恭通, 2012, 「中國·漢民族とその周辺域における初期鐵器の諸問題」, 『みずほ』 43.

한반도 서북부와 남부지역으로도 철기문화가 확산되지만, 철기는 모두 분묘 내 부장품으로만 출토된다.[11] 특히 확산단계 2기부터 연나라 철기가 유입되었던 서남부지역 내 철기의 부장이 증가한다. 동남부 내륙지역과 해안지역에서도 일부 연나라 철기가 출토된다. 또한 한반도 남부지역에서는 ⅠA-4형 철부와 1a형 판상철부와 같이 동북아시아 다른 지역에서는 보이지 않는 철기류도 출토된다. 이 철기는 요동지역과 마찬가지로 연나라 철기에서 변형된 연계철기로 생각된다.

ⅠA-4형 철부의 공부銎部 특징에 주목한 무라카미 야스유키는 연나라의 접촉 밀도가 컸던 한반도 서북부지역에서는 기존 청동기제작기술을 기반으로 연나라의 철기제작기술을 도입하여 철기를 제작하였고, 이를 남부지역으로 공급하였다고 보기도 한다(村上恭通, 2008). ⅠA-4형 철부는 요동지역 내 연나라 계통 주조철기의 등장과 같은 맥락 속에서 나타나게 된 형식으로 볼 수 있다. 이처럼 재지적 특징을 가진 철기의 존재는 아직 그 사례가 많지 않으나 서북부지역을 중심으로 향후 증가할 가능성이 높아 보인다. 또한 1a형 판상철부는 김해 구산동유적의 취락에서도 출토된 바 있으며, 특히 구산동유적 1634호 주거지에서는 ⅠA-5형 철부와도 공반된다. 구산동유적에서는 일부 철기생산과 관련된 유물도 존재하고 있어 1a형 판상철부는 한반도 내 철기생산과 관련된 것으로 추정된다.[12]

4. 확산단계 4기

확산단계 4기는 동북아시아 전역으로 철기문화가 확산되며, 지역적인 변화·발전이 두드러진다. 여기서 주목되는 점은 확산단계 3기까지 존재하던 연나라 계통의 철기문화가 거의 사라지고 한식철기로 전환된다는 것이다. 확산단계 3기에 요서지역과 요동반도를 중심으로 출토되던 한식철기는 확산단계 4기 이후 한반

11) 전주 마전유적의 구상유구에서는 ⅠA-5형 철부가 출토되었다. 같은 유구 내 원형점토대토기가 출토되었지만, 이 철부와 동시기에 공반된 것인지는 알 수 없다.
(財)湖南文化財研究院, 2008, 『全州 馬田遺蹟(Ⅰ·Ⅱ區域)』.

12) 구산동유적의 철기생산에 대해서는 제7장에서 구체적으로 검토하고자 한다.

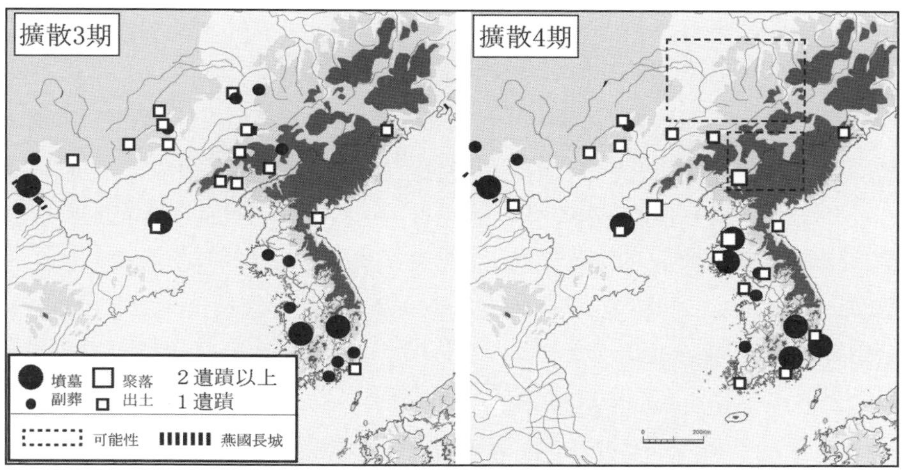

그림 6-8. 확산단계 3~4기 유적의 분포양상

도 남부지역까지 확대된다. 이와 같은 양상은 철기에서만 보이는 현상이 아니라 한경漢鏡의 분포에서도 동일한 현상이다. 그러므로 확산단계 4기가 되면 적어도 서북부지역까지는 한나라의 직접적인 영향을 받았다고 생각된다.

「요동 2~3기」에 걸쳐 요동지역에서 보이던 철기의 부장양상은 확산단계 4기가 되면 거의 사라지며, 철기는 취락 내에서만 출토되는 경향을 보인다. 또한 요동군의 소재지로 상정되는 요양시遼陽市에서는 삼도호三道濠유적과 같은 대규모 취락 내에서 한식철기가 출토된다. 이것은 확산단계 4기에 한나라의 철기문화가 요동지역까지 깊게 관여된다는 것을 알려주는 사례이다.

더불어「서북부 1기」까지 철기문화의 실체가 명확하지 않았던 한반도 서북부지역은 한식철기의 부장이 집중된다. 서남부지역은 철기의 부장이 감소하는 반면, 동남부지역의 경우 철기의 부장이 증가한다.

이처럼 확산단계 4기에 본격적으로 등장하는 한식철기로의 출토양상의 전환은 한군현漢郡縣이 설치되는 시점과 맞물려 주목된다. 특히 기원전 108~107년에 설치된 낙랑군을 시작으로 한 사군四郡의 설치는 한나라 철기문화가 확산되는 계기였다고 판단된다.

그러나 한반도 철기문화가 낙랑군 설치와 함께 일시적으로 한나라 철기문화로 전환되었는가 하는 점에 대해서는 신중하게 검토해야 한다. 서북부지역에서는 확산단계 4기의 전반부인「서북부 2기」에 한식철기와 함께 철제 단검과 같은 비한식철기가 공반되기도 하며, 철부는 이전 시기와 마찬가지로 2점 세트로 부장되는 양상이 지속된다. 무라카미 야스유키의 지적처럼 철부 2점을 세트로 부장하는 것이 연나라의 철기 부장전통을 계승한 것(村上恭通, 1997)이라면, 한나라의 영향을 받은 단조철부임에도 그 부장전통은 연나라를 따르고 있다고도 볼 수 있다.

또한 서남부지역은 기원전후부터 기원 2세기까지 철기류의 출토양상이 거의 보이지 않는데, 이를 낙랑군의 군사적 영향을 직접 받았기 때문이라고 보기도 한다(이남규, 2007). 그러나 이것은 이른 시기 서남부지역의 철기를 모두 기원전 2~1세기대에 한정하면서 나타나는 시간적 공백일 뿐, 앞서(5장 2절) 제시한 것처럼「서남부 3기」에도 비한식철기가 존재할 수 있다는 점을 염두하여야 한다. 그리고 영광 군동유적을 비롯해 최근 조사된 함평 구기촌, 나주 신흥동유적 등에서 확산단계 4기의 철기류가 출토되고 있다는 점에 주목해야 한다. 이제 낙랑군 설치로 인해 서남부지역 내 철기문화가 보이지 않게 된다고 단정하기는 어려워 보인다.

더불어 동남부지역은「동남부 2기」부터 한경漢鏡, 동탁銅鐸 등 한식 유물이 출토되지만, 실제로 한식철기의 주요 기종인 장검, 철삽鐵鍤, 철서鐵鋤 등은 출토되지 않는다. 오히려「동남부 2~3기」에 걸쳐 독자적인 신기종이 증가하는 양상을 띤다.

이처럼 한반도 철기문화가 낙랑군의 영향을 받았다는 것은 인정할 수 있지만, 적어도 한반도 남부지역의 철기문화는 한나라 철기문화의 직접적인 영향을 받았다고 보기는 어렵다. 그리고 서북부지역에서도「서북부 2기」까지는 한식과 비한식非漢式 철기문화가 공존하였던 것으로 판단된다.

한편, 이 시기 송화강유역과 압록강 중류역의 고고학 자료에 대해서는 아직까지 구체적인 실체를 알 수 없으나 적탑보자滴塔堡子유적의 사례를 보면 한식과 비한식非漢式 철기가 공존하는 것을 알 수 있다. 이 유적에서 출토된 비한식非漢式 철기는 주조철부로서 길림지역에 위치한 유수 노하심楡樹市老河深유적의 철기와 유사하다. 이로 인해 적탑보자유적의 비한식非漢式 철기는 길림을 중심으로 한 동북지역의 재지적 철기로 볼 수 있다. 반면 압록강 중류역에는 시중 노남리侍中郡魯南里유적으로 대표되는 철기생산유적이 존재한다. 노남리유적에서는 고구려계 토기가 출토되어 고구려 철기문화의 일부로 보기도 한다. 그러나 이 시기 송화강유역의 철기문화는 부여扶餘의 독자적인 철기문화이며, 부여의 철기문화가 요령지역 북부에서 확인되고 있다는 점은 고구려 철기문화 역시 부여의 계통일 수 있다고 생각된다. 천산산맥 이동지역과 압록강 중류역에서 보이는 재지적인 철기류는 지역 내 독자적으로 개발한 기술을 토대로 나타난 것으로 추정된다.

3절 소결

1. 동북아시아 철기의 변화양상

동북아시아 제지역으로 유입되는 철기는 주로 농공구류가 많다. 이후 철기류는 지역적으로 변화되면서도 농공구를 부장하는 양상은 오랜 기간 지속된다. 이 같은 철제 농공구류를 부장하는 양상은 주로 전국시대 연나라에서 보인다. 특히 철부류와 철겸은 요령지역에서 한반도에 걸쳐 넓게 확산되는 기종이다. 6장 1절에서는 두 기종의 변화양상을 살피며 각 지역별로 어떤 형식변화가 이루어지는지 추정하였다.

기본적으로 주조철부와 철겸은 주조품에서 단조품으로 변화된다고 볼 수 있다. 각 기종의 세부적인 형식변화를 정리하면 다음과 같다.

연나라 주조철부는 ⅠBa-1형·ⅠA-2형·ⅠA-3형 철부와 같이 대형 주조철부 2점이 세트를 이루며 대규모 분묘를 중심으로 부장되기 시작된다. 이후 주조철부를 부장하는 양상은 점점 감소하는데, 소규모 분묘에서도 주조철부를 부장하는 양상이 보이며 이와 함께 취락 내에서 다양한 주조철부가 출토된다. 동시에

ⅠA-2형 철부가 소형화된 ⅠA-5형 철부가 다수를 차지하게 된다. 그리고 인부가 넓어지면서 한식철기로 볼 수 있는 ⅠA-6형 철부로 변화한다. 이처럼 주조철부는 소위「연나라 계통」에서「한나라 계통」으로 변화하지만, 서산西山 ⅡM6호묘에서는 ⅠA-6형 철부가 2점 세트로 부장되는 양상도 확인된다. 이를 통해 ⅠA-6형 철부로 변화라는 한나라 문화요소가 적용되더라도 지역에 따라서는 연나라 철기의 부장전통이 그대로 이어진다는 것을 알 수 있다. 이 같은 주조철부의 형식변화는 동북아시아 제지역에서 보이는 공통적인 특징이다. 다만 지역에 따라 일부 연나라 철기의 변형이 존재하거나 연나라 철기의 부장전통이 장기간 지속되면서 지역성을 드러내기도 한다. 또한 ⅠA-3형 철부의 공부銎部가 변형되는 것은 요동지역의 특징이며, 연나라와 지역집단[在地] 철기의 특징이 공존하는 ⅠA-4형 철부는 한반도 서남부지역에서만 출토된다.

한편 철겸은 청동제 겸의 형태를 기반으로 한 Ⅰ-1형 철겸이 먼저 제작된다. Ⅰ-1형 철겸은 점차 대형화되어 등부분[背部]과 기부基部가 변화되며 Ⅰ-2형 철겸이 된다. 이후 전한대가 되면 단조품으로 바뀌지만, 지역에 따라 Ⅰ-2형 철겸이 조금씩 변형된 형태로 지속되기도 한다. 특히 요동지역의 천산산맥과 압록강유역에서는 Ⅰ-2형 철겸을 재가공한 사례도 확인되고 있어 주목된다.

한반도에서 출토되는 최초의 철겸은 서남부지역에서 보이는 Ⅰ-2형 철겸이지만 일시적인 현상이다. 이후 서북부지역과 동남부지역을 중심으로 단조철겸이 출토된다. 서북부지역에서는 Ⅱ-1형 철겸이 다수이며, 동남부지역은 Ⅱ-2형·Ⅱ-3형 철겸이 주를 이룬다. 한반도에서 출토된 철겸의 특징은 한나라 철기문화의 영향을 받은 서북부지역은 우겸右鎌인 반면, 동남부지역은 좌겸左鎌이 다수를 차지한다는 점이다. 이를 통해 한반도 남부지역 철겸은 외부의 영향을 받았다기보다는 지역성이 강하며, 각 지역 내 스스로 제작하였을 가능성도 있다.

2. 동북아시아 철기문화의 확산과정

동북아시아 철기문화의 확산은 크게 4단계로 구분할 수 있다. 확산단계 1~2기는 전국시대 연나라 철기의 확산, 확산단계 3~4기는 한나라 철기의 확산과 재지在地적 철기의 출현을 특징으로 들 수 있다. 특히 동북아시아 철기문화의 확산은 연나라의 동진이 전환점이 된다고 볼 수 있다. 각 지역으로 철기가 유입되는 시기인「요서 1기」·「요동 1기」·「서남부 1기」의 연대를 고려하여 동북아시아 철기문화의 본격적인 확산시기는 기원전 3세기대로 보는 것이 타당하다고 볼 수 있다. 한나라 성립 이후 철기문화는 요서지역에서 한반도로 점진적으로 확산된다. 이는 연나라 철기문화에서 한나라 철기문화로 전환되는 과정으로 볼 수 있다. 그 중 낙랑군 설치는 한반도를 중심으로 한 동북아시아 제지역에 한나라 철기문화를 확산시키는 계기가 된다. 이와 더불어 동시기 비한식非漢式 철기문화가 존재한다는 점이 주목된다. 비한식非漢式 철기의 등장은 요서와 요동지역의 지역차를 보여주는 중요한 특징이다. 요동지역에서는 확산단계 3기까지 연나라 철기가 변용된 연계철기가 존재하며, 한나라 성립 이후에도 연나라 철기문화의 전통이 남아있다. 이러한 특징은 한나라의 성립 이후에도「연燕」이 제후국으로서 봉건되었다는 기록과 관련될 수도 있다. 따라서 적어도 요동지역에서는 전한대가 되어도 연나라 계통인 비한식철기문화가 존재하였다고 볼 수 있다. 더불어 한반도 남부지역에서 출토되는 ⅠA-4형 철부와 같은 청동기 제작기술을 기반으로 한 철기가 존재한다는 것은 한반도 내 재지적인 철기가 생산되고 유통되었을 수 있다는 것을 간접적으로 시사한다.

한편 한반도 철기문화의 유입은 완주 갈동유적에서 연나라 철기[燕産]가 부장되는 점에 주목하여 서남부지역이 가장 이르며, 그 시기는 전국시대 후기에서 통일진대의 어느 시점으로 생각된다. 서북부지역은 아직까지 한정된 고고학 자료만이 공개되어 그 실체를 알 수 없지만, 확산단계 2기에는 철기가 유입되었을 가능성이 높다고 여겨진다. 그러나 연산燕産철기로 대표되는 한반도 초기 철기류는 이후 연속성이 보이지 않아 이주, 교류 등의 단발적인 유입인 것으로 보인다.

한반도 북부지역과 동남부지역의 철기문화는 한대에 들어서 본격적으로 발전한다. 특히 낙랑군 설치 이후 두 지역에서는 단조철기문화가 크게 성행한다. 낙랑군을 비롯한 한나라 철기의 영향을 받았다고 볼 수 있지만, 철기생산기술 등 한나라 철기문화의 직접적인 영향을 받았다고 보기는 곤란하다. 두 지역은 단조를 기반으로 한 철기문화가 발전됨에도 불구하고 기종의 면면을 살펴보면, 서로 다르고 오히려 동남부지역은 독자적인 특징이 잘 드러나고 있기 때문이다.

따라서 한반도 철기문화는 연나라의 영향에 의해 발전한 재지적인 철기문화와 낙랑군의 영향을 받은 한나라 철기문화의 직·간접적인 영향을 받아 각 지역별로 발전하면서 삼한 철기문화의 다양성을 만들었다고 볼 수 있다.

이처럼 동북아시아 철기문화의 확산과정은 전국시대에서 한대에 걸친 기간동안 중국의 사회 변화에 영향을 받으면서도 지역 내 스스로 성장하는 과정을 거쳤다고 생각된다. 즉 연나라의 동진, 진秦·한나라의 성립, 한군현의 설치라는 당시 사회의 전환점은 동북아시아 제지역으로 철기문화가 확산되는 계기가 되었으며, 지역 내 독자적으로 철기생산기술을 발전하게 하는 촉매제가 되었을 것이다.

제7장

동북아시아 철기생산기술의 전개과정
-한반도 남부지역을 중심으로-

동북아시아 철·철기생산은 중국 대륙 생산기술체계에 영향을 받았다(潮見浩, 1982; 村上恭通, 1997·1998·2012). 동북아시아 제지역의 제철기술은 대륙의 생산기술을 수용한 후 지역 내에서 다시 변용變容되는 일련의 과정을 거치며 정착되어 온 것으로 생각된다. 하지만 그동안 제철기술의 기원지로 상정되어 온 중국 제철기술에 관한 고고학적 연구는 활발하게 진행되지 않았다. 현재까지도 중국의 제철 연구는 고고학적 방법을 이용하기 보다는 문헌에 남아있는 제철과 관련된 기록이나 벽화 등의 회화자료를 활용하여 간접적으로 유추를 하고, 금속학적 분석결과에 의존하여 생산 공정을 복원하고 있다.

이와 관련하여 무라카미 야스유키는 동북아시아 제지역의 철기와 철기생산에 대해 논의하기 위해서는 중국 대륙의 철기·철생산의 현황을 이해하려는 노력이 중요하다고 지적하였다(村上共通, 2012). 그는「외래품인가 아닌가를 스스로 판단하려는 목적도 있지만, 오히려 주변 지역이 그들 스스로 얼마나 선택적으로 수용하였고, 변용·정착시켜왔는가라고 하는 받아들이는 입장(受容地側)에서의 대응 …[1]」

1) 논고의 원문은 다음과 같다.

에 주목해야 한다고 하였다. 그럼에도 중국의 제철유적이나 주조鑄造유적의 수가 증가하지 않는 것은 슬래그[鐵滓]나 노내재爐內滓로 판정하고 인정하는 과정이 충분하지 않았다는 것을 원인이라고 보았다.

본고에서 대상으로 삼는 연산 남부지역과 요령지역에서도 철·철기생산에 대한 연구경향은 동일하다. 생산과 관련된 유구에 관한 구체적인 보고나 연구는 진행되지 않은 채 철기의 기종구성이나 유사성만 검토함으로써 철기생산공정이 있었다고 추정하고 있다.

한편, 한반도 철기생산에 관한 논의는 비교적 명확한 철기생산유구가 존재하는 삼국시대 자료를 중심으로 검토해 왔다. 아직 북한의 철기생산유적에 관한 고고학 자료가 파악되지 않은 상태에서 한반도 남부지역의 자료를 중심으로 한 연구가 진행되었다. 이처럼 북한 자료를 다루지 못한 채 한반도 남부지역 철기생산 자료만을 연구대상으로 삼으면서 중국 대륙에서 한반도로 철기생산기술이 어떻게 전개되는지를 설명하는데 한계가 있다. 또한 한반도 내 초기 철기생산유적이 많지 않아 삼국시대 이전의 철기생산기술을 추정하는데 어려움이 크다. 이로 인해 초기철기시대~원삼국시대 한반도 철기생산기술이 어떻게 유입되고 발전하였는가를 검토하는 것은 쉽지 않은 문제이다.

여기서는 연나라의 영향권으로 볼 수 있는 연산 남부지역~요령지역 내 철기생산유적의 현황을 살피며, 동북아시아 초기 철기생산에 대한 기초적인 검토를 실시하고자 한다. 연산 남부지역에서 한반도 남부지역에 걸친 철기생산과 관련된 유적과 유물을 정리하며, 각지의 시기에 따른 철기생산공정을 추정하고자 한다. 특히 한반도 남부지역 초기 철기생산유적을 중심으로 검토하여 철기생산기술이 중국 대륙에서 그 주변 지역으로 어떻게 전개되었는지 추정해 보고자 한다.

「外來品か否かを自ら判斷するいう目的もあるが，むしろ周辺地域がそれらをいかに選擇的に受容し，あるいは変容し，定着させていくのかいう受容地側の對応…」.

1절 철기생산공정의 이해

철기생산을 본격적으로 논하기 위해서는 생산공정의 이해가 필요하다. 왜냐하면 광물로서 철(Fe)이 철기로서 사용되기 위해서는 복잡한 과정을 거쳐야 하기 때문이다. 철기생산공정에 대해서는 연구자에 따라 용어를 구분하는 기준이 조금씩 다르다.

철기생산공정에 관한 이론은 철생산과 철기제작을 포함한 제련製鍊–제강製鋼–철기제작이라는 3공정으로 구분하기도 하지만(김일규, 2007), 주로 제련製鍊–용해溶解–정련精鍊–단야鍛冶라는 4단계 공정으로 구분하는 경우가 일반적이다(孫明助, 1998).

제련製鍊은 철광석이나 사철沙鐵 등 원료에서 철과 불순물을 분리함으로써 철을 추출하는 공정이다. 원료에는 공기를 넣어 가열, 산화물에서 산소를 제거한 후 환원還元 상태에서 산소와 탄소를 결합시켜 금속철을 만든다. 산소를 제거하기 위한 연료로 목탄이 사용된다. 이와 같은 제련製鍊공정에서 가장 중요한 것은 환원還元상태를 만들어주는 것으로 이를 위해 노爐를 구축하는 것이다.

제련製鍊공정에서 형성된 제련물製鍊物(이하 1차 소재)은 탄소량에 따라 연철軟鐵, 강철鋼鐵[鋼], 선철銑鐵[鑄鐵]로 분류된다. 연철軟鐵은 탄소량이 약 0.2% 이하의 철, 강철鋼鐵은 탄소량이 약 0.2~2.1%인 철, 선철銑鐵은 탄소량이 약 2.1% 이상인 철을 말한다. 이 같은 탄소량의 차이는 용해도溶解度와 경도硬度의 차이를 보여 철기를 제작하기 위한 다음 공정의 차이로 이어진다. 강철鋼鐵은 단야鍛冶공정을 거쳐 단조품을 제작하지만 경도가 높은 선철銑鐵은 단야鍛冶공정으로 제품을 제작할 수 없다. 오히려 선철銑鐵은 용해도溶解度가 낮아 주조품으로 제작된다.

제련製鍊공정을 1차 공정으로 본다면, 2차 공정은 1차 소재의 탄소량에 따라 작업 자체가 달라진다. 먼저 선철銑鐵은 앞서 살핀 것처럼 용해溶解하여 용범에 주물을 넣어 제품을 제작하는 비교적 단순한 과정을 거친다. 주조품은 경도가 높아 실용 도구나 날이 있는 도구로 사용하기 위해서는 재처리가 필요하다.

강철鋼鐵과 연철軟鐵을 이용하여 단조품을 제작하기 위해서는 다소 복잡한 중간

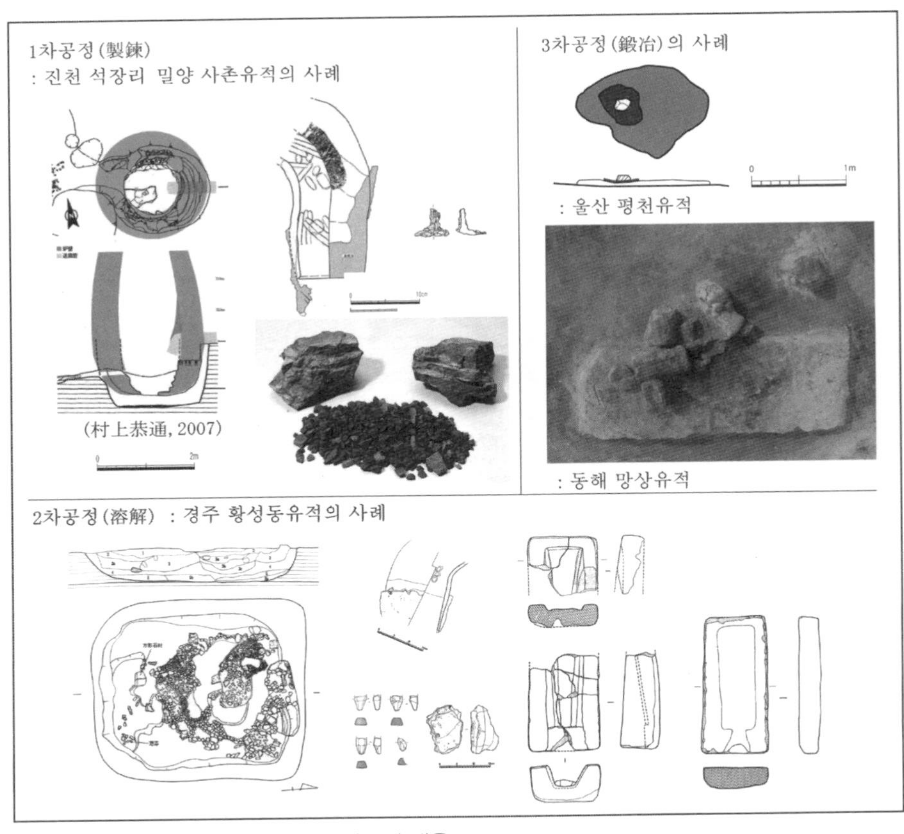

그림 7-1. 철기생산공정과 고고학 자료의 대응

과정을 거치게 된다. 소위 정련精鍊공정이라고 불리는데, 정련精鍊은 1차 소재를 단야공정에 적합한 상태로 가공하는 공정이다. 1차 공정(제련製鍊)을 거친 1차 소재는 탄소량에 따라 다양한 형태의 철괴로 존재한다. 그러므로 탄소량이 높은 강[過共析鋼]은 탄소량을 낮춰주기 위한 공정[脫炭]을 하는 반면, 탄소량이 낮은 강[亞共析鋼]과 연철軟鐵은 탄소량을 높이기 위한 공정[浸炭]을 해야 한다.[2)] 탄소량을 조

2) 일본에서는 금속학적 분류에 따라 강철鋼鐵과 선철銑鐵을 세분하고 있다. 이 같은 상세한 분류는 오오사와 마사미[大澤正己]의 논고를 기초하여 다음과 같이 정리할 수 있다.

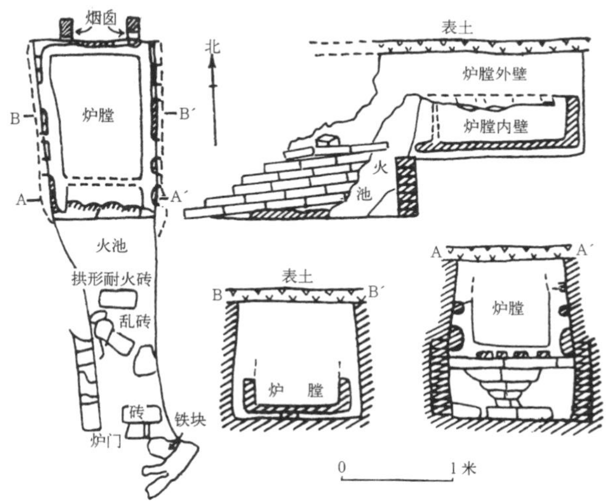

그림 7-2. 주철 탈탄로의 사례(중국 하남성 철생구 한대 주철유적)

절하는 것은 단야鍛冶공정에 적합한 소재를 제작하기 위한 것이다.

정련精鍊공정을 거친 소재(이하 2차 소재)는 단야鍛冶라고 하는 3차 공정을 거쳐 제품으로 제작된다. 단야鍛冶는 열을 머금은 상태의 2차 소재를 두드려 제품의 형태를 완성하는 공정이다. 일반적으로 소형의 철편을 겹친 상태로 두드려 봉상棒狀으로 늘리며, 제작하고자 하는 기종에 따라 두께나 형태를 조절하는 과정을 반복한다.

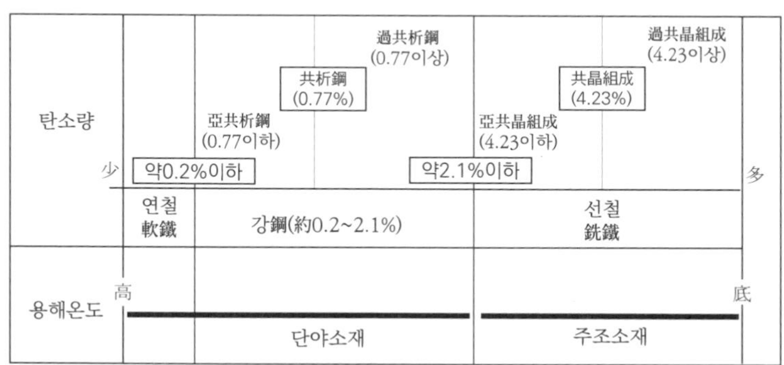

이처럼 1~3차 철기생산공정은 유구나 유물이라는 고고학적 자료로 검증해 왔지만, 그 중 정련精鍊은 아직 불분명한 부분이 많아 「제강製鋼」·「정련精鍊단야鍛冶」 등으로 표현되기도 한다. 최근 많은 연구자에 의해 철기생산공정에 관한 이론은 더욱 세분되어 제품의 재처리나 재활용을 포함한 종합적인 철기생산공정이 상정되고 있다. 그 중에서도 특히 정련精鍊에 관한 논의가 활발해지면서 정련精鍊공정의 실체가 해결되고 있다.

철기생산공정의 세분화는 문헌의 철기생산에 관한 기록을 금속학적 분석을 통해 검증하는 과정이었다. 그 중에서 정련精鍊공정에 대한 방법은 더욱 세분되어 선철銑鐵의 용해溶解공정에 더욱 추가된 공정이 존재한다는 것이 밝혀지게 되었다. 탈탄법脫炭法은 가단주철법加鍛鑄鐵法·주철탈탄법鑄鐵脫炭法·초강법炒鋼法·권강법灌鋼法 등이 제시된 바 있다.[3)] 그리고 고고학 자료의 사례가 늘면서 주조품의 재처리 등과 같은 가설이 금속학적 분석으로 검증되었다.

그 중 가단주철법과 초강법에 대해서는 고고학 유적에서도 확인된다. 가단주철법이 이루어진 유구는 반사로反射爐와 같은 형태로 추정되는데, 중국 하남성 철생구河南省鐵生溝 한대 주철鑄鐵유적이 그 사례 중 하나이다(李京華, 2003·2007).

또한 전한대에 개발된 기술로 알려진 초강법(楊寬, 1982)은 선철銑鐵을 녹인 상태에서 탄소를 넣어 강철鋼鐵이나 연철軟鐵의 소재로 변화시키는 기술이다. 초강로

3) 탈탄법은 탄소량이 많은 선철銑鐵을 탄소량을 낮추는 공정이다. 본문에서 제시한 4가지 방법은 탈탄을 통해 단야가 가능한 상태로 변화시키는 방법이다. 그러나 유구나 관련유물을 통한 검증은 아직 불분명한 점이 많다. 각 탈탄법을 간단히 정리하면 다음과 같다.

- 가단주철법加鍛鑄鐵法 : 주조품을 제작한 후 고체 상태에서 열처리하는 방법이다. 오오사와 마사미(大澤正己, 1999)의 금속학적 분석 결과를 통해 검증된 바 있다.
- 주철탈탄강법鑄鐵脫炭鋼法 : 주조공정에서 제작한 판상이나 봉상 등의 제품을 열처리함으로써 단조가 가능한 상태의 강철鋼鐵로 만드는 방법이다. 楊寬(1992)·李京華(1993)·韓汝玢(1993)·大澤正己(1999)의 논고에 소개되거나 그 원리가 제시되었다.
- 초강법炒鋼法 : 선철銑鐵을 용해溶解하면서 철광석 분말 등 촉매제를 투여하여 섞음으로써 탄소를 산화하는 방법이다. 尹東錫(1985)·楊寬(1992)·大澤正己(1999)·白雲翔(2005)·金一圭(2006) 등의 논고에 그 방법과 특징이 기술되어 있다.
- 권강법權鋼法 : 초강한 후 선철銑鐵을 투여하여 탄소량을 조절함으로써 좀 더 순도가 높은 강을 만들기 위한 방법이다. 尹東錫(1983)의 논고에 지적된 바 있다.

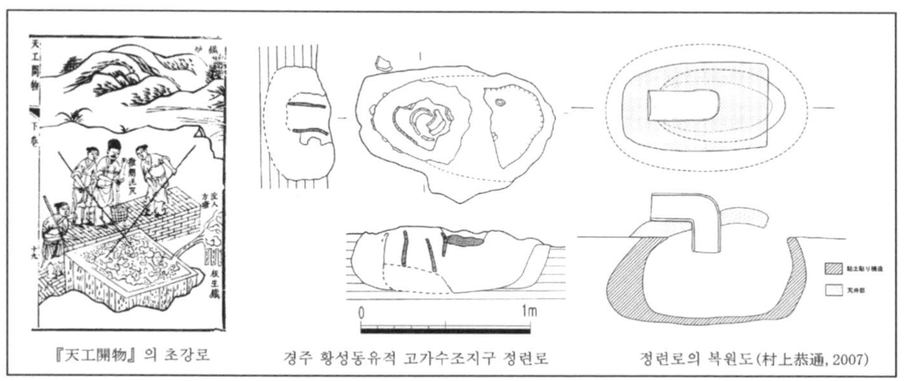

그림 7-3. 정련精鍊공정(초강로)의 사례

는 명明대 문헌인『천공개물天工開物』에 기록되어 있어 실제 존재하였을 가능성이 높으며,[4] 중국 근대 민속사례에서도 확인되고 있다.[5] 초강로는 김일규와 무라카미 야스유키에 의해 고고학 사례가 제시되면서 선철銑鐵을 단조하기 위해 정련精鍊한다는 일련의 과정이 고고학적으로 밝혀지기 시작하였다. 그리고 결손품缺損品의 재활용을 추정할 수 있는 유구가 확인되면서 주조 결손품의 재활용 및 정련精鍊, 정련精鍊단야鍛冶를 거친 철제품의 재활용 공정을 인식하게 되었다.

3차 공정(단야鍛冶공정)은 고고학 분야에서도 생산과 유통이라고 하는 경제적 관점을 도입하여 철 소재의 유통에 따른 철기생산에 대한 가설이 제시되어 왔다. 정련精鍊공정을 거친 판상·봉상의 정형소재를 제작하여 교역과 같은 형태로 유통되었다는 견해이다.

이와 같이 철광석에서 철을 분리하고 철기로서 실용화하기 위한 제철공정은 금속학과 문헌, 민속자료 등을 활용해 소개되고 있다. 현재까지 필자가 이해하고

4) 床応星·藏內浩譯,『天工開物』, 東洋文庫130.

5) 중국 초강로의 민속사례는 2009년 10월 일본 에히메대학 동아시아고대철문화연구센터에서 진행한「고대 동아시아 철 기술 연구 세미나」에서 무라카미 야스유키[村上恭通] 교수의 지도를 받았다.

있는 철기생산공정을 모식도로 제시하면 그림 7-5와 같다.

1차 공정을 거친 소재인 철괴는 탄소량의 차이에 따라 다른 공정을 거친다. 1차 소재 중 단야鍛冶소재인 철괴는 탄소량을 조절하는 2차 공정(정련精錬)과 3차 공정(단야鍛冶)을 거쳐 철제품이나 정형소재를 제작한다. 3차 공정인 단야鍛冶공정은 미정제된 철 소재를 정제하는 것이 가능한 고온조업(단련A)과 정형소재만을 가공하는 저온조업(단련B)으로 구분하였다. 저온조업은 고온조업을 거친 정형소재를 제품화하는 가장 단순한 공정이라고 볼 수 있다.

한편, 1차 공정을 거친 탄소량이 많은 선철銑鐵은 용해溶解과정을 거쳐 주조품을 만든다. 여기에 공인工人의 기술력에 따라 탈탄脫炭이나 초강炒鋼 등을 거쳐 단야鍛冶공정을 병행할 수도 있다. 그 밖에도 하남 미사리유적에서 검출된 파편 주조품처럼 선철괴銑鐵塊로 재가공한 사례가 존재한다는 것이 지적된 바 있다(孫明助 외, 1997).

그림 7-5에서 제시한 철기생산공정을 고고학에 적용하기 위해서는 고고학 자료만이 아닌 금속학·문헌자료·민속학 등을 포함한 종합적인 검토가 필요하다(그림 7-4). 왜냐하면 유적에서 확인된 생산과 관련된 흔적은 극히 일부에 불과하며, 특수성이 강한 철기와 제철로製鐵爐라는 고고학 자료만으로는 결국 주관적인 결론만이 제시될 수밖에 없기 때문이다. 따라서 고고학 자료를 중심으로 앞서 제시한 철기생산공정을 복원하기 위해서는 다양한 분야와 연계한 연구가 이루어져야 한다. 제철복원실험과 민속·민족지 제철 자료, 금속학적 분석 결과를 통해 고고학 자료를 보완한다면 고고학 자료를 보다 객관적으로 접근할 수 있을 것이다.

그림 7-4. 7장의 연구 방향

이와 같은 철기생산에 관한 연구 방향을 토대로 각 공정에서 확인된 것으로 볼 수 있는 유물을 추출하면 표 7-1과 같다(金想民, 2011a). 철기생산유적에서 출토된 유물의 양상을 살펴보

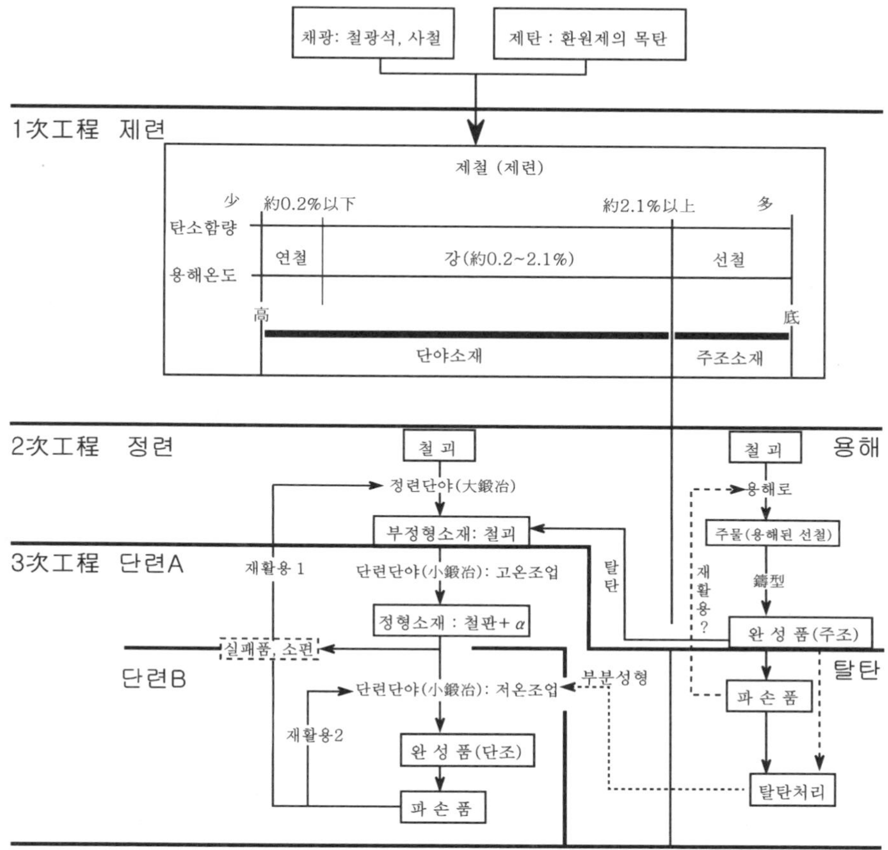

그림 7-5. 철기생산공정 모식도

면, 연료가 되는 목탄과 숯은 모든 공정에서 공통적으로 확인된다. 또한 송풍관과 노벽 역시 공정에 따라 크기 차이는 있지만 모든 공정에서 공통적으로 확인된다.

1차 공정인 제련製鍊에서는 원료인 철광석·사철 등과 생산물인 철괴형유물이 출토되기도 한다. 노爐의 구축 재료인 노벽은 열을 받아 강하게 유리질화된 환원還元·용융대熔融帶가 확인된다.[6] 슬래그[鐵滓]는 노바닥[爐底]에 고착되어 확인되기

6) 제련로製鍊爐는 노 내부의 특징에 따라 상단부에서 하단부로 가열대-환원대-용융대로

도 하며 노 내부에 형성된 철괴는 환원된 철편이 부착된 경우도 있다.[7] 송풍관도 노의 구조에 따라 다른데, 원통형로圓筒形爐는 대구경 송풍관, 상형로箱形爐는 소구경 송풍관이 사용된다(村上恭通, 2006). 그리고 대구경 송풍관은 'L'자형을 띠는 것이 특징이다.

2차 공정은 1차 소재인 철괴형유물과 함께 노벽과 송풍관, 완형재碗形滓가 출토된다. 노벽은 비교적 고온으로 진행되므로 강하게 피열되는데, 용해溶解 실험을 통해 일부 노벽에서는 선철계銑鐵系철편이 부착될 수도 있다고 알려져 있다. 2차 공정에서도 지속적으로 강한 바람을 넣어주어야 하므로 송풍관이 사용된다. 고온조업의 영향으로 송풍관의 선단부先端部는 대부분 녹아내린 사례가 많으며, 완형재碗形滓와 연결되어 고착된 사례도 있다. 그리고 용해로溶解爐의 송풍관은 문헌기록과 민족지, 실험 등을 통해 'L'자형을 띠는 것으로 복원되고 있다. 그리고 정련로精鍊爐의 완형재碗形滓는 후술할 3차 공정의 완형재碗形滓보다 대형으로 추정된다.[8]

3차 공정은 봉상이나 판상의 정형소재인 고고학 자료가 주목되며, 민속자료에서 보이는 철편을 겹쳐서 두드려 늘리는 과정을 반복하는 것도 참고할 수 있다(朝岡康二, 1984·1993). 소형 철편 역시 정형소재와 함께 주요한 단조 소재로 다루어졌다고 알려져 있다. 노벽은 고온조업을 한 단련A공정에서는 송풍구를 고정하기 위해 필요할 수 있다.[9] 또한 완형재는 소형이며, 단조박편도 얇아지고 작아진다. 민속자료의 사례를 보면 단야鍛冶공정으로 사용되는 도구로서 모루, 망치, 집

구분된다. 노벽의 잔존양상을 관찰함으로써 노벽의 위치를 추정할 수 있는 것이다. 제련로製鍊爐의 노 내부 소결도에 의한 분류는 무라카미 야스유키 교수의 지도를 받았다.

7) 조선시대 상형로인 김제 은곡유적에서는 다수의 노 내 철괴가 출토되었는데, 환원철편이 부착된 사례도 관찰된다(문지연 외, 2011; 金想民, 2011b).

8) 조선시대 대규모 무기 생산유적인 서울 동대문 운동장유적에서는 다수의 정련로精鍊爐가 확인되었다. 이 유적의 정련로精鍊爐에서 주목되는 점은 폭이 약 50cm인 대형 완형재가 출토된다는 점이다. (재)중원문화재연구원, 2011, 『동대문 운동장 유적』.

9) 에히메현[愛媛縣] 우와지마시[宇和島市]와 이마바리시[今治市]에서 2008년도와 2009년도에 각각 진행된 단야鍛冶실험에서 단야로鍛冶爐 내 노벽의 존재를 추정할 수 있었다.

게, 끌 등이 있지만(朝岡康二, 1984·1993), 실제로 단야鍛冶유구에서 그것들이 출토되는 경우는 거의 없다. 단련B공정과 같이 저온의 단순한 조업에서는 석재의 도구가 사용되었을 가능성도 있다. 단야鍛冶 관련유적에서는 강하게 피열된 석제 모루, 갈돌, 숫돌 등이 출토되기도 하기 때문이다. 더불어 석기를 이용한 철기 제작 실험에서도 그 가능성이 제시된 바 있다(村上恭通, 1998).

표 7-1. 제철공정에 따른 생산공정과 관련유물

<table>
<tr><th>次</th><th>工程</th><th colspan="2">生產物</th><th>代表遺物</th></tr>
<tr><td>1</td><td>제련</td><td colspan="2">제련물製鍊物(1次素材)</td><td>철광석, 사철, 유출재, 노벽(유리질화),
철괴형유물(爐底, 製鍊滓 등),
대구경 송풍관(L자형), 목탄</td></tr>
<tr><td rowspan="2">2</td><td>정련精鍊
단야鍛冶</td><td>정련精鍊된
부정형소재(鐵塊)</td><td rowspan="2">2次
素材</td><td>철괴형유물(강철鋼鐵), 노벽(얇음),
송풍구, 완형재(대형), 목탄</td></tr>
<tr><td>용해</td><td>주조품</td><td>철괴형유물(선철銑鐵), 노벽, 용범, 도가니,
대구경 송풍관(L자형), 주조품, 목탄</td></tr>
<tr><td rowspan="2">3</td><td>단련단야
鍛冶A</td><td>단조품, 정형소재
(鐵板 등)</td><td>3次
素材</td><td>정형소재(판상·봉상), 노벽(피열흔),
송풍구(피열흔), 모루·단야구鍛冶具,
단조박편鍛造薄片, 완형재(소형), 단조품, 석제품</td></tr>
<tr><td>단련단야
鍛冶B</td><td colspan="2">정형소재로부터 제작된
단조품</td><td>정형소재, 파손품, 송풍구, 모루,
석제품, 단조박편(얇음), 단조품</td></tr>
</table>

이와 같이 필자가 이해하고 있는 철·철기생산공정을 정리하고 공정별로 확인할 수 있는 고고학적 부산물을 설정하였다. 앞서 제시한 연구 방향과 공정별 생산물 등을 기초로 한반도를 중심으로 한 동북아시아 철·철기생산유적을 검토해보고자 한다. 그리고 시기에 따른 철·철기생산공정의 전개과정을 추정해보고자 한다.

2절 연산 남부·요령지역 철기생산기술의 검토

중국에서는 운철을 이용한 철기가 은殷대 중기부터 서주西周 말기까지 확인된

다. 주로 동월銅鉞, 동과銅戈 등의 무기류에 결합되며, 날 부분만 철로 만든다. 이 같은 양상은 서주대까지 큰 변화없이 유지되었으며, 그 기간 동안 특별한 기술적 진보는 보이지 않는다. 그러나 서주 말기부터 인공철제품이 출토되는 점은 제철 기술 발달의 전환점으로 판단된다. 인공철제품의 출현시기는 지역에 따라 다르지만, 일반적으로 중원지역은 서주 말부터 시작하였다고 본다. 이에 대해 백운상은 기원전 9세기대 서주 말부터 인공철제품을 사용하는 것에 주목해 '철기시대'의 개시로 보았다(白雲翔, 2005).

중국 내 본격적인 철기생산은 춘추春秋시대 초기부터로 철기의 출토 기종은 아직 한정적이고 실용품보다도 상징성이 강한 기종이 많다. 이러한 양상을 토대로 이 시기를 소위 '동철병행기銅鐵竝行期'로 보기도 한다. 춘추시대에는 청동제련製鍊과 함께 일부 철기생산도 진행되고 있는 점은 청동제련기술을 기초로 제철기술의 발전이 있었다는 근거가 된다. 이 같은 발달된 청동제작기술은 세계사적으로 유례가 없는 주물로 된 철을 생산하는 중국 제철기술의 발전배경이 된다.[10] 최근 제철기술의 확립이 청동제련기술과 관련된다고 지적한 것과 동일한 맥락이라고 이해할 수 있다. 제철기술은 전국시대 이후 확산되기 시작하여 중원中原지역 각 제국부터 도입되기 시작하여 각각의 기술 개발로 이어져 지역에 따라 다른 철기 제작기술을 확립한다.[11]

본고의 연구 대상인 동북아시아 제지역은 전국시대 연나라 철기문화의 영향을 받은 지역이다. 연나라 철기에 대하여 무라카미 야스유키는 「주조품이 탁월하고 주조품·단조품의 용도에 따른 구분이 현저하다[12]」라고 기술하고 있다(村上

10) 무라카미 야스유키는 선철銑鐵 생산기술의 기원을 추정하면서 서주대 섬서성陝西省 제진齊鎮유적의 청동제련로의 사례와 철제련로와 비교하였다. 그는 제진유적의 청동제련로는 규모와 세부적인 특징에서 철을 생산하는 것도 가능하다고 지적하였다(村上恭通, 2012).

11) 전국시대 철기는 황하黃河계와 장강長江계로 구분할 수 있다. 황하계는 농공구=주조, 무기류=단조가 주류인 반면, 장강계는 농공구도 단조품이 다수를 차지하는 점이 특징이다(村上恭通, 2012).

12) 인용문의 원문은 다음과 같다.

恭通, 2012).

그러나 연나라 제철기술에 대해서는 출토된 철기류을 통해 간접적으로 상정하는 것에 불과하다. 이는 직접적인 근거가 되는 철기생산 관련유구에 관한 상세한 보고가 없기 때문이다. 실제 연나라의 중심지인 연하도를 비롯한 연산 남부지역에서도 철기생산과 관련된 자료가 출토되는 사례가 현저히 적다. 또한 요령지역을 포함한 동북지역은 철기생산유적과 관련된 고고학적 발견은 거의 공백에 가까운 상태이다(万欣, 2012). 다만, 중원지역과 다른 독자적 특징을 가진 철기류가 출토되는 점은 그들만의 철기생산기술이 있었다는 것을 간접적으로 추정하게 한다.

여기서는 연나라의 영역권 또는 연 문화의 영향권 내 철기생산과 관련된 유적을 검토하고, 재지적 기종의 분포권역을 설정하여 연산 남부·요령지역의 철기생산기술을 시론적으로 복원하고자 한다.

1. 연산 남부지역 · 요령지역 철기생산유적의 검토

1) 연산 남부지역 철기생산유적

(1) 연하도의 철기생산

연하도 내부 철기생산유적은 무양대촌武陽臺村 21호유적[13](무양대촌 서북쪽 1300m)이 있다. 다양한 기종의 용범과 단야鍛冶 관련유물이 출토되고 있어, 주조와 단조 공정이 있었다고 상정되고 있다.

무양대촌 21호유적에서는 다량의 철기생산과 관련된 유물이 출토되었다고 보고되었으나 상세한 정보까지는 기술되지 않았다. 보고서에 따르면 무양대촌 21

鑄造品が卓越し, 鑄造品·鍛造品の用途による使い分けが顯著である.

13) 1982년 보고에서는「21호유적」이라고 호칭하였으나, 1996년도 간행된『燕下都』종합보고에서는「武陽臺村 21호유적」으로 기술되고 있다. 여기서는 1996년도 보고의 유적명을 기준으로 기술한다.

호유적은 남북으로 명확히 구분된 채 서로 다른 유물양상을 보인다. 남쪽 구역에서는 토제, 석제, 철제의 용범이 출토되지만 주요 생산품은 청동제품이다. 그렇지만 소량 주조철기류도 출토되고 있어 철제품의 주조도 있었던 것으로 추정된다. 반면 북쪽 구역에서는 다량의 철괴와 함께 단야구가 출토된다. 철제품은 무기류, 마구류, 갑주류 등 단조제 철제품이 많다. 이를 근거로 보고자는 철기 가공이나 제작 공방이었다고 보았다(河北省文物硏究所, 1996).

단야鍛冶 관련유물은 철판이나 철봉형을 띠는 다양한 형태의 소재이지만, 제작

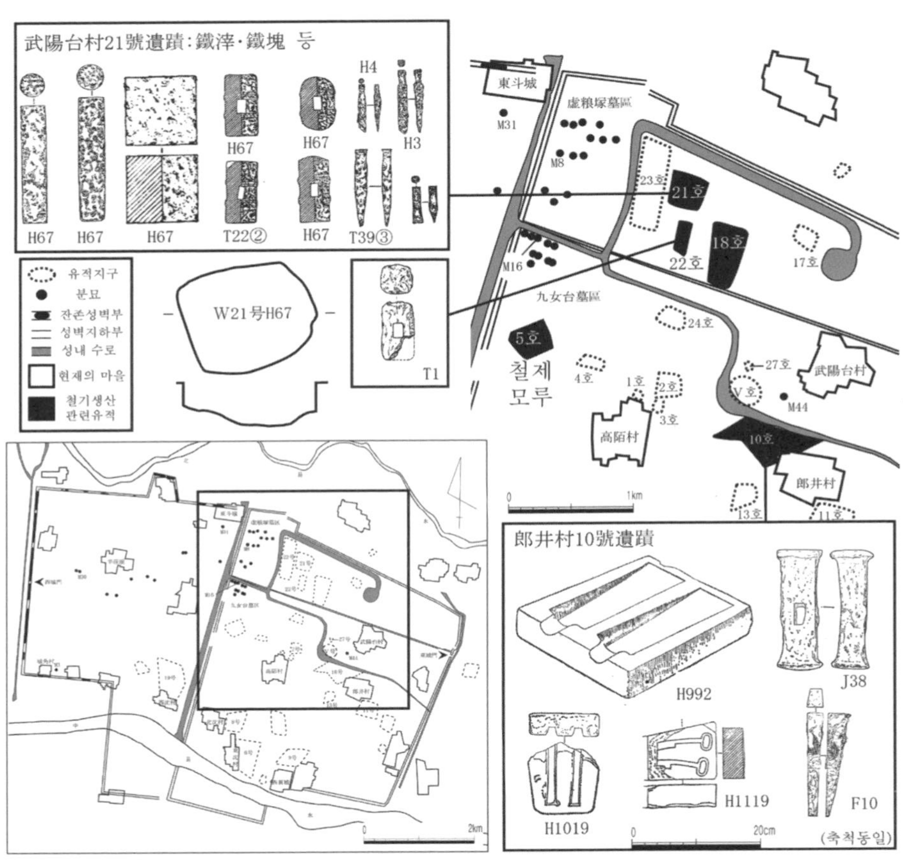

그림 7-6. 연하도 철기생산 관련유물의 현황

하고자 하는 기종에 따라 소재를 구분하였다고 생각된다. 단야구는 모루, 망치, 착으로 모두 철제품이다. 특히 철괴와 슬래그[鐵滓]가 출토된 H67에서는 다양한 망치와 모루, 봉상형철기가 세트를 이루고 있어 정형소재를 활용할 본격적인 단야鍛冶공정이 존재하였음을 상정할 수 있다. H67의 유구현황 역시 소략하게 설명되고 있어 불명확한 부분이 많지만, 중앙부가 깊은 수혈식 토광이라는 것을 알 수 있다. 현재까지 보고된 자료를 통해 무양대촌 21호유적의 철기생산을 정리하면, 청동제품을 주조하는 과정에서 일부 철기의 주조가 있었을 것으로 추정되며, 정형소재를 활용한 단야鍛冶공정이 있었음을 알 수 있다.

그 밖에도 연하도 5호유적과 18호유적도 철기생산유적으로 보고되었다. 철괴나 노벽, 슬래그[鐵滓], 용범 등이 출토되어, 철기생산과 관련된 작업장(中國歷史博物館考古組, 1962) 또는 주조 관련시설로 추정된 바 있다(白雲翔, 2005). 또한 5호유적에서는 상단부의 평면이 방형인 철제 모루가 출토되고 있는데, 앞서 언급한 21호유적 H67호 출토품과 유사한 것이다.

연하도 취락 중에서 철기생산과 관련된 유적은 22호와 낭정촌 10호유적이 있다. 22호유적(무양대촌 서북쪽 1200m)은 주로 골각기를 제작한 유적으로 판단되는데, 트렌치 조사과정에서 철기 64점을 포함한 토기, 골각기, 석기 등 다양한 유물이 출토되었다. 철기류는 철부, 철겸, 오치초五齒鍬, 산鏟 등의 주조품과 환두도자, 착 등이 있다. 보고서에서는 이 철기류들이 주로 골각기를 가공하기 위한 도구로서 사용되었다고 기술되었다(河北省文物工作隊, 1965c). 그럼에도 망치, 철착과 함께 소재로 볼 수 있는 봉상철기가 출토되어 주목된다. 단야구와 소재가 공반되는 양상은 21호유적의 H67과 마찬가지로 단야鍛冶공정이 존재하였을 가능성도 추정할 수 있다. 특히 단조제 철착은 판상철기를 가공하여 공부銎部만 성형한 것으로 제작기법 D에 해당한다.[14] 또한 환두도자의 환두부는 단타하여 정밀

---

14) 단조철부 삽입부의 제작기법을 기준으로 철착의 삽입부 제작기법을 살펴보았다. 공부의 제작기법에 관한 연구는 무라카미 야스유키에 의해 정리된 바 있다(村上恭通, 2001 · 2007). 본문 중의「제작기법 D」는 2장에서 제시한 제작기법의 분류(金想民, 2006)를 따른다.

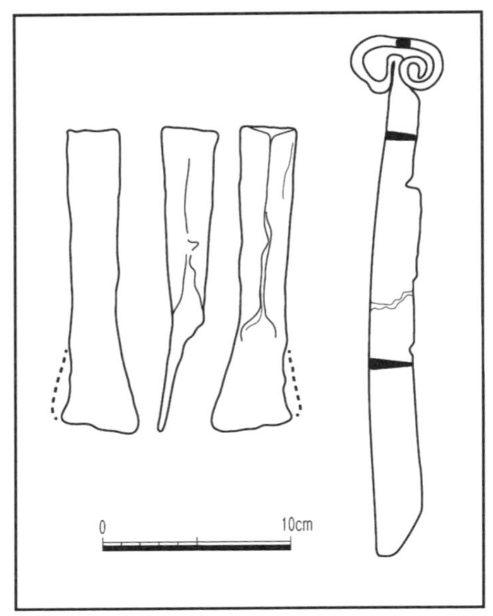

그림 7-7. 22호유적 출토 단조철기

하게 성형한 형태(Ⅱ-1형)를 띤다. 이 같은 22호유적 내 철기류의 특징은 발달된 단조기술이 존재하였음을 알려준다. 이와 관련하여 백운상은 철제도구는 연하도의 골각기 등 수공업의 생산도구로서 일반적으로 사용되었으며, 단야기술의 응용을 보여주는 사례라고 지적하였다(白雲翔, 2005). 22호유적은 트렌치 조사만 이루어져 유구의 특징을 알 수 없으나 트렌치는 앞서 제시한 무양대촌 21호유적의 남쪽에 위치한다. 이러한 점을 고려할 때, 22호유적은 무양대촌 21호유적과 같은 단야鍛冶공정이 존재할 것으로 여겨진다.

한편 낭정촌 10호유적에서도 철기생산과 관련된 유물이 출토되었다. 낭정촌 10호유적은 3장에서 제시한 바와 같이 장기간 형성된 대규모 취락이다. 전국시대 전기에서 후기의 층위에서 282점의 철기와 다양한 용범들이 출토되었다. 주로 청동기 주조가 중심인 생산취락이지만 철기도 함께 주조되었다고 지적된 바 있다(河北省文物研究所, 1996). 철기의 다수(200점 이상)가 전국 후기층에서 출토되고 있는 점은 철기생산이 전국시대 후기에 성행하였다는 것을 알려준다.

생산관련유물은 다종다양한 용범과 단야구, 판상철기(정형소재), 철편 등이 있다. 용범은 명도전과 동과, 동검 등 청동무기류의 주조와 관련된 것이 주를 이루지만, 철착·철부 용범이 출토된다. 특히 환두도자와 철대구鐵帶鉤 등 철제품이 출토되고 있어 직접 생산하였을 가능성도 있다.

또한, 망치나 착 등 단야鍛冶와 관련된 것들도 출토되고 있어 단야공정도 있었다고 추정된다. 특히 J38에서 출토된 단야구는 장기간에 걸쳐 사용된 흔적이 관

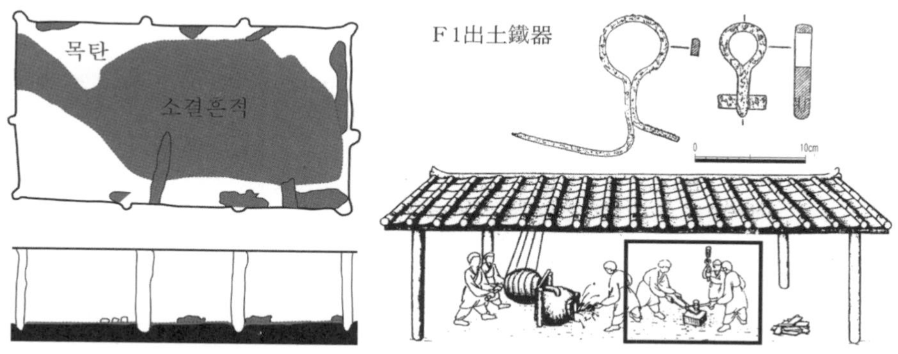

그림 7-8. 연하도 낭정촌 10호유적 F1과 진한대 단야鍛冶 공정의 복원

찰된다. 이것은 일시적으로 형성된 공방이 아니었음을 알려준다. 그럼에도 구체적인 단야공정을 상정할 수 있는 유구는 거의 보고되지 않아 그 실체를 파악하기 어렵다. 공방지로 보고된 F1을 철기생산공방으로 본다면 일부 단야공정의 특징을 추정할 수 있다.

F1은 길이 약 6m, 폭 4m의 장방형 유구로 유구의 모서리에 기둥 구멍이 있는 건물지이다. 내부의 바닥면은 약 2~5cm 내외의 소결층과 목탄층이 존재하지만, 보고 내용만으로 단야와 관련된 건물지로 파악하기는 어렵다. 다만 내부에서 출토된 미상철기와 바닥에 놓여진 석재의 형상은 단야와 관련된 유구였을 가능성을 추정케 한다. 산동山東성에서 발견된 한나라 벽화에서 보이는 단야로의 특징이나, 이경화에 의해 복원된 바 있는 한대 단야로의 복원도(李京華, 1994)를 참고하면, F1은 단야공정의 건물지와 유사성이 높아 보인다. 여기서는 낭정촌 10호유적 F1을 단야공정에 관련된 건물지로서 추정해 두고자 한다.

낭정촌 10호유적의 철기생산 관련유물을 층위별로 검토해보면, 전국시대 중기층에서는 용범과 주조품 등 주로 용해溶解공정과 관련된 유물이 확인되지만 후기층에서는 주조품과 함께 많은 양의 단조품도 포함된다. 후기층의 단조품 중에는 판상철기와 같은 정형소재도 주목된다. 단야공정을 위한 소재는 정련精鍊공정을 거친 소재로 여겨진다. 즉 정련精鍊이라는 2차 공정을 거친 소재가 공급되었을 가능성이 높다.

낭정촌 10호유적의 철기생산에 대해 정리하면, 청동제품을 주조하면서 철기의 주조도 함께 이루어졌으며, 단야기술의 발전을 통해 정형소재가 생산되면서 2차 소재를 활용한 단야공정이 진행되었다고 생각된다.

이상과 같이 연하도 내부에서 출토된 철기류와 유구양상을 검토하며, 연하도 내 철기생산공정을 추정해 보았다. 그러나 유적의 규모에 비해 한정된 자료만을 검토할 수밖에 없었고 미보고된 자료가 많아 단지 추정에 그쳤다. 좀 더 객관적으로 연하도 철기생산공정을 추정하기 위해 보고된 금속학적 분석 결과를 참고하였다.

연하도는 발굴의 초기부터 철기류에 관한 금속학적 분석이 진행되었으며, 1996년도 보고서에서는 금속학적 분석 결과를 정리한 고찰이 제시되었다(李仲達 외, 1996). 그 결과를 정리하면 표 7-2와 같다.

연하도 철기의 금속학적 분석은 농공구에서 무기류에 이르는 다양한 기종을 대상으로 하였으나 단조품보다 주조품에 대한 분석이 많다. 금속 조직을 관찰하여 탄소량을 확인하였는데, 선철銑鐵에서 강철鋼鐵, 연철軟鐵에 이르는 모든 조직이 검출되었고 이를 통한 세밀한 분석도 이루어졌다. 그 중에서 주목되는 점은 주조품이지만 탄소량이 적어 강철鋼鐵의 조직을 가진 철기류가 확인된다는 점(표 7-2의 ★표)이다. 즉 주조하여 철제품을 제작한 후 탈탄하여 철기의 실용성을 높인 주조탈탄강鑄造脫炭鋼공정을 거친 것을 알 수 있다. 주조탈탄강 제품은 전국시대 중기부터 출토되기 시작하여 후기가 되면 증가하는 특징을 보인다. 또한 주조철부나 초鍬와 같은 농공구뿐만 아니라 철모 등 무기류나 판상철기와 같은 소재도 주조한 후 탈탄처리를 거쳐 강철화鋼鐵化하는 기술이 존재하였다는 점도 주목된다.

탈탄처리는 주조품을 실용화하기 위해선 필수 불가결한 공정이었음으로 탈탄처리의 유무가 실용품과 비실용기를 구분하는 기준이 될 수도 있다. 본고의 2장에서 제시한 기종과 형식별로 탈탄처리의 유무를 선별할 수 있을지 확인하기 위해 보고서의 도면과 사진에서 기종과 형식을 파악할 수 있는 것들을 정리한 것이 그림 7-9이다.

표 7-2. 연하도 철기의 금속학적 분석 결과

炭素量 / 時期	銑鐵					鋼鐵			軟鐵
	過共晶	共晶	亞共晶	韌性	灰口	過共析	共析	亞共析	
戰國前期	鑄造鐵斧(A5) 西19號T51②	鑄造鐵斧(B1) 東6號T90③				西：西沈村, 東：東沈村, 高：高陌村, 郎：郎井村, 武：武陽台村, 老：老爺台			
		鑄造鐵斧(A1) 西19號T51②							
戰國中期				鍬 郎10號T126⑤ F10			刀? 郎10號T126⑤ H380		鑄造鐵斧(A5)★ 郎10號T126⑤ F10
戰國後期	鑄造鐵斧 高2號T12④ H75	鑄造鐵斧(A5) M44	鑿 高2號T12③ H75	鑄造鐵斧 武21號T86②	鍬 郎10號T25 ②	鑄造鐵斧★ 郎10號T135 ④	劍 老V號T7②	三齒鍬★ 武21號T74② H57	鍬★ 郎10號T139④
	鑿 郎10號T136④	六角形鍬 M44	鐏 武21號T85③H2	鑄造鐵斧 武21號T73② H36			劍 M44	矛★ M44	板状鐵器★ 武21號T83② H67
	鐏 武21號T14② H2			鎌 郎10號T139③			劍 M44	戟 M44	矛：2点★ 武21號T80② H79
	鐏 武21號T85②			鎌 郎10號T129②				鏃 M44	甲片 武21號T82② H67
				矛 武21號T80② H84				甲片 武21號T83②	劍M44
				鐏 M44					

※ □ : 단조품, ■ : 주조품, 밑줄표기: 도면·사진 등 형식설정, ★: 주조탈탄강

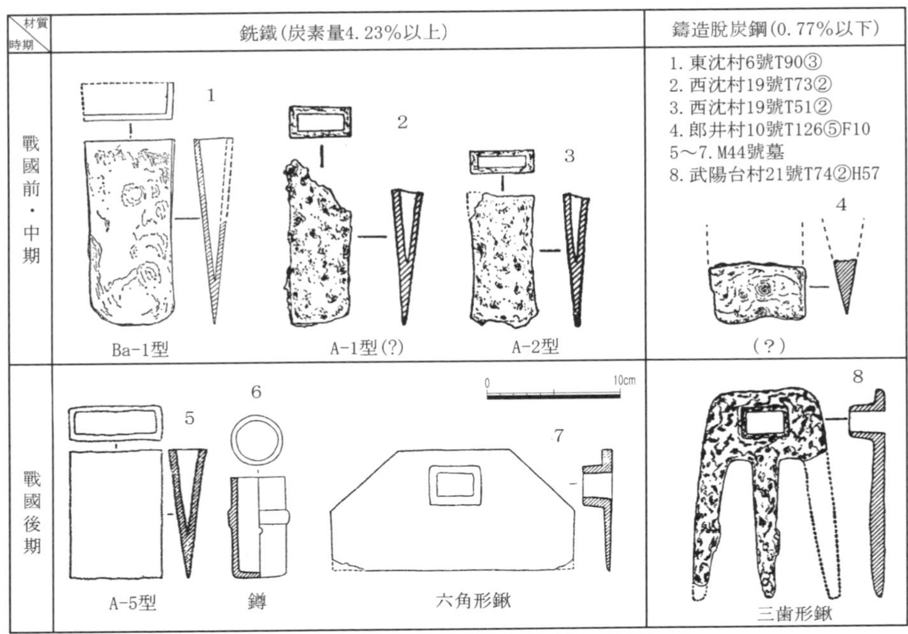

그림 7-9. 금속학적 분석에 따른 탄소 함량과 기종·형식의 대비

실제로 철기의 형식을 파악할 수 있는 유물은 7점(표 7-2의 밑줄)이었지만, 분석 결과를 통해 탈탄처리가 되었음을 확인할 수 있는 것은 2점 뿐이었다. 게다가 주조철부는 파편이므로 형식에 따른 탈탄의 유무를 파악할 수 없었다. 다만 44호묘에서 출토된 농공구류인 ⅠA-5형 철부와 육각형 초鍬에서 탈탄흔적이 보이지 않는 점은 당시에도 비실용기인 부장품에는 탈탄처리를 하지 않았다는 것을 추정케 한다.

아쉽게도 금속학적 분석자료와 고고학 자료의 대응관계는 불명확한 점이 많지만, 적어도 전국시대 후기가 되면 연나라의 중심지인 연하도에서는 주조와 단조기술 이외에「주조탈탄강」공정이 존재하였다는 것을 알 수 있었다. 이경화는 전국시대 전기 이후 하남성을 중심으로 주조철기생산기술이 발전하였고 실용화를 위해 탈탄처리를 하였다고 보았다(李京華, 1994). 이를 참고한다면 연하도의 금속학적 분석 결과에서 다수를 점하는 전국시대 후기 단계의 선철銑鐵 제품은 탈탄공정을 거쳐 실용성을 높였다고 볼 수 있다.

연하도 철기생산의 특징을 정리하면, 철기생산유적은 성 내부의 북쪽에 집중되는데, 이것은 3장에서 이미 지적한 바와 같이 중심취락의 시기적인 분포가 남쪽에서 북동쪽으로 이동하는 경향과 관련이 깊은 것으로 여겨진다. 전국시대 중기부터 주조와 단조공정이 모두 존재하였음을 알 수 있으나, 본격적인 철기생산은 전국시대 후기부터이다. 공방지나 취락 내에서 출토되는 철기생산 관련유물은 주조나 단조라는 비교적 단순한 공정만을 알려준다. 그러나 금속학적 분석 결과를 함께 살펴보면, 이보다 다양한 공정이 존재하였음을 추정할 수 있다. 특히 주조한 제품을 강철화하여 실용성을 높이는 주조탈탄강공정의 존재가 주목된다. 이처럼 금속학적 분석을 통해 확인한 주조탈탄강공정 등의 철기생산기술을 다시 고고학 자료를 통해 확인하고 검증하는 과정이 필요하다. 이는 향후 연하도 철기생산기술을 살피는데 중요한 과제일 것이다.

(2) 흥융 수왕분지구[興隆 壽王墳/副將溝유적]

연나라의 철기생산공방은 연하도 내부 뿐만 아니라 현재의 행정구역상 흥융현興隆縣 일대에도 존재한다. 특히 흥융 수왕분[15] 지구에서는 주조철부나 육각형 초鍬, 철겸, 철착 등 40여 종 87점 철제 용범이 소개되었다.

수왕분지구에서 용범이 발견된 이후 유물이 수습된 지역을 중심으로 시굴조사가 이루어졌는데, 그 과정에서 철광석 분말과 목탄, 소토 등 용해溶解공정에 해당하는 유물이 출토되었다. 또한 건물지의 기초석으로 보이는 정형한 석재도 확인되었다. 이를 통해 조사자는 철제 용범이 출토된 범위가 철기를 생산한 공방지이며, 그 중심시기를 전국시대로 보았다(鄭紹宗, 1956).

15) 흥융현 수왕분지구는 최초로 발견된 당시 「흥융출토품」으로 보고되어 왔으나(鄭紹宗, 1956; 長子高 외, 1973), 2004년 간행된 『中國考古學兩周卷』에서는 '河北 興隆 壽王墳 출토품'으로 기술되었다(中國社會科學院考古研究編, 2004). 반면, 수왕분지구에 직접 방문한 무라카미 야스유키는 실제 유적의 위치를 확인한 후 부장구副將溝유적으로 칭하고 있다(村上恭通, 2011). 본고에서는 일반적으로 널리 알려진 「興隆 壽王墳」으로 기술하고자 한다.

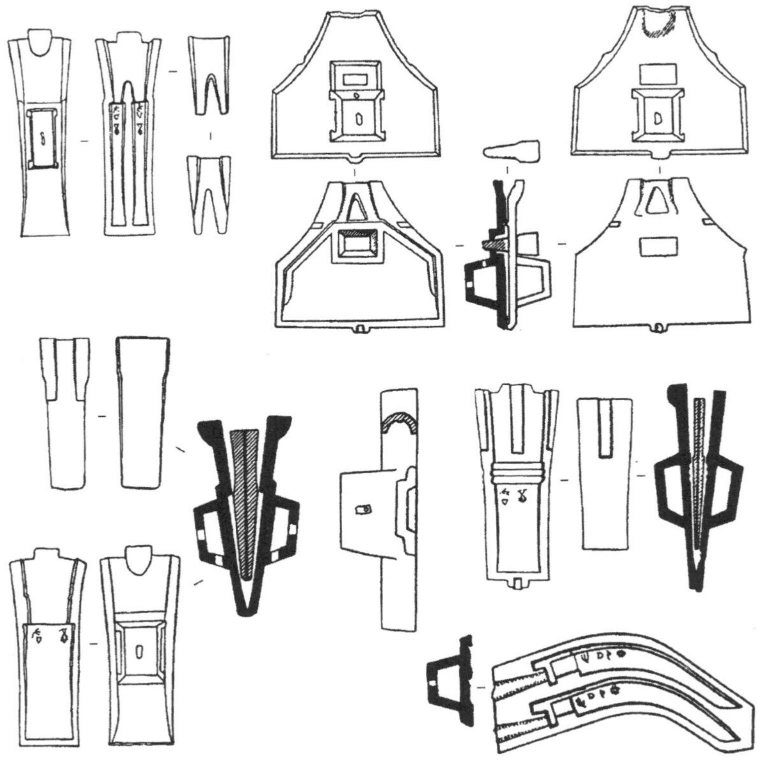

그림 7-10. 수왕분지구 내 철제 용범

하지만 최근까지도 발굴조사가 이루어지지 않아 유구에 관한 특징은 파악할 수 없다. 그럼에도 수왕분지구 일대는 다량의 철제 용범이 출토되었다는 점, 철광석과 목재 등의 원료와 연료가 풍부한 지역이라는 점에서 용해溶解공정의 유구가 존재할 가능성이 높다. 이곳을 조사한 정소종鄭紹宗은 철제 용범의 표면에 명문이 있다는 점에 주목하고, 이곳을 연나라의 관영 공방의 하나로 보았다.

수왕분지구 일대의 최근 현황에 대해서는 무라카미 야스유키에 의해 소개된 바 있다. 1950년대 철제 용범이 출토된 지점은 현재 민가의 창고가 되었지만, 지금도 주변 경작지에는 슬래그[鐵滓]와 노벽, 소결토가 산재되어 있다는 점을 재확인하였다. 더불어 최근 수습된 유물 중에는 다량의 주조철부와 명도전이 존재하는 것도 확인하였다. 그는 논고에서 「채집된 주조 철제품 중에는 잔존상태가 양호한 사례가 많아 원상태의 표면을 관찰할 수 있는데, 주조 후 탈탄한 것을 육안으로 판단할 수 있는 사례도 있다[16]」라고 기술하였다(村上恭通, 2011). 또한 수왕분지구에서 수습된 철제 용범 1종에 대해서는 금속학적 분석을 거쳐 고온액체환원법에 의해 주조된 백주철이라는 점이 밝혀진 바 있다(楊根, 1960).

현재까지 조사·보고된 수왕분지구의 철기생산공방에 대해 정리하면, 다량의 철제 용범이 출토되었으며, 금속학적 분석 결과와도 맞아떨어져 용해溶解공정이 존재한다고 볼 수 있다. 또한 철광석 분말이나 노벽, 슬래그[鐵滓] 등이 출토되고 있어 1차 공정인 제련製錬공정이 존재하였을 가능성도 있다. 제련공정의 존재 가능성은 수왕분지구 일대에 금속철과 삼림이 풍부하다는 점도 하나의 근거가 될 수 있다. 또한 앞서 언급한 무라카미 야스유키의 논고를 참고하면, 육안관찰에서 보이는 주조철기의 탈탄흔적은 용해溶解공정 이후 제품을 탈탄하는 다음 공정의 존재를 추정할 수 있다. 여기서는 수왕분지구 내 철기생산을 채광-제련製錬-용해溶解-탈탄이라는 일련의 공정이 진행되었다고 상정해 두고자 한다.

수왕분지구는 연나라의 철기생산이 연나라 중심지뿐만 아니라 연산燕山을 넘어 동북지역까지 확산되는 계기가 되었던 유적이라는 점에서 중요하다. 동시기 흥릉 봉왕분封王墳·응수관자鷹水管子유적, 융화현隆化縣 일대, 천진 북교북창天津市北郊北倉유적에서 출토된 주조철부 등은 수왕분지구의 철제 용범과 비교를 통해 유사성이 지적된 바 있다(鄭紹宗, 1956). 즉 수왕분지구를 중심으로 철기가 생산되고 주변으로 유통되었다는 전제 속에서 연나라 철기의 확산을 논하고 있는 것이다.

(3) 그 밖에 연산 남부지역의 철기생산유적

연산 남부지역에서는 성지城址 내 철기생산과 함께 채광 등이 이루어진 철기생산유적이 조사되었으나 상세한 보고는 이루어지지 않았다. 성지는 현재 행정구역상 북경시에 위치한 청하진고성지淸河鎭古城址와 두점고성지竇店古城址가 있다.

---

16) 논고의 원문은 다음과 같다.
採集された鑄造鐵製品のなかには, 遺存狀況が良好な例が多く, 表面の旧狀が觀察可能で, 鑄造後, 脫炭されたことが肉眼で判斷できる例もある.

청하진고성지에서는 제련로가 확인되었다고 하는데, 관련된 유물로서 슬래그[鐵滓]와 노벽이 기술되었다(蘇天鈞, 1959). 그리고 두점고성지의 보고서에는 직경 40~50cm 철괴와 철편, 소결흔적이 있는 제련로가 소개되었다(北京市文物研究所拒馬河考古隊, 1992). 두 유적의 보고서에서는 문헌기록과 비교를 통해 치소治所로서 추측되고 있는데, 두점고성지의 경우 전국시대 성곽의 토층이 남아있어 그 초축시기를 전국시대까지 올려보고 있다.

반면 승덕전구承德專區에서는 채광갱이나 선광장洗鑛場이 확인되었으며, 4개소의 제련로가 검출되었다(羅平, 1957). 유적의 면면을 살펴보면 채광에서 제련製錬을 실시한 유적이라는 것을 알 수 있다. 제련로는 甲~丁場으로 나뉘어 보고되었는데, 잔존양상이 좋지 못한「丁場」이외는 철기생산이 이루어졌다고 보았다.「甲場」은 소형 제련공정,「乙·丙場」은 용해공정으로 상정하였다. 또한 승덕전구에서 출토된 철기류는 철대구鐵帶鉤, 차축구車軸具, 초鍬, 망치, 망치형철기가 있다. 보고자는 철제 망치류는 채광용이었을 것이라고 보았다(羅平, 1957). 그러나 철제 망치류는 두 종류인데, 대형인 망치형철기와 짧은 자루의 소형 망치가 있다. 소형 철제 망치의 길이는 약 14cm로 연하도를 비롯한 연산 남부지역에서 출토된 철제 망치류가 10cm 전후라는 점과 비교하여 유사하다. 이를 통해 소형 철제 망치는 대형인 망치형철기와 다른 기능이었을 것이며 단야구였을 가능성도 있다.

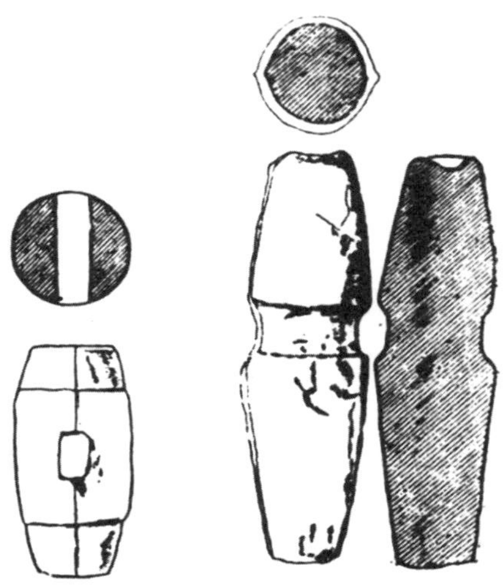
그림 7-11. 승덕전구 출토 철제망치

승덕전구의 철기생산공정은 철광석을 채광하여 선별한 후 제련한 유적으로 판단되며, 2차 공정으로서 용해까지 실시되었을 것으로 생각된다. 더불어 단야구로 추정되는 것들이 출토되고 있어 일부 단야공정도 있었을 수도 있다. 그 시기는 철초鐵鍬의 형태로 보아 전국시대로 보아도 무방하지만 공반유물(반량전 등)은 전한대에 해당한다. 따라서 전국시대 후기~전한대에 걸쳐 형성된 유적으로 판단된다.

2) 요령지역의 철기생산유적

(1) 안장자고성지安杖子古城址

발굴조사를 통해 철기생산과 관련된 유물이 출토된 유적은 능원 안장자고성지가 있다. 안장자고성지에서는 H4·H5·H6의 회갱灰坑에서 생산 관련유물이 출토되었다. 각 유구에서 출토된 유물을 정리하면 H4 회갱에서는 철기생산도구와 토제 용범, H5·H6 회갱에서는 노벽과 철촉 경부莖部의 용범, 송풍관, 미상의 철제 도구가 출토되었다(遼寧省文物考古研究所 외, 1996).

그 중 상세한 특징을 파악할 수 있는 유물은 H6 회갱에서 출토된 송풍관, 토제 용범, 도가니뿐이다. 특히 도가니의 표면에는 유동상流動狀으로 용해된 흔적이 관찰되어 실제 사용되었던 것으로 여겨진다. H5 회갱의 출토유물은 상세한 기록은 없지만, H6호보다 많은 관련유물이 출토되었다고 기술되었다.또한 중간구역(中區) T4의 남서쪽에서는 원형의 노지가 확인되었다. 소결된 노지의 중앙에는 재층이 깔려있으며, 그 주변에는 5개소의 피열된 자연석이 존재한다. 이 석재는 H5·H6호 주변에 분포하고 있어 철기생산과 관련한 노지일 것이다.

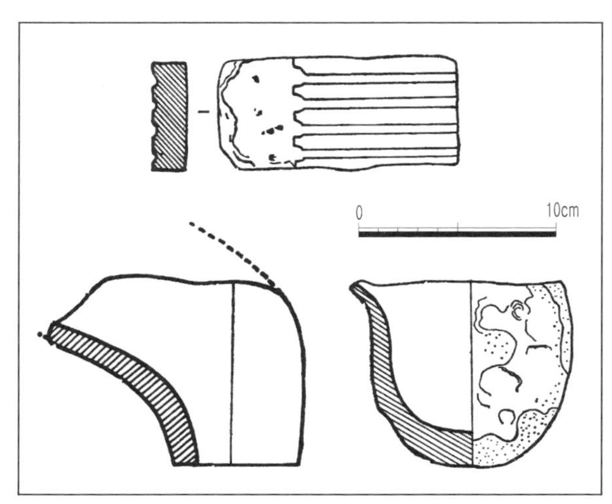

그림 7-12. 안장자고성지 출토 생산 관련유물

한편 철기생산과 관련된 도구와 토제 용범이 출토되었다고 보고된 H6은 타원형

의 평면형태를 띠고 있으며, 모서리는 사면처럼 내려가고 평탄한 바닥면을 띤다. 철기생산과 관련된 유물뿐만 아니라 다량의 와당과 봉니封泥, 화폐 등이 출토되었다. 이를 통해 생산유구라기보다는 창고와 같은 성격의 유구로 추정되고 있다. 철기생산과 관련된 유구의 범위는 서쪽구역(西區) 4트렌치부터 6트렌치, 중간구역 3, 7트렌치 일대로 비교적 한정적이다. 그렇다면 H6을 비롯한 이 일대에 회갱은 철기생산과 관련된 시설이거나 관련 도구를 보관하기 위한 창고와 같은 시설이었을 것이다.

안장자고성지의 철기생산공정은 생산 관련유물의 구성을 통해 1차 소재를 사용한 용해공정이 있었다고 생각된다. 그러나 중간구역에서 확인된 노지와 석재는 단야鍛冶공정의 존재를 추정케 한다. 만약 단야공정의 존재를 인정한다면 그 이전 공정인 정련精錬공정도 함께 존재하였을 가능성이 높다. 왜냐하면 용해溶解공정을 거친 2차 소재는 바로 단야鍛冶 소재로 사용할 수는 없기 때문이다. 「L자형」 송풍관은 선철銑鐵을 액체 상태에서 강철화鋼鐵하는 소위 「초강炒鋼」기술에서도

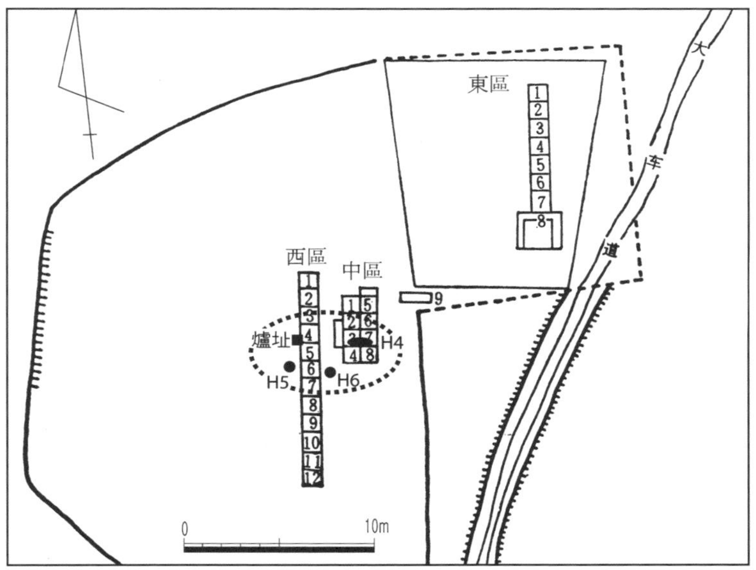

그림 7-13. 안장자고성지 철기생산유구의 범위

사용되기도 한다. 그렇다면 안장자고성지의 철기생산공정은 용해溶解공정으로 한정하기보다는 정련精鍊과정을 포함한 2차 공정의 존재를 추정할 수 있는 것이다.

안장자고성지의 생산 관련유구는 모두 전한대 층위에서 확인되었다. 특히 H4 토갱에서는 「右北太守」의 봉니가 출토되어 이 성지를 문헌의 우북평군이라고 보기도 한다(遼寧省文物考古研究所 외, 1996). 이를 참고한다면 전한대 우북평군의 치소治所로서 철기를 생산하였을 수도 있다.

(2) 시중 노남리, 중강 토성리유적

시중 노남리와 중강 토성리유적의 위치는 압록강유역으로 요령지역과 한반도의 경계에 해당한다. 두 유적에서 확인된 제철로는 그 형태를 명확하게 알 수 없지만 석재와 점토를 혼합하여 구축한 노爐로 보고되었다.

노남리유적은 장방형의 석재를 쌓아서 만든 「ㄷ자형」시설이 확인되었다. 이 장방형 석축은 점토덩어리와 철광석을 포함하고 있으며, 석축의 중앙부는 강하게 피열되었다. 「ㄷ자형」시설의 하단부에서는 산화된 철가루의 융착된 현상이 관찰된다. 또한 석축의 주변에서는 점토덩어리와 철괴, 슬래그[鐵滓], 재가 층을 이루며 확인되었다. 이 같은 유물의 출토양상은 제련製鍊공정과 관련된 것임을 추정케 한다. 특히 「ㄷ자형」시설이 제련로보다 낮은 위치에 존재하고 있어 보고자는 녹은 쇳물을 담아두기 위한 시설로 상정하였다(정찬영, 1983).

한편 토성리유적도 동일한 구조로 상정되고 있는데, 석축의 규모와 슬래그[鐵滓]의 양이 노남리유적보다 많은 점에 주목하여 대규모 제련공방으로 추정하였다(정찬영, 1973·1983). 그럼에도 토성리유적에 대한 보고는 더욱 간략하게 되어 두 유적을 직접적으로 비교하기도 어렵다.

두 유적은 노爐의 잔존양상이 좋지 않으며, 철기생산 관련유물에 관한 상세한 현상이 제시되고 있지 않아 그 구조를 복원하기 쉽지 않다. 그렇지만 보고자는 주변 지역에 위치한 풍청리 조선시대 제련로와 비교하며 원형로로 추정한 바 있다.[17] 또한 토성리유적에서 출토된 철광석과 슬래그[鐵滓]를 금속학적으로 분석하

17) 노남리유적 노의 구조에 대해서는 정찬영과 김일규에 의해 시중 풍청리 제련로의 구조와

여, 원료는 자철광으로 제련공정을 거쳐 괴련철을 생산하였다고 보고하였다(정찬영, 1973).

이상의 내용을 종합하면 다소 모순된 특징을 보이는데, 괴련철을 생산한 것임에도 용해溶解된 철을 담아두기 위해 「ㄷ자형」시설을 설치했다고 강조하기 때문이다. 사실 고온조업을 통해 철광석을 녹이더라도 노에서 저장시설까지 약 1.5m를 흘려보내 담아둔다는 것은 이론상 불가하다. 노에서 흘러나오면서부터 식기 시작하여 곧바로 유동성이 떨어져 고체화되어 버린다. 오히려 금속학적 분석 결과를 적극적으로 받아들여 노 내부에 형성된 괴련철을 노 밖으로 꺼낸 후 괴련철의 온도를 낮추기 위해 저수시설로 옮겼다고 보는 것이 더 합리적이다. 그 경우 「ㄷ자형」시설은 노 밖으로 나온 괴련철의 온도를 빠르게 낮추기 위한 저수시설인 것이다.

노남리유적에서 출토된 주조철부가 백주철이라는 금속학적 분석 결과는 앞서 「ㄷ자형」시설이 저수시설일 수 있다는 가설을 뒷받침하는 근거가 된다. 왜냐하면 백주철은 빠르게 식혔을 때 형성되는 금속 조직이기 때문이다. 즉, 「ㄷ자형」시설은 제련한 철괴(1차 소재)의 온도를 빠르게 낮추기 위한 목적의 저수시설이라고 보는 것이 합리적일 수 있다.

이처럼 노남리와 토성리유적의 제련공정은 중국의 제련공정과 다른 특징을 가진 것으로, 괴련철 생산이라는 중국과 다른 독자적인 제련공정이 존재하였다고 이해할 수 있다.

두 유적의 시기적 위치는 동시기 주거지에서 출토된 철기류 중 철촉에 주목하였다. 이 철촉이 유수 노하심유적 출토품과 유사하다는 점을 근거로 기원전 1세기 후엽으로 설정된 바 있다(김일규, 2007). 그리고 송화강유역 철기문화와 관련된 것으로 소위 「부여」와 관련된 것이라는 지적도 있다.

하지만 유적의 시간적 위치에 대해서는 좀 더 검토가 필요하다. 왜냐하면 연대를 검토할 때 주목한 철촉은 서풍 서차구西岔溝유적에서도 출토되고 있기 때문이

비교·검토되었다. 두 유적의 유사성을 지적하면서도 평면형태에 대해서는 각각 원형(정찬영)과 제형(김일규)으로 다르게 해석한 바 있다(정찬영, 1973; 김일규, 2007).

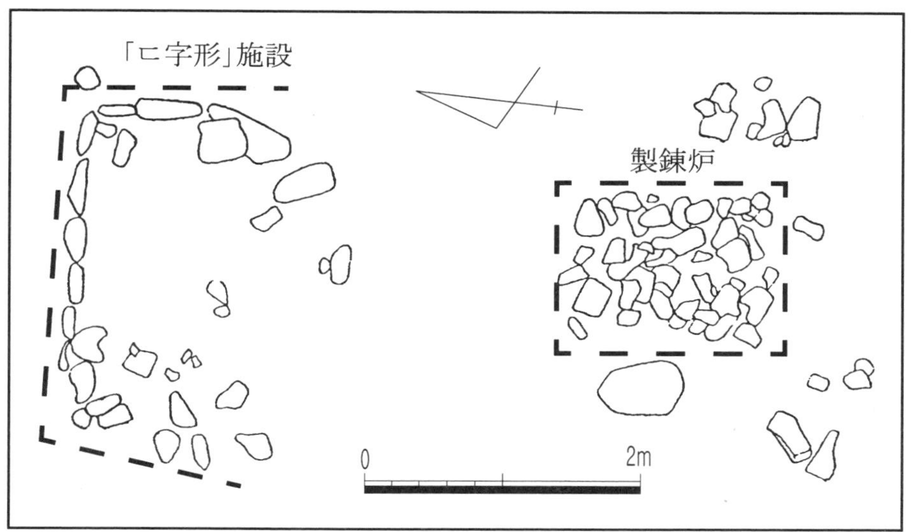

그림 7-14. 시중 노남리유적의 제철관련 시설

다. 서풍 서차구묘는 아직 정식 보고서가 간행되지 않아 명확한 출토양상을 알 수 없지만, 일반적으로 노하심유적보다 이른 시기의 유적으로 이해되고 있다(宮本一夫, 2009; 이종수, 2009). 따라서 노하심유적의 연대를 기준으로 두 유적의 시기를 한정할 필요는 없다고 생각한다. 오히려 노남리유적에서는 ⅠA-5형 철부가 출토되고 있으며, 같은 층에서 출토된 토기 역시 한식 토기가 아니다. 그렇다면 낙랑군의 설치 이전인 연나라 계통의 철기가 존재하던 시기로 볼 수도 있을 것이다. 다만 토성리유적의 같은 층에서는 오수전이 출토되었다. 오수전의 주조 및 유통시기를 고려하면 기원전 2세기 후엽~1세기 정도로 비정할 수 있을 것이다. 두 유적은 6장에서 제시한「확산단계 3~4」기에 걸쳐 있는 것으로 보인다.

(3) 그 밖에 요령지역의 철기생산유적

만흔万欣에 의해 최근 조사된 요령지역 철기생산유적이 소개된 바 있다(万欣, 2011·2012). 먼저 요양 패로구遼陽市牌路溝유적은 동굴유적으로 내부는 현재도 철광석이 매장되어있다. 1970년대 「鞍鋼地質勘探公司」의 탐사팀이 광석을 조사하는 과정에 발견되었다. 관련유물은 주조철부[鑁]와 망치, 철제 모루, 다량의 목탄이 출토되었다. 패로구유적은 한나라 성지인 거취고성居就古城·양갑촌성지亮甲村城址와 인접해 있다.

또한 개주 타철로구蓋州市打鐵爐溝유적은 지표면에서 슬래그[鐵滓]와 도가니, 철제 망치 등 관련유물이 확인되었으며, 유적의 주변에서 채광동굴도 확인되었다. 타철로구유적이 위치한 개주시에는 한나라의 평곽고성유지平郭古城遺址가 존재하며, 중국 동북부에서 유일한 한나라 철관鐵官이 설치된 곳이라고 전해진다(李京華, 1974; 潮見浩, 1982). 그 밖에도 영구 영수구고성지營口市英守溝古城址의 동쪽 산정山頂에서도 청동과 철의 광산과 슬래그[鐵滓]층이 확인된 바 있다.

이 유적들은 지리적으로 보아 천산산맥과 요하평원에 인접해 위치하며, 원료인 철광석과 산림이 풍부한 곳이다. 또한 육로와 수로가 발달하여 교통의 이점인 위치이다.[18] 더불어 한나라 성지의 내부 또는 주변의 구릉에서 발견되었다는 공통점이 있다. 이 같은 유적의 입지는 향후 한나라의 철기생산유적을 찾는 과정에 주목할 수 있을 것이다.

2. 연산 남부지역·요령지역 철기생산유적의 분포와 그 의미

현재까지 조사·보고된 연산 남부·요령지역의 철기생산유적은 11개소이다. 그 중 노爐의 특징을 명확히 파악할 수 있는 유적은 시중 노남리유적 뿐이다. 연하도의 경우 단야공정을 상정할 수 있는 유구도 존재하지만, 이 역시 필자의 추측에 불과하다. 또한 철기생산공정을 추정할 수 있는 유적은 4개소로 연하도와 수왕분지구 일대, 안장자고성지가 있다. 철기생산유적은 연하도와 수왕분지구를 제외하면 대부분 전한대 이후에 속한다. 연하도 역시 3장에서 검토한 것처럼 동

18) 원출처는 아래의 문헌이지만 직접 확인하지 못해 만흔万欣의 2012년 문헌을 참고하였다. 王綿厚, 1994, 『秦漢東北史』, 遼寧人民出版社.

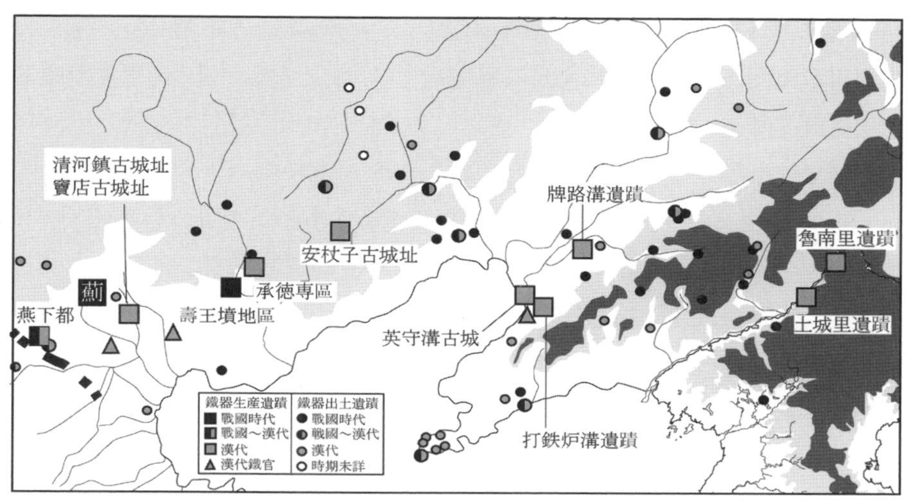

그림 7-15. 연산 남부~요령지역 철기생산유적과 소비유적의 분포

침촌東沈村의 한나라 묘제에서 철제 망치와 모루 등의 단야구가 출토된 바 있다. 따라서 연하도의 철기생산은 전국시대를 포함하여 전한대까지 진행되었던 것으로 볼 수 있다.

그림 7-15는 시기별 철기생산유적의 위치와 철기가 출토된 주변 유적의 분포를 표기한 것이다. 철기생산유적은 세밀한 시기구분을 할 수 없어 크게 전국시대와 전한대로 구분하였다. 6장에서 제시한 확산단계에 대응시키면, 대략적으로 「확산단계 1~2기」가 전국시대, 「확산단계 3~4기」는 전한대에 해당한다.

전국시대 철기생산은 연산 남부지역을 중심으로 연나라의 중심부에 위치하며, 한대의 철기생산유적은 전국시대보다 더욱 넓은 범위로 분포함을 알 수 있다. 특히 한대의 철기생산유적은 한 무제에 의해 설치된 철관鐵官(기원전 119년)과 한나라의 성지와 인접해 위치한다. 안장자고성지는 우북평군右北平郡으로 추정되며, 패로구牌路溝유적은 요동군遼東郡이 위치한 것으로 추정되는 현재의 요양遼陽시에 존재한다. 타철로구打鐵爐溝유적과 영수구고성지英守溝古城址는 요령지역에 1개소 밖에 없었던 철관인 평곽철관平郭鐵官과 인접하고, 청하진고성지淸河鎭古城址

와 두점고성지竇店古城址는 연산 남부지역인 북경北京의 인근에 위치한 철관으로 상정되고 있다. 결국 한나라의 철기는 철관이나 성지 내에서 생산되었다는 것을 알려준다.

철기생산유적과 동시기 유적의 분포를 토대로 시기별 철기의 확산양상을 추정할 수 있다. 먼저 전국시대는 연나라의 중심에서 생산된 철기가 요령지역 전역으로 확산되었다고 볼 수 있다. 철기생산의 중심지는 현재까지 자료에 의하면 수왕분지구 일대로 판단되는데, 여기서 생산한 철제품이 요동지역과 그 주변까지 확산되었으며, 일부는 소황산둔유적과 같이 비교적 먼거리까지 유통되었다. 무라카미 야스유키는 길림성 이용호고성지二龍湖古城址에서 출토된 주조철부도 수왕분지구 철제 용범에서 보이는 명문이 확인된다는 점을 근거로 수왕분지구에서 생산한 것으로 보았다(村上恭通, 2011·2012). 이것은 연나라 철기의 확산이 요령지역에 한정되지 않음을 시사한다. 전국시대 요령을 중심으로 한 동북지역에서는 직접적인 철기생산유적이 보이지 않는다. 결국 연나라 중심지에서 생산한 철기가 동북아시아 제지역으로 유통되었다고 볼 수 있는 것이다.

반면 앞서 언급한 바와 같이 전한대가 되면 성지나 철관 주변에서 철기생산유적이 발견되며, 완성된 제품이 주변 지역으로 유통된 것으로 추정된다. 이 유적들의 입지는 큰 하천변 등 교통상 이점이 있는 지역으로서 지역 거점을 중심으로 생산되고 유통되었을 가능성을 알려준다. 또한 전한대가 되면 요서지역과 요동반도와 같이 전국시대 철기의 출토량이 적고, 부장품으로 다루어지지 않았던 지역에서도 철기의 부장량이 증가한다. 이것은 석양철관夕陽鐵官 등 우북평군에 철관이 설치된 것과 관련된 것으로 보인다. 즉 전한대가 되면 각지에 설치된 군치소郡治所를 중심으로 철기생산이 이루어짐으로써 지역 거점단위의 생산과 유통이 이루어졌으며, 거점단위의 생산기술의 이전도 있었을 것으로 생각된다.

한편, 문헌기록에 의하면 중원中原지역의 동북쪽에는 전국시대에서 한대에 걸쳐 다양한 토착집단이 존재하였으며, 시기에 따라 그 세력이 커지거나 작아지는 것을 반복하였다고 한다. 이러한 다수의 토착집단에 철기라는 도구가 인식되기 시작하면서 다양한 방법으로 독자적인 철기생산을 시도하였을 것이다. 그러나 요동지역을 중심으로 한 동북지역에서는 전국시대의 철기생산과 관련된 유적이 발견되지 않으며, 철기생산 관련유물조차 존재하지 않는다.

그럼에도 요동지역은 4장에서 제시한 것처럼 다양한 형식의 철기류가 존재하며, 시기에 따라 다른 형식변화도 확인된다. 특히 전형적인 연나라 철기가 아닌 반월형철도와 같은 기종이 존재하기도 하며, 확산단계 3기에는 연나라 철기에서 변형된 연계철기도 확인된다. 즉 생산과 관련된 유적과 유물은 존재하지 않지만 완성된 철제품에서는 지역색이 강한 철기가 존재하는 것이다. 따라서 요동지역으로 처음 유입된 철기는 연나라 철기[燕産 鐵器]였지만, 이후 지역적으로 철기생산기술의 개발을 도모하여 확산단계 3기 이후 재지적인 철기생산이 가능하였을 수도 있다.

전한대 이후 지역별로 철기를 생산하려는 움직임은 더욱 커지는데, 이러한 현상은 고고학적 자료에서도 확인된다. 그 대표적인 유적이 노남리와 토성리유적이다. 두 유적은 석재와 점토를 혼합하여 노를 구축하였다는 점, 괴련철을 생산하였다는 점에서 중국 대륙의 제련기술과 다른 특징을 띤다. 노의 구체적인 형상은 복원할 수 없지만, 적어도 기원전 2세기 후엽에는 재지적 제련공정이 존재하였다는 것은 틀림없어 보인다.

연산 남부지역·요령지역의 철기생산유적에 대한 검토를 통해 전국시대에서 한대로 이어지는 철기의 생산과 유통, 기술 확산을 생각해 보았다. 이상의 검토는 현재까지 확인된 고고학 자료를 근거로 한 확정되지 않은 가설에 불과하다. 특히 유구와 유물의 특징을 파악할 수 없어 철기생산의 세밀한 공정의 변화에 대해서는 검토할 수 없었다. 연산 남부·요령지역을 포함하는 동북지역이라고 하는 넓은 지역은 더욱 복잡한 철기문화가 존재하였을 것이고, 다양한 토착집단에서 철기생산을 시도하면서 철기생산기술도 시기·지역에 따라 다른 특징을 가졌을 것이다. 이러한 관점에서 중국 동북지역 철기문화의 검토를 위해서는 철기생산과 관련된 고고학 자료의 상세한 정보가 필요하다. 향후 고고학 자료의 증가를 기대하며, 새롭게 발견될 철기생산 관련유적과 유물에 대한 지속적인 관심이 필요하다.

3절 한반도 남부지역 초기 철기생산기술의 등장과 전개과정

한반도 남부지역 철기생산유적에 대한 연구는 대규모 철기생산유적을 중심으로 원삼국~삼국시대의 철기생산공정에 대한 연구가 진행되었다(孫明助, 1997·1998; 이영훈 외, 2000; 김권일, 2009; 김일규, 2009). 그 대표적인 유적이 진천 석장리, 경주 황성동유적이다. 다양한 공정이 확인되는 대규모 생산유적에 대한 검토를 통해 철기생산공정에 대한 구체적인 양상과 시기별 특징 등이 연구되었다. 특히, 제련된 소재를 이용해 용해나 단야공정이 이루어진다는 공정 간의 상호관계에 주목하여 철기생산유적과 각 공정에서 검출되는 소재의 분포를 검토하여 철제품의 생산과 소비라는 관점에서 연구가 진행되었다. 또한 가평 대성리, 연천 삼곶리, 김해 여래리유적 등 취락 내 단야유구가 확인된 유적이 다수 조사되면서, 취락 내 확인된 단야유구를 분류하고 시기에 따라 그 변화를 살피려는 시도도 이루어졌다(손명조, 2006).

이와 같은 한반도 남부지역 철기생산유적의 현황과 시기에 따른 생산과 유통의 시스템의 변화에 대해서는 다음과 같이 정리할 수 있다. 한반도 남부지역의 철기생산유적은 약 100여 개소의 유적으로 제련製鍊유적이 약 15개소, 단야鍛冶유적이 약 65개소, 주조관련 유적 약 20개소가 조사되었다.[19] 이 유적들의 시간폭은 크게 4단계로 구분된다(그림 7-17). 제련에서 단야에 이르는 각 생산공정의 등장과 연동하여 변화하는데, 「단야작업의 개시」, 「단야공정의 전문화」, 「1차 소재(제련에 의한 생산물)의 생산」, 「생산공정의 분업화」라는 획기로 지역성이 강해지기 시작한다(金想民, 2010a).

단야유구를 포함한 철기생산유적에 대한 연구에서 가장 큰 문제점은, 구체적인 시간성을 제시하지 못하고 있다는 것이다. 그 원인은 시기를 추정할 수 있는

19) 2012년 한국문화재조사연구기관협회에서 발간된 한반도의 제철유적을 기준으로 정리하였다.

공반유물의 출토 예가 적다는 것에 기인한다. 대부분 초기철기-원삼국-삼국시대라는 큰 시기폭을 설정하여 제철공정의 변화를 검토해가고 있지만, 각 생산공정이 등장하는 대략적인 시기를 파악하는 정도에 불과하다.[20] 특히, 철기의 등장과 함께 보급이 이루어지는 초기철기시대와 원삼국시대 전기의 해당하는 기원전 3세기에서 기원 1세기대의 철기생산기술은 어떤 형태로 등장하고 발전하는가에 대한 구체적인 양상을 제시하지 못하고 있다. 최근 최영민은 중부지역 제철기술을 복원하며, 기원전 3세기에서 기원 1세기를 단야기술 1기로 설정하고 그 대표적인 유적으로 안성 만정리유적 철촉의 재가공을 사례로 들고 있다[21](최영민, 2017). 현재까지 철기생산시설로 볼 수 있는 유구가 보이지 않는 현상을 근거로 취사용 노를 사용한 조업의 가능성을 지적한 바 있다. 여기서는 그 가능성을 포함해서 동시기 동남부지역을 중심으로 확인되는 초기 철기생산유적을 검토하여 철기생산기술을 추정하고자 한다.

1. 유적 현황

본고에서 대상으로 하는 철기생산유적은 주로 동남부지역에 위치하는 4개 유적이다. 먼저 이 시기 철기생산과 관련되는 단야유구는 부산 내성유적의 조사를 계기로 알려지기 시작하였다. 내성유적의 단야공정은 방형을 띠는 수혈주거지에서 확인된다. 서북쪽에 깊이 10cm 정도의 부정형 노지가 확인되는데, 노지의 중앙에 강하게 소결된 흔적이 있으며 그 주변으로 약 1m 범위로 목탄과 소토가 노출되었다. 유물은 주거지 내부에서 철기생산과 관련된 철편이 출토되었으며, 야요이토기도 공반되었다. 조사자는 야요이토기가 공반되는 점에 주목하여 야요이

20) 필자의 기존 논고 역시 초기철기시대~삼국시대의 철기생산유적을 정리하여 시기에 따른 생산공정의 변화양상을 검토하였다. 시기구분의 기준은 한국고고학회에서 간행한 『한국고고학강의』(개정신판)의 시기구분에 준하여 살핀 바 있다(金想民, 2010; 金想民·禹炳喆·金銀珠, 2012).

21) 이형원은 안성 만정리유적 철촉의 단면이 비대칭을 띠는 볼록렌즈 상인 점을 근거로 철사의 재가공하여 제작한 것으로 추정하고 석촉의 모방품으로 보았다(李亨源, 2010).

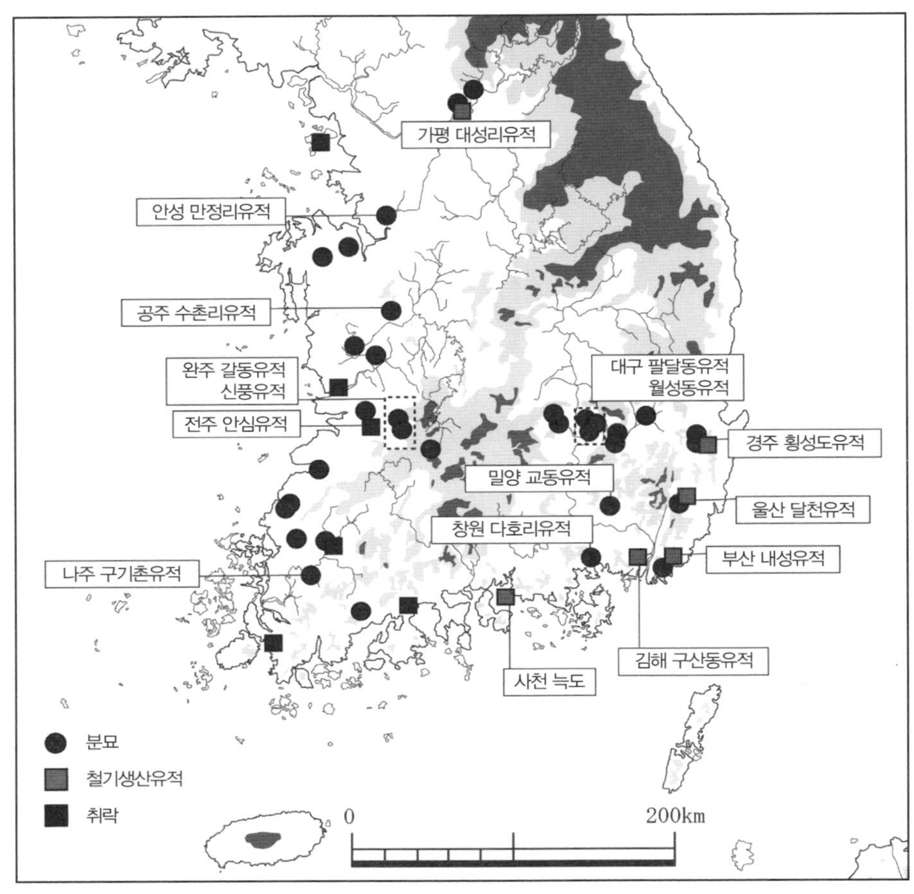

그림 7-16. 한반도 남부지역 초기철기~원삼국시대 철기생산 및 관련 유적의 분포

인이 한반도에 거주하면서 철기를 제작하였을 가능성이 있다고 보았다(宋桂鉉·河仁秀, 1990). 또한 1호 주거지에서 출토된 불명철기를 정련을 거쳤거나 성형된 소재로 보고 단야와 관련된 유물로 추정하였다(村上恭通, 1998).

이후 늑도유적의 조사와 함께 철기생산과 교역에 관한 실태를 알 수 있게 되었다. 1998년에서 2000년에 걸친 대규모 발굴조사에서 주거지와 패총, 분묘 등

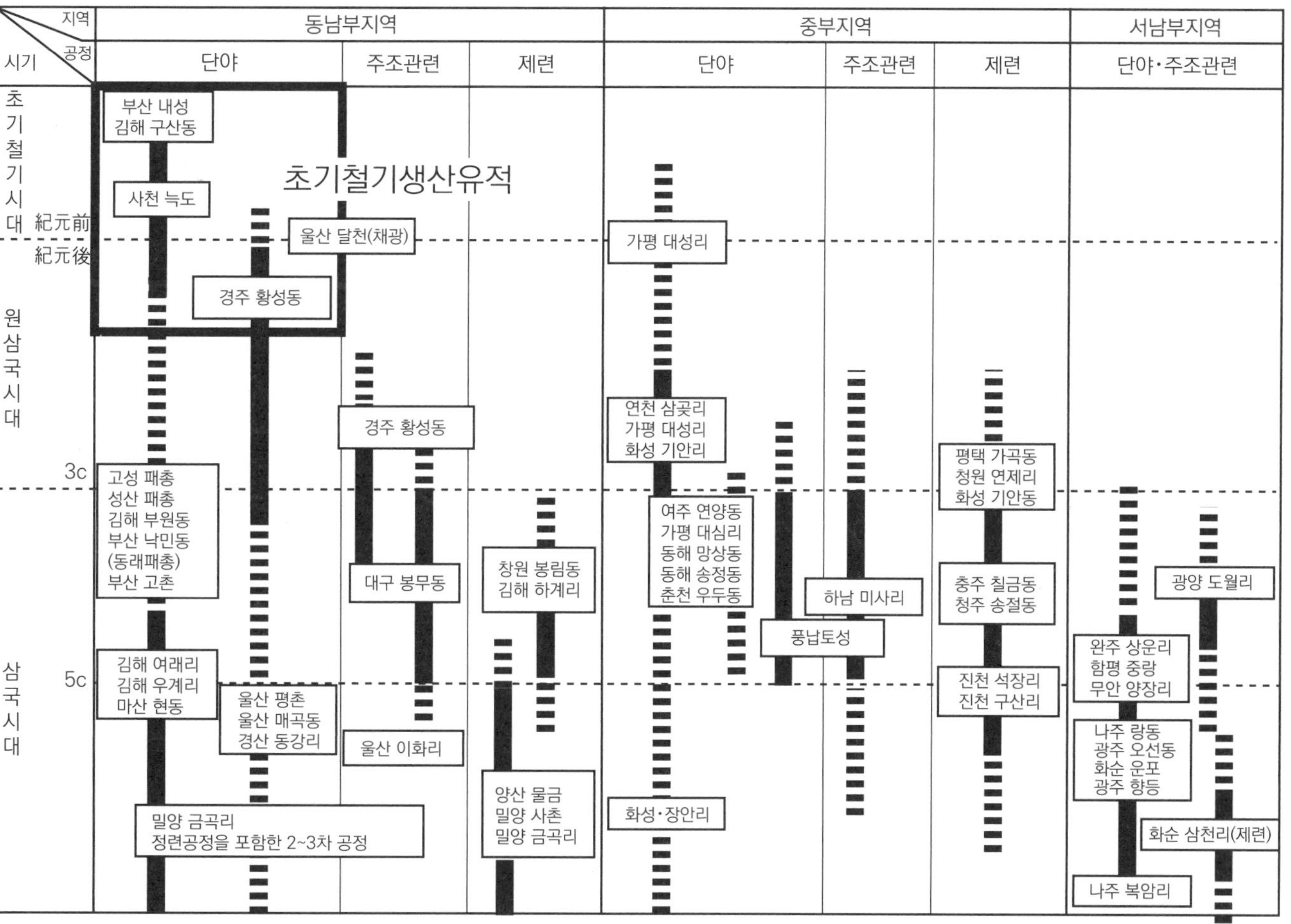

그림 7-17. 한반도 남부지역 철기생산유적의 시간성과 주요 분석대상(金想民, 2012 수정)

대규모 취락이 확인되었다. 초기철기시대~원삼국시대 대규모 취락이라는 점과 철기생산과 관련된 유물이 17기 유구에서 출토되었다는 점이 크게 주목받았다. 다양한 종류의 철기생산과 관련유물이 출토되고 있어 용해, 정련, 단야를 중심으로 한 비교적 다양한 철기생산공정이 존재하였다고 보았다(李南珪, 2006). 또한 단야유구의 유형분류라는 관점에서 늑도유적은 철기생산집단으로 분류하며 가장 이른 시기의 철기생산집단으로 보기도 한다(손명조, 2006; 김상민, 2009).

김해 구산동유적도 내성과 늑도유적과 같은 점토대토기와 야요이토기가 공반되어 동시기 관련유적으로 볼 수 있다. 구산동유적에서는 청동기시대 후기에서 초기철기시대의 주거지와 수혈 약 50여 기가 조사되었다. 대부분 방형 수혈주거지로 철기생산과 관련된 명확한 유구의 흔적은 확인되지 않았다. 그러나 공통적으로 주거지 벽면에 10cm 정도의 굴착면이 있고 강하게 소결된 흔적이 관찰되어 내성유적의 노지와 유사하다고 볼 수 있다. 또한 일부 주거지에서는 주조철부와 그 파편, 철편, 산화된 철분이 부착된 대석 등이 출토되었다. 이 같은 철기생산유물이 출토된다는 점은 철기생산과 관련된 유구의 존재를 추정하게 한다. 다케스에 준이치는 구산동과 내성유적을 비교하며, 북부 규슈지역 철기생산과 관련된 교역이 있었다고 보았다(武末純一, 2010).

한편, 경주 황성동유적은 일찍부터 원삼국시대 동남부지역 철기생산의 중심지로 주목받았다. 1985년 조사되기 시작하여 현재까지도 철기생산 관련유구가 조사되고 있다. 황성동유적은 원삼국시대(기원전후)에서 삼국시대(기원 4세기)까지의 형성된 취락과 분묘이다. 그중 철기생산과 관련된 유구는 원삼국시대(이른 단계)와 삼국시대로 구분된다. 원삼국시대 황성동유적 철기생산은 주거지 내 소규모 단야작업이며, 삼국시대 철기생산은 제련을 제외한 용해, 단야공정이 복합적으로 존재한다. 특히 후자의 경우 정련공정을 거친 2차 소재와 단조제품뿐만 아니라 제련과 주조공정과 같은 1차 소재의 재처리의 흔적이 관찰되기도 하며, 초강로의 가능성이 있는 유구도 확인된다(金一圭, 2006). 이 같은 양상은 기존의 철기생산기술보다 발달된 양상으로 당시 철·철기생산이 가진 중요성을 고려할 때 기술적 변화가 급격히 빨라졌다는 것을 의미한다.

표 7-3. 초기 철기생산유적의 현황

遺蹟	遺構	生産關聯遺物	共伴遺物	參考文獻
釜山 萊城	住居	鐵片 · 不明鐵器 · 지석	彌生土器 · 圓形粘土帶土器片	釜山直轄市立博物館, 1990
慶州 隍城洞	Ⅰ-다-1號住居	鐵片 · 棒狀鐵器 · 鐵塊 · 鐵製品(鎌) · 대석	주머니호 · 瓦質土器片(다수)	啓明大學校 博物館, 2000
	Ⅰ-다-4號住居	鐵塊	瓦質土器片	
	Ⅰ-다-9號住居	鐵塊 · 鐵製品(鏃 · 鎌片 · 鍛造斧 · 刀子) · 지석	瓦質土器片 · 把手付壺片(다수)	
	Ⅰ-다-10號住居	鐵塊 · 대석 · 고석?	瓦質土器片	
	Ⅰ-다-11號住居	球狀鐵塊 · 鐵塊 · 棒狀鐵器 · 板狀鐵器 鐵製品(鍛造斧2) · 鍛造薄片 · 대석 · 지석	瓦質土器片 · 粘土帶土器	
	Ⅰ-다-17號住居	鐵片2 · 鐵製品(鑄造斧片 · 鎌片 · 鏃3) 고석? · 지석4	瓦質甕 · 粘土帶土器	
泗川 勒島	가-73號住居	爐壁 · 鍛造薄片 · 鐵滓 · 鐵片 · 고석 · 지석 · 대석?	三角形粘土帶土器 彌生土器(다수)	(財)慶南考古學研究所, 2003 (財)慶南考古學研究所, 2006
	나-11號竪穴	送風口片	彌生土器	
	나-35號住居	送風口片2	三角形粘土帶土器(다수)	
	나-36號住居	鐵滓	三角形粘土帶土器 · 彌生土器	
	나-46號住居	送風口片 · 지석	三角形粘土帶土器(다수)	
	나-48號竪穴	爐壁 · 鍛造薄片 · 鐵滓	彌生土器	
	나-50號住居	지석 · 대석?	三角形粘土帶土器(다수) 彌生土器	
	나-53號竪穴	爐壁 · 鐵滓 · 鐵片?	·	
	나-54號竪穴	爐壁 · 지석	彌生土器	
	나-56號住居	送風口片	三角形粘土帶土器	
	나-60號住居	送風口片	三角形粘土帶土器 · 彌生土器	
	나-61號竪穴	爐壁片 · 지석	三角形粘土帶土器(다수) 彌生土器 · 樂浪系土器	
	다-2號竪穴	鐵滓 · 지석	三角形粘土帶土器	
	다-2-7號竪穴	爐壁 · 鐵滓	三角形粘土帶土器	
	다-2-8號竪穴	爐壁片 · 送風口片	三角形粘土帶土器	
	다-3-4號	送風口片3 · 鐵滓 · 지석	三角形粘土帶土器	

遺蹟	遺構	生産關聯遺物	共伴遺物	參考文獻
金海 龜山洞	323號住居	대석	·	(財)慶南考古學研究所, 2010
	387號住居	鐵片·鐵滓	圓形粘土帶土器·彌生土器	
	1322號住居	鐵片	彌生土器	

황성동유적 단야유구의 시기에 대해서는 아직도 논쟁이 되고 있지만 그 시기를 상향하는 경향도 있다(申東昭, 2007; 金想民, 2010). 그 시기를 상향하는 것은 동남부지역 내 독자적인 철기가 존재하는 원인을 설명하기 위함이다. 동남부지역 내 독자적인 철기류가 존재한다는 것은 지역 내 독자적인 철기생산공방이 존재하였다고 보아야 설명이 가능하기 때문이다. 황성동유적 내 철기생산유적의 시기를 상향함으로써 동남부지역의 독자적인 철기문화가 존재하는 것에 대한 실마리를 풀 수 있다. 따라서 황성동유적의 이른 시기 철기생산유구는 재검토가 필요하다.

앞서 살핀 4개소의 유적에서 확인된 철기생산 관련유물과 공반유물을 정리하면 표 7-3과 같다. 7장 1절에서 제시한 생산공정에 따른 관련유물 중 소형철괴·봉상철기·판상철기 등의 소재가 되는 미완성품이나 재가공을 위한 철제품, 단조박편과 슬래그[鐵滓] 등이 주요 검토 대상인 것이다. 또한 이 유적들에서 공통적으로 출토되는 점토대토기와 야요이토기, 와질토기는 상호 비교를 통해 유적간의 선후관계와 시기적 위치를 추정할 수 있다.

2. 유구와 유물의 분류

1) 단야로의 유형분류

발굴조사된 철기생산유구는 상부가 남아있지 않지만, 상부구조와 관련된 노벽편이 출토된다. 이로 인해 단야로의 고고학 분류는 잔존하는 노의 하부구조를 대상으로 한다. 단야로는 하부구조의 굴착면 깊이나 퇴적양상에 따라 분류된다.[22)]

22) 일본 기나이[畿內]지역의 오아가타[大縣]유적으로 대표되는 지상식 단야로는 소위 「韓鍛

여기서는 선행연구의 단야로 분류안을 참고하였다.

단야로는 무라카미 야스유키에 의해 굴착면의 형태와 소결도, 지하구조의 유무를 중심으로 3유형으로 분류된 바 있다(村上恭通, 1998). 무라카미 야스유키의 분류를 적용하여, 대상 유적의 철기생산유구를 분류하면 다음과 같다.

Ⅰ식	굴착면이 깊고 소결도가 강하며, 지하구조를 갖춘 형태
Ⅱ식	굴착면이 얕고 소결도가 약하며, 지하구조가 없는 형태
Ⅲ식	굴착면이 없고 소결도가 미약하며, 지하구조가 없는 형태
Ⅳ식	사면 방향으로 가마와 같은 구조를 가진 형태

무라카미 야스유키는 단야로를 그림 7-18의 Ⅰ~Ⅲ식과 같이 분류하고 있으나, 늑도유적에서는 기존 분류와 다른 사면 방향의 가마와 같은 구조를 갖는 형태(Ⅳ식)도 확인된다. Ⅳ식은 단야로와 다른 공정을 상정할 수도 있으며, Ⅰ~Ⅲ식과는 다른 부산물이 존재한다는 점에 주목하였다.

또한 단야로의 입지에 따라 분류할 수 있는데, 주거지 내부에 위치하는 것과 옥외시설물로서 단독으로 위치하는 것으로 구분할 수 있다. 이처럼 노의 구조와 취락 내에서의 입지에 따라 분류하고 그 상관관계를 고려해 유형화하였다.

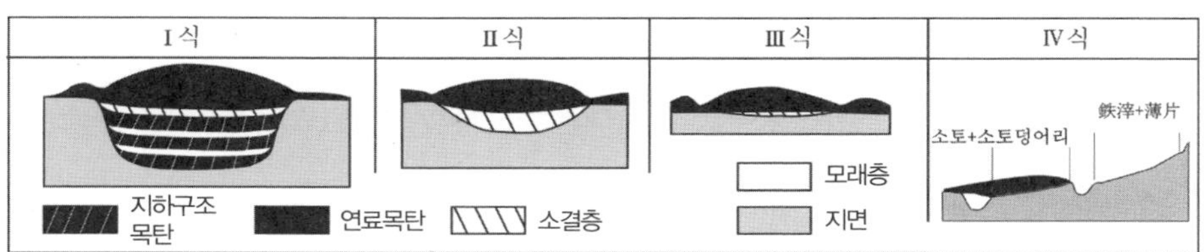

그림 7-18. 초기 철기생산유구의 분류(村上恭通, 1998:수정)

冶」로 인식되고 있다. 경주 황성동 Ⅰ-나-15호노를 그 기원으로 보고 한반도 단야로와의 비교연구가 진행되고 있다. 그러나 일반적으로 한반도의 지상식 단야로는 주로 삼국시대가 되어 등장하는 것으로 보고하고 있다(村上恭通, 2007; 金想民, 2010; 眞鍋成史, 2010).

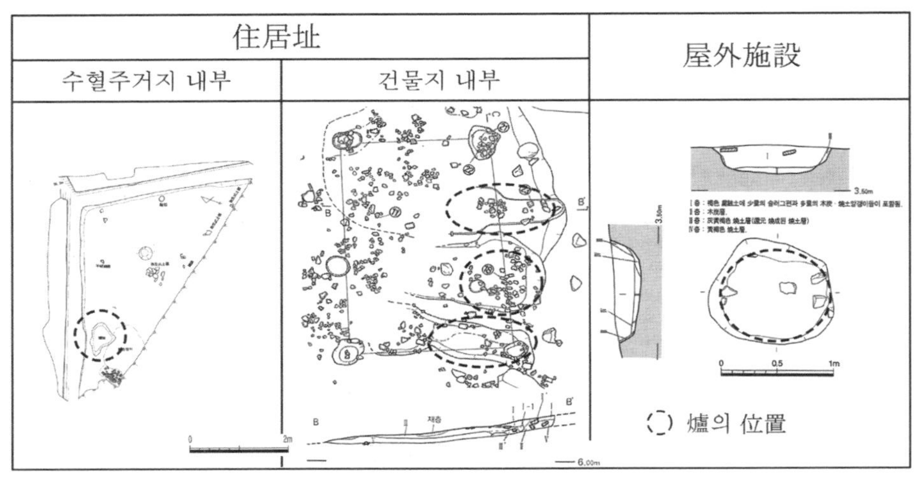

그림 7-19. 초기 철기생산유구의 입지에 따른 구분

표 7-4. 노의 구조 입지의 상관관계

입지 형식	住居址	屋外施設
Ⅰ식		1
Ⅱ식	10	6
Ⅲ식	6	
Ⅳ식		2

앞서 제시한 철기생산유적 중 유구의 양상을 파악할 수 있는 26기를 중심으로 살핀 결과 Ⅰ식과 Ⅳ식 하부구조를 띠는 노는 옥외시설로서 존재하는 반면, Ⅲ식 노는 주거지 내부에서 확인되었다. 또한 Ⅱ식 노는 주거지와 옥외시설 모두 확인되는 형태이다. 주로 Ⅱ식, Ⅲ식 노가 다수를 점하고 있으며, Ⅰ식과 Ⅳ식 노는 소수이다. 이처럼 노의 하부구조와 입지의 상관관계를 정리하면 표 7-4와 같다. 이를 철기생산유구 1~5유형으로 분류하였다.

1유형　Ⅱ식 하부구조 + 주거지
2유형　Ⅱ식 하부구조 + 옥외시설
3유형　Ⅲ식 하부구조 + 주거지

4유형　Ⅰ식 하부구조 + 옥외시설
5유형　Ⅳ식 하부구조 + 옥외시설

각 유형에 해당하는 유적·유구를 정리하면 표 7-5와 같다. 유구에 따라 철기생산유형은 차이를 보인다. 내성·구산동·황성동유적은 모두 주거지 내부에 노가 있는 1·3유형인 반면, 늑도유적은 모든 유형이 공존한다. 특히 내성·구산동유적에서는 1유형만이 확인되는 점도 주목된다.

또한 각 유형에 따른 출토유물을 정리하면, 1유형의 철기생산 관련유물은 철괴, 봉상철기·판상철기와 같은 제작 소재와 단조박편·슬래그·완형재 등의 생산공정의 형성물, 대석·석봉·지석 등 도구류, 미완성·완성품의 철기가 출토된다. 1유형은 본격적인 철기생산과정에서 필요한 모든 구성이 구비되어 있는 반면, 2·3유형은 노벽·송풍관·슬래그·지석 등 비교적 단순한 구성의 생산 관련유물이 출토된다. 4·5유형도 역시 단순한 구성을 띠지만, 송풍관이 출토되지 않거나 환원된 슬래그가 출토되는 것이 특징이다.

이를 통해 유적에 따라 유형의 차이가 크며, 각 유형별 생산 관련유물의 구성도 차이가 있다는 것을 알 수 있다. 이것은 시기에 따른 생산공정의 차이와 연계된 것으로 생각된다. 따라서 시기에 따라 유형변화의 유무를 살피고 철기생산 관련유물의 변화를 검토하여 유형의 차이가 갖는 의미를 확인해보고자 한다.

표 7-5. 유형별 유적·유구현황(金想民·禹炳喆·金銀珠, 2012)

類型	爐의 構造	遺構區分	事例
1	II	住居址內	萊 : 住居, 龜 : 323호, 387호, 1322호, 勒 : 가-73호 隍 : 다-1호, 다-9호, 다-10호, 다-11호, 다-17호
2	II	屋外施設	勒 : 가-2-8호, 나-11호, 나-61호, 다-2호, 다-2-7호, 다-3-4호
3	III	住居址內	勒 : 나-35·36호, 나-46호, 나-50호, 나-56호, 나-60호 隍 : 다-4호
4	I	屋外施設	勒 : 나-48호
5	IV	屋外施設	勒 : 나-53·54호

※ 勒 : 사천 늑도유적, 萊 : 釜山 내성유적, 龜 : 김해 구산동유적, 隍 : 경주 황성동유적

2) 송풍관의 분류

철기생산공정은 송풍시설을 이용함으로써 노 내부 온도를 높여 고온조업이 가능해졌다. 그러나 발굴조사에서 확인할 수 있는 송풍시설은 송풍관뿐이다. 송풍관은 직경 10cm를 기준으로 대구경과 소구경 송풍관으로 분류된다. 대구경 송풍관은 제련과 용해로 등에 사용되며, 소구경 송풍관은 단야로에 사용되었을 것으로 추정된다. 그러나 한반도 남부지역 단야유구 내에서 송풍관의 출토량은 많지 않다. 특히 경주 황성동유적에서는 단야관련유구와 유물이 출토되고 있음에도 송풍관은 확인되지 않는다. 이에 대해 대나무 관과 같은 것을 송풍관으로 사용하였을 것으로 보기도 한다(孫明助, 1998).

본고에서 다루는 유적 중 늑도유적에서는 송풍관 파편이 출토되었다. 늑도유적에서 출토된 송풍관은 12점으로 그 직경도 다양하다. 내면에 종방향이나 횡방향의 초본류 흔적이 남아있는 것이 특징인데, 이 같은 양상은 낙랑과 삼국시대 송풍관의 제작방법과 다른 양상이다. 이 같은 특징을 원시적인 송풍관이라고 지적하기도 하였다(李南珪, 2006).

늑도유적의 송풍관은 대부분이 파편 자료로 명확한 구경을 계측하기 어렵지만, 잔존하는 자료를 계측하여 직경을 복원할 수 있다. 늑도유적에서 출토된 송풍관의 직경은 주로 4~7cm, 9~10cm, 22cm의 범위에 해당하는 것들이 존재한다. 이러한 계측을 기준으로 소형, 중형, 대형으로 분류할 수 있다. 송풍관은 일반적으로 소형은 단야작업에 효과적이며, 대형은 용해나 제련

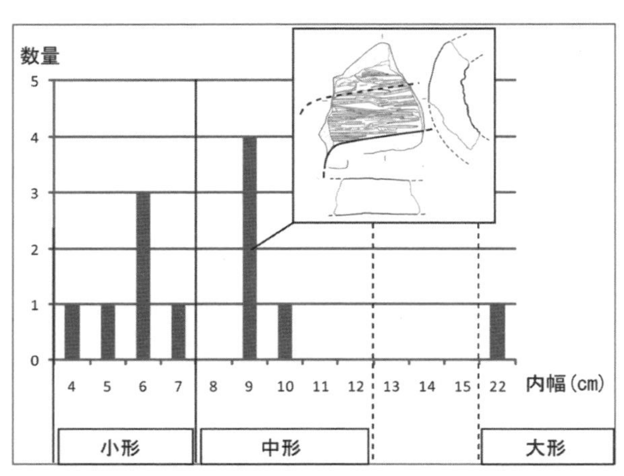

그림 7-20. 늑도유적의 송풍관 분류

작업의 송풍관이라고 보고 있다. 그러한 점을 고려한다면 늑도유적의 송풍관은 다양한 철기생산 공정의 존재하였다는 것을 추정하게 한다. 또한 9cm 정도인 중형 송풍관의 일부는 L자형으로 꺾이는 특징도 관찰된다. L자형을 띠는 송풍관은 삼국시대 대구경 송풍관에서도 확인되는 특징으로 단야공정과 다른 공정의 존재를 알려준다.[23)]

표 7-6. 유형별 송풍관의 현황

분류 / 유형	송풍관의 분류		
	소형	중형	대형
2	3	1	1
3	1	3	

앞서 제시한 유형별 철기생산 관련유물의 기종구성에서 확인된 결과를 함께 살펴보면, 송풍관은 2·3유형 노에서만 출토된다. 2유형에서는 소형, 3유형에서는 중형이 다수를 차지하며, L자형 송풍관은 2유형에서 출토된다. 자료 수가 적어 2유형=소형, 3유형=중형으로 직접 대응시키기는 어렵지만, 대략적인 경향은 확인된다. 이처럼 송풍관 직경에 따른 분류를 단야로의 유형 및 관련유물과 함께 비교하여 시기·생산공정의 변화양상을 확인하고자 한다.

3. 단야로의 유형과 철기생산공정

앞서 분류한 단야로의 각 유형이 어떤 철기생산공정인가 하는 것을 검토하기 위해서는 각 유형에서 출토된 생산 관련유물의 면밀한 분석이 필요하다. 또한 어떤 공정에서 생성된 자료인가를 추정하기 위해서는 금속학적 분석을 거친 검증도 필요하다.

그러나 철기생산 관련유물은 특수성이 강하여 실견하기 어려운 것이 현실이다. 이로 인해 보고된 자료를 중심으로 그 현황을 파악하는 정도에 그칠 수밖에

23) 이남규는 금속학적 분석 결과를 통해 용해 공정과 관련된 것으로 보았다(李南珪, 2006). 더불어 전주 안심유적의 초기철기시대 주거지에서 출토된 L자형 송풍관은 송풍관 형태에 따라 그 기능을 달리 할 수 있다는 것을 간접적으로 보여준다.

없다. 여기서는 보고된 철기생산 관련자료의 구성을 단야 유형별로 정리하여 앞서 제시한 철기생산공정에 따른 잔존양상의 차이와 비교해보고자 한다. 또한 고고학 자료를 통해 살펴본 철기생산공정을 금속학적 분석 결과, 실험 및 민속자료와 비교해 검증해보고자 한다.

1) 고고학 자료의 비교

철기생산공정은 유구와 유물만으로 단정 지을 수 없다. 먼저 노의 상부구조가 밝혀진 바 없어 잔존양상으로 추정할 수밖에 없다. 단야공정은 유구가 명확하게 확인된 경우가 적어 발굴조사 당시 조사자가 단야로를 인지하지 못하면 단순히 노지로 보고될 수 밖에 없다. 이것은 고고학 자료로서 단야로가 구체적으로 연구되지 못한 가장 큰 원인이다. 여기서는 각 유형별로 출토되는 관련유물의 구성을 중심으로 철기생산공정을 추정하고 1~3유형과 다른 특징을 띠는 4·5유형 유구의 프로세스를 추정해보고자 한다.

단야 유형에서 출토된 생산 관련유물을 정리하면 표 7-7과 같다. 1유형의 단야유구에서 출토된 유물의 구성은 유적에 따라 출토양상의 차이가 크다. 1유형의 내성유적과 구산동유적에서는 소재로 생각되는 철편과 산화철이 고착된 대석 등 단순한 구성을 띤다. 반면, 늑도와 황성동유적에서는 철괴계 유물과 정형소재로 보이는 철판형 소재와 그 결실품, 노벽과 단조박편, 슬래그, 철제품 등 비교적 다양한 구성을 띤다. 1유형에서 보이는 유물 구성의 차이는 생산기술의 차이에 원인을 둔 것으로 생각된다.

내성·구산동유적의 유물 구성은 비교적 낮은 기술의 단야공정이 상정되며, 단련단야B공정으로 추정된다. 그러나 늑도·황성동유적에서 출토된 철괴+완형재, 소재+철제품이 출토되는 점은 고온조업이 있었다는 것을 상정할 수 있으며, 단련단야A나 정련단야공정이 존재하였을 가능성도 생각할 수 있다. 고온조업을 위해서는 송풍이 필요한데 1유형에서 송풍관이 출토되지 않는 점은 의문점으로 남는다. 황성동 다-17호 주거지에서 출토된 송풍관 형태의 슬래그(그림 7-32;50)는

표 7-7. 초기 철기생산유적의 유형별 유물현황

號數	遺構							出土遺物													
	爐의 分類				區分		類型	鐵器生産關聯									石器				기타
	I	II	III	IV	住居址	屋外		爐壁	送風管小	送風管中	送風管大	鍛造薄片	鐵滓	素材	碗形滓	製品	鐵塊	敲石系	砥石系	臺石形	
萊1號		■			■		1						□	■							
龜387號		■			■		1							■					□		
龜1322號		■			■		1							■							
龜323號		■			■		1													▣	
勒가-73號		□			■		1	■				■	■	■				■	■(▣)	■(▣)	
隍다-1號		■			■		1							■		■鎌	■			■	
隍다-9號		■			■		1									■多	■		■		鎌,鏃,斧,刀子
隍다-10號		■			■		1							■				□		■	
隍다-11號		■			■		1					■		■多	■	■斧	■		■(▣)	■	球狀鐵塊
隍다-17號		■			■		1							■	■	■鎌		■	■多		
勒나-11號		□				■	2		■												
勒나-61號		□				■	2	■											■		圓板形,樂浪土器
勒다-2號		□				■	2						▨						■		
勒다-2-7號		■				■	2	■											■		

號數	遺構							出土遺物													
	爐의 分類				區分		類型	鐵器生産關聯									石器				기타
	I	II	III	IV	住居址	屋外		爐壁	送風管小	送風管中	送風管大	鍛造薄片	鐵滓	素材	碗形滓	製品	鐵塊	敲石系	砥石系	臺石形	
勒다-2-8號		■				■	2	■	■												
勒다-3-4號		□				■	2		■	■	■		▨						■		圓板形
勒나-56號			□		□		3	■													
勒나-35號			□		■		3		■	■											
勒나-60號			□		□		3?			■											
勒나-50號			□		■		3												■(▣)	□	
勒나-46號			□		■		3			■									■		圓板形
勒나-36號			□		■		3						■								
隍다-4號			■		■		3										■				
勒나-48號	■					■	4	■				■	■								
勒나-53號				■		■	5	■					■	□							
勒나-54號				■		■	5	■											■		圓板形

※ 1. 勒 : 四川 勒島遺蹟, 萊 : 釜山 萊城遺蹟, 龜 : 金海 龜山洞遺蹟, 隍 : 慶州 隍城洞遺蹟

※ 2. □ : 可能性, ▨ : 還元系滓, ▣ : 산화철 고착

송풍관의 존재를 추정하게 하는 자료의 하나이다.[24)]

2유형은 늑도유적에서 확인된다. 노벽, 송풍관, 슬래그, 지석 등 비교적 단순한 유물 구성이다. 소재로 볼 수 있는 유물이 확인되지 않아 어떤 공정을 거친 소재를 다룬 조업이 있었는지 상정하기는 어렵다. 그러나 환원계 슬래그가 출토되는 점은 고온조업이 있었다는 것을 알려준다. 또한 단조박편이나 대석 등 단련단야에서 보이는 유물이 출토되지 않아 단야공정은 아닐 것으로 여겨진다. 송풍을 통해 환원계 슬래그를 만들어 낸 공정이라면 정련단야에 준하는 공정이었을 것이다.

3유형도 동일하게 대석과 석봉과 같은 단련단야의 도구와 시설이 확인되지 않아 단련단야 공정으로 보기는 어렵다. 3유형에서는 노벽과 송풍관, 슬래그가 출토되었으며, 특히 황성동유적에서는 철괴계 유물만이 보고되었다. 유물 구성에서 본다면 중형으로 분류되는 송풍관이 다수를 점하며, 철괴·슬래그가 출토되는 점에서도 정련공정으로 상정할 수 있다. 다만 출토된 철괴계 유물과 슬래그에 관한 구체적인 보고가 없어 그 생산 공정을 단정하는 것은 곤란하다.

옥외시설인 2유형과 노의 형태에서 차이가 큰 4·5유형은 유구만으로 어떤 조업이 진행되었는지 추정하는 것은 쉽지 않다. 4유형은 늑도 나-48호 수혈과 같이 단조박편이 출토되었다고 보고되긴 하였지만 그 출토량과 내용은 알 수 없다. 5유형은 슬래그가 부착된 노벽과 소재로 볼 수 있는 철제품이 존재하여 고온조업을 상정할 수 있다. 좀 더 구체적으로 철기생산공정을 추정하기 위해 지역과 시기를 망라하여 관련유적 및 유구를 비교하고자 한다.[25)] 먼저 4유형인 늑도 나-48호 수혈은 잔존하는 유구의 굴착면이 강하게 소결되어 있어 환원 상태의 소성이 이루어진 것으로 추정된다. 내부에는 목탄과 소토가 혼입되어 있고 소철

24) 사진만이 보고되어 그 특징을 상세하게 파악하기 어렵다. 그러나 사진에 따르면 노벽과 슬래그가 혼재된 양상이며, 원형의 구멍이 관찰된다. 소형 송풍관을 고정하기 위해 구축한 노벽이나 점토덩어리에 슬래그가 혼재된 것으로 추정된다.

25) 철기생산유구를 통해 알 수 있는 정보는 극히 한정적이다. 이로 인해 필자는 그간 철기생산과 관련된 연구를 진행하며 다양한 관점에서 자료를 비교하며 여러 가능성을 열어두어야 한다고 생각한다. 부족한 부분은 향후 자료를 보완해가며 검증해가고자 한다.

괴, 노벽, 슬래그, 단조박편 등이 확인되었다. 구조와 층위관계를 보면 정련로인 일본 도토리현[鳥取縣] 츠고야마로[都合山鈩]와 유사하다. 츠고야마로는 타하라 쿠니이치[俵國一]에 의해 일본 메이지[明治]시대 다타라(たたら) 공방으로 기록되었는데, 가쿠다 노리유키[角田德幸]가 문헌기록을 토대로 발굴조사한 유적이다. 이를 통해 문헌에 기록된 정련로의 양상이 고고학적 자료로 어떻게 남아있는지 확인할 수 있게 되었다. 츠코야마로와 늑도 나-48호는 유물량과 유구 규모의 차이가 크며 앞서 밝힌 바와 같이 시기차도 커서 직접 비교하기는 어렵다. 하지만 유물 구성이나 유구 잔존양상에서 유사성은 참고할 만하다.

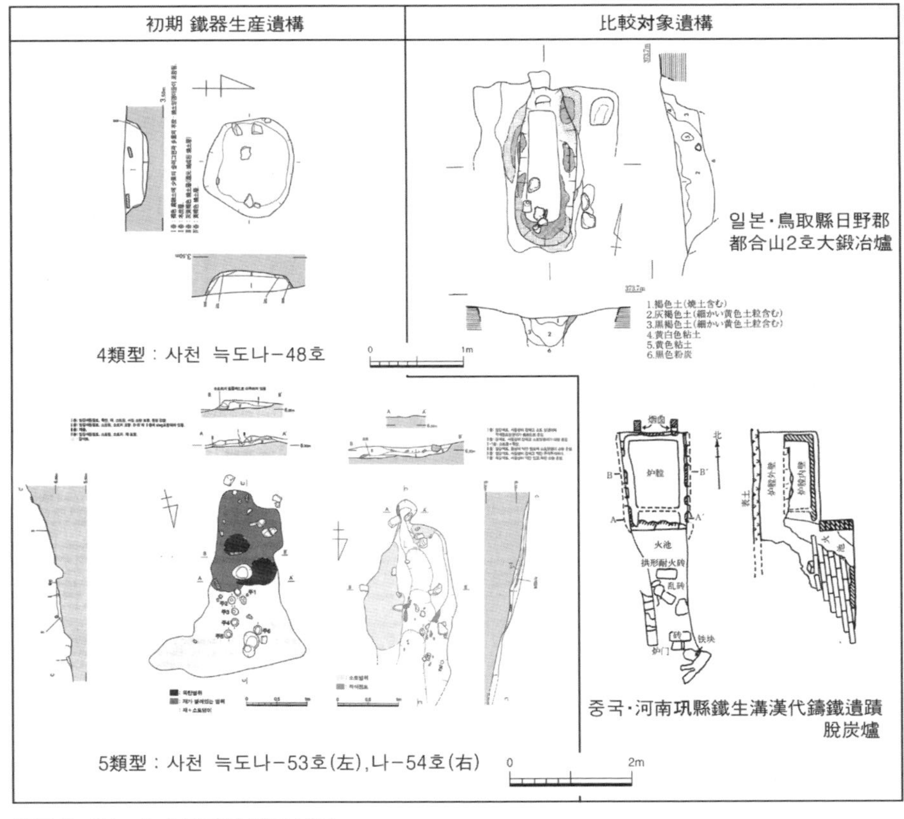

그림 7-21. 4·5유형의 비교 검토

5유형은 경사면에 세장하게 형성된 가마와 같은 형태를 띠는 유구로 늑도 나-53·54호에 해당한다. 경사면 하단부에는 소토와 같은 소성흔적이 보이며 상단부에는 슬래그와 슬래그가 부착된 노벽이 출토되었다. 이와 같은 가마의 구조를 가진 철기생산유구는 국내에서 확인된 바 없다. 다만 중국 하남성 철생구鐵生溝 주철鑄鐵유적의 탈탄로脫炭爐는 전돌로 축조한 노의 구조이지만, 하단부는 소성실, 상단부는 노내실로 구분된다. 5형식과 규모나 축조물에서 큰 차이가 있지만 기본적인 구조는 유사한 측면이 있다.

이와 같이 출토된 유물 양상을 중심으로 앞서 제시한 생산공정별 관련유물의 구성과 비교해보면, 생산공정에 정확히 맞아 떨어지며 출토되는 경우는 드물다. 고고학 자료에서 도출한 유형별 철기생산공정을 좀 더 명확히 밝혀내기 위해서는 여러 관련분야에 대한 검토가 함께 이루어져야 한다. 특히 금속학적 분석이나 고고학 자료에 기초한 실험자료는 철기생산공정을 상정하는 근거로서 활용할 수 있다. 앞서 살핀 고고학 자료를 통해 살펴본 생산공정을 금속학, 실험고고학 등 관련분야의 자료와 비교하여 검증해보고자 한다.

2) 금속학적 분석의 검토

금속학적 분석은 고고학적 분석방법에서 상정한 철기생산공정을 검증하고 생산기술에 관한 새로운 발견을 가능하게 한다. 연구대상인 철기생산유적에 대한 금속학적 분석은 늑도유적 나-36호, 나-53호 출토품과 황성동 다-11호, 가-17호 출토품으로 진행되었다.

표 7-8. 늑도유적 금속학적 분석 결과

番号	遺構	酸化物의 科學成分(%)	SEM-EDX分析
SN1	나-36호 住居址	SiO_2(55%)-Al_2O_3(24%)- FeOx(7%) TiO_2(0.8%)	SiO_2-Al_2O_3系의 酸性Slag를 형성하고, 未還元된 구형의 Fe-酸化物이 존재
SN2	나-53호 竪穴	SiO_2(64%)-Al_2O_3(20%)- FeOx(6%) TiO_2(0.7%)	SiO_2-Al_2O_3系의 酸性Slag를 형성하고, 未還元된 구형의 Si/Fe混合酸化物이 존재

나-36호 주거지 출토품

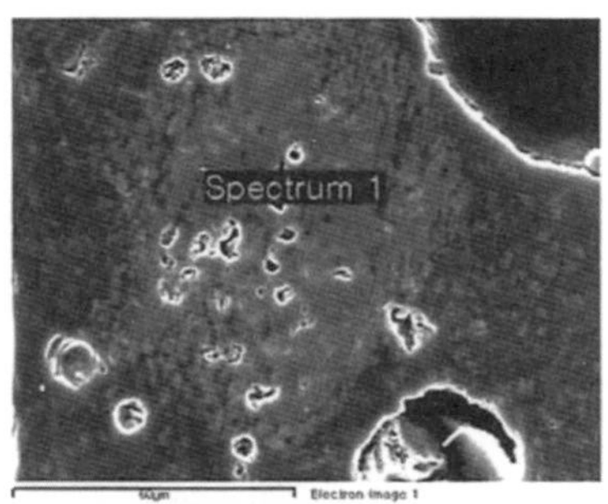

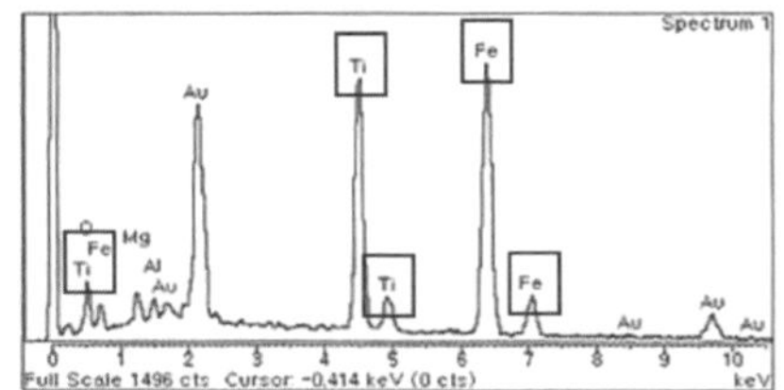

폐기장 출토품

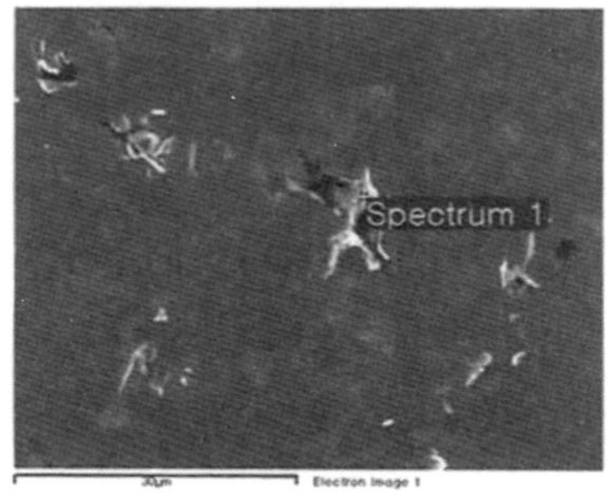

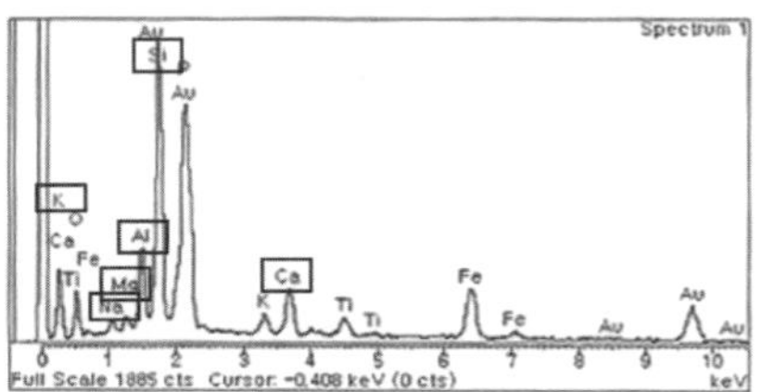

그림 7-22. 늑도유적 SEM-EDX 분석 결과

늑도 나-36호, 나-53호 출토품에 대해서는 화학분석과 현미경분석을 거쳐 다음과 같은 결과가 제시되었다(신경환 외, 2006).

그 결과를 인용하면, 모두 산성 슬래그인 특징을 통해 정련이 아닌 용해로와 관련된 슬래그라는 것을 알 수 있으며, Ti-산화물이 포함된 점에 주목하여 사철을 원료로 하였다는 것이 밝혀졌다.

이 결과 중 산성 슬래그라는 특징만으로 용해로 단정하는 근거가 되는가 의문이다. 용해로는 정제된 금속을 용융시키는 것을 목적으로 한다. 용해공정이라면 선철계 철괴나 용범, 도가니와 같은 용해와 관련된 유물, 적어도 주조품이 출토되어야 한다. 그러나 늑도유적에서는 분석 결과 이외에 용해를 상정할 수 있는 흔적이 없다. 또한 용해가 이루어진 유적이나 실험 자료를 보면 노벽 용융물 이외에 슬래그의 생성은 이루어지지 않는다. 용해로 노벽의 산성 슬래그(高SiO_2)는 노벽 점토의 용융물 상태로 출토된다. 이와 같은 의문점을 가지고 오오사와 마사미[大澤正己]와 함께 분석 결과를 검토해 보았다.

먼저 SEM-EDX의 분석 결과를 보면 Si, Al, Ca, Mg, K, Na_2O 등의 유리질(규산염)성분이 검출된다(그림 7-22;下). Fe, Ti은 점토혼입사철이 피열되어 환원된 것이다(그림 7-22;上). 산성 슬래그라고 본 유리질(규산염)에서 용해로를 특정하는 것은 가능하다고 여겨진다. 또한 이산화규소[SiO_2]는 산성 측에 속하며 염기성 측에는 산화칼슘[CaO], 산화철[Fe_2O_3], 산화망간[MnO], 산화칼륨[K_2O], 산화나트륨[Na_2O]이 있다. 고대 철기생산에서는 조제제(媒溶劑)로서 석회석을 넣는다고 단정할 수 없으며 석회석계 슬래그는 현실적으로 존재하지 않는다. 제철, 용해, 단야로 등의 노벽 용융물은 점토에서 유래된 이산화규소[SiO_2]가 주체인 조성을 갖는다고도 볼 수 있다.[26] 그러므로 분석 결과에 따라 이산화규소가 주체가 된 산화슬래그라고 해서 용해로로서 단정하기는 어렵다.

그렇다면 나-36호 주거지와 나-53호 수혈에서 출토된 슬래그에 기초하여 어떤 철기생산공정이 이루어졌는가 추정해 보고자 한다. 나-53호 수혈(5형식)에서 출토된 슬래그는 보고서에 「상당히 가볍다」·「유리질화」·「표면이 매끄러움」 등으로 특징이 기재되어 있다. 이 같은 특징은 고온 단련단야에서 형성된 것과 유사한 특징으로 불순물이 적다는 것을 의미한다. 그러므로 정련된 소재를 이용한 조업이었다는 것을 추정할 수 있다. 또한 나-36호 주거지(3유형)의 슬래그를 육안관찰한 이남규는 분석 결과의 용해공정을 의식하면서도 정련과정에서 형성된 것일 가능성을 지적한 바 있다(李南珪, 2006). 이처럼 앞서 분석한 늑도유적 슬래그를 용해공정으로 보는 근거가 약해진 이상, 이남규의 견해처럼 정련공정과 관련성을 상정하는 것이 타당하다고 여겨진다.

또한 늑도유적 철기생산 관련유물은 가평 대성리유적의 철기생산 관련유물과 유사성을 갖는다. 대성리유적은 늑도유적과 존속시기는 다르지만 단조와 관련된 2~3차 공정이 금속학적 분석을 통해 증명되었다. 그러나 늑도유적과는 금속학적 방법의 차이가 있어 분석 결과를 직접 비교하는 것은 불가능하다. 여기서는

26) 늑도유적의 분석 결과에 대해서는 오오사와 마사미[大澤正己] 선생님의 지도를 받았다.

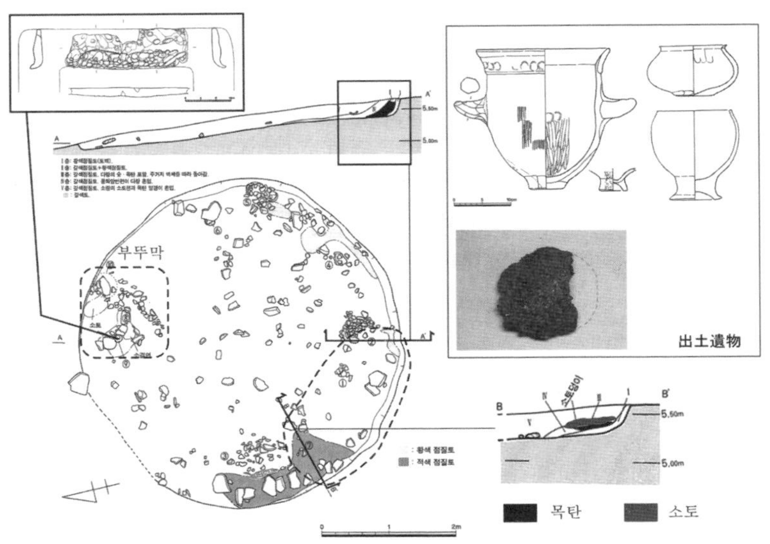

그림 7-23. 늑도유적 나-36호 출토양상

두 유적에서 출토된 관련유물을 육안관찰을 통해 비교해보고자 한다.

대성리유적에서는 정련공정의 소재가 되는 철괴계 유물(KTR-4), 단련단야A공정을 거친 슬래그(KTR-5), 단련단야B공정을 거친 슬래그(KTR-6)와 절단철편(KTR-9), 철제품(KTR-8)이 금속학적 분석되었다(大澤正己, 2009). 이를 인용하여 외형 사진을 중심으로 늑도유적 출토품과 비교하여 대응관계를 살펴보았다. 두 유적 출토품의 대응관계를 정리하면 그림 7-24와 같다.

늑도 나-48호 수혈의 소형철괴는 정련공정의 소재와 유사성을 띤다. 나-53호 수혈의 슬래그가 부착된 노벽과 다-2호 수혈의 슬래그는 고온에서 성형된 것으로 상정할 수 있다. 또한 가-73호 주거지에서 출토된 철편은 저온공정에서 확인되는 단조철편에 가깝다. 이처럼 늑도유적에서도 대성리유적과 마찬가지로 단야와 관련된 모든 공정이 존재하였을 가능성이 있다. 이를 유형별로 정리하면 4유형(나-48호)은 정련단야공정, 2·3유형은 단련단야A공정, 1유형은 단련단야B공정으로 추정할 수 있다.

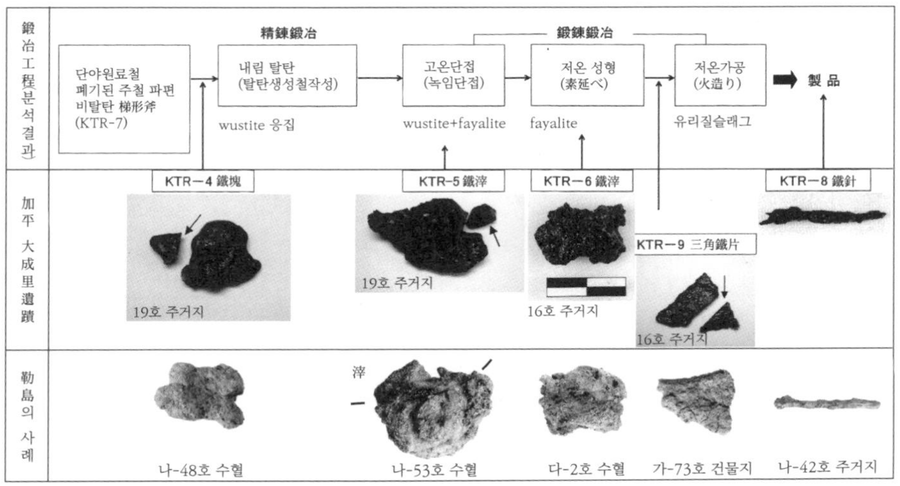

(大澤正己, 2009: 수정)

그림 7-24. 가평 대성리유적의 철기생산공정과 늑도유적의 관련유물

한편, 경주 황성동유적의 단야로 출토품도 금속학적 분석이 진행되었다. 다-Ⅰ-11호와 다-Ⅰ-17호 주거지에서 출토된 철괴계 유물과 구형球形철괴가 분석된 바 있다(尹東錫 외, 2000). 철괴계 유물은 페라이트[27] 조직을 가진 1차 소재이며, 구형철괴는 백주철과 회주철[28]이 혼재된 선철괴라는 것이 밝혀졌다. 특히 11호 주거지 출토품은 저탄소강의 소형철괴와 탄소량이 높은 선철이 공반되고 있어 주목된다. 이처럼 탄소량이 크게 다른 두 종류의 소재가 존재하는 것은 단야로에서 탈탄 및 침탄처리가 가능하다는 것을 시사한다(尹東錫 외, 2000). 즉 황성

27) 페라이트(ferrite)는 성분이 거의 순철에 가깝고 탄소량이 0.85% 이하인 강철의 조직이다. 연하고 전연성이 강하다. 또한 강자성체이지만 보자력은 약한 것이 특징이다(鐵鋼新聞社, 1969).

28) 선철은 조직면의 색에 따라 구분된다. 냉각 속도에 따라 색의 차이가 있다. 백주철은 냉각속도가 빠른 상태에서, 회주철은 느린 상태에서 나타나는 색조이다(鐵鋼新聞社, 1969).

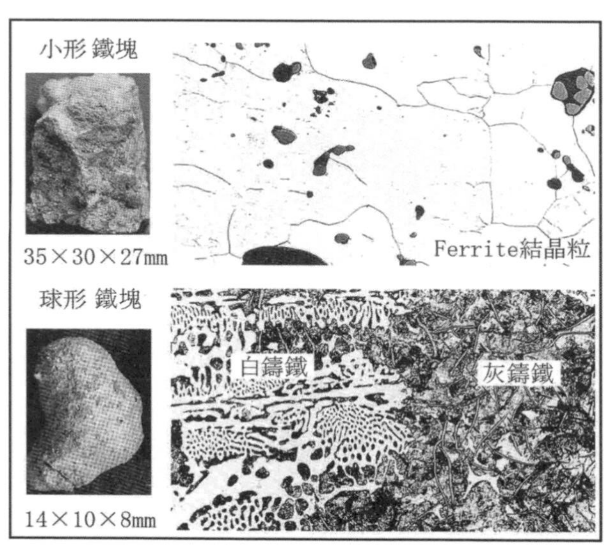

그림 7-25. 경주 황성동유적 철괴의 금속학적 분석 결과

동유적은 탄소량에 따라 철 소재를 효과적으로 활용하는 생산기술이 존재하였다고 상정할 수 있다. 금속학적 분석이 진행된 11호와 17호 주거지의 단야로는 1유형으로 분류되는데, 그렇다면 1유형 노에서도 고온조업이 가능하였다면 정련단야공정까지 이루어졌을 수도 있다.

3) 민속자료와 단야실험의 검토

철기생산유적에 대한 고고학적 검토에서 알 수 없는 부분은 문헌, 화상석, 회화 등 기록 자료와 민속품, 전통기술 전승자를 참고할 수 있다. 특히 단야공정은 민속자료와 고고학 자료를 비교함으로써 철기생산공정과 생산기술이 추정되고 있다(朝岡康二, 1984; 주경미, 2011). 또한 무라카미 야스유키 연구팀은 고고학 자료와 주변 분야의 기록을 종합하여 실험고고학적 관점에서 철기생산공정을 복원하고 있다. 실제 확인된 철기생산 관련유적과 실험 자료를 대비한 후 금속학적 분석을

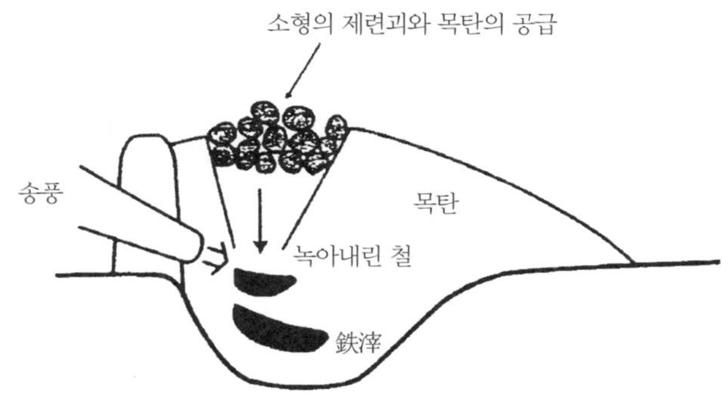

그림 7-26. 후루세 기요히데의 정련실험(古瀨淸秀, 2005)

덧붙여 좀 더 객관적으로 기술을 복원하고 있는 것이다.[29] 단야공정 역시 다양한 기록과 민속자료를 참고하며 고고학 자료의 사례를 실험하여 밝히려는 시도가 있다. 여기서는 고고학적 방법으로 분류한 단야 유형을 민속자료와 실험 내용을 참고하여 재검토해보고자 한다.

정련단야는 탄소량을 조절하여 단야공정이 가능한 소재로 바꿔주는 공정이다. 앞서 소개한 것처럼 중국의 초강로에 관한 문헌과 민족지, 그 밖에 기록 등을 고고학 자료에 대응하며 그 구조를 복원해 왔다. 또한 타와라 쿠니이치[俵國一]에 의해 기록된『古來の砂鐵製鍊法 -たたら吹製鐵法-』[30]의 정련단야를 참고하며 실험고고학적 관점으로 복원한 연구도 있다(古瀨淸秀, 2005). 후루세 기요히데[古瀨淸秀]의 단야실험에 기초하여 복원안을 살펴보면 Ⅱ식 단야로에서도 목탄을 적절하게 쌓아 정련할 수 있다는 것이 제기된 바 있다. Ⅱ식 단야로인 1·2유형에서도

29) 무라카미 야스유키 연구팀은 일본 다타라 보존기술보유자인 기하라 아키라[木原明] 선생님과 함께 지속적인 제철실험을 실시하며 종합적인 관점에서 제철기술의 복원을 시도하고 있다(村上恭通, 2006).

30) 俵國一, 1910,『古來の砂鐵製鍊法 -たたら吹製鐵法-』, 丸善株式會社.
상기의 문헌이 원서이지만 입수하기 어려워 2007년도에 간행된 復刻·解說版을 참고하였다.
俵國一, 2007,『復刻·解說版 古來の砂鐵製鍊法 -たたら吹製鐵法-』, 慶友社.

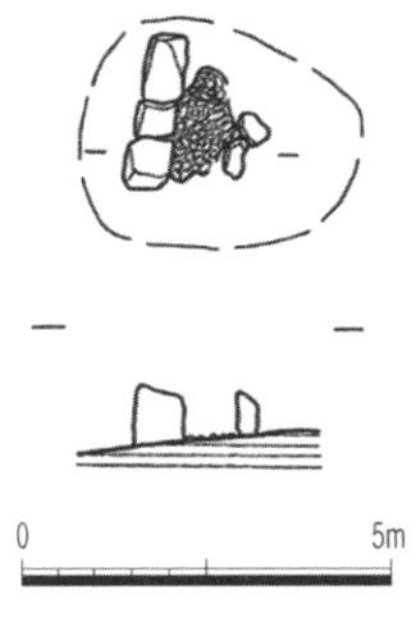

황성동 나-4호주거지

日刀保 다타라의 정련단야로

그림 7-27. 황성동 나-4호 주거지와 민속 사례의 비교

정련공정까지 가능할 수 있다는 점이 주목된다. 또한 현재도 조업 중인 일본 시마네현[島根縣] 닛토호 다타라[一刀保たたら] 공방의 정련로는 3유형인 황성동 나-4호 주거지와 동일하다. 황성동 나-4호 주거지는 Ⅲ식 단야로이지만 철괴계 유물이 출토되었다. 다타라 공방의 정련로처럼 황성동 나-4호의 단야로도 석재를 이용한 벽체를 구축하였는데, 다타라 공방의 정련로를 참고한다면 고온조업도 가능하였다는 것을 추정할 수 있다. 또한 일본 에히메현[愛媛縣] 우와지마시[宇和島市]와 이마바리시[今治市], 오카야마현[岡山縣] 니이미시[新見市], 충청북도 보은에서 진행된 단야실험과 고고학 자료를 살펴보면, Ⅰ·Ⅱ식 단야로의 구조에서는 고온조업, Ⅲ식 단야로에서는 저온조업이 가능하다는 것을 알 수 있었다. 더불어 저온조업은 굳이 송풍관이 아니더라도 대나무관과 점토를 활용한 조업이 가능하다는 것을 확인하였다. 따라서 적어도 Ⅰ·Ⅱ식 단야로에서는 단련단야A공정, Ⅲ식 단야로에서는 단련단야B공정이 가능하다는 것을 알 수 있다.

4) 유형별 생산공정의 설정

이상과 같이 고고학적 방법으로 설정한 철기생산유형의 각 공정을 추정하기 위해 다각적인 관점에서 살펴보았다. 그 결과를 정리하면 표 7-9와 같다.

1유형은 기술에 따라 정련에서 단련단야B공정까지 가능하다고 여겨진다. 2유형은 'L자형' 송풍관이 출토되고 있어 정련공정까지 추정할 수 있으나 그 이외의 근거가 명확하지 않다. 그러나 소형 송풍관이 다수 출토된다는 점이나 관련분야에 대한 검토에서 고온조업의 가능성이 추정된다는 점은 고온조업인 단련단야A 공정까지 가능하였다고 볼 수 있다. 3유형은 단련단야와 관련된 유물이 출토되지 않고 비교적 고온으로 조업하였다고 보이는 슬래그가 출토되어 정련공정을 추정할 수 있지만 아직 직접적인 근거는 제시하기 어렵다. 금속학적 분석과 실험고고학적 연구를 참고하면 단야공정도 가능하였을 것으로 여겨진다. 4·5유형은 고고학 자료를 통해 고온조업이 있었다고 볼 수 있다. 그러나 1~3유형과는 다른 특수한 공정으로 추정된다. 그 중 4유형은 금속학적 분석과 민속자료를 참고하여 정련공정에 가깝다고 생각된다.

표 7-9. 단야 유형별 철기생산공정의 설정

類型	考古遺物			金屬學分析			民俗資料			鍛冶實驗		
	精錬	鍛錬A	鍛錬B	精錬	鍛錬A	鍛錬B	精錬	鍛錬A	鍛錬B	精錬	鍛錬A	鍛錬B
1	●	●	●			△			有	可	可	可
2	●	●			△			有			可	
3	●			△	△		有					可
4	●	●		△			有					
5	(高溫操業)				△							

※ ● : 관련유물 존재, △ : 추정가능, 有 : 사례 존재, 可 : 가능성

4. 한반도 남부지역 초기 철기생산공정의 변천

한반도 남부지역 초기 철기생산유형은 노의 구조와 입지에 따라 크게 5개의 유형으로 구분할 수 있으며, 각 유형에 따라 다른 철기생산공정이 진행되었다고 볼 수 있다. 그 중 1~3유형의 철기생산공정은 하나의 공정에 한정되지 않으며, 조건을 달리하면 다양한 공정의 조업이 가능하였던 것으로 여겨진다. 이 같은 양상은 고온조업의 기술 여부, 탄소량이 다른 철을 다루는 기술의 차이 등에 따라 나

타나는 현상이다. 생산기술은 시기에 따라 점진적으로 발전한다는 것을 전제로 한다면, 한반도 남부지역 내 철기생산기술 역시 시기에 따라 다르게 전개된다고 볼 수 있다. 여기서는 시기에 따른 철기생산유형과 잔존물의 차이를 검토하고 기술적 발전과정을 상정해보고자 한다.

1) 단계설정의 기준

각 유형의 시기에 따른 변화양상을 살피기 위해 공반유물의 출토양상에 주목하고자 한다. 공반유물은 다수의 유구에서 점토대토기와 야요이토기가 출토되어 단계설정의 기준으로 삼을 수 있다. 점토대토기와 야요이토기의 편년관은 선행연구를 참조하였다.

점토대토기의 변천양상은 5장 2절에서 제시한 바와 같이 구연부의 형태 변화를 중심으로 한다. 일반적으로 구연부의 점토대 형태는 원형→삼각형→변형삼각형으로 변화가 상정되고 있다(그림 5-16, 鄭仁盛, 1998; 朴辰一, 2000·2001). 또한 동남부지역에서 보이는 점토대토기에서 고식 주머니호로 변화는 5장 3절에서 제시한 기준을 따른다. 원형+삼각형점토대→삼각형점토대→삼각형점토대+고식 주머니호로의 변천이 제시되었다(그림 5-32, 李盛周, 2005; 沈秀娟, 2010). 그리고 야요이토기의 형식은 다케스에 준이치의 분류와 편년안을 참고한다(그림7-28, 武末純一,

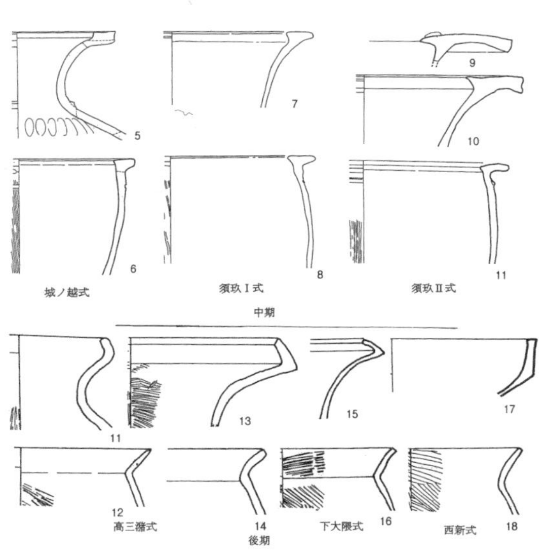

그림 7-28. 다케스에 준이치의 야요이토기 분류안

2004·2006·2010·2011).

검토대상의 생산유구에서 출토된 토기류를 정리하면 표 7-10이다. 크게 원형점토대토기와 죠우노코시[城ノ越]+수구[須玖]Ⅰ식이 공반되는 단계, 삼각형+변형삼각형점토대토기와 수구Ⅰ+수구Ⅱ식이 공반되는 단계, 변형 삼각형점토대토기(소수)와 고식 주머니호가 출토되는 단계로 구분할 수 있다. 이 같은 공반토기의 변화를 기준으로 생산 1기~3기로 설정하고 6장에서 정리한 동북아시아 철기문화의 확산단계에 비교하여 각 단계별 시간적 위치를 살펴보고자 한다.

먼저 생산 2기의 늑도 나-61호 수혈에서는 낙랑토기가 출토되고 있어 낙랑군 설치 이후이라는 점을 알 수 있다. 생산유구는 아니지만 생산 2기 공반토기의 출토양상을 띠는 늑도 가-245호 주거지에서 출토된 철기의 출토양상(李昌熙, 2007)

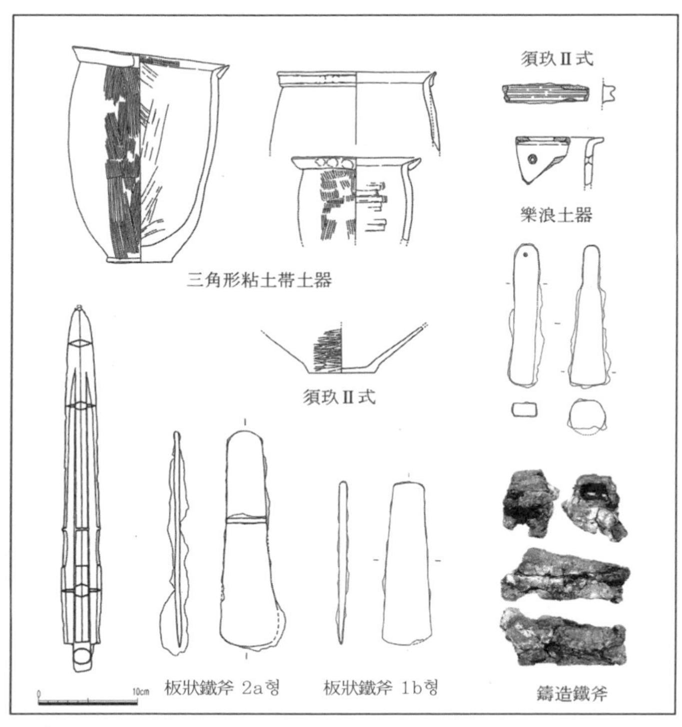

그림 7-29. 늑도 가-245호 주거지 유물 현황

도 주목된다. 주조철부는 ⅠB형계가 복수로 출토되며, 판상철부는 1b형과 2a형이 출토된다(그림 7-29). 늑도 가-245호 주거지의 철기 출토양상은 창원 다호리 1호묘의 특징과 유사하여 생산 2기를 확산단계 4기(동남부 2기)와 병행하는 시기로 생각된다.

또한 원형점토대토기가 출토된 생산 1기는 확산단계 2~3기로 볼 수 있지만, 출토된 원형점토대토기는 모두 파편이라는 점이 문제이다. 더불어 내성 1호 주거지에서 출토된 원형점토대토기편은 유구면에서 출토된 것인지 명확하게 알 수 없다. 반면 야요이토기는 비교적 안정적인 수량이 출토되며 형식은 죠우노코시[城ノ越式]식이다. 다케스에 준이치의 야요이토기 편년안을 참고하면 생산 1기는 확산단계 3기(동남부 1기)로 보더라도 문제되지 않는다. 이와 같이 공반유물 양상을 비교해 생산단계의 시간적 위치를 비정해보면, 생산 1기는 확산단계 3기, 생산 2기는 확산단계 4기 전반, 생산 3기는 확산단계 4기 후반으로 볼 수 있다.

2) 시기에 따른 단야유형과 출토유물

여기서는 단계별 유형변화와 출토유물을 검토하며 시기에 따른 철기생산공정의 변화를 상정해보고자 한다.

생산 1기는 주거지 내 소재로 보이는 철기와 주조철부 파편, 슬래그가 고착된 대석이 확인되지만, 명확한 노의 형태는 파악되지 않는다. 주거지 내 관련유물의 출토양상이나 유구 내 소결면이 약한 점을 고려하면 1유형 정도의 단야로가 존재하였을 것으로 추정할 수 있다. 그리고 노의 존재가 명확하지 않은 점은 저온 단야공정일 수 있다는 것을 알려준다. 생산 1기에 해당하는 구산동과 내성유적의 주거지는 기본적으로 방형을 띠는데, 단야생산이 추정되는 주거지 역시 방형이다. 또한 노를 상정할 수 있는 소결면은 주거지의 벽면에 가깝게 형성되어 있다는 공통점도 확인된다.

그림 7-30(左)는 생산 1기인 구산동유적의 유구분포와 출토유물을 정리한 것이다. 점선을 띠는 직경 50m의 원형 범위 내 생산 관련유구와 유물의 분포를 살펴보면, 비교적 넓은 범위 내에서 관련유구와 유물이 확인되는 것을 알 수 있다.

표 7-10. 초기 철기생산유적의 공반유물과 단계설정

順番	號數	土器類										遺構							段階
		粘土帶土器				打捺文土器	瓦質土器		彌生土器			爐의 分類				區分		類型	
		圓形	三角形	变形三角形	軟質		袋壺	기타	城ノ越	須玖 I	須玖 II	I	II	III	IV	住居址	屋外		
1	萊1호	■							■				■			■		1	생산 1기
2	龜387호	■							■				■			■		1	
3	龜1322호									■			■			■		1	
4	龜323호												■			■		1	
5	勒나-11호								□				□				■	2	생산 2기
6	勒다-2-8호		■										■				■	2	
7	勒가-73호		■少	■多	■少					■			□			■		1	
8	勒나-56호		■											□		□		3	
9	勒나-35호		■少	■多	■少									□		■		3	
10	勒나-61호		■少	■多	■少	■			□	■	■		□				■	2	
11	勒다-2호		■	■		■							□				■	2	
12	勒나-60호			■	■	■				■	■			□		□		3?	
13	勒나-48호										■	■					■	4	
14	勒나-53호														■		■	5	
15	勒나-54호										■				■		■	5	

順番	號數	土器類										遺構							段階
		粘土帶土器				打捺文土器	瓦質土器		彌生土器			爐의 分類				區分		類型	
		圓形	三角形	变形三角形	軟質		袋壺	기타	城ノ越	須玖 I	須玖 II	I	II	III	IV	住居址	屋外		
16	勒나-50호			■多	■						■			□		■		3	
17	勒다-2-7호			■									■				■	2	
18	勒나-46호			■多	■多	■					■			□		■		3	
19	勒나-36호				■						■			□		■		3	
20	勒다-3-4호			■	■								□				■	2	
21	隍다-1호						■古	■					■			■		1	생산 3기
22	隍다-4호					■		■						■		■		3	
23	隍다-9호					■		■					■			■		1	
24	隍다-10호							■					■			■		1	
25	隍다-11호				■	■多		■					■			■		1	
26	隍다-17호			■		■多	■古	■					■			■		1	

※ 1. 勒 : 泗川勒島遺蹟, 萊 : 釜山萊城遺蹟, 龜 : 金海龜山洞遺蹟, 隍 : 慶州隍城洞遺蹟蹟

※ 2. □ : 可能性, ▨ : 還元系 슬래그, ▣ : 산화철 부착

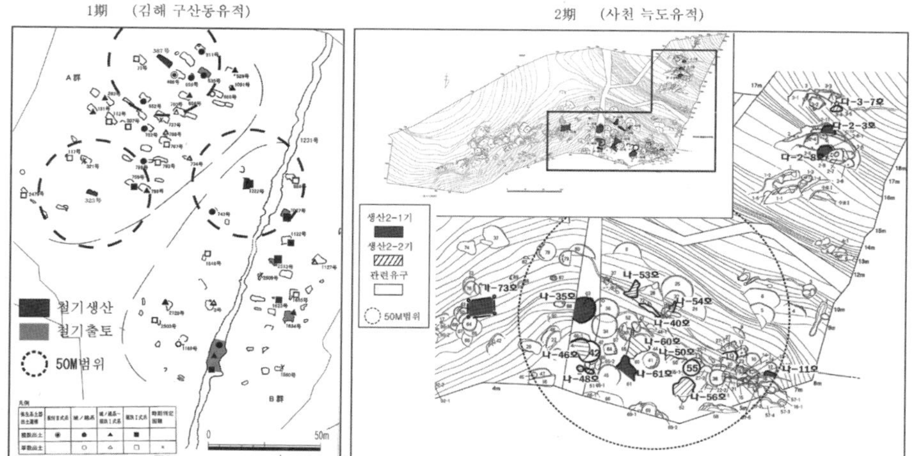

그림 7-30. 생산 1기·2기 철기생산 관련유구의 분포[31)]

반면 생산 2기는 1유형에서 5유형까지 다양한 형태의 생산유형이 존재하지만 2·3유형이 다수를 점한다. 2·3유형은 송풍관과 환원 슬래그, 단조박편과 같은 고온 단야작업을 추정할 수 있는 유물이 출토된다. 또한 송풍관도 소형에서 대형까지 다양하게 확인된다. 따라서 생산 2기가 되면 이전 시기의 저온작업과 함께 고온작업까지 가능한 기술적 발전이 있었다고 생각된다. 생산 2기의 대표적인 유적인 늑도유적을 살펴보면 생산 1기와 달리 주거지, 단독 수혈, 건물지 등 다양한 유구에서 생산 관련유물이 확인된다. 주거지의 형태도 원형이나 타원형으로 다양하며, 늑도유적에서는 4·5유형과 같은 독립적인 형태의 특수한 생산유구도 확인된다. 이처럼 다양한 유형의 철기생산시설이 존재하는 늑도유적을 유형별 분포양상으로 정리한 것이 그림 7-30(右)이다.

구산동유적과 동일하게 직경 50m 원형 범위 내 유구 밀집도를 검토해보면,

31) 본문 중에는 생산 2-1기와 2-2기를 구분하지 않았지만, 생산 2기는 늑도 내 생산유구를 좀 더 면밀히 분석하면 2기로 구분할 것으로 생각된다. 향후 관련 연구가 기대된다.

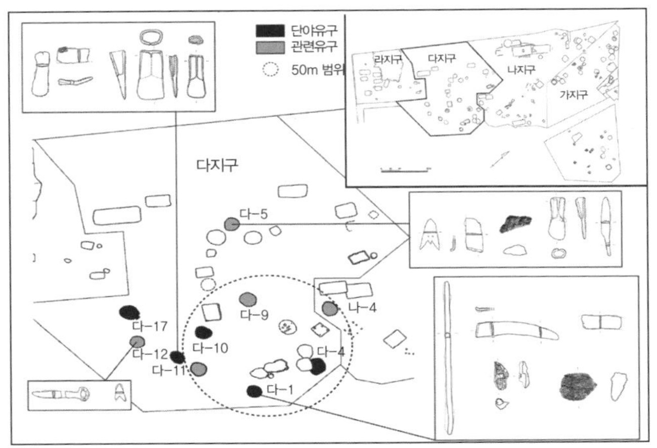

그림 7-31. 생산 3기 철기생산 관련유구 및 유물의 분포

생산 유구의 밀집도가 보다 높아지는 것을 알 수 있다. 또한 4·5유형 생산시설의 주변으로 1~3유형 생산시설이 분포하는 것을 알 수 있다. 따라서 생산 2기가 되면, 철기를 생산하기 위한 전문 시설이 일정 범위 내 유기적으로 존재하였다고 생각된다. 그리고 이를 철기생산 전문집단의 등장으로 해석할 수 있다.

반면 생산 3기인 경주 황성동유적은 생산 1·2기에 해당하는 유적과 동일한 계통으로 이해하기 곤란하다. 모두 1유형의 생산시설로 뚜렷한 노시설의 차이가 보이지 않았음에도 출토유물에서는 다양한 공정이 존재하였다고 볼 수 있기 때문이다. 황성동유적에서 출토된 생산 관련유물은 철제품과 미완성 철기류와 함께 구상철괴가 출토된다. 특히 미완성품과 결실된 철제품의 출토가 특징적이라고 볼 수 있다. 이러한 양상은 고철의 재활용 공정이 존재하였다는 것으로 추정할 수 있다. 즉 황성동유적은 철제품과 미완성 철기류를 활용한 저온조업과 구상철괴를 이용한 고온조업의 철기생산기술이 함께 공존하였다고 볼 수 있는 것이다. 이처럼 생산 3기가 되면 같은 유형의 단야로에서 여러 조업이 가능하게 되었다고 볼 수 있다. 또한 생산 3기에도 일정 범위 내 단야공정이 밀집되고 있다. 이는 생산 2기와 마찬가지로 생산전문집단이 존재한다는 것을 알려주는 근거이다.

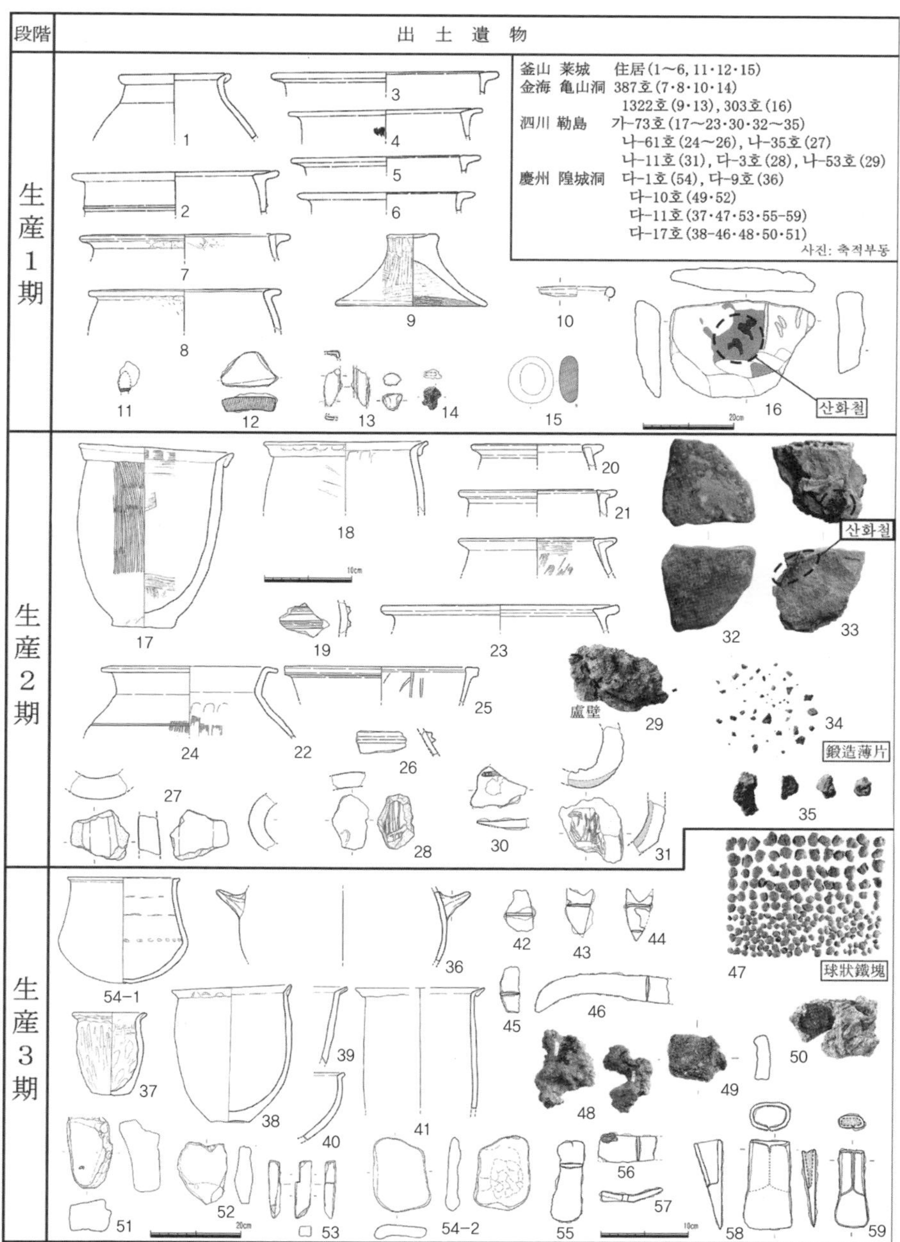

그림 7-32. 초기 철기생산유적의 단계별 유물 현황

표 7-11. 철기생산유구의 유형변화와 생산공정

분기	유형	생산 관련유물	생산공정의 추정
生産1期	1	鐵器素材·台石系	鍛錬鍛冶B
生産2期	1	鐵器素材·鐵滓·鍛造薄片·爐壁·台石系·敲石系砥石系	鍛錬鍛冶A·B
	2	爐壁片·送風管·還元滓·砥石系	精錬鍛冶
	3	爐壁片·送風管·鐵滓·砥石系	精錬鍛冶
	4	爐壁片·鍛造薄片·鐵滓	鍛錬鍛冶A 또는 精錬鍛冶
	5	유리질화된 爐壁·鐵滓·鐵器素材·砥石系	精錬鍛冶?
生産3期	1	鐵器素材·鐵滓·鍛造薄片·鐵塊·送風孔	精錬鍛冶·鍛錬鍛冶A
	3	鐵塊	精錬鍛冶?

5. 한반도 남부지역 철기생산기술의 등장과 발전배경

한반도 남부지역 철기생산기술은 주거지 내 단야 작업의 등장과 함께 시작된다. 저온의 초보적인 단야작업(1유형)으로 주조철부의 파편이나 소형철편 등을 소재로 가공하는 정도의 단순한 기술이다. 초보적 철기생산기술은 생산 2기에 들어서면서 급격한 기술적 발전이 진행된다. 단야공정은 주거지 내부에서 뿐만 아니라 독립된 시설에서도 이루어진다. 출토유물 역시 송풍관편, 단조박편, 환원철재, 노벽편 등으로 다양해진다. 이 같은 양상은 저온작업과 함께 고온작업이 이루어지는 등 다양한 철기생산기술로 발전하였음을 알려준다. 또한 늑도유적처럼 일정한 범위 내에 다양한 생산유형이 집중되는 점은 저온과 고온작업을 모두 아우르는 분업화된 철기생산집단의 등장을 시사한다.

이처럼 한반도 남부지역 내 철기생산기술이 등장하고 발전되기 위해서는 어디선가 소재의 공급이 있어야 한다. 즉 생산 1기의 주조철부 파편, 생산 2기의 1차 소재(제련 후 가공된 소재)의 유입이 필요한 것이다.

여기서 주목되는 것이 요동지역에서 보이는 철기생산기술의 변화이다. 요동지역은 연나라 문화요소의 확장에 따라 거점 성지城址를 중심으로 철기생산이 있

었다고 상정된다(金想民, 2016). 이후 기원전 3~2세기대가 되면 한반도 서북부지역을 포함한 요동의 일부지역에서는 연나라 계통의 철기가 확인되는데, 그중 요동지역 철기문화에서 주목되는 점은 기원전 3세기를 전후한 시점부터 보이는 파편철기의 재가공이다. 그 사례로서 위원 용연동유적의 주조철겸이 있다(김상민, 2017a). 이 시기에 보이는 요동지역 파편철기를 재가공하는 기술이 한반도 남부지역으로 전해져 생산 1기인 구산동유적 철기생산기술의 등장에 영향을 주었을 가능성도 있다. 요동지역에서 철기생산기술이 재지적으로 변용되는 시기에 한반도 남부지역으로 주조철기의 파편이 유통되었을 수 있는 것이다.

다만 한반도 남부지역 내 파편철기의 재가공이라는 초보적 기술은 단발적인 경향으로 이후 1차 소재(제련물)의 유입으로 인해 주조철기 파편의 유통은 사라지는 것으로 보인다. 압록강 중류역에 위치한 시중 노남리유적의 제련로는 선철을 생산하는 전형적인 전국시대 제련로와 큰 차이를 보인다. 노남리유적의 제련로는 선철이 아닌 괴련철을 생산했던 유적으로 압록강 중하류일대에서 보이는 재지적 철기의 존재와 관련될 것으로 생각된다(金想民, 2016). 노남리유적은 기원전 2세기에서 기원전 1세기대 유적으로, 여기서 생산된 1차 소재가 한반도 남부지역으로 유입되면서 동남부지역을 중심으로 철기생산기술의 다변화가 이루어졌을 것으로 생각된다. 한반도 동남부지역 내 자체적인 제련공정이 시작되었을 것으로 여겨지는 생산 3기 이전에는 요동지역에서 파편철기와 함께 재지적 제련공정을 거친 1차 소재가 유입되었다고 볼 수 있을 것이다.

이후 한반도 동남부지역에서 재지적 제련공정의 등장한다고 추정할 수 있는데, 이와 관련하여 주목할 수 있는 유적이 울산 달천유적이다. 달천유적은 철광석을 채광한 국내 최초의 채광유적으로 1차 조사의 7호 수혈과 3차 조사의 48호 수혈에서는 변형 삼각형점토대토기와 수구Ⅱ식 야요이토기가 공반된다. 공반유물의 구성을 보면 생산 2기에 해당한다. 이 시기 철광석을 채광하였다는 것은 앞서 살핀 것과 같이 생산 2기부터 본격적으로 진행되는 철기생산공정의 집약화와 관련된 것으로 여겨진다. 생산 2기에 철기생산기술이 다양해지고 다변화하는 것은 앞서 제시한 바와 같이 요동지역에서 유입된 소재의 변화와 관련된 것으로 볼 수 있다. 이 뿐만 아니라 기원전 2세기 이후 혁신적으로 발전하는 한반도 동남부

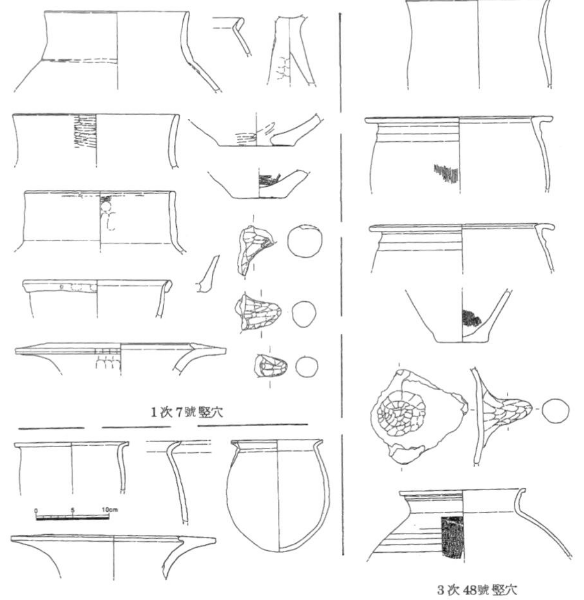

그림 7-33. 울산 달천유적 출토 토기류

지역의 철기문화가 유지되기 위해서는 안정적인 제작 소재의 공급이 필요했을 것이다. 기원 1세기대부터 달천유적에서 철광석을 채광하기 시작한다는 것은 철광석을 이용하여 철을 만드는 1차 공정(제련)이 시도되었고 이를 통해 안정적인 철기 제작 소재가 공급되었다는 것을 알려준다.

따라서 생산 1기에서 2기에 걸쳐 요동지역의 철기 제작 소재가 유입되는 와중의 어느 시점에 선진적인 철기생산기술이 도입되었고 이를 토대로 한반도 동남부지역 내 독자적으로 1차 소재를 만들려는 시도가 있었던 것으로 보인다. 현재까지 고식古式제련로가 발견되지 않아 그 구체적인 실체를 파악할 수 없다. 그러나 달천유적에서 철광석을 채광하는 단계에 제련공정이 존재하였을 가능성이 높다.

한편 생산 3기는 생산 2기와 같은 다양한 생산유형이 확인되지 않는다. 경주 황성동유적의 주거지 내 비교적 단순한 유형의 생산공정만이 확인되고 있기 때문이다. 그러나 황성동유적 다 지구를 통해 확인할 수 있는 생산유형은 철기생산공정의 일면에 불과하다고 생각된다. 이 시기 동남부지역의 분묘에서 다양한 철기류가 다량 부장되는 양상을 고려한다면, 생산 3기는 기술적으로 더욱 발전되었을 것으로 보인다. 이 시기 생산기술의 발전양상은 구체적으로 제시하기는 어렵지만, 출토유물을 통해 그 제작기술을 추정할 수 있다. 황성동 다-11호 주거지는 1유형의 노를 갖춘 주거지로서 소형철정과 철편, 단조철부, 슬래그가 출토된다. 그 중 선철계 구형철괴[32]가 주목되는데, 단야작업이 이루어졌던 유구에서 직접적인 소재로 이용될 수 없는 선철이 출토된다는 것은 선철의 재처리가 가능하였거나, 단조 작업시 소량의 선철을 함께 이용하는 기술이 있었다는 것을 알려준다. 이를 통해「선철을 재처리하는 정련공정의 존재」또는「탄소량의 차이를 활용한 철기생산기술의 존재」라는 두 가지 가능성을 생각할 수 있다. 이 두 가지 가능성 중 어떤 것이 타당한가에 대해서는 추후 검증이 필요하지만 적어도 생산 3기가 되면 한 유형의 단야로 내에서 다양하고 발전된 여러 제작기술을 함께 구현할 수 있었다고 볼 수 있다.

이처럼 철기생산 소재의 공급이라는 관점에서 보면, 크게 요동지역이나 한반도 북부지역으로부터 소재를 공급받는 단계와 자체적으로 생산하는 단계로 구분할 수 있다. 파편철기의 유입-1차 소재(괴련철)의 유입-재지적 1차 소재 생산이라는 발전과정을 거치는 것으로 보인다. 외부에서 소재를 공급받는 것과 관련하여 주거 형태의 차이를 통해 서로 다른 계통의 집단이 존재하였다고 보거나, 일정 시기에 중계교역을 담당하는 거주민이 존재한다고 보는 해석은 참고할 만하다(金武重, 2010). 철기생산이 이루어지는 주거지의 형태가 방형(생산 1기)에서 원형·타원형(생산 2기)으로 변화한다는 점은 시기에 따라 철기생산기술의 계통이 다르다는 것을 알려주고 있다고 볼 수도 있기 때문이다. 철기생산기술의 등장과 발전을 이주민의 이동이라는 관점에서 살핀다면, 생산 1기의 파편철기 제작은 위만조선의 성립에 따른 고조선계 이주민의 남하, 생산 2기의 1차 소재(괴련철)의 유입은 위만조선산 원료철 유입, 재지적 1차 소재의 생산은 위만조선 제련기술의 유입이라는 해석이 가능하다.

즉 한반도 동남부지역의 철기생산은 요동지역 파편 재가공이라는 원시적 철기생산의 영향을 받아 철기생산이 시작되었고 이후 요령~서북부지역에서 제련소재를 공급받으면서 기술적인 변화와 발전이라는 배경 속에 독자적인 제련기술을 보유하게 되었다고 볼 수 있다.

---

32) 금속학적 분석을 통해 구상철괴는 선철괴임이 밝혀진 바 있다(尹東錫 외, 2000).

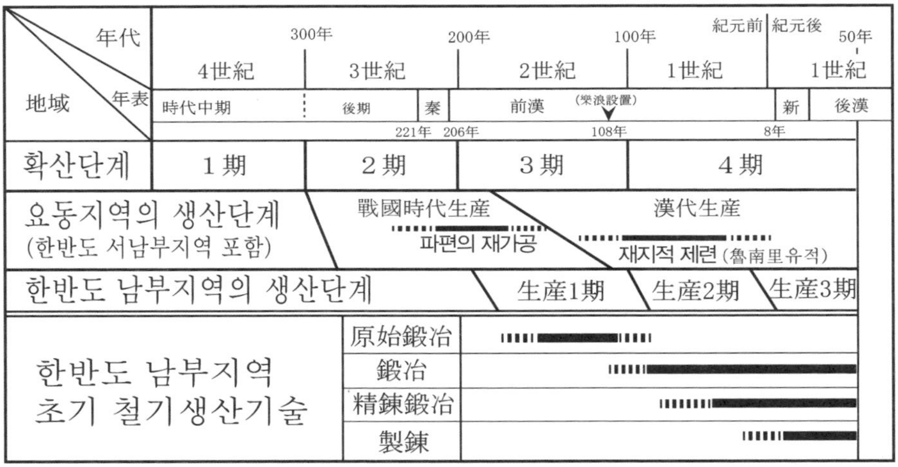

年代 / 地域 / 年表	300年		200年	100年	紀元前 | 紀元後	50年
	4世紀	3世紀	2世紀	1世紀		1世紀
	時代中期	後期 · 秦	前漢 (樂浪設置)		新	後漢
		221年 206年	108年	8年		
확산단계	1期	2期	3期	4期		
요동지역의 생산단계 (한반도 서남부지역 포함)		戰國時代生産 파편의 재가공		漢代生産 재지적 제련 (魯南里유적)		
한반도 남부지역의 생산단계			生産1期	生産2期	生産3期	
한반도 남부지역 초기 철기생산기술	原始鍛冶					
	鍛冶					
	精錬鍛冶					
	製錬					

그림 7-34. 한반도 남부지역 초기 철기생산공정의 변화

한편 안성 만정리유적, 완주 신풍유적, 함평 신흥동유적 등 한반도 서남부지역에서는 주조품인 철사나 철겸을 재가공하여 다른 이기利器로 사용하는 양상이 확인된다. 또한 공주 수촌리유적에 부장된 주조철부와 공반된 소형 판상철부는 중서부지역도 역시 주조철기의 유통과 재가공이 존재하였다는 것을 알려준다. 전주 안심유적에서 출토된 송풍관을 근거로 관련된 철기생산이 존재하였을 가능성이 제기되기도 한다(한수영, 2017; 김상민, 2017b). 하지만 이 역시 아직 가설에 불과하며 향후 새로운 자료의 등장을 기다려야 한다.

제8장

동북아시아 철기문화의 성립과 고조선

동북아시아 철기문화의 등장과 발전은 중국 연나라 철기의 확산과 한나라의 성립과 함께 한식철기로의 전환이라는 일련의 과정에서 나타나는 현상이다. 이 같은 철기문화의 확산과 전환과정은 지역에 따라 다른 성향을 보인다. 철기는 주로 취락 내에서만 출토되어 실용품으로만 다루어진 지역도 있지만, 부장품으로만 다루어지는 지역도 있다. 동북아시아 제지역에 보이는 지역차는 시기에 따라 다른 전개양상의 산물이다. 이처럼 지역에 따라 다른 출토양상의 차이는 철기가 가진 물질적 의미가 시기와 지역에 따라 서로 다른 의미를 내포하고 있다는 것을 반영한다.

여기서는 동북아시아 철기문화의 전개양상에서 드러난 시기·지역적인 차이를 검토하고 그 원인을 추정해보고자 한다. 특히 지역차의 원인을 찾기 위해, 출토양상의 차이에 주목하여 연나라, 한나라의 서로 다른 문화의 확장 패턴을 비교해 보고자 한다. 또한 지역에 따라 강하게 나타나는 재지在地적 철기류의 존재에 주목하고, 독자적인 생산과 유통이라는 관점에서 검토해보고자 한다.

이처럼 동북아시아 제지역에서 보이는 철기문화의 지역성에 대하여 문헌기록과 비교를 통해 당시 사회 변동과 철기문화의 발전의 상관관계를 상정해 보고자 한다.

1절 전국시대 연나라 철기문화의 확산과 지역성

철기에서 보이는 시기에 따른 지역차는 당시 단위 지역 내 철기가 가진 의미의 변화에 따라 나타나는 현상이다. 철기의 출토양상 중 부장품은「상징」, 취락 출토품은「실용」의 의미를 갖는 것으로 해석된다. 이것은 물질문화의 희소성에 따라 위세와 관련된 상징적 의미를 갖기도 하며, 널리 보급되어 이기로서 사용이 많아지면 실용성이 강해졌다는 의미로 볼 수 있기 때문이다. 이 같은 관점으로 보면, 출토유구의 차이는 당시 사람들의 가지고 있었던 철기에 대한 인식의 차이를 추정하는 기준일 수 있다. 전장을 통해 검토한 바와 같이 동북아시아에서는 시기에 따라 철기문화의 지역차가 커진다. 동북아시아 일대에 연나라 철기문화의 확산

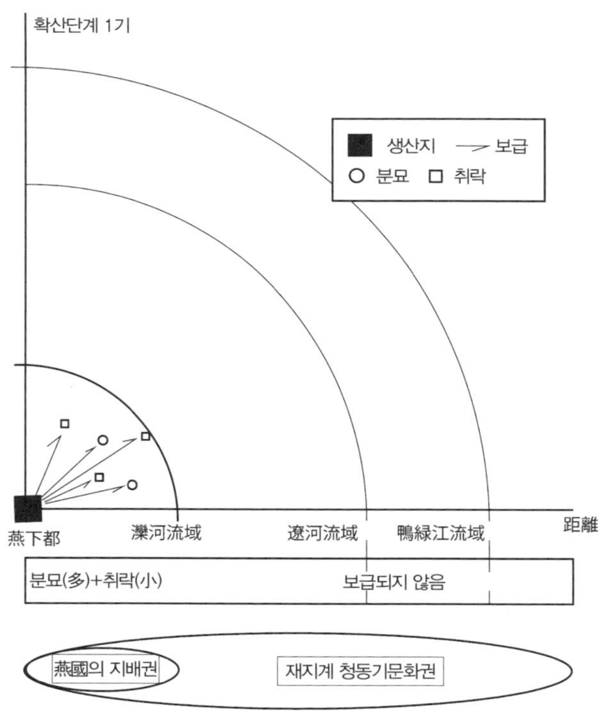

그림 8-1. 확산단계 1기 철기문화의 지역성

이후 한나라 철기문화로 재편되는 과정에서 나타나는 현상인 것이다.

연나라 철기문화의 확산과정에서 보이는 지역성에 대해서는「확산단계 1~2기」의 출토양상을 검토할 필요가 있다. 먼저 확산단계 1기의 확산범위는 란하灤河의 서쪽인 연산 남부지역에 한정된다. 이 단계 철기의 확산은 생산지인 연하도와 그 주변 일대에 한정된다. 또한 철기의 출토양상을 보면 분묘와 취락유적에서 출토된다.

이를 통해 확산단계 1기의 철기문화는 연하도에서 생산된 철기가 주변 지역으로 유통되는 정도였던 것으로 보인다. 유통 범위가 일부지역에 한정되는 점은 연나라 중심 지역 안에서만 생산과 소비가 이루어졌다는 것을 알려준다. 이 시기는 아직 지역적 편차가 크지 않다고 보아도 좋다.

한편 확산단계 2기가 되면, 동북아시아 각지로 철기문화가 확산된다. 요령지역 전역뿐만 아니라 길림성을 비롯한 동북지역과 한반도 서남부지역까지 확산된다. 이 단계 연나라 철기문화는 이전 단계보다 광범위하게 확산된 것이다.

이와 같은 연나라 철기문화의 확산과정은 "연나라는 곧 장군 진개秦開를 보내 조선의 서쪽을 공격해 2,000여 리의 땅을 빼앗고 만번한滿番汗에 이르러 경계를 삼았다[1]"라는 문헌기록과 대응한다. 진개가 연나라 소왕昭王(기원전 311~279)대 인물이라는 점은 확산단계 2기에 연나라의 동진을 계기로 확대된 영역권 내 연나라 철기문화도 확산된다고 볼 수 있다.

또한 란하灤河 주변에 위치하는 수왕분지구에서 철기생산이 이루어진다는 점에 주목할 수 있다. 연하도를 중심으로 한 철기생산뿐만 아니라 연산燕山의 동쪽에 철기생산거점이 형성된 것이다. 이것은 소비지의 증가에 따른 생산거점의 확대라는 관점으로 볼 수 있다. 확산단계 2기에는 수왕분지구를 새로운 거점에서도 철기를 생산하게되고, 여기서 생산한 철기들이 동북아시아 전역으로 유통되었다고 볼 수 있다. 이 단계부터 지역에 따라 다른 철기문화의 전개양상이 확인된다. 요서지역에서는 철기가 성지와 같은 취락에서만 출토되지만, 요동지역의 철기는 분

1) 「…燕乃遣將秦開攻其西方, 取地二千餘里, 至滿番汗爲界…」
『三國志』卷30,「魏書」30 烏丸鮮卑東夷傳.

묘와 취락에서 출토된다. 더불어 동북지역이나 한반도 남부지역에서는 분묘에서만 출토된다. 즉 확산단계 2기가 되면, 철기의 광역적 유통과 함께 지역 내 출토 양상의 차이가 나타난다.

요령지역에서 보이는 동서 간의 지역차는 두 가지로 해석할 수 있다. 먼저 철기의 가치에 대한 관점이다. 요서지역의 철기가 취락에 한정되는 점은 부장품으로서 상징적인 가치보다 실용기로서 인식하는 경향이 강한 반면, 요동지역의 철기가 분묘와 취락 내에서 출토되는 점은 요서지역에 비해 철기의 상징적 가치가 강했다는 해석이 가능하다. 즉, 연나라의 중심지와 가까운 요서지역은 요동지역에 비해 철기의 보급률이 높아 부장품으로서 희소가치가 떨어졌다고 볼 수 있는

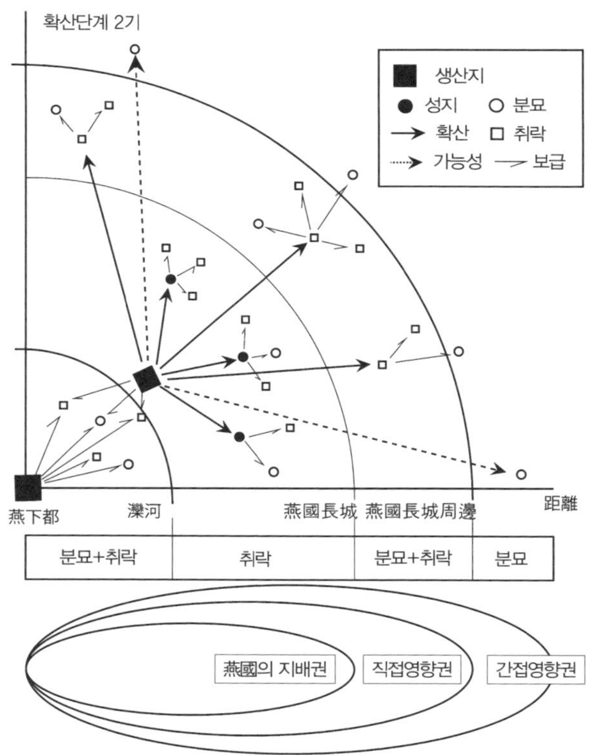

그림 8-2. 확산단계 2기 철기문화의 확산과 지역성

것이다.

다음으로 지배의 관점으로 살펴볼 수 있다. 연나라의 중심지에 인접한 요서지역은 치소治所가 설치되면서 재지집단에 적극적으로 철기가 보급되지 않은 반면, 연나라의 중심지와 거리를 둔 요동지역은 재지집단이 직접 철기를 공급받으면서 관계를 유지하였다는 해석인 것이다. 즉 연나라는 각 지역에 따라 지배방식의 차이를 두었다고도 볼 수 있다.

이처럼 요령지역에서 보이는 동서 간의 지역차에 대해 필자는 후자의 가능성이 높다고 본다. 확산단계 1기 요서지역으로 철기가 전혀 유통되지 않다가 확산단계 2기에 급격히 보급되어 실용화되었다고 보는 것은 부자연스럽다. 또한 동시기 원대자유적에서는 연계 장식토기와 재지계 원형점토대토기가 공반되는 양상을 띠는데, 이는 요서지역 내에서도 연나라 물질문화를 부장품으로 인식하는 경향이 강했다는 것을 알려준다. 후술할 확산단계 3기 요서지역의 분묘에서 철기가 부장되는 양상은 결국 철기의 상징적 의미가 오랫동안 지속되어왔다는 것을 알려준다. 그러므로 확산단계 2기 요서지역 내 철기가 부장되지 않는 원인은 철기의

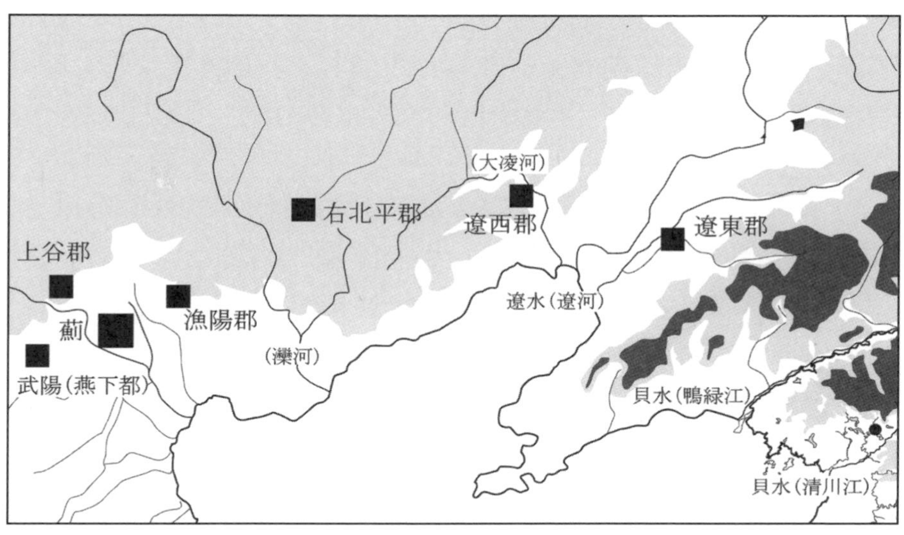

그림 8-3. 문헌기록의 군치소 위치(譚其驤·主編, 1982)

가치라는 관점에서 찾기는 어려워 보인다.

여기서는 요서지역의 대부분 철기가 성지에서 출토되는 것에 주목하고자 한다. 특히 안장자고성은 우북평군右北平郡으로 상정되고 있어 중원과 동북지역을 연결하는 중개지仲介地가 된다. 이처럼 성지를 중심으로 철기가 출토되는 양상은 연나라에 의한 요서지역 철기 보급은 지역거점이 중심이 되었다고 추정할 수 있다. 지역거점이 철기를 관리하고 통제하면서 재지집단에서는 직접 소유하고 부장품으로 다룰 수 없다고 추정된다. 즉 요서지역은 연나라의 직접지배권역이었으므로 지역거점에 의해 한정적으로 보급되었다고 보는 것이 적절할 것이다.

이와 같은 연나라의 지배방식은 문헌기록에서도 확인할 수 있다. "연은 또한 장성長城을 쌓았는데 조양朝陽으로부터 양평襄平에 이르렀다. 그리고 상곡上谷·어양漁陽·우북평右北平·요서遼西·요동군遼東郡을 설치하여 동호에 대항하였다."[2]라는 문헌기록은 연나라에 의해 장성이 축조되었고 새로운 영토는 군현제로 관리하였다는 것을 알 수 있다.

반면, 요동지역의 철기는 연나라 장성과 인접한 지역이 다수이며, 요동군으로 상정되는 요양시 일대와 그 주변에서는 철기가 출토되지 않는다. 요서지역과 달리 철기는 등장기부터 부장되기 시작하며, 철기와 명도전 등 연나라 물질문화와 동검, 점토대토기 등 재지적 물질문화가 공존한다. 또한 주조철부 2점이 세트로 부장되는 연나라의 부장풍습을 그대로 따르고 있다. 이와 같은 철기의 부장양상은 요동지역으로 유입된 철기문화는 요서지역의 그것과는 다른 방식으로 확산되었다는 것을 추정하게 한다.

요동지역 내 연산철기가 부장되는 분묘에는 신식新式 요령식동검과 점토대토기 등 재지계 유물과 공반된다. 또한 주조철부의 2점 세트 부장은 연산 남부지역 대규모 분묘에서 보이는 전형적인 철기의 부장양상이기도 하다.

요동지역의 철기 부장양상은 연나라 철기문화가 요서지역과는 다른 방식으로 유통되었다는 것을 시사한다. 연나라에 의해 철기가 요동지역 재지집단에 위신재

2) 「…燕亦築長城, 自造陽至襄平, 置上谷, 漁陽, 右北平, 遼西, 遼東郡以拒胡…」『史記』 권 110, 「列傳」 50, 匈奴.

로 사여되면서 연나라의 철기 부장풍습을 그대로 따랐다고 볼 수 있다. 연산철기가 부장되는 분묘는 연나라 장성과 인접한 지역에 위치하는데, 연나라의 중앙과 거리를 둔 요동군의 입장에서는 여타의 지역과 다른 영역 지배방식을 취할 수밖에 없었다. 즉 재지집단과의 연대를 강화함으로써 영역을 유지하는 간접적인 지배방식인 것이다. 확산단계 2기에 드러나는 요령지역 철기문화에서 보이는 동서간의 지역차는 동북아시아 제지역에 대한 연나라의 대응방식의 차이로 인해 나타나는 현상이라고 볼 수 있다.

한편 확산단계 2기에는 연나라 영역권의 외곽으로도 연산철기가 확산되는데, 그 범위는 길림지역과 한반도 남부지역까지이다. 이 지역의 철기는 모두 부장품으로서 다루어지고 있어 상징적 가치가 컸던 것으로 보인다. 길림과 한반도 서남

그림 8-4. 확산단계 2기 철기문화의 지역성

부지역에 부장된 철기는 연나라의 간접적 영향에 의한 것으로 장거리 교역이나 주민의 이동(이주) 등에 의한 것으로 추정된다. 연나라 중심지역에서도 장거리 교역을 상정할 수 있는 유물이 출토되고 있어 주목된다. 기원전 3세기대인 연하도 신장두辛莊頭 30호묘의 부장품에는 북방문화의 영향을 받은 소와 말, 양 등의 문양이 그려진 유물이 출토되었으며(河北省文物研究所, 1996), 공반된 세형동과는 한반도계로 분류되고 있다(村上恭通, 2000; 李淸圭, 2002). 이처럼 연나라의 중심지에서도 북방과 한반도계 유물이 출토되는 점은 연나라 영역권 내 장거리 교역이 있었다는 것을 알려준다. 이는 중국의 물질자료가 일방적으로 요령지역, 한반도로 파급되는 것이 아니라 공적·사적 교역 등 상호 간에 '주고받는 관계'가 형성되었을 가능성을 시사한다(김새봄, 2012).

더불어 한반도 서남부지역의 주조철겸을 비롯한 연산철기가 출토되는 분묘는 기존의 청동기문화를 기반으로 한 전통적인 분묘구조가 아니라 단장목곽묘이다. 한반도 남부지역에서 본격적으로 목곽묘가 등장하는 시기는 기원 1세기대에 들어서 확인되기 때문이다. 이보다 훨씬 이른 시기에 연나라 철기[燕産]가 목곽묘에서 확인된다는 점은 연나라의 영향을 받은 지역 주민의 이동이 있었을 가능성도 있다. "진秦의 침공으로 기원전 226년 연산 남부를 포기하고 요동지역으로 물러나 기원전 222년에 연이 멸망한다"는 문헌을 따른다면, 3세기 후반에 연나라의 혼란에 따른 주민의 이동도 상정할 수도 있다(万欣, 2011). 서남부지역에서 보이는 연산철기와 목곽묘의 조합은 연속성을 띠지 못하고 단발적인데, 이것은 연나라 문화의 일시적인 유입이 있었다는 것을 추정케 한다.

이처럼 연나라 영향권을 넘어 유통된 연산철기는 상호 교역이나 단발적 이동에 따른 간접적인 영향에 의한 것으로 판단된다. 이 지역들에서 출토된 연나라 철기가 모두 부장품으로 다루어진다는 점은 생산지에서 멀어질수록 소비지의 희소성은 높아진다는 점과 관련될 것이다.

전국시대 연나라 철기문화의 확산과정에서 보이는 지역성은 동북아시아 제지역에 대한 연나라의 대응방식에 의해 나타나는 현상이라고 생각된다.

2절 한나라 철기문화로의 전환과 고조선

연나라가 멸망한 후 한나라가 성립하면서 동북아시아는 점진적으로 한나라 철기문화의 영향권으로 들어선다. 이 같은 양상은 확산단계 3~4기에서 보이는 특징으로 철기문화의 지역성은 더욱 커진다. 한나라 철기문화의 영향을 받으면서도 기존 연나라 철기문화의 특징이 지속되기도 한다. 또한 각 지역 내 재지적 철기 기종이 증가한다는 것도 특징이다.

1. 확산단계 3기 철기문화의 전환과 고조선

한나라 철기문화의 영향을 직접적으로 받은 지역은 천산산맥의 서쪽이다. 특히 요서지역과 요동반도 내 분묘와 취락에서는 ⅠA-6형 철부와 철삽, 장검 등 한식철기만이 출토된다.

그러나 천산산맥의 동쪽인 압록강 중하류역과 요하 상류일대의 철기류에서는 다소 이질적인 특징도 확인된다. 압록강 중하류역은 소수의 한식철기도 출토되지만, 연나라 철기의 재지적인 변화가 두드러진다. 특히 ⅠA-3형 철부의 공부銎部가 변형된다는 점, 다량의 반월형철도가 출토되는 점이 주목된다. 철겸도 사용 후 마연하여 재활용한 현상이 관찰된다. 요하 상류일대에서는 한식철기인 ⅠA-6형 철부가 출토되긴 하지만 청동제 녹각형병부鹿角形柄部로 장식된 철검과 같은 비한식非漢式 철기류도 출토된다. 이처럼 두 지역에서 보이는 철기문화는 확산단계 3기의 지역성을 대표한다.

확산단계 3기 요령지역에서 보이는 지역성의 원인을 찾는데 주목할 점은 철기생산거점의 등장이다. 특히 요서지역의 치소治所(안장자고성지) 내 철기생산유구·유물이나 요하유역권 내 철기생산거점(타철노구打鐵盧溝유적)의 존재 등은 한나라 철기생산기술의 확산범위를 설정하는 기준이 될 수 있다.

요하유역 철기생산거점의 등장과 함께 인접한 요서와 요동반도 일대는 한나라 철기문화의 직접적인 영향을 받을 수 있게 되었다. 이전 단계에는 요서지역과 요

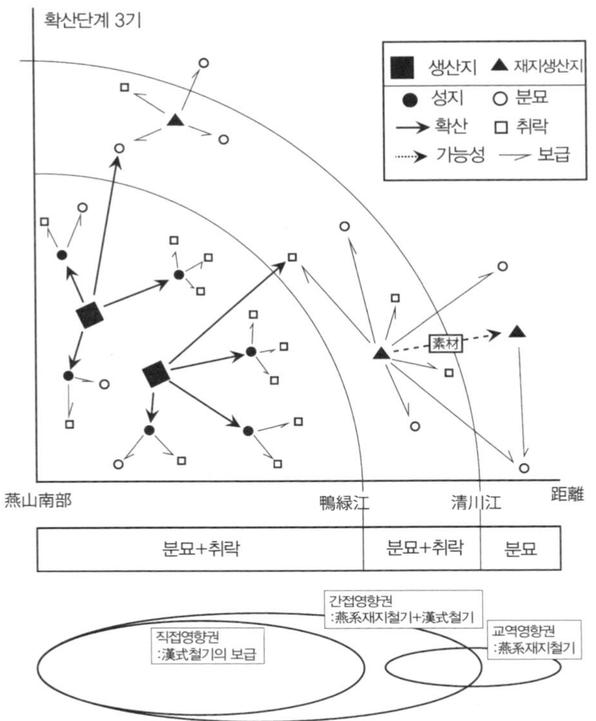

그림 8-5. 확산단계 3기의 지역성에 대한 모식도

동반도 일대에서 철기가 부장되는 사례는 보이지 않았지만, 확산단계 3기가 되면 한식철기가 부장되기 시작한다. 이것은 생산거점의 등장과 함께 지역 내 생산된 철기를 더욱 적극적으로 수용할 수 있었기 때문일 것이다.

반면 압록강유역은 비교적 한나라 철기생산거점과 거리를 두고 있어 한나라 철기문화의 직접적인 영향을 받지 못한다. 압록강 중류 지역과 요하 상류에서 보이는 비한식철기문화의 등장은 한나라 철기생산거점과의 접근성과 관련될 수 있다.

당시 철기문화의 중심지였던 한나라의 직접적인 영향이 없었음에도 지역 내 재지적인 철기가 존재한다는 점은 독자적인 철기생산이 존재하였기 때문이라고 볼 수 있다. 이전 단계에 연나라로부터 입수한 철기를 그들만의 기술로서 생산해보려는 시도가 있었을 것이다. 연나라의 멸망 이후 철기의 수급이 불확실해지자 지역 내에서 자체적으로 철기를 생산하려는 노력이 있었고 그 과정에서 비한식철기가 등장하였을 수도 있다.

특히 압록강 중하류역에 위치한 용연동유적의 철기는 사용후 재가공한 흔적이 관찰된다. 이것은 지역 내 스스로 철기를 가공하려는 원시原始적 시도로 여겨진다. 또한 계통을 찾기 어려운 반월형철도의 등장은 당시 발달된 청동기제작기술을 기초로 철기생산을 시도한 기종의 하나로 볼 수 있다. 연나라 철기[燕産]를 모방하여 지역 내 제작된 비한식比漢式 철기[3]가 등장한 것이다.

비한식철기의 분포를 살펴보면, 반월형철도는 요서지역 원대자유적에서 보이지만, 주로 천산산맥 동쪽으로 분포한다. 특히 쌍산자유적에서는 다량의 반월형철도가 출토되어 압록강유역이 반월형철도 생산의 중심지였다는 것을 추측하게 한다. 또한 주조철부의 분포를 보더라도 변형된 ⅠA-3형 철부는 압록강유역 일대를 중심으로 분포한다. 이러한 분포양상을 참고한다면 비한식철기의 생산과 유통범위는 압록강 하류역과 그 주변으로 추정된다.

이처럼 압록강유역 비한식철기의 분포를 살피면서 주목되는 문헌기록은 위만조선에 관한 기록이다.

먼저 "20여 년이 지나 진승陳勝과 항우項羽가 군사를 일으켜 천하가 혼란해지니, 연燕·제齊·조趙나라의 백성들이 근심과 괴로움에 점차 망명하여 조선의 준왕에게 오니, 준왕은 이에 이들을 나라의 서방에 두었다. 한漢나라에 이르러 노관盧綰을 연왕燕王으로 삼으니 조선과 연나라는 패수浿水를 경계로 하였다. 노관이 한나라를 배반하고 흉노匈奴로 들어가자, 연나라 사람 위만도 망명하여 호복胡服을 하고 동쪽의 패수를 건너가서 준왕에게 투항하였다"[4]는 기록이 있다. 이 기록에

---

3) 비한식철기는 한나라의 철기가 아니라는 의미이기도 하지만 연나라 계통의 주조제 철제품 포함한다. 그럼에도 학계에서 통용되는 '연계철기'와 동일한 의미가 아님을 밝혀둔다.

4) 「…二十餘年而陳·項起, 天下亂, 燕·齊·趙民愁苦, 稍稍亡往準, 準乃置之於西方. 及漢以盧綰爲燕王, 朝鮮與燕界於浿水. 及綰反, 入匈奴, 燕人衛滿亡命, 爲胡服, 東度浿水, 詣準降…」
『三國志』 卷30, 「魏書」 30 烏丸鮮卑東夷傳.

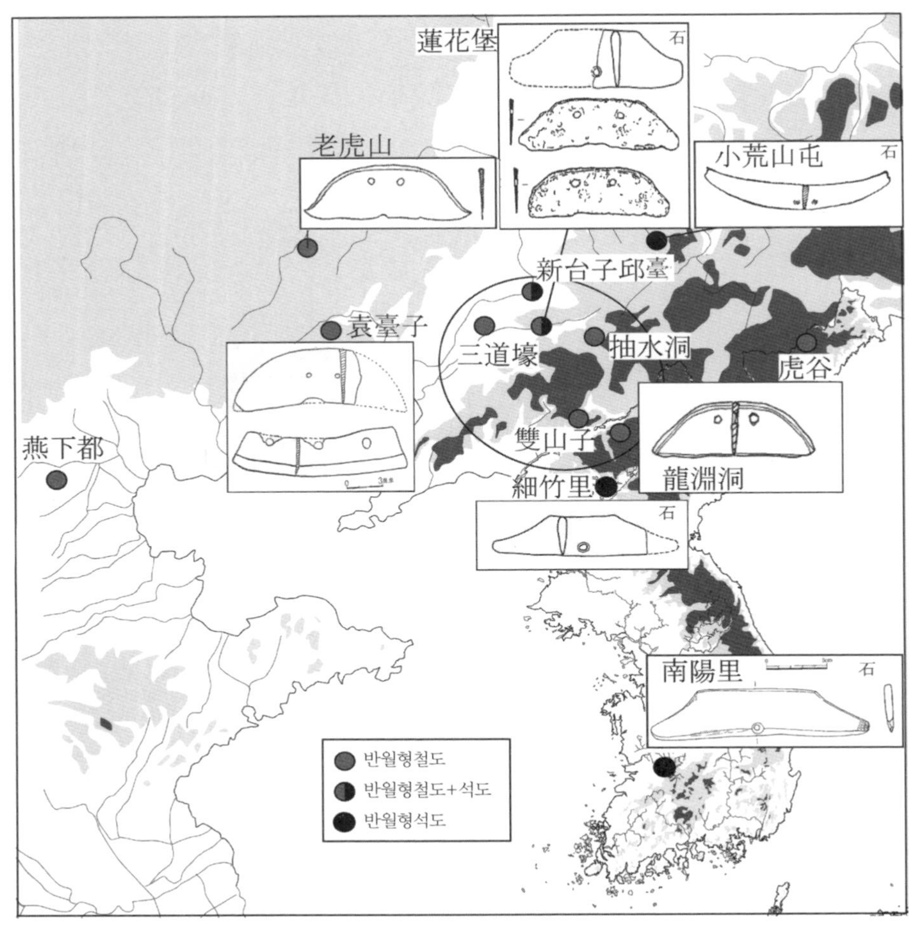

그림 8-6. 반월형철도의 분포

의하면 한나라 성립 이후에도 한 왕조가 요동지역을 직접 지배하지 않은 것을 알 수 있다. '연왕으로 삼아', '노관이 한나라를 배반하고'라는 기록은 요동지역이 전한 초기에 「연燕」이라는 제후국으로 봉건되어 유지되었다는 것을 추측할 수 있다. 또한 '패수를 경계로'라는 기록에서 패수를 압록강으로 비정한다면, 앞서 제시한 비한식철기의 분포와도 맞아 떨어진다.

또한 "무리 1,000여 명과 상투를 틀고 복장을 바꾸어 동쪽으로 달아나 패수를 건너 … 만이蠻夷 옛 연燕·제齊나라 망명자의 왕이 되고 '왕검'에 도읍을 하였다[5]" 는 기록 중에서 「패수」·「왕검성」과 같은 지명이 있다. 이 지명의 위치에 대해서는 많은 논쟁이 있지만, 일반적으로 압록강이나 청천강유역으로 비정되고 있다(오강원, 1998).

이처럼 문헌기록과 비교하여 살펴보면 압록강을 중심으로 비한식철기가 분포하는 양상과 거의 일치한다. 압록강 중하류 일대의 비한식철기에 대한 구체적인 검토가 필요하겠지만, 소위 비한식철기가 분포하는 압록강유역권은 「위만조선」의 철기문화권일 가능성도 있다.[6]

한편, 한반도 남부지역의 철기는 이전 단계와 동일하게 분묘 부장품에 한정된다. 철기가 출토되는 지역은 서남부지역과 동남부 내륙지역이 다수를 차지한다. 한식철기가 부장되는 양상은 보이지 않으며 철기는 대부분 연나라 계통이다. 특히 ⅠA-4형 철부는 서남부지역에서만 보이는데, 이 형식 역시 지역성이 강한 것이라고 판단된다.

또한 한반도 동남부 해안에서 보이는 파편철기의 재가공과 같은 초보적 단야공정도 주목된다. 특히 구산동유적에서는 1a형 판상철부가 제작되는데, 이 같은 원시原始적인 단야공정이 한나라 철기제작기술의 영향을 받았다고 보기는 어렵다. 오히려 재가공이라는 요소는 압록강유역에서 보이는 재지적 철기문화의 초기형태와 유사하다. 또한 구산동유적의 주거지 특징은 원형으로 벽면에 온돌시설이 구축된다. 이와 같은 양상은 압록강유역에 위치한 세죽리유적과 유사하다고

5) 「…聚黨千餘人, 結蠻夷服而東走出塞, 渡浿水, …蠻夷及故燕齊亡命者王之, 都王險…」『史記』卷115, 朝鮮傳.

6) '渡貝水'라는 기록은 패수 이남지역으로 왕검성과 위만조선이 위치하였다는 것을 알려준다. 압록강을 패수로 본다면, 위만조선과 관련된 철기는 그 이남지역에 분포하여야 한다. 비한식 철기류가 천산산맥 동쪽과 압록강유역권에 분포한다는 것은 오히려 위만조선 성립 이전부터 비한식철기가 지역별로 존재하였고, 위만이 그 지역 세력들을 규합하여 패수를 건넜을 수 있다는 것을 추정케 한다. 이처럼 압록강유역권의 비한식철기는 위만조선 철기문화의 성장에 토대가 되었다고 볼 수 있다.

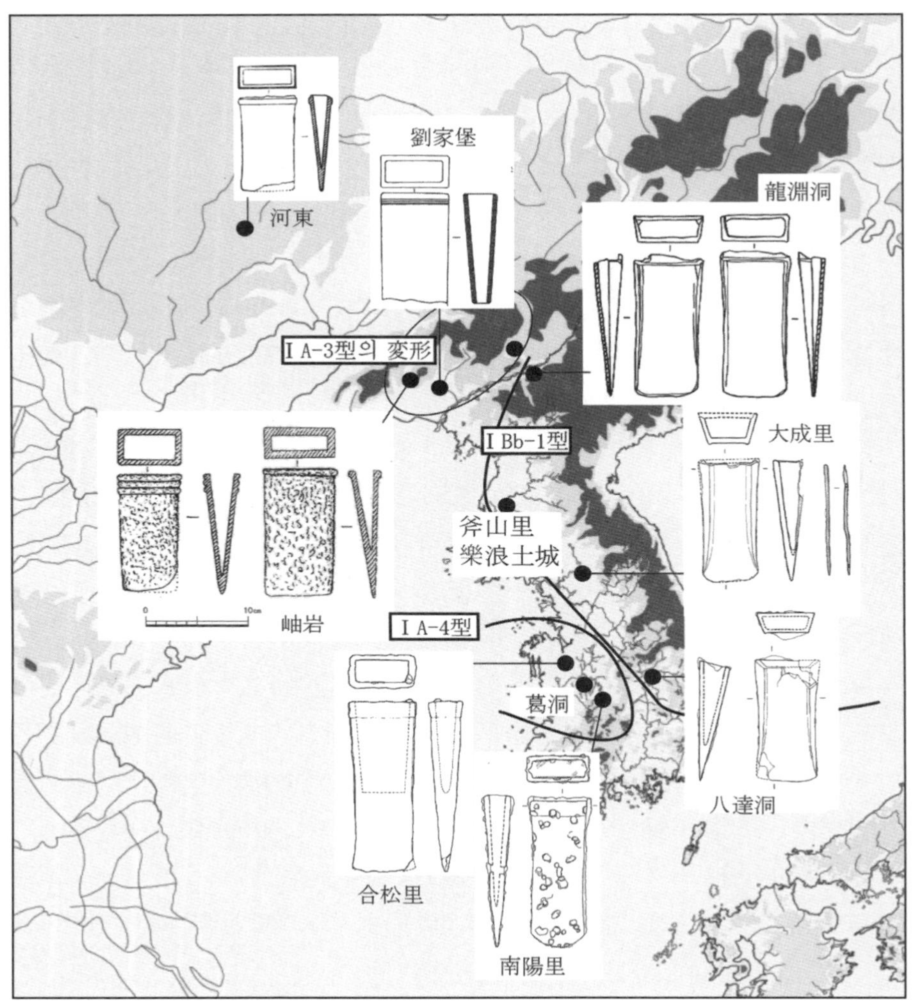

그림 8-7. 연계·재지계 주조철부의 분포

평가된 바 있다(정인성, 2011). 따라서 확산단계 3기가 되면 한반도 남부지역에서도 철기를 제작하려는 시도가 있었다고 볼 수 있다.

확산단계 3기 한반도 남부지역 철기문화의 전개양상에서 다음의 문헌기록이 주목된다. "그의 근신近臣과 궁인宮人들을 거느리고 도망하여 바다를 경유하여 한

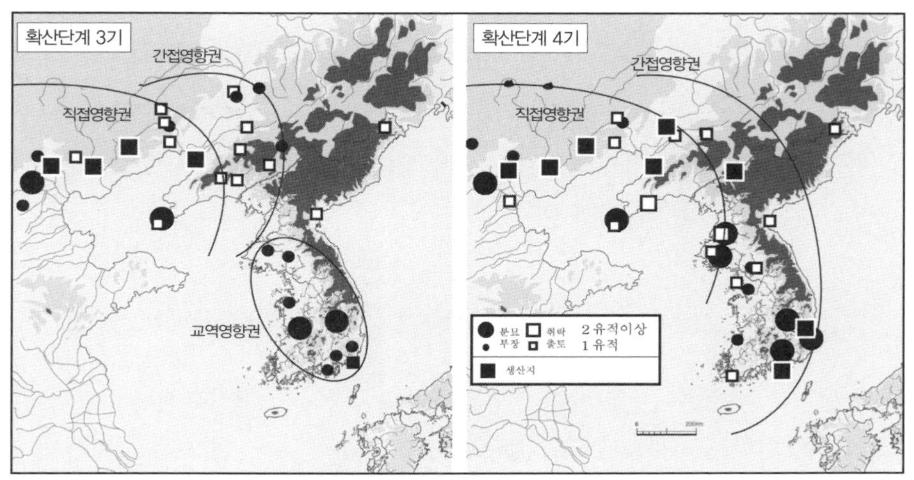

그림 8-8. 확산단계 3·4기 철기문화의 지역성

韓의 영토에 거주하면서 스스로 한왕韓王이라 칭하였다."[7] 소위「준왕準王의 남천」으로 해석되는 기록인데, 이를 통해 한반도 남부지역 철기문화의 전개양상과 대응하면 두 가지로 해석할 수 있다.

먼저 한반도 서남부지역 ⅠA-4형 철부와 연계한 해석으로, ⅠA-4형 철부가 서남부지역에서도 비교적 한정된 기간 동안만 부장되는 점에 주목하여 요동~서북부지역에 존재하던 고조선계 철기문화가 서남부지역으로 남하하였다는 것이다. 또 다른 해석은 동시기 한반도 동남부 해안지역에서 보이는 파편철기의 재가공기술이 준왕의 남천과 관련된 것이라는 해석도 있다. 필자는 확산단계 2기부터 철기를 포함한 연나라 선진문물을 매개로 구축된 대륙과 서남부지역의 관계를 고려하면 문헌기록의 준왕의 남천은 서남부지역 일대로 보는 것이 타당해 보인다. 그리고 위만조선 세력이 주체가 된 해로를 통한 교류관계 속에서 동남부지역 내 철기생산기술이 등장하게 된다고 생각된다.

7) 「…將其左右宮人走入海, 居韓地, 自號韓王…」
『三國志』卷30,「魏書」30, 東夷傳, 韓條.

이상과 같이 확산단계 3기에 보이는 지역성은 한나라 물질문화를 어느 정도 적극적으로 받아들였는지에 따라 나타나는 현상으로 생각된다. 그리고 지역 내에서 철기생산을 시도함으로써 철기문화의 지역성은 더욱 강해지게 된다고 볼 수 있다. 한반도 남부지역에서 보이는 원시적인 철기생산은 압록강유역의 지역집단과의 관계 속에 나타나는 현상이라고 여겨진다.

2. 확산단계 4기 철기문화의 전환과 지역정치체의 등장

확산단계 4기가 되면, 한나라 철기문화는 요동지역과 한반도 서북부지역까지 확산된다. 한반도 서북부지역에서는 ⅠA-6형 철부와 Ⅱ-1형 철부, 철삽, 한식장검 등이 출토되기 시작한다. 이 시기에 설치된 한사군漢四郡은 한나라 물질문화가 요동지역과 한반도 서북부지역에 직접적인 영향을 주는 계기가 되었을 것이다.

이처럼 확산단계 3기에 보다 한나라 물질문화가 확산됨에도 불구하고 요동지역, 한반도 서북부지역의 철기류는 전형적인 한나라 철기문화로 재편되지 않는다. 요동지역에서는 취락 내 철겸, 철삽, 철서鐵鋤, 철초鐵鍬 등 한식철기를 포함한 다양한 농공구류가 출토되지만, 분묘 내 부장되지는 않는다. 반면, 한반도 서북부지역은 낙랑토성와 토성리토성 등의 성지 내에서 철기가 출토되기도 하지만, 대부분의 철기는 분묘 내 부장품이다. 기종도 주로 ⅠA-6형 철부와 Ⅱ-1형 철부가 확인될 뿐 한나라에서 보이는 다양한 농공구류는 보이지 않는다.

이처럼 요동지역과 한반도 서북부지역 두 지역 모두 치소治所가 설치되면서,[8] 한나라의 직접적인 영향권에 들어서지만, 철기의 출토양상은 서로 다르다. 이것은 확산단계 2기와 마찬가지로 지배방식의 차이에 의한 것으로 여겨진다. 요동지역에서는 지역거점 단위로 철기가 관리되거나 통제되면서 토착집단에서 철기를 소유하고 부장품으로 다루지 못한 반면, 서북부지역은 토착집단과의 관계를 호혜적으로 유지하면서 영역권을 지배하는 방식을 취했다고 볼 수 있다. 즉

8) 「天子募罪人擊朝鮮… 以故遂定朝鮮, 爲四郡…」
『史記』卷115, 朝鮮傳.

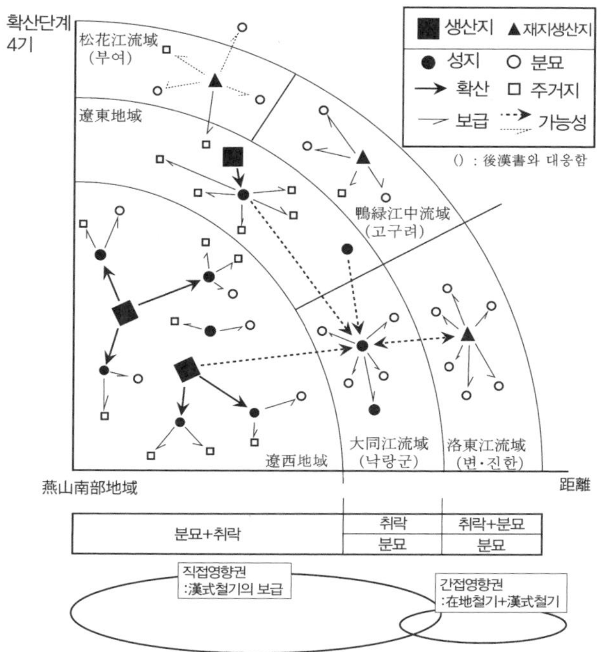

그림 8-9. 확산단계 4기의 지역성에 대한 모식도

확산단계 2기에 철기의 거점단위 관리가 요서지역까지라면, 확산단계 4기가 되면 요동지역까지 철기의 거점단위로 관리하였다고 볼 수 있는 것이다. 다만 이 단계의 서북부지역을 한나라의 간접적인 지배라고 보기는 어렵다. 왜냐하면 한반도 서북부지역은 이미 분묘의 구조나 부장품이 한식화漢式化되었기 때문이다.

한반도 서북부지역의 분묘에서는 ⅠA-6형·Ⅱ-2형 철부가 2점 세트 부장되거나 세형동검 등 지역성이 강한 청동기류와 공반된다. 앞서 밝힌 바와 같이 철부의 2점 세트 부장은 양상은 연나라의 부장전통이며, 세형동검은 한반도에서 발달한 재지적 문화요소이다. 이 같은 현상은 한나라 철기문화로 전환되더라도 기존 연 문화요소는 지속된다는 것을 의미한다. 서북부지역은 낙랑군 설치 이후에도 지역 토착집단과 공존하며 영역을 유지하는 지배방식을 취하였다고 생각된다. 이와 같은 양상은 문헌기록에서도 간접적으로 확인할 수 있다. "낙랑의 토인土人 왕조王調가 군수 유헌劉憲을 죽이고, 자칭 대장군·낙랑장군大將軍·樂浪將軍으로 칭하였다[9)]"라는 기록에서 한나라에 의한 낙랑군의 지배세력에 지역 토착집단이 포함되었다는 것을 추측할 수 있다.

이 같은 한나라의 지배방식의 차이는 지역거점 내 철기생산시설의 유무에 따른 것이라고 판단된다. 이 시기 요동군 주변에는 철기생산과 채광을 추정할 수 있는 유적이 다수 존재하는 반면, 낙랑군의 치소治所로 추정되는 낙랑토성과 그 주변에서는 철기생산을 증명하는 근거가 없다. 요동지역으로는 한나라 철기생산기술이 확산되었지만, 한반도 서북부지역에는 제품이나 소재의 보급에 머물렀을 가능성이 높다. 확산단계 4기에 보이는 요동지역과 한반도 서북부지역 철기문화의 지역성은 한나라의 변방에 대한 지배방식의 차이에 의해 나타나는 현상으로 해석할 수 있다.

한나라 철기생산기술이 한반도 서북부지역으로 유입되는 시점은 확산단계 4기의 늦은 단계로 여겨진다. 낙랑토성에서는 I Ba-5형 철부와 함께 그 내범內范과 같은 철기생산 관련유물이 출토된다. I Ba-5형 철부는 가평 대성리유적에서도 출토되었는데 그 시기는 기원 2세기대이다. 낙랑토성의 I Ba-5형 철부는 대성리유적의 그것보다 고식古式이라는 점을 염두하더라도 확산단계 4기의 어느 시점에 철기생산기술이 보급되었을 가능성도 있다(鄭仁盛, 2012). 하지만, 한반도 서북부지역의 철제 단검 등 비한식철기류의 존재를 염두한다면, 「확산단계 3기」에 존재하던 독자적인 철기생산과 관련된 것일 수도 있다.

한편 송화강유역과 압록강중류역, 한반도 동남부지역 철기문화의 재지적 경향은 더욱 강해진다. 이 지역들은 「확산단계 3기」부터 재지적인 경향을 띠기 시작한다. 압록강유역과 한반도 동남부지역에서 확인된 제련유적(시중 노남리유적)과 채광유적(울산 달천유적)의 존재는 한반도 내 독자적인 철기생산기술의 발전과 연계된다.[10)] 특히 동남부지역은 다수의 분묘에서 철기가 부장되는데, 재지적인 신기종의 증가가 두드러진다. 이것은 주조와 단조철기에서 공통적으로 보이는 현상이다.

---

9) 「…土人王調殺郡守劉憲, 自稱大將軍樂浪太守」
『後漢』 卷76, 「循吏列傳」 66 王景傳.

10) 송화강유역은 현재까지 철기생산 관련유적은 확인되지 않았다. 그러나 유수 노하심유적 등에서 보이는 재지적 철기는 철기생산 관련유적이 존재하였을 가능성이 높다는 것을 알려준다.

본고에서 분석한 주조철부의 사례를 통해 동남부지역에서는 ⅠBb-2형과 ⅠBb-3형 철부의 출토가 많고 2점 세트로 부장되는 양상은 유지된다. ⅠBb-2형과 ⅠBb-3형 철부는 ⅠBb-1형 철부의 융기선이 발달된 형태라는 점에서 압록강유역 ⅠBb-1형 철부에서 변화된 형식으로 판단된다. ⅠBb-1형 철부는 「확산단계 3기」인 대구 팔달동유적에서도 확인되고 있다. 즉 서북부지역(부산리 용범)에서 중부지역(대성리유적), 동남부지역(팔달동유적)으로 이어지는 주조철부의 계보관계가 인정된다(鄭仁盛, 2007b; 金想民, 2009a). 이 같은 ⅠBb-1형 철부의 출토양상을 통해 「확산단계 3기」가 되면, 서북부지역과 동남부지역은 철기문화를 포함한 물질문화의 일부를 공유하였던 것으로 보인다. 그렇다면 동남부지역 철기문화는 「확산단계 3기」부터 서북부지역 비한식철기의 영향을 받아 형성되기 시작하였으며, 「확산단계 4기」 이후 독자적인 발전을 이루었다고 볼 수 있을 것이다.

이와 같은 「확산단계 4기」 동남부지역 철기문화의 발전에 대하여 문헌기록에는 다음과 같이 기록되어 있다. "나라에서는 철이 생산되어 한韓·예濊·왜倭가 모두 와서 사갔다. 여러 시장에서의 매매는 모두 철로 이루어져서, 마치 중국에서 돈[錢]을 쓰는 것과 같았다. 또한 두 군郡에 공급하였다."[11] 이 기록은 당시 한반도 동남부지역이 철 생산을 매개로 성장하였고 낙랑군까지 공급하였다는 것을 알려준다. 실제로 동남부지역의 철기류는 한경과 동탁銅鐸 등 한나라 문물과 공반된다. 그럼에도 전형적인 한나라의 특징을 드러내는 철기는 보이지 않는다. 즉, 동남부지역은 낙랑군을 통해 한나라의 물질문화가 유입됨에도 철기류는 직접적인 영향을 받지 않았음을 의미한다.

한반도 동남부지역은 앞서 제시한 문헌기록처럼 철을 생산하고 동북아시아 제지역에 공급하면서 이를 매개로 성장하였을 것으로 판단된다. 한반도 동남부지역은 확산단계 4기를 중심으로 늑도, 황성동유적과 같은 철기생산 전문집단이 등장한다. 이것은 동남부지역 내 철기문화가 지역 내 스스로 발전하는 계기가 되었을 것이다.

11) 「國出鐵, 韓·濊·倭皆從取之. 諸市買皆用鐵. 如中國用錢, 又以供給二郡」.
『三國志』 卷30, 「魏書」 30 烏丸鮮卑東夷傳.

제9장

맺음말

본고는 동북아시아라는 넓은 시점으로 철기문화의 전개과정을 살피며, 지역에 따라 다른 철기문화의 도입과 전개가 갖는 의미를 확인하고자 하였다. 이는 한반도 남부지역에 존재한 삼한 철기문화의 시간성과 지역성을 확인하는 과정의 하나이다.

상기의 연구목적을 해결하기 위해 동북아시아 철기문화에 관한 선행연구를 검토하면서, 동북아시아의 철기문화는 전국시대 연나라의 멸망과 한 왕조의 성립이라는 중국의 역사적 변화와 함께 서로 다른 전개과정을 보인다는 것에 주목하였다. 특히 중국 대륙의 주변 지역이던 한반도 철기문화의 등장은 문헌에 기록된 역사적 기록에 기초한 해석이 주류를 이루었다. 고고학적 유물로서 철기에 대한 분석은 제대로 이루어지지 않은 채, 문헌기록에 의존한 해석이 주류였다. 본 논문은 다음과 같은 동북아시아 철기문화에 관한 연구의 문제 인식 속에서 작성하였다.

(1) 소위「연산(계)철기」,「한식철기」의 구체적인 특징을 설명할 수 있는가?
(2) 연나라 철기문화가 주변으로 확산되는 시기와 범위, 그 특징은 어떠한가?
(3) 한반도 철기문화의 유입과 연대 문제는 어떻게 보아야 하는가?

(4) 한반도 철기문화의 전개과정에서 단조철기의 등장은 「낙랑군」의 영향인가?

(5) 한반도 철기생산기술의 유입시기는 언제부터이며, 그 공정은 어떠한가?

(6) 동북아시아 여러 지역 철기문화의 지역차와 변용은 어떻게 해석해 나갈 것인가?

이와 같은 문제점을 해결하기 위해 고고학적 방법론을 채용하여 동북아시아 각 지역의 철기의 출토현황을 파악하고, 시기적인 변천과정을 지역별로 비교분석하였다.

먼저 동북아시아 철기의 출현과 확산이 진행되는 중국·전국시대에서 전한대에 철기의 분포양상을 검토하고, 이를 토대로 대상 유적의 공간적인 범위를 구분하였다. 동시에 철제 농공구류를 중심으로 기종과 형식을 분류하여 대상 유적을 동일한 기준으로 분석하고자 하였다.

본고의 연구범위인 연산 남부지역, 요령지역, 한반도의 각 지역의 철기문화에 대한 분석을 통해 주목한 점을 정리하면 다음과 같다.

연산 남부지역은 전국시대에 주조품, 전한대가 되면 단조품의 철기가 제작되는 반면, 요령지역은 전한대에 들어서도 지역에 따라 연나라 계통 철기의 전통이 지속적으로 잔존한다. 요령지역은 한 왕조의 성립 이후 단조철기의 생산기술이 확산되지만, 연나라 계통 주조품의 재가공기술이 존재하고 있는 점이 주목된다. 또한 한반도 철기문화는 기원전 3세기 후반 연나라 철기문화가 확산과정에서 유입되었을 가능성을 제시하고 이 시기 연나라 철기[燕産 鐵器]의 유입은 한반도 서남부지역에 한정되는 점을 지적하였다.

반면, 서북부지역은 낙랑군이 설치되면서 전형적인 한식철기(장검 등)가 출토되지만 비한식非漢式철기(철제단검 등)도 공존한다. 이 같은 비한식 단조철기는 동시기 동남부지역의 단조철기류와 유사성이 강해, 동남부지역 단조 철기문화의 유입은 낙랑군의 설치 이후라고 단정하기 어렵다. 오히려 서북부지역에 존재하던 낙랑군과 다른 계통의 재지적인 철기문화의 영향일 수 있다고 보았다.

이처럼 지역별로 철기문화의 특징을 살피며 같은 시간축을 가지고 시기에 따른 지역 간의 상호관계를 검토하였다. 그 결과, 연나라 철기문화는 시기에 따라 그 확산범위와 특징이 다르다는 것을 알 수 있었다. 특히 확산단계 2기(기원전 3세기대)

이후 동북아시아 전역으로 연나라 철기문화의 확산이 이루어지지만, 지역에 따라 철기의 출토양상과 특징은 큰 차이를 보인다는 점이 주목된다. 특히 연나라의 중심지에서 멀어질수록 철기는 실용품으로 사용되기보다는 부장품으로서 상징성이 강해지는 경향을 보이는 점을 확인하였다.

표 9-1. 동북아시아 제 지역 고고학 자료의 분석방법

<table>
<tr><th colspan="2">분석방법 / 지역</th><th>형식 변화</th><th>조합 양상</th><th>공반 유물</th><th>토층</th><th>중복 관계</th><th>시기 비정의 기준</th></tr>
<tr><td colspan="2">연산 남부</td><td>○</td><td>○</td><td>○</td><td>○</td><td></td><td>화폐 주조연대, 토기 상대편년</td></tr>
<tr><td rowspan="2">요령</td><td>요서</td><td>○</td><td>○</td><td>○</td><td>○</td><td>○</td><td>화폐 주조연대, 토기 상대편년</td></tr>
<tr><td>요동</td><td>○</td><td>○</td><td>○</td><td>◌</td><td>○</td><td>화폐·한경 주조연대, 토기 상대편년</td></tr>
<tr><td rowspan="3">한반도</td><td>서북부</td><td>○</td><td>○</td><td>○</td><td></td><td></td><td>화폐·한경 주조연대, 토기 상대편년, 명문</td></tr>
<tr><td>서남부</td><td>○</td><td>○</td><td>○</td><td>◌</td><td></td><td>금속기 비교 및 토기 상대편년</td></tr>
<tr><td>동남부</td><td>○</td><td>○</td><td>○</td><td></td><td></td><td>화폐·한경 주조연대, 토기 상대편년</td></tr>
</table>

한편, 연산 남부지역에서 한반도에 이르는 철기생산유적의 현황을 검토한 후 한반도 남부지역의 초기 철기생산유적의 시기적 단계를 설정하였다. 한반도 남부지역의 철기생산은 김해 구산동유적이 가장 이른 단계에 해당하는데, 파편철기를 재가공한 제품이 출토되는 특징에 주목하였다. 그 기술은 압록강유역에 보이는 주조품의 재가공하는 방법에 기원을 두는 것으로 추정된다. 파편철기의 재가공은 야요이토기 연대를 근거로 낙랑군의 설치 이전(기원전 2세기경)에 해당한다고 보았다. 이후 사천 늑도유적이나 경주 황성동유적과 같은 철기생산취락이 등장하는데, 다양한 철기생산공정이 존재하고 있어 보다 발전된 생산기술이 존재하였음을 확인하였다. 또한 울산 달천채광유적에서 철광석 채취가 이루어지는 기원전 1세기경에는 제련製鍊공정이 존재하였을 가능성을 지적하였다.

이상과 같이 동북아시아 제지역 철기문화를 살피며, 철기문화는 크게 3번의 획기를 거쳐 확산되어간다는 것을 알 수 있었다. 동북아시아 철기문화의 지역성은 철기의 형태적 차이와 함께 사용방식의 차이로 드러난다는 것을 확인하였다. 그리고 연나라 철기문화에서 한나라 철기문화로 전환하는 시기, 동북아시아 주

변 지역에서는 연나라 철기의 변용에 따른 재지적 철기문화가 존재한다는 점을 주목할 수 있다. 특히 압록강유역의 재지적 철기문화는 한반도 남부지역 초기철기문화의 등장과 성립에 큰 영향을 주었다고 상정된다. 즉, 이 시기 한반도 철기문화가 지역성을 드러내는 배경에는 전한 초기에 등장하는 압록강유역의 재지적인 철기생산과 관련된다고 판단된다.

더불어 서두에서 제기한 6가지의 문제점에 대한 검토결과를 정리하면 다음과 같다.

1) 문제(1)에 대하여

3장에서 5장에 걸친 지역별 검토를 통해 동북아시아 철기문화는 전국시대 연나라의 철기 중 주조제 농공구류를 중심으로 확산되었고, 이후 한나라의 성립과 함께 단조철기 문화로 전환되었다는 것을 알 수 있었다. 특히 3장의 연산 남부지역 철기문화를 분석하여 주조품은 전국시대, 단조품은 전한대에 해당한다는 것을 확인하였다. 그러나 이 개념은 당시 철기문화의 중심지였던 연산 남부지역에서는 타당하다고 볼 수 있지만 중심지에서 멀어진 지역일수록 예외적인 사례가 증가한다. 이는 한반도 철기문화 연구에서 주조=전국시대, 단조=한대라는 논리를 그대로 적용할 수 없음을 의미한다.

2) 문제(2)에 대하여

동북아시아 제지역 철기문화의 시기적 병행관계를 검토함으로써 시기에 따라 연나라 철기문화의 확산범위와 그 특징이 다르다는 것을 확인하였다. 특히 기원전 3세기 후반을 기점으로 확산범위의 차이가 뚜렷해진다. 이를 정리하면, 확산단계 1기(기원전 4세기대)에는 주로 연산 남부지역의 범위 내에서 철기문화의 확산이 이루어진다. 그 다음으로 확산단계 2기(기원전 3세기대)가 되면 요령지역을 포함한 동북아시아 전역으로 연산철기가 확산된다. 또한 연나라 멸망 이후인 확산단계 3~4기(기원전 2세기대 이후)가 되면 다수의 지역에서 한식철기를 채용하지만, 일부지역은 연나라 철기의 특징이 그대로 남아있다는 것을 알 수 있다. 확산단계 2기 이후 동북아시아 전역으로 연나라 철기문화가 확산되지만, 이후 지역성이 극명히 드러난다. 연나라의 중심지에서 멀어질수록 철기는 실용화되기 보다는 부장품으로 다루어지는 경향이 있다는 점은 주목할 만한 특징이다.

3) 문제(3)에 대하여

한반도 철기문화의 유입연대는 기원전 3세기 후반 한반도 서남부지역으로 연나라 철기[燕産]가 유입된다는 점을 확인되었다(5장 2절). 이와 같은 서남부지역 내 철기의 유입은 연나라 주민의 이동이나 장거리 교역에 따른 것으로 생각된다. 본 논문에서는 완주 갈동 2·3호묘의 구조를 기반으로 연나라를 통해 일시적으로 유입된 주민의 이동일 가능성이 높다는 점을 제시하였다. 다만 한반도로 유입된 철기 중 연나라에서 생산된 것으로 보이는 것은 아직까지 서남부지역에 한정되고 있어 연나라 주민의 이동은 마한권역으로 한정되었다고 볼 수 있다.

4) 문제(4)에 대하여

한반도 단조철기의 출현 계기는 낙랑군 설치(기원전 108년) 이후라는 것이 일반적이다. 그러나 기원전 단계의 모든 단조철기를 낙랑군의 영향이라고 생각하기는 어렵다. 한반도 남부지역에서 가장 이른 단조철기는 동남부지역(진·변한권역)에서 출토되지만, 장검과 같은 전형적인 한식철기로 볼 수 있는 것들은 확인되지 않는다(5장 3절). 또한 낙랑군 설치 이후에 등장하는 한식철기는 서북부지역의 범위에 한정된다. 게다가 서북부지역에서는 전형적인 한식철기와 함께 세형동검이나 비한식 단조철기(철제단검 등)도 공반된다(5장 1절). 이처럼 서북부지역에서 보이는 비한식철기는 동남부지역의 무기류와 유사성이 강하다. 이것은 낙랑군 설치 이후 한식 단조철기가 한반도 남부지역에 직접적인 영향을 주었다고 단정하기 어려운 이유이다. 따라서 낙랑군과 다른 계통의 비한식철기문화가 존재하였을 가능성이 높다고 판단된다.

5) 문제(5)에 대하여

한반도 남부지역 철기생산기술의 기원에 대한 논의는 7장에서 검토하였다. 한반도 남부지역 철기생산유적은 부산 내성유적과 김해 구산동유적을 가장 이른 시기로 볼 수 있다. 두 유적에서는 북부 규슈지역에서 출토되는 야요이토기인 죠우노코시식[城ノ越式]과 수구 I 식[須玖 I 式]토기가 출토된다. 구산동유적에서는 파편철기를 재가공한 제품이 출토되는데, 이것은 압록강유역에서 보이는 주조품을 재가공하는 기술을 기원으로 한다고 볼 수 있다. 죠우노코시식과 수구 I 식 토기의 연대(기원전 2세기경)를 고려하면 한반도 남부지역에서 철기가 생산되기 시작한 시기는 낙랑군 설치 이전이 된다는 점은 향후 주목할 점이다.

이후 사천 늑도유적이나 경주 황성동유적과 같은 철기생산취락이 등장하고 더욱 발달된 기술을 이용한 다양한 철기생산공정이 출현한다. 아직까지 한반도 내에서 기원전 단계의 제련로가 확인되지 않았지만, 울산 달천유적에서 보이는 철광석을 채취한 흔적과 공반되는 야요이토기(수구II식)는 기원전 1세기경에 제련공정이 존재하였을 가능성을 시사한다.

6) 문제(6)에 대하여

동북아시아 철기문화의 등장과 전개과정에서 보인 지역성은 형태적 차이와 함께 철기를 다루는 방식의 차이로 드러난다. 특히 연나라에서 한나라로 전환되는 시기에 보이는 지역성은 동북아시아 주변 지역에서 연산철기가 변용되며 나타나는 현상이다. 이것은 동북아시아 각지에서 보이는 재지적 철기의 등장과 관련된다고 상정할 수 있다. 특히 요동지역의 재지계 철기인 반월형철도나 주조철부의 분포범위가 압록강유역으로 한정된다는 점이 주목된다.

압록강유역은 한반도 남부지역 철기문화의 등장과 전개에 중요한 영향을 준 지역으로 판단된다. 이처럼 동북아시아 철기문화의 등장과 성립과정에서 드러난 지역성의 원인은 문헌기록을 통해서도 해석할 수 있다. 즉 한나라의 지방 지배방식에 따라 간접적인 영향을 받은 제지역과 별도로 위만조선 세력이 존재하였고, 한나라와 대등하게 싸울 수 있었던 배경에는 독자적 철기생산기술이 있었다고 볼 수 있는 것이다.

이처럼 동북아시아 철기문화는 전국시대 연나라 철기문화가 주변 지역으로 확산되었지만, 그 전개과정은 지역에 따라 다른 특징을 갖는다. 이는 철기문화의 중심지였던 연나라와 전한대의 위만조선의 성립과 관계된다고 볼 수 있다. 특히 한반도 남부지역은 압록강유역의 재지적인 철기문화의 영향을 받았다고 볼 수 있으며, 그 시기를 고려한다면 위만조선과의 관련성을 부정할 수 없다.

참고문헌

1. 문헌

中華書局, 1965,『後漢書』, 五傳(四).

中華書局, 1965,『後漢書』, 七傳(六).

中華書局, 1965,『後漢書』, 10傳(九).

中華書局, 1973,『三國志』, 一魏書(一).

中華書局, 1973,『三國志』, 二魏書(二).

中華書局, 1976,『漢書』, 六誌(三).

中華書局, 1982,『史記』, 九傳(三).

三民書局, 1995,「伐功」,『鹽鐵論』卷八.

床応星·藏內浩譯, 1972,『天工開物』, 東洋文庫130.

2. 논문 및 단행본

1) 한국어

權志瑛, 2009,「영남지방 목관묘의 전개양상 검토」,『考古廣場』5.

강승남, 1995,「고조선시기의 청동 및 철 가공기술」,『조선고고연구』95, 사회과학원고고학연구소.

金基雄, 1976, 「三國時代의 武器小考-考古學資料를 中心으로」, 『韓國學報』 5.

김권일, 2009, 「경주 황성동 製鐵遺構의 검토」, 『원삼국시대 경주 황성동의 성격』 제22회 조사연구회, 영남문화재연구원.

김권일, 2012, 「한반도 고대 제철문화의 검토」, 『한반도의 제철유적』, 한국문화재조사연구기관협회.

金度憲, 2001, 「古代의 鐵製農具에 대한 研究」, 釜山大學校 大學院 碩士學位論文.

金度憲, 2002, 「三韓時代 鑄造鑄造의 流通樣相에 대한 檢討」, 『嶺南考古學』 31.

金度憲, 2004, 「고대 판상철부에 대한 검토」, 『韓國考古學報』 53.

金武重, 2010, 「樂浪에서 三韓으로 -原三國時代의 移住에 대한 事例 檢討-」, 『移住의 考古學』, 第34回 韓國考古學全國大會.

金想民, 2006, 「西南部地域 鐵斧의 型式과 變遷」, 『研究論文集』 6, (財)湖南文化財研究院.

金想民, 2007, 「영산강유역 삼국시대 철기의 변화상」, 『湖南考古學報』 27.

金想民, 2009a, 「韓半島 鑄造鐵斧의 展開樣相에 대한 考察」, 『湖西考古學』 20.

김상민, 2009b, 「단야유구를 통해 본 무기생산에 대한 연구」, 『제33회 한국고고학전국대회 갈등과 전쟁의 고고학』.

金想民, 2011a, 「3-6世紀 湖南地域의 鐵器生産과 流通에 대한 試論」, 『湖南考古學報』 37.

金想民, 2011b, 「韓半島 南部地域의 朝鮮時代 製鍊爐에 대한 考察 -金堤 隱谷遺蹟의 箱形爐를 중심으로」, 『金提 隱谷 製鐵遺跡』, (재)대한문화재연구센터.

김상민, 2012, 「韓半島 西南部地域 鐵器文化의 流入과 展開樣相」, 『동아시아 고대 철기문화연구 국제학술포럼 -燕國철기문화의 형성과 확산』, 국립문화재연구소.

김상민, 2013a, 「한반도 남부지역 철기문화의 유입과 전개과정」, 『考古學誌』 19.

김상민, 2013b, 「馬韓圈域 鐵器文化의 出現과 成長背景」, 『湖南文化財研究』 15, (財)湖南文化財研究院.

김상민, 2014, 「연하도 철기문화의 성립과 전개과정」, 『韓國上古史學報』 84.

김상민, 2017a, 「요령지역 철기문화의 전개와 한반도 초기철기문화」, 『동북아역사논총』 55.

김상민, 2017b, 「한반도 철기문화의 등장과 발전 과정」, 『쇠 철 강 철의 문화사』, 국립중앙박물관.

김상민, 2018a, 「東北아시아 鐵器文化의 擴散과 古朝鮮」, 『韓國考古學報』 107.

김상민, 2018b, 「한반도 서북부지역 철기문화의 전개과정을 통해 본 위만조선과 마한」, 『한국학논총』 50.

김상민, 2019a, 「동북아시아 철겸의 변천과 완주 갈동유적 주조철겸의 등장배경」, 『야외고고학』 34.

김상민, 2019b, 「한반도 동남부지역 철기생산기술의 등장과 발전배경」, 『한국상고사학보』 104.

김새봄, 2012, 「중국동북지역 반월형 철도의 출현과 그 기원에 관한 문제제기」, 『인류학, 고고학 논총 -영남대학교 문화인류학과 개설40주년 기념논총』, 학연문화사.

金元龍, 1986, 『韓國考古學概說』, 一志社.

김일규, 2007, 「한국 고대 제철유적의 조사현황과 특징」, 『第50回 全國歷史學대회 考古部發表資料集』, 역사학회.

김일규, 2009a, 「V.考察 2. 가평 대성리유적 원삼국시대 전기 취락」, 『加平 大成里遺蹟<본문2>』, (財)京畿文化財硏究院.

김일규, 2009b, 「V.考察 4. 가평 대성리유적의 철기생산」, 『加平 大成里遺蹟<본문2>』, (財)京畿文化財硏究院.

金一圭, 2010, 「瓦質土器의 出現時點과 成立背景」, 『釜山大學校 考古學科 創設20周年 記念論文集』.

김장석, 2009, 「호서와 서부호남지역 초기철기시대, 원삼국시대 편년에 대하여」, 『호남고고학보』 33.

金阜培, 1977, 「韓國의 鐵器文化」, 『韓國史硏究』 16.

國立文化財硏究所, 2001, 「韓國考古學事典(下)」.

國立文化材硏究所, 2011, 『2011 Asia Archaeology』.

국립문화재연구소, 2012, 『2012 동아시아 고대 철기문화연구 -燕國철기문화의 형성과 확산』.

국립문화재연구소, 2013, 『2013 동아시아 고대 철기문화연구 -중국 전국시대 철기문화와 동아시아』.

高久健二, 1995, 『樂浪 古墳 硏究』, 學硏文化社.

盧泰天, 2000, 「韓半島 初期鐵器時代 鑄造鐵斧類에 관한 一考察」, 『韓國古代冶金技術史硏究』, 學硏文化社.

大澤正己, 2009, 「가평 대성리유적 출토 철 관련유물의 금속학적 조사」, 『加平 大成里遺蹟<본문2>』, (財)京畿文化財硏究院.

東 潮, 1995, 「弁辰과 加耶의 鐵」, 『加耶諸國의 鐵』, 서신원.

리병선, 1967, 「압록강류역에서 철기시대의 시작」, 『고고민속』 1, 사회과학출판사.

류위남, 2009, 「삼한시대 영남지역 출토 주조철부와 판상철부 연구」, 『嶺南考古學』 51.

劉香美, 2009, 「完州 葛洞遺蹟 3號 土壙墓의 構造와 編年問題 再考」, 『현장고고』 1, (재)대한문화유산연구센터.

万欣, 2011, 「동아시아 지역의 전국양한(戰國兩漢)시기의 철제공구(鐵製工具) -요녕(遼寧)지역을 중심으로-」, 『韓·中鐵器資料集I』, 국립문화재연구소.

武末純一, 2006, 「勒島遺蹟A地區 彌生系土器」, 『勒島貝塚V-考察編-』, (財)慶南考古學研究所.

武末純一, 2011, 「원삼국시대 연대론의 제문제 -북부구주의 시료를 중심으로」, 『(재)세종문화재연구원개원2주년기념초청강연회 자료집』, (재)세종문화재연구원.

문지연·김상민, 2011, 「부록 1. 김제 장흥리 은곡제철유적 제철 관련자료의 현황」, 『金提隱谷 製鐵遺跡』, (재)대한문화재연구센터.

박수현, 2009, 「V.考察」, 『完州 葛洞遺蹟(II)』, (財)湖南文化財研究院.

朴淳發, 1993, 「우리나라 初期鐵器文化의 展開過程에 대한 약간의 考察」, 『考古美術史論』 3, 忠北大學校 考古美術學科.

朴淳發, 2004, 「遼寧 粘土帶土器文化의 韓半島 定着過程」, 『錦江考古』 創刊號, (財)忠清文化財研究院.

박선미, 2009, 『고조선과 동북아의 고대 화폐』, 학연문화사.

박영초, 1989, 「고조선에서의 제철 및 철재 가공기술의 발전」, 『조선고고연구』 70, 사회과학원고고학연구소.

朴辰一, 2000, 「圓形粘土帶土器文化研究 -湖西 및 湖南地方을 中心으로-」, 『湖南考古學報』 12.

朴辰一, 2001, 「嶺南地方 粘土帶土器文化 試論」, 『韓國上古史學報』 37.

朴辰一, 2007, 「粘土帶土器, 그리고 青銅器時代와 初期鐵器時代」, 『韓國青銅器學報』 1號.

裵炫俊, 2017a, 「春秋戰國시기 燕文化의 중국 동북지역 확산 및 토착집단과의 관계」, 『韓國古代史研究』 87.

배현준, 2017b, 「전국 연의 동진과 철기의 확산」, 『제11회 한국철문화연구회·한림고고학연구소학술세미나』.

사회과학원고고학연구소, 1975, 『조선고고학 개요』.

申東昭, 2007, 「嶺南地方 原三國時代 鐵斧와 鐵矛의 分布定型 研究」, 慶北大學校 大學院 碩士學位論文.

辛勇旻, 1990, 『西北地方 木槨墓에 관한 研究』, 東亞大學校 大學院 碩士學位論文.

신경환·이남규, 2006,「늑도유적 鐵滓의 분석」,『勒島貝塚V-考察編-』, (財)慶南考古學研究所.
沈秀娟, 2010,『嶺南地域 豆形土器 研究』, 嶺南大學校 大學院 碩士學位論文.
小林紘一 외, 2007,「加平 大成里遺蹟의 방사성탄소연대측정(I)」,『加平 大成里遺蹟<본문2>』.
宋桂鉉·河仁秀, 1990,「Ⅳ.考察」,『東萊福泉洞萊城遺蹟』, 釜山直轄市立博物館.
宋桂鉉, 1994,「三韓 鐵器 變化의 段階」,『영남고고학회·구주고고학회 제1회 합동고고학회』.
宋桂鉉, 1995,「洛東江下流域의 古代 鐵生産」,『加耶諸國의 鐵』, 신서원.
송계현, 2002,「嶺南地域 初期鐵器文化의 受容과 展開」,『嶺南地方의 初期鐵器文化』, 第11回 嶺南考古學會學術發表會.
孫明助, 1997,「慶州 皇城洞 製鐵遺蹟의 性格에 대하여」,『新羅文化』第14輯, 東國大學校 新羅文化研究所.
孫明助, 1998,「韓半島 中·南部地方鐵器生産遺蹟의 現況」,『嶺南考古學』22.
孫明助, 2005,「原三國時代의 鐵器 -嶺南地域-」,『原三國時代 文化의 地域性과 變動』, 第29回 韓國考古學全國大會.
손명조, 2006,「古代 鍛冶遺蹟의 諸樣相 -最近 發掘成果를 中心으로-」,『科技考古研究』12號.
송호정, 2003,『한국고대사 속의 고조선사』, 푸른역사.
송호정, 2007,「세죽리-연화보유형 문화와 衛滿朝鮮의 성장」,『역사와 담론』48.
徐姈男, 1989,「V.考察 1.勒島式土器의 設定」,『勒島住居址』, 釜山大學校博物館.
安在晧, 1989,「V.考察 3.三角形粘土帶土器의 性格과 年代」,『勒島住居址』, 釜山大學校博物館.
이광명, 2010,『요동-서북한 초기철기시대유적에 대한 고고학적 연구 -철기유물을 중심으로』, 부경대학교 대학원 석사학위논문.
李南珪, 1983,「南韓 初期鐵器 文化의 一考察 -특히 鐵器의 金屬學的 分析을 中心으로」,『韓國考古學報』13.
李南珪, 1993,「1~3세기 낙랑지역의 금속기문화 -鐵器를 중심으로」,『韓國古代史論叢』5, 駕洛國史蹟開發研究院.
李南珪, 1999,「韓半島 古代 國家 形成期 鐵製武器의 流入과 普及 -中國과의 比較的視角에서」,『韓國 古代史 研究』16, 韓國古代史學會.

李南珪, 2002a,「韓半島 初期鐵器文化의 流入樣相 -樂浪 設置 以前을 中心으로」,『韓國上古史學報』36.

李南珪, 2002b,「韓半島 細形銅劍期 鐵器文化의 諸問題」,『第5回 嶺南·九州考古學會合同考古學大會』.

李南珪, 2006,「늑도유적 제철관련자료의 고찰」,『勒島貝塚V-考察編-』, (財)慶南考古學研究所.

이남규, 2007,「낙랑지역 한대 철제 병기의 보급과 그 의미」,『연구총서20 낙랑문화연구』, 동북아역사재단.

李東冠, 2011,「古代 따비에 대한 考察」,『韓國考古學報』78.

이동관, 2013,「韓半島南部 鐵器文化의 波動 -初期鐵器·原三國 鐵器의 系譜와 劃期」,『中國 東北地域과 韓半島 南部地域의 交流』, 第22回 嶺南考古學會 學術發表會.

이상율, 1990,「農工具」,『古文化』第37輯.

이성주, 1997,「(2)철기유물」,『한국사3』, 국사편찬위원회.

李盛周, 2005,「嶺南地方 原三國時代土器」,『原三國時代文化의 地域性과 變動』, 第29回韓國考古學全國大會.

이영훈·손명조, 2000,「고대의 철 철기생산과 그 전개에 대한 고찰」,『韓國古代史論叢』9, 駕洛國史蹟開發研究院.

李在賢, 2003,『弁·辰韓社會의 考古學的 研究』, 부산대학교 대학원 박사학위논문.

이창희, 2010,「점토대토기의 실연대 -세형동검문화의 성립과 철기의 출현연대」,『文化財』43-3.

李昌熙·石丸あゆみ, 2010,「勒島遺蹟 出土 彌生土器」,『釜山大學校 考古學科 創設20周年記念論文集』, 釜山大學校考古學科.

李淸圭, 2000,「遼寧 本溪縣 上堡村 出土 銅劍과 土器에 대하여」,『考古歷史學志』16.

이청규, 2014,「遼東·西北韓의 初期鐵器文化와 衛滿朝鮮」,『동북아역사논총』44.

李賢惠, 1990,「三韓社會의 농업 생산과 철제 농기구」,『歷史學報』126.

林瑛希, 2011,「嶺南地域 原三國기 鐵劍環頭刀의 地域別 展開過程」, 嶺南大學校 大學院 碩士學位論文.

우병철, 2012,「한반도 동남부지역 철기문화의 성격과 전개양상」,『동아시아 고대 철기문화연구 국제학술포럼 -燕國철기문화의 형성과 확산』, 국립문화재연구소.

尹東錫, 1983,『韓國初期鐵器遺物의 金屬學的 研究』, 高麗大學校 出版部.

尹東錫·大澤正己, 2000, 「隍城洞江遺蹟 製鐵關聯遺物의 金屬學的調査」, 『慶州 隍城洞遺蹟II』, 國立慶州博物館.

윤형준, 2009, 『목관묘문화의 전개와 삼한 전기사회』, 부산대학교 석사학위논문.

吳江原, 1998, 「古朝鮮의 貝水와 沛水」,『江原史學』 14·15.

吳江原, 2011, 「기원전 3세기 遼寧地域의 燕나라 遺物 共伴遺蹟의 諸 類型과 燕文化와의 관계」, 『韓國上古史學報』 71.

李鍾洙, 2001, 「吉林省 중부지역 初期鐵器時代 文化遺蹟研究」, 『百濟文化』 30.

李鍾洙, 2005, 「松花江流域 初期鐵器時代 文化研究II -西荒山屯 고분군을 중심으로」, 『先史와 古代』 22.

이종수, 2009, 『松花江유역 초기철기문화와 부여의 문화기원』, 주류성.

진수정·김수경, 2000, 「III. 考察」, 『大邱 八達洞遺蹟I』, (財)嶺南文化財研究院.

주경미, 2011, 『대장장』, 민속원.

中村大介, 2008, 「青銅器時代와 初期鐵器時代의 編年과 年代」, 『韓國考古學報』 68, 韓國考古學會.

정백운, 1957, 『조선 금속문화 기원에 대한 고고학적 자료』, 조선민주주의인민공화국과학원출판사.

정백운, 1958, 「우리나라에서 철기 사용 개시에 관하여」, 『문화유산』 3, 과학원출판사.

鄭仁盛, 1998, 「낙동강 유역권의 細形銅劍 文化」, 『嶺南考古學』 22.

鄭仁盛, 2007b, 「낙랑토성의 철기와 제작」, 『연구총서 20 낙랑문화연구』, 동북아역사재단.

鄭仁盛, 2008, 「'瓦質土器 樂浪影響說'의 檢討」, 『嶺南考古學』 47.

정인성, 2010, 「동북아시아에서 타날문 단경호 확산 -중도식 타날문단경호의 이해를 위해」, 『중도식무문토기의 전개와 성격』, 제7회매산기념강좌.

정인성, 2011, 「중심과 주변의 관점에서 본 辰·弁韓과 와질토기의 성립」, 『고고학에서의 중심과 주변』, 第20回嶺南考古學學術發表會.

鄭仁盛, 2013, 「衛滿朝鮮의 鐵器文化」, 『白山學報』 96.

鄭仁盛, 2014, 「燕式土器文化의 확산과 後期 古朝鮮의 토기문화 -세죽리·연화보유형의 이해를 바탕으로」, 『白山學報』 100.

정인성, 2016, 「燕系 鐵器文化의 擴散과 그 背景」, 『嶺南考古學』 74.

鄭永和·金玉順, 2000, 「慶州地域 鐵器生産의 變遷」, 『古文化』 56.

정찬영, 1965, 「초기 고구려문화의 몇가지 측면」, 『고고민속』 4, 사회과학원.

정찬영, 1973, 「기원4세기까지의 고구려묘제에 관한 연구」, 『고고민속론문집』 5, 사회과학출판사.

정찬영, 1983, 『압록강, 독로강류역 고구려유적발굴보고』, 과학백과사전출판사.

趙鎭先, 2005, 『細形銅劍文化의 硏究』, 學硏文化社.

趙鎭先, 2009, 「韓國式 銅戈의 등장배경과 辛庄頭30호묘」, 『湖南考古學報』 32.

趙鎭先, 2011, 「동북아시아 청동기~초기철기시대 편년의 열쇠 『朝陽 袁臺子-戰國西漢遺址和西周至十六國時期墓葬』(遼寧省文物考古硏究所·朝陽博物館 편, 文物出版社)」, 『韓國考古學報』 80

趙鎭先, 2012, 「燕下都 辛莊頭30號墓 年代와 性格」, 『韓國考古學報』 84.

趙鎭先, 2014, 「燕下都 44號墓의 造營時期와 性格」, 『白山學報』 100.

崔德卿, 1990, 「戰國시대 철제 手工具에 대한 一考察」, 『考古歷史學志』 5·6.

村上恭通, 2013, 「연나라 이외의 중국 전국시대 철기와 그 중심지」, 『동아시아 고대 철기문화 연구 -중국 전국시대 철기문화와 동아시아』, 국립문화재연구소.

최몽룡, 2007, 「철기시대의 시기구분」, 『한국사3』, 국사편찬위원회.

최성락, 2007, 「철기시대 유적의 분포」, 『한국사3』, 국사편찬위원회.

최성락, 2013, 「초기철기시대와 원삼국시대의 연구현황과 전망」, 『호남고고학회20년, 그 회고와 전망』, 제21회 호남고고학회 학술대회.

최영민, 2017, 『고대 한반도 중부지역의 제철기술 연구』, 진인진.

崔鍾圭, 1995, 『三韓 考古學 硏究』, 書景文化社.

崔鍾圭, 2006, 「勒島遺蹟의 構造」, 『勒島貝塚V-考察編-』, (財)慶南考古學硏究所.

천말선, 1994, 「鐵製農具에 대한 考察」, 『嶺南考古學』 14.

洪潽植, 2001, 「농기구와 부장유형」, 『韓國考古學報』 44.

한국고고학회, 2010, 『한국고고학강의』, 사회평론.

한국문화재조사연구기관협회, 2012, 『한반도의 제철유적』.

韓修英, 2004, 「靑銅鏃小考」, 『硏究論文集』 4, (財)湖南文化財硏究院.

한수영, 2017, 「완주 신풍유적을 중심으로 본 초기철기시대의 전개양상」, 『湖南考古學報』 56.

황기덕, 1981, 「우리나라에서 철생산의 시작」, 『역사과학』 4, 과학백과사전출판사.

2) 일본어

岡內三眞, 2003, 「燕と東胡と朝鮮」, 『靑丘學術論叢』 23, (財)韓國文化硏究振興財団.

岡村秀典, 1984,「前漢鏡の編年と様式」,『史林』67-5.
岡村秀典, 1985,「鐵製工具」,『弥生文化の研究』5, 雄山閣.
岡村秀典, 1993,「後漢鏡の編年」,『國立歷史民族博物館研究報告』50, 國立歷史民族博物館.
金武重, 2013,「原三國時代の鐵器生産と流通」,『日本考古學協會2012年度福岡大會研究發表資料集』, 日本考古學協會.
金想民, 2010a,「韓半島における鐵生産研究の動向 -初期鐵器時代から三國時代までを中心として-」,『季刊考古學』第113号, 雄山閣.
金想民, 2010b,「韓半島南部地域における初期鐵器時代の編年再考」, 平成22 年度九州史學會大會發表要旨.
金想民 외, 2012,「韓半島南部地域における鐵器文化の成立と發展」,『みずほ』43, 大和弥生文化の會.
金想民, 2016,「燕山南部·遼寧地域における鐵器生産の展開」,『考古學は科學か』下, 中國書店.
金一圭, 2006,「隍城洞遺跡の製鋼技術について」,『七隈史學』7.
金一圭, 2011,「最近の調査成果から見た韓國鐵文化の展開」,『シンポジウム東アジアの古代鐵文化』, 雄山閣.
近藤喬一, 2006,「燕下都出土の朝鮮式銅戈」,『有光教一先生白壽記念論叢』, (財)高麗美術館.
金田善敬, 1995,「有袋鐵斧の製作技術の檢討」,『古代吉備』17, 古代吉備研究會.
古瀨清秀, 2005,「考古學からみた鐵製鍊鍛冶」,『考古論集-川越哲志退官記念論文集』.
古澤義久, 2010,「中國東北地方·韓半島西北部における戰國·秦·漢初代の方孔円錢の展開」,『古文化談叢』64, 九州古文化研究會.
大貫靜夫, 2007,「戰國秦漢時代の遼東郡と牧羊城」,『遼寧を中心とする東北アジア古代史の再構成』, 平成16年度~18年度科學研究費補助金研究成果報告書.
大澤正己, 1999,「環日本地域の鐵の金相學的調査 -弥生の鐵の一様相-」,『環日本地域の鐵文化の展開』, 秋季鐵鋼工學部シンポジウム論文集·日本鐵鋼協會.
大澤正己, 2007a,「樂浪土城出土椀形滓·鐵器の金屬學的調査」,『東アジアにおける樂浪土城出土品の位置付け』, 平成17年度~平成18年度科學研究費捕助金(基盤研究C)研究成果報告書.
大澤正己, 2007b,「牧羊城跡出土鐵關連遺物の金屬學的調査」,『遼寧を中心とする東北アジア古代史の再構成』平成16年度~18年度科學研究費補助金研究成果報告書.
都出比呂志, 1967,「農具鐵器化の二つの畫期」,『考古學研究』13-3.

東潮, 1982, 「東アジアにおける鐵斧の系譜」, 『森貞次郎先生古稀記念古文化論集』 上巻.
東潮 외, 1983, 『韓國の古代遺跡』 1, 新羅編, 中央公論出版社.
東潮, 1999, 『古代東アジアの鐵と倭』, 溪水社.
藤田請師, 1925, 「朝鮮古蹟及遺物」, 『朝鮮史講座』 7, 朝鮮史學會.
藤田亮策, 1930, 「櫛目紋樣土器の分布に就きて」, 『青丘學叢』 2, 青丘學會.
藤田亮策, 1942, 「朝鮮考古學」, 『東洋史講座』 18, 雄山閣.
宮本一夫, 1991, 「戰國時代燕國副葬陶器考」, 『愛媛大學人文學會創立15周年記念論集』, 愛媛大學人文學會.
宮本一夫, 2000, 『中國古代北疆史の考古學的研究』, 中國書店.
宮本一夫, 2004, 「中國の戰國・漢代の甕棺墓と朝鮮半島の甕棺墓」, 『考古論集 -河瀨正利先生退官記念論文集』.
宮本一夫, 2007, 「漢と匈奴の國家形成と周辺地域」, 『九州大學21世紀COEプログラム(人文科學)東アジアと日本:交流と変容』.
宮本一夫, 2008a, 「細形銅劍と細形銅矛の成立年代」, 『東アジア青銅器の系譜』, 雄山閣.
宮本一夫, 2008b, 「遼東の遼寧式銅劍から弥生の年代を考える」, 『史淵』 145, 九州大學大學院人文科學研究院.
宮本一夫, 2009a, 「考古學から見た夫余と沃沮」, 『國立歷史民俗博物館研究報告』 151, 國立歷史民俗博物館,
宮本一夫, 2009b, 『農耕の起源を探る-イネの來た道』, 吉川弘文館.
宮本一夫, 2011, 「壹岐カラカミ遺跡からみた弥生時代の鍛冶と交易」, 平成23年度九州史學會大會發表要旨.
宮本一夫, 2012a, 「樂浪土器の成立と擴散-花盆形土器を中心として」, 『史淵』 149, 九州大學大學院人文科學研究院.
宮本一夫, 2012b, 「北部九州の鐵器生産と流通」, 『日本考古學協會2012年度福岡大會研究發表資料集』, 日本考古學協會.
宮本一夫, 2012c, 「鑄型から見た銅劍の変遷」, 『崇實大學校韓國基督敎博物館誌』, 숭실대학교한국기독교박물관.
武末純一, 2004, 「第2章 弥生時代の年代」, 『考古學と暦年代』, ミネルヴァ書房.
武末純一, 2010, 「韓國・龜山洞遺跡A地區の弥生系土器をめぐる諸問題」, 『古文化談叢』 65, 九州古文化研究會.
朴漢濟編, 2009, 『中國歷史地図』, 平凡社.

白雲翔, 佐々木正治(譯), 2009,『中國古代の鐵器研究』, 同成社.
小田富士雄, 1977,「鐵器」,『立岩遺跡』, 福岡市飯塚氏立岩遺跡調査委員會.
小田富士雄·武末純一, 1983,「朝鮮の初期鐵器研究とその成果」,『日本製鐵史論集』, 示人社.
孫明助·村上恭通, 1997,「京畿道·美沙里遺跡出土遺物にみる鐵器生産技術」,『弥生·古墳時代における鐵技術野原形』, 鐵器文化研究集會, pp.村上1-6.
孫明助, 2011,「古代韓半島鐵生産の流れ」,『シンポジウム東アジアの古代鐵文化』, 雄山閣.
松井和幸, 1985,「鐵鎌」,『弥生文化の研究』5, 雄山閣.
松井和幸, 1993,「鐵鎌について」,『考古論集-潮見浩先生退官記念論文集』.
松井和幸, 2001,『日本古代の鐵文化』, 雄山閣.
西谷正, 1966,「朝鮮におけるいわゆる土壙墓と初期金屬器について」,『考古學研究』13-2.
石川岳彦, 2001,「戰國期における燕の墓葬について」,『東京大學考古學研究室研究紀要』, 東京大學考古學研究室.
石川岳彦, 2011,「①青銅器と鐵器普及の歷史的背景」,『多様化する弥生文化-弥生時代の考古學3』, 同成社.
石川岳彦·小林青樹, 2012,「春秋戰國期の燕國における初期鐵器と東方へ擴散」,『國立歷史民俗博物館研究報告』167, 國立歷史民族博物館.
安在晧, 2000,「弁·辰韓の木棺墓文化」,『東夷世界の考古學』, 青木書店.
野島永, 1993,「弥生時代鐵器の地域性-鐵鏃, 鉇を中心として」,『考古論集 -潮見浩先生退官記念論文集』.
楊泓, 來村多加史(譯), 1985,『中國古兵器論叢』, 奈良明新社.
李京華, 1993,「秦漢時代の冶鐵技術と周辺地域との關係」,『東アジアの古代鐵文化 -その起源と伝播-』, たたら研究會.
李南珪, 1991,『東アジア初期鐵器文化の研究』, 廣島大學博士學位論文.
李昌熙, 2007,「勒島住居址の祭祀長-B地區カ-245号住居址出土遺物檢討」,『第17回考古學國際研究會韓國の最新發掘調査報告會資料』, (財)大阪府文化財センター.
李昌熙, 2011,「韓半島初期鐵器の實年代 -日本列島における鐵器出現年代をめぐって-」, たたら研究會平成23年度北九州大會研究發表要旨.
林巳奈夫, 1989,『春秋戰國時代青銅期の研究 -殷周青銅器綜覽三』, 吉川弘文館.
五井直弘, 1985,「鐵器牛耕考」,『三上次男博士喜壽記念論文集(歷史篇)』.
長家伸, 2002,「弥生時代の鍛冶技術について」,『제5회 영남·큐슈학회 합동 고고학대회』.

志賀和子, 1996,「洛陽金村出土銀器とその刻銘をめぐって」,『日本中國考古學會會報』6, 日本中國考古學會.

眞鍋成史, 2010,「河內·和泉における倭鍛冶と韓鍛冶」,『韓鍛冶と倭鍛冶 -古墳時代における鍛冶工の系譜』, 鍛冶研究會シンポジウム2010.

朝岡康二, 1984,『鍛冶の民俗技術』, 慶友社.

朝岡康二, 1993,『日本の鐵器文化 -鍛冶屋の比較民俗學-』, 慶友社.

潮見浩, 1982,『東アジアの初期鐵器文化』, 吉川弘文館.

早乙女雅博, 2007,『東アジアにおける樂浪土城出土品の位置付け』, 平成17年度~平成18年度科學研究費捕助金(基盤研究C)研究成果報告書.

田中謙, 2009,「弥生時代における鉇の機能分化とその意義」,『地域·文化の考古學』, 下條信行先生退任記念論文集.

鄭仁盛, 2004,「樂浪土城の鐵器とその生産」,『鐵器文化研究會第10回記念大會鐵器分解の多角的研究』, 鐵器文化研究會.

鄭仁盛, 2007a,「樂浪土城の鐵器」,『東アジアにおける樂浪土城出土品の位置付け』, 平成17年度~平成18年度科學研究費捕助金(基盤研究C)研究成果報告書.

鄭仁盛, 2007c,「牧羊城出土のいわゆる2,3類土器の性格と編年」,『遼寧を中心ちする東北あじあ古代史の再構成』, 平成16年度~18年度科學研究費補助金研究成果報告書.

鄭仁盛, 2012,「樂浪の鐵器生産」,『日本考古學協會2012年度福岡大會研究發表資料集』, 日本考古學協會.

佐野元, 1993,「中國春秋戰國時代の農具鐵器化の諸問題」,『考古論集-潮見浩先生退官記念論文集』.

村上恭通, 1988,「東アジアの二種の鑄造鐵斧をめぐって」,『たたら研究』第29号, たたら研究會.

村上恭通, 1992a,「朝鮮半島の副葬鐵斧について」,『信濃』44-4.

村上恭通, 1992b,「中九州における弥生時代鐵器の地域性」,『考古學雜誌』77-3.

村上恭通, 1994,「弥生時代における鍛冶遺構の研究」,『考古學研究』41-3.

村上恭通, 1997,「原三國·三國時代における鐵技術の研究」,『青丘學術論集』11, (財)韓國文化研究振興財団.

村上恭通, 1998,『倭人と鐵の考古學』, 青木書店.

村上恭通, 2000,「Ⅲ遼寧式銅劍·細形銅劍と燕」,『東夷世界の考古學』, 青木書店.

村上恭通, 2001,「金屬器製作の復元」,『ものづくりの考古學』, 東京美術.

村上恭通, 2006,『日本例島における初期製鐵·鍛冶技術に關する實証的研究』, 平成15年度~平成17年度科學研究費捕助金(基盤研究B)研究成果報告書.

村上恭通, 2007a,「樂浪土城の鐵製品」,『東アジアにおける樂浪土城出土品の位置付け』, 平成17年度~平成18年度科學研究費捕助金(基盤研究C)研究成果報告書.

村上恭通, 2007b,『古代國家成立過程と鐵器生産』, 青木書店.

村上恭通, 2008,「東アジアにおける鐵器の起源」,『東アジア青銅器の系譜』, 雄山閣.

村上恭通, 2011,「中國における燕國鐵器の特質と周辺への擴散 -燕下都·副將溝·二龍湖を中心として-」,『戰國燕系鐵器の特質と韓半島の初期鐵器文化』, 愛媛大學東アジア古代鐵文化研究センター第4回國際シンポジウム資料.

村上恭通, 2012,「中國·漢民族とその周辺域における初期鐵器の諸問題」,『みずほ』43, 大和弥生文化の會.

川越哲志, 1977,「弥生時代の鐵製收穫具について」,『考古論集』.

川越哲志, 1980,「弥生時代の鑄造鐵斧をめぐって」,『考古學雜誌』65-4.

川越哲志, 1993,『弥生時代の鐵器文化』, 雄山閣.

淺香幸雄, 1993,『日本大百科全書』, 小學館.

鐵鋼新聞社, 1969,『鐵鋼實務用語辭典』.

豊島直博, 2005,『弥生時代の鐵製刀劍』, 2002(平成14)年度~2004(平成16)年度科學研究費補助金(若手B)成果報告書.

俵國一, 2007,『復刻·解說版 古來の砂鐵製錬法 -たたら吹製鐵法-』, 慶友社.

下條信行, 1984,「東アジアにおける鐵器の出現とその波及」,『東アジア世界における日本古代史講座2倭國の形成と古墳文化』, 學生社.

韓汝芬, 1993,「中國における早期鐵器の冶金學的特徵」,『東アジアの古代鐵文化 -その起源と伝播-』, たたら研究會.

3) 중국어

郭沫若, 1973,『奴隷制時代』, 人民出版社.

郭京寧, 2012,「京津地區戰國秦漢時期的燕系鐵器及冶鐵遺存」,『2012동아시아고대철기문화연구연국철기문화의 형성과 확산』, 국립문화재연구소.

雷從雲, 1980,「戰國鐵農具的考古發掘及其意義」,『考古』3期.

唐際根, 1993,「中國冶鐵術的起源問題」,『考古』6期.

万欣, 2012, 「中國東北地區戰國至西漢時期的鐵器与冶鐵遺址試以這一時期鐵器中的鐵制工具辦例」, 『2012동아시아 고대 철기문화연구』, 국립문화재연구소.
白雲翔, 2005, 『先秦兩漢鐵器的考古學研究』, 科學出版社.
北京鋼鐵學院金相實驗室, 1980, 「滿城漢墓部份金屬器的金相分析報告」, 『滿城漢墓發掘報告』, 文物出版社.
北京鋼鐵學院 외, 1978, 『中國冶金略史』, 科學出版社.
北京鋼鐵學院壓力加工專業, 1975, 「易縣燕下都44号葬鐵器金相考察初步報告」, 『考古』 4期.
孫机, 2008, 『漢代物質文化資料図說』, 上海古籍出版社.
孫廷烈, 1956, 「輝縣出土的機件鐵器的金相學考察」, 『考古學報』 2期.
西海峰, 2012, 「中國河北地區戰國至西漢時期的燕系鐵器与冶鐵遺存」, 『2012동아시아 고대 철기문화연구 연국 철기문화의 형성과 확산』, 국립문화재연구소.
石永士, 1985, 「戰國時期燕國農業生産的發展」, 『農業考古』 1期.
楊　根, 1960, 「興隆鐵范的科學調査」, 『文物』 2期.
楊　寬, 1956, 『中國古代冶鐵技術的發明和發展』, 上海人民出版社.
楊　寬, 1982, 『中國古代冶鐵技術發展史』, 上海人民出版社.
李京華, 1974, 「漢代鐵農器銘文試釋」, 『考古』 1期.
李京華, 1994, 『中原古代冶金技術研究』, 中州古籍出版社.
李京華, 2007, 『冶金考古』, 文物出版社.
李文信, 1954, 「古代的鐵農具」, 『文物參考資料』 9期.
李矛利, 1993, 「昌図發見青銅短劍墓」, 『遼海文物學刊』 1期.
李仲達 외, 1996, 「燕下都鐵器金相考察初步報告」, 『燕下都』, 文物出版社.
李殿福, 1983, 「從東北地區出土的戰國兩漢鐵器着漢代東北農業的發展」, 『農業考古』 2期.
李學勤, 1959, 「關于東周鐵器的問題」, 『文物』 12期.
李學勤·鄭紹宗, 1982, 「論河北近年出土的戰國有明青銅器」, 『古文字研究』 7.
魚　易, 1959, 「東周考古上的一个問題」, 『文物』 8期.
張子高 외, 1973, 「從侯馬陶范和興隆鐵范戰國時代冶鑄技術」, 『文物』 6期.
章鴻釗, 1927, 『石雅』, 上海古籍出版社(1993年再揭載).
章炳麟, 1925, 「銅器鐵器变遷考」, 『華國月刊』 2.
周　昕, 1998, 『中國農具市綱図譜』, 中國建材工業出版社.
中國社會科學院考古研究編, 2004, 『中國考古學 兩周卷』, 中國社會科學出版社.
中國社會科學院考古研究編, 2009, 『中國考古學 秦漢卷』, 中國社會科學出版社.

中國科學院考古研究所, 1962,『新中國的考古收穫』, 文物出版社.
陳建立 외, 2005,「從鐵器的金屬學研究着中國古代東北地區鐵器和冶鐵業的發展」,『北方文物』1期.
陳　戈, 1990,「關於新疆地區的青銅和早器鐵器時代文化」,『考古』4期.
陳　戈, 2001,「察吾乎構口文化的類型畵分期問題」,『考古与文物』5期.
陳文華, 1991,『中國古代農業技術史図譜』, 農業出版社.
陣　惠, 1956,「河北省發見古代獸骨和鐵器」,『文物參考資料』7期.
曾　庸, 1959,「漢代的鐵製工具」,『文物』1期.
肖景全 외, 2007,「遼吉兩省相鄰地區早期鐵器時代文化的發見和研究」,『遼寧省博物館館刊』2, 遼海出版社.
肖景全, 2010,「新賓旺淸門鎭龍頭山石蓋墓」,『遼寧考古文集』2, 科學出版社.
趙化成, 2000,「試論鐵技術鐵器發生及其鐵器的使用對中國古代社會發展進程的影響問題」,『文化的饋贈-漢學硏究國際會議論文集 · 考古學』, 北京大學出版社.
賀　勇, 1989,「試論燕語句墓葬陶器分期」,『考古』7期.
韓建業, 2007,『新疆的靑銅時代和鐵器時代文化』, 文物出版社.
韓汝芬 외, 1999,「虢國墓出土鐵刃銅器的鑑定与研究」,『三門峽虢國墓』, 文物出版社.
華覺明 외, 1960,「戰國兩漢鐵器的金相學考察初步報告」,『考古學報』1期.
黃展岳, 1976,「關於中國開始冶鐵和使用鐵器的問題」,『文物』8期.
黃展岳, 1984,「試論楚國鐵器」,『湖南考古輯刊』2.

3.보고서(보고문)

1) 한국어

金健洙 외, 2005,『完州 葛洞遺蹟』, (財)湖南文化財研究院.
김영우, 1964,「세죽리유적 발굴 중간보고(1)」,『고고민속』2, 사회과학원출판사.
김정문, 1964,「세죽리유적 발굴 중간보고(2)」,『고고민속』4, 사회과학원출판사.
김종혁, 1974,「토성동 제4호무덤 발굴보고」,『고고학자료집』4, 과학백과사전출판사.
國立慶州博物館, 2003,『慶州 朝陽洞遺蹟Ⅱ』.
國立慶州博物館, 2007,『永川 龍田洞 遺蹟』.
국립중앙박물관, 2001,『특별전 樂浪』.
국립중앙박물관, 1998,『特別展 한국고대국가의 형성』.

국립전주박물관·湖南文化財研究院, 2011,『금강유역의 새로운 힘』.
(財)京畿文化財研究院, 2009,『加平 大成里遺蹟<본문1>』.
(財)京畿文化財研究院, 2009,『加平 大成里遺蹟<본문2>』.
(財)京畿文化財研究院, 2009,『安城 萬井里 신기遺蹟』.
(財)慶南考古學研究所, 2003,『勒島貝塚A地區·住居群』.
(財)慶南考古學研究所, 2006,『勒島貝塚Ⅱ-A地區 住居群 -本文·圖面-』.
(財)慶南考古學研究所, 2006,『勒島貝塚Ⅱ-A地區 住居群 -圖版-』.
(財)慶南考古學研究所, 2010,『金海 龜山洞遺蹟Ⅸ』.
(財)慶南考古學研究所, 2010,『金海 龜山洞遺蹟Ⅹ-考察編』.
(財)慶尙北道文化財研究院, 2005,『星主市栢田 禮山里 土地區劃整理調査區內文化遺蹟發掘調査報告書』.
(재)경상북도문화재연구원, 2008,『大邱 月城洞772-2番地 遺蹟(Ⅱ)-青銅器~近代』.
啓明大學校博物館, 2000,『慶州 隍城洞遺蹟Ⅴ』.
(재)대한문화재연구원, 2016,『咸平 新興洞遺蹟Ⅳ』.
(財)東北亞支石墓研究所, 2018,『光州 月田洞 下船·伏龍洞·下山洞遺蹟』.
리규태, 1983,「각지고대유적조사보고10.은률군 운성리 나무곽무덤과 귀틀무덤」,『고고학자료집』6, 과학백과사전출판사.
리병선, 1961,「중강군 토성리 원시 및 고대유적 발굴 중간보고」,『문화유산』5, 사회과학원출판사.
리순진, 1963,「재령군 부덕리 수역동의 토광무덤」,『고고학자료집 각지 유적정리보고』3, 과학원출판사.
리순진, 1974a,「부조예군무덤 발굴보고」,『고고학자료집』4, 과학백과사전출판사.
리순진, 1974b,「운성리유적발굴조사보고」,『고고학자료집』4, 과학백과사전출판사.
密陽大學校博物館, 2004,『密陽校洞遺蹟』.
박성희, 2003,「경춘선 가평역사부지(달전리)발굴조사」,『고구려고고학의 제문제』, 제27회 한국고고학전국대회
박진욱, 1974,「함경남도일대의 고대유적 조사보고」,『고고학자료집』4, 과학백과사전출판사.
釜山直轄市立博物館, 1990,『東萊福泉洞萊城遺蹟』.
사회과학원고고학연구소, 1978,『고고학자료집』5.

사회과학원고고학연구소, 1983b, 「각지고대유적조사보고11. 황주군 금석리 나무곽무덤」, 『고고학자료집』 6, 과학백과사전출판사.

사회과학원고고학연구소, 1983a, 「락랑구역 일대의 고분 발굴보고」, 『고고학자료집』 6, 과학백과사전출판사.

(財)新羅文化遺産研究院, 2009, 『慶州 汶山里遺蹟I』.

李健茂, 1991, 「唐津素素里遺蹟出土一括遺物」, 『考古學誌』 3, 韓國考古美術研究所.

李健茂, 1990, 「扶餘合松里遺蹟出土一括遺物」, 『考古學誌』 2, 韓國考古美術研究所.

李健茂 외, 1989, 「義昌 茶戶里遺蹟 發掘調査進展報告(I)」, 『考古學誌』 1, 韓國考古美術研究所.

李健茂 외, 1991, 「昌原 茶戶里遺蹟 發掘調査進展報告(II)」, 『考古學誌』 3, 韓國考古美術研究所.

李健茂 외, 1993, 「昌原 茶戶里遺蹟 發掘調査進展報告(III)」, 『考古學誌』 5, 韓國考古美術研究所.

李健茂 외, 1995, 「昌原 茶戶里遺蹟 發掘調査進展報告(IV)」, 『考古學誌』 7, 韓國考古美術研究所.

(財)蔚山文化財研究院, 2005, 『蔚山香山里青龍遺蹟』.

(財)蔚山文化財研究院, 2006, 『蔚山大垈里中垈遺蹟』.

양상현 외, 2007, 『機長 芳谷里遺蹟』, 울산대학교박물관.

尹德香, 2000, 『南陽里』, 全北大學校博物館.

(財)嶺南文化財研究院, 1999, 『慶山 林堂洞遺蹟I-F·H地區 및 土城-』.

(財)嶺南文化財研究院, 2000, 『大邱八達洞遺蹟I』.

(財)嶺南文化財研究院, 2001, 『慶山 林堂洞遺蹟III·IV -G地區』.

(財)嶺南文化財研究院, 2009, 『慶山 新垈里670番地 遺蹟』.

(財)嶺南文化財研究院, 2010, 『慶山 新垈里 遺蹟I』.

池健吉, 1990, 「長水南陽里出土青銅器·鐵器一括遺物」, 『考古學誌』 2, 韓國考古美術研究所.

(재)중원문화재연구원, 2011, 『동대문 운동장 유적』.

조규택, 2003, 「群山 官元里II-가遺蹟 發掘調査 概報」, 『2002·2003년 호남지역 문화유적 발굴조사 성과』, 호남고고학회.

조선대학교박물관, 2003, 『영광 마전·군동·원당·수동유적-구석기, 청동기, 철기시대의 문화』.

(財)全南文化財研究院, 2016, 『羅州 龜基村·德谷遺蹟』.

(재)전라문화유산연구원, 2014, 『金堤 上東洞Ⅲ·西亭洞Ⅱ遺蹟』.
전주농, 1963, 「복사리 망암동 토광 무덤과 독무덤」, 『고고학자료집 각지 유적정리보고』 3, 과학원출판사.
정백운, 1957, 「조선 금속 문화 기원에 대한 고고학적 자료」, 과학원출판사.
채희국, 1958, 『태성리 고분군 발굴 보고』, 유적발굴보고 제5집, 과학원출판사.
崔盛洛, 1987, 『海南郡谷里貝塚Ⅰ』, 木浦大學校博物館.
崔盛洛, 1988, 『海南郡谷里貝塚Ⅱ』, 木浦大學校博物館.
崔盛洛, 1989, 『海南郡谷里貝塚Ⅲ』, 木浦大學校博物館.
최성락 외, 2001, 『영광 군동유적 -라지구 주거지·분묘-』, 목포대학교박물관.
崔完奎 외, 2005, 『益山 信洞里遺蹟 -5·6·7地區-』, 圓光大學校 馬韓·百濟文化硏究所.
《조선유물도감》편찬위원회, 1989, 『조선유물도감 -고조선, 부여, 진국』 2.
(財)忠淸南道歷史文化硏究院, 2007, 『公州 水村里』.
(재)충청문화재연구원, 2017, 『서산 동문동유적』.
(재)한강문화재연구소, 2012, 「인천 운북동유적」.
韓國文化財保護財團, 1998A, 『慶山 林堂 遺蹟(Ⅰ)-A~B地區 古墳群-』.
韓國文化財保護財團, 1998B, 『慶山 林堂 遺蹟(Ⅰ)-C地區 古墳群-』.
韓國文化財保護財團, 1998C, 『慶山 林堂 遺蹟(Ⅰ)-D·E地區 古墳群-』.
韓國文化財保護財團, 2009, 『慶山 玉谷洞 遺蹟』.
韓國文化財保護財團, 2003, 『慶州 隍城洞遺蹟Ⅰ-강변로 개설구간 발굴조사 보고서-』.
韓國文化財保護財團, 2005, 『慶州 隍城洞遺蹟Ⅱ-江邊路 3-A地區 開設區間 內 發掘調査 報告書-』.
한국문화재조사연구기관협회, 2011, 『한국 出土 외래유물-초기철기~삼국시대』 1.
(財)湖南文化財硏究院, 2008, 『全州 馬田遺蹟(Ⅰ·Ⅱ區域)』.
(財)湖南文化財硏究院, 2009, 『完州 葛洞遺蹟(Ⅱ)』.
(財)湖南文化財硏究院, 2014, 『完州 新豊遺蹟Ⅰ』.
(財)湖南文化財硏究院, 2014, 『完州 新豊遺蹟Ⅱ』.
(財)湖南文化財硏究院, 2014, 『完州 新豊遺蹟Ⅲ』.
황기덕, 1963, 「황해북도 봉산군 송산리 솔뫼골 돌 돌림 무덤」, 『고고학자료집 각지 유적정리보고』 3, 과학원출판사.

2) 일본어

關野貞 외, 1927,『樂浪郡時代の遺跡』, 古跡調査特別報告第四冊.

島根縣文化財保存協會, 2011,『都合山鈩の研究』.

梅原末治 외, 1947,『朝鮮古文化綜鑑』, 養德社.

濱田耕作, 1929,『貔子窩』, 東亞考古學會.

小泉顯夫, 1934,『樂浪彩篋塚』, 古跡調査報告第一冊.

小場恒吉 외, 1935,『樂浪王光墓』, 古跡調査報告第二冊.

小場恒吉 외, 1974,『樂浪漢墓』, 大正十三年度發掘調査報告 第一冊.

原田淑人 외, 1931,『牧羊城』, 東亞考古學會.

朝鮮古跡研究會, 1934a,『昭和八年度古跡調査報告』.

朝鮮古跡研究會, 1934b,『昭和九年度古跡調査報告』.

朝鮮古跡研究會, 1936,『昭和十年度古跡調査報告』.

片岡宏二編, 1981,『大坂井遺跡I』, 小郡市教育委員會.

3) 중국어

閻宝海, 1954,「遼西省五年來發現很多古墓葬與歷史文物」,『文物參考資料』2期.

吉林省文物工作隊 외, 1982,「吉林樺甸西荒山屯青銅短劍墓」,『東北考古与歷史』1期.

吉林大學考古係 외, 1997,「遼寧錦西市邰集屯小荒地秦漢古城址試掘簡報」,『考古學集刊』11期.

錦州市博物館, 1960,「遼寧錦西縣烏錦塘東周墓調查記」,『考古』5期.

高青山, 1987,「朝陽袁台子漢代遺址發掘報告」,『遼海文物學刊』1期.

羅　平, 1957,「河北承德區漢代礦冶遺址的調查」,『考古通信』1.

廊坊市文物管理所 외, 1993,「廊坊市三河縣出土的漢代鐵器」,『文物春秋』1期.

東北博物館, 1957,「遼陽三道濠西韓村落遺址」,『考古學報』1期.

佟柱臣, 1956,「考古學上漢代及漢代以前的東北疆域」,『考古學報』1期.

馮永謙 외, 1982,「遼城縣黑城古城址調查」,『考古』2期.

馮永謙, 2010,「鳳城劉家堡西漢遺址發掘報告」,『遼寧考古文集』2, 科學出版社.

万欣, 2010,「遼寧北票市大板營子墓地的勘探与發掘」,『遼寧考古文集』2, 科學出版社.

武家昌 외, 2003,「遼寧桓仁縣抽水洞遺址發掘」,『北方文物』2期.

苗麗英, 1997,「本溪怪石洞發掘青銅器時代及漢代遺物」,『遼海文物學刊』1期.

裵耀軍, 1989,「遼寧昌図縣發見戰國, 漢代青銅器及鐵器」,『考古』4期.

傅振倫, 1955, 「燕下都發掘品的初步整理与研究」, 『考古通信』 4期.
北京市文物研究所拒馬河考古隊, 1992, 「北京市竇店古城調查与試掘報告」, 『考古』 8期.
邵菊田, 1989, 「內蒙古敖漢期旗四道湾子“狗澤都”遺址調查」, 『考古』 4期.
鞍山市岫岩滿族博物館, 2009, 「遼寧岫岩城南遺址」, 『北方考古』 2期.
楊永葆, 1994, 「本溪市南甸滴搭堡子發現漢代鐵器」, 『遼海文物學刊』 2期.
梁志龍, 2003, 「遼寧本溪多年發見的石棺墓及其遺物」, 『北方文物』 1期.
李慶發 외, 1991, 「遼西地區燕秦長城調查報告」, 『遼海文物學刊』 2期.
李恭篤, 1994, 「凌源安杖子古城出土一批西漢封泥」, 『遼海文物學刊』 2期.
于臨祥, 1957, 「旅順市三澗區墓葬清理簡報」, 『考古通信』 3期.
于臨祥, 1958, 「營城子貝墓」, 『考古學報』 4期.
于臨祥, 1965, 「旅順李家溝西漢貝墓」, 『考古』 3期.
劉　謙, 1955, 「錦州市大泥窪遺址調查記」, 『考古通信』 4期.
劉俊勇, 1981, 「旅順魯家村發現一處漢代窖藏」, 『文物資料叢刊』 4.
劉俊勇, 1995, 「遼寧大連大潘家村西漢墓」, 『考古』 7期.
敖漢旗文化館, 1976, 「敖漢旗老虎山遺址出土秦代鐵權和戰國鐵器」, 『考古』 5期.
遼寧省博物館 외, 1986, 「建平水泉遺址發掘簡報」, 『遼海文物學刊』 2期.
遼寧省博物館文物工作隊 외, 1983, 「遼寧建平縣喀喇沁河東遺址試掘簡報」, 『考古』 11期.
遼寧省博物館文物隊, 1990, 「遼寧朝陽袁台子西漢墓1979年發掘簡報」, 『文物』 2期.
遼寧省文物考古研究所 외, 1996, 「遼寧凌源安杖子古城址發掘報告」, 『考古學報』 2期.
遼寧省文物考古研究所 외, 2008, 「撫順河心墓地發掘簡報」, 『遼寧省博物館館刊』 3, 遼海出版社.
遼寧省文物考古研究所 외, 2010, 『朝陽袁台子』, 文物出版社.
遼寧省文物考古研究所, 2011, 「遼寧西丰縣東溝遺址及墓葬發掘簡報」, 『考古』 5期.
旅順博物館, 1960, 「旅順口區后牧城驛戰國墓清理」, 『考古』 8期.
王增新, 1964, 「遼寧撫順市蓮花堡遺址發掘」, 『考古』 6期.
王　峰, 1995, 「河北興隆縣發現戰國金礦遺址」, 『考古』 7期.
魏海波 외, 1998, 「遼寧本溪縣上堡青銅器短劍墓」, 『文物』 6期.
魏耕耕 외, 2010, 「蓋州沙溝子漢墓發掘簡報」, 『遼寧考古文集』 2, 科學出版社.
張家口文物事業管理所, 1985, 「張家口白廟遺址清理簡報」, 『文物』 10期.
張喜榮, 1997, 「台安白城子戰國遺址出土器簡介」, 『遼海文物學刊』 1期.
齋　俊, 1994, 「本溪地區發見青銅短劍墓」, 『遼海文物學刊』 2期.

中國社會科學院考古研究所, 1996,『双砣子与崗山』, 科學出版社.
中國歷史博物館考古組, 1962,「燕下都城址調査報告」,『考古』1期.
鄭紹宗, 1955,「解放以來熱河省考古的新發見」,『考古通信』5期.
鄭紹宗, 1956,「熱河興隆發見的戰國生産工具鑄范」,『考古通信』1期.
天津市文化局考古發掘隊, 1965,「天津南郊巨葛庄戰國遺址和墓葬」,『考古』1期.
天津市文物管理處, 1982,「天津北倉戰國遺址清理簡報」,『考古』2期.
鐵嶺市文物管理辦公室, 1996,「遼寧鐵嶺市邱台遺址試掘簡報」,『考古』2期.
河北省文物管理處, 1975a,「燕下都遺址出土奴隷鐵頸鎖和脚鐐」,『文物』6期.
河北省文物管理處, 1975b,「河北易縣燕下都44号墓發掘報告」,『考古』4期.
河北省文物管理處, 1982a,「河北易縣燕下都第21号遺址第一次墓發掘報告」,『考古學集刊』2期.
河北省文物管理處, 1982b,「燕下都第23号遺址出土一批銅戈」,『考古』8期.
河北省文物局工作隊, 1965a,「河北易縣燕下都第十六号墓發掘」,『考古學報』2期.
河北省文物局工作隊, 1965b,「1964-1965年燕下都墓葬發掘報告」,『考古』11期.
河北省文物局工作隊, 1965c,「燕下都第22号遺址發掘報告」,『考古』11期.
河北省文物研究所, 1985,「河北易縣燕下都第16号車馬坑」,『考古』11期.
河北省文物研究所, 1987,「河北易縣燕下都第13号遺址第一次發掘」,『考古』5期.
河北省文物研究所 외, 1990,「河北陽原汾溝漢墓群發掘報告」,『文物』1期.
河北省文物研究所, 1996,『燕下都』, 文物出版社.
河北省文物研究所 외, 1998,「唐山東歡坨戰國遺址發掘報告」,『河北省考古文集』, 東方出版社.
河北省文物研究所, 2001,「燕下都遺址內的兩漢墓葬」,『河北省考古文集』2, 北京燕山出版社.
河北省文物研究所 외, 2001,「河北省懷來縣官庄遺址發掘報告」,『河北省考古文集』2, 北京燕山出版社.
河北省文物研究所 외, 2007,「東營子墓地發掘簡報」,『河北省考古文集』3.
許玉林, 1980,「遼寧寬甸發見戰國時期燕國的明刀錢和鐵農具」,『文物資料叢刊』3.
許明綱 외, 1980,「遼寧新金縣后元台發現銅器」,『考古』5期.

• **김상민** 金想民

목포대학교 역사문화학부 고고학 전공 졸업, 목포대학교 고고인류학과 문학석사
규슈九州대학 대학원 비교사회문화학부 비교사회문화학 박사
(재) 호남문화재연구원 연구원, 에히메愛媛대학 법문학부 객원연구원
日本學術振興會 特別研究員(DC2), 목포대학교 고고학과 강사
국립중앙박물관 학예연구사, 국립전주박물관 학예연구사
목포대학교 고고문화인류학과 조교수

주요저서 및 논고

『羅州 永川遺蹟』(공저, 2006), 『高敞 栗溪里遺蹟』(공저, 2007)
『金堤 長興里 隱谷製鐵遺蹟』(공저, 2011), 『華城 旗安洞製鐵遺蹟』(공저, 2014)
『백제 철 문화』(공저, 2015), 『쇠·철·강 -철의 문화사』(공저, 2017)
『군곡리패총 동아시아 해양교류의 시작』(공저, 2019)

「3~6世紀 湖南地域 鐵器生産과 流通에 대한 試論」『湖南考古學報』 37, 2010
「韓半島における鉄生産研究の動向」『季刊考古學』 115, 2010
「韓半島南部地域における鉄器文化の流入と発展」『みずほ』 43(공저), 2012
「韓半島南部地域における朝鮮時代の箱形炉に関する考察」『たたら研究』 52, 2013
「연하도 철기문화의 성립과 전개과정 -주조철부를 중심으로」『韓國上古史學報』 84, 2014
「요령지역 철기문화의 전개와 한반도 초기철기문화」『동북아역사논총』 55, 2017
「東北아시아 鐵器文化의 擴散과 古朝鮮」『韓國考古學報』 107, 2018
「東北아시아 鐵鎌의 變遷과 完州 葛洞遺蹟 鑄造鐵鎌의 登場背景」『野外考古學』 34, 2019
외 다수

東北亞 初期鐵器文化의 成立과 古朝鮮

동북아 초기철기문화의 성립과 고조선

초판발행일 2020년 04월 07일
2쇄발행일 2021년 12월 20일
지 은 이 김상민
발 행 인 김선경
책 임 편 집 김소라
발 행 처 서경문화사
주 소 서울시 종로구 이화장길 70-14(204호)
전 화 743-8203, 8205 / 팩스 : 743-8210
메 일 sk8203@chol.com
신 고 번 호 제1994-000041호
ISBN 978-89-6062-222-7 93910

* 파본은 구입처에서 교환하여 드립니다.

정가 39,000